Erinnerungen
Träume
Gedanken

von

C. G. Jung

W

C. G. Jung

ERINNERUNGEN TRÄUME GEDANKEN VON C. G. JUNG

Aufgezeichnet und
herausgegeben von Aniela Jaffé
Mit 26 Tafeln
Vierte Auflage

Walter-Verlag
Olten und Freiburg im Breisgau

Typographie, Einband und Schutzumschlag
Walter Bangerter SWB, Zürich
Photos: Erica Anderson, USA (S. 328); H. Cartier-Bresson, magnum (Titelbild, S. 280, 360); Campbell Studios, Waldorf Astoria (S. 136); T. Gidal, München (S. 296); A. Jaffé, Zürich (S. 120, 216, 232, 312); Universitätsbibliothek, Basel (S. 400); H. Meiner, Zürich (S. 152)
Umschlagbild: Foto Mönsted, Zürich

MCMLXII

Satz und Druck: Tschudi & Co. AG, Glarus
Einbandarbeiten: Walter-Verlag
Printed in Switzerland
ISBN 3 530 40727 5

INHALTSVERZEICHNIS

VERZEICHNIS DER TAFELN

EINLEITUNG

> He looked at his own Soul with a Telescope. What seemed all irregular he saw and shewed to be beautiful Constellations and he added to the Consciousness hidden worlds within worlds. *Coleridge, Note books*

Im Sommer 1956 – es war während der Eranos-Tagung in Ascona – sprach der Verleger Kurt Wolff zum erstenmal mit Zürcher Freunden über seinen Wunsch, eine Biographie von Carl Gustav Jung im Pantheon-Verlag, New York, herauszugeben. Dr. Jolande Jacobi, eine der Mitarbeiterinnen C. G. Jungs, schlug vor, das Amt der Biographin mir zu übertragen.

Alle waren sich darüber klar, daß es sich um kein leichtes Unternehmen handeln würde, denn Jungs Abneigung, sich und sein Leben vor den Augen der Welt darzustellen, war bekannt. So sagte er auch nur nach langem Zögern zu, räumte mir dann jedoch wöchentlich einen Nachmittag zur gemeinsamen Arbeit ein. Das war in Anbetracht seines gedrängten Arbeitsprogramms und seiner altersbedingten Ermüdbarkeit sehr viel.

Wir begannen im Frühjahr 1957. Kurt Wolff hatte mir seinen Plan vorgelegt, das Buch nicht als «Biographie», sondern in Form einer «Autobiographie» zu gestalten – Jung selber solle sprechen. Das entschied über die Form des Buches, und meine erste Aufgabe bestand lediglich darin, Fragen zu stellen und Jungs Antworten zu notieren. War er im Anfang eher zurückhaltend und zögernd, so erzählte er doch bald mit wachsendem Interesse von sich, seinem Werden, seinen Träumen und seinen Gedanken.

Jungs positive Einstellung zu der gemeinsamen Arbeit führte Ende 1957 zu einem entscheidenden Schritt. Nach einer Zeit innerer Unruhe tauchten längst versunkene Bilder aus der Kindheit auf. Jung ahnte ihren Zusammenhang mit Gedanken seiner Alterswerke, konnte ihn jedoch noch nicht deutlich fassen. Eines Morgens empfing er mich mit der Mitteilung, er wolle selber über seine Kindheit schreiben, von der er mir bereits vieles, aber doch nicht alles berichtet hatte.

Der Entschluß war ebenso erfreulich wie unerwartet, wußte ich doch, wie sehr das Schreiben Jung anstrengte, und daß er nichts Derartiges unternehmen würde, ohne es als «Auftrag» von innen her zu empfinden. So schien mir sein Vorhaben die innere Berechtigung der «Autobiographie» zu bestätigen.

Einige Zeit nach dieser Wendung notierte ich mir seine Worte: «Ein Buch von mir ist immer ein Schicksal. Es liegt etwas Unabsehbares darin, und ich kann mir nichts vorschreiben oder vornehmen. So nimmt auch die Autobiographie schon jetzt einen anderen Weg, als ich mir zu Beginn vorgestellt hatte. Daß ich meine frühen Erinnerungen niederschreibe, ist eine Notwendigkeit. Unterlasse ich es auch nur einen Tag, so stellen sich sogleich unangenehme körperliche Symptome ein. Sobald ich daran arbeite, verlieren sie sich, und ich bekomme einen ganz klaren Kopf.»

Im April 1958 beendete Jung die drei Kapitel über Kindheit, Schulzeit und Studienjahre. Er nannte sie «Von den anfänglichen Ereignissen meines Lebens». Sie schließen mit der Vollendung des Medizinstudiums im Jahre 1900.

Dies war aber nicht der einzige Beitrag, den Jung zu dem Buch lieferte. Im Januar 1959 war er in seinem Landsitz in Bollingen. Alle Vormittage widmete er der Lektüre der inzwischen entstandenen Kapitel unseres Buches. Als er mir das Kapitel «Über das Leben nach dem Tode» zurückgab, sagte er: «Etwas in mir ist angerührt worden. Es hat sich ein Gefälle gebildet, und ich muß schreiben.» So entstand das Kapitel «Späte Gedanken», in welchem sich seine tiefsten, wenn auch vielleicht fernsten Gedanken ausgesprochen finden.

Im Sommer desselben Jahres 1959 schrieb Jung, ebenfalls in Bollingen, das Kapitel über «Kenya und Uganda». Der Abschnitt über die Pueblo-Indianer entstammt einem unveröffentlichten, Fragment gebliebenen Manuskript aus dem Jahr 1926, das sich mit allgemeinen Fragen der Primitivenpsychologie befaßt.

Zur Ergänzung der Kapitel «Sigmund Freud» und «Die Auseinandersetzung mit dem Unbewußten» übernahm ich verschiedene Stellen aus einem 1925 gehaltenen Seminar. Damals hatte Jung zum erstenmal einiges über seine innere Entwicklung berichtet.

Das Kapitel «Psychiatrische Tätigkeit» entstand auf Grund von Gesprächen Jungs mit den jungen Assistenzärzten der Zürcher Heil- und Pflegeanstalt Burghölzli im Jahre 1956. Zu jener Zeit arbeitete einer seiner Enkel dort als Psychiater. Die Gespräche hatten in Jungs Haus in Küsnacht stattgefunden.

Jung hat das Manuskript durchgelesen und genehmigt. Gelegentlich hat er Stellen korrigiert und Ergänzungen vorgeschlagen oder selber angebracht. Umgekehrt habe ich die von ihm geschriebenen Kapitel aus den Protokollen unserer Gespräche ergänzt, seine oft nur stichwortartigen Andeutungen ausgearbeitet und Wiederholungen ausgemerzt. Je weiter das Buch fortschritt, desto stärker wurde die Amalgamierung zwischen seiner und meiner Arbeit.

Die Entstehungsweise des Buches formte in gewisser Beziehung auch den Inhalt. Das Gespräch oder die spontane Erzählung tragen den Charakter des Improvisierten, und diesen Charakter trägt auch die «Autobiographie». Die Kapitel sind Streiflichter, die das äußere Leben Jungs und sein Werk nur flüchtig erhellen. Dafür vermitteln sie die Atmosphäre seiner geistigen Welt und das Erleben eines Menschen, dem die Seele echteste Wirklichkeit bedeutete. Nach äußeren Dingen habe ich Jung oft vergeblich gefragt; nur die geistige Essenz des Gelebten war ihm unvergeßlich und der Mühe des Erzählens wert.

Wesentlicher als die formalen Schwierigkeiten der Gestaltung waren andere, mehr persönlicher Natur. Jung äußerte sich darüber in einem Brief an einen Freund aus seiner Studentenzeit. Dieser hatte ihn gebeten, seine Jugenderinnerungen aufzuzeichnen. Der Briefwechsel fand Ende 1957 statt.

«. . . Du hast ganz recht! Wenn man alt ist, wird man in Jugenderinnerungen zurückgeholt von Innen und von Außen. Schon vor dreißig Jahren wurde ich einmal von meinen Schülern veranlaßt, eine Darstellung davon zu geben, wie ich zu meiner Auffassung des Unbewußten gelangt sei. Ich habe dies damals in Form eines Seminars getan. In letzter Zeit wurde ich verschiedentlich angeregt, etwas wie eine ‚Autobiographie' von mir zu geben. So etwas konnte ich mir schon gar nicht vorstellen. Ich kenne zu viele Autobiographien und deren Selbsttäuschungen und Zwecklügen und weiß zuviel von der Unmöglichkeit einer Selbstbeschreibung, als daß ich es wagen könnte, selbst Versuche in dieser Hinsicht anzustellen.

Neuerdings bin ich nun nach autobiographischen Informationen ausgefragt worden und habe bei dieser Gelegenheit entdeckt, daß in meinem Erinnerungsmaterial gewisse objektive Probleme stecken, die einer genaueren Betrachtung wohl würdig wären. Demgemäß habe ich über die Möglichkeit nachgedacht und bin zum Schluß gekommen, mir meine anderen Obliegenheiten soweit vom Halse zu halten, daß es mir gelingen möge, wenigstens die allerersten Anfänge meines Lebens einer objektiven Betrachtung zu unterwerfen. Diese Aufgabe ist so schwierig und ungewöhnlich, daß ich mir zunächst versprechen mußte, die Resultate zu meinen Lebzeiten nicht zu veröffentlichen. Diese Maßnahme schien mir nötig, um mir die Ruhe und Distanz zu sichern. Ich habe nämlich gesehen, daß alle jene Erinnerungen, die mir lebendig geblieben sind, emotionale Erlebnisse betreffen, welche den Geist in Unruhe und Leidenschaft versetzen; eine sehr ungünstige Vorbedingung für eine objektive Darstellung! Dein Brief kam ‚natürlich' in dem Moment, wo ich mich sozusagen entschlossen hatte, die Sache in Angriff zu nehmen.

Das Schicksal will es nun – wie es immer gewollt hat – daß in meinem Leben alles Äußere akzidentell ist, und nur das Innere als substanzhaft und bestimmend gilt. Infolgedessen ist auch alle Erinnerung an äußere Geschehnisse blaß geworden, und vielleicht waren die ‚äußeren' Erlebnisse auch nie ganz das Eigentliche oder waren es nur insofern, als sie mit inneren Entwicklungsphasen zusammenfielen. Von diesen ‚äußeren' Manifestationen meines Daseins ist mir unendlich vieles entschwunden, eben darum, weil ich, wie mir schien, mit allen Kräften daran teilgenommen hatte. Dies sind aber die Dinge, welche eine verständliche Biographie ausmachen: Personen, die einem begegnet sind, Reisen, Abenteuer, Verwicklungen, Schicksalsschläge und dergleichen mehr. Sie sind aber mit wenig Ausnahmen zu eben noch erinnerbaren Schemen geworden, die meine Phantasie zu keinen Anstrengungen mehr beflügeln können.

Umso lebhafter und farbiger ist meine Erinnerung an die ‚inneren' Erlebnisse. Hier aber stellt sich ein Problem der Darstellung, dem ich mich kaum gewachsen fühle, wenigstens vorderhand noch nicht. Leider kann ich aus diesen Gründen auch Deinen Wunsch nicht erfüllen, was ich sehr bedaure ...»

Dieser Brief charakterisiert Jungs Einstellung; obwohl er sich bereits «entschlossen hatte, die Sache in Angriff zu nehmen», endet der Brief mit einer Absage! Der Konflikt zwischen Bejahung und Ablehnung ist bis zu seinem Tode nie ganz zur Ruhe gekommen.

Immer blieb ein Rest Skepsis, und es blieb die Scheu vor der zukünftigen Leserschaft. Er betrachtete das Erinnerungsbuch nicht als ein wissenschaftliches Werk und auch nicht als ein Buch von ihm, sondern er sprach und schrieb von «Aniela Jaffés Unternehmung», zu der er Beiträge geliefert habe. Auf seinen Wunsch wird es nicht in die Reihe der «Gesammelten Werke» aufgenommen.

Besonders zurückhaltend war Jung in den Berichten über Begegnungen, sei es mit bekannten Persönlichkeiten, sei es mit nahestehenden Menschen, seinen Freunden. «Ich habe mit vielen berühmten Menschen meiner Zeit gesprochen, mit den Großen der Wissenschaft und Politik, mit Forschungsreisenden, Künstlern und Schriftstellern, Fürstlichkeiten und Finanzgrößen, aber wenn ich ehrlich bin, muß ich sagen, daß nur wenige solcher Begegnungen mir zum Erlebnis geworden sind. Wir waren wie Schiffe auf hoher See, die gegenseitig die Flagge senkten. Meist hatten diese Menschen auch ein Anliegen an mich, das ich nicht erwähnen kann oder darf. So blieben keine Erinnerungen, unbekümmert darum, was sie als Persönlichkeiten in den Augen der Welt darstellten. Die Begegnungen waren ereignislos; sie verblaßten bald und blieben ohne tiefere Folgen. Von den Beziehungen, die mir etwas bedeuteten, und die an mich kamen wie Erinnerungen an ferne Zeiten, kann ich nicht erzählen, denn sie waren nicht nur mein innerstes Leben, sondern auch das ihre. Es steht mir nicht zu, jene für immer geschlossenen Türen den Blicken der Welt zu öffnen.»

Der Mangel an äußeren Daten und an Vollständigkeit wird jedoch durch anderes reichlich aufgewogen – durch den Bericht über innere Erlebnisse Jungs und durch eine Fülle von Gedanken, welche, wie er selber sagte, als biographisch bezeichnet werden müssen. Sie sind in hohem Maße typisch für ihn und bildeten das Fundament seines Lebens. Das gilt in erster Linie von den religiösen Gedanken. Das Buch enthält Jungs religiöses Bekenntnis.

Es waren mannigfache Wege, auf denen Jung zur Auseinandersetzung mit den religiösen Fragen geführt wurde: eigene Erfahrungen, die ihn schon als Kind in die Wirklichkeit des religiösen Erlebens gestellt und ihn bis an sein Lebensende begleitet hatten; ein unbändiger Erkenntnisdrang, der alles ergriff, was mit der Seele, ihren Inhalten und Manifestationen zusammenhing und ihn als Wissenschaftler kennzeichnete und – last but not least – sein ärztliches Gewissen. Jung fühlte sich in erster Linie als Arzt. Es war ihm nicht entgangen, daß die religiöse Einstellung bei der Therapie des seelisch leidenden Menschen eine entscheidende Rolle spielt. Dies deckte sich mit seiner Erkenntnis, daß die Seele spontan Bilder religiösen Inhalts hervorbringe, daß sie mithin «von Natur aus religiös» sei. Ein Abweichen von dieser ihrer Grundnatur wurde von Jung als Ursache zahlreicher Neurosen, besonders in der zweiten Lebenshälfte, erkannt.

Jungs Begriff des Religiösen unterscheidet sich in manchem vom traditionellen Christentum. Vor allem in seiner Antwort auf die Frage nach dem Bösen und in der Vorstellung eines nicht nur guten oder «lieben» Gottes. Vom Gesichtspunkt des dogmatischen Christentums aus war Jung ein Outsider. Dies hat er in den Reaktionen auf sein Werk, bei allem Weltruhm, immer wieder zu spüren bekommen. Er hat darunter gelitten, und auch in die Zeilen dieses Buches mischt sich hie und da die Enttäuschung des Forschers, der sich in seinen religiösen Gedanken nicht restlos verstanden fühlte. Mehr als einmal ließ er sich mit grimmiger Betonung vernehmen: «Im Mittelalter hätte man mich verbrannt!» Erst nach seinem Tode mehren sich die Stimmen der Theologen mit der Feststellung, Jung sei aus der Kirchengeschichte unseres Jahrhunderts nicht mehr wegzudenken.

Jung bekannte sich ausdrücklich zum Christentum, und die bedeutendsten seiner Werke handeln von den religiösen Fragen des christlichen Menschen, die er vom Gesichtspunkt der Psychologie und in bewußter Abgrenzung von der theologischen Fragestellung aus betrachtete. Indem er dies tat, stellte er der christlichen Forderung des Glaubens die Notwendigkeit des Verstehens und Nachdenkens gegenüber. Für ihn war das Selbstverständlichkeit und Lebensnotwendigkeit. «Ich finde, daß alle meine Gedanken um Gott kreisen wie die Planeten um die Sonne und wie diese von Ihm als der Sonne unwiderstehlich angezogen sind. Ich müßte es als gröbste Sünde empfinden, wenn ich dieser Gewalt Widerstand entgegensetzen sollte», schrieb er 1952 einem jungen Ordensgeistlichen.

In seinem Erinnerungsbuch spricht Jung zum ersten und einzigen Mal von Gott und von seiner persönlichen Erfahrung Gottes. In den Tagen, als er über seine jugendliche Auflehnung gegen die Kirche schrieb, sagte er einmal: «Damals wurde mir klar, daß Gott, für mich wenigstens, eine der allersichersten unmittelbaren Erfahrungen war.» In seinem wissenschaftlichen Werk spricht Jung nicht von Gott, sondern vom «Gottesbild in der menschlichen Seele». Das ist kein Widerspruch, sondern das eine Mal die subjektive, auf Erleben beruhende, und das andere Mal die objektiv-wissenschaftliche Aussage. Einmal spricht der Mensch, an dessen Gedanken auch ein leidenschaftliches Gefühl, Intuition und die inneren und äußeren Erfahrungen eines langen und reichen Lebens beteiligt sind. Das andere Mal redet der Forscher, dessen Aussagen die erkenntnistheoretische Grenze nicht überschreiten, sondern sich bewußt auf Fakten und auf das Beweisbare beschränken. Als Wissenschaftler war Jung Empiriker. Wenn er für sein Erinnerungsbuch von seinen persönlichen religiösen Gefühlen und Erfahrungen erzählte, so setzte er die Bereitwilligkeit der Leser voraus, ihm auf dem Wege seiner subjektiven Erlebnisse zu folgen. Aber nur derjenige kann und wird Jungs subjektive Aussage auch für sich als gültig anerkennen, der ähnliche Erfahrungen gemacht hat. Anders ausgedrückt: dessen Bild von Gott in seiner Seele ähnliche oder gleiche Züge trägt.

So positiv und aktiv sich Jung an der Gestaltung der «Autobiographie» beteiligte, so kritisch und negativ stand er, begreiflicherweise, lange Zeit der Frage ihrer Publikation gegenüber. Er scheute die Reaktion des Publikums, nicht zuletzt wegen der Offenheit, mit der er seine religiösen Erlebnisse und Gedanken preisgegeben hatte. Die Anfeindungen, welche er auf sein Buch «Antwort auf Hiob» hin erfahren hatte, waren noch zu nahe, und das Unverständnis und Mißverstehen der Welt zu schmerzlich. «Ich habe dieses Material mein Leben lang gehütet und nie an die Welt kommen lassen wollen; denn wenn daran etwas passiert, ist man noch mehr getroffen als bei anderen Büchern. Ich weiß nicht, ob ich schon so weit weg von dieser Welt sein werde, daß die Pfeile mich nicht mehr erreichen und ich die negativen Reaktionen werde ertragen können. Ich habe genug am Unverstand gelitten und an der Isolierung, in die man kommt, wenn man Sachen sagt, die die Menschen nicht verstehen. Wenn schon das Hiob-Buch auf so viel Unverständnis gestoßen ist, so werden meine Erinnerungen noch viel negativer wirken. Die ‚Autobiographie' ist mein Leben, betrachtet im Lichte dessen, was ich erarbeitet habe. Das eine ist das andere, und damit ist die Lektüre dieses Buches schwierig für Menschen, die meine Gedanken nicht kennen oder nicht verstehen. Mein Leben ist in gewissem Sinne die Quintessenz dessen, was ich geschrieben habe und nicht umgekehrt. Wie ich bin, und wie ich schreibe, ist Eines. Alle meine Gedanken und mein ganzes Streben, das bin ich. So ist die ‚Autobiographie' nur noch das Pünktchen auf dem i.»

Während der Jahre, in denen das Erinnerungsbuch Gestalt annahm, vollzog sich in Jung eine Art Wandlungs- und Objektivierungsprozeß. Mit jedem Kapitel distanzierte er sich sozusagen weiter von sich selber und sah sich, sowie die Bedeutung seines Lebens und Werkes, schließlich wie von ferne. «Wenn ich nach dem Werte meines Lebens frage, so kann ich mich nur messen an den Gedanken der Jahrhunderte, und da muß ich sagen: Ja, es bedeutet etwas. Gemessen an den Gedanken von heute bedeutet es nichts.» Das Unpersönliche dieser Aussage, sowie das Gefühl für historische Kontinuität, die aus diesen Worten sprechen, sind charakteristisch für Jung. Beides tritt im Verlaufe der einzelnen Kapitel noch stärker hervor.

In der Tat ist das Erinnerungsbuch Jungs mit seinen wissenschaftlichen Gedanken eng verwoben. Es gibt aber wohl kaum eine bessere Einführung in die Geisteswelt eines Forschers als die Erzählung, wie er zu seinen Gedanken gekommen ist, und den Bericht über das, was an subjektivem Erleben hinter seinen Erkenntnissen steht. Den Zweck einer gefühlsmäßigen Einführung erfüllt Jungs «Autobiographie» in hohem Maße.

Das Kapitel «Zur Entstehung des Werkes» ist ebenfalls Fragment. Wie könnte es anders sein bei einem mehr als zwanzig Bände umfassenden Gesamtwerk? Auch hätte sich Jung nie bereit gefunden, eine zusammenfassende Übersicht seiner Gedankenwelt zu geben – weder im Gespräch, noch als eine von ihm verfaßte Schrift. Als er einmal dazu aufgefordert wurde, schrieb er in seiner charakteristischen, etwas drastischen Art: «. . . ich muß schon sagen, daß etwas Derartiges gänzlich außerhalb meiner Reichweite liegt. Ich könnte es einfach nicht zustande bringen, das, was ich mit soviel Mühe ausführlich dargestellt habe, in einer kürzeren Form herauszubringen. Ich müßte ja das ganze Beweismaterial draußen lassen und könnte mich nur eines apodiktischen Stiles befleißigen, was die Schwerverständlichkeit meiner Resultate in keiner Weise erleichtern würde. Die für die Familie der Zweihufer charakteristische ruminative Tätigkeit, welche in der Regurgitation des schon Gefressenen besteht, ist für mich das Gegenteil von Appetit erregend . . .»

Der Leser möge also das Kapitel «Zur Entstehung des Werkes»

lediglich als einen durch den Augenblick bestimmten Rückblick des alten Meisters auffassen und auf sich wirken lassen.

Das kurze Glossar, das ich auf Wunsch der Verleger dem Buche folgen lasse, vermittelt dem mit Jungs Werk und Terminologie nicht Vertrauten einige einführende Erklärungen. Wenn immer möglich habe ich die Begriffe der Jungschen Psychologie durch Zitate aus seinen Werken umschrieben. Die Zitate können jedoch nur als hinweisende Aperçus aufgefaßt werden. Jung hat die von ihm gebrauchten Begriffe immer wieder neu und anders umschrieben und das Unerklärbare, das der psychischen Wirklichkeit anhaftet, als Rätsel oder Geheimnis belassen.

Es sind viele, die mir bei der ebenso schönen wie schwierigen Aufgabe geholfen haben. Sei es, daß sie das langsame Werden mit Interesse begleiteten, sei es, daß sie durch Anregung und Kritik die Arbeit förderten. Ihnen allen gilt mein Dank. Genannt seien an dieser Stelle nur Helene und Kurt Wolff, Locarno, welche der Idee des Buches zur Verwirklichung verhalfen, Marianne und Walther Niehus-Jung, Küsnacht ZH, die mir während der Jahre des Entstehens mit Rat und Tat zur Seite standen, sowie Richard F. C. Hull, Palma de Mallorca, der mich mit nie erlahmender Geduld hilfreich beriet.

Dezember 1961 *Aniela Jaffé*

PROLOG

Mein Leben ist die Geschichte einer Selbstverwirklichung des Unbewußten. Alles, was im Unbewußten liegt, will Ereignis werden, und auch die Persönlichkeit will sich aus ihren unbewußten Bedingungen entfalten und sich als Ganzheit erleben. Um diesen Werdegang bei mir darzustellen, kann ich mich nicht der wissenschaftlichen Sprache bedienen; denn ich kann mich nicht als wissenschaftliches Problem erfahren.

Was man der inneren Anschauung nach ist, und was der Mensch sub specie aeternitatis zu sein scheint, kann man nur durch einen Mythus ausdrücken. Er ist individueller und drückt das Leben genauer aus als Wissenschaft. Sie arbeitet mit Durchschnittsbegriffen, die zu allgemein sind, als daß sie der subjektiven Vielfalt eines einzelnen Lebens gerecht werden könnten.

So habe ich es heute, in meinem dreiundachtzigsten Lebensjahr, unternommen, den Mythus meines Lebens zu erzählen. Ich kann jedoch nur unmittelbare Feststellungen machen, nur «Geschichten erzählen». Ob sie wahr sind, ist kein Problem. Die Frage ist nur, ist es *mein* Märchen, *meine* Wahrheit?

Das Schwierige an der Gestaltung einer Autobiographie liegt darin, daß man keinen Maßstab besitzt, keinen objektiven Boden, von dem aus man urteilen könnte. Es gibt keine richtigen Vergleichsmöglichkeiten. Ich weiß, daß ich in vielem nicht bin wie andere, ich weiß aber nicht, wie ich wirklich bin. Der Mensch kann sich mit nichts vergleichen: er ist kein Affe, keine Kuh, kein Baum. Ich bin ein Mensch. Aber was ist das? Wie jedes Wesen bin auch ich von der unendlichen Gottheit abgespalten, aber ich kann mich mit keinem Tier konfrontieren, mit keiner Pflanze und keinem Stein. Nur ein mythisches Wesen reicht über den Menschen hinaus. Wie kann man da über sich irgendwelche definitiven Meinungen haben?

Man ist ein psychischer Ablauf, den man nicht beherrscht, oder doch nur zum Teil. Infolgedessen hat man kein abgeschlossenes Urteil über sich oder über sein Leben. Sonst wüßte man alles darüber, aber das bildet man sich höchstens ein. Im Grunde genommen weiß man nie, wie alles gekommen ist. Die Geschichte eines Lebens fängt irgendwo an, an irgendeinem Punkt, den man gerade eben erinnert, und schon da war es hochkompliziert. Was das Leben wird, weiß man nicht. Darum hat die Geschichte keinen Anfang, und das Ziel ist nur ungefähr anzugeben.

Das Leben des Menschen ist ein fragwürdiger Versuch. Es ist nur zahlenmäßig eine ungeheure Erscheinung. Es ist so flüchtig, so ungenügend, daß es geradezu ein Wunder ist, wenn etwas existieren und sich entfalten kann. Das hat mich als jungen Medizinstudenten schon beeindruckt, und es schien mir wie ein Wunder, wenn ich nicht vor der Zeit zerstört werden sollte.

Das Leben ist mir immer wie eine Pflanze vorgekommen, die aus ihrem Rhizom lebt. Ihr eigentliches Leben ist nicht sichtbar, es steckt im Rhizom. Das, was über dem Boden sichtbar wird, hält nur einen Sommer. Dann verwelkt es – eine ephemere Erscheinung. Wenn man an das endlose Werden und Vergehen des Lebens und der Kulturen denkt, erhält man den Eindruck absoluter Nichtigkeit; aber ich habe nie das Gefühl verloren für etwas, das unter dem ewigen Wechsel lebt und dauert. Was man sieht, ist die Blüte, und die vergeht. Das Rhizom dauert.

Im Grunde genommen sind mir nur die Ereignisse meines Lebens erzählenswert, bei denen die unvergängliche Welt in die vergängliche einbrach. Darum spreche ich hauptsächlich von den inneren Erlebnissen. Zu ihnen gehören meine Träume und Imaginationen. Sie bilden zugleich den Urstoff meiner wissenschaftlichen Arbeit. Sie waren wie feurig-flüssiger Basalt, aus welchem sich der zu bearbeitende Stein auskristallisiert.

Neben den inneren Ereignissen verblassen die anderen Erinnerungen, Reisen, Menschen und Umgebung. Zeitgeschichte haben viele erlebt und darüber geschrieben; man kann es besser bei ihnen nachlesen oder sich davon erzählen lassen. Die Erinnerung an die äußeren Fakten meines Lebens ist mir zum größten Teil verblaßt oder entschwunden. Aber die Begegnungen mit der anderen Wirklichkeit, der Zusammenprall mit dem Unbewußten haben sich meinem Gedächtnis unverlierbar eingegraben. Da war immer Fülle und Reichtum, und alles andere trat dahinter zurück.

So wurden mir auch Menschen zu unverlierbaren Erinnerungen nur vermöge des Umstandes, daß im Buche meines Schicksals ihr

Name schon seit jeher eingetragen stand und das Bekanntwerden mit ihnen auch zugleich etwas wie ein Wiedererinnern war.

Auch die Dinge, die in der Jugend oder später von außen an mich herankamen und mir bedeutsam wurden, standen im Zeichen des inneren Erlebnisses. Sehr früh war ich zu der Einsicht gekommen, daß wenn es auf die Verwicklungen des Lebens keine Antwort und keine Lösung von Innen her gibt, sie letzten Endes wenig besagen. Die äußeren Umstände können die inneren nicht ersetzen. Darum ist mein Leben arm an äußeren Ereignissen. Ich kann nicht viel davon erzählen; denn es käme mir leer oder wesenlos vor. Ich kann mich nur aus den inneren Geschehnissen verstehen. Sie machen das Besondere meines Lebens aus, und von ihnen handelt meine «Autobiographie».

KINDHEIT

Ein halbes Jahr nach meiner Geburt (1875) zogen meine Eltern von Keßwil (Kanton Thurgau) am Bodensee in die Pfarrei des Schlosses Laufen oberhalb des Rheinfalls.

Meine Erinnerungen beginnen etwa mit dem zweiten oder dritten Jahr. Ich erinnere mich an das Pfarrhaus, den Garten, das Buchihüsli, die Kirche, das Schloß, den Rheinfall, das Schlößchen Wörth und den Bauernhof des Meßmers. Es sind lauter Erinnerungsinseln, die in einem unbestimmten Meere schwimmen, anscheinend ohne Verbindung.

Da taucht eine Erinnerung auf, vielleicht die früheste meines Lebens und darum nur ein ziemlich vager Eindruck: Ich liege in einem Kinderwagen, im Schatten eines Baumes. Es ist ein schöner warmer Sommertag, blauer Himmel. Goldenes Sonnenlicht spielt durch grüne Blätter. Das Dach des Wagens ist aufgezogen. Ich bin eben erwacht in der herrlichen Schönheit und fühle unbeschreibliches Wohlbehagen. Ich sehe die Sonne durch die Blätter und Blüten der Bäume glitzern. Alles ist höchst wunderbar, farbig und herrlich.

Eine andere Erinnerung: Ich sitze in unserem Eßzimmer auf der Westseite des Hauses in einem hohen Kinderstuhl und löffle warme Milch mit Brotbröckchen drin. Die Milch hat einen Wohlgeschmack und einen charakteristischen Geruch. Es war das erste Mal, daß ich den Geruch bewußt wahrnahm. Das war der Augenblick, als ich mir sozusagen über das Riechen bewußt geworden bin. Diese Erinnerung geht auch sehr weit zurück.

Oder: ein schöner Sommerabend. Eine Tante sagt: «Jetzt will ich dir etwas zeigen.» Sie ging mit mir vors Haus, auf die Straße nach Dachsen. Weit unten am Horizont lag die Alpenkette in glühendem Abendrot. Man sah sie an jenem Abend ganz klar. «Lueg jetz dert, die Bärg sind alli rot.» Da sah ich zum ersten Mal die Alpen! Dann hörte ich, daß die Kinder von Dachsen morgen einen Schulausflug nach Zürich auf den Uetliberg machen würden. Ich wollte durchaus mit. Zu meinem Schmerz wurde ich belehrt, daß so kleine Kinder nicht mit dürften, da sei halt nichts zu machen. Von da an waren Zürich und der Uetliberg das unerreichbare Wunschland, nahe bei den glühenden Schneebergen.

Aus etwas späterer Zeit: meine Mutter fuhr mit mir in den Thurgau, um Freunde zu besuchen. Sie hatten ein Schloß am Bodensee. Da war ich vom Ufer nicht wegzubringen. Die Sonne glitzerte auf dem Wasser. Die Wellen vom Dampfer kamen ans Ufer. Sie hatten den Sand auf dem Grunde zu kleinen Rippen geformt. Der See dehnte sich in unabsehbare Ferne, und diese Weite war ein unvorstellbarer Genuß, eine Herrlichkeit ohnegleichen. Damals setzte sich die Idee bei mir fest, ich müsse an einem See leben. Ohne Wasser, so dachte ich, könne man überhaupt nicht sein.

Noch eine andere Erinnerung: fremde Leute, Geschäftigkeit, Aufregung. Die Magd kam gerannt: «Die Fischer haben eine Leiche geländet – über den Rheinfall hinunter – sie wollen sie ins Waschhaus bringen.» Mein Vater sagte: «Ja – ja.» Ich wollte die Leiche sofort sehen. Meine Mutter hielt mich zurück und verbot mir streng, in den Garten zu gehen. Als die Männer fortgegangen waren, eilte ich heimlich durch den Garten zum Waschhaus. Aber die Türe war verschlossen. Dann ging ich ums Haus herum. Auf der hinteren Seite befand sich ein offener Ablauf zum Hang hinunter. Da tröpfelte Wasser und Blut heraus. Das interessierte mich außerordentlich. Ich war damals noch nicht vier Jahre alt.

Ein anderes Bild taucht auf: Ich bin unruhig, fiebrig, schlaflos. Mein Vater trägt mich auf den Armen, geht im Zimmer auf und ab und singt dabei seine alten Studentenlieder. Ich erinnere mich namentlich an eines, das mir besonders gefiel und mich immer beruhigt hat. Es war das sogenannte Lied vom Landesvater: «Alles schweige, jeder neige . . .» so etwa lautete der Anfang. Ich erinnere mich heut noch an die Stimme meines Vaters, der in der Stille der Nacht über mir sang.

Ich litt, wie meine Mutter mir nachträglich erzählte, an einem allgemeinen Ekzem. Dunkle Andeutungen über Schwierigkeiten in der Ehe der Eltern umschwebten mich. Meine Krankheit muß wohl im Zusammenhang gestanden haben mit einer temporären Trennung meiner Eltern (1878). Meine Mutter war damals während mehrerer Monate im Spital in Basel, und vermutlich war ihr Leiden die Folge ihrer Enttäuschung in der Ehe. Damals betreute mich eine Tante, an die zwanzig Jahre älter als meine Mutter. Die lange Abwesenheit meiner Mutter hat mir schwer zu schaffen gemacht.

Seit jener Zeit war ich immer mißtrauisch sobald das Wort «Liebe» fiel. Das Gefühl, das sich mir mit dem «Weiblichen» verband, war lange Zeit: natürliche Unzuverlässigkeit. «Vater» bedeutete für mich Zuverlässigkeit und – Ohnmacht. Dies ist das handicap, mit dem ich angetreten bin. Später wurde dieser frühe Eindruck revidiert. Ich habe geglaubt, Freunde zu haben, und bin von ihnen enttäuscht worden, und ich war mißtrauisch gegenüber Frauen und bin nicht enttäuscht worden.

Während meine Mutter fort war, hat sich auch unser Mädchen meiner angenommen. Ich weiß noch, wie sie mich auf den Arm hob und ich den Kopf an ihre Schulter legte. Sie hatte schwarze Haare und einen olivenfarbenen Teint und war ganz anders als meine Mutter. Ich erinnere mich an den Haaransatz, den Hals mit der stark pigmentierten Haut und das Ohr. Das kam mir so fremdartig vor und doch so merkwürdig bekannt. Es war, als gehörte sie nicht zu meiner Familie, sondern nur zu mir, und als hinge sie auf eine mir unbegreifliche Weise mit anderen geheimnisvollen Dingen zusammen, die ich nicht verstehen konnte. Der Typus des Mädchens wurde später zu einem Aspekt meiner Anima. Das Gefühl des Fremden und doch Urbekannten, das sie vermittelte, war das Charakteristikum jener Figur, die mir später den Inbegriff des Weiblichen darstellte.

In die Zeit der Trennung meiner Eltern fällt noch ein anderes Erinnerungsbild: Ein junges, sehr hübsches, liebenswürdiges Mädchen mit blauen Augen und blondem Haar führt mich an einem blauen Herbsttag unter goldenen Ahorn- und Kastanienbäumen spazieren. Wir gingen den Rhein entlang unterhalb des Wasserfalls beim Schlößchen Wörth. Die Sonne schien durch das Laub, und goldene Blätter lagen am Boden. Das junge Mädchen ist später meine Schwiegermutter geworden. Sie bewunderte meinen Vater. Erst mit einundzwanzig Jahren habe ich sie wieder gesehen.

Das sind meine «äußeren» Erinnerungen. Was jetzt folgt, sind stärkere, ja überwältigende Dinge, an die ich mich zum Teil nur dunkel erinnere: ein Sturz die Treppe hinunter, ein Fall gegen das kantige Ofenbein. Ich erinnere mich an Schmerzen und Blut, ein Arzt näht mir eine Kopfwunde, deren Narbe noch bis in meine späte Gymnasialzeit sichtbar war. Meine Mutter erzählte mir, daß ich einmal mit der Magd über die Rheinfallbrücke nach Neuhausen ging, plötzlich hinfiel und mit einem Bein unter das Geländer glitt. Das Mädchen konnte mich gerade noch erwischen und zurückreißen. Diese Dinge weisen auf einen unbewußten Selbstmorddrang, beziehungsweise auf einen fatalen Widerstand gegen das Leben in dieser Welt.

Es bestanden damals unbestimmte Ängste in der Nacht. Es gingen Dinge um. Immer hörte man das dumpfe Tosen des Rheinfalls, und darum herum lag eine Gefahrenzone. Menschen ertranken, eine Leiche fiel über die Felsen. Auf dem nahen Gottesacker macht der Meßmer ein Loch; braun aufgeschüttete Erde. Schwarze feierliche Männer in Gehröcken, mit ungewohnten hohen Hüten und blankgewichsten schwarzen Schuhen bringen eine schwarze Kiste. Mein Vater ist auch dabei im Talar und spricht mit hallender Stimme. Frauen weinen. Es heißt, man begrabe jemanden in diese Grube hinunter. Man sah gewisse Leute plötzlich nicht mehr, die vorher da gewesen waren. Ich hörte, sie seien begraben oder der «hêr Jesus» habe sie zu sich genommen.

Meine Mutter hatte mich ein Gebet gelehrt, das ich jeden Abend beten mußte. Ich tat es auch gern, weil es mir ein gewisses komfortables Gefühl gab in Hinsicht auf die unbestimmten Unsicherheiten der Nacht:

Breit aus die Flügel beide,
O Jesu meine Freude
Und nimm dein Küchlein ein.
Will Satan es verschlingen,
So laß die Englein singen:
Dies Kind soll unverletzet sein.

«Dr hêr Jesus» war komfortabel, ein netter wohlwollender «hêr» wie der «hêr» Wegenstein im Schloß – reich, mächtig, angesehen und achtsam in bezug auf Kinder in der Nacht. Warum er geflügelt sein sollte wie ein Vogel, war ein kleines Wunder, das mich aber nicht weiter störte. Viel bedeutsamer und Anlaß zu vielen Betrachtungen war aber die Tatsache, daß kleine Kinder mit «Chüechli»[1] verglichen wurden, welche von dem «hêr Jesus» offenbar nur widerwillig wie eine bittere Medizin «eingenommen» wurden. Das war mir schwer verständlich. Ich begriff aber ohne weiteres, daß Satan die Chüechli gern hatte und darum verhindert werden mußte, sie zu verschlingen. Obschon also der «hêr Jesus» sie nicht mag, so ißt er sie dennoch dem Satan weg. Soweit war

[1] Schweizer Dialekt: kleine Kuchen.

mein Argument «komfortabel». Nun aber hieß es auch, daß der «hêr Jesus» überhaupt auch andere Leute «zu sich nähme», was mit Verlochung in der Erde gleichbedeutend war.

Der sinistre Analogieschluß hatte fatale Folgen. Ich fing an, dem «hêr Jesus» zu mißtrauen. Er verlor seinen Aspekt als großer, komfortabler und wohlwollender Vogel und wurde mit den finstern, schwarzen Männern im Gehrock, mit Zylinder und schwarzen blank gewichsten Schuhen, die mit der schwarzen Kiste zu tun hatten, assoziiert.

Diese meine Ruminationen führten zu meinem ersten bewußten Trauma. An einem heißen Sommertag saß ich, wie gewöhnlich, allein auf der Straße vor dem Haus und spielte im Sand. Die Straße lief vor dem Haus vorbei zu einem Hügel, an dem sie emporstieg und sich oben im Wald verlor. Man konnte daher vom Haus aus eine große Strecke des Weges überblicken. Auf dieser Straße sah ich nun eine Gestalt mit breitem Hut und langem schwarzem Gewand vom Wald herunter kommen. Sie sah aus wie ein Mann, der eine Art Frauengewand trug. Die Gestalt kam langsam näher, und ich konnte feststellen, daß es tatsächlich ein Mann war, der eine Art bis auf die Füße reichenden, schwarzen Rock trug. Bei seinem Anblick befiel mich Furcht, die rasch zu tötlichem Schrecken anwuchs, denn in mir formte sich die entsetzenerregende Erkenntnis: «Das ist ein Jesuit!» Kurz zuvor hatte ich nämlich einem Gespräch zugehört, das mein Vater mit einem Amtskollegen über die Umtriebe der «Jesuiten» führte. Aus dem halb ärgerlichen, halb ängstlichen Gefühlston seiner Bemerkungen erhielt ich den Eindruck, daß «Jesuiten» etwas besonders Gefährliches, sogar für meinen Vater, darstellten. Im Grunde wußte ich nicht, was «Jesuiten» bedeutete. Aber das Wort *Jesus* kannte ich aus meinem Gebetlein.

Der Mann, der die Straße herunterkam, war offenbar verkleidet, dachte ich. Darum trug er Frauenkleider. Wahrscheinlich hatte er böse Absichten. Mit Todesschrecken rannte ich spornstreichs ins Haus, die Treppe hinauf bis auf den Estrich, wo ich mich unter einem Balken in einem finstern Winkel verkroch. Ich weiß nicht, wie lange ich dort blieb. Es muß aber ziemlich lange gewesen sein, denn als ich vorsichtig wieder in den ersten Stock hinunterstieg und mit äußerster Behutsamkeit den Kopf zum Fenster hinausstreckte, war weit und breit keine Spur mehr von der schwarzen Gestalt zu sehen. Der Höllenschrecken lag mir aber noch tagelang in den Gliedern und bewog mich, im Hause zu bleiben. Und wenn ich später wieder auf der Straße spielte, so war mir doch der Waldrand ein Gegenstand unruhiger Aufmerksamkeit. Später wurde es mir natürlich klar, daß die schwarze Figur ein sehr harmloser katholischer Priester gewesen war.

Ungefähr zur selben Zeit – ich könnte nicht einmal mit absoluter Sicherheit sagen, ob es nicht vor dem eben erwähnten Ereignis war – erlebte ich meinen ersten Traum, an den ich mich erinnern kann, und der mich sozusagen mein Leben lang beschäftigen sollte. Ich war damals drei oder vier Jahre alt.

Das Pfarrhaus steht allein beim Schloß Laufen, und hinter dem Hof des Meßmers liegt eine große Wiese. Im Traum stand ich auf dieser Wiese. Dort entdeckte ich plötzlich ein dunkles, rechteckiges, ausgemauertes Loch in der Erde. Ich hatte es noch nie zuvor gesehen. Neugierig trat ich näher und blickte hinunter. Da sah ich eine Steintreppe, die in die Tiefe führte. Zögernd und furchtsam stieg ich hinunter. Unten befand sich eine Türe mit Rundbogen, durch einen grünen Vorhang abgeschlossen. Der Vorhang war groß und schwer, wie aus gewirktem Stoff oder aus Brokat, und es fiel mir auf, daß er sehr reich aussah. Neugierig, was sich dahinter wohl verbergen möge, schob ich ihn beiseite und erblickte einen zirka zehn Meter langen rechteckigen Raum in dämmerigem Lichte. Die gewölbte Decke bestand aus Steinen, und auch der Boden war mit Steinfliesen bedeckt. In der Mitte lief ein roter Teppich vom Eingang bis zu einer niedrigen Estrade. Auf dieser stand ein wunderbar reicher goldener Thronsessel. Ich bin nicht sicher, aber vielleicht lag ein rotes Polster darauf. Der Sessel war prachtvoll, wie im Märchen, ein richtiger Königssessel! Darauf stand nun etwas. Es war ein riesiges Gebilde, das fast bis an die Decke reichte. Zuerst meinte ich, es sei ein hoher Baumstamm. Der Durchmesser betrug etwa fünfzig bis sechzig Zentimeter und die Höhe etwa vier bis fünf Meter. Das Gebilde war aber von merkwürdiger Beschaffenheit: es bestand aus Haut und lebendigem Fleisch, und obendrauf war eine Art rundkegelförmigen Kopfes ohne Gesicht und ohne Haare; nur ganz oben auf dem Scheitel befand sich ein einziges Auge, das unbewegt nach oben blickte.

Im Raum war es relativ hell, obschon er keine Fenster und kein Licht hatte. Es herrschte aber über dem Kopf eine gewisse Helligkeit. Das Ding bewegte sich nicht, jedoch hatte ich das Gefühl, als ob es jeden Augenblick wurmartig von seinem Throne herunterkommen und auf mich zu kriechen könnte. Vor Angst war ich wie gelähmt. In diesem unerträglichen Augenblick hörte ich plötzlich meiner Mutter Stimme wie von außen und oben, welche rief: «Ja, schau ihn dir nur an. Das ist der Menschenfresser!» Da bekam ich einen Höllenschrecken und erwachte, schwitzend vor Angst. Von da an hatte ich viele Abende lang Angst einzuschlafen, weil ich fürchtete, ich könnte wieder einen ähnlichen Traum haben.

Dieser Traum hat mich Jahre hindurch beschäftigt. Erst sehr viel später entdeckte ich, daß das merkwürdige Gebilde ein Phallus war, und erst nach Jahrzehnten, daß es ein ritueller Phallus war. Ich konnte nie ausmachen, ob meine Mutter meinte «*Das* ist der Menschenfresser», oder «Das ist der *Menschenfresser*». In ersterem Fall hätte sie gemeint, daß nicht «Jesus» oder der «Jesuit» der Kinderfresser sei, sondern der Phallus; in letzterem, daß der Menschenfresser im allgemeinen durch den Phallus dargestellt sei, also daß der dunkle «hêr Jesus», der Jesuit und der Phallus identisch seien.

Die abstrakte Bedeutung des Phallus ist dadurch gekennzeichnet, daß das Glied für sich ithyphallisch (ἰθῦς = aufrecht) inthronisiert ist. Das Loch in der Wiese stellte wohl ein Grab dar. Das Grab selber ist ein unterirdischer Tempel, dessen grüner Vorhang an die Wiese erinnert, hier also das Geheimnis der mit grüner Vegetation bedeckten Erde darstellt. Der Teppich war blutrot. Woher das Gewölbe? Bin ich damals schon auf dem Munot, dem Bergfried von Schaffhausen, gewesen? Nicht wahrscheinlich, man würde ein dreijähriges Kind kaum dorthin führen. Also kann es sich nicht um einen Erinnerungsrest handeln. Ebenso ist die Quelle für den anatomisch richtigen Ithyphallus unbekannt. Deutung des orificium urethrae als Auge, und darüber anscheinend eine Lichtquelle, weist auf die Etymologie des Phallus hin (φαλός = leuchtend, glänzend)[2].

Der Phallus dieses Traumes scheint auf alle Fälle ein unterirdischer und nicht zu erwähnender Gott zu sein. Als solcher ist er mir durch meine ganze Jugend geblieben und hat jeweils angeklungen, wenn vom Herrn Jesus Christus etwas zu emphatisch die Rede war. Der «hêr Jesus» ist mir nie ganz wirklich, nie ganz akzeptabel, nie ganz liebenswert geworden, denn immer wieder dachte ich an seinen unterirdischen Gegenspieler als an eine von mir nicht gesuchte, schreckliche Offenbarung.

[2] Vgl. C. G. Jung «Symbole der Wandlung», 1952, p. 370 f.

Die «Verkleidung» des Jesuiten warf ihren Schatten über die mir erteilte christliche Lehre. Sie erschien mir oft wie eine feierliche Maskerade, eine Art Leichenbegängnis. Dort konnten die Leute zwar eine ernsthafte oder traurige Miene aufsetzen, aber handkehrum schienen sie heimlich zu lachen und gar nicht traurig zu sein. Der «hêr Jesus» kam mir irgendwie als eine Art Totengott vor – zwar hilfreich, indem er nächtlichen Spuk wegschreckte, aber selber unheimlich, weil gekreuzigt und ein blutiger Leichnam. Seine mir stets gepriesene Liebe und Güte erschienen mir heimlich zweifelhaft, besonders auch darum, weil hauptsächlich Leute mit schwarzen Gehröcken und blank gewichsten Schuhen, die mich immer an Begräbnisse erinnerten, vom «lieben Herr Jesus» sprachen. Es waren die Amtskollegen meines Vaters und acht Onkel – alles Pfarrer. Sie flößten mir viele Jahre lang Angst ein – nicht zu reden von gelegentlichen katholischen Priestern, die mich an den gefürchteten «Jesuiten» erinnerten, und Jesuiten hatten sogar meinem Vater Furcht und Ärger verursacht. In den späteren Jahren bis zur Konfirmation gab ich mir zwar die größte Mühe, das geforderte positive Verhältnis zu Christus zu erzwingen. Aber es wollte mir nie gelingen, mein heimliches Mißtrauen zu überwinden.

Die Angst vor dem «schwarzen Mann» hat schließlich jedes Kind, und sie war keineswegs das Wesentliche an jenem Erlebnis, sondern es war die qualvoll in meinem kindlichen Gehirn sich durchringende Erkenntnisformulierung: «Das ist ein Jesuit.» So ist auch in dem Traum die merkwürdige symbolische Aufmachung und die erstaunliche Deutung als «Menschenfresser» das Wesentliche. Nicht das kindliche Gespenst des «Menschenfressers» ist es, sondern daß er auf unterirdischem, goldenem Throne sitzt. Für mein kindliches Bewußtsein von damals saß erstens einmal der König auf einem goldenen Thron, dann aber, auf einem viel schöneren und viel höheren und viel goldeneren Thron, weit im blauen Himmel oben, saßen der liebe Gott und der Herr Jesus mit goldenen Kronen und weißen Kleidern. Von diesem Herrn Jesus kam aber der «Jesuit», in schwarzem Weiberrock, mit einem schwarzen breiten Hut vom Bergwald herunter. Ich mußte noch oft dort hinauf sehen, ob nicht wieder Gefahr drohte.

Im Traum stieg ich hinunter in die Höhle und fand dort ein anderes Wesen auf dem goldenen Thron, unmenschlich und unterweltlich, und es blickte unverwandt nach oben und nährte sich von

Menschenfleisch. Erst volle fünfzig Jahre später brannte mir die Stelle aus einem Kommentar über religiöse Riten in die Augen, in welchem vom anthropophagischen Grundmotiv im Abendmahlssymbolismus die Rede ist. Da erst wurde mir klar, wie überaus unkindlich, wie reif, ja sogar wie überreif der Gedanke ist, der sich in diesen beiden Erlebnissen zur Bewußtheit durchzuringen begann. Wer sprach damals in mir? Wessen Geist hat diese Erlebnisse ersonnen? Welche überlegene Einsicht war hier am Werk? Ich weiß, für jeden Flachkopf liegt die Versuchung nahe, vom «schwarzen Mann» und vom «Menschenfresser» und vom «Zufall» und «späterem Hineindeuten» zu faseln, um etwas schrecklich Unbequemes schnell wegzuwischen, damit ja keine familiäre Harmlosigkeit getrübt werde. Ach, diese braven, tüchtigen, gesunden Menschen, sie kommen mir immer vor wie jene optimistischen Kaulquappen, die in einer Regenwasserpfütze dichtgedrängt und freundlich schwänzelnd an der Sonne liegen, im seichtesten aller Gewässer, und nicht ahnen, daß schon morgen die Pfütze ausgetrocknet ist.

Was sprach damals in mir? Wer redete Worte überlegener Problematik? Wer stellte das Oben und das Unten zusammen und legte damit den Grund zu all dem, was die ganze zweite Hälfte meines Lebens mit Stürmen leidenschaftlichster Natur erfüllte? Wer störte ungetrübte, harmloseste Kindheit mit schwerer Ahnung reifsten Menschenlebens? Wer anders als der fremde Gast, der von Oben und von Unten kam?

Durch diesen Kindertraum wurde ich in die Geheimnisse der Erde eingeweiht. Es fand damals sozusagen ein Begräbnis in die Erde statt, und es vergingen Jahre, bis ich wieder hervorkam. Heute weiß ich, daß es geschah, um das größtmögliche Maß von Licht in die Dunkelheit zu bringen. Es war eine Art Initiation in das Reich des Dunkeln. Damals hat mein geistiges Leben seinen unbewußten Anfang genommen.

An unsere Übersiedlung nach Klein-Hüningen bei Basel 1879 erinnere ich mich nicht mehr, wohl aber an ein Ereignis, das einige Jahre später stattfand: Eines Abends nahm mich mein Vater aus dem Bett und trug mich auf seinem Arm auf unsere nach Westen gelegene Laube und zeigte mir den Abendhimmel, der im herrlichsten Grün schimmerte. Das war nach dem Ausbruch des Krakatau, 1883.

Ein andermal nahm mich mein Vater ins Freie und zeigte mir einen großen Kometen, der am östlichen Horizont stand.

Einmal gab es eine große Überschwemmung. Der Fluß Wiese, der durch das Dorf fließt, hatte die Dämme gebrochen. Im Oberlauf war eine Brücke eingestürzt. Vierzehn Leute waren ertrunken und wurden vom gelben Wasser zum Rhein hinuntergeschwemmt. Als das Wasser zurückging, hieß es, es lägen Leichen im Sande. Da gab es für mich kein Halten mehr. Ich fand die Leiche eines Mannes in mittlerem Alter, in einem schwarzen Gehrock – offenbar gerade aus der Kirche gekommen! Halb von Sand zugedeckt lag er da, den Arm über den Augen. Zum Entsetzen meiner Mutter faszinierte es mich auch, zuzusehen, wie ein Schwein geschlachtet wurde. All diese Dinge waren für mich von größtem Interesse.

In jene Klein-Hüninger Jahre reichen auch meine frühesten Erinnerungen an die bildende Kunst. Im elterlichen Hause, dem Pfarrhaus aus dem 18. Jahrhundert, gab es ein feierliches dunkles Zimmer. Dort standen die guten Möbel, und an den Wänden hingen alte Gemälde. Ich erinnere mich vor allem an ein italienisches Bild, welches David und Goliath darstellte. Es war eine Spiegelkopie aus der Werkstatt des Guido Reni, das Original hängt im Louvre. Wie es in unsere Familie gekommen ist, weiß ich nicht. Noch ein anderes altes Gemälde hing dort, das sich jetzt im Hause meines Sohnes befindet; es war ein Basler Landschaftsbild aus dem Anfang des 19. Jahrhunderts. Oft schlich ich heimlich in den abgelegenen dunkeln Raum und saß stundenlang vor den Bildern, um diese Schönheit anzusehen. Es war ja das einzige Schöne, das ich kannte.

Einmal hat mich damals – ich war noch sehr klein, etwa sechs Jahr alt – eine Tante mit nach Basel genommen und mir die ausgestopften Tiere im Museum gezeigt. Wir verweilten uns lange dort, weil ich alles ganz genau ansehen wollte. Um vier Uhr ertönte das Glockensignal zum Zeichen, daß das Museum geschlossen würde. Meine Tante drängte, aber ich konnte mich nicht von den Schaukästen trennen. So war mittlerweile der Saal geschlossen worden, und wir mußten auf einem anderen Weg zur Treppe gelangen, nämlich durch die Antiken-Galerie. Plötzlich stand ich vor diesen herrlichen Gestalten! Ganz überwältigt riß ich die Augen auf, denn noch nie hatte ich etwas derart Schönes gesehen. Ich konnte nicht genug schauen. Meine Tante zerrte mich an der Hand zum Ausgang – ich immer ein Stück hinter ihr – und rief: «Abscheulige Bueb, tue d'Auge zue, abscheulige Bueb, tue d'Auge zue!» Erst in dem Augenblick bemerkte ich, daß die Gestalten nackt waren und Feigenblätter trugen! Das hatte ich vorher gar nicht gesehen. So verlief mein erster Zusammenstoß mit der schönen Kunst. Meine Tante war in heller Entrüstung, wie wenn sie durch ein pornographisches Institut hindurchgeschleust worden wäre.

Als ich sechs Jahre alt war, machten meine Eltern mit mir einen Ausflug nach Arlesheim. Bei dieser Gelegenheit trug meine Mutter ein Kleid, das mir unvergeßlich geblieben ist und zugleich das einzige darstellt, das ich an ihr erinnere: es war ein schwarzer Stoff, bedruckt mit kleinen grünen Halbmonden. In diesem frühesten Erinnerungsbild erscheint meine Mutter als eine schlanke junge Frau. In meinen anderen Erinnerungen ist sie stets älter und korpulent.

Wir kamen zu einer Kirche, und meine Mutter sagte: «Das ist eine katholische Kirche.» – Meine Neugier, untermischt mit Angst, ließ mich der Mutter entlaufen, um durch die offene Tür ins Innere zu blicken. Ich sah gerade noch die großen Kerzen auf einem reichgeschmückten Altar (es war um die Osterzeit), als ich plötzlich über eine Stufe stolperte und mit dem Kinn auf ein Scharreisen aufschlug. Ich weiß nur, daß mich meine Eltern mit einer stark blutenden Wunde auflasen. Ich war in einem merkwürdigen Gemütszustand. Einerseits schämte ich mich, daß ich infolge meines Geschreis die Aufmerksamkeit der Kirchgänger auf mich gezogen hatte, andererseits hatte ich das Gefühl, etwas Verbotenes angestellt zu haben: Jesuiten – grüner Vorhang – Geheimnis des Menschenfressers . . . Das ist also die katholische Kirche, die mit Jesuiten zu tun hat. Die sind schuld daran, daß ich gestolpert bin und geschrien habe! –

Jahrelang konnte ich keine katholische Kirche mehr betreten ohne geheime Angst vor Blut, Hinfallen und Jesuiten. Das war der Ton oder die Atmosphäre, von der sie umwittert war. Aber immer hat sie mich fasziniert. Die Nähe eines katholischen Priesters war womöglich noch unbehaglicher. Erst in meinen Dreißigerjahren, als ich den Stephansdom in Wien betrat, konnte ich die Mater Ecclesia ohne Beschwernis fühlen.

Mit sechs Jahren begannen meine Lateinstunden, die mir mein Vater erteilte. Ich ging nicht ungern zur Schule. Sie fiel mir leicht, da ich den andern immer voraus war. Ich konnte auch schon lesen, bevor ich in die Schule kam. Ich erinnere mich aber an die Zeit, als ich noch nicht lesen konnte, dafür aber meine Mutter plagte, mir vorzulesen, und zwar aus dem «Orbis pictus», einem alten Kinderbuch [3], in dem sich eine Darstellung exotischer Religionen fand, insbesondere der indischen. Es gab Abbildungen von Brahma, Vishnu und Shiva, die mich mit unerschöpflichem Interesse erfüllten. Meine Mutter erzählte mir später, daß ich immer wieder auf sie zurückgekommen sei. Ich hatte dabei das dunkle Gefühl von Verwandtschaft mit meiner «Uroffenbarung», über die ich nie zu jemandem gesprochen hatte. Sie war mir ein nicht zu verratendes Geheimnis. Ich wurde darin von meiner Mutter indirekt bestätigt, da mir der Ton leichter Verachtung, in dem sie von den «Heiden» sprach, nicht entging. Ich wußte, daß sie meine «Offenbarung» mit Entsetzen abgewiesen hätte. Einer solchen Verletzung wollte ich mich nicht aussetzen.

Dieses unkindliche Verhalten hing einerseits mit einer großen Sensitivität und Verletzlichkeit zusammen, andererseits – und dies in besonderem Maße – mit der großen Einsamkeit meiner frühen Jugend. (Meine Schwester war neun Jahre jünger als ich.) Ich spielte allein und auf meine Manier. Leider kann ich mich nicht an das erinnern, was ich spielte, sondern nur daran, daß ich nicht gestört sein wollte. Ich war mit Andacht in meine Spiele versunken und konnte es nicht ausstehen, dabei beobachtet oder beurteilt zu werden. Ich erinnere mich aber, daß ich in meinem siebenten bis achten Jahre leidenschaftlich gerne mit Bauklötzchen spielte und Türme baute, die ich mit Wonne durch «Erdbeben» zerstörte. Zwischen dem achten und elften Jahr zeichnete ich endlos Schlachtenbilder, Belagerungen, Beschießungen, auch Seeschlachten. Dann füllte ich ein ganzes Heft mit Klecksographien und ergötzte mich an deren phantastischer Ausdeutung. Die Schule war mir deshalb lieb, weil ich dort endlich die längst entbehrten Spielgefährten fand.

Ich fand aber noch etwas anderes, das zu einer merkwürdigen Reaktion in mir führte. Bevor ich davon erzähle, möchte ich erwähnen, daß die nächtliche Atmosphäre sich zu verdichten begann. Es ging allerhand vor, Ängstliches und Unverständliches. Meine Eltern schliefen getrennt. Ich schlief im Zimmer des Vaters. Aus der Tür zum Zimmer der Mutter kamen beängstigende Einflüsse. Nachts war die Mutter unheimlich und geheimnisvoll. Eines nachts

[3] Nicht zu verwechseln mit dem «Orbis pictus» von J. A. Comenius.

sah ich aus ihrer Tür eine etwas luminose, unbestimmte Gestalt treten, deren Kopf sich nach vorn vom Hals abhob und in die Luft vorausschwebte, wie ein kleiner Mond. Sofort entstand ein neuer Kopf, der sich wieder abhob. Dieser Prozeß wiederholte sich sechs- bis siebenmal. Ich hatte Angstträume von Dingen, die bald groß, bald klein waren. So z. B. eine kleine Kugel in weiter Entfernung, die sich allmählich annäherte und dabei ins Ungeheure und Erdrückende wuchs, oder Telegraphendrähte, auf denen Vögel saßen. Die Drähte wurden immer dicker, und meine Angst wurde immer größer, bis ich daran erwachte.

Obschon diese Träume auf der physiologischen Vorbereitung der Adoleszenz beruhten, hatten sie doch ein Vorspiel, etwa im siebenten Jahr: Damals litt ich an Pseudocroup mit Erstickungsanfällen. Während dieser Anfälle stand ich auf dem Bett am Fußende hintenüber gebeugt, und mein Vater hielt mich unter den Armen. Über mir sah ich einen blauen leuchtenden Kreis von der Größe des Vollmondes, und darin bewegten sich goldene Gestalten, die ich für Engel hielt. Diese Vision beschwichtigte jeweils die Erstickungsangst. In den Träumen taucht sie jedoch wieder auf. Ein psychogenes Moment scheint mir dabei die entscheidende Rolle gespielt zu haben: die geistige Atmosphäre hatte angefangen, irrespirabel zu werden.

Ich ging höchst ungern in die Kirche. Der Weihnachtstag bildete die einzige Ausnahme. Der Weihnachtschoral: «Dies ist der Tag, den Gott gemacht» gefiel mir über die Maßen. Am Abend kam der Weihnachtsbaum. Das ist das einzige christliche Fest, das ich mit Inbrunst feierte. Alle anderen Feste ließen mich kalt. An zweiter Stelle kam der Silvesterabend. Die Adventszeit hatte etwas an sich, das mit der kommenden Weihnacht nicht recht übereinstimmen wollte. Es hatte mit Nacht, Wetter und Wind zu tun, auch mit der Dunkelheit des Hauses. Es raunte etwas – es ging etwas um.

In jene frühe Kinderzeit fiel eine Entdeckung, die ich im Umgang mit meinen ländlichen Schulkameraden machte: sie alienierten mich. Ich wurde anders mit ihnen, als wenn ich zuhause allein war. Ich machte Streiche mit oder erfand selber solche, die mir zuhause, wie es mir schien, nie eingefallen wären. Ich wußte zwar nur zu gut, daß ich auch, wenn ich allein zuhause war, allerhand aushecken konnte. Es schien mir aber, daß ich meine Veränderung dem Einfluß meiner Kameraden verdankte, die mich irgendwie verführten oder anders zu sein zwangen, als ich zu sein meinte. Der

Einfluß der weiteren Welt, in der ich andere Leute als meine Eltern kennen lernte, erschien mir zweifelhaft, wenn nicht überhaupt verdächtig, und in dunkler Weise feindselig. In zunehmendem Maße nahm ich die Schönheit der hellen Tageswelt wahr, wo «goldenes Sonnenlicht durch grüne Blätter spielt». Gleich daneben aber ahnte ich eine unabweisbare Schattenwelt mit beängstigenden unbeantwortbaren Fragen, denen ich mich ausgeliefert fühlte. Mein Nachtgebet gab mir zwar einen rituellen Schutz, indem es den Tag richtig abschloß und ebenso richtig die Nacht und den Schlaf einleitete. Die neue Gefahr aber lauerte am Tage. Es war, wie wenn ich eine Entzweiung meiner selbst fühlte und befürchtete. Meine innere Sicherheit war bedroht.

Ich erinnere mich, daß ich in dieser Zeit (siebentes bis neuntes Jahr) gern mit Feuer spielte. In unserem Garten stand eine alte Mauer aus großen Steinblöcken, deren Zwischenräume interessante Höhlen bildeten. In diesen pflegte ich ein kleines Feuer zu unterhalten, wobei mir andere Kinder halfen – ein Feuer, das «immer» brennen und darum stets unterhalten werden mußte. Dazu bedurfte es unserer vereinten Anstrengungen, die im Sammeln des nötigen Holzes bestanden. Niemand anderer durfte dieses Feuer besorgen als ich. Die anderen konnten in anderen Höhlen andere Feuer anzünden, aber diese Feuer waren profan und gingen mich nichts an. Mein Feuer allein war lebendig und hatte einen unverkennbaren Beigeschmack von Heiligkeit. Das war damals für lange Zeit mein beliebtestes Spiel.

Vor dieser Mauer zog sich ein Abhang entlang, in welchem ein Stein eingebettet lag, der etwas hervorragte – mein Stein. Öfters, wenn ich allein war, setzte ich mich auf ihn, und dann begann ein Gedankenspiel, das etwa so lautete: «Ich sitze auf diesem Stein. Ich bin oben und er ist unten.» – Der Stein könnte aber auch sagen: «Ich» und denken: «Ich liege hier, auf diesem Hang, und er sitzt auf mir.» – Dann erhebt sich die Frage: «Bin ich der, der auf dem Stein sitzt, oder bin ich der Stein, auf dem *er* sitzt?» – Diese Frage verwirrte mich jeweils, und ich erhob mich, zweifelnd an mir selber und darüber grübelnd, wer jetzt was sei. Das blieb unklar, und meine Unsicherheit war begleitet vom Gefühl einer merkwürdigen und faszinierenden Dunkelheit. Unzweifelhaft war aber die Tatsache, daß dieser Stein in geheimer Beziehung zu mir stand. Ich konnte stundenlang auf ihm sitzen und war gebannt von dem Rätsel, das er mir aufgab.

Dreißig Jahre später stand ich wieder auf jenem Abhang, war verheiratet, hatte Kinder, ein Haus, einen Platz in der Welt und einen Kopf voll von Ideen und Plänen, und plötzlich war ich wieder das Kind, das ein Feuer voll heimlicher Bedeutung entzündet und auf dem Stein sitzt, von dem man nicht weiß, ob er ich ist oder ich er. – Mein Leben in Zürich fiel mir plötzlich ein und erschien mir fremd, wie eine Kunde aus einer anderen Welt und Zeit. Es war verlockend und zugleich erschreckend. Die Welt meiner Kindheit, in die ich eben versunken war, war ewig, und ich war ihr entrissen und in eine weiter rollende, immer weiter sich entfernende Zeit hineingefallen. Ich mußte mich gewaltsam von diesem Ort abwenden, um meine Zukunft nicht zu verlieren.

Dieser Moment ist mir unvergeßlich, denn er hat mir blitzartig den Ewigkeitscharakter meiner Kindheitszeit erleuchtet. Was mit dieser «Ewigkeit» gemeint ist, zeigte sich bald darauf in meinem zehnten Lebensjahr. Meine Entzweiung und Unsicherheit in der großen Welt führte mich zu einer mir damals unverständlichen Maßnahme: ich benutzte in jener Zeit eine gelb lackierte Federschachtel, mit einem kleinen Schloß, wie sie die Primarschüler besitzen. Darin fand sich auch ein Lineal. An dessen Ende schnitzte ich nun ein kleines, etwa sechs Zentimeter großes Männchen mit «Gehrock, Zylinder und blankgewichsten Schuhen». Ich färbte es mit Tinte schwarz, sägte es vom Lineal ab und legte es in die Federschachtel, wo ich ihm ein Bettchen bereitete. Ich machte ihm aus einem Stück Wolle sogar ein Mäntelchen. Zu ihm legte ich einen glatten, länglichen, schwärzlichen Rheinkiesel, den ich mit bunten Wasserfarben so bemalt hatte, daß er in einen oberen und einen unteren Teil getrennt war. Er hatte mich lange in meiner Hosentasche begleitet. Das war sein Stein. Das Ganze war für mich ein großes Geheimnis, von dem ich jedoch nichts verstand. Ich brachte die Schachtel mit dem Männchen heimlich auf den oberen, verbotenen Estrich (verboten, weil die Bodenbretter wurmstichig und morsch und daher gefährlich waren) und versteckte sie auf einem Stützbalken des Dachstuhls. Dabei empfand ich große Befriedigung; denn das würde niemand sehen. Ich wußte, daß dort kein Mensch es finden könnte. Niemand konnte mein Geheimnis entdecken und zerstören. Ich fühlte mich sicher, und das quälende Gefühl der Entzweiung mit mir selber war behoben.

In allen schwierigen Situationen, wenn ich etwas angestellt hatte oder meine Empfindlichkeit verletzt worden war, oder wenn die

Reizbarkeit meines Vaters oder die Kränklichkeit meiner Mutter mich bedrückten, dachte ich an mein sorgsam gebettetes und eingehülltes Männchen und seinen schöngefärbten glatten Stein. Von Zeit zu Zeit – oft mit wochenlangen Unterbrechungen – stieg ich heimlich, und nur, wenn ich sicher war, daß mich niemand sah, auf den oberen Estrich. Dort kletterte ich auf die Balken, öffnete die Schachtel und schaute mir das Männchen und den Stein an. Dabei legte ich auch jedesmal ein kleines Papierröllchen hinein, auf das ich vorher etwas geschrieben hatte. Das tat ich während der Schulstunden in einer von mir ersonnenen Geheimschrift. Es waren Papierstreifen, dicht beschrieben, die aufgerollt und dem Männchen zur Verwahrung übergeben wurden. Ich erinnere mich, daß der Akt der Einverleibung eines neuen Röllchens stets den Charakter einer feierlichen Handlung trug. Leider kann ich mich nicht entsinnen, was ich dem Männchen mitteilen wollte. Ich weiß nur, daß meine «Briefe» für ihn eine Art Bibliothek bedeuteten. Ich habe die unsichere Vermutung, es könnten gewisse Sentenzen, die mir besonders gefielen, gewesen sein.

Der Sinn dieses Tuns, oder wie ich mich darüber hätte erklären können, war mir damals kein Problem. Ich begnügte mich mit dem Gefühl neugewonnener Sicherheit und der Befriedigung, etwas zu besitzen, an das niemand herankam und um das niemand wußte. Für mich war es ein unverbrüchliches Geheimnis, das niemals verraten werden durfte, denn die Sicherheit meines Daseins hing daran. Wieso, fragte ich mich nicht. Es war einfach so.

Dieser Besitz an Geheimnis hat mich damals stark geprägt. Ich sehe es als das Wesentliche meiner frühen Jugendjahre an, als etwas, das für mich höchst bedeutend war. So habe ich auch den Traum vom Phallus in meiner Jugend nie jemandem erzählt, und auch der Jesuit gehörte zu dem unheimlichen Reich, über das man nicht reden durfte. Die kleine Holzfigur mit dem Stein war ein erster, noch unbewußt-kindlicher Versuch, das Geheimnis zu gestalten. Immer war ich absorbiert davon und hatte das Gefühl, man sollte es ergründen; und doch wußte ich nicht, was es war, dem ich Ausdruck geben wollte. Immer hoffte ich, man könnte etwas finden, vielleicht in der Natur, das Aufschluß gäbe, oder das einem zeigte, wo oder was das Geheimnis wäre. Damals wuchs das Interesse an Pflanzen, Tieren und Steinen. Ich war ständig auf der Suche nach etwas Geheimnisvollem. Im Bewußtsein war ich christlich religiös – wenn auch immer mit dem Abstrich: «Aber es ist nicht so sicher!» oder mit der Frage: «Was ist mit dem, was unter dem Boden ist?» Und wenn mir religiöse Lehren eingeprägt wurden und mir gesagt wurde: «Das ist schön und das ist gut», dann dachte ich bei mir: «Ja, aber es gibt noch etwas sehr geheimes Anderes, und das wissen die Leute nicht.»

Die Episode mit dem geschnitzten Männchen bildete Höhepunkt und Abschluß meiner Kindheit. Sie dauerte etwa ein Jahr. Danach trat eine völlige Erinnerungslosigkeit für dies Ereignis ein, die bis zu meinem fünfunddreißigsten Jahre andauerte. Damals stieg aus dem Nebel der Kindheit dieses Erinnerungsstück in unmittelbarer Klarheit wieder auf, als ich, mit den Vorarbeiten zu meinem Buch «Wandlungen und Symbole der Libido» beschäftigt, über den Cache[4] von Seelensteinen bei Arlesheim und die Churingas der Australier las. Ich entdeckte plötzlich, daß ich mir ein ganz bestimmtes Bild von einem solchen Stein machte, obschon ich nie eine Abbildung davon gesehen hatte. In meiner Vorstellung sah ich einen glatten Stein, der so bemalt war, daß er in einen oberen und einen unteren Teil getrennt war. Dieses Bild kam mir irgendwie bekannt vor, und es gesellte sich dazu die Erinnerung an eine gelbliche Federschachtel sowie an ein kleines Männchen. Das Männchen war ein kleiner verhüllter Gott der Antike, ein Telesphoros, der auf manchen alten Darstellungen bei Aesculap steht und ihm aus einer Buchrolle vorliest.

Mit dieser Wiedererinnerung kam mir zum ersten Mal die Überzeugung, daß es archaische seelische Bestandteile gibt, die aus keiner Tradition in die Individualseele eingedrungen sein können. Es gab nämlich in der Bibliothek meines Vaters, die ich – nota bene erst viel später – durchforschte, nicht ein einziges Buch, das dergleichen Informationen enthalten hätte. Nachgewiesenermaßen wußte auch mein Vater nichts von solchen Dingen.

Als ich 1920 in England war, habe ich zwei ähnliche Figuren aus einem dünnen Ast geschnitzt, ohne mich im geringsten an das Kindheitserlebnis zu erinnern. Eine davon ließ ich vergrößert in Stein hauen, und diese Figur steht in meinem Garten in Küsnacht. Erst damals hat mir das Unbewußte den Namen eingegeben. Es nannte die Figur «Atmavictu» – «breath of life». Sie ist eine Weiterentwicklung jenes quasi sexuellen Gegenstandes aus der Kindheit, der sich dann aber als der «breath of life» herausstellte, als

[4] Eine Art Versteck.

ein Schaffensimpuls. Das Ganze ist im Grunde genommen ein Kabir[5], verhüllt mit dem Mäntelchen, verhüllt in der «kista», versehen mit einem Vorrat an Lebenskraft, dem länglichen, schwärzlichen Stein. Das sind aber Zusammenhänge, die sich mir erst viel später geklärt haben. Als ich Kind war, geschah es mir auf die gleiche Weise, wie ich es später bei den Eingeborenen in Afrika gesehen habe: sie tun es erst und wissen gar nicht, was sie tun. Erst sehr viel später wird darüber nachgedacht.

[5] Die Kabiren, auch «die großen Götter» genannt, und bald als Zwerge, bald als Riesen dargestellt, waren naturhafte Gottheiten, deren Kult meist mit dem der Göttin Demeter zusammenhing. Sie wurden mit dem Schöpferischen und mit der Entstehung des Lebens in Verbindung gebracht.

SCHULJAHRE

I

Mein elftes Jahr war insofern bedeutungsvoll für mich, als ich damals nach Basel ins Gymnasium kam. Ich wurde dadurch von meinen ländlichen Spielgenossen losgerissen, kam wirklich in die «große Welt», wo mächtige Leute, viel mächtiger als mein Vater, in großen, prächtigen Häusern wohnten, in kostbaren Kaleschen mit wunderschönen Pferden fuhren und sich in distinguierter Sprache deutsch und französisch ausdrückten. Ihre Söhne, wohl gekleidet, mit feinen Manieren und reichlichem Taschengeld versehen, waren meine Klassengenossen. Mit Erstaunen und erschreckendem heimlichem Neid vernahm ich von ihnen, daß sie in den Ferien in den Alpen, jenen «glühenden Schneebergen» bei Zürich, gewesen seien, ja sogar am Meer, was dem Faß den Boden vollkommen ausschlug. Ich bestaunte sie wie Wesen aus einer anderen Welt, aus jener unerreichbaren Herrlichkeit der rotglühenden Schneeberge und aus jener unermeßlichen Ferne des unvorstellbaren Meeres. Ich erkannte damals, daß wir arm waren, daß mein Vater ein armer Landpfarrer und ich ein noch viel ärmeres Pfarrerssöhnchen war, das Löcher in den Schuhsohlen hatte und mit nassen Strümpfen sechs Schulstunden absitzen mußte. Ich begann meine Eltern mit anderen Augen anzusehen, und fing an, ihre Sorgen und Bekümmernisse zu verstehen. Für meinen Vater insbesondere empfand ich Mitleid, merkwürdigerweise weniger für die Mutter. Sie kam mir als die etwas Stärkere vor. Trotzdem fühlte ich mich auf ihrer Seite, wenn der Vater seine launische Gereiztheit nicht beherrschen konnte. Das war für meine Charakterbildung nicht gerade günstig. Um mich von diesen Konflikten zu befreien, geriet ich in die Rolle des überlegenen Schiedsrichters, der nolens volens seine Eltern beurteilen mußte. Das verursachte mir eine gewisse Inflation, die mein ohnehin unsicheres Selbstgefühl steigerte und zugleich verminderte.

Als ich neun Jahre alt war, gebar meine Mutter ein kleines Mädchen. Mein Vater war aufgeregt und erfreut. «Heute nacht hast du ein Schwesterchen bekommen», sagte er, und ich war vollkommen überrascht, denn ich hatte vorher nichts bemerkt. Daß meine Mutter etwas öfter zu Bette lag, war mir nicht aufgefallen. Ich hielt dies sowieso für eine unentschuldbare Schwäche. Mein Vater brachte mich ans Bett der Mutter, und sie hielt ein kleines Wesen in den Armen, das äußerst enttäuschend aussah: ein rotes, verschrumpftes Gesicht, wie ein alter Mensch, die Augen geschlossen, wahrscheinlich blind wie junge Hunde. Das Ding hatte am Rücken einzelne lange rotblonde Haare, die man mir zeigte – hätte das ein Affe werden sollen? Ich war schockiert und wußte nicht, wie mir zumute war. Sahen Neugeborene so aus? Man munkelte etwas vom Storch, der das Kind gebracht haben sollte. Wie war es aber dann bei einem Wurf von Hunden und Katzen? Wie viele Male mußte da der Storch hin- und herfliegen, bis der Wurf vollständig war? Und wie war es bei den Kühen? Ich konnte mir nicht vorstellen, wie der Storch ein ganzes Kalb im Schnabel tragen konnte. Auch sagten die Bauern einem, die Kuh habe gekalbert und nicht, der Storch habe das Kalb gebracht. Diese Geschichte war offenbar wieder einer jener Tricks, die mir angegeben wurden. Ich war sicher, daß meine Mutter da wieder etwas angestellt hatte, was ich nicht wissen sollte.

Dieses plötzliche Erscheinen meiner Schwester hinterließ mir ein vages Gefühl von Mißtrauen, das meine Neugier und Beobachtung zuspitzten. Spätere verdächtige Reaktionen meiner Mutter bestätigten meine Vermutungen: irgend etwas Bedauerliches war mit dieser Geburt verknüpft. Im übrigen hat mich dieses Ereignis nicht weiter angefochten, wohl aber trug es bei zu der Verschärfung eines Erlebnisses, das in meinem zwölften Jahr stattfand.

Meine Mutter hatte die unangenehme Gewohnheit, mir alle möglichen guten Mahnungen nachzurufen, wenn ich zu Besuch oder zu einer Einladung ging. Ich hatte dann nicht nur meine besseren Kleider an und gewichste Schuhe, sondern auch ein Gefühl der Dignität meines Vorhabens und öffentlichen Auftretens und empfand es als Erniedrigung, daß die Leute auf der Straße es hören sollten, was für ehrenrührige Dinge meine Mutter mir nachzurufen hatte: «Vergiß auch nicht, eine Empfehlung von Papa und Mama auszurichten und deine Nase zu putzen – hast du ein Nastuch? Und die Hände gewaschen?» usw. Ich fand es durchaus unangebracht, meine die Inflation begleitenden Minderwertigkeitsgefühle dermaßen der Welt preiszugeben, wo ich doch schon aus Eigenliebe und Eitelkeit längst dafür gesorgt hatte, möglichst tadellos in Erscheinung zu treten. Diese Gelegenheiten bedeuteten mir nämlich sehr viel. Auf dem Wege zum Hause, wo die Einladung stattfand, fühlte ich mich wichtig und würdig, wie immer, wenn ich an einem Werktag meine Sonntagskleider trug. Das Bild änderte sich aber beträchtlich, sobald ich in Sichtweite des fremden Hauses kam. Da überschattete mich der Eindruck der Größe und Macht dieser Leute. Ich fürchtete mich vor ihnen und hätte in meiner Kleinheit vierzehn Klafter tief in die Erde versinken mögen, wenn ich die Glocke läutete. Das Geläute, das innen ertönte, klang in meinen Ohren wie ein Verhängnis. Ich fühlte mich so kleinmütig und so ängstlich wie ein zugelaufener Hund. Das war jeweils am schlimmsten, wenn meine Mutter mich vorher «richtig» präpariert hatte. «Meine Schuhe sind dreckig, auch meine Hände. Ich habe kein Taschentuch, mein Hals ist schwarz», tönte es in meinen Ohren. – Dann richtete ich aus Trotz keine Empfehlungen aus oder benahm mich unnötigerweise bockig und scheu. Wenn es gar zu schlimm wurde, dachte ich an den geheimen Schatz im Estrich, der mir dann half, meine Menschenwürde wiederzufinden: ich erinnerte mich nämlich in meiner Verlorenheit, daß ich ja auch der Andere war – der mit dem unverletzlichen Geheimnis, dem Stein und dem kleinen Mann mit Gehrock und Zylinder.

Ich kann mich nicht daran erinnern, daß ich in meiner Jugend je an die Möglichkeit eines Zusammenhanges des «hêr Jesus», beziehungsweise des Jesuiten mit dem schwarzen Rock, der Männer im Gehrock und Zylinder an einem Grab, des grabähnlichen Loches in der Wiese und des unterirdischen Phallustempels mit dem Männchen in der Federschachtel dachte. Der Traum vom ithyphallischen Gotte war mein erstes großes Geheimnis, das Männchen war das zweite. Heute scheint es mir aber, als ob ich ein vages Gefühl der Verwandtschaft zwischen dem «Seelenstein» mit dem Stein, der auch «Ich» war, empfunden hätte.

Es ist mir bis heute, wo ich in meinem dreiundachtzigsten Lebensjahre meine Erinnerungen aufschreibe, nie ganz klar geworden, welchen Zusammenhang meine frühesten Erinnerungen haben: sie sind wie die einzelnen Schosse eines unterirdischen, zusammenhängenden Rhizoms. Sie sind wie die Stationen eines unbewußten Entwicklungsganges. Während es mir immer unmöglicher wurde, ein positives Verhältnis zu dem «hêr Jesus» zu finden, erinnere ich mich, daß etwa vom elften Jahr an die Gottesidee anfing, mich zu interessieren. Ich fing an, zu Gott zu beten, was mich irgendwie befriedigte, weil es mir widerspruchslos schien. Gott war nicht durch mein Mißtrauen kompliziert. Zudem war er kein Mensch mit schwarzem Rock und kein «hêr Jesus», der auf den Bildern mit bunten Kleidern behängt war, und mit dem die Leute so familiär taten. Er (Gott) war vielmehr ein einzigartiges Wesen, von dem man sich, wie ich gehört hatte, keine richtigen Vorstellungen machen konnte. Er war zwar so etwas wie ein sehr mächtiger alter Mann; aber es hieß ja, zu meiner großen Befriedigung: «Du sollst dir kein Bildnis, noch irgend ein Gleichnis machen.» Man konnte also nicht so familiär mit ihm tun, wie mit dem «hêr Jesus», der kein «Geheimnis» war. Eine gewisse Analogie mit meinem Geheimnis auf dem Estrich fing an zu dämmern . . .

Die Schule ödete mich an. Sie nahm mir zu viel Zeit, die ich lieber mit Schlachtenzeichnen und Feuerspielen ausgefüllt hätte. Die Religionsstunden waren unaussprechlich langweilig, und vor der Mathematikstunde empfand ich positive Angst. Der Lehrer gab sich den Anschein, daß Algebra ganz selbstverständlich sei, während ich noch nicht einmal wußte, was Zahlen an und für sich sind. Sie waren keine Blumen, keine Tiere, keine Versteinerung, nichts. was man sich vorstellen konnte, bloß Anzahlen, die sich durch Zählen ergaben. Die Anzahlen wurden zu meiner Verwirrung durch Buchstaben, die Laute bedeuteten, ersetzt, so daß man sie sozusagen hören konnte. Merkwürdigerweise konnten meine Kameraden damit umgehen und fanden das selbstverständlich. Niemand konnte mir sagen, was Zahlen sind, und ich konnte die Frage nicht formulieren. Zu meinem Schrecken fand ich, daß es auch niemanden gab, der meine Schwierigkeit verstand. Der Lehrer gab sich zwar, wie ich anerkennen muß, alle Mühe, um mir den Zweck dieser merkwürdigen Operation, verständliche Anzahlen in Laute umzusetzen, zu erklären. Ich verstand schließlich, daß damit eine Art Abkürzungssystem bezweckt war, mit dessen Hilfe viele Anzahlen in einer abgekürzten Formel dargestellt werden konnten.

Das interessierte mich aber ganz und gar nicht. Ich dachte mir, es sei doch ganz willkürlich, Zahlen durch Laute auszudrücken, man könnte auch ebensogut a als Apfelbaum, b als Birnbaum und x als Fragezeichen ausdrücken. a, b, c, y und x waren unanschaulich und erklärten mir nichts vom Wesen der Zahl, ebenso wenig wie der Apfelbaum. Am meisten empörte mich der Grundsatz: wenn $a = b$ und $b = c$, dann ist $a = c$, wo es doch per definitionem feststand, daß a etwas anderes bezeichnete als b und daher als etwas anderes nicht mit b gleichzusetzen war, geschweige denn mit c. Wenn es sich um eine Gleichsetzung handelt, dann heißt sie a = a, b = b usw., während a = b mir direkt als Lüge oder Betrug vorkam. Dieselbe Empörung empfand ich, wenn der Lehrer gegen seine eigene Definition der Parallelen behauptete, sie schnitten sich in der Unendlichkeit. Das erschien mir als eine alberne Bauernfängerei, die ich nicht mitmachen konnte und wollte. Meine intellektuelle Moral sträubte sich gegen diese spielerischen Inkonsequenzen, die mir den Zugang zum Verständnis der Mathematik versperrten. Ich habe bis in mein hohes Alter hinein unkorrigierbar das Gefühl, wenn ich damals wie meine Schulkameraden konfliktlos hätte annehmen können, daß a = b sein könnte, resp. Sonne = Mond, Hund = Katze usw., die Mathematik mich endlos hineingelegt hätte; inwiefern, davon habe ich erst mit dreiundachtzig Jahren eine gewisse Ahnung bekommen. Mein ganzes Leben hindurch aber blieb es mir ein Rätsel, wieso es mir nie gelingen sollte, ein Verhältnis zur Mathematik zu finden, wo es mir doch außer allem Zweifel stand, daß man gültig rechnen konnte. Am unverständlichsten aber erschien mir mein *moralischer* Zweifel an der Mathematik.

Ich konnte mir Gleichungen nur dadurch verständlich machen, daß ich jeweils für die Buchstaben bestimmte Zahlenwerte einsetzte und mir durch konkretes Nachrechnen den Sinn der Operation bestätigte. Ich konnte im weiteren Verlauf in Mathematik nur dadurch einigermaßen bestehen, daß ich die mir inhaltlich unverständlichen algebraischen Formeln abzeichnete und mir einprägte, welche Buchstabenkombination an welcher Stelle der Wandtafel gestanden hatte. Mit dem Nachrechnen kam ich nicht mehr aus, denn von Zeit zu Zeit kam es vor, daß der Lehrer sagte: «Hier setzen wir nun den ‚Ausdruck' ein» und ein paar Buchstaben an die Tafel malte. Ich wußte nicht woher und wozu – offenbar um ein ihn befriedigendes Ende der Prozedur zu ermöglichen. Ich war von der Tatsache meines Nichtverstehenkönnens dermaßen eingeschüchtert, daß ich schon gar nicht zu fragen wagte.

Die Mathematikstunden waren für mich ein Schrecken und eine Qual. Da mir andere Fächer leicht fielen und ich mich auch in der Mathematik dank meines guten visuellen Gedächtnisses für lange Zeit durchbetrügen konnte, hatte ich meist gute Zeugnisse, aber die Angst vor meinem Versagen und die Kleinheit meiner Existenz vor der Größe der mich umgebenden Welt bewirkten in mir nicht nur eine Unlust, sondern eine Art stiller Verzweiflung, die mir die Schule bis zum äußersten verleideten. Dazu kam noch, daß ich wegen gänzlicher Unfähigkeit aus dem Zeichnen entlassen wurde. Das war mir wegen des Zeitgewinns zwar willkommen, aber auch eine neue Niederlage, denn ich hatte ein gewisses Geschick im Zeichnen, von dem ich allerdings nicht wußte, daß es im wesentlichen von meinem Gefühl abhing. Ich konnte nämlich nur das zeichnen, was meine Phantasie beschäftigte. Ich mußte aber vorgedruckte Modelle von griechischen Gottheiten mit blinden Augen abzeichnen, und als das nicht recht gehen wollte, dachte mein Lehrer offenbar, ich brauchte etwas Naturalistisches und setzte mir die Abbildung eines Ziegenkopfes vor. An dieser Aufgabe versagte ich völlig, und das war das Ende meiner Zeichenstunden.

Das zwölfte Jahr wurde für mich zum eigentlichen Schicksalsjahr. Einmal, im Frühsommer 1887, stand ich nach der Schule um zwölf Uhr auf dem Münsterplatz und wartete auf einen Kameraden, mit dem ich einen gemeinsamen Schulweg hatte. Plötzlich erhielt ich von einem der anderen Jungen einen Stoß, der mich umwarf. Ich fiel mit dem Kopf auf den Randstein des Trottoirs, und die Erschütterung benebelte mich. Während einer halben Stunde war ich ein bißchen benommen. Im Moment des Aufschlagens durchschoß mich blitzartig der Gedanke: Jetzt mußt du nicht mehr in die Schule gehen! – Ich war nur halb unbewußt, und blieb einige Augenblicke länger liegen, als nötig gewesen wäre – hauptsächlich aus Rachegefühl gegen meinen heimtückischen Angreifer. Dann lasen mich Leute auf und brachten mich in das nahe Haus zweier lediger alter Tanten.

Von da an entwickelten sich bei mir Ohnmachtsanfälle, sobald ich wieder zur Schule hätte gehen sollen, und ebenso, wenn meine Eltern mich zur Erledigung von Schularbeiten veranlassen wollten. Mehr als ein halbes Jahr lang blieb ich der Schule fern, und das war für mich ein «gefundenes Fressen». Ich konnte frei sein, stundenlang träumen, irgendwo am Wasser oder in den Wäldern sein oder zeichnen. Ich malte wilde Kriegsszenen oder alte Burgen, die angegriffen wurden oder niederbrannten, oder ich füllte ganze Seiten mit Karikaturen. (Auch heute noch erscheinen mir gelegentlich solche Karikaturen vor dem Einschlafen: grinsende Fratzen, die sich dauernd verändern. Manchmal waren es Gesichter von Menschen, die ich kannte, und die dann bald darauf starben.) Vor allem aber konnte ich ganz in die Welt des Geheimnisvollen eintauchen. Dazu gehörten Bäume, Wasser, Sumpf, Steine, Tiere und die Bibliothek meines Vaters. Alles das war wunderbar. Aber ich kam immer mehr von der Welt weg – mit einem leisen Gefühl von schlechtem Gewissen. Ich verdämmerte meine Zeit mit Herumstrolchen, Lesen, Sammeln und Spielen. Doch fühlte ich mich dabei nicht glücklicher, sondern es war mir dunkel bewußt, daß ich vor mir selber floh.

Ich vergaß vollständig, wie dies alles zustande gekommen war, bedauerte aber die Bekümmernisse meiner Eltern, die verschiedene Ärzte konsultierten. Die kratzten sich den Kopf und schickten mich in die Ferien zu Verwandten nach Winterthur. Dort war ein Bahnhof, der mir endloses Entzücken bereitete. Aber als ich wieder nach Hause kam, war alles wie zuvor. Ein Arzt riet auf Epilepsie. Ich wußte damals schon, was epileptische Anfälle waren, und lachte innerlich über den Unsinn. Meine Eltern dagegen waren besorgter denn zuvor. Da geschah es einmal, daß ein Freund meinen Vater besuchte. Die beiden saßen im Garten und ich in einem dichten Gebüsch hinter ihnen, denn ich war von unersättlicher Neugier. Ich hörte, wie der Besucher zu meinem Vater sagte: «Und wie geht es denn deinem Sohn?» Worauf der Vater antwortete: «Ach, das ist eine leidige Geschichte. Die Ärzte wissen nicht, was mit ihm los ist. Sie meinen, es sei Epilepsie. Es wäre schrecklich, wenn er unheilbar sein sollte. Ich habe mein bißchen Vermögen verloren, und was soll dann mit ihm geschehen, wenn er sein Leben nicht verdienen kann?»

Ich war wie vom Donner gerührt. Das war der Zusammenstoß mit der Wirklichkeit. – Aha, da muß man arbeiten», schoß es mir durch den Kopf. Von da an wurde ich zu einem ernsthaften Kind. Ich drückte mich leise davon, ging in die Studierstube meines Vaters, nahm meine lateinische Grammatik hervor und fing an, konzentriert zu büffeln. Nach zehn Minuten hatte ich meinen Ohnmachtsanfall. Ich fiel fast vom Stuhl, fühlte mich aber nach wenigen Minuten wieder besser und arbeitete weiter. – «Zum Teufel nochmal, man hat keine Ohnmacht!», sagte ich mir und fuhr in meinem Vorsatz fort. Es dauerte etwa eine Viertelstunde, bis der zweite Anfall kam. Er ging vorüber wie der erste. – «Und jetzt gehst du erst recht an die Arbeit!» – Ich harrte aus, und nach einer weiteren halben Stunde kam der dritte. Ich gab aber nicht nach und arbeitete eine weitere Stunde, bis ich das Gefühl hatte, daß die Anfälle überwunden seien. Ich fühlte mich auf einmal besser als alle die Monate zuvor. Die Anfälle wiederholten sich in der Tat nicht mehr, und ich arbeitete von da an jeden Tag in meiner Grammatik und in meinen Schulheften. Nach einigen Wochen ging ich wieder zur Schule, und es kamen auch dort keine Anfälle mehr. Der ganze Zauber war weg. – Daran habe ich gelernt, was eine Neurose ist.

Allmählich dämmerten mir die Erinnerungen, wie alles gekommen war, und ich sah deutlich, daß ich es gewesen war, der diese ganze schmähliche Geschichte arrangiert hatte. Darum bin ich dem Kameraden, der mich umgestoßen hatte, nie ernstlich böse gewesen. Ich wußte: er war sozusagen «eingesetzt», und von meiner Seite war ein teuflisches Arrangement dabei. Das durfte mir nicht ein zweites Mal passieren! Ich hatte ein Gefühl von Ingrimm gegen mich selber und schämte mich zugleich vor mir. Denn ich wußte, daß ich selber vor mir unrecht hatte, so wie ich vor mir selber der Blamierte war. Niemand anderer war schuld. Ich selber war der verdammte Deserteur! – Von da an konnte ich es nicht mehr ausstehen, wenn die Eltern Besorgnis für mich zeigten oder in bedauerndem Tone zu mir sprachen.

Die Neurose war auch wieder mein Geheimnis, aber es war ein schmähliches Geheimnis und eine Niederlage. Sie hat mich aber schließlich zu einer betonten Genauigkeit geführt und zu besonderem Fleiß. Damals hat meine Gewissenhaftigkeit angefangen, nicht zum Schein, damit ich etwas gelte, sondern als Gewissenhaftigkeit vor mir selber. Regelmäßig stand ich um 5 Uhr auf, um zu arbeiten, und manchmal arbeitete ich schon von 3 Uhr morgens bis um 7 Uhr, bevor ich in die Schule ging.

Was mich auf den Abweg gebracht hatte, war meine Passion des Alleinseins, die Entzückung der Einsamkeit. Die Natur schien mir voll von Wundern, in die ich mich vertiefen wollte. Jeder Stein, jede Pflanze, alles schien belebt und unbeschreiblich. Damals bin ich in die Natur versunken, bin ich sozusagen in das Wesen der Natur hineingekrochen, fern aller Menschenwelt.

In jene Zeit fiel ein anderes wichtiges Erlebnis. Es war auf meinem langen Schulweg von Klein-Hüningen, wo wir wohnten, nach Basel. Da gab es einmal einen Augenblick, in dem ich plötzlich das überwältigende Gefühl hatte, soeben aus einem dichten Nebel herausgetreten zu sein, mit dem Bewußtsein, jetzt bin *ich*. In meinem Rücken war's wie eine Nebelwand, hinter der ich noch nicht war. Aber in jenem Augenblick geschah *ich mir.* Vorher war ich auch vorhanden, aber alles war nur geschehen. Jetzt wußte ich: jetzt bin *ich,* jetzt bin ich vorhanden. Vorher hat es mit mir getan, jetzt aber wollte *ich.* Dieses Erlebnis schien mir ungeheuer bedeutsam und neu. Es war «Autorität» in mir. Merkwürdigerweise hatte ich zu dieser Zeit und auch während der Monate meiner Unfallneurose die Erinnerung an den Schatz im Estrich völlig verloren, sonst wäre mir wohl schon damals die Analogie meines Autoritätsgefühls mit jenem Wertgefühl, das der Schatz mir einflößte, aufgefallen. Das war aber nicht der Fall, sondern jede Erinnerung an die Federschachtel war verschwunden.

Damals war ich einmal von einer befreundeten Familie, die am Vierwaldstättersee ein Haus besaß, für die Ferien eingeladen worden. Zu meinem Entzücken lag das Haus am See und hatte ein Bootshaus und ein Ruderboot. Der Hausherr erlaubte seinem Sohn und mir, das Boot zu benützen, unter strenger Verwarnung, keine Unvorsichtigkeiten zu begehen. Unglücklicherweise wußte ich schon, wie man einen Weidling stachelt und rudert, nämlich stehend. Wir hatten zuhause ein kleines gebrechliches Ding dieser Art auf dem alten Festungsgraben der Hüninger Abatucci-Schanze am badischen Ufer. Darin hatten wir alle Unvorsichtigkeiten ausprobiert. Das erste, was ich also tat, war, daß ich auf das Heck des Bootes trat und es mit einem Ruder freihändig in den See stieß. Das war dem Hausherrn zuviel. Er pfiff uns zurück und verabreichte mir eine Strafpredigt, die sich gewaschen hatte. Ich war sehr kleinlaut und mußte zugeben, daß ich gerade das getan, was er verboten hatte, und daß mithin seine Strafpredigt ganz am Platze war. Gleichzeitig packte mich aber eine Wut, daß dieser dicke, ungebildete Klotz es wagen konnte, *mich* zu beleidigen. Dieses *mich* war nicht bloß erwachsen, sondern bedeutend, eine Autorität, eine Person in Amt und Würden, ein alter Mann, Gegenstand von Respekt und Ehrfurcht. – Der Gegensatz zur Wirklichkeit war dermaßen grotesk, daß ich plötzlich in meiner Wut innehielt, denn die Frage kam auf mich zu: «Ja, wer bist du denn? Du reagierst ja, wie wenn du der Teufel wer wärest! Und dabei weißt du doch, daß der andere ganz recht hatte! Du bist ja kaum zwölf Jahre alt, ein Schuljunge, und er ist doch ein Vater und dazu ein mächtiger und reicher Mann, der zwei Häuser und mehrere prachtvolle Pferde hat.»

Da fiel mir zu meiner größten Verwirrung ein, daß ich eigentlich und in Wirklichkeit zwei verschiedene Personen war. Die eine war der Schuljunge, der die Mathematik nicht begreifen konnte und nicht einmal seiner selbst sicher war, die andere war bedeutend, von großer Autorität, ein Mann, der nicht mit sich spassen ließ, mächtiger und einflußreicher als dieser Fabrikant. Er war ein alter Mann, der im 18. Jahrhundert lebt und Schnallenschuhe trägt und eine weiße Perücke und in einer Kalesche fährt mit hohen, konkaven Hinterrädern, zwischen denen der Kutschenkasten an Federn und Lederriemen aufgehängt ist.

Ich hatte nämlich ein merkwürdiges Erlebnis gehabt: als wir in Klein-Hüningen bei Basel wohnten, kam eines Tages eine uralte grüne Kutsche aus dem Schwarzwald an unserem Haus vorbei. Eine urweltliche Kalesche, wie aus dem 18. Jahrhundert. Als ich sie sah, hatte ich das aufregende Gefühl: «Da haben wir es ja! Das ist ja aus *meiner* Zeit!» – Es war, wie wenn ich sie wiedererkannt hätte; denn sie war von derselben Art wie die, in der ich selber gefahren war! Und dann kam ein sentiment écœurant, wie wenn mir jemand etwas gestohlen hätte, oder wie wenn ich betrogen worden wäre, betrogen um meine geliebte Vorzeit. Die Kutsche war ein Rest aus jener Zeit! Ich kann nicht beschreiben, was damals in mir vorging, oder was es war, das mich so stark berührte: eine Sehnsucht, ein Heimwehgefühl, oder ein Wiedererkennen: «Ja, so war es doch! Das war's doch!»

Es gab noch ein anderes Erlebnis, das ins 18. Jahrhundert wies: ich hatte bei einer meiner Tanten eine Statuette aus dem 18. Jahrhundert gesehen, eine bemalte Terracotta, die aus zwei Figuren bestand. Sie stellte den alten Dr. Stückelberger dar, eine stadtbekannte Persönlichkeit aus dem Basler Leben Ende des 18. Jahrhunderts. Die andere Figur war eine seiner Patientinnen. Sie streckt die Zunge heraus und hat die Augen geschlossen. Dazu gab es eine Legende. Es wurde erzählt, daß der alte Stückelberger einmal über die Rheinbrücke ging, und da kam diese Patientin, die ihn so oft geärgert hatte, und jammerte ihm wieder etwas vor. Der alte Herr sagte: «Ja, ja, da muß etwas los sein mit Ihnen. Strecken Sie mal die Zunge raus und machen Sie die Augen zu!» Das tat sie auch, und in dem Augenblick lief er davon, und sie blieb stehen mit herausgestreckter Zunge – zum Gelächter der Leute.

Nun hatte die Figur des alten Doktors Schnallenschuhe an, die ich seltsamerweise als die meinen, oder ihnen ähnliche, erkannte.

Johann Paul Achilles Jung (1842—1896), der Vater

Ich war überzeugt: «Das sind Schuhe, die ich getragen habe.» Diese Überzeugung hat mich damals ganz konfus gemacht. «Ja, das waren doch meine Schuhe!» Ich fühlte noch diese Schuhe an meinen Füßen, konnte mir aber nicht erklären, wie ich zu dieser wunderlichen Empfindung kam. Wieso gehörte ich ins 18. Jahrhundert? Öfters passierte es mir damals, daß ich 1786 schrieb anstatt 1886, und das geschah immer mit einem unerklärlichen Heimwehgefühl.

Als ich damals, nach meiner Booteskapade am Vierwaldstättersee und der wohlverdienten Strafe, meinen Gedanken nachhing, rundeten sich diese bis dahin vereinzelten Eindrücke zu einem einheitlichen Bild: ich lebe in zwei Zeiten und bin zwei verschiedene Personen. Ich war von diesem Befund verwirrt und mit Nachdenklichkeiten bis zum Rande gefüllt. Schließlich kam ich aber zu der enttäuschenden Erkenntnis, daß ich jetzt wenigstens nichts als der kleine Schuljunge sei, der seine Strafe verdient und sich seinem Alter entsprechend zu benehmen habe. Das andere mußte Unsinn sein. Ich vermutete, daß es zusammenhing mit den vielen Erzählungen, die ich von meinen Eltern und Verwandten über meinen Großvater gehört hatte. Aber auch das wollte nicht recht stimmen, denn er war 1795 geboren, lebte also eigentlich im 19. Jahrhundert. Überdies war er gestorben, lang bevor ich zur Welt kam. Es konnte nicht sein, daß ich mit ihm identisch war. Diese Überlegungen waren damals allerdings nur wie vage Ahnungen und Träume. Ich kann mich nicht mehr erinnern, ob ich damals schon von der legendären Verwandtschaft mit Goethe wußte. Ich glaube nicht, denn ich weiß, daß ich zuerst von fremden Leuten diese Nachricht vernahm. Es besteht nämlich eine ärgerliche Überlieferung, daß mein Großvater ein natürlicher Sohn Goethes gewesen sei [1].

Zu meinen Niederlagen in der Mathematik und im Zeichnen gesellte sich noch eine dritte: das Turnen war mir von Anfang an verhaßt. Niemand hatte mir vorzuschreiben, wie ich mich bewegen sollte. Ich ging in die Schule, um etwas zu lernen, und wollte keine unnütze und sinnlose Akrobatik treiben. Hinzu kam noch, als eine späte Folge meiner frühen Unfälle, eine gewisse physische Ängstlichkeit, die ich erst viel später einigermaßen überwinden konnte. Sie hing ihrerseits zusammen mit einem Mißtrauen gegenüber der Welt und ihren Möglichkeiten. Die Welt schien mir zwar

[1] Vergl. Appendix pag. 399.

schön und begehrenswert, war aber voll von unbestimmten Gefährlichkeiten und Sinnlosigkeiten. Ich wollte daher immer zuerst wissen, was mir begegnete, und wem ich mich anvertraute. Ob das wieder mit meiner Mutter zusammenhing, die mich auf mehrere Monate verlassen hatte? Daß mir der Arzt anläßlich meines Traumas das Turnen verbot, geschah sehr zu meiner Befriedigung. Ich war diese Last los und hatte eine weitere Niederlage eingesteckt.

An einem schönen Sommertag desselben Jahres (1887) kam ich mittags aus der Schule und ging auf den Münsterplatz. Der Himmel war herrlich blau, und es war strahlender Sonnenschein. Das Dach des Münsters glitzerte im Licht, und die Sonne spiegelte sich in den neuen, buntglasierten Ziegeln. Ich war überwältigt von der Schönheit dieses Anblicks und dachte: «Die Welt ist schön und die Kirche ist schön, und Gott hat das alles geschaffen und sitzt darüber, weit oben im blauen Himmel, auf einem goldenen Thron und –» Hier kam ein Loch und ein erstickendes Gefühl. Ich war wie gelähmt und wußte nur: Jetzt nicht weiterdenken! Es kommt etwas Furchtbares, das ich nicht denken will, in dessen Nähe ich überhaupt nicht kommen darf. Warum nicht? Weil du die größte Sünde begehen würdest. Was ist die größte Sünde? Mord? Nein, das kann es nicht sein. Die größte Sünde ist die wider den Heiligen Geist, die wird nicht vergeben. Wer sie begeht, ist auf ewig in die Hölle verdammt. Das wäre doch für meine Eltern zu traurig, wenn ihr einziger Sohn, an dem sie so sehr hängen, der ewigen Verdammnis anheimfiele. Das kann ich meinen Eltern nicht antun. Ich darf auf keinen Falle weiter daran denken!

Das war nun leichter gedacht als getan. Auf meinem langen Weg nach Hause versuchte ich alle möglichen anderen Dinge zu denken, fand aber, daß meine Gedanken immer wieder zum schönen Münster, das ich so sehr liebte, und zum lieben Gott, der auf dem Throne saß, zurückkehrten, um wie von einem elektrischen Schlag getroffen, wieder davon wegzufliegen. Ich wiederholte mir immer: «Nur nicht daran denken, nur nicht daran denken!» – Ich kam in einem ziemlich gestörten Zustand nach Hause. Meine Mutter merkte, daß etwas mit mir los war und fragte: «Was ist mit dir? Ist etwas in der Schule vorgefallen?» Ich konnte ihr, ohne zu lügen, versichern, daß nichts in der Schule passiert sei. Ich dachte zwar, es würde mir vielleicht helfen, wenn ich meiner Mutter den wirklichen Grund meiner Gestörtheit beichten könnte. Aber dann müßte ich ja gerade das tun, was mir unmöglich schien, nämlich meine Gedanken zu Ende denken. Sie war ja ahnungslos, die Gute, und konnte unmöglich wissen, daß ich in der größten Gefahr stand, die unverzeihliche Sünde zu begehen und mich in die Hölle zu stürzen. Ich verwarf den Gedanken an ein Geständnis und versuchte mich so unauffällig wie möglich zu verhalten.

In der Nacht schlief ich schlecht; immer wieder versuchte sich der verbotene Gedanke, den ich nicht kannte, hervorzudrängen, und ich rang verzweifelt, ihn abzuwehren. Die nächsten zwei Tage waren qualvoll, und meine Mutter war überzeugt, daß ich krank sei. Ich widerstand der Versuchung zu beichten, wobei mir der Gedanke, daß ich durch Nachgeben meinen Eltern den größten Kummer bereiten würde, hilfreich war.

In der dritten Nacht aber wurde die Qual so groß, daß ich nicht mehr wußte, was tun. Ich war aus unruhigem Schlaf erwacht und ertappte mich gerade noch dabei, wieder ans Münster und an den lieben Gott zu denken. Beinahe hätte ich weitergedacht! Ich fühlte, daß meine Widerstandskräfte nachließen. Ich schwitzte vor Angst und setzte mich im Bett auf, um den Schlaf abzuschütteln: «Jetzt kommt es, jetzt gilt es ernst! *Ich muß denken.* Das muß zuvor ausgedacht werden. Warum soll ich das denken, was ich nicht weiß? Ich will es bei Gott nicht, das steht fest. Aber wer will es? Wer will mich zwingen, etwas zu denken, das ich nicht weiß und nicht will? Woher kommt dieser furchtbare Wille? Und warum sollte gerade ich ihm unterworfen sein? Ich habe mit Lob und Preis an den Schöpfer dieser schönen Welt gedacht, ich war ihm dankbar für dieses unermeßliche Geschenk, und warum sollte gerade ich etwas unvorstellbar Böses denken? Ich weiß es wirklich nicht, denn ich kann und darf mich ja nicht einmal in die Nähe dieses Gedankens wagen, ohne zu riskieren, ihn sofort denken zu müssen. Das habe ich nicht gemacht und gewollt. Es ist an mich gekommen wie ein böser Traum. Woher kommen solche Dinge? Es ist mir passiert ohne mein Zutun. Wieso? Ich habe mich doch nicht selber geschaffen, sondern ich bin so auf die Welt gekommen, wie mich Gott gemacht hat, d. h. wie ich aus meinen Eltern zustandegekommen bin. Oder haben vielleicht meine Eltern solches gewollt? Meine guten Eltern hätten aber an so etwas überhaupt nie gedacht. So etwas Verruchtes wäre ihnen nie eingefallen.»

Ich fand diese Idee geradezu lächerlich. Dann dachte ich an meine Großeltern, die ich nur von ihren Portraits her kannte. Sie sahen wohlwollend und würdig genug aus, um meine Idee von ihrer möglichen Schuld zu entmutigen. Ich durchflog die lange Reihe unbekannter Ahnen, um schließlich bei Adam und Eva anzulangen. Und damit kam der entscheidende Gedanke: Adam und Eva sind die ersten Menschen; sie hatten keine Eltern, sondern sind von Gott direkt und absichtlich so geschaffen worden, wie sie waren. Sie hatten keine Wahl, sondern mußten so sein, wie sie Gott geschaffen hatte. Sie wußten ja gar nicht, wie sie hätten anders sein können. Sie waren vollkommene Geschöpfe Gottes, denn Er schafft nur Vollkommenes, und doch haben sie die erste Sünde begangen, weil sie taten, was Gott nicht wollte. Wieso war das möglich? Sie hätten es gar nicht tun können, wenn Gott die Möglichkeit nicht in sie gelegt hätte. Das geht ja auch hervor aus der Schlange, die Gott schon vor ihnen geschaffen hatte, offenbar zu dem Zwecke, daß sie Adam und Eva überreden sollte. Gott in Seiner Allwissenheit hat alles so angeordnet, daß die ersten Eltern die Sünde begehen mußten. *Es war also die Absicht Gottes, daß sie sündigen mußten.*

Dieser Gedanke befreite mich auf der Stelle von meiner ärgsten Qual, denn ich wußte nun, daß Gott selber mich in diesen Zustand gebracht hatte. Ich wußte zunächst nicht, ob Er damit meinte, ich solle die Sünde begehen oder eben gerade nicht. Ich dachte nicht mehr ans Beten um Erleuchtung, denn Gott hatte mich ohne meinen Willen in diese Situation gebracht und mich ohne Beistand darin gelassen. Ich war sicher, daß ich nach Seiner Meinung selber und allein den Ausweg suchen mußte. Damit hob ein weiteres Argument an:

«Was will Gott? Das Tun oder das Nichttun? Ich muß herausfinden, was Gott will und zwar jetzt und mit mir.» Ich wußte zwar, daß es nach der hergebrachten Moral ganz selbstverständlich war, die Sünde zu vermeiden. Das hatte ich eben bis jetzt getan und wußte, daß ich es nicht weiter tun konnte. Mein gestörter Schlaf und meine seelische Not hatten mich so heruntergebracht, daß mein Nichtdenkenwollen zu einem unerträglichen Krampf wurde. Das konnte so nicht weitergehen. Ich konnte aber unmöglich nachgeben, bevor ich verstand, was Gottes Wille war und was Er bezweckte. Ich war nämlich dessen sicher, daß Er der Urheber dieser verzweifelten Schwierigkeit war. Merkwürdigerweise dachte ich nicht einen Moment, daß mir der Teufel einen Streich spielen könnte. Er spielte in meiner damaligen Geistesverfassung eine geringe Rolle und war

Gott gegenüber sowieso machtlos. Etwa vom Moment meines Aus-dem-Nebel-Heraustretens und Ichwerdens an hatten die Einheit, Größe und Übermenschlichkeit Gottes begonnen, meine Phantasie zu beschäftigen. So stand es für mich außer Frage, daß es Gott war, der eine entscheidende Probe mit mir anstellte, und daß alles darauf ankam, Ihn richtig zu verstehen. Ich wußte zwar, daß mein schließliches Nachgeben erzwungen würde; es sollte aber nicht erfolgen ohne mein Verstehen, denn es ging um mein ewiges Seelenheil: «Gott weiß, daß ich nicht mehr lange widerstehen kann und hilft mir nicht, obwohl ich im Begriff stehe, zu der Sünde, die nicht vergeben wird, gezwungen zu werden. Vermöge Seiner Allmacht könnte Er leicht diesen Zwang von mir wegnehmen. Er tut es aber nicht. Sollte es sein, daß Er meinen Gehorsam prüfen will, indem Er mir die ungewöhnliche Aufgabe stellt, etwas zu tun, wogegen ich mich aus allen Kräften sträube, weil ich die ewige Verdammnis fürchte? Denn ich würde mich gegen mein eigenes moralisches Urteil und gegen die Lehren meiner Religion, ja gegen Sein eigenes Gebot vergehen. Könnte es sein, daß Gott sehen möchte, ob ich imstande sei, Seinem Willen zu gehorchen, obwohl mich mein Glaube und meine Einsicht mit Hölle und Verdammnis schrecken? Das könnte es wahrhaftig sein! Aber das sind bloß meine Gedanken. Ich kann mich irren. Ich kann es nicht wagen, mich dermaßen meinen eigenen Überlegungen anzuvertrauen. Ich muß es nochmals durchdenken!»

Ich kam aber wieder zum selben Schluß. «Gott will offenbar auch meinen Mut», dachte ich. «Wenn dem so ist und ich tue es, dann wird Er mir Seine Gnade und Erleuchtung geben.»

Ich faßte allen Mut zusammen, wie wenn ich in das Höllenfeuer zu springen hätte und ließ den Gedanken kommen: Vor meinen Augen stand das schöne Münster, darüber der blaue Himmel, Gott sitzt auf goldenem Thron, hoch über der Welt, und unter dem Thron fällt ein ungeheures Exkrement auf das neue bunte Kirchendach, zerschmettert es und bricht die Kirchenwände auseinander.

Das war es also. Ich spürte eine ungeheure Erleichterung und eine unbeschreibliche Erlösung. An Stelle der erwarteten Verdammnis war Gnade über mich gekommen und damit eine unaussprechliche Seligkeit, wie ich sie nie gekannt hatte. Ich weinte vor Glück und Dankbarkeit, daß sich mir Weisheit und Güte Gottes enthüllt hatten, nachdem ich Seiner unerbittlichen Strenge erlegen war. Das gab mir das Gefühl, eine Erleuchtung erlebt zu haben.

Vieles wurde mir klar, was ich zuvor nicht verstehen konnte. Ich hatte erfahren, was mein Vater nicht begriffen hatte – den Willen Gottes, dem er sich aus den besten Gründen und dem tiefsten Glauben widersetzte. Darum hatte er auch nie das Wunder der Gnade erlebt, die alles heilt und alles verständlich macht. Er hatte sich die Gebote der Bibel zur Richtschnur genommen, er glaubte an Gott, so wie es in der Bibel steht und wie seine Väter Ihn gelehrt haben. Aber er kannte nicht den lebendigen unmittelbaren Gott, der allmächtig und frei über Bibel und Kirche steht, den Menschen zu seiner Freiheit aufruft und ihn zwingen kann, auf seine eigenen Ansichten und Überzeugungen zu verzichten, um Seine Forderung unbedingt zu erfüllen. Gott läßt sich in Seiner Erprobung des menschlichen Mutes nicht beeinflussen durch Traditionen und wären sie noch so heilig. Er wird in Seiner Allmacht schon dafür sorgen, daß bei solchen Mutproben nicht etwas wirklich Böses herauskommt. Wenn man den Willen Gottes erfüllt, kann man sicher sein, den richtigen Weg zu gehen.

Gott hatte auch Adam und Eva so geschaffen, daß sie denken mußten, was sie nicht denken wollten. Er tat das, um zu wissen, daß sie gehorsam sind. So kann Er auch von mir etwas verlangen, das ich aus religiöser Tradition heraus ablehnen möchte. Aber der Gehorsam ist es gewesen, der mir die Gnade gebracht hat, und seit jenem Erlebnis wußte ich, was göttliche Gnade ist. Ich hatte erfahren, daß ich Gott ausgeliefert bin, und daß es auf nichts anderes ankommt, als Seinen Willen zu erfüllen. Sonst bin ich dem Unsinn preisgegeben. – Damals hat meine eigentliche Verantwortlichkeit begonnen. Der Gedanke, den ich denken mußte, war mir schrecklich, und mit ihm erwachte die Ahnung, daß Gott etwas Furchtbares sein könnte. Es war ein furchtbares Geheimnis, das ich erlebt hatte, und es bedeutete für mich eine angstvolle und dunkle Angelegenheit. Sie überschattete mein Leben, und ich wurde sehr nachdenklich.

Ich habe das Erlebnis auch als meine Minderwertigkeit empfunden. Ich bin ein Teufel oder ein Schwein, dachte ich, irgend etwas Verworfenes. Aber dann begann ich im Geheimen die Bibel meines Vaters zu erforschen. Mit einer gewissen Genugtuung las ich im Evangelium vom Pharisäer und Zöllner und fand, daß gerade die Verworfenen die Auserwählten seien. Daß der ungetreue Haushalter gelobt wird, und daß Petrus, der Wankelmütige, zum Fels ernannt wird, machte mir nachhaltigen Eindruck.

Je größer meine Minderwertigkeitsgefühle waren, desto unfaßlicher erschien mir die Gnade Gottes. Ich war ja nie sicher über mich selber. Als meine Mutter einmal sagte: «Du warst immer ein guter Junge», konnte ich das gar nicht fassen. – Ich ein guter Junge? Das war eine Neuigkeit. Ich dachte immer, ich sei ein verdorbener oder minderwertiger Mensch. –

Mit jenem Erlebnis vom Münster war endlich etwas Tatsächliches vorhanden, das zum großen Geheimnis gehörte – so als hätte ich immer von Steinen gesprochen, die vom Himmel fallen, und nun hielte ich einen in der Hand. Aber es war ein beschämendes Erlebnis. Ich war in etwas Übles hineingestoßen, in etwas Böses oder Finsteres, und es war doch zugleich wie eine Auszeichnung. Manchmal verspürte ich einen merkwürdigen Drang zu reden, ohne eigentlich zu wissen wovon. Ich wollte ausprobieren und anfragen, ob andere Leute auch solche Erfahrungen gemacht hätten, oder wollte andeuten, daß es merkwürdige Dinge gäbe, von denen man nichts wisse. Es ist mir nie gelungen, auch nur eine Spur davon bei anderen aufzufinden. So bekam ich das Gefühl, ausgestoßen oder auserwählt, verflucht oder gesegnet zu sein.

Es wäre mir jedoch nie in den Sinn gekommen, von meinem Erlebnis direkt zu reden, noch vom Traum mit dem Phallus im unterirdischen Tempel oder vom geschnitzten Männchen, solange letzteres noch erinnerbar war. Ich wußte, daß ich das nicht könnte. Vom Phallustraum habe ich erst gesprochen, als ich fünfundsechzig Jahre alt war. Die anderen Erlebnisse habe ich vielleicht meiner Frau mitgeteilt, aber auch erst in späteren Jahren. Jahrzehntelang lag von der Kindheit her ein strenges Tabu darauf.

Meine ganze Jugend kann unter dem Begriff des Geheimnisses verstanden werden. Ich kam dadurch in eine fast unerträgliche Einsamkeit, und ich sehe es heute als eine große Leistung an, daß ich der Versuchung widerstand, mit jemandem davon zu sprechen. So war damals schon meine Beziehung zur Welt vorgebildet, wie sie heute ist: auch heute bin ich einsam, weil ich Dinge weiß und andeuten muß, die die anderen nicht wissen und meistens auch gar nicht wissen wollen.

In der Familie meiner Mutter waren sechs Pfarrer, und nicht nur mein Vater war Pfarrer, sondern auch zwei seiner Brüder. So hörte ich viele religiöse Gespräche, theologische Diskussionen und Predigten. Dabei hatte ich immer das Gefühl: «Ja, ja, das ist ganz schön. Aber wie verhält es sich mit dem Geheimnis? Es ist ja auch das Geheimnis der Gnade. Ihr wißt nichts davon. Ihr wißt nicht, daß Gott will, daß ich sogar das Unrecht tue, das Verfluchte denke, um Seine Gnade zu erleben.» Alles, was die anderen sagten, traf daneben. Ich dachte: «Um Gottes willen, irgend jemand muß doch etwas davon wissen. Irgendwo muß doch die Wahrheit stehen.» Ich stöberte in der Bibliothek meines Vaters und las, was ich nur finden konnte über Gott, Trinität, Geist, Bewußtsein. Ich habe die Bücher verschlungen und bin nicht klug daraus geworden. Immer wieder mußte ich denken: «Die wissen es auch nicht!» Ich las auch in der Luther-Bibel meines Vaters. Unglücklicherweise hatte mir die übliche «erbauliche» Deutung des Hiob-Buches jedes tiefere Interesse daran genommen. Sonst hätte ich einen Trost darin gefunden, nämlich IX, 30 sq. «Wenn ich mich gleich mit Schneewasser wüsche ... so wirst du mich doch tuncken in den Koth.»

Meine Mutter erzählte mir später, ich sei in jener Zeit oft deprimiert gewesen. Das war ich nicht eigentlich; sondern ich war beschäftigt mit dem Geheimnis. Da war es eine merkwürdig selige Beruhigung, auf jenem Stein zu sitzen. Der hat mich von allen Zweifeln befreit. Wenn ich dachte, ich sei der Stein, hörten die Konflikte auf. «Der Stein hat keine Unsicherheit, hat keinen Drang, sich mitzuteilen und ist ewig, lebt für die Jahrtausende», dachte ich. «Ich selber hingegen bin nur ein vorübergehendes Phänomen, das in allen möglichen Emotionen aufgeht, wie eine Flamme, die rasch auflodert und dann verlischt.» Ich war die Summe meiner Emotionen und ein Anderes in mir war der zeitlose Stein.

II

Damals kamen auch profunde Zweifel an allem, was mein Vater sagte. Wenn ich ihn über die Gnade predigen hörte, dachte ich immer an mein Erlebnis. Was er sagte, klang schal und hohl, wie wenn einer eine Geschichte erzählte, die er selber nicht ganz glauben kann oder nur vom Hörensagen kennt. Ich wollte ihm helfen, doch wußte ich nicht wie. Auch hielt mich eine Scheu zurück, ihm mein Erlebnis mitzuteilen oder mich in seine persönliche Präokkupation einzumischen. Dazu fühlte ich mich einerseits zu klein, und andererseits fürchtete ich mich davor, jenes Gefühl von Autorität, das mir meine «zweite Persönlichkeit» einflößte, zur Geltung zu bringen.

Ich habe später, als ich achtzehn Jahre alt war, viele Diskussionen mit meinem Vater gehabt, immer mit der heimlichen Hoffnung, ihn etwas von der wunderwirkenden Gnade wissen zu lassen und ihm dadurch in seinen Gewissensnöten zu helfen. Ich war überzeugt, daß, wenn er den Willen Gottes erfüllte, sich alles zum Besten wenden würde. Unsere Diskussionen hatten aber immer ein unbefriedigendes Ende. Sie reizten und betrübten ihn. «Ach was», pflegte er zu sagen, «du willst immer denken. Man soll nicht denken, sondern glauben.» – Ich dachte: Nein, man muß erfahren und wissen – sagte aber: «Gib mir diesen Glauben», worauf er sich jeweils achselzuckend und resigniert abwandte.

Ich begann Freundschaften zu schließen, meistens mit scheuen Jungen einfacher Herkunft. Meine Schulzeugnisse verbesserten sich. In den folgenden Jahren brachte ich es sogar zum Klassenersten. Ich bemerkte aber, daß unter mir welche waren, die mich beneideten und mich bei jeder Gelegenheit überholen wollten. Das verdarb mir die Laune. Mir waren alle Wettbewerbe verhaßt, und wenn einer aus dem Spiel eine Konkurrenz machte, kehrte ich dem Spiel den Rücken. Ich blieb von da an Zweiter, was mir bedeutend angenehmer war. Die Schularbeit war mir lästig genug, so daß ich sie mir nicht noch durch Konkurrenzstreberei erschweren wollte. Einige wenige Lehrer, derer ich mit Dankbarkeit gedenke, schenkten mir ein besonderes Zutrauen. Vor allem war es der Lateinlehrer, an den ich gern zurückdenke. Er war Universitätsprofessor und ein sehr gescheiter Mann. Nun kannte ich Latein schon seit meinem sechsten Lebensjahr, weil mein Vater mich darin unterrichtet hatte. So hat mich dieser Lehrer öfters auf die Universitätsbibliothek geschickt, um ihm während der Exerzitien Bücher zu holen, die ich dann auf dem möglichst verlängerten Rückweg mit Entzücken durchschnüffelte.

Den meisten Lehrern galt ich für dumm und verschlagen. Wenn irgend etwas in der Schule schief ging, so wurde in erster Linie ich verdächtigt. Gab es irgendwo eine Keilerei, so wurde vermutet, daß ich der Anstifter gewesen sei. In Wirklichkeit war ich nur einmal in eine Keilerei verwickelt, bei der ich entdeckte, daß ich eine Anzahl Kameraden hatte, die mir feindlich gesinnt waren. Sie legten mir einen Hinterhalt – es waren ihrer sieben – und fielen mich unvermutet an. Damals, mit fünfzehn Jahren, war ich schon stark und groß und war zu Jähzorn geneigt. Ich sah plötzlich Feuer, packte einen an beiden Armen, schwang ihn um mich und schlug mit seinen Beinen ein paar andere zu Boden. Die Sache wurde den Lehrern bekannt, aber ich erinnere mich nur dunkel an ein Strafverfahren, das mir ungerecht erschien. Von da an aber hatte ich Ruhe. Keiner wagte sich mehr an mich.

Daß ich Feinde hatte und daß man mich meistens ungerechterweise verdächtigte, war mir zwar unerwartet, aber irgendwie nicht unverständlich. Alles, was mir vorgeworfen wurde, ärgerte mich, aber ich konnte es vor mir selber nicht abstreiten. Ich wußte von mir so wenig, und das Wenige war so widerspruchsvoll, daß ich keinen Tadel mit gutem Gewissen abweisen konnte. Ich hatte eigentlich immer ein schlechtes Gewissen und war mir aktueller sowie potentieller Schuld bewußt. Darum war ich für Vorwürfe besonders empfindlich, denn sie trafen alle mehr oder weniger ins Schwarze. Wenn ich es auch nicht in Wirklichkeit getan hatte, so hätte ich es doch wohl tun können. Manchmal machte ich mir sogar Alibi-Notizen für den Fall, daß ich angeklagt würde. Ich fühlte mich direkt erleichtert, wenn ich wirklich etwas angestellt hatte. Dann wußte ich wenigstens, wohin das schlechte Gewissen gehörte.

Natürlich kompensierte ich meine innere Unsicherheit durch äußerliche Sicherheit, oder – besser gesagt – der Defekt kompensierte sich selbst, ohne meinen Willen. Ich fand mich selber vor als einen, der schuldig ist und zugleich unschuldig sein wollte. Im Hintergrund wußte ich immer, daß ich Zwei war. Der eine war der Sohn seiner Eltern; der ging zur Schule und war weniger intelligent, aufmerksam, fleißig, anständig und sauber als viele andere; der andere hingegen war erwachsen, ja alt, skeptisch, mißtrauisch, der Menschenwelt fern. Dafür stand er vor der Natur, der Erde, der Sonne, dem Mond, dem Wetter, der lebenden Kreatur und vor allem auch der Nacht, den Träumen und was immer «Gott» in mir unmittelbar bewirkte. Ich setze hier «Gott» in Anführungszeichen. Die Natur erschien mir nämlich, so wie ich selber, von Gott abgesetzt, als Nicht-Gott, obschon von Ihm als Ausdruck Seiner Selbst geschaffen. Es wollte mir nicht in den Kopf, daß die Ebenbildlichkeit sich nur auf den Menschen beziehen sollte. Ja, es schien mir, daß die hohen Berge, Flüsse, Seen, die schönen Bäume, Blumen und Tiere viel mehr das Wesen Gottes verdeutlichten als die Menschen in ihren lächerlichen Kleidern, in ihrer Gemeinheit, Dummheit, Eitelkeit, Lügenhaftigkeit und ihrer abscheulichen Eigenliebe. Alle diese Eigenschaften kannte ich nur zu gut aus mir selber, d. h. aus jener Persönlichkeit Nr. 1, dem Schuljungen von

1890. Daneben gab es jedoch einen Bereich, wie einen Tempel, in dem jeder Eintretende gewandelt wurde. Von der Anschauung des Weltganzen überwältigt und seiner selbst vergessend konnte er nur noch wundern und bewundern. Hier lebte «der Andere», der Gott als ein heimliches, persönliches und zugleich überpersönliches Geheimnis kannte. Hier trennte nichts den Menschen von Gott. Ja, es war, wie wenn der menschliche Geist zugleich mit Gott auf die Schöpfung blickte.

Was ich heute in Sätze auseinandergefaltet ausdrücke, war mir damals allerdings nicht in artikulierter Form bewußt, wohl aber in überwältigender Ahnung und im tiefsten Gefühl. Sobald ich allein war, konnte ich in diesen Zustand hinübertreten. Hier wußte ich mich würdig und als eigentlichen Menschen. Ich suchte daher die Ungestörtheit und das Alleinsein des anderen, des Nr. 2.

Spiel und Gegenspiel zwischen den Persönlichkeiten Nr. 1 und Nr. 2, die sich durch mein ganzes Leben zogen, haben nichts mit einer «Spaltung» im üblichen medizinischen Sinne zu tun. Im Gegenteil, sie werden bei jedem Menschen gespielt. Vor allem sind es die Religionen, die seit jeher zu Nr. 2 des Menschen, zum «inneren Menschen», gesprochen haben. In meinem Leben hat Nr. 2 die Hauptrolle gespielt, und ich habe immer versucht, dem freien Lauf zu lassen, was von Innen her an mich heranwollte. Nr. 2 ist eine typische Figur; meist reicht aber das bewußte Verstehen nicht aus zu sehen, daß man das auch ist.

Die Kirche wurde mir allmählich zur Qual, denn dort wurde laut – ich möchte fast sagen: schamlos – von Gott gepredigt, was Er beabsichtigt, was Er tut. Die Leute wurden ermahnt, jene Gefühle zu haben, jenes Geheimnis zu glauben, von dem ich wußte, daß es die innerste, innigste, durch kein Wort zu verratende Gewißheit war. Ich konnte daraus nur schließen, daß anscheinend niemand um dieses Geheimnis wußte, nicht einmal der Pfarrer; denn sonst hätten sie es nie wagen können, in aller Öffentlichkeit das Gottesgeheimnis preiszugeben und die unsäglichen Gefühle mit abgeschmackten Sentimentalitäten zu profanieren. Überdies war ich sicher, daß dies der verkehrte Weg war, um zu Gott zu gelangen, denn ich wußte ja aus Erfahrung, daß diese Gnade nur dem zuteil wird, der den Willen Gottes unbedingt erfüllt. Das wurde zwar auch gepredigt, aber immer mit der Voraussetzung, daß der Wille Gottes durch die Offenbarung bekannt sei. Mir hingegen kam er als das Allerunbekannteste vor. Mir schien es, als ob man eigentlich täglich den Willen Gottes erforschen müsse. Ich tat es zwar nicht, aber es war mir sicher, daß ich es tun würde, sobald sich ein dringender Anlaß dazu präsentierte. Nr. 1 nahm mich zu oft und zu viel in Anspruch. Es schien mir oft, als ob man die religiösen Vorschriften sogar an Stelle des Gotteswillens, der ja so unerwartet und erschreckend sein konnte, setzte, und zwar zu dem Zweck, den Gotteswillen nicht verstehen zu müssen. Ich wurde immer skeptischer, und die Predigten meines Vaters und anderer Pfarrer wurden mir peinlich. Alle Menschen meiner Umgebung schienen den Jargon und die dichte Dunkelheit, die er ausstrahlte, als selbstverständlich zu empfinden und gedankenlos alle Widersprüche zu schlucken, wie z. B. daß Gott allwissend sei und natürlich die Menschheitsgeschichte vorausgesehen habe. Er hat die Menschen so geschaffen, daß sie sündigen mußten, und trotzdem verbietet Er die Sünde und bestraft sie sogar mit ewiger Verdammnis in der Feuerhölle.

Der Teufel spielte lange Zeit keine Rolle in meinen Gedanken. Er erschien mir als der böse Hofhund eines mächtigen Mannes. Niemand hatte die Verantwortung für die Welt als Gott, und Er war, wie ich nur zu gut wußte, auch furchtbar. Es wurde mir zunehmend fragwürdiger und unheimlicher, wenn der «liebe Gott», die Liebe Gottes zum Menschen und die des Menschen zu Gott in den gefühlvollen Predigten meines Vaters angepriesen und anempfohlen wurden. Der Zweifel wurde wach in mir: Weiß er eigentlich, wovon er spricht? Könnte er mich, seinen Sohn, als Menschenopfer abstechen lassen wie Isaak oder einem ungerechten Gerichtshof ausliefern, der ihn kreuzigen ließe wie Jesum? Nein, das könnte er nicht. Also könnte er gegebenenfalls den Willen Gottes, der, wie die Bibel selber zeigt, schlechthin furchtbar sein kann, nicht erfüllen. – Es wurde mir klar, daß wenn unter anderm gemahnt wurde, Gott mehr zu gehorchen als den Menschen, das nur so obenhin und gedankenlos gesagt wurde. Man kannte offenbar den Willen Gottes ganz und gar nicht, denn sonst würde man dieses zentrale Problem mit heiliger Scheu behandeln, schon aus reiner Furcht vor dem Gott, der übermächtig Seinen erschreckenden Willen beim hilflosen Menschen durchsetzen kann, wie es mir geschehen war. Hätte jemand, der den Willen Gottes zu kennen vorgibt, voraussehen können, zu was Er mich veranlaßt hatte? Im Neuen Testament stand jedenfalls nichts dergleichen. Das Alte

Testament, vor allem das Buch Hiob, welches mich in dieser Hinsicht hätte erleuchten können, war mir damals noch zu unbekannt, und auch im Konfirmationsunterricht, in dem ich damals stand, hörte ich nichts Ähnliches. Die Gottesfurcht, die natürlich erwähnt wurde, galt als antiquiert, als «jüdisch» und war längst überholt durch die christliche Botschaft der Liebe und Güte Gottes.

Die Symbolik in meinen Kindheitserlebnissen und die Gewalttätigkeit der Bilder haben mich aufs äußerste gestört. Ich fragte mich: «Wer spricht eigentlich so? Wer hat die Unverschämtheit, einen Phallus so nackt und in einem Tempel darzustellen? Wer macht mich denken, daß Gott so abscheulich Seine Kirche zerstört? War es der Teufel, der das arrangiert hat?» Ich habe nie daran gezweifelt, daß es Gott oder der Teufel gewesen war, der so sprach und solches tat, denn ich fühlte genau, daß nicht ich es war, der die Gedanken und Bilder sich ersonnen hatte.

Das waren die entscheidenden Ereignisse meines Lebens. Damals ist es mir aufgegangen: ich bin verantwortlich, und es liegt an mir wie sich mein Schicksal gestaltet. Es ist mir ein Problem gestellt, auf das ich antworten muß. Und wer stellt das Problem? Das hat mir niemand beantwortet. Ich wußte, daß ich es selber aus eigenstem Innern zu beantworten hätte: ich war allein vor Gott, und Gott allein fragte mich diese schrecklichen Dinge. Von Anfang an war das Gefühl einer Schicksalsbestimmtheit sondergleichen in mir, so als sei ich hineingestellt in ein Leben, das zu erfüllen war. Es gab eine innere Sicherheit, die ich mir nie beweisen konnte. Aber sie war mir bewiesen. Ich hatte die Sicherheit nie, aber sie hatte mich, oft gegen alle Überzeugung vom Gegenteil. Niemand hat mir die Gewißheit nehmen können, daß ich gesetzt sei, das zu tun, was Gott will und nicht, was ich will. Das gab mir oft das Gefühl, in allen entscheidenden Dingen nicht mit den Menschen, sondern allein mit Gott zu sein. Immer, wenn ich «dort» war, wo ich nicht mehr allein war, befand ich mich außerhalb der Zeit. Ich war in den Jahrhunderten, und Der, der dann Antwort gab, war Der, welcher schon immer gewesen war und immer ist. Die Gespräche mit jenem «Anderen» waren meine tiefsten Erlebnisse: einesteils blutiger Kampf, andererseits höchstes Entzücken.

Über diese Dinge konnte ich natürlich mit niemandem reden. Ich wußte von niemandem in meiner Umgebung, dem ich mich hätte mitteilen können, außer unter Umständen meiner Mutter. Sie schien ähnlich zu denken wie ich. Aber bald merkte ich, daß sie mir im Gespräch nicht genügte. Sie hat mich vor allem bewundert, und das war nicht gut für mich. So blieb ich mit meinen Gedanken allein. Das war ich auch am liebsten. Ich habe allein für mich gespielt, bin allein gewandert, habe geträumt und hatte eine geheimnisvolle Welt für mich allein.

Meine Mutter war mir eine sehr gute Mutter. Sie hatte eine große animalische Wärme, war ungeheuer gemütlich und sehr korpulent. Sie hatte für alle Leute ein Ohr; auch plauderte sie gern, und das war wie ein munteres Geplätscher. Sie hatte eine ausgesprochene literarische Begabung, Geschmack und Tiefe. Aber das kam eigentlich nirgends recht zum Ausdruck; es blieb verborgen hinter einer wirklich lieben dicken alten Frau, die sehr gastfreundlich war, ausgezeichnet kochte und viel Sinn hatte für Humor. Sie hatte alle hergebrachten traditionellen Meinungen, die man haben kann, aber handkehrum trat bei ihr eine unbewußte Persönlichkeit in Erscheinung, die ungeahnt mächtig war – eine dunkle, große Gestalt, die unantastbare Autorität besaß – darüber gab's keinen Zweifel. Ich war sicher, daß auch sie aus zwei Personen bestand: die eine war harmlos und menschlich, die andere dagegen schien mir unheimlich. Sie kam nur zeitweise zum Vorschein, aber immer unerwartet und erschreckend. Sie sprach dann wie zu sich selber, aber das Gesagte galt mir und traf mich gewöhnlich im Innersten, so daß ich in der Regel sprachlos war.

Der erste Fall, an den ich mich zu erinnern vermag, ereignete sich, als ich etwa sechs Jahre alt war, aber noch nicht zur Schule ging. Wir hatten damals Nachbarn, die leidlich situierte Leute waren. Sie hatten drei Kinder. Das älteste war ein Sohn, etwa von meinem Alter, und zwei jüngere Schwestern. Es waren eigentlich Stadtleute, die ihre Kinder namentlich sonntags in einer mir lächerlichen Weise herausputzten – Glanzschühchen, Spitzenhöschen, weiße Handschühchen, sauber gewaschen und gekämmt auch am Werktag. Die Kinderchen hielten sich ängstlich fern von dem großen Lausbuben mit zerrissenen Hosen, löcherigen Schuhen und schmutzigen Händen und hatten ein feines Benehmen. Meine Mutter ärgerte mich grenzenlos mit Vergleichen und Ermahnungen: «Sieh dir diese netten Kinder an, die sind wohlerzogen und höflich, und du bist ein Flegel, mit dem man nichts anfangen kann.» Solche Ermahnungen taten es mir an, und ich beschloß, den Jungen durchzuhauen. Was dann auch geschah. Über dieses Malheur wutentbrannt, eilte seine Mutter zu meiner Mutter und protestierte mit bewegten Worten gegen meine Gewalttat. Meine Mutter war dementsprechend entsetzt und hielt mir eine lange, mit Tränen gewürzte Strafrede, wie ich sie von ihr noch nie erlebt hatte. Ich war mir nämlich keiner Schuld bewußt, sondern blickte mit Befriedigung auf meine Tat zurück, denn es schien mir, als ob ich die Unzugehörigkeit dieses Fremdlings im Dorfe irgendwie wett gemacht hätte. Ich war von der Aufregung meiner Mutter tief beeindruckt und zerknirscht und zog mich hinter unser altes Spinett an mein Tischchen zurück, wo ich mit meinen Bauklötzchen zu spielen anfing. Es herrschte für geraume Zeit Stille. Meine Mutter hatte sich an ihren gewohnten Platz ans Fenster zurückgezogen und strickte. Da hörte ich sie murmeln und aus einzelnen Worten, die ich aufschnappte, konnte ich entnehmen, daß sie sich mit der vorgefallenen Geschichte beschäftigte, aber diesmal im entgegengesetzten Sinn. Irgendwie klang es, als ob sie mich rechtfertigte. Plötzlich sagte sie laut: «Man hätte natürlich einen solchen Wurf auch gar nie behalten sollen!» Ich wußte ebenso plötzlich, daß sie von den geputzten «Affenkindern» sprach. Ihr Lieblingsbruder war ein Jäger, der Hunde hielt und immer von Hundezucht, Bastarden, Rassen und Würfen sprach. Ich stellte zu meiner Erleichterung fest, daß auch sie diese odiosen Kinder als minderwertige Bastarde betrachtete, und daß ihre Strafpredigt daher nicht für baren Ernst genommen werden durfte. Ich wußte aber dazumal schon, daß ich mich mäuschenstill zu verhalten hatte und ja nicht etwa triumphierend ihr vorhalten durfte: «Siehst du, du bist auch meiner Ansicht.» – Denn sie hätte etwas dergleichen mit Entrüstung zurückgewiesen: «Abscheulicher Bub, wie kannst du deiner Mutter solche Roheiten andichten!» Ich schließe daraus, daß schon eine Reihe von früheren Erfahrungen ähnlicher Art, welche ich aber vergessen habe, vorgelegen haben müssen.

Ich erzähle diese Geschichte, weil sich in der Zeit meiner beginnenden Skepsis wieder ein anderer Fall ereignete, der auf die Zweiheit meiner Mutter ein Licht warf. Es war bei Tisch einmal die Rede davon, wie langweilig die Melodien gewisser Kirchenlieder seien. Man sprach von der Möglichkeit der Revision des Gesangbuches. Da murmelte meine Mutter: «O du Liebe meiner Liebe, du verwünschte Seligkeit.» Wie früher tat ich wieder, als ob ich nichts gehört hätte, und hütete mich, daraus ein Halloh zu machen, trotz meines Triumphgefühls.

Es bestand ein beträchtlicher Unterschied zwischen den beiden Persönlichkeiten in meiner Mutter. So kam es, daß ich als Kind oft Angstträume von ihr hatte. Tags war sie eine liebende Mutter, aber nachts erschien sie mir unheimlich. Sie war dann wie eine Seherin, die zugleich ein seltsames Tier ist, wie eine Priesterin in einer Bärenhöhle. Archaisch und ruchlos. Ruchlos wie die Wahrheit und die Natur. Dann war sie die Verkörperung dessen, was ich als «natural mind» [1] bezeichnet habe.

Ich erkenne etwas von dieser archaischen Natur auch in mir. Sie hat mir die nicht immer angenehme Gabe verliehen, Menschen und Dinge zu sehen, wie sie sind. Ich kann mich zwar täuschen lassen, indem ich mich selber hinters Licht führe, wenn ich etwas nicht wahr haben möchte. Aber im Grunde weiß ich genau, wie die Sachen liegen. Das «wirkliche Erkennen» beruht auf einem Instinkt, oder auf einer participation mystique mit anderen. Man könnte sagen, es seien die «Augen des Hintergrundes», welche in einem unpersönlichen Akt der Anschauung sehen.

Ich habe dies erst später besser begriffen, als mir seltsame Dinge passierten, z. B. als ich einmal die Lebensgeschichte eines Mannes erzählte, ohne ihn zu kennen. Es war bei der Hochzeit einer Freundin meiner Frau. Die Braut und ihre Familie waren mir vollständig unbekannt. Beim Essen saß mir gegenüber ein Herr in mittlerem Alter mit einem schönen Vollbart, der mir als Anwalt vorgestellt worden war. Wir unterhielten uns angeregt über Kriminalpsychologie. Um ihm eine bestimmte Frage zu beantworten, dachte ich mir die Geschichte eines Falles aus, die ich mit vielen Details ausschmückte. Während ich noch sprach, merkte ich, daß der andere einen völlig veränderten Ausdruck bekam und eine merkwürdige Stille am Tisch entstand. Betreten hörte ich auf zu reden. Gott sei Dank waren wir schon beim Dessert, so stand ich bald auf und ging in die Halle des Hotels. Dort verzog ich mich in eine Ecke, zündete mir eine Zigarre an und versuchte, mir die Situation zu überlegen. In diesem Augenblick kam einer der Herren, die an meinem Tisch gesessen hatten und warf mir vor: «Wie kamen Sie bloß dazu, eine solche Indiskretion zu begehen?» – «Indiskretion?»

[1] «Natural mind ist Geist, welcher der Natur entstammt und nichts mit Büchern zu tun hat. Er entspringt der Natur des Menschen wie ein Quell der Erde und spricht die eigentümliche Weisheit der Natur aus. Er sagt die Dinge unbekümmert und ruchlos.» (Aus einem unveröffentlichten Seminarbericht, 1940. Aus dem Englischen übersetzt von A. J.)

Emilie Jung-Preiswerk (1848—1923), die Mutter

– «Ja, diese Geschichte, die Sie erzählt haben!» – «Die habe ich mir doch ersonnen!»

Zu meinem größten Schrecken stellte sich heraus, daß ich die Geschichte von meinem Gegenüber mit allen Einzelheiten erzählt hatte. Noch dazu entdeckte ich in diesem Augenblick, daß ich von der ganzen Erzählung kein Wort mehr erinnerte – bis auf den heutigen Tag ist sie mir unauffindbar geblieben. In seiner «Selbstschau» beschreibt Heinrich Zschokke[2] ein ähnliches Erlebnis: wie er in einer Wirtschaft einen unbekannten jungen Mann als Dieb entlarvt, weil er dessen Diebstahl vor seinem inneren Auge erblickte.

Es ist mir in meinem Leben öfters passiert, daß ich plötzlich etwas wußte, das ich doch gar nicht wissen konnte. Das Wissen kam mir so, wie wenn es mein eigener Einfall gewesen wäre. Ähnlich war es auch bei meiner Mutter. Sie hat nicht gewußt, was sie sagte, sondern es war wie eine Stimme von absoluter Autorität, welche genau das sagte, was zur Situation paßte.

Meine Mutter hat mich meist weit über mein Alter genommen und mit mir wie mit einem Erwachsenen gesprochen. Sie sagte mir offenbar alles das, was sie meinem Vater nicht hat sagen können und machte mich zu früh zum Vertrauten ihrer mannigfachen Sorgen. Als ich etwa elf Jahre alt war, teilte sie mir eine Angelegenheit mit, die meinen Vater betraf und mich alarmierte. Ich zerbrach mir den Kopf darüber, was da zu tun wäre und kam zum Schluß, ich müsse einen gewissen Freund meines Vaters, der mir vom Hörensagen als eine einflußreiche Persönlickkeit bekannt war, zu Rate ziehen. Ohne meiner Mutter ein Wort davon zu sagen, ging ich an einem schulfreien Nachmittag in die Stadt und läutete am Hause dieses Herrn. Die Magd, welche die Tür öffnete, sagte mir, der Herr sei ausgegangen. Enttäuscht und betrübt kehrte ich wieder nach Hause zurück. Aber ich kann schon sagen, es war eine providentia specialis, daß er nicht zu Hause war. Bald darauf kam meine Mutter im Gespräch wieder auf diese Angelegenheit zurück und gab mir diesmal eine ganz andere und weit harmlosere Darstellung zum besten, so daß sich alles in blauen Dunst auflöste. Das traf mich tief, und ich dachte: Und du warst der Esel, der das geglaubt hat und mit seinem blöden Ernstnehmen beinah ein Unglück angerichtet hätte! – Ich beschloß von da an, alles, was

[2] Heinrich Zschokke, Schweizer Erzähler und Politiker (1771—1848).

meine Mutter berichtete, durch zwei zu dividieren. Ich hatte nur noch ein bedingtes Vertrauen zu ihr, und das hinderte mich daran, ihr jemals etwas mitzuteilen, was mich ernstlich beschäftigte.

Aber manchmal kamen Augenblicke, wo ihre zweite Persönlichkeit herausbrach, und das, was sie dann sagte, war immer dermaßen «to the point» und so wahr, daß ich davor gezittert habe. Hätte sich meine Mutter dabei behaften lassen, so hätte ich einen Gesprächspartner gehabt.

Bei meinem Vater lag der Fall allerdings anders. Ich hätte ihm gern meine religiösen Beschwernisse unterbreitet und ihn um Rat gefragt, aber ich tat es nicht, weil es mir schien, als ob ich wüßte, was er mir aus ehrenwerten Gründen, seines Amtes wegen antworten müßte. Wie sehr ich mit dieser Annahme recht hatte, bestätigte sich mir wenig später. Mein Vater erteilte mir persönlich Konfirmationsunterricht, der mich maßlos langweilte. Einmal blätterte ich im Katechismus, um etwas anderes zu finden als die mir sentimental klingenden und im übrigen unverständlichen und uninteressanten Ausführungen über den «hêr Jesus». Da stieß ich auf den Paragraphen über die Dreieinigkeit Gottes. Das war nun etwas, das mein Interesse herausforderte: eine Einheit, die zugleich eine Dreiheit ist. Das war ein Problem, dessen innerer Widerspruch mich fesselte. Ich wartete sehnlichst auf den Moment, wo wir zu dieser Frage kommen würden. Als wir soweit waren, sagte mein Vater: «Wir kämen jetzt zur Dreieinigkeit, wir wollen das aber überschlagen, denn ich verstehe eigentlich nichts davon.» Einerseits bewunderte ich die Wahrhaftigkeit meines Vaters, andererseits aber war ich aufs tiefste enttäuscht und dachte: Da haben wir's, sie wissen nichts davon und denken auch nichts. Wie kann ich dann davon reden?

Ich machte vergebliche, andeutende Versuche bei gewissen Kameraden, die mir nachdenklich erschienen. Ich fand kein Echo, im Gegenteil ein Befremden, das mich warnte.

Trotz der Langeweile gab ich mir alle Mühe, mich zum Glauben ohne Verstehen zu zwingen – eine Haltung, die derjenigen meines Vaters zu entsprechen schien – und bereitete mich zum Abendmahl vor, auf das ich meine letzte Hoffnung gesetzt hatte. Es war zwar bloß ein Gedächtnismahl, eine Art Erinnerungsfeier für den 1890–30=1860 Jahre zuvor verstorbenen «hêr Jesus». Aber Er hatte doch gewisse Andeutungen gemacht wie «Nehmet, esset, das ist mein Leib» und damit das Abendmahlbrot gemeint, das wir essen sollten wie Seinen Leib, der doch ursprünglich Fleisch war. Ebenso sollten wir den Wein trinken, der ursprünglich Blut war. Ich hatte verstanden, daß wir Ihn auf diese Weise uns einverleiben sollten. Dies kam mir jedoch als eine so offenkundige Unmöglichkeit vor, daß dahinter nur ein großes Geheimnis stecken konnte. In der Communion, von der mein Vater so viel zu halten schien, würde ich es erfahren. Wesentlich in dieser Erwartung bestand meine Vorbereitung aufs Abendmahl.

Wie es Sitte war, hatte ich als Paten ein Mitglied der Kirchenpflege, einen mir sympathischen alten, schweigsamen Mann, einen Wagner, in dessen Werkstatt ich oft seine geschickte Arbeit an der Drehbank und mit dem Zimmermannsbeil beobachtet hatte. Er kam, feierlich verwandelt durch Gehrock und Zylinder und brachte mich zur Kirche, wo mein Vater im wohlbekannten Ornat, hinter dem Altar stehend, Gebete aus der Liturgie vorlas. Auf dem Altartisch befanden sich große Platten, auf denen kleine Brotstücke lagen. Das Brot stammte, wie ich sah, von dem Bäcker, der wenig gutes und fade schmeckendes Brot lieferte. Aus einer zinnernen Kanne wurde Wein in einen zinnernen Becher geschüttet. Mein Vater aß ein Stückchen Brot, trank einen Schluck Wein, von dem ich wußte, aus welchem Wirtshaus er vorher geholt worden war, und gab den Becher einem der alten Männer weiter. Alle waren steif, feierlich, teilnahmslos, wie mir schien. Ich schaute gespannt zu, konnte aber nicht sehen und erraten, ob etwas Besonderes in ihnen vorging. Es war wie bei allen kirchlichen Handlungen, bei Taufen, Begräbnissen usw. Ich hatte den Eindruck, daß hier etwas vorgenommen und in hergebracht richtiger Weise durchgeführt wurde. Auch mein Vater schien sich Mühe zu geben, die Sache vor allem der Regel entsprechend durchzuführen; und dazu gehörte auch, daß mit Betonung die passenden Worte gesprochen, beziehungsweise gelesen wurden. Es wurde nicht erwähnt, daß es nun 1860 Jahre her war, seit Jesus gestorben, was doch sonst bei allen Erinnerungsfeiern hervorgehoben wird. Ich sah keine Trauer und keine Freude, und für mein Gefühl erschien die Feier, in Anbetracht der außerordentlichen Bedeutung der gefeierten Persönlichkeit, in jeder Hinsicht erstaunlich mager. Sie hielt den Vergleich mit weltlichen Jubiläen keineswegs aus.

Plötzlich kam die Reihe an mich. Ich aß das Brot; es schmeckte fad, wie erwartet. Der Wein, von dem ich nur den kleinsten Schluck nahm, war dünn und säuerlich, offenbar nicht vom bessern. Dann kam das Schlußgebet, und alle gingen hinaus, nicht bedrückt und nicht erfreut, sondern mit Gesichtern, die sagten: «So, das wär's jetzt.»

Ich ging mit meinem Vater nach Hause, intensiv bewußt, daß ich einen neuen schwarzen Filzhut und einen neuen schwarzen Anzug trug, der sich schon anschickte, zu einem Gehrock zu werden. Es war eine Art verlängerter Jacke, die nach hinten unten sich in zwei Flügelchen erweiterte, und zwischen ihnen war ein Schlitz mit einer Tasche, in die man das Nastuch versorgen konnte, was mir als eine männliche erwachsene Geste vorkam. Ich fühlte mich sozial gehoben und andeutungsweise in die Gemeinschaft der Männer aufgenommen; auch gab es heute ein besonders gutes Mittagessen. Ich würde den ganzen Tag im neuen Gewand herumspazieren. Sonst war ich leer und wußte überhaupt nicht, wie ich mich fühlte.

Nur allmählich, im Laufe der folgenden Tage, dämmerte es mir: es hat sich nichts ereignet, ich bin zwar auf dem Gipfel der religiösen Einführung gewesen, wo ich etwas erwartet hatte – ich wußte nicht was. Es war aber nichts geschehen. Ich wußte, daß Gott mir unerhörte Dinge antun konnte, Dinge von Feuer und von überirdischem Licht, aber diese Feier enthielt, für mich wenigstens, keine Spur von Gott. Es war zwar die Rede von Ihm, aber es waren nur Wörter. Auch bei den anderen hatte ich nichts von fassungsloser Verzweiflung, von übermächtiger Ergriffenheit und strömender Gnade, die für mich das Wesen Gottes ausmachten, wahrgenommen. Ich hatte nichts von «communio» bemerkt, nichts von Vereinigung, oder Einswerden. Einswerden mit wem? Mit Jesus? Er war doch ein Mensch, der vor 1860 Jahren gestorben war. Warum soll man mit ihm einswerden? Er wird «Gottessohn» genannt, war also anscheinend ein Halbgott, wie die griechischen Heroen – wie kann dann ein gewöhnlicher Mensch mit ihm einswerden? Man nennt das «Christliche Religion», aber das hat ja alles mit Gott, wie ich Ihn erfahren hatte, nichts zu tun. Es ist hingegen ganz klar, daß Jesus, der Mann, mit Gott zu tun hatte; er war verzweifelt in Gethsemane und am Kreuz, nachdem er die Liebe und Güte Gottes als eines guten Vaters gelehrt hatte. Dann hatte er aber auch die Furchtbarkeit Gottes gesehen. Das konnte ich verstehen. Aber wozu dann diese ärmliche Erinnerungsfeier mit diesem Brot und diesem Wein? Es wurde mir langsam klar, daß das Abendmahl für mich ein fatales Erlebnis gewesen war. Es war leer ausgegangen, mehr noch, es war ein Verlust. Ich wußte, daß ich nie mehr an dieser Zeremonie teilnehmen konnte. Für mich war sie keine Religion und eine Abwesenheit Gottes. Die Kirche war ein Ort, an den ich nicht mehr gehen durfte. Dort war für mich kein Leben, sondern Tod.

Heftigstes Mitleid mit meinem Vater erfaßte mich. Auf einmal verstand ich die Tragik seines Berufes und seines Lebens. Er rang ja mit einem Tode, den er nicht wahrhaben konnte. Ein Abgrund hatte sich geöffnet zwischen ihm und mir, und ich sah keine Möglichkeit, diese unendliche Kluft zu überbrücken. Ich konnte ihn, meinen lieben und generösen Vater, der mir so vieles überließ und mich nie tyrannisiert hatte, nicht in jene Verzweiflung und in jenen Frevel stürzen, die nötig waren zum Erlebnis der göttlichen Gnade. Nur ein Gott kann das. Ich darf es nicht tun. Es wäre unmenschlich. Gott ist nicht menschlich, dachte ich. Das ist Seine Größe, daß nichts Menschliches an Ihn heranreicht. Er ist gütig und furchtbar, beides, und darum eine große Gefahr, vor der man sich natürlicherweise zu retten versucht. Man klammert sich einseitig an Seine Liebe und Güte, damit man nicht dem Versucher und dem Vernichter verfalle. Das hat Jesus auch bemerkt und darum gelehrt: «Führe uns nicht in Versuchung.»

Meine Einigkeit mit der Kirche und mit der menschlichen Umwelt, wie ich sie kannte, zerbrach mir. Ich hatte, wie mir schien, die größte Niederlage meines Lebens erlitten. Die mir als einzig sinnreicher Zusammenhang mit dem Ganzen erscheinende religiöse Anschauung war zerfallen, d. h. ich konnte am allgemeinen Glauben nicht mehr teilhaben, sondern fand mich verwickelt in ein Unaussprechbares, in «mein Geheimnis», das ich mit niemandem teilen konnte. Es war schrecklich und – das war das Schlimmste – vulgär und lächerlich, ein teuflisches Gelächter.

Ich begann zu grübeln: Was muß man von Gott denken? Ich hatte jenen Einfall von Gott und dem Münster nicht selber gemacht, noch viel weniger jenen Traum, der mich, als ich drei Jahre alt war, befallen hatte. Es war ein stärkerer Wille als der meinige, der mir beides aufgenötigt hatte. Hatte die Natur in mir es getan? Aber die Natur ist ja nichts anderes als der Schöpferwille. Es half auch nichts, den Teufel hiefür anzuklagen, denn er war auch eine Kreatur Gottes. Gott allein war wirklich – ein verheerendes Feuer und eine unbeschreibliche Gnade.

Das Versagen des Abendmahls? War das mein Versagen? Ich

hatte mich mit allem Ernst vorbereitet und hoffte auf ein Erlebnis der Gnade und Erleuchtung, aber es war nichts geschehen. Gott blieb abwesend. Um Gottes willen fand ich mich von der Kirche und dem Glauben meines Vaters und aller anderen getrennt, insofern diese die christliche Religion vertraten. Ich war aus der Kirche herausgefallen. Das erfüllte mich mit einer Trauer, die alle die Jahre bis zum Beginn meines Studiums überschatten sollte.

III

Ich begann in der relativ bescheidenen Bibliothek meines Vaters, welche mir damals aber beträchtlich vorkam, Bücher zu suchen, die mir sagen könnten, was man über Gott wußte. Ich fand zunächst nur die traditionellen Auffassungen, aber nicht, was ich suchte, nämlich einen Autor, der selbständig nachdachte, bis ich auf Biedermanns «Christliche Dogmatik» vom Jahre 1869 stieß. Hier war anscheinend ein Mann, der selber nachgedacht und sich eigene Auffassungen zurechtgelegt hatte. Ich erfuhr, daß Religion «ein geistiger Akt der Selbstbeziehung des Menschen zu Gott» sei. Das erregte meinen Widerspruch, denn ich verstand Religion als etwas, was Gott mit mir tut; sie ist ein Akt Seinerseits, dem ich einfach ausgeliefert bin, denn Er ist der Stärkere. Meine «Religion» kannte eben keine menschliche Beziehung zu Gott, denn wie könnte man sich auf etwas beziehen, das man so wenig kannte wie Gott? Darum mußte ich mehr von Gott wissen, um eine Beziehung zu Ihm zu finden.

Im Kapitel «Das Wesen Gottes» fand ich, daß sich Gott selber als «Persönlichkeit» bezeuge, «vorstellbar nach der Analogie des menschlichen Ich, und zwar als das einzigartige, schlechthin überweltliche Ich, dessen die ganze Welt ist».

Soweit ich die Bibel kannte, schien mir diese Definition zu stimmen. Gott hat Persönlichkeit und ist das Ich des Universums, so wie ich selber das Ich meiner seelischen und körperlichen Erscheinungsweise bin. Hier aber stieß ich auf ein mächtiges Hindernis: Persönlichkeit ist doch wohl ein Charakter. Charakter ist dieses und nicht ein anderes, d. h. er hat bestimmte Eigenschaften. Wenn aber Gott alles ist, wie kann Er dann noch einen unterscheidbaren Charakter besitzen? Besitzt Er aber einen Charakter, so kann Er nur das Ich einer subjektiven, beschränkten Welt sein. Und was für einen Charakter oder was für eine Persönlichkeit hat Er? Darauf kommt ja alles an, denn sonst kann man sich nicht auf Ihn beziehen.

Ich hatte die stärksten Widerstände dagegen, mir Gott nach Analogie meines Ich vorzustellen. Das erschien mir, wenn nicht direkt blasphemisch, so doch von grenzenloser Anmaßung. «Ich» schien mir sowieso ein schwer faßbarer Tatbestand. Erstens einmal bestanden für mich zwei sich widersprechende Aspekte dieses Faktors: Ich Nr. 1 und Nr. 2; sodann war das Ich in dieser und der anderen Form etwas höchst Beschränktes; es unterlag allen möglichen Selbsttäuschungen und Irrtümern, Launen, Emotionen, Leidenschaften und Sünden, es erlitt mehr Niederlagen als Erfolge, es war kindisch, eitel, selbstsüchtig, trotzig, liebebedürftig, begehrerisch, ungerecht, empfindlich, faul, unverantwortlich usw. Zu meinem Leidwesen ermangelte es vieler Tugenden und Talente, die ich bei anderen neidisch bewunderte. Und das sollte die Analogie sein, nach der wir uns das Wesen Gottes vorzustellen hätten?

Ich suchte eifrig nach anderen Eigenschaften Gottes und fand sie auch alle, wie ich sie bereits aus dem Konfirmationsunterricht kannte. Ich fand, daß nach § 172 «der unmittelbarste Ausdruck für das überweltliche Wesen Gottes ist 1. *negativ:* ‚Seine Unsichtbarkeit für den Menschen' usw. 2. *positiv*: ‚Sein Wohnen im Himmel' usw.» Dies war katastrophal: sofort nämlich fiel mir das blasphemische Bild ein, welches mir Gott direkt oder indirekt (via Teufel) gegen meinen Willen aufgenötigt hatte.

§ 183 belehrte mich, daß «Gottes überweltliches Wesen gegenüber der sittlichen Welt» in Seiner «Gerechtigkeit» bestehe, und Seine Gerechtigkeit sei nicht bloß eine «richterliche», sondern «ein Ausdruck Seines heiligen Wesens». Ich hatte gehofft, in diesem Paragraphen etwas über die Dunkelheiten Gottes zu vernehmen, welche mir zu schaffen machten: über Seine Rachsucht, Seine gefährliche Zornmütigkeit, Sein unverständliches Verhalten gegenüber den Geschöpfen Seiner Allmacht. Kraft Seiner Allmacht müßte Er wissen, wie untauglich sie waren. Aber es gelüstete Ihn, sie auch noch zu verführen, oder Er stellte sie auf die Probe, obwohl Er den Ausgang Seiner Experimente schon von vornherein wußte. – Ja, was ist der Charakter Gottes? Was ist eine menschliche Persönlichkeit, die so verfährt? Ich wagte nicht, es auszudenken, und dann las ich gar, daß Gott «obgleich Sich selbst genug und für Sich selbst nichts außer Sich bedürftig» die Welt «aus

Seinem Wohlgefallen» geschaffen, daß Er «sie als natürliche mit Seiner Güte erfüllt» habe und «als sittliche mit Seiner Liebe erfüllen will».

Zunächst grübelte ich über das befremdliche Wort «Wohlgefallen» nach. Wohlgefallen mit was oder mit wem? Offenbar mit der Welt, denn Er lobte Sein Tagewerk als gut. Gerade das hatte ich aber nie begriffen. Gewiß ist die Welt über alle Maßen schön, aber auch ebenso grauenhaft. Auf dem Lande in einem kleinen Dorf, wo es wenig Menschen und wenig Ereignisse gibt, erlebt man «Alter, Krankheit und Tod» intensiver, ausführlicher und unverhüllter als anderswo. Obwohl ich noch nicht sechzehn Jahre alt war, hatte ich vieles von der Wirklichkeit des Lebens bei Mensch und Tier gesehen und hatte in Kirche und Unterricht genug gehört vom Leiden und von der Verdorbenheit der Welt. Gott konnte höchstens am Paradies Wohlgefallen empfunden haben, aber auch da hatte Er ja selber dafür gesorgt, daß diese Herrlichkeit nicht zu lange dauern konnte, indem Er die gefährliche Giftschlange, den Teufel selber, hineingesetzt hatte. Hatte Er auch daran ein Wohlgefallen? Ich war zwar sicher, daß Biedermann das nicht meinte, sondern daß er aus jener allgemeinen Gedankenlosigkeit des Religionsunterrichtes, die mir mehr und mehr auffiel, einfach erbaulich daherplapperte und gar nicht merkte, was für Unsinn er sagte. Ich selber nahm zwar nicht an, daß Gott ein grausames Wohlgefallen am unverschuldeten Leiden von Mensch und Tier empfand, es erschien mir aber keineswegs unsinnig zu denken, daß Er beabsichtigt hatte, eine Welt der Gegensätze zu schaffen, in der eines das andere fraß und das Leben eine Geburt zum Tode war. Die «wunderbaren Harmonien» der Naturgesetze kamen mir weit eher als ein mühsam gebändigtes Chaos vor, und der «ewige» Sternhimmel mit seinen vorgeschriebenen Bahnen erschien mir als eine offensichtliche Zusammenhäufung von Zufälligkeiten ohne Ordnung und Sinn, denn die Sternbilder, von denen man sprach, konnte man in Wirklichkeit gar nicht sehen. Es waren bloße Willkürkombinationen.

Inwiefern Gott die natürliche Welt mit Seiner Güte erfüllte, blieb mir dunkel, beziehungsweise äußerst zweifelhaft. Das war offenbar wieder einer jener Punkte, über die man nicht denken durfte, sondern die man glauben mußte. Wenn Gott das «höchste Gut» ist, warum ist Seine Welt, Sein Geschöpf so unvollkommen, so verdorben, so erbarmungswürdig? – Offenbar vom Teufel gestochen und durcheinandergebracht, dachte ich. Aber der Teufel ist ja auch das Geschöpf Gottes. Ich mußte also über den Teufel nachlesen. Er schien doch sehr wichtig zu sein. Wieder schlug ich meine Dogmatik auf und suchte nach der Antwort auf diese brennende Frage nach den Gründen des Leidens, der Mangelhaftigkeit und des Bösen und konnte nichts finden. Das schlug dem Faß den Boden aus. Diese Dogmatik war offenbar nichts als Schönschwätzerei, ja schlimmer noch, eine ungewöhnliche Dummheit, welche nichts anderes konnte, als die Wahrheit verdunkeln. Ich war enttäuscht und noch mehr: ich war empört.

Aber irgendwo und irgendwann mußte es doch Menschen gegeben haben, welche die Wahrheit suchten wie ich, die vernünftig dachten, die nicht sich und andere betrügen und die leidvolle Wirklichkeit der Welt leugnen wollten. In dieser Zeit war es, daß meine Mutter, nämlich ihre Persönlichkeit Nr. 2, plötzlich ohne weitere Präambeln zu mir sagte: «Du mußt einmal den Faust von Goethe lesen.» Wir hatten eine schöne Goetheausgabe letzter Hand, und ich suchte den Faust heraus. Es strömte wie ein Wunderbalsam in meine Seele. Endlich ein Mensch, dachte ich, der den Teufel ernst nimmt und sogar einen Blutpakt abschließt mit dem Widersacher, der die Macht hat, Gottes Absicht, eine vollkommene Welt zu schaffen, zu durchkreuzen. – Ich bedauerte Faustens Handlungsweise, denn nach meiner Ansicht hätte er nicht so einseitig und verblendet sein dürfen. Er hätte doch gescheiter und auch moralischer sein sollen! Es erschien mir kindisch, seine Seele so leichtsinnig zu verspielen. Faust war offenbar ein Windbeutel! Auch hatte ich den Eindruck, daß das Schwergewicht und das Bedeutende hauptsächlich auf seiten Mephistos lag. Ich hätte es nicht bedauert, wenn Faustens Seele in die Hölle geraten wäre. Es wäre nicht schade um ihn gewesen. Der «betrogene Teufel» am Ende wollte mir gar nicht gefallen, war doch Mephisto alles, nur kein dummer Teufel, der von blöden Engelchen hätte genasführt werden können. Mephisto schien mir in einem ganz andern Sinne betrogen zu sein: er ist nicht zu seinem verbrieften Recht gekommen, sondern Faust, dieser etwas windige und charakterlose Geselle, hat seinen Schwindel bis ins Jenseits durchgeführt. Dort ist zwar seine Knabenhaftigkeit an den Tag gekommen, aber die Einweihung in die großen Mysterien schien er mir nicht verdient zu haben. Ich hätte ihm noch etwas Fegefeuer gegönnt! Das eigentliche Problem sah ich bei Mephisto, dessen Gestalt mir haften blieb und von dem ich unklar eine Beziehung zum Muttermysterium ahnte. Auf alle Fälle blieben mir Mephisto und die große Einweihung am Schluß als ein wunderbares und geheimnisvolles Erlebnis am Rande meiner Bewußtseinswelt.

Endlich hatte ich die Bestätigung gefunden, daß es doch Menschen gab oder gegeben hatte, welche das Böse und dessen weltumspannende Macht sahen und noch mehr, nämlich die geheimnisvolle Rolle, welche es in der Erlösung der Menschen aus Dunkelheit und Leiden spielt. Insoweit wurde mir Goethe zum Propheten. Aber ich konnte es ihm nicht verzeihen, daß er Mephisto mit einer bloßen Spielerei, mit einem tour de passe-passe, im Handkehrum erledigte. Das war mir zu theologisch, zu leichtsinnig und unverantwortlich. Ich bedauerte es aufs tiefste, daß auch Goethe der – oh so trügerischen – Verharmlosung des Bösen zum Opfer gefallen war.

Bei meiner Lektüre hatte ich entdeckt, daß Faust eine Art Philosoph gewesen war und, obschon er sich von der Philosophie abgewandt, doch offenbar von ihr eine Offenheit für die Wahrheit gelernt hatte. Ich hatte bis dahin von der Philosophie so gut wie nichts gehört, und eine neue Hoffnung schien mir zu dämmern. – Vielleicht, dachte ich, gab es Philosophen, die über meine Fragen nachgedacht hatten und mir ein Licht aufstecken könnten.

Da in der Bibliothek meines Vaters keine Philosophen vorkamen – sie waren suspekt, weil sie dachten – so mußte ich mich mit Krugs Allgemeinem Handwörterbuch der philosophischen Wissenschaften, 2. Aufl. 1832, begnügen. Ich vertiefte mich sofort in den Artikel über Gott. Zu meinem Mißbehagen begann er mit einer Etymologie des Wortes «Gott», das «unstreitig» von «gut» herkomme und das ens summum oder perfectissimum bezeichne. Man könne, so hieß es weiter, das Dasein Gottes nicht beweisen, auch nicht das Angeborensein der Gottesidee. Letztere könnte, wenn schon nicht actu, so doch potentia von vornherein im Menschen sein. Auf alle Fälle müsse unser «geistiges Vermögen» schon «bis zu einem gewissen Grade entwickelt sein, bevor es fähig ist, eine so erhabene Idee zu erzeugen».

Diese Erklärung erstaunte mich über alle Maßen. Was ist mit diesen «Philosophen» los? fragte ich mich. Sie kennen Gott offenbar nur vom Hörensagen. Da ist es mit den Theologen doch anders; die sind wenigstens sicher, daß Gott existiert, auch wenn sie widersprüchliche Aussagen über Ihn machen. Dieser Krug drückt sich so gewunden aus, aber man sieht deutlich, daß er eigentlich behaupten möchte, von Gottes Dasein hinlänglich überzeugt zu sein. Warum sagt er es nicht direkt heraus? Warum tut er dergleichen, als ob er wirklich meine, daß man die Idee Gottes «erzeuge» und daß man dazu erst auf einer gewissen Entwicklungsstufe fähig sei? Soviel ich weiß, hatten ja auch die Wilden, die nackt in ihren Wäldern herumstreiften, solche Ideen. Das waren doch keine «Philosophen», die sich hinsetzten, um «eine Idee Gottes zu erzeugen». Auch ich habe doch nie eine «Gottesidee erzeugt». Natürlich kann man Gott nicht beweisen, denn wie könnte z. B. eine Kleidermotte, die australische Wolle frißt, der anderen beweisen, daß es Australien gibt? Gottes Dasein hängt nicht von unseren Beweisen ab. Wie bin ich denn zu meiner Gewißheit Gottes gekommen? Man hatte mir ja in dieser Hinsicht alles mögliche erzählt, und doch konnte ich eigentlich nichts glauben. Nichts hatte mich überzeugt. Von da stammt meine Idee keineswegs. Und es war ja überhaupt keine Idee oder etwas Ausgedachtes. Es war nicht so, als ob man sich etwas vorgestellt und ausgedacht und nachher geglaubt hätte. Z. B. war mir die Geschichte mit dem «hêr Jesus» immer verdächtig vorgekommen, und ich habe sie nie wirklich geglaubt. Und doch hatte man sie mir mehr aufgedrängt als «Gott», der meistens nur im Hintergrund angedeutet wurde. Warum war mir Gott selbstverständlich? Warum tun diese Philosophen dergleichen, als ob Gott eine Idee sei, eine Art willkürlicher Annahme, die man «erzeugen» kann oder nicht, wo Er doch so offenkundig ist, wie wenn einem ein Ziegel auf den Kopf fällt?

Damals wurde es mir plötzlich klar, daß Gott, für mich wenigstens, eine der allersichersten, unmittelbaren Erfahrungen war. Jene entsetzliche Geschichte mit dem Münster hatte ich doch nicht erfunden. Im Gegenteil, sie wurde mir aufgedrängt, und ich wurde mit größter Grausamkeit gezwungen, sie zu denken. Aber nachher wurde mir unaussprechliche Gnade zuteil.

Ich kam zu dem Schluß, daß mit den Philosophen offenbar etwas nicht stimme, denn sie hatten die kuriose Vorstellung, daß Gott gewissermaßen eine Annahme sei, die man diskutieren könne. Auch fand ich es höchst unbefriedigend, daß ich keine Ansichten über und keine Erklärung für die dunkeln Taten Gottes fand. Diese wären doch, wie mir schien, einer besonderen philosophischen Aufmerksamkeit und Betrachtung würdig. Sie stellen wirklich ein Problem dar, das, wie ich wohl verstand, den Theologen schwer fallen mußte. Umso größer war meine Enttäuschung darüber, daß die Philosophen anscheinend nicht einmal davon wußten.

Ich ging daher zum nächsten Artikel über, nämlich zu dem Abschnitt über den Teufel. Wenn man sich diesen, so hieß es, als ursprünglich böse dächte, so würde man sich in handgreifliche Widersprüche verwickeln, d. h. in einen Dualismus geraten. Darum würde man besser daran tun, anzunehmen, daß der Teufel ursprünglich als gutes Wesen geschaffen und erst durch seinen Hochmut verdorben worden sei. Zu meiner großen Genugtuung wies aber der Autor darauf hin, daß diese Behauptung das Böse, das sie erklären wolle, schon voraussetze, nämlich den Hochmut. Im übrigen sei der Ursprung des Bösen «unerklärt und unerklärbar», was für mich hieß: er will, wie die Theologen, nicht darüber nachdenken. Der Artikel über das Böse und dessen Ursprung erwies sich als gleichermaßen unerleuchtend.

Diese hier zusammenhängende Erzählung betrifft Entwicklungen, die, von längeren Zwischenräumen unterbrochen, sich über einige Jahre erstreckten. Sie fanden ausschließlich in meiner Persönlichkeit Nr. 2 statt und waren streng geheim. Ich benutzte die Bibliothek meines Vaters zu diesen Studien ungefragt und nur heimlicherweise. In den Zwischenzeiten las aber Nr. 1 offen sämtliche Gerstäckerromane, sowie deutsche Übersetzungen der klassischen englischen Romane. Ebenso begann ich deutsche Literatur zu lesen, in erster Linie die Klassiker, insofern sie mir durch die Schule mit ihren unnötig laboriösen Erklärungen von Selbstverständlichkeiten noch nicht verleidet waren. Ich las massenhaft und ohne Plan, Drama, Lyrik, Geschichte, und später naturwissenschaftliche Werke. Die Lektüre war nicht nur interessant, sondern bot mir auch eine wohltuende Zerstreuung. Meine Beschäftigung als Nr. 2 verursachte mir nämlich in zunehmendem Maße Depressionen, da ich auf dem Gebiete der religiösen Fragen nur verschlossene Türen fand, und wo sich solche etwa zufällig öffneten, stieß ich auf Enttäuschungen. Die anderen Menschen schienen wirklich allesamt anderswo zu sein. Ich fühlte mich mit meinen Gewißheiten völlig allein. Ich hätte gern davon mit jemandem gesprochen, aber ich fand nirgends einen Anknüpfungspunkt – im Gegenteil, ich fühlte im anderen ein Befremden, ein Mißtrauen, ein Fürchten, mir entgegenzutreten, das mich der Sprache beraubte. Das deprimierte mich. Ich wußte nicht, was ich davon halten sollte: warum erlebt niemand Ähnliches wie ich? Warum steht auch in den gelehrten Büchern nichts davon? Bin ich der einzige, der solche Erfahrungen macht? Warum sollte ich der einzige sein? Ich dachte nie, daß ich etwa verrückt wäre, denn Licht und Dunkelheit Gottes erschienen mir als Tatsachen, die mir, obschon sie mein Gefühl beschwerten, verständlich vorkamen.

Die «Einzigartigkeit», in die ich hineingedrängt wurde, empfand ich als bedrohlich, denn sie bedeutete Isolierung, die mir umso unangenehmer erschien, als ich, mehr als mir lieb war, ungerechtfertigterweise als Sündenbock in Betracht kam. Dazu hatte sich etwas ereignet, das mir einen nachhaltigen Eindruck hinterließ. In den Deutschstunden war ich eher mittelmäßig, da mich der Lehrgegenstand, insbesondere die deutsche Grammatik und Syntax, ganz und gar nicht interessierte. Ich war faul und gelangweilt. Die Aufsatzthemata erschienen mir in der Regel flach oder gar läppisch, und meine Aufsätze waren dementsprechend; entweder flüchtig oder mühsam. Ich schlüpfte mit mittleren Noten durch, was mir ganz recht war. Das gefiel nämlich meiner allgemeinen Tendenz, ja nicht aufzufallen, denn ich wollte von dieser «verdammten Isolierung in Einzigartigkeit», in die ich von verschiedensten Seiten gedrängt wurde, um jeden Preis loskommen. Meine Sympathien galten den Buben aus armen Familien, die, wie ich, aus einem Nichts kamen, und oft auch Schwachbegabten, obschon ich mich durch ihre Dummheit und Ungebildetheit oftmals irritieren ließ. Sie boten mir aber andererseits den sehnlichst erwünschten Vorteil, ahnungslos zu scheinen und mir nichts Besonderes anmerken zu lassen. Meine «Besonderung» begann mir allmählich ein unliebsames, ja etwas unheimliches Gefühl zu verursachen, daß ich widerwärtige, mir unbewußte Eigenschaften besitzen müsse, welche Lehrer und Kameraden von mir abstießen.

In diese Situation fiel wie ein Donnerschlag folgendes Ereignis: Wir hatten ein Aufsatzthema bekommen, welches mich ausnahmsweise interessierte. Infolgedessen setzte ich mich mit Eifer dahinter und produzierte eine, wie mir schien, sorgfältige und wohlgelungene Arbeit. Ich erhoffte dafür wenigstens einen der ersten Plätze; nicht etwa den ersten, denn das wäre auffallend, aber einen der nächsten.

Unser Lehrer besprach nämlich die Aufsätze jeweils in der Reihenfolge ihrer Güte. Als erster kam der Aufsatz des Klassenersten. Das war in Ordnung. Dann folgten die Aufsätze der anderen, und immer wartete ich vergebens auf meinen Namen; er wollte nicht kommen. – Es ist doch unmöglich, dachte ich, daß mein Aufsatz so schlecht ist, daß er noch unterhalb der schlechten Aufsätze sein könnte. Was ist denn los? Oder bin ich am Ende «hors concours», also in unangenehmster Weise auffallend und isoliert?

Als alle Aufsätze besprochen waren, machte der Lehrer eine Atempause und sagte dann: «Jetzt habe ich noch einen Aufsatz, – den von Jung. Er ist weitaus der beste, und ich hätte ihm den ersten Platz gegeben. Aber leider ist er ein Betrug. Wo hast du ihn abgeschrieben? Gesteh die Wahrheit!»

Ich fuhr ebenso entsetzt wie wütend auf und rief: «Ich habe ihn nicht abgeschrieben, sondern ich habe mir im Gegenteil besondere Mühe gegeben, einen guten Aufsatz zu schreiben!» Er aber schrie mich an: «Du lügst! So einen Aufsatz kannst du ja gar nicht schreiben. Das glaubt niemand. Also – wo hast du ihn abgeschrieben?»

Ich beteuerte vergebens meine Unschuld. Der Lehrer blieb unerschütterlich und antwortete: «Das kann ich dir sagen: wenn ich wüßte, wo du ihn abgeschrieben hast, würdest du aus der Schule fliegen.» Und wandte sich ab. Meine Kameraden warfen mir zweifelhafte Blicke zu, und ich sah mit Schrecken, daß sie dachten: «Aha, das ist es!» Meine Beteuerungen fanden kein Echo.

Ich fühlte, daß ich von jetzt an gebrandmarkt war, und alle Wege, die mich aus der «Besonderung» hätten herausführen können, waren mir abgeschnitten. Zutiefst enttäuscht und gekränkt schwor ich dem Lehrer Rache, und wenn ich eine Gelegenheit gehabt hätte, so hätte damals etwas aus der Zeit des Faustrechtes passieren können. Wie in aller Welt konnte ich beweisen, daß ich den Aufsatz nicht abgeschrieben hatte?

Tagelang wälzte ich diese Geschichte in meinen Gedanken und kam immer wieder zum Schluß, daß ich machtlos und einem blinden und dummen Schicksal ausgeliefert sei, das mich zum Lügner und Betrüger stempelte. Es wurde mir jetzt vieles klar, was ich zuvor nicht verstanden hatte, z. B. wieso ein Lehrer zu meinem Vater, der sich nach meinem Verhalten in der Schule erkundigte, gesagt hatte: «Ach, er ist halt mittelmäßig, gibt sich aber ganz ordentlich Mühe.» Man hielt mich für relativ dumm und oberflächlich. Das ärgerte mich nicht eigentlich. Was mich aber wütend machte, war, daß man mir einen Betrug zumutete und mich damit moralisch erledigte.

Meine Trauer und Wut drohten maßlos zu werden, aber da geschah etwas, das ich schon mehrere Male zuvor beobachtet hatte: es wurde plötzlich stille, wie wenn gegen einen lärmerfüllten Raum eine schalldichte Türe geschlossen würde. Es war, wie wenn eine kühle Neugier über mich käme mit der Frage: Was ist denn hier los? Du bist ja aufgeregt! Der Lehrer ist natürlich ein Dummkopf, der deine Art nicht versteht, d. h. ebenso wenig versteht wie du. Er ist darum mißtrauisch wie du. Du mißtraust dir selber und anderen und hältst dich deshalb zu den Einfachen, Naiven und Überschaubaren. Man fällt dann in Aufregungszustände, wenn man nicht versteht.

Angesichts dieser Betrachtung sine ira et studio fiel mir die Analogie ein mit jener anderen Überlegung, die mit solcher Nachdrücklichkeit eingesetzt hatte, als ich das Verbotene nicht denken wollte. Damals hatte ich zweifellos noch keinen Unterschied zwischen den Persönlichkeiten Nr. 1 und Nr. 2 gesehen, sondern hatte auch die Welt von Nr. 2 als meine persönliche Welt in Anspruch genommen; doch bestand immer ein hintergründiges Gefühl, daß noch etwas anderes als ich selber dabei war – etwa wie wenn ein Hauch aus der großen Welt der Gestirne und der endlosen Räume mich berührt hätte, oder wie wenn ein Geist unsichtbar ins Zimmer getreten wäre, Einer, der längst vergangen und doch immerwährend bis in ferne Zukunft im Zeitlosen gegenwärtig wäre. Peripetien dieser Art waren umschwebt vom Halo eines Numen.

Ich hätte mich damals selbstverständlich niemals in dieser Art ausdrücken können, doch lege ich nicht jetzt etwas in meinen damaligen Bewußtseinszustand hinein, sondern ich versuche bloß, mit meinen heutigen Mitteln jene Dämmerwelt zu erhellen.

Es war einige Monate nach dem hier beschriebenen Ereignis, als meine Schulkameraden mir den Übernamen «Erzvater Abraham» anhängten. Nr. 1 konnte das nicht verstehen und fand es dumm und lächerlich. Im Hintergrund aber fühlte ich, daß es mich irgendwie getroffen hatte. Alle Anspielungen auf meinen Hintergrund waren mir peinlich, denn je mehr ich las und mit der städtischen Welt bekannt wurde, desto mehr wuchs in mir der Eindruck, daß das, was ich jetzt als Wirklichkeit kennenlernte, einer anderen Ordnung der Dinge angehörte als jenes Weltbild, das mit mir auf dem Lande gewachsen war, zwischen Flüssen und Wäldern, zwischen Tieren und Menschen, in einem kleinen Dorf, über dem der Sonnenschein lag, Winde und Wolken zogen, und das eingehüllt war von dunkler, mit unbestimmbaren Dingen erfüllter Nacht. Es war kein bloßer Ort auf der Landkarte, sondern die Gotteswelt, so verordnet und mit geheimem Sinn erfüllt. Das wußten die Menschen anscheinend nicht, und schon die Tiere hatten irgendwie den Sinn dafür verloren. Das sah man im traurig-verlorenen Blick der Kühe und im resignierten Auge der Pferde, in der Ergebenheit des Hundes, der sich an den Menschen klammerte, und sogar im selbstsicheren Auftreten der Katze, welche Haus und Scheune als Wohnsitz und Jagdgrund erkoren hatte. Wie die Tiere schienen mir auch die Menschen unbewußt zu sein; sie blickten auf den Boden oder in die Bäume hinauf, um zu sehen, was man und zu welchem Zwecke man es gebrauchen könnte; wie Tiere scharten, paarten und stritten sie sich und sahen nicht, daß sie im Kosmos wohnten, in der Gotteswelt, in der Ewigkeit, wo alles geboren wird, und alles schon gestorben ist.

Ich liebte alle warmblütigen Tiere, weil sie uns nah verwandt sind und an unserer Unwissenheit teilhaben. Ich liebte sie, weil sie eine Seele haben wie wir, und wir sie, wie ich glaubte, instinktiv verstehen. Sie erleben ja, so dachte ich, wie wir Freude und Trauer, Liebe und Haß, Hunger und Durst, Angst und Vertrauen – alle wesentlichen Inhalte des Daseins, mit Ausnahme der Sprache, des zugespitzten Bewußtseins, der Wissenschaft. Ich bewunderte zwar die letztere in herkömmlicher Weise, fand aber in ihr die Möglichkeit zu einer Entfernung und Abirrung von der Gotteswelt und einer Degeneration, deren das Tier nicht fähig war. Die Tiere waren die Lieben und Treuen, die Unveränderlichen und Vertrauenswürdigen, aber den Menschen mißtraute ich mehr denn je.

Die Insekten waren keine «richtigen» Tiere und die kaltblütigen Vertebraten bildeten eine wenig geschätzte Zwischenstufe auf dem Weg zu den Insekten. Diese Kategorie von Wesen waren Beobachtungs- und Sammlungsobjekte, Curiosa, weil fremdartig und außermenschlich, Manifestationen unpersönlicher Wesen, die mehr Verwandtschaft mit Pflanzen hatten als mit Menschen.

Mit dem Pflanzenreich begann die irdische Erscheinung der Gotteswelt als eine Art unmittelbarer Mitteilung. Es war, als ob man dem Schöpfer, der sich unbeobachtet wähnte, über die Schulter geschaut hätte, wie er Spielzeug oder Dekorationsstücke anfertigte. Demgegenüber waren der Mensch und die «richtigen» Tiere selbständig gewordene Gottesteile. Darum konnten sie aus freien Stücken herumgehen und ihre Wohnorte wählen. Die Pflanzenwelt dagegen war auf Gedeih und Verderb an ihren Standort gebunden. Sie drückte nicht nur die Schönheit, sondern auch die Gedanken der Gotteswelt aus, ohne irgendwelche Absicht oder Abweichung. Insbesondere waren die Bäume geheimnisvoll und schienen mir den unverständlichen Sinn des Lebens unmittelbar darzustellen. Darum war der Wald der Ort, wo man tiefsten Sinn und schauervolles Wirken am nächsten fühlte.

In diesem Eindruck wurde ich bestärkt, als ich gotische Kathedralen kennenlernte. Aber hier war die Unendlichkeit von Kosmos und Chaos, von Sinn und Sinnlosigkeit, von subjektloser Absichtlichkeit und mechanischer Gesetzlichkeit im Stein verhüllt. Er enthielt und war zugleich das bodenlose Geheimnis des Seins, ein Inbegriff des Geistes. Das war es, was ich dunkel als meine Verwandtschaft mit dem Stein fühlte: die Gottesnatur in beiden, dem Toten und dem Lebenden.

Es wäre mir damals, wie schon gesagt, nicht möglich gewesen, meine Gefühle und Ahnungen in anschaulicher Weise zu formulieren, denn sie ereigneten sich in Nr. 2, während mein aktives und erfassendes Ich, Nr. 1, sich passiv verhielt und aufgenommen war in die Sphäre des «alten Mannes», der in die Jahrhunderte gehörte. Ich erlebte ihn und seinen Einfluß merkwürdig unreflektiert: wenn er gegenwärtig war, verblaßte Nr. 1 bis zum Nichtvorhandensein, und wenn das Ich, das mit Nr. 1 in zunehmendem Maße identisch wurde, die Szene beherrschte, dann war der «alte Mann», wenn überhaupt erinnert, ein ferner und unwirklicher Traum.

Vom sechzehnten bis neunzehnten Lebensjahr hob sich langsam die Wolke meines Dilemmas. Damit besserte sich meine depressive Gemütsverfassung, und Nr. 1 trat immer deutlicher hervor. Die Schule und das städtische Leben nahmen mich in Anspruch, auch durchdrang oder verdrängte mein vermehrtes Wissen allmählich die Welt der ahnungsvollen Eingebungen. Ich fing an, bewußte Fragestellungen systematisch zu verfolgen. So las ich eine kleine Einführung in die Geschichte der Philosophie und gewann dadurch einen gewissen Überblick über all das, was schon gedacht worden war. Ich fand zu meiner Genugtuung, daß viele meiner Eingebungen ihre historischen Verwandten hatten. Ich liebte vor allem die

Gedanken Pythagoras', Heraklits, Empedokles' und Platos trotz der Langfädigkeit des sokratischen Arguments. Sie waren schön und akademisch wie eine Gemäldegalerie, aber etwas fern. Erst in Meister Eckhart fühlte ich den Hauch des Lebens, ohne daß ich ihn ganz verstanden hätte. Die Christliche Scholastik ließ mich kalt, und der aristotelische Intellektualismus des Hl. Thomas erschien mir lebloser als eine Sandwüste. Ich dachte: Sie alle wollen mit logischen Kunststücken etwas erzwingen, was sie nicht empfangen haben, und um das sie nicht wirklich wissen. Sie wollen sich einen Glauben anbeweisen, wo es sich doch um Erfahrung handelt! – Sie kamen mir vor wie Leute, die vom Hörensagen wußten, daß es Elefanten gibt, aber selber keine gesehen hatten. Nun versuchten sie mit Argumenten zu beweisen, daß es aus logischen Gründen dergleichen Tiere geben müsse, und daß sie so beschaffen sein müßten, wie sie es sind. Die kritische Philosophie des 18. Jahrhunderts ging mir aus verständlichen Gründen zunächst nicht ein. Hegel schreckte mich ab durch seine ebenso mühsame wie anmaßende Sprache, die ich mit unverhohlenem Mißtrauen betrachtete. Er kam mir vor wie einer, der in seinem eigenen Wörtergebäude eingesperrt war und sich dazu noch mit stolzer Gebärde in seinem Gefängnis erging.

Der große Fund meiner Nachforschung aber war Schopenhauer. Er war der erste, der vom Leiden der Welt sprach, welches uns sichtbar und aufdringlich umgibt, von Verwirrung, Leidenschaft, Bösem, das alle anderen kaum zu beachten schienen und immer in Harmonie und Verständlichkeit auflösen wollten. Hier war endlich einer, der den Mut zur Einsicht hatte, daß es mit dem Weltengrund irgendwie nicht zum Besten stand. Er sprach weder von einer allgütigen und allweisen Providenz der Schöpfung, noch von einer Harmonie des Gewordenen, sondern sagte deutlich, daß dem leidensvollen Ablauf der Menschheitsgeschichte und der Grausamkeit der Natur ein Fehler zugrundelag, nämlich die Blindheit des weltschaffenden Willens. Ich fand dies bestätigt durch meine frühen Beobachtungen von kranken und sterbenden Fischen, von räudigen Füchsen, erfrorenen oder verhungerten Vögeln, von der erbarmungslosen Tragödie, die eine blumengeschmückte Wiese verbirgt: Regenwürmer, die von Ameisen zu Tode gequält werden, Insekten, die einander Stück für Stück auseinanderreißen usw. Aber auch meine Erfahrungen am Menschen hatten mich alles andere als den Glauben an ursprüngliche menschliche Güte und

Sittlichkeit gelehrt. Ich kannte mich selber gut genug, um zu wissen, daß ich mich sozusagen nur graduell von einem Tier unterschied.

Schopenhauers düsteres Gemälde der Welt fand meinen ungeteilten Beifall, nicht aber seine Problemlösung. Es war mir sicher, daß er mit seinem «Willen» eigentlich Gott, den Schöpfer, meinte und diesen als «blind» bezeichnete. Da ich aus Erfahrung wußte, daß Gott durch keine Blasphemie gekränkt wurde, sondern sie im Gegenteil sogar fordern konnte, um nicht nur die helle und positive Seite des Menschen, sondern auch dessen Dunkelheit und Widergöttlichkeit zu haben, so verursachte mir Schopenhauers Auffassung keine Beschwerden. Ich hielt sie für ein durch die Tatsachen gerechtfertigtes Urteil. Umso mehr aber enttäuschte mich sein Gedanke, daß der Intellekt dem blinden Willen nur dessen Bild entgegenhalten müsse, um diesen zur Umkehr zu veranlassen. Wie konnte der Wille überhaupt dies Bild sehen, da er ja blind war? Und warum sollte er, auch wenn er es sehen könnte, dadurch bewogen werden, umzukehren, da das Bild ihm gerade das zeigen würde, was er ja wollte? Und was war der Intellekt? Er ist Funktion der menschlichen Seele, kein Spiegel, sondern ein infinitesimales Spiegelchen, das ein Kind der Sonne entgegenhält und erwartet, daß sie davon geblendet würde. Das erschien mir als völlig inadaequat. Es war mir rätselhaft, wie Schopenhauer auf eine derartige Idee verfallen konnte.

Das veranlaßte mich, ihn noch gründlicher zu studieren, wobei ich in zunehmendem Maße von seiner Beziehung zu Kant beeindruckt wurde. Ich begann daher, die Werke dieses Philosophen, vor allem die «Kritik der reinen Vernunft» mit vielem Kopfzerbrechen zu lesen. Meine Bemühungen lohnten sich, denn ich glaubte den Grundfehler in Schopenhauers System entdeckt zu haben: er hatte die Todsünde begangen, eine metaphysische Aussage zu machen, nämlich ein bloßes nooumenon, ein «Ding an sich» zu hypostasieren und zu qualifizieren. Dies ergab sich aus Kants Erkenntnistheorie, welche für mich eine womöglich noch größere Erleuchtung als Schopenhauers «pessimistisches» Weltbild bedeutete.

Diese philosophische Entwicklung erstreckte sich von meinem siebzehnten Lebensjahr bis weit in die Jahre meines Medizinstudiums hinein. Sie hatte eine umwälzende Änderung meiner Einstellung zu Welt und Leben im Gefolge. War ich früher scheu, ängstlich, mißtrauisch, bleich, mager und von anscheinend schwankender Gesundheit, so meldete sich jetzt ein gewaltiger Appetit in jeder Hinsicht. Ich wußte, was ich wollte und griff danach. Offensichtlich wurde ich auch zugänglicher und mitteilsamer. Ich entdeckte, daß die Armut kein Nachteil und bei weitem nicht der Hauptgrund der Leiden war und daß die Söhne der Reichen keineswegs im Vorteil gegenüber den armen und schlechtbekleideten Jungen waren. Es gab viel tiefere Gründe für Glück und Unglück als den Umfang des Taschengeldes. Ich gewann mehr und bessere Freunde als zuvor. Ich fühlte festeren Boden unter den Füßen und fand sogar den Mut, von meinen Gedanken offen zu reden. Das war aber, wie ich nur zu bald erfuhr, ein Mißverständnis, das ich zu bereuen hatte. Ich stieß nicht nur auf Befremden oder Spott, sondern auch auf feindselige Ablehnung. Zu meinem größten Erstaunen und Mißbehagen entdeckte ich, daß ich gewissen Leuten als Aufschneider und «blagueur» galt. Auch die frühere Verdächtigung als Betrüger wiederholte sich, wenn auch in etwas anderer Form. Wiederum handelte es sich um ein Aufsatzthema, das mein Interesse erregt hatte. Darum schrieb ich den Aufsatz mit besonderer Sorgfalt, wobei ich meinen Stil peinlichst ausfeilte. Das Resultat war niederschmetternd. «Hier ist ein Aufsatz von Jung», sagte der Lehrer, «er ist schlechthin brillant, aber dermaßen aus dem Ärmel geschüttelt, daß man sieht, wie wenig Ernsthaftigkeit und Mühe darauf verwendet worden sind. Das kann ich dir sagen, Jung, mit dieser Leichtfertigkeit wirst du nicht durchs Leben kommen. Da braucht es Ernst und Gewissenhaftigkeit, Arbeit und Mühe. Da sieh dir den Aufsatz von D. an. Er hat nichts von deiner Brillanz, dafür ist er ehrlich, gewissenhaft und fleißig. Das ist der Weg zum Erfolg im Leben.»

Meine Niedergeschlagenheit war nicht so tief wie beim ersten Mal, denn der Lehrer war doch – contre cœur – beeindruckt von meinem Aufsatz und behauptete wenigstens nicht, daß ich ihn gestohlen hätte. Ich protestierte zwar gegen seine Vorwürfe, wurde aber abgetan mit der Bemerkung: «Nach der Ars Poetica ist zwar dasjenige Gedicht das beste, dem man die Mühe seiner Entstehung nicht anmerkt. Aber das gilt nicht von deinem Aufsatz. Da kannst du mir nichts weismachen. Er ist nur leichtfertig und ohne Anstrengung hingeworfen.» Es waren, wie ich wußte, ein paar gute Gedanken drin, auf die der Lehrer aber überhaupt nicht einging.

Dieser Fall erbitterte mich zwar, aber die Verdächtigungen unter meinen Kameraden wogen mir schwerer, denn sie drohten mich wieder in meine frühere Isolierung und Depression zurückzuwerfen. Ich zerbrach mir den Kopf darüber, wodurch ich solche Verleumdungen verschuldet haben könnte. Durch vorsichtige Erkundigungen erfuhr ich, daß man mir mißtraute, weil ich oft Bemerkungen hinwarf oder Andeutungen machte von Dingen, die ich doch gar nicht wissen könne, so z. B. gäbe ich mir den Anschein, als ob ich etwas von Kant und Schopenhauer verstünde oder von Paläontologie, die man in der Schule ja gar nicht «hätte». Diese erstaunlichen Feststellungen zeigten mir, daß eigentlich alle brennenden Fragen nicht zum Alltag, sondern, wie mein Urgeheimnis, zur Gotteswelt gehörten, von der man besser schweigen sollte.

Ich hütete mich von da an, diese «Esoterik» unter meinen Kameraden zu erwähnen, und unter den Erwachsenen wußte ich niemanden, mit dem ich hätte reden können, ohne befürchten zu müssen, daß man mich für einen Aufschneider und Betrüger hielt. Was ich dabei am peinlichsten empfand, war die Verhinderung und Lähmung meiner Versuche, die Trennung der beiden Welten in mir aufzuheben. Immer wieder traten Ereignisse ein, die mich aus meinem gewöhnlichen Alltagsdasein hinaus in die grenzenlose «Gotteswelt» drängten.

Der Ausdruck «Gotteswelt», der für gewisse Ohren sentimentalisch klingt, hatte für mich keineswegs diesen Charakter. Zur «Gotteswelt» gehörte alles «Übermenschliche», blendendes Licht, Finsternis des Abgrunds, die kalte Apathie des Grenzenlosen in Zeit und Raum und das unheimlich Groteske der irrationalen Zufallswelt. «Gott» war für mich alles, nur nicht erbaulich.

IV

Je älter ich wurde, desto häufiger wurde ich von meinen Eltern und von anderen Leuten gefragt, was ich eigentlich werden wolle. Darüber war ich mir keineswegs im klaren. Meine Interessen zogen mich nach verschiedenen Seiten. Einesteils zog mich die Naturwissenschaft mit ihrer auf Tatsachen beruhenden Wahrheit mächtig an, andernteils faszinierte mich alles, was mit vergleichender Religionsgeschichte zusammenhing. In ersterer waren es Zoologie, Paläontologie und Geologie, in letzterer griechisch-römische, ägyptische und prähistorische Archäologie, denen meine hauptsächlichen Interessen galten. Damals war es mir allerdings unbekannt, wie sehr diese Auswahl verschiedenster Disziplinen meiner doppelseitigen Natur entsprach: in der Naturwissenschaft befriedigte mich die konkrete Tatsache mit ihren geschichtlichen Vorstufen, in der Religionswissenschaft die geistige Problematik, in die auch die Philosophie einging. In ersterer vermißte ich den Faktor des Sinnes, in letzterer die Empirie. Die Naturwissenschaft entsprach in hohem Maße den geistigen Bedürfnissen von Nr. 1, die geisteswissenschaftlichen, beziehungsweise historischen Disziplinen hingegen bedeuteten einen wohltätigen Anschauungsunterricht für Nr. 2.

In dieser widersprüchlichen Situation konnte ich mich lange nicht zurechtfinden. Ich bemerkte, daß mein Onkel, der Senior der Familie meiner Mutter, welcher Pfarrer zu St. Alban in Basel war und in der Familie den Übernamen «Isemännli» trug, mir sachte die Theologie in die Nähe schob. Es war ihm nicht entgangen, mit welch ungewöhnlicher Aufmerksamkeit ich dem Tischgespräch folgte, wenn er mit einem seiner Söhne, die allesamt Theologen waren, ein Fachproblem diskutierte. Ich war nämlich durchaus nicht sicher, ob es nicht am Ende Theologen gab, die mit den schwindelnden Höhen der Universität in naher Beziehung standen und darum mehr wußten als mein Vater. Ich gewann aus diesen Tischgesprächen jedoch nie den Eindruck, daß sie sich mit wirklichen Erfahrungen und gar mit solchen wie den meinen beschäftigten, sondern sie diskutierten ausschließlich Lehrmeinungen über die biblischen Berichte, die mir wegen der zahlreichen und wenig glaubhaften Wundererzählungen ausgesprochen unbehaglich waren.

Ich durfte während meiner Gymnasialzeit jeden Donnerstag bei diesem Onkel zu Mittag essen. Ich war ihm aber nicht nur dafür dankbar, sondern auch für den einzigartigen Vorteil, daß ich an seinem Tisch bisweilen einer erwachsenen, intelligenten und intellektuellen Unterhaltung folgen durfte. Daß es etwas derartiges überhaupt gab, war für mich ein großes Erlebnis, denn in meiner Umgebung hatte ich nie gehört, wie jemand sich über gelehrte Gegenstände unterhielt. Ich richtete zwar die Ansprüche an meinen Vater, begegnete aber dort einer mir unverständlichen Ungeduld und ängstlichen Abwehr. Ich verstand erst einige Jahre später, daß mein armer Vater nicht denken durfte, weil er von inneren Zweifeln zerrissen war. Er war auf der Flucht vor sich selber und insistierte deshalb auf dem blinden Glauben, den er erkämpfen mußte und mit krampfhafter Anstrengung erzwingen wollte. Darum konnte er ihn nicht als Gnade empfangen.

Mein Onkel und meine Vettern konnten mit aller Ruhe über dogmatische Lehrmeinungen von den Kirchenvätern bis zur neuesten Theologie diskutieren. Sie schienen wohl begründet in der Sicherheit einer selbstverständlichen Weltordnung. Doch kam darin der Name Nietzsche überhaupt nicht vor, und der Name Jakob Burckhardt wurde nur mit widerwilliger Anerkennung geäußert. Burckhardt wurde «liberal», «etwas zu freisinnig» genannt, und damit deutete man an, daß er irgendwie schief zu der ewigen Ordnung der Dinge stand. Mein Onkel war, wie ich wußte, ahnungslos, wie fern ich der Theologie stand, und ich bedauerte es sehr, daß ich ihn enttäuschen mußte. Ich hätte es damals aber nie gewagt, mit meinen Problemen herauszurücken, denn ich wußte zu genau, welch unabsehbare Katastrophe für mich daraus hervorgehen würde. Ich hatte ja nichts in den Händen, womit ich mich hätte verteidigen können. Im Gegenteil, die Persönlichkeit Nr. 1 war entschieden im Vordringen, mit meinen allerdings noch spärlichen naturwissenschaftlichen Kenntnissen, die völlig vom damaligen Wissenschaftsmaterialismus durchtränkt waren. Nur mühsam wurde sie in Schach gehalten durch das Zeugnis der Geschichte und durch die «Kritik der Reinen Vernunft», die anscheinend niemand in meiner Umgebung verstand. Zwar wurde Kant von meinen Theologen in lobendem Ton erwähnt. Seine Grundsätze wurden jedoch nur auf den gegnerischen Standpunkt angewandt, nicht aber auf den eigenen. Auch dazu sagte ich nichts.

Infolgedessen wurde es mir immer ungemütlicher, wenn ich mich mit meinem Onkel und seiner Familie zu Tisch setzte. Für mein habituell schlechtes Gewissen wurden die Donnerstage zu schwarzen Tagen. In dieser Welt sozialer und spiritueller Sicherheit und Gelassenheit fühlte ich mich immer weniger zuhause, obschon ich nach den Tropfen geistiger Anregung dürstete, die dort gelegentlich fielen. Ich kam mir unehrlich und verworfen vor. Ich mußte mir gestehen: Ja, du bist ein Betrüger, du lügst und täuschest die Menschen, die dir doch wohlwollen. Sie können ja nichts dafür, daß sie in einer Welt der sozialen und geistigen Sicherheit wohnen, daß sie nichts wissen von Armut, daß ihre Religion auch zugleich ihr bezahlter Beruf ist und daß sie sich offenbar keine Gedanken darüber machen, wie Gott selber einen Menschen aus seiner eigenen geistigen Weltordnung herausreißen und zur Blasphemie verdammen kann. Ich habe keine Möglichkeit, es ihnen zu erklären. Ich muß also dieses Odium auf mich nehmen und es ertragen lernen. – Das war mir allerdings bis jetzt nur schlecht gelungen.

Diese Zuspitzung des moralischen Konfliktes in mir brachte es mit sich, daß mir Nr. 2 zunehmend zweifelhafter und unangenehmer wurde, eine Tatsache, die ich mir nicht mehr länger verheimlichen konnte. Ich versuchte, die Persönlichkeit Nr. 2 auszulöschen, aber es wollte mir nicht gelingen. Ich konnte sie zwar in der Schule und in der Gegenwart meiner Kameraden vergessen, auch entschwand sie mir beim Studium der Naturwissenschaften, aber sobald ich allein zu Hause oder in der Natur war, kamen Schopenhauer und Kant wieder mächtig zurück und mit ihnen die große «Gotteswelt». Meine naturwissenschaftlichen Kenntnisse waren auch darin enthalten und erfüllten das große Gemälde mit Farben und Gestalten. Nr. 1 aber und seine Bekümmernisse um die Berufswahl sanken als eine kleine Episode in den neunziger Jahren des 19. Jahrhunderts unter den Horizont. Wenn ich von meinem Ausflug in die Jahrhunderte wieder zurückkam, so geschah dies mit einer Art Katzenjammer. Ich, d. h. Nr. 1, lebte jetzt und hier und hatte sich über kurz oder lang eine definitive Vorstellung davon zu machen, welchen Beruf er ergreifen wollte.

Mein Vater sprach mehrere Male ernstlich mit mir: ich könne irgendein Studium wählen, aber, wenn es auf seinen Rat ankäme, dann lieber nicht Theologie. «Du kannst alles werden, nur kein Theologe!» Es bestand damals bereits etwas wie eine stillschweigende Übereinkunft zwischen uns, daß gewisse Dinge kommentarlos gesagt und getan werden konnten. Er hatte mich z. B. nie darüber zur Rede gestellt, warum ich die Kirche so oft wie möglich schwänzte und nie mehr am Abendmahl teilnahm. Es wurde mir leichter, je ferner ich der Kirche rückte. Was ich vermißte, war einzig die Orgel und der Choral, keineswegs aber die «kirchliche Gemeinschaft». Darunter konnte ich mir überhaupt nichts vorstellen; denn die Leute, die aus Gewohnheit regelmäßig in die Kirche gingen, schienen mir untereinander noch weniger «Gemeinschaft» zu haben als die «Weltlichen». Diese letzteren waren allerdings weniger tugendhaft, dafür aber viel nettere Leute mit natürlichen Gefühlen, umgänglicher und fröhlicher, wärmer und herzlicher.

Ich konnte meinen Vater beruhigen, daß es mich keinesfalls gelüstete, Theologe zu werden. Ich schwankte unentschieden zwischen Natur- und Geisteswissenschaft. Beide zogen mich mächtig an. Es fing mir aber an klar zu werden, daß Nr. 2 kein pied-à-terre hatte. In ihm war ich dem Hier und Jetzt enthoben; in ihm fühlte ich mich als ein Auge im tausendäugigen Weltall, aber außerstande, auf der Erde auch nur einen Kieselstein zu bewegen. Dagegen empörte sich Nr. 1: er wollte tun und bewirken, fand sich aber in einem vorderhand unlösbaren Zwiespalt. Ich mußte offenbar abwarten und zusehen, was geschehen würde. Wenn mich damals jemand fragte, was ich werden wolle, so pflegte ich zu sagen: Philologe, worunter ich mir heimlich assyrische und ägyptische Archäologie vorstellte. In Wirklichkeit betrieb ich aber naturwissenschaftliche und philosophische Studien in meinen Mußestunden und besonders in den Ferien, die ich mit Mutter und Schwester zu Hause verbrachte. – Die Zeiten, wo ich zur Mutter lief und lamentierte: «Es ist langweilig, ich weiß nicht, was ich tun soll!» waren längst vorüber. Die Ferien waren jeweils die große Zeit, wo ich mich allein unterhalten konnte. Überdies war dann, wenigstens im Sommer, mein Vater fort, da er seine Ferien fast regelmäßig in Sachseln verbrachte.

Nur ein einziges Mal trat das Ereignis ein, daß auch ich eine Ferienreise machte. Ich war vierzehn Jahre alt, als unser Arzt mir einen Kuraufenthalt im Entlebuch verschrieb, um meinem damaligen schwankenden Gesundheitszustand und meinem launischen Appetit aufzuhelfen. Zum ersten Mal war ich allein unter fremden erwachsenen Leuten, einquartiert im Hause des katholischen Pfarrers. Das bedeutete für mich ein unheimliches und zugleich faszinierendes Abenteuer. Den Pfarrer selber bekam ich kaum zu Gesicht, und seine Haushälterin war eine zwar etwas kurz angebundene, aber im übrigen keineswegs beunruhigende Persönlichkeit. Es ereigneten sich keine bedrohlichen Dinge. Ich war unter der Obhut eines alten Landarztes, der eine Art Hotel-Sanatorium für Rekonvaleszenten aller Art unterhielt. Es war eine in jeder Hinsicht gemischte Gesellschaft: bäurische Leute, kleine Beamte und Kaufleute und einige wenige gebildete Leute von Basel, darunter ein Dr. phil., ein Chemiker. Mein Vater war auch ein Dr. phil., aber ein Philolog und Linguist. Der Chemiker aber war für mich ein höchst interessantes Novum, ein Naturwissenschaftler, einer, der vielleicht sogar die Geheimnisse der Steine verstand! Er war ein noch junger Mann, der mich Croquetspielen lehrte, aber nichts von seinem (vermutlich ungeheuren) Wissen verlauten ließ; ich war zu scheu, zu unbeholfen und viel zu unwissend, um ihn zu fragen. Er wurde aber von mir verehrt als der erste leibhaftige Kenner der Naturgeheimnisse (oder wenigstens eines Teiles derselben), den meine Augen erblickten. Er saß an der gleichen Table d'hôte, aß dieselben Speisen wie ich und wechselte sogar gelegentlich einige Worte mit mir. Ich fühlte mich in die höhere Sphäre der Erwachsenen entrückt. Daß ich auch an den Ausflügen der Pensionäre teilnehmen durfte, bestätigte meine Rangerhöhung. Bei einer dieser Gelegenheiten besuchten wir eine Distillerie, wo wir zu einer Kostprobe eingeladen wurden. In wörtlicher Erfüllung des klassischen Wortes:

Nun aber naht sich das Malör,
Denn dies Getränke ist Likör . . .

fand ich die verschiedenen Gläschen so begeisternd, daß ich mich in einen mir ganz neuen und unerwarteten Bewußtseinszustand versetzt fühlte: es gab kein Innen und Außen, kein Ich und die Anderen, kein Nr. 1 und Nr. 2, keine Vorsicht und Ängstlichkeit mehr. Die Erde und der Himmel, die Welt und alles, was darin «kreucht und fleucht», rotiert, aufsteigt oder herunterfällt, war einsgeworden. Ich war schamerfüllt und triumphbeglückt betrunken. Ich war wie in einem Meer seliger Nachdenklichkeit ertrunken und hielt mich infolge heftiger Meeresbewegung mit Augen, Händen und Füßen an allen soliden Gegenständen fest, um mein Gleichgewicht auf wogender Straße und zwischen sich neigenden Häusern und Bäumen zu wahren. Großartig, dachte ich, nur leider gerade etwas zu viel. – Das Erlebnis fand zwar ein etwas jammervolles Ende, blieb aber eine Entdeckung und Ahnung von Schönheit und Sinn, die ich nur infolge meiner Dummheit leider verdorben hatte.

Am Ende meines Ferienaufenthaltes holte mich mein Vater ab und fuhr mit mir nach Luzern, wo wir – oh Glück – ein Dampfschiff bestiegen. Ich hatte noch nie etwas derartiges gesehen. Ich konnte mich an der Aktion der Dampfmaschine nicht satt sehen, und plötzlich hieß es, man sei in Vitznau. Über der Ortschaft stand ein hoher Berg, und mein Vater erklärte mir, das sei nun die Rigi, und es führe eine Eisenbahn, nämlich eine Zahnradbahn, hinauf. Wir gingen zu einem kleinen Stationsgebäude, und da stand die seltsamste Lokomotive der Welt mit aufrechtem, aber schiefgestelltem Dampfkessel. Im Wagen waren sogar die Sitze schief. Mein

Vater drückte mir ein Billett in die Hand und sagte: «Du kannst jetzt allein auf Rigi-Kulm fahren. Ich bleibe hier, denn für zwei kostet es zu viel. Paß auf und fall nirgends hinunter.»

Ich war sprachlos vor Glück. Dieser gewaltige Berg, so hoch, wie ich nie zuvor etwas gesehen hatte, und ganz nahe bei den Feuerbergen meiner so längst vergangenen Vorzeit! Ich war in der Tat schon fast ein Mann. Ich hatte mir für diese Reise einen Bambusspazierstock gekauft und eine englische Jockeymütze, wie es sich für einen Weltreisenden gebührt, und jetzt – ich auf diesen ungeheuren Berg! Ich wußte nicht mehr, was größer war, ich oder der Berg. Mit gewaltigem Gepuste rüttelte mich die Wunderlokomotive in schwindelnde Höhen, wo immer neue Tiefen und Fernen sich meinem Blicke auftaten, und zuletzt stand ich auf dem Gipfel in einer neuen, mir fremden dünnen Luft, in einer unvorstellbaren Weite: Ja, dachte ich, das ist sie, die Welt, meine Welt, die eigentliche Welt, das Geheimnis, wo es keine Lehrer, keine Schule, keine unbeantwortbaren Fragen gibt, wo man ist, ohne zu fragen. – Ich hielt mich sorgsam an die Wege, denn es gab ungeheure Abstürze. Es war feierlich, man mußte höflich und still sein, denn man war in der Gotteswelt. Hier war sie leibhaftig. Das war ein Geschenk, das kostbarste und beste, das mein Vater mir je gegeben hat.

Der Eindruck war so tief, daß meine Erinnerung an das, was danach geschah, völlig ausgelöscht wurde. Aber auch Nr. 1 war bei dieser Reise auf seine Rechnung gekommen, und seine Eindrücke blieben während des größten Teiles meines Lebens immer lebendig. Ich sah mich als erwachsen und unabhängig, mit steifem, schwarzem Hut und einem kostbaren Spazierstock, auf der Terrasse vor einem der überwältigenden, ungeheuer vornehmen Hotelpaläste am Quai in Luzern oder in den wunderschönen Gärten von Vitznau, an einem weißgedeckten Tischchen unter einer von Morgensonne beglänzten Marquise sitzen, meinen Kaffee trinkend und Croissants mit goldgelber Butter und verschiedenen Konfitüren essend, Ausflugspläne für den ganzen langen Sommertag erwägend. Nach dem Kaffee wandle ich gelassen, ohne Aufregung, gemächlichen Schrittes zu einem Dampfschiff, das gotthardwärts an den Fuß jener Riesenberge führt, die oben mit den schimmernden Gletschern bedeckt sind.

Jahrzehntelang stellte sich diese Phantasie ein, wenn ich von vieler Arbeit ermüdet einen Ruhepunkt suchte. In Wirklichkeit habe ich mir diese Herrlichkeit zwar immer wieder versprochen, aber mein Versprechen nie eingehalten.

Diese meine erste bewußte Reise war ein oder zwei Jahre später gefolgt von einer zweiten. Ich durfte meinen Vater, der seine Ferien in Sachseln verbrachte, besuchen. Ich erfuhr von ihm die eindrucksvolle Neuigkeit, daß er sich mit dem dortigen katholischen Geistlichen befreundet habe. Das erschien mir als ein außerordentlich kühnes Unterfangen, und ich bewunderte im stillen den Mut meines Vaters. Ich stattete dort dem Flüeli, der Einsiedelei und den Reliquien des damals seligen Bruder Klaus einen Besuch ab. Ich wunderte mich, woher die Katholiken wußten, daß Bruder Klaus selig sei. Ob er vielleicht noch umgeht und es den Leuten gesagt hat? Ich war vom genius loci stark beeindruckt und konnte mir die Möglichkeit eines derart gottgeweihten Lebens nicht nur vorstellen, sondern sie auch begreifen – mit einem innerlichen Schauer und einer Frage, auf die ich keine Antwort wußte: wie konnten seine Frau und seine Kinder es ertragen, daß der Mann und Vater ein Heiliger war, wo es doch gerade gewisse Fehler und Unzulänglichkeiten waren, die mir meinen Vater besonders liebenswert machten? Ich dachte: Ja, wie könnte man mit einem Heiligen zusammenleben? Das war offenbar auch für ihn nicht möglich, und er mußte darum ein Einsiedler werden. Immerhin war es nicht allzuweit von seiner Zelle zu seinem Haus. Ich fand diese Idee auch nicht so übel, die Familie in dem einen Haus zu wissen, und ich würde in einem anderen, etwas entfernten Pavillon eine Menge Bücher und einen Schreibtisch und ein offenes Feuer haben, darin Kastanien rösten und darüber meinen Suppentopf auf einem Dreibein aufsetzen. Als heiliger Einsiedler müßte ich auch nicht mehr zur Kirche gehen, sondern ich hätte meine Privatkapelle.

Vom Flüeli ging ich noch ein Stück Weges aufwärts, in meinen Gedanken wie in einem Traum verloren, und wandte mich eben zum Abstieg, als von links her die schlanke Gestalt eines jungen Mädchens auftauchte. Sie trug die Landestracht, hatte ein hübsches Gesicht und grüßte mit freundlichen blauen Augen. Wie selbstverständlich gingen wir zusammen zu Tal. Sie war ungefähr gleich alt wie ich. Da ich keine anderen Mädchen kannte als meine Cousinen, so fühlte ich mich in einiger Verlegenheit, wie ich zu ihr reden sollte. Ich begann daher zögernd zu erklären, ich sei hier für ein paar Tage in den Ferien. Ich sei in Basel auf dem Gymnasium und später wolle ich studieren. Während ich sprach, beschlich mich ein sonderbares Gefühl von «Schicksalhaftigkeit». – Sie ist, dachte ich mir, gerade in diesem Moment aufgetaucht; sie geht so natürlich neben mir her, wie wenn wir zusammengehörten. – Ich schaute sie seitwärts an und sah einen Ausdruck in ihrem Gesicht, etwas wie Scheu und wie Bewunderung, etwas, das mich verlegen machte und mich irgendwie traf. – Sollte es möglich sein, daß hier ein Schicksal droht? Ist es bloß zufällig, daß ich sie antreffe? Ein Bauernmädchen – sollte es möglich sein? Sie ist katholisch, aber vielleicht ist ihr Pfarrer derselbe, mit dem sich mein Vater befreundet hat? Sie weiß ja gar nicht, wer ich bin. Ich könnte doch nicht von Schopenhauer und der Verneinung des Willens mit ihr reden? Sie scheint ja nicht irgendwie unheimlich zu sein. Vielleicht gehört ihr Pfarrer nicht zu den Jesuiten, diesen gefährlichen Schwarzröcken. Ich kann ihr auch nicht sagen, daß mein Vater ein reformierter Pfarrer ist. Das könnte sie erschrecken oder beleidigen. Und vollends die Philosophie und der Teufel, der bedeutender ist als Faust und den Goethe so schnöde versimpelt hat – das ist ausgeschlossen. Sie ist im fernen Unschuldslande, und ich bin in die Wirklichkeit, in die Pracht und Grausamkeit der Schöpfung gefallen. Wie könnte sie das ertragen? Eine undurchdringliche Mauer steht zwischen uns. Es gibt keine und darf keine Verwandtschaft geben.

Ich fiel mit Trauer im Herzen in mich selbst zurück und gab dem Gespräch eine andere Wendung. Ob sie nach Sachseln hinunter gehe? Das Wetter sei schön, ebenso die Aussicht usw.

Dieses Zusammentreffen war von außen betrachtet völlig bedeutungslos. Aber von innen her hatte es ein so großes Gewicht, daß es mich nicht nur für Tage beschäftigte, sondern für immer und unverlierbar wie ein Monument am Wege in meinem Gedächtnis stehen blieb. Ich war damals noch in jenem kindlichen Zustand, in welchem das Leben aus unzusammenhängenden Einzelerlebnissen besteht. Denn wer vermöchte den Schicksalsfaden aufzudecken, der vom Hl. Klaus zu dem hübschen Mädchen führt?

Jene Zeit war erfüllt vom Widerstreit der Gedanken. Schopenhauer und das Christentum einerseits wollten sich nicht reimen, und andererseits wollte sich Nr. 1 vom Druck oder der Melancholie von Nr. 2 befreien. Nicht Nr. 2 war deprimiert, sondern Nr. 1, wenn er sich an Nr. 2 erinnerte. Es geschah nun eben zu dieser

Zeit, daß aus dem Zusammenprall der Gegensätze die erste systematische Phantasie meines Lebens geboren wurde. Sie trat stückweise in Erscheinung und nahm ihren Ursprung wahrscheinlich, so weit ich mich richtig erinnere, aus einem Erlebnis, das mich aufs tiefste erregt hatte.

Es war an einem Tage, da ein Nordweststurm auf dem Rhein Schaumwellen aufwarf. Mein Schulweg führte den Fluß entlang. Da sah ich plötzlich, wie von Norden her ein Schiff mit einem großen Rahsegel den Rhein vor dem Sturm hinauffuhr, ein für mich völlig neues Erlebnis: Ein Segelschiff auf dem Rhein! Das beflügelte meine Phantasie. Wenn statt des rasch fließenden Stromes ein See da wäre, der das ganze Elsaß bedeckte! Dann hätten wir Segelschiffe und große Dampfer. Dann wäre Basel eine Hafenstadt. Dann wären wir so gut wie am Meer! Dann wäre alles anders, und wir würden leben wie in einer anderen Zeit und Welt. Dann gäbe es auch kein Gymnasium, keinen langen Schulweg, und ich wäre erwachsen und würde mir mein Leben selber einrichten. Da wäre ein Felsenhügel im See, durch eine schmale Landzunge mit dem Festland verbunden, unterbrochen durch einen breiten Kanal, über den eine Holzbrücke führt zu einem mit Türmen flankierten Tor, das sich in ein kleines, auf den Abhängen gebautes, mittelalterliches Städtchen öffnet. Auf dem Felsen steht eine wohlbewehrte Burg mit einem hohen Donjon, einem Luginsland. Das war mein Haus. Es gab darin keine Säle oder irgendwelche Pracht. Die Räume waren einfach getäfelt und eher klein. Es gab eine ungemein attraktive Bibliothek, wo man alles Wissenswerte finden konnte. Es gab auch eine Waffensammlung, und die Bastionen waren bestückt mit gewichtigen Rohren. Auch lag eine Besatzung von fünfzig wehrhaften Gesellen in der kleinen Burg. Das Städtchen hatte einige hundert Einwohner und war regiert durch einen Bürgermeister und einen Rat alter Männer. Ich war der selten erscheinende Schiedsrichter, juge de paix und Berater. Das Städtchen hatte auf der Landseite einen Hafen, in welchem mein Zweimaster lag, mit etlichen kleinen Stücken bewehrt.

Der nervus rerum und zugleich die raison d'être dieses ganzen Arrangements war das Geheimnis des Donjon, um das nur ich wußte. Der Gedanke hatte mich getroffen wie ein Schock. Im Turm nämlich befand sich, von der Zinne bis ins Kellergewölbe reichend, eine kupferne Säule, oder ein dickes Drahtseil, das sich oben in feinste Ästchen auffaserte, wie eine Baumkrone oder –

besser noch – wie ein Wurzelstock mit allen seinen kleinsten Würzelchen, die in die Luft ragten. Sie zogen daraus ein gewisses unvorstellbares Etwas, das durch die armdicke Kupfersäule in den Keller geleitet wurde. Dort befand sich eine unvorstellbare Apparatur, eine Art Laboratorium, in welchem ich Gold fabrizierte und zwar aus der geheimen Substanz, welche die Kupferwurzeln aus der Luft zogen. Es war wirklich ein Arcanum, von dessen Natur ich mir keine Vorstellung machte oder machen konnte. Auch bestand keine Imagination über die Natur des Umwandlungsprozesses. Über das, was in diesem Laboratorium geschah, ging meine Phantasie taktvoll, oder besser, mit einer gewissen Scheu hinweg. Da war etwas wie ein inneres Verbot: man sollte nicht genauer hinsehen, auch nicht auf das, was aus der Luft ausgezogen wurde. Es herrschte darum eine stillschweigende Verlegenheit, wie Goethe von den «Müttern» sagt: «Von ihnen sprechen ist Verlegenheit.»

«Geist» war mir natürlich ein Ineffabile, aber im Hintergrund unterschied er sich nicht wesentlich von sehr verdünnter Luft. Was die Wurzeln sogen und dem Stamm übermittelten, war eine Art geistiger Essenz, die unten im Keller als fertige Goldmünzen sichtbar wurde. Das war beileibe kein bloßer Zaubertrick, sondern ein ehrwürdiges und lebenswichtiges Geheimnis der Natur, das mir, ich weiß nicht wie, zuteil geworden war und das ich nicht nur vor dem Rate der Alten geheimhalten, sondern auch noch gewissermaßen mir selber verheimlichen mußte.

Mein langer und langweiliger Schulweg fing an, sich in willkommener Weise zu verkürzen. Kaum war ich aus dem Schulhaus heraus, so war ich schon in der Burg, wo Umbauten vorgenommen, Ratssitzungen abgehalten, Missetäter verurteilt, Streitfälle geschlichtet und Kanonen abgefeuert wurden. Das Segelschiff wurde klar gemacht, Segel gesetzt, das Schiff mit einer lauen Brise sorgsam aus dem Hafen gesteuert, um dann, hinter dem Felsen hervorkommend, gegen einen steifen Nordwest aufzukreuzen. Und schon war ich zu Hause, wie wenn nur wenige Minuten vergangen wären. Ich trat dann aus meiner Phantasie heraus, wie aus einem Wagen, der mich mühelos nach Hause gefahren hatte. Diese höchst angenehme Beschäftigung dauerte einige Monate, bis sie mir verleidet war. Dann fand ich die Phantasie dumm und lächerlich. Anstatt zu träumen, begann ich aus kleinen Steinen mit Lehm als Mörtel Burgen und kunstvoll befestigte Plätze zu bauen, wozu mir die Festung Hüningen, die damals noch mit allen Einzelheiten erhalten war, als Modell diente. Im Anschluß daran studierte ich alle mir erreichbaren Vaubanschen Fortifikationspläne und war bald mit allen technischen Namen auf dem laufenden. Von Vauban aus vertiefte ich mich auch in moderne Befestigungsmethoden jeglicher Art und versuchte sie mit meinen beschränkten Mitteln kunstvoll nachzubauen. Diese Präokkupation füllte meine Mußestunden für mehr als zwei Jahre aus, in welcher Zeit sich meine Neigung zu Naturstudien und konkreten Dingen auf Kosten von Nr. 2 verstärkte.

Solange ich von den wirklichen Dingen so wenig wußte, hatte es, wie ich dachte, auch gar keinen Zweck, über sie nachzudenken. Phantasieren kann jedermann, aber wirklich wissen ist eine andere Sache. Ich durfte mir ein naturwissenschaftliches Journal abonnieren, das ich mit leidenschaftlichem Interesse las. Ich suchte und sammelte unsere Jurafossilien und alle erreichbaren Mineralien, ebenso Insekten, Mammut- und Menschenknochen, erstere aus Kiesgruben der Rheinebene, letztere aus einem Massengrab bei Hüningen aus dem Jahre 1811. Die Pflanzen interessierten mich zwar, aber nicht wissenschaftlich. Aus einem mir unverständlichen Grunde sollten sie nicht abgerissen und getrocknet werden. Sie waren lebende Wesen, die nur wachsend und blühend einen Sinn hatten, einen verborgenen, geheimnisvollen Sinn, einen Gottesgedanken. Sie waren mit Scheu zu betrachten, man mußte sich über sie philosophisch wundern. Es war zwar interessant, was die Biologie über sie zu sagen hatte, aber das war nicht das Wesentliche. Was dieses Wesentliche war, vermochte ich mir nicht klar zu machen. Wie verhielten sie sich z. B. zum christlichen Glauben oder zur Verneinung des Willens? Das war mir unerfindlich. Sie gehörten offensichtlich zum göttlichen Unschuldszustand, den man besser nicht stören sollte. Im Gegensatz dazu waren die Insekten denaturierte Pflanzen, Blumen und Früchte, die es sich herausgenommen hatten, auf einer seltsamen Art von Beinen oder Stelzen herumzukriechen und mit Flügeln, wie mit Blumen- oder Kelchblättern, herumzufliegen und sich als Pflanzenschädlinge zu betätigen. Um dieser gesetzeswidrigen Tätigkeit willen wurden sie zu Massenhinrichtungen verurteilt, von welchen Strafexpeditionen besonders Maikäfer und Raupen betroffen wurden. Das «Mitleid mit allen Wesen» beschränkte sich ausschließlich auf Warmblüter. Einzig Frösche und Kröten waren wegen ihrer Menschenähnlichkeit von den Kaltblütern ausgenommen.

STUDIENJAHRE

Trotz meiner zunehmenden naturwissenschaftlichen Interessen kehrte ich immer wieder von Zeit zu Zeit zu meinen philosophischen Büchern zurück. Die Frage meiner Berufswahl kam beängstigend näher. Ich hoffte zwar sehnlichst auf das Ende der Schulzeit. Dann würde ich studieren, natürlich Naturwissenschaften. Dann würde ich etwas Wirkliches wissen. Kaum hatte ich mir dies gewissermaßen laut versprochen, so kam auch schon der Zweifel: sollte es nicht Geschichte und Philosophie lauten? – Dann wieder interessierte ich mich intensiv für das Ägyptische und Babylonische und wollte am liebsten Archäologe werden. Aber ich hatte kein Geld, um woanders als in Basel zu studieren, und dort gab es keinen Lehrer für diese Gebiete. So war es mit meinem Plan sehr bald zu Ende. Lange Zeit konnte ich mich nicht entscheiden und schob meinen Entschluß immer wieder hinaus. Mein Vater war darüber sehr bekümmert. Er sagte einmal: «Der Bub interessiert sich für alles Mögliche. Aber er weiß nicht, was er will.» Ich konnte ihm nur recht geben. Als das Maturitätsexamen herannahte und wir uns entscheiden mußten, in welche Fakultät wir uns einschreiben wollten, sagte ich kurzerhand: stud. phil. II, also Naturwissenschaften, ließ aber meine Kameraden in Zweifel, ob ich wirklich stud. phil. I oder II meinte.

Dieser anscheinend rasche Entschluß hatte aber seine Vorgeschichte. Einige Wochen zuvor, mitten in der Zeit, als sich Nr. 1 und Nr. 2 um die Entscheidung stritten, hatte ich zwei Träume. Im ersten Traum ging ich in einen dunkeln Wald, der sich längs des Rheins hinzog. Ich kam an einen kleinen Hügel, einen Grabtumulus, und begann zu graben. Nach einer Weile stieß ich zu meinem Erstaunen auf Knochen von prähistorischen Tieren. Das interessierte mich leidenschaftlich, und in dem Augenblick wußte ich: Ich muß die Natur, die Welt, in der wir leben, und die Dinge, die uns umgeben, kennenlernen.

Dann kam ein zweiter Traum, in welchem ich mich wieder in einem Wald befand. Er war von Wasserläufen durchzogen, und an der dunkelsten Stelle sah ich, umgeben von dichtem Gestrüpp, einen kreisrunden Weiher. Im Wasser lag, halb eingetaucht, das wunderseltsamste Gebilde: ein rundes Tier, in vielen Farben schillernd, das aus vielen kleinen Zellen bestand, oder aus Organen, die wie Tentakel geformt waren. Eine Riesenradiolarie von etwa einem Meter Durchmesser. Daß dieses herrliche Gebilde ungestört an der verborgenen Stelle im klaren, tiefen Wasser lag, erschien mir unbeschreiblich wunderbar. Es erweckte in mir die höchste Wißbegier, so daß ich mit klopfendem Herzen erwachte. – Diese beiden Träume bestimmten mich mit Übermacht für die Naturwissenschaft und beseitigten jeglichen Zweifel in dieser Hinsicht.

Es wurde mir bei dieser Gelegenheit klar, daß ich in der Zeit und an einem bestimmten Ort lebte, wo man sein Leben verdienen mußte. Zu diesem Zwecke mußte man dieses oder jenes sein, und ich war tief davon beeindruckt, daß alle meine Kameraden von dieser Notwendigkeit erfüllt waren und überhaupt nicht darüber hinaus dachten. Ich kam mir selber merkwürdig vor. Warum konnte ich mich nicht entscheiden und endgültig festlegen? Selbst der mühsame D., der mir von meinem Deutschlehrer als Vorbild des Fleißes und der Gewissenhaftigkeit vorgehalten worden war, war sicher, daß er Theologie studieren würde. Ich sah ein, daß ich mich dazu bequemen müßte, mich einmal hinzusetzen und die Sache auszudenken. Als Zoologe z. B. könnte ich nur Schulmeister werden oder bestenfalls Angestellter an einem zoologischen Garten. Das war keine Aussicht, auch bei bescheidenen Ansprüchen. Vor dem Schullehrerdasein hätte ich allerdings letzteres vorgezogen.

In dieser Sackgasse kam mir der erleuchtende Gedanke, ich könnte Medizin studieren. Merkwürdigerweise war mir das früher nie eingefallen, obwohl mein Großvater väterlicherseits, von dem ich soviel gehört hatte, auch Arzt gewesen war. Gerade deshalb hatte ich sogar gewisse Widerstände gegen diesen Beruf. «Nur nicht nachmachen» war meine Devise. Jetzt aber sagte ich mir, daß das Medizinstudium wenigstens mit naturwissenschaftlichen Fächern beginne. Insofern käme ich also auf meine Rechnung. Überdies war das Gebiet der Medizin so mannigfaltig, daß man immer noch eine Möglichkeit hatte, sich in irgendeiner wissenschaftlichen Richtung zu betätigen. «Wissenschaft» stand für mich fest. Die Frage war nur wie? Ich mußte mir mein Leben verdienen, und da ich kein Geld hatte, konnte ich keine fremde Universität besuchen, um mich auf eine wissenschaftliche Laufbahn vorzubereiten. Ich könnte bestenfalls zu einem Dilettanten der Wissenschaft werden. Da ich zudem für viele meiner Kameraden und auch für maßgebende Leute (lies Lehrer) ein unsympathisches Wesen besaß, das Mißtrauen und vorwurfsvolle Meinungen erzeugte, so bestand auch keine Hoffnung, einen Gönner zu finden, der meinen Wunsch hätte unterstützen können. Ich entschloß mich daher schließlich zum Studium der Medizin mit dem nicht gerade angenehmen Gefühl, daß es nicht gut sei, sein Leben mit einem derartigen Kompromiß zu beginnen. Immerhin fühlte ich mich durch diesen unwiderruflichen Entschluß beträchtlich erleichtert.

Jetzt erhob sich aber die peinliche Frage: Woher kommt das zum Studium nötige Geld? Mein Vater konnte es nur zum Teil aufbringen. Er bewarb sich aber um ein Stipendium bei der Universität, das ich zu meiner Beschämung dann auch erhielt. Ich schämte mich weniger wegen der Tatsache, daß unsere Armut damit vor aller Welt bekräftigt wurde, als vielmehr wegen meiner heimlichen Überzeugung, daß sozusagen alle Leute «oben», d. h. die Maßgebenden, mir übel gesinnt seien. Ich hätte diese Güte von «oben» nie erwartet. Offenbar hatte ich profitiert von dem günstigen Prestige meines Vaters, der ein guter und unkomplizierter Mensch war. Ich fühlte mich von ihm aufs äußerste verschieden. Ich hatte eigentlich zwei voneinander abweichende Auffassungen über mich. Nr. 1 sah meine Persönlichkeit als einen wenig sympathischen und mäßig begabten jungen Mann mit ehrgeizigen Ansprüchen, unkontrolliertem Temperament und zweifelhaften Manieren, bald naiv begeistert, bald kindisch enttäuscht, im innersten Wesen als weltabgewandten Finsterling. Nr. 2 betrachtete Nr. 1 als eine schwierige und undankbare moralische Aufgabe, als eine Art durchzupaukendes Pensum, erschwert durch eine Reihe von Defekten, wie sporadische Faulheit, Mutlosigkeit, Depression, inepte Begeisterung für Ideen und Dinge, die niemand schätzt, eingebildete Freundschaften, Beschränktheit, Vorurteil, Dummheit (Mathematik!), Mangel an Verständnis für andere Menschen, Unklarheit und Verworrenheit in weltanschaulicher Beziehung, weder Christ noch sonst etwas. Nr. 2 war überhaupt kein Charakter, sondern eine vita peracta, geboren, lebend, gestorben, alles in einem, eine Totalschau der menschlichen Natur selber; sich selber zwar mitleidlos klar, aber unfähig und wenig gewillt, wenn schon sehnsuchtsvoll, sich selber durch das dichte und dunkle Medium von Nr. 1 auszusprechen. Nr. 1 war, wenn Nr. 2 vorherrschte, in diesem enthalten und aufgehoben, wie umgekehrt Nr. 1 den anderen als ein finsteres Innenreich betrachtete. Nr. 2 empfand den möglichen Ausdruck seiner selbst als einen Stein, der vom Rande der Welt geworfen wurde und in nächtlicher Unendlichkeit lautlos versank. In ihm (Nr. 2) selber aber herrschte Licht wie in den weiten Räumen eines königlichen Palastes, dessen hohe Fenster sich auf eine sonnendurchflutete Landschaft öffneten. Hier herrschte Sinn und historische Kontinuität in strengstem Gegensatz zur zusammenhanglosen Zufälligkeit des Nr. 1-Lebens, das in seiner unmittelbaren Umgebung eigentlich keine Anknüpfungspunkte fand. Nr. 2 dagegen fühlte sich in heimlicher Übereinstimmung mit dem Mittelalter, personifiziert in Faust, dem Vermächtnis verflossener Zeiten, von dem offenbar Goethe aufs stärkste angerührt war. Also auch ihm – das war mein großer Trost – war Nr. 2 eine Wirklichkeit. Faust – das ahnte ich mit einigem Schrecken – bedeutete mir mehr als mein geliebtes Johannesevangelium. In ihm lebte etwas, das ich unmittelbar nachfühlen konnte. Der johanneische Christus war mir fremd, aber noch fremder war der synoptische Heilbringer. Faust dagegen war ein lebendiges Äquivalent von Nr. 2, welches mich davon überzeugte, daß er die Antwort darstellte, die Goethe auf die Frage seiner Zeit gegeben hatte. Diese Einsicht war mir nicht nur tröstlich, sondern gab mir auch vermehrte innere Sicherheit und die Gewißheit, zur menschlichen Gesellschaft zu gehören. Ich war nicht mehr der Einzige und ein bloßes Kuriosum, sozusagen ein lusus der grausamen Natur. Mein Pate und Gewährsmann war der große Goethe selber.

Hier hörte allerdings das vorläufige Verständnis auf. Trotz meiner Bewunderung kritisierte ich die endgültige Lösung des Faust. Die spielerische Unterschätzung Mephistos kränkte mich persönlich, ebenso Faustens ruchlose Überheblichkeit und vor allem der Mord an Philemon und Baucis.

In dieser Zeit hatte ich einen unvergeßlichen Traum, der mich zugleich erschreckte und ermutigte. Es war Nacht an einem unbekannten Orte, und ich kam nur mühsam voran gegen einen mächtigen Sturmwind. Zudem herrschte dichter Nebel. Ich hielt und schützte mit beiden Händen ein kleines Licht, das jeden Augenblick zu erlöschen drohte. Es hing aber alles davon ab, daß ich dieses Lichtlein am Leben erhielt. Plötzlich hatte ich das Gefühl, daß etwas mir nachfolge. Ich schaute zurück und sah eine riesengroße schwarze Gestalt, die hinter mir herkam. Ich war mir aber im selben Moment bewußt – trotz meines Schreckens – daß ich, unbekümmert um alle Gefahren, mein kleines Licht durch Nacht und Sturm hindurch retten mußte. Als ich erwachte, war es mir sofort klar: es ist das «Brockengespenst», mein eigener Schatten auf den wirbelnden Nebelschwaden, verursacht durch das kleine Licht, das ich vor mir trug. Ich wußte auch, daß das Lichtlein mein Bewußtsein war; es ist das einzige Licht, das ich habe. Meine eigene Erkenntnis ist der einzige und größte Schatz, den ich besitze. Er ist zwar unendlich klein und zerbrechlich im Vergleich zu den Mächten der Dunkelheit, aber eben doch ein Licht, mein einziges Licht.

Dieser Traum bedeutete für mich eine große Erleuchtung: jetzt wußte ich, daß Nr. 1 der Lichtträger war, und Nr. 2 folgte ihm nach wie ein Schatten. Meine Aufgabe war, das Licht zu erhalten und nicht zurückzublicken in die vita peracta, die ein offenbar verbotenes Lichtreich anderer Art war. Ich mußte vorwärts gegen den Sturm, der mich zurückzudrängen suchte, hinein in die unermeßliche Dunkelheit der Welt, wo man nichts sieht und nichts wahrnimmt als Oberflächen hintergründiger Geheimnisse. Ich mußte als Nr. 1 vorwärts ins Studium, ins Geldverdienen, in Abhängigkeiten, Verwicklungen, Verworrenheiten, Irrtümer, Unterworfenheiten und Niederlagen. Der Sturm, der mir entgegendrang, war die Zeit, die unaufhörlich in die Vergangenheit fließt, die mir aber ebenso unaufhörlich und unmittelbar auf den Fersen ist. Sie ist ein mächtiger Sog, der alles Existierende gierig in sich zieht, und dem nur das Vorwärtsdrängende sich für eine Weile entzieht. Die Vergangenheit ist ungeheuer wirklich und gegenwärtig und holt sich jeden, der sich nicht durch eine genügende Antwort loskaufen kann.

Mein Weltbild erfuhr damals eine Drehung um weitere 90 Grad: ich erkannte, daß mein Weg unwiderruflich in das Außen, in das Beschränkte, das Finstere der Dreidimensionalität führte. Es kam mir vor, als habe Adam einst auf diese Weise das Paradies verlassen: es war ihm zum Gespenst geworden, und licht war es, wo im Schweiße seines Angesichts ein steiniger Acker bebaut wurde.

Ich fragte mich damals: «Woher kommt ein derartiger Traum?» Bis dahin war es mir selbstverständlich gewesen, daß solche Träume unmittelbar von Gott gesandt waren – somnia a Deo missa. Jetzt aber hatte ich mir soviel Erkenntniskritik einverleibt, daß mich Zweifel befielen. Man konnte ja z. B. sagen, meine Einsicht habe sich langsam entwickelt und sei dann plötzlich einmal im Traume durchgebrochen. Das war auch offensichtlich der Fall. Aber dies ist keine Erklärung, sondern eine bloße Beschreibung. Die eigentliche Frage ist nämlich, warum dieser Prozeß stattgefunden hatte und warum er ins Bewußtsein durchgebrochen war. Ich hatte ja im Bewußtsein nichts getan, um diese Entwicklung zu unterstützen, sondern meine Sympathien waren auf der anderen Seite. Da muß doch irgend etwas hinter den Kulissen am Werke sein, etwas Intelligentes, jedenfalls etwas Intelligenteres als ich; denn auf die geniale Idee, daß das innere Lichtreich im Lichte des Bewußtseins ein riesengroßer Schatten ist, wäre ich nicht verfallen. Jetzt verstand ich auf einmal vieles, das mir früher unerklärlich gewesen war: nämlich jenen kalten Schatten des Befremdet- und Fremdseins, welcher jeweils auf die Leute fiel, wenn ich auf irgendetwas anspielte, das an das innere Reich erinnerte.

Ich mußte Nr. 2 hinter mir lassen, das war mir klar, aber unter keinen Umständen durfte ich ihn vor mir selber verleugnen oder ihn gar als ungültig erklären. Das wäre Selbstverstümmelung gewesen, und überdies hätte dann überhaupt keine Möglichkeit mehr bestanden, die Herkunft der Träume zu erklären. Es bestand kein Zweifel für mich, daß Nr. 2 etwas mit der Erzeugung von Träumen zu tun hatte, und die geforderte höhere Intelligenz war ihm leicht zuzutrauen. Ich selber fühlte mich in zunehmendem Maße identisch mit Nr. 1, und dieser Zustand erwies sich als ein bloßer Teil des viel umfänglicheren Nr. 2, mit dem ich mich aus eben diesem Grunde nicht mehr identisch fühlen konnte. Nr. 2 war in der Tat ein «Gespenst», das heißt ein Geist, der an Macht dem Weltdunkel gewachsen war. Das hatte ich vordem nicht gewußt, und es war mir auch damals, wie ich rückschauend feststellen kann, nur undeutlich, wenn schon im Gefühl unwidersprechlich bewußt.

Auf alle Fälle war ein Schnitt zwischen mir und Nr. 2 geschehen, der mich Nr. 1 zuteilte und im selben Maße mich von Nr. 2 abtrennte. Nr. 2 wurde wenigstens andeutungsweise zu einer gewissermaßen autonomen Persönlichkeit. Ich verband damit keine Vorstellung einer bestimmten Individualität, wie etwa die eines Revenant, obschon mir kraft meiner ländlichen Herkunft eine derartige Möglichkeit durchaus annehmbar gewesen wäre. Auf dem Lande nämlich glaubt man diese Dinge je nachdem – sie sind und sind nicht.

Das einzig Deutliche an diesem Geist war sein historischer Charakter, seine Ausgedehntheit in der Zeit resp. seine Zeitlosigkeit. Dies sagte ich mir allerdings nicht mit so vielen Worten, wie ich mir auch keine Vorstellung machte über seine räumliche Existenz. Er spielte die Rolle eines nicht näher definierten, jedoch definitiv vorhandenen Faktors im Hintergrund meiner Existenz.

Der Mensch kommt physisch und geistig mit einer individuellen Disposition zur Welt und wird zunächst mit dem elterlichen Milieu und dessen Geist bekannt, mit welchem er infolge seiner Individualität nur bedingt übereinstimmt. Der familiäre Geist aber ist seinerseits wieder in hohem Maße vom *Zeitgeist* geprägt, der an sich den meisten unbewußt ist. Wenn dieser familiäre Geist einen consensus omnium darstellt, so bedeutet er eine Weltsicherheit; steht er aber im Gegensatz zu den vielen und ist in sich selber durchkreuzt, so entsteht das Gefühl von Weltunsicherheit. Kinder reagieren viel weniger auf das, was die Erwachsenen sagen, als auf die Imponderabilien der umgebenden Atmosphäre. An diese paßt sich das Kind unbewußt an, d. h. es entstehen in ihm Korrelationen kompensatorischer Natur. Die eigentümlichen «religiösen» Vorstellungen, die mich in frühester Kindheit schon befielen, sind spontan entstandene Gebilde, die als Reaktionen auf meine elterliche Umgebung zu verstehen sind. Die Glaubenszweifel, denen mein Vater später manifest unterliegen sollte, hatten in ihm natürlich eine lange Vorbereitungszeit. Eine derartige Revolution der eigenen Welt, und der Welt überhaupt, warf ihre Schatten auf lange Zeit voraus und zwar umso länger, als das Bewußtsein sich verzweifelt gegen ihre Macht wehrte. Es ist begreiflich, daß vorausnehmende Ahnungen meinen Vater in Unruhe versetzten, die selbstverständlich auch auf mich übergingen.

Ich hatte nie den Eindruck, daß solche Einflüsse etwa von meiner Mutter ausgingen, denn sie war irgendwie in einem unsichtbaren, tiefen Grunde verankert, der mir aber nie als eine christliche Glaubenszuversicht erschien. Er hatte meinem Gefühl nach irgendwie mit Tieren, Bäumen, Bergen, Wiesen und Wasserläufen zu tun, womit ihre christliche Oberfläche mit ihren konventionellen Glaubensäußerungen merkwürdig kontrastierte. Dieser Hintergrund entsprach meiner eigenen Einstellung so sehr, daß keine Beunruhigung von ihm ausging; im Gegenteil gab diese Wahrnehmung mir immer ein Gefühl der Sicherheit und die Überzeugung, daß hier ein fester Grund vorhanden war, auf dem man stehen konnte. Es kam mir dabei nie der Gedanke, wie «heidnisch» diese Grundlegung war. Nr. 2 meiner Mutter war mir die stärkste Stütze in dem sich anbahnenden Konflikt zwischen der väterlichen Tradition und den seltsamen, kompensatorischen Gebilden, zu deren Erschaffung mein Unbewußtes angeregt wurde.

Rückblickend sehe ich, wie sehr meine kindliche Entwicklung zukünftige Ereignisse vorwegnahm und Anpassungsmodi vorbereitete für den religiösen Zusammenbruch meines Vaters sowohl wie für die erschütternde Offenbarung des heutigen Weltbildes, die ja auch nicht von gestern auf heute entstanden ist, sondern ihren Schatten lange vorausgeworfen hat. Obschon wir Menschen unser eigenes persönliches Leben haben, so sind wir doch auf der anderen Seite in hohem Maße die Repräsentanten, die Opfer und Förderer eines kollektiven Geistes, dessen Lebensjahre Jahrhunderte bedeuten. Wir können wohl ein Leben lang meinen, dem eigenen Kopf zu folgen, und entdecken nie, daß wir zur Hauptsache Statisten auf der Szene des Welttheaters waren. Es existieren aber Tatsachen, die wir zwar nicht kennen, die aber doch unser Leben beeinflussen, und das umso mehr, als sie unbewußt sind.

So lebt wenigstens ein Teil unseres Wesens in den Jahrhunderten, jener Teil, den ich zum privaten Gebrauch als Nr. 2 bezeichnet habe. Daß er kein individuelles Kuriosum ist, beweist unsere abendländische Religion, die sich expressis verbis an diesen inneren Menschen wendet und es seit bald zweitausend Jahren ernstlich versucht, ihn dem Oberflächenbewußtsein und dessen Personalismus zur Kenntnis zu bringen: «Noli foras ire, in interiore homine habitat veritas!» (Geht nicht nach außen, im inneren Menschen wohnt die Wahrheit).

In die Jahre 1892 bis 1894 fiel eine Reihe heftiger Diskussionen mit meinem Vater. Er hatte in Göttingen orientalische Sprache unter Ewald studiert und seine Dissertation über eine arabische Version des Hohen Liedes geschrieben. Seine heroische Zeit war mit dem Schlußexamen an der Universität abgelaufen. Danach vergaß er seine philologische Begabung. Als Landpfarrer in Laufen am Rheinfall versank er in Gefühlsenthusiasmus und in studentische Erinnerungen, rauchte immer noch die lange Studentenpfeife und war enttäuscht von seiner Ehe. Er tat sehr viel Gutes – zu viel. Infolgedessen war er meist schlechter Laune und chronisch gereizt. Beide Eltern gaben sich große Mühe, ein frommes Leben zu führen, mit dem Resultat, daß es nur zu oft zu Szenen kam. An dieser Schwierigkeit zerbrach dann später auch begreiflicherweise sein Glaube.

Damals hatten seine Reizbarkeit und Unbefriedigtheit zugenommen, und sein Zustand erfüllte mich mit Besorgnis. Meine Mutter vermied alles, was ihn hätte aufregen können, und ließ sich auf keine Dispute ein. Obschon ich die Weisheit ihres Verhaltens anerkennen mußte, konnte ich oft mein eigenes Temperament nicht zügeln. Seinen Affektausbrüchen gegenüber verhielt ich mich allerdings passiv, aber wenn er in zugänglicher Laune zu sein schien, so versuchte ich des öfteren ein Gespräch mit ihm anzuknüpfen, in der Absicht, etwas Näheres über seine inneren Vorgänge und sein Selbstverständnis zu erfahren. Es stand mir nämlich fest, daß ihn etwas Bestimmtes plagte, und ich vermutete, daß dies mit seiner religiösen Weltanschauung zu tun hatte. Aus einer Reihe von Andeutungen war ich überzeugt, daß es Glaubenszweifel waren. Dies, so kam es mir vor, konnte nur der Fall sein, wenn ihm die nötige Erfahrung fehlte. Aus meinen Ansätzen zu Diskussionen lernte ich in der Tat, daß etwas Derartiges vorliegen mußte, denn auf alle meine Fragen erfolgten entweder die mir bekannten leblosen theologischen Antworten oder ein resigniertes Achselzucken, die meinen Widerspruch reizten. Ich konnte nicht verstehen, daß er nicht jede Gelegenheit ergriff, sich mit seiner Situation kämpferisch auseinanderzusetzen. Zwar sah ich, daß meine kritischen Fragen ihn traurig machten, aber ich hoffte dennoch auf ein konstruktives Gespräch. Es erschien mir fast unvorstellbar, daß er die Gotteserfahrung, die evidenteste aller Erfahrungen, nicht besitzen sollte. Ich wußte wenigstens so viel von Erkenntnistheorie, daß man eine derartige Erkenntnis nicht beweisen kann, aber es war mir ebenso klar, daß sie auch gar keines Beweises bedurfte, so wenig wie die Schönheit eines Sonnenaufgangs oder die Angst vor den Möglichkeiten der Nachtwelt mir bewiesen werden mußten. Ich versuchte, in wahrscheinlich sehr ungeschickter Weise, ihm diese Selbstverständlichkeiten zu vermitteln, in der hoffnungsvollen Absicht, ihm zu helfen, sein besonderes Schicksal, das ihm unvermeidlicherweise zugefallen war, zu ertragen. Er mußte ja mit jemandem hadern, und er tat dies mit seiner Familie und sich selbst. Warum tat er es nicht mit Gott, dem dunkeln auctor rerum creatarum, dem Einzigen, der wirklich für das Leiden der Welt verantwortlich ist? Er hätte ihm sicher als Antwort einen jener zauberhaften, endlos-tiefen Träume geschickt, die Er mir sogar, ohne gefragt zu werden, schickte und damit mein Schicksal besiegelte. Ich wußte nicht wieso – es war halt so. Ja, Er hatte mir sogar einen Einblick in Sein eigenes Wesen eröffnet. Dieses letztere war allerdings ein großes Geheimnis, das ich auch meinem Vater nicht verraten durfte oder konnte. Vielleicht, so schien es mir, hätte ich es verraten können, wenn er imstande gewesen wäre, die unmittelbare Erfahrung Gottes zu begreifen. Aber ich kam in meinen Gesprächen mit ihm nie so weit, nicht einmal in Sicht des Problems, weil ich es immer in sehr unpsychologischer und intellektueller Weise anging und den Gefühlsaspekt tunlichst vermied, um seine Emotionen fernzuhalten. Aber diese Art der Annäherung wirkte jedesmal wie das rote Tuch auf den Stier und führte zu gereizten Reaktionen, die mir unverständlich waren. Ich war nämlich unfähig zu verstehen, wieso ein völlig vernünftiges Argument auf einen emotionalen Widerstand stoßen konnte.

Diese fruchtlosen Diskussionen verärgerten ihn und mich, und wir zogen uns schließlich davon zurück, jeder mit seinem spezifischen Minderwertigkeitsgefühl. Die Theologie hatte meinen Vater und mich entfremdet. Ich empfand es wiederum als eine fatale Niederlage, in der ich mich allerdings nicht allein fühlte. Ich hatte eine dunkle Ahnung, daß mein Vater seinem Schicksal unentrinnbar verfallen war. Er war einsam. Er hatte keinen Freund, mit dem er sich besprechen konnte, wenigstens kannte ich niemanden in unserer Umgebung, dem ich es zugetraut hätte, das erlösende Wort zu finden. Einmal hörte ich ihn beten: er rang verzweifelt um seinen Glauben. Ich war erschüttert und empört zugleich, weil ich sah, wie hoffnungslos er der Kirche und ihrem theologischen Denken verfallen war. Sie hatten ihn treulos verlassen, nachdem sie ihm alle Möglichkeiten, unmittelbar zu Gott zu gelangen, verrammelt hatten. Jetzt verstand ich zutiefst mein Erlebnis: Gott selber hatte in meinem Traum die Theologie und die darauf gegründete Kirche desavouiert. Andererseits hatte Er die Theologie, wie so vieles andere, zugelassen. Es kam mir lächerlich vor anzunehmen, daß die Menschen solche Entwicklungen veranlaßt haben könnten. Was waren schon die Menschen? Sie sind dumm und blind geboren wie junge Hunde, wie alle Geschöpfe

Gottes, mit spärlichstem Lichte ausgerüstet, das die Finsternis, in der sie tappen, nicht erhellen kann. So viel stand für mich fest, und ebenso sicher war mir, daß keiner der mir bekannten Theologen «das Licht, das in die Finsternis schien», mit eigenen Augen gesehen hatte, sonst hätten sie keine «theologische Religion» lehren können. Mit der «theologischen Religion» konnte ich nichts anfangen; denn sie entsprach nicht meinem Gotteserlebnis. Ohne Hoffnung auf Wissen forderte sie auf zu glauben. Das hatte mein Vater mit größter Anstrengung versucht und war daran gescheitert. Ebenso wenig konnte sich mein Vater gegen den lächerlichen Materialismus der Psychiater verteidigen. Das war ja auch so etwas, das man glauben mußte, genau wie die Theologie! Ich war sicherer denn je, daß beiden sowohl Erkenntniskritik wie Erfahrung fehlte.

Mein Vater stand offenbar unter dem Eindruck, die Psychiater hätten im Gehirn etwas entdeckt, was bewies, daß an der Stelle, wo der Geist sein sollte, «materia» vorhanden war und nichts «Luftartiges». Damit stimmten verschiedene Mahnungen meines Vaters überein, ich solle, wenn ich Medizin studiere, ja kein Materialist werden. Für mich bedeutete aber seine Mahnung, ich solle ja nichts glauben, denn ich wußte, daß die Materialisten, genau wie die Theologen, an ihre Definitionen glaubten, und ich wußte auch, daß mein armer Vater einfach vom Regen in die Traufe gekommen war. Ich hatte erkannt, daß der mir immer hochgepriesene Glaube ihm diesen fatalen Streich gespielt hatte und nicht nur ihm, sondern den meisten gebildeten und ernsthaften Leuten, die ich kannte. Als die Erzsünde des Glaubens erschien mir die Tatsache, daß er der Erfahrung vorgriff. Woher wußten die Theologen, daß Gott absichtlich gewisse Dinge arrangiert hatte und gewisse andere «zuließ», und woher die Psychiater, daß die Materie die Eigenschaften des menschlichen Geistes besaß? Ich stand in keinerlei Gefahr, dem Materialismus zu verfallen, wohl aber mein Vater, was mir immer deutlicher wurde. Offenbar hatte ihm jemand etwas von der «Suggestion» zugeraunt, denn er las damals, wie ich entdeckte, Bernheims Buch über Suggestion, übersetzt von Sigmund Freud [1]. Das war mir neu und bedeutsam, denn bisher hatte ich meinen Vater nur Romane oder etwa eine Reisebeschreibung lesen sehen. Alle «gescheiten»

[1] «Die Suggestion und ihre Heilwirkung», Leipzig und Wien 1888.

und interessanten Bücher schienen verpönt zu sein. Die Lektüre aber machte ihn nicht glücklich. Seine depressiven Launen häuften und verstärkten sich, ebenso seine Hypochondrie. Er hatte schon seit einer Reihe von Jahren über alle möglichen abdominalen Symptome geklagt, ohne daß der Arzt etwas Definitives feststellen konnte. Jetzt klagte er über Empfindungen, als hätte er «Steine im Bauch». Wir nahmen das lange Zeit nicht ernst, aber schließlich wurde der Arzt bedenklich. Das war Ende Sommer 1895.

Im Frühjahr hatte ich mein Studium an der Universität Basel begonnen. Die einzige Zeit in meinem Leben, wo ich mich gelangweilt habe, nämlich die Schulzeit, war zu Ende, und die goldenen Tore zur universitas litterarum und zur akademischen Freiheit öffneten sich mir: ich würde die Wahrheit über die Natur in ihren Hauptaspekten hören, ich würde alles über den Menschen, anatomisch und physiologisch, in Erfahrung bringen, und daran würde sich die Kenntnis der biologischen Ausnahmezustände, nämlich der Krankheiten, reihen. Zu allem kam, daß ich in eine farbentragende Verbindung, die Zofingia, eintreten konnte, der schon mein Vater angehört hatte. Als ich ein junger Fuchs war, kam er sogar mit mir auf einen Verbindungsausflug in ein Weindorf des Markgrafenlandes und hielt dort eine launige Rede, in der zu meinem Entzücken der frohe Geist seiner eigenen studentischen Vergangenheit zum Vorschein kam. Zugleich erkannte ich blitzartig, daß sein eigenes Leben mit dem Abschluß des Studiums zum endgültigen Stillstand gekommen war, und der Vers eines Studentenliedes fiel mir ein:

> Sie zogen mit gesenktem Blick
> In das Philisterland zurück.
> O jerum, jerum, jerum,
> O quae mutatio rerum!

Diese Worte fielen mir schwer auf die Seele. Er war ja einstmals ein enthusiastischer Student im ersten Semester gewesen wie ich; die Welt hatte sich ihm aufgetan wie mir; die unendlichen Schätze des Wissens hatten vor ihm gelegen wie vor mir. Was konnte es gewesen sein, das ihm alles geknickt, versauert und verbittert hatte? Ich fand keine Antwort oder zu viele. Die Rede, die er an jenem Sommerabend beim Weine hielt, war seine letzte gelebte Erinnerung an eine Zeit, in der er gewesen war, was er hätte sein sollen. Bald hernach verschlimmerte sich sein Zustand. Er wurde im Spätherbst 1895 bettlägerig, und zu Anfang des Jahres 1896 starb er.

Ich war nach dem Kolleg nach Hause gekommen und fragte nach ihm. «Ach, es ist wie immer. Er ist recht schwach», sagte die Mutter. Er flüsterte ihr etwas zu, und sie sagte, mit ihrem Blick seinen deliriösen Zustand andeutend: «Er möchte wissen, ob du dein Staatsexamen schon bestanden hast?» Ich sah, daß ich lügen mußte: «Ja, es ist gut gegangen.» Er seufzte erleichtert und schloß die Augen. Etwas später ging ich nochmals zu ihm. Er war allein. Meine Mutter hatte im Nebenzimmer etwas zu tun. Er röchelte, und ich sah, daß er in der Agonie war. Ich stand an seinem Bett, gebannt. Ich hatte noch nie einen Menschen sterben sehen. Plötzlich hörte er auf zu atmen. Ich wartete und wartete auf den nächsten Atemzug. Er kam nicht. Jetzt erinnerte ich mich an meine Mutter und ging ins Nebenzimmer, wo sie am Fenster saß, mit Stricken beschäftigt. «Er stirbt», sagte ich. Sie kam mit mir zum Bett und sah, daß er tot war. Sie sagte, wie wundernd: «Wie schnell ist doch alles vorübergegangen.»

Die nächsten Tage waren dumpf und schmerzhaft, und wenig ist mir davon im Gedächtnis geblieben. Einmal sprach meine Mutter in ihrer «zweiten» Stimme zu mir oder zu der mich umgebenden Luft, und sagte: «Er ist zur Zeit für dich gestorben», was mir zu bedeuten schien: Ihr habt euch nicht verstanden, und er hätte dir hinderlich werden können. – Diese Auffassung schien mir mit Nr. 2 meiner Mutter übereinzustimmen.

Das «für dich» hat mich furchtbar getroffen, und ich fühlte, daß nun ein Stück alter Zeit unwiderruflich zu Ende gegangen war. Andererseits erwachte damals ein Stück Männlichkeit und Freiheit in mir. Nach dem Tode meines Vaters zog ich in sein Zimmer, und innerhalb der Familie trat ich an seine Stelle. Ich mußte z. B. meiner Mutter wöchentlich das Haushaltsgeld geben, weil sie nicht haushalten und nicht mit Geld umgehen konnte.

Etwa sechs Wochen nach seinem Tode erschien mein Vater mir im Traum. Plötzlich stand er vor mir und sagte, er käme aus den Ferien. Er habe sich gut erholt, und nun kehre er nach Hause zurück. Ich dachte, er würde mir Vorwürfe machen, weil ich in sein Zimmer gezogen war. Aber keine Rede davon! Trotzdem schämte ich mich, weil ich mir eingebildet hatte, er sei tot. – Nach ein paar Tagen wiederholte sich der Traum, daß mein Vater als Genesener nach Hause zurückkehrte, und wieder machte ich mir Vorwürfe, weil ich gedacht hatte, er sei gestorben. Ich fragte mich immer wieder: «Was heißt es, daß mein Vater im Traume zurückkehrt? Daß er so ‚wirklich' scheint?» Das war ein unvergeßliches Erlebnis und zwang mich zum ersten Mal, über das Leben nach dem Tode nachzudenken.

Mit dem Tode meines Vaters erhoben sich schwerwiegende Probleme in bezug auf die Fortsetzung meines Studiums. Ein Teil der mütterlichen Verwandtschaft war der Ansicht, ich sollte mir eine Stelle als Commis in einem Handelshaus suchen, um möglichst bald etwas zu verdienen. Der jüngste Bruder meiner Mutter anerbot sich, ihr zu helfen, da die vorhandenen Mittel zum Leben bei weitem nicht genügten. Ein Onkel väterlicherseits half mir. Am Ende meines Studiums schuldete ich ihm Fr. 3000.–. Das übrige verdiente ich mir durch Unterassistententätigkeit und durch privaten Vertrieb einer kleinen Antiquitätensammlung, die ich von einer alten Tante übernommen hatte und Stück um Stück vorteilhaft verkaufte, wobei mir ein sehr willkommener Gewinnanteil zufiel.

Ich möchte die Zeit der Armut nicht missen. Man lernt die einfachen Dinge schätzen. Ich erinnere mich noch sehr gut, daß ich einmal ein Kistchen Zigarren geschenkt erhielt. Da kam ich mir fürstlich vor. Sie reichten ein ganzes Jahr, nur sonntags habe ich mir eine geleistet.

Rückblickend kann ich sagen: die Studienzeit war eine schöne Zeit für mich. Alles war geistig belebt, und es war auch eine Zeit der Freundschaften. Im Zofinger Verein hielt ich mehrere Vorträge über theologische und psychologische Themen. Wir hatten die angeregtesten Gespräche und durchaus nicht nur über medizinische Fragen. Wir stritten uns über Schopenhauer und Kant. Wir wußten Bescheid über die verschiedenen Stilarten des Cicero und interessierten uns für Theologie und Philosophie. Man konnte sozusagen bei allen klassische Bildung und eine gepflegte geistige Tradition voraussetzen.

Zu meinen nächsten Freunden gehörte Albert Oeri. Mit ihm verband mich Freundschaft bis zu seinem Tode (1950). Eigentlich war unsere Beziehung um die zwanzig Jahre älter als wir selber, indem sie schon Ende der sechziger Jahre des vergangenen Jahrhunderts mit der Freundschaft unserer Väter angehoben hatte. Aber ungleich jenen, die das Schicksal in späteren Jahren allmählich voneinander trennte, führte es Oeri und mich nicht nur zusammen, sondern hielt uns auch zusammen durch das Band der Treue bis zum Ende.

Ich hatte Oeri als Mitglied der Zofingia kennengelernt. Er war ebenso humor- wie gemütvoll und ein trefflicher Erzähler. Besonders eindrücklich schien mir, daß er ein Großneffe Jakob Burckhardts war, den wir jungen Basler Studenten als den schon sagenhaften, großen Mann, der in unserer Mitte gelebt und gewirkt hatte, verehrten. Ja, Oeri vermittelte etwas vom äußeren Wesen dieses seltenen Mannes durch gewisse Züge seines Gesichtes, durch seine Bewegungen und seine Sprechweise. Auch über Bachofen, dem ich, ebenso wie Burckhardt, dann und wann auf der Straße begegnet bin, erfuhr ich manches von meinem Freunde. Aber noch mehr als diese Äußerlichkeiten zogen mich seine Nachdenklichkeit an, die Art und Weise, wie er geschichtliche Vorgänge betrachtete, die schon damals erstaunliche Reife seines politischen Urteils und seine oft verblüffende Treffsicherheit in der Erfassung zeitgenössischer Persönlichkeiten, die sein Witz unnachahmlich umreißen konnte. Seine Skepsis sah die Eitelkeit und Leere auch unter den eindruckvollsten Draperien.

Ein Dritter in unserem Bunde war der leider früh verstorbene Andreas Vischer, der nachmalige langjährige Leiter des Spitals von Urfa in Kleinasien. Zusammen diskutierten wir im «Adler» zu Weil und im «Hirzen» zu Haltingen bei einem Schoppen Markgräfler alles unter der Sonne und dem sich wandelnden Monde. Diese Unterhaltungen bildeten die unvergeßlichen Glanzpunkte meiner Studentenzeit.

Da Beruf und Wohnort uns trennten, sahen wir im folgenden Jahrzehnt nicht viel voneinander. Aber als die feierliche Stunde des Lebensmittags sich Oeri und mir, den beiden Gleichaltrigen, näherte, führte uns das Schicksal auch wieder mehr zusammen. Als wir das fünfunddreißigste Lebensjahr erreicht hatten, machten wir ahnungslos zusammen eine denkwürdige Reise zu Schiff, in meinem Segelboot nämlich, und unser Meer war der Zürichsee. Als Bootsmannschaft hatte ich drei junge Ärzte, die damals bei mir arbeiteten. Unsere Fahrt ging nach Walenstadt und zurück. Sie dauerte vier Tage. Wir fuhren vor frischem Winde mit dem Spinnaker. Oeri hatte die Voßsche Übersetzung der Odyssee mitgebracht und las uns während der Fahrt das Abenteuer bei Kirke und die Nekyia vor. Ein Glanz lag über dem glitzernden See und den in silbernem Dunst verschleierten Ufern.

«Uns nun ließ in die Segel des schwarz geschnäbelten Schiffes Fahrwind, schwellenden Hauches, nachwehn als guten Begleiter, Kirke, die schöngelockte, die hehre melodische Göttin.»

Doch unruhevoll dämmerten mir hinter den leuchtenden homerischen Bildern Gedanken der Zukunft, von der größeren Fahrt über den pelagus mundi, die uns noch bevorstand. Oeri, der bisher gezaudert hatte, heiratete nicht lange danach, und mir bescherte das Schicksal, wie dem Odysseus, eine Nekyia, den Abstieg in den finsteren Hades [2]. Dann kamen die Kriegsjahre, und wiederum sah ich ihn nur selten. Auch die großen Gespräche verstummten. Man sprach eigentlich nur noch von Vordergründigem. Aber ein inneres Gespräch hob zwischen uns an, wie ich aus gewissen vereinzelten Fragen, die er mir stellte, erraten konnte. Er war ein kluger Freund und wußte um mich in seiner Art. Dieses stillschweigende Einverständnis und seine unwandelbare Treue bedeuteten mir sehr viel. Im letzten Jahrzehnt seines Lebens sahen wir uns öfters wieder, weil wir beide wußten, daß die Schatten länger wurden.

In bezug auf die religiösen Fragen empfing ich während meiner Studentenzeit viele Anregungen. Zu Hause bot sich mir die hochwillkommene Gelegenheit, mich mit einem Theologen, dem Vikar meines verstorbenen Vaters, zu unterhalten. Er zeichnete sich nicht nur durch seinen phänomenalen Appetit aus, der mich in den Schatten stellte, sondern auch durch große Gelehrsamkeit. Von ihm lernte ich vieles aus der Patristik, der Dogmengeschichte, und insbesondere vernahm ich eine Menge Neues über die protestantische Theologie. Die Ritschlsche Theologie war damals an der Tagesordnung. Ihre historische Auffassung und vor allem das Gleichnis vom Eisenbahnzug irritierten mich [3]. Auch die Theologiestudenten, mit denen ich im Zofinger Verein diskutierte, schienen sich alle

[2] Nekyia von νέκυς (Leichnam) ist der Titel des 11. Gesanges der «Odyssee». Es bedeutet das Totenopfer zur Heraufbeschwörung der Abgeschiedenen aus dem Hades. Nekyia ist daher eine passende Bezeichnung für einen Abstieg in das Totenland, wie zum Beispiel in der «Divina Commedia» oder in der «klassischen Walpurgisnacht» im Faust. Jung braucht es hier im übertragenen Sinne und spielt auf seinen «Abstieg» in die Bilderwelt des Unbewußten an, von dem im Kapitel «Die Auseinandersetzung mit dem Unbewußten» die Rede sein wird. A. J.

[3] R. braucht das Gleichnis von einem Eisenbahnzug, der rangiert wird; hinten stößt die Lokomotive an, und dieser Ruck setzt sich durch den ganzen Zug fort: so gehe der Anstoß Christi durch die Jahrhunderte. A. J.

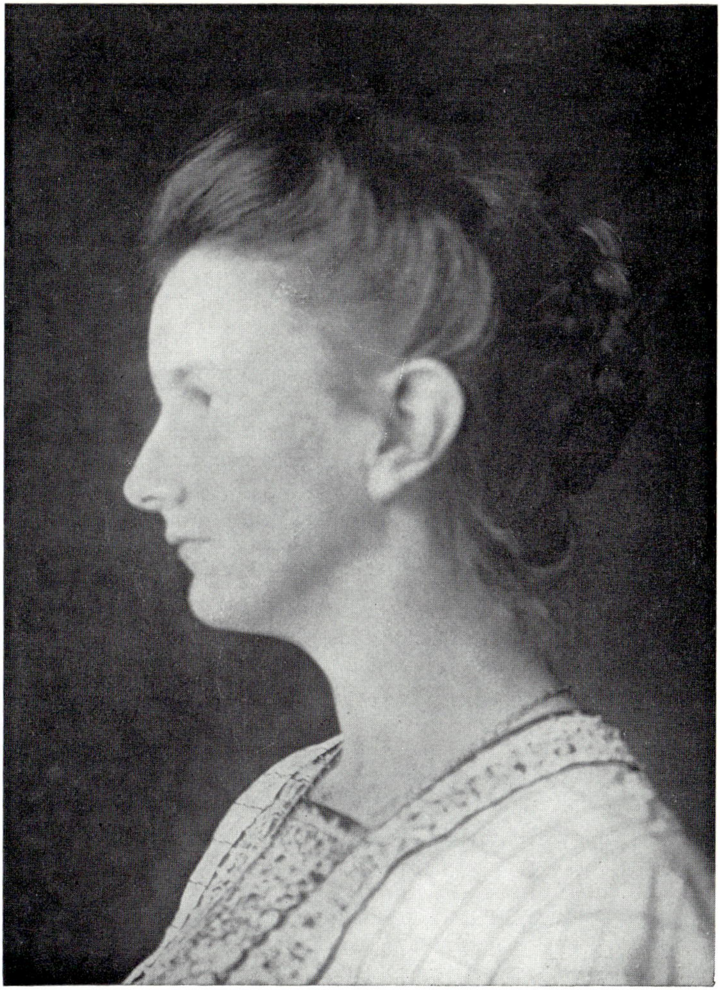

Gertrud Jung (1884—1935), die Schwester

mit der Idee des historischen Effektes, der vom Christusleben ausgegangen war, zu begnügen. Diese Anschauung kam mir nicht nur schwachsinnig, sondern auch tot vor. Ich konnte mich auch nicht mit der Ansicht befreunden, die Christus in den Vordergrund rückte und ihn zur allein entscheidenden Figur im Drama von Gott und Mensch machte. Dies stand mir im absoluten Gegensatz zu Christi eigener Auffassung, daß der Hl. Geist, der ihn gezeugt hatte, nach seinem Tode ihn bei den Menschen ersetzen werde.

Der Hl. Geist bedeutete mir eine adaequate Verdeutlichung des unvorstellbaren Gottes. Seine Wirkungen waren nicht nur erhabener Natur, sondern auch von wunderlicher und sogar zweifelhafter Art, wie die Taten Jahwes, welch letzteren ich im Sinne meines Konfirmandenunterrichtes naiv mit dem christlichen Gottesbild identifizierte. (Auch wurde mir damals die Tatsache nicht bewußt, daß der richtige Teufel erst mit dem Christentum geboren worden war). Der «hêr Jesus» war mir unzweifelhaft ein Mensch und daher zweifelhaft, resp. ein bloßes Sprachrohr des Hl. Geistes. Diese höchst unorthodoxe Auffassung, die mit der theologischen um 90 bis 180 Grad differierte, stieß natürlich auf tiefstes Unverständnis. Die Enttäuschung, die ich darüber empfand, führte mich allmählich zu einer Art von resigniertem Desinteressement, und meine Überzeugung, daß hier einzig die Erfahrung entscheiden könne, verstärkte sich immer mehr. Mit «Candide», den ich damals las, konnte ich sagen: «Tout cela est bien dit – mais il faut cultiver notre jardin», womit die Naturwissenschaft gemeint war.

Im Laufe meiner ersten Studienjahre machte ich die Entdekkung, daß die Naturwissenschaft zwar unendlich viele Kenntnisse ermöglichte, aber nur sehr spärliche Erkenntnis und diese in der Hauptsache spezialisierter Natur. Ich wußte aus meiner philosophischen Lektüre, daß alledem die Tatsache der Psyche zugrundelag. Ohne die Seele gab es weder Kenntnis noch Erkenntnis. Man hörte von ihr überhaupt nichts. Sie war zwar überall stillschweigend vorausgesetzt, aber auch wo sie erwähnt wurde, wie bei C. G. Carus, bestand keine wirkliche Kenntnis, sondern nur philosophische Spekulation, die so oder anders lauten konnte. Aus dieser merkwürdigen Beobachtung konnte ich nicht klug werden.

Zu Ende meines zweiten Semesters aber machte ich eine folgenschwere Entdeckung: ich fand in der Bibliothek des Vaters eines meiner Studienfreunde, eines Kunsthistorikers, ein kleines Büchlein aus den siebziger Jahren über Geistererscheinungen. Es war ein

Bericht über die Anfänge des Spiritismus, von einem Theologen verfaßt. Meine anfänglichen Zweifel zerstreuten sich rasch, denn ich konnte nicht umhin zu sehen, daß es sich im Prinzip um gleiche oder ähnliche Geschichten handelte, wie ich sie seit frühester Kindheit auf dem Lande immer wieder gehört hatte. Das Material war zweifellos authentisch. Aber die große Frage: sind diese Geschichten auch physisch wahr? war mir noch nicht sicher beantwortet. Immerhin konnte ich feststellen, daß offenbar zu allen Zeiten und an den verschiedensten Orten der Erde immer wieder dieselben Geschichten berichtet wurden. Dafür mußte doch ein Grund vorliegen. Keinesfalls konnte er darin zu suchen sein, daß überall die gleichen religiösen Voraussetzungen bestanden. Dies war offenkundig nicht der Fall. So mußte es mit dem objektiven Verhalten der menschlichen Seele zusammenhängen. Aber gerade über diese Hauptfrage, nämlich die objektive Natur der Seele, war überhaupt nichts in Erfahrung zu bringen, als was die Philosophen sagten.

So seltsam und zweifelhaft sie mir auch vorkamen, waren die Beobachtungen der Spiritisten für mich doch die ersten Berichte über objektive psychische Phänomene. Namen wie Zoellner und Crookes machten mir Eindruck, und ich las sozusagen die ganze mir damals erreichbare Literatur über Spiritismus. Natürlich sprach ich davon auch zu meinen Kameraden, die zu meinem großen Erstaunen teils mit Spott und Unglauben, teils mit ängstlicher Abwehr reagierten. Ich wunderte mich einerseits über die Sicherheit, mit der sie behaupten konnten, dergleichen Dinge wie Spuk und Tischrücken seien unmöglich und deshalb Betrug, andererseits über ihre Abwehr, die einen ängstlichen Charakter zu haben schien. Ich war zwar auch nicht sicher in bezug auf die absolute Zuverlässigkeit der Berichte, aber warum sollte es schließlich keinen Spuk geben? Woher wußten wir überhaupt, daß etwas «unmöglich» war? Und vor allem – was sollte die Ängstlichkeit bedeuten? Ich selber fand solche Möglichkeiten überaus interessant und anziehend. Sie verschönerten mein Dasein um ein Vielfaches. Die Welt gewann an Tiefe und Hintergrund. Sollten z. B. die Träume auch mit Geistern zu tun haben? Kants «Träume eines Geistersehers» kam mir wie gerufen und bald entdeckte ich auch Karl Duprel, der diese Ideen philosophisch und psychologisch ausgewertet hatte. Ich grub Eschenmayer, Passavant, Justinus Kerner und Görres aus und las sieben Bände von Swedenborg.

Nr. 2 meiner Mutter war sehr einverstanden mit meinem Enthusiasmus, aber meine weitere Umgebung war entmutigend. Bisher war ich nur gegen den Stein traditioneller Anschauungen geprallt; jetzt aber stieß ich auf den Stahl der Voreingenommenheit und einer positiven Unfähigkeit, unkonventionelle Möglichkeiten gelten zu lassen, und dies bei meinen nächsten Freunden. Ihnen erschien mein Interesse noch verdächtiger als meine Beschäftigung mit der Theologie! Ich hatte das Gefühl, an den Rand der Welt gestoßen zu sein. Was mich aufs brennendste interessierte, war den anderen Staub und Nebel, ja sogar Grund zur Ängstlichkeit.

Angst wovor? Ich konnte keine Erklärung hiefür finden. Es war doch nicht unerhört oder welterschütternd, daß es vielleicht Ereignisse gab, welche die beschränkenden Kategorien von Zeit, Raum und Kausalität überschritten? Es gab ja sogar Tiere, die das Wetter und Erdbeben vorauswitterten, Träume, die den Tod bestimmter Personen anzeigten, Uhren, die im Moment des Todes stillstanden, Gläser, die im kritischen Augenblick zersprangen, lauter Dinge, die in meiner bisherigen Welt selbstverständlich waren. Und jetzt war ich scheinbar der Einzige, der je von solchen Dingen gehört hatte! Ich legte mir allen Ernstes die Frage vor, in was für eine Welt ich eigentlich geraten sei. Es war offensichtlich die städtische Welt, die von der Landwelt, der wirklichen Welt der Berge, Wälder und Flüsse, der Tiere und der Gottesgedanken (lies: Pflanzen und Kristalle) nichts wußte. Ich fand diese Erklärung tröstlich, auf alle Fälle vermehrte sie zunächst mein Selbstgefühl; denn es wurde mir klar, daß die Stadtwelt trotz der Fülle ihres gelehrten Wissens geistig beschränkt war. Diese Einsicht wurde mir gefährlich, denn sie verführte mich zu Überlegenheitsanfällen und zu unangebrachter Kritiklust und Aggressivität, die mir verdiente Antipathien eintrugen. Letztere brachten im weiteren Verlaufe wieder die alten Zweifel, Minderwertigkeitsgefühle und Depressionen zurück – ein Zyklus, den ich um jeden Preis zu unterbrechen mich entschloß. Ich wollte nicht mehr außerhalb der Welt stehen und den zweifelhaften Ruhm einer Kuriosität erwerben.

Nach dem ersten Propädeuticum wurde ich Unterassistent auf der Anatomie und im folgenden Semester überließ mir der Prosector sogar die Leitung des histologischen Kurses – natürlich zu meiner größten Genugtuung. Ich beschäftigte mich damals hauptsächlich mit Abstammungslehre und vergleichender Anatomie und wurde auch mit der neovitalistischen Lehre bekannt. Am meisten faszinierte mich der morphologische Gesichtspunkt im weitesten Sinne. Auf der anderen Seite stand für mich die Physiologie. Sie war mir aufs tiefste zuwider wegen der Vivisektion, die zu bloßen Demonstrationszwecken vorgenommen wurde. Ich konnte mich nie von dem Gefühl befreien, daß die Warmblüter unsere Verwandten und keineswegs bloße Gehirnautomaten waren. Dementsprechend schwänzte ich solche Demonstrationen wenn immer möglich. Ich sah zwar ein, daß man an Tieren experimentieren mußte, aber ich empfand die Demonstration solcher Experimente nichtsdestoweniger als barbarisch und scheußlich und vor allem überflüssig. Ich hatte Phantasie genug, um mir die demonstrierten Vorgänge nach ihrer bloßen Beschreibung vorzustellen. Mein Mitleid mit den Geschöpfen datierte nicht etwa von den buddhistischen Allüren der Schopenhauerschen Philosophie, sondern ruhte auf der tieferen Grundlage einer primitiven Geisteshaltung, nämlich der unbewußten Identität mit dem Tiere. Diese wichtige psychologische Tatsache war mir allerdings damals völlig unbekannt. Mein Widerwillen gegen die Physiologie war so groß, daß mein Examen in dieser Disziplin auch entsprechend schlecht ausfiel. Immerhin schlüpfte ich durch.

Die folgenden klinischen Semester waren so voll, daß mir zu meinen Ausflügen in abgelegene Gebiete fast keine Zeit blieb. Nur an Sonntagen konnte ich Kant studieren. Ich las auch eifrigst E. von Hartmann. Nietzsche hatte schon für einige Zeit auf dem Programm gestanden, aber ich zögerte mit der Lektüre, da ich mich ungenügend vorbereitet fühlte. Nietzsche wurde damals viel diskutiert, aber meistens abgelehnt, am heftigsten von den «kompetenten» Philosophiestudenten, woraus ich meine Schlüsse auf die in höheren Sphären herrschenden Widerstände zog. Höchste Autorität war natürlich Jakob Burckhardt, von dem verschiedene kritische Äußerungen in bezug auf Nietzsche kolportiert wurden. Zudem gab es einige Leute, die Nietzsche persönlich gekannt hatten und darum imstande waren, allerhand Curiosa nicht gerade sympathischer Art über ihn zu berichten. Meistens hatten sie auch nichts von ihm gelesen und hielten sich dementsprechend bei äußerlichen Mißverständlichkeiten auf, z. B. bei seiner «gentleman»-Spielerei, seiner Manier, Klavier zu spielen, seinen stilistischen Übertriebenheiten, lauter Eigentümlichkeiten, die dem Basler von damals auf die Nerven gehen mußten. Diese Dinge dienten mir nun allerdings nicht zum Vorwand, die Nietzschelektüre hinauszuschieben – im Gegenteil, sie wären für mich der stärkste Anlaß gewesen – sondern es war eine geheime Angst, ich könnte ihm vielleicht ähnlich sein, wenigstens in dem Punkte des «Geheimnisses», das ihn in seiner Umwelt isolierte. Vielleicht, wer weiß, hatte er innere Erlebnisse gehabt, Einsichten, worüber er unglücklicherweise reden wollte und von niemandem verstanden wurde? Offenbar war er eine Ausgefallenheit, oder galt wenigstens als eine solche, als ein lusus naturae, was ich unter keinen Umständen sein wollte. Ich fürchtete mich vor der möglichen Erkenntnis, daß ich wie Nietzsche «Auch Einer» war. Natürlich – si parva componere magnis licet – war er ja ein Professor, hatte Bücher geschrieben, also traumhafte Höhen erreicht; er kam zwar auch aus einem Theologenhause, aber in dem großen und weiten Deutschland, das sich bis zum Meer ausdehnte, während ich nur ein Schweizer war und aus einem bescheidenen Pfarrhaus in einem kleinen Grenzdörfchen stammte. Er sprach ein geschliffenes Hochdeutsch, kannte Latein und Griechisch, vielleicht auch Französisch, Italienisch und Spanisch, während ich nur über Waggis-Baseldeutsch mit einiger Sicherheit verfügte. Er, im Besitze all dieser Herrlichkeiten, konnte sich schließlich eine gewisse Ausgefallenheit leisten, aber ich durfte nicht wissen, inwiefern ich selber ihm ähnlich sein könnte.

Trotz meiner Befürchtungen war ich neugierig und entschloß mich, ihn zu lesen. Es waren die «Unzeitgemäßen Betrachtungen», die mir zunächst in die Hände fielen. Ich war restlos begeistert, und bald las ich auch «Also sprach Zarathustra». Das war, wie Goethes «Faust», ein stärkstes Erlebnis. Zarathustra war der Faust Nietzsches, und Nr. 2 war mein Zarathustra, allerdings mit der angemessenen Distanz des Maulwurfshügels vom Montblanc; und Zarathustra war – das stand mir fest – morbid. War Nr. 2 auch krankhaft? Diese Möglichkeit versetzte mich in einen Schrecken, den ich lange Zeit nicht wahrhaben wollte, der mich aber trotzdem in Atem hielt und sich immer wieder zu ungelegener Zeit meldete und mich zum Nachdenken über mich selber zwang. Nietzsche hatte sein Nr. 2 erst später in seinem Leben entdeckt, nach der Lebensmitte, während ich Nr. 2 schon seit früher Jugend kannte. Nietzsche hat naiv und unvorsichtigerweise von diesem Arrheton, dem nicht zu Nennenden, gesprochen, wie wenn alles in Ordnung wäre. Ich aber habe sehr bald gesehen, daß man damit schlechte Erfahrungen macht. Er war aber andererseits so genial, daß er schon in jungen Jahren als Professor nach Basel kam, nichts ahnend von dem, was ihm bevorstand. Gerade vermöge seiner Genialität hätte er doch beizeiten merken müssen, daß etwas nicht stimmte. Das also, dachte ich, war sein krankhaftes Mißverständnis: daß er Nr. 2 ungescheut und ahnungslos herausließ auf eine Welt, die von dergleichen Dingen nichts wußte und nichts verstand. Er war von der kindischen Hoffnung beseelt, Menschen zu finden, die seine Ekstase mitfühlen und die «Umwertung aller Werte» verstehen könnten. Er fand aber nur Bildungsphilister, ja tragikomischerweise war er selber einer, der, wie alle anderen, sich selber nicht verstand, als er in das Mysterium und das Nichtzusagende fiel und dies einer stumpfen, von allen Göttern verlassenen Menge anpreisen wollte. Daher die Aufschwellung der Sprache, die sich übersteigernden Metaphern, die hymnische Begeisterung, die vergebens versuchte, sich dieser Welt, die sich dem zusammenhanglosen Wissenswerten verschrieben hatte, vernehmbar zu machen. Und er fiel – dieser Seiltänzer – sogar noch über sich selbst hinaus. Er kannte sich nicht aus in dieser Welt – «dans ce meilleur des mondes possibles» – und war darum ein Besessener, einer, der von seiner Umwelt nur mit peinlicher Vorsicht umgangen werden konnte. Unter meinen Freunden und Bekannten wußte ich nur zwei, die sich offen zu Nietzsche bekannten, beide homosexuell. Der eine endete mit Selbstmord, der andere verkam als unverstandenes Genie. Alle anderen standen vor dem Phänomen Zarathustra nicht etwa fassungslos, sondern waren schlechthin immun.

Wie mir der «Faust» eine Türe öffnete, so schlug mir «Zarathustra» eine zu, und dies gründlich und auf lange Zeit hinaus. Es ging mir wie dem alten Bauern, dem das Doggeli zwei Kühe in denselben Halfter manövriert hatte, und der von seinem kleinen Sohn gefragt wurde, wieso denn so etwas möglich sei? Er antwortete: «Heiri, vo däm redt me nit.»

Ich sah ein, daß man nirgends hinkommt, wenn man nicht von den Dingen spricht, die allen bekannt sind. Der in dieser Hinsicht Naive versteht nicht, welche Beleidigung es für den Mitmenschen bedeutet, wenn man ihm von etwas spricht, das ihm unbekannt ist. Man verzeiht eine derartige Ruchlosigkeit nur dem Schriftsteller, dem Journalisten oder dem Dichter. Ich hatte verstanden, daß eine neue Idee oder auch nur ein ungewöhnlicher Aspekt allein durch Tatsachen vermittelt werden kann. Tatsachen bleiben liegen und lassen sich auf die Dauer nicht unter den Tisch wischen, und einmal kommt einer daran vorüber und weiß, was er gefunden hat. Ich sah ein, daß ich eigentlich aus Mangel an besserem nur redete, anstatt Tatsachen vorzulegen, und an letzteren gebrach es mir völlig. Ich hatte nichts in den Händen. Mehr denn je trieb es mich zur Empirie. Ich nahm es den Philosophen übel, daß sie von all dem redeten, was keiner Erfahrung zugänglich war und überall da schwiegen, wo man auf eine Erfahrung hätte antworten sollen. Es schien mir zwar, daß ich irgend einmal und irgendwo durchs Diamantental gekommen sei, aber ich konnte niemanden davon überzeugen, daß die Gesteinsproben, die ich mitgebracht hatte, etwas anderes als Kieselsteine waren, auch mich selber nicht, bei näherem Zusehen.

Es war 1898, als ich anfing, mich mit meinem zukünftigen Beruf als Arzt auseinanderzusetzen. Ich gelangte bald zur Einsicht, daß ich mich spezialisieren müsse. Dafür kam nur Chirurgie oder innere Medizin in Betracht. Zu ersterer neigte ich wegen meiner speziellen Ausbildung in Anatomie und meiner Vorliebe für pathologische Anatomie, und ich hätte sie höchst wahrscheinlich als Beruf in Betracht gezogen, wenn mir die nötigen finanziellen Mittel zur Verfügung gestanden hätten. Es war mir außerordentlich peinlich, daß ich Schulden machen mußte, um überhaupt studieren zu können. Ich wußte, daß ich nach dem Schlußexamen sobald wie möglich meinen Lebensunterhalt verdienen mußte. Ich stellte mir daher eine Assistentenlaufbahn an irgendeinem Kantonsspital vor, wo man eher auf eine bezahlte Stelle hoffen konnte als an einer Klinik. Eine klinische Stelle hing aber in hohem Maße von Protektion oder von der persönlichen Sympathie des Chefs ab. In Ansehung meiner zweifelhaften Popularität und meiner so oft erfahrenen Befremdlichkeit wagte ich nicht an einen Glücksfall zu denken und begnügte mich daher mit der bescheidenen Möglichkeit, wenigstens an irgendeinem lokalen Krankenhaus als Assistent unterzukommen. Das übrige hing dann von meinem Fleiß, meiner Tüchtigkeit und Verwendbarkeit ab.

In den Sommerferien ereignete sich nun etwas, das mich aufs tiefste beeinflussen sollte. Eines Tages saß ich in meinem Arbeitszimmer und studierte meine Lehrbücher. Im Nebenzimmer, dessen Tür halb offen stand, saß meine Mutter und strickte. Es war unser Eßzimmer, in welchem der runde Eßtisch aus Nußbaumholz stand. Er stammte aus dem Trousseau meiner Großmutter väterlicherseits und war damals an die siebzig Jahre alt. Meine Mutter saß am Fenster, etwa einen Meter vom Tisch entfernt. Meine Schwester war in der Schule und unsere Magd in der Küche. Plötzlich ertönte ein Knall wie ein Pistolenschuß. Ich sprang auf und eilte ins Nebenzimmer, von woher ich die Explosion gehört hatte. Meine Mutter saß entgeistert in ihrem Lehnstuhl, die Strickarbeit war ihren Händen entfallen. Sie sagte stammelnd: «Was – was ist geschehen? Es war gerade neben mir –» und blickte auf den Tisch. Wir sahen, was geschehen war: Die Tischplatte war bis über die Mitte durchgerissen und nicht etwa an einer geleimten Stelle, sondern durch das gewachsene Holz. Ich war sprachlos. Wie konnte so etwas passieren? Ein seit siebzig Jahren ausgetrocknetes, natürlich gewachsenes Holz, das an einem Sommertag mit der bei uns üblichen relativ hohen Luftfeuchtigkeit zerspringt? Ja, wenn es bei geheiztem Ofen an einem kalten und trockenen Wintertag gewesen wäre! Was in aller Welt konnte der Grund einer derartigen Explosion gewesen sein? Es gibt schließlich merkwürdige Zufälle, dachte ich. Meine Mutter nickte mit dem Kopfe und sagte mit ihrer Nr.-2-Stimme: «Ja, ja, das bedeutet etwas.» Ich war widerwillig beeindruckt und ärgerlich, nichts dazu sagen zu können.

Etwa vierzehn Tage später kam ich abends um sechs Uhr nach Hause und fand den Haushalt, d. h. meine Mutter, meine vierzehnjährige Schwester und die Magd in großer Aufregung. Wieder war etwa eine Stunde zuvor ein ohrenbetäubender Schuß ertönt. Diesmal war es nicht der schon beschädigte Tisch, sondern der Knall kam aus der Richtung des Buffets, eines schweren, aus dem Anfang des 19. Jahrhunderts stammenden Möbels. Sie hatten bereits überall gesucht, aber nirgends einen Riß gefunden.

Ich begann sofort das Buffet und dessen Umgebung abzusuchen, ebenfalls erfolglos. Darauf durchsuchte ich das Innere des Buffets und dessen Inhalte. In der Schublade, die den Brotkorb enthielt, fand ich den Brotlaib und neben ihm das Brotmesser, dem die Klinge zum größten Teil abgebrochen war. Der Griff lag in der einen Ecke des viereckigen Korbes, und in jeder der drei anderen Ecken lag je ein Stück der Klinge. Das Messer war beim Vieruhrkaffee noch gebraucht und nachher versorgt worden. Seitdem hatte niemand mehr am Buffet zu tun gehabt.

Anderentags nahm ich das zersprungene Messer zu einem der besten Messerschmiede der Stadt. Er besah sich die Bruchwände mit der Lupe und schüttelte den Kopf. «Dieses Messer», sagte er, «ist ganz in Ordnung. Es ist kein Schaden im Stahl. Jemand hat das Messer Stück für Stück abgebrochen. Man kann das z. B. dadurch tun, daß man es in den Spalt der Schublade steckt und Stück für Stück abbricht. Es ist guter Stahl. Oder man hat es aus großer Höhe auf Stein fallen lassen. Explodieren kann so etwas nicht. Man hat Ihnen etwas angegeben [4].»

Meine Mutter und meine Schwester hatten sich im Zimmer befunden, als der plötzliche Knall sie erschreckte. Nr. 2 meiner Mutter schaute mich bedeutungsvoll an, und ich konnte nur schweigen. Ich war völlig ahnungslos und konnte mir das Vorgefallene in keinerlei Weise erklären. Dies war mir umso ärgerlicher, als ich mir zugeben mußte, daß ich tief beeindruckt war. Warum und wieso zerriß der Tisch und zersprang das Messer? Die Hypothese des Zufalls ging mir entschieden zu weit. Daß der Rhein zufälligerweise gerade einmal aufwärts fließt, war mir höchst unwahrscheinlich, und andere Möglichkeiten waren eo ipso ausgeschlossen. Was konnte es also sein?

Einige Wochen später erfuhr ich von gewissen Verwandten, daß sie sich schon seit geraumer Zeit mit Tischrücken beschäftigten und ein Medium hatten, ein junges, etwas über fünfzehn Jahre altes Mädchen. In diesem Kreise trug man sich schon seit einiger Zeit mit dem Gedanken, mich mit diesem Medium, welches somnambule Zustände und spiritistische Phänomene produzierte, bekannt zu machen. Als ich dies hörte, dachte ich sofort an unsere sonderbaren Erscheinungen und vermutete, daß sie mit diesem Medium in Zusammenhang stünden. Ich begann nun, mit ihr und anderen Interessierten regelmäßig jeden Samstagabend Sitzungen abzuhalten. Die Resultate waren Mitteilungen und Klopflaute in den Wänden und im Tisch. Vom Medium unabhängige Bewegungen des Tisches waren zweifelhaft. Ich fand bald heraus, daß beschränkende Bedingungen im allgemeinen hinderlich waren. Ich begnügte mich daher mit der offensichtlichen Selbständigkeit der Klopflaute und wandte meine Aufmerksamkeit dem Inhalt der Mitteilungen zu. Die Resultate dieser Beobachtungen habe ich in meiner Dissertation dargestellt [5]. Nachdem ich die Experimente etwa zwei Jahre lang durchgeführt hatte, stellte sich eine gewisse

[4] Das in vier Teile zersprungene Messer wurde von Jung sorgfältig aufbewahrt. A. J.

[5] «Zur Psychologie und Pathologie sogenannter occulter Phänomene», 1902.

Flauheit ein, und ich ertappte das Medium beim Versuch, in betrügerischer Weise Phänomene zu produzieren. Das bestimmte mich dazu, die Versuche abzubrechen – sehr zu meinem Bedauern, denn ich hatte an ihrem Beispiel gelernt, wie eine Nr. 2 entsteht, wie es in ein kindliches Bewußtsein eintritt und dieses schließlich in sich integriert. Das Mädchen war eine «Frühvollendete». Mit sechsundzwanzig Jahren starb sie an Tuberkulose. Ich habe sie, als sie vierundzwanzig Jahre alt war, noch einmal gesehen und war nachhaltig beeindruckt von der Selbständigkeit und Reife ihrer Persönlichkeit. Nach ihrem Tode erfuhr ich von ihren Angehörigen, daß in den letzten Monaten ihres Lebens ihr Charakter Stück um Stück von ihr abfiel und sie schließlich in den Zustand eines zweijährigen Kindes zurückkehrte, in welchem Zustand sie in den letzten Schlaf fiel.

Dies war nun alles in allem die große Erfahrung, welche meine ganz frühe Philosophie aufhob und mir einen psychologischen Standpunkt ermöglichte. Ich hatte etwas Objektives über die menschliche Seele erfahren. Die Erfahrung war aber so beschaffen, daß ich wiederum nichts darüber sagen konnte. Ich wußte niemanden, dem ich den ganzen Sachverhalt hätte mitteilen können. Wiederum mußte ich etwas des Nachdenkens Würdiges unerledigt zur Seite legen. Erst ein paar Jahre später ist daraus meine Dissertation entstanden.

In der Medizinischen Klinik hatte Friedrich von Müller den alten Immermann abgelöst. In von Müller traf ich einen Geist, der mir zusagte. Ich sah, wie eine scharfe Intelligenz ein Problem erfaßte und jene Fragen formulierte, die an sich schon eine halbe Lösung darstellten. Er seinerseits schien auch in mir etwas zu sehen, denn später, gegen den Abschluß meiner Studien hin, schlug er mir vor, als Assistent mit ihm nach München zu gehen, wohin er einen Ruf erhalten hatte. Seine Aufforderung hätte mich beinahe bewogen, mich der inneren Medizin zu widmen. Dazu wäre es wahrscheinlich auch gekommen, wenn sich nicht inzwischen etwas ereignet hätte, das mich aller Zweifel in bezug auf meine spätere professionelle Laufbahn enthoben hätte.

Ich hatte zwar psychiatrische Vorlesungen und Klinik gehört, aber der damalige Lehrer der Psychiatrie war nicht gerade anregend, und wenn ich mich an die Wirkungen erinnerte, welche die Erfahrungen meines Vaters in der Irrenanstalt und mit der Psychiatrie im speziellen bei ihm hinterlassen hatten, so war das ebenfalls nicht dazu angetan, mich für letztere einzunehmen. Als ich mich auf das Staatsexamen vorbereitete, war daher bezeichnenderweise das psychiatrische Lehrbuch das letzte, das ich mir vornahm. Ich erwartete nichts davon. Doch erinnere ich mich noch, wie ich das Buch von Krafft-Ebing[6] aufschlug und dachte: Nun, jetzt wollen wir einmal sehen, was ein Psychiater über seinen Stoff zu sagen hat. – Vorlesungen und Klinik hatten bei mir nicht den geringsten Eindruck hinterlassen. Ich konnte mich nicht eines einzigen klinisch demonstrierten Falles erinnern, sondern nur an Langeweile und Überdruß.

Ich fing mit der Vorrede an, in der Absicht herauszufinden, wie ein Psychiater seinen Gegenstand einführt oder gewissermaßen seine Daseinsberechtigung überhaupt begründet. Zur Entschuldigung dieser Anmaßlichkeit muß ich nun allerdings erwähnen, daß in der damaligen ärztlichen Welt die Psychiatrie sehr niedrig im Kurs stand. Niemand wußte etwas Rechtes über Psychiatrie, und es gab keine Psychologie, die den Menschen als Ganzes betrachtet und auch seine krankhafte Abart mit in die Betrachtung eingeschlossen hätte. Wie der Direktor mit seinen Kranken in derselben Anstalt eingeschlossen war, so war auch diese für sich abgeschlossen und lag isoliert draußen vor der Stadt, wie ein altes Siechenhaus mit seinen Aussätzigen. Niemand blickte gern dorthin. Die Ärzte wußten beinahe ebenso wenig wie die Laien und teilten darum auch deren Gefühle. Die Geisteskrankheit war eine hoffnungslose und fatale Angelegenheit, und dieser Schatten fiel auch auf die Psychiatrie. Der Psychiater war eine sonderbare Figur, wie ich auch bald aus eigener Erfahrung lernen sollte.

Ich las also in der Vorrede: «Es ist wohl in der Eigenartigkeit des Wissensgebietes und der Unvollkommenheit seines Ausbaus begründet, daß psychiatrische Lehrbücher ein mehr oder weniger subjektives Gepräge an sich tragen.» Einige Zeilen weiter unten nannte der Autor die Psychosen «Krankheiten der Person». Da befiel mich plötzlich ein heftiges Herzklopfen. Ich mußte aufstehen und Atem schöpfen. Ich fühlte mich in stärkster Erregung, denn es war mir wie durch eine blitzartige Erleuchtung klar geworden, daß es für mich kein anderes Ziel geben konnte als Psychiatrie. Hier allein konnten die beiden Ströme meines Interesses zusam-

[6] Lehrbuch der Psychiatrie. 4. Auflage, 1890.

menfließen und durch ein vereintes Gefälle sich ihr Bett graben. Hier war das gemeinsame Feld der Erfahrung von biologischen und geistigen Tatsachen, welches ich überall gesucht und nicht gefunden hatte. Hier war endlich der Ort, wo der Zusammenstoß von Natur und Geist zum Ereignis wurde.

Meine heftige Reaktion setzte ein, als ich bei Krafft-Ebing vom «subjektiven Gepräge» des psychiatrischen Lehrbuches las. Also, dachte ich, ist das Lehrbuch zum Teil auch das subjektive Bekenntnis des Autors, der mit seinem Präjudiz, mit der Ganzheit seines So-Seins, hinter der Objektivität seiner Erfahrungen steht und auf die «Krankheit der Person» mit der Ganzheit seiner eigenen Persönlichkeit antwortet. Von meinen klinischen Lehrern hatte ich dergleichen nie gehört. Obwohl das in Frage stehende Lehrbuch sich von anderen Büchern der Art eigentlich nicht unterschied, so fiel doch von diesen wenigen Andeutungen ein verklärendes Licht auf das Problem der Psychiatrie, und sie zog mich unwiderruflich in ihren Bann.

Mein Entschluß war gefaßt. Als ich meinem Lehrer der Inneren Medizin davon Mitteilung machte, konnte ich von seinem Gesicht den Ausdruck der Enttäuschung und Verwunderung ablesen. Meine alte Wunde, das Gefühl von Fremdsein und Entfremdung, schmerzte wieder. Aber ich verstand jetzt besser, warum. Daß ich mich für diese Abseitswelt interessieren könnte, daran hatte niemand gedacht, nicht einmal ich selber. Meine Freunde waren erstaunt und befremdet und hielten mich für einen Narren, daß ich die Chance einer Karriere in Innerer Medizin, die so allgemein verständlich war und mir so verlockend und beneidet vor der Nase hing, gegen diesen psychiatrischen Unsinn vertauschen konnte.

Ich sah ein, daß ich offenbar wieder einmal auf ein Seitengeleise geraten war, auf dem mir niemand folgen wollte oder konnte. Aber ich wußte – und in dieser Überzeugung hätte mich niemand und nichts irre machen können –, daß mein Entschluß fest stand und ein Fatum war. Es war, wie wenn zwei Ströme sich vereinigt hätten und in einer großen Bewegung mich unwiderruflich zu fernen Zielen führten. Es war das hochgemute Gefühl «geeinter Zwienatur», das mich wie auf magischer Woge durchs Examen trug, das ich als Bester bestand. Charakteristischerweise stellte mir der Pferdefuß, der hinter allen zu gut gelungenen Wundern herhinkt, sein Bein gerade in dem Fach, in welchem ich wirklich gut war, nämlich in der pathologischen Anatomie. Es passierte mir der lächerliche Irrtum, daß ich in einem Präparat, das mir neben allerhand débris nur Epithelzellen zu enthalten schien, jene Ecke, in der sich Soorpilze befanden, übersah. In anderen Fächern hatte ich sogar im voraus die Intuition, worüber ich befragt werden würde. Dank diesem Umstande umging ich einige schwierige Klippen mit «wehender Fahne, Trommeln und Pfeifen». Aus Rache wurde ich dann dort, wo ich mich am sichersten fühlte, in einer geradezu grotesken Weise hineingelegt. Sonst hätte ich mein Staatsexamen mit dem Maximum bestanden.

Ein zweiter Kandidat erreichte dieselbe Punktzahl wie ich. Er war ein Alleingänger, eine für mich undurchsichtige, verdächtig banale Persönlichkeit. Man konnte mit ihm außer «Fachsimpeln» überhaupt nichts anfangen. Auf alles reagierte er mit einem enigmatischen Lächeln, das an das der aeginetischen Giebelfiguren erinnerte. Er hatte etwas Superiores und zugleich Unterlegenes oder Verlegenes an sich und paßte nie ganz in die Situation. Ich konnte mir nie einen Vers darauf machen. Das einzige, das an ihm positiv festgestellt werden konnte, war der Eindruck eines beinahe monomanen Strebers, der anscheinend an nichts Anteil nahm als an medizinischen Fakten und Kenntnissen. Wenige Jahre nach dem Abschluß seiner Studien erkrankte er an Schizophrenie. Ich erwähne diese Koinzidenz als ein charakteristisches Phänomen des Parallelismus der Geschehnisse. Mein erstes Buch war der Psychologie der Dementia praecox (Schizophrenie) gewidmet, in welchem das Präjudiz meiner Persönlichkeit auf die «Krankheit einer Person» antwortete: Psychiatrie im weitesten Sinne ist der Dialog einer kranken Psyche mit der als «normal» bezeichneten Psyche des Arztes, eine Auseinandersetzung der «kranken» Person mit der im Prinzip ebenso subjektiven Persönlichkeit des Behandelnden. Meine Bemühung war, darzulegen, daß Wahnideen und Halluzinationen nicht nur spezifische Symptome der Geisteskrankheiten waren, sondern auch einen menschlichen Sinn hatten.

Am Abend nach der letzten Prüfung leistete ich mir den lange ersehnten Luxus, einmal – das erste Mal in meinem Leben – ins Theater zu gehen. Bis dahin hatten meine Finanzen eine derartige Extravaganz nicht erlaubt. Ich hatte aber noch etwas Geld übrig von dem Vertrieb der Antiquitätensammlung, welches mir nicht nur den Besuch der Oper, sondern auch eine Reise nach München und Stuttgart ermöglichte.

Bizet berauschte und überwältigte mich wie mit den Wogen eines unendlichen Meeres, und als mich am anderen Tag der Zug über die Grenze hinaus in eine weitere Welt trug, begleiteten mich die Melodien der Carmen. In München sah ich zum ersten Mal wirklich Antike, und diese im Verein mit Bizets Musik erzeugte in mir eine Atmosphäre, deren Tiefe und Bedeutungsschwere ich nur ahnen, aber nicht erfassen konnte. Es war eine frühlingshafte, hochzeitliche Stimmung, äußerlich aber eine trübe Woche zwischen dem 1. und 9. Dezember 1900. In Stuttgart sah ich (zum letzten Mal) meine Tante, Frau Dr. Reimer-Jung. Sie war die Tochter aus der ersten Ehe meines Großvaters, des Professors C. G. Jung mit Virginie de Lassaulx. Sie war eine bezaubernde alte Dame mit funkelnden blauen Augen und einem sprühenden Temperament. Ihr Mann war Psychiater. Sie schien mir umflossen von einer Welt ungreifbarer Phantasien und nicht heimzuweisender Erinnerungen – der letzte Hauch einer verschwindenden, nicht wiederzubringenden Vorwelt – ein endgültiger Abschied von der Nostalgie meiner Kindheit.

Am 10. Dezember 1900 trat ich meine Assistentenstelle im Burghölzli an. Ich ging gern nach Zürich, denn im Laufe der Jahre war mir Basel zu eng geworden. Für die Basler gab es nur ihre Stadt: nur in Basel war es «richtig», und jenseits der Birs fing das «Elend» an. Meine Freunde konnten nicht verstehen, daß ich wegging, und rechneten damit, daß ich binnen kurzem zurückkehren würde. Aber das war mir nicht möglich; denn in Basel war ich ein für alle Mal abgestempelt als Sohn des Pfarrers Paul Jung und Enkel meines Großvaters, des Professors Carl Gustav Jung. Ich gehörte sozusagen zu einer gewissen geistigen Gruppe und in einen bestimmten sozialen «set». Dagegen empfand ich Widerstände, denn ich wollte und konnte mich nicht festlegen lassen.

In geistiger Beziehung schien mir die Atmosphäre in Basel unübertrefflich und von einer beneidenswerten Weltoffenheit, aber der Druck der Tradition war mir zu viel. Als ich nach Zürich kam, empfand ich den Unterschied sehr stark. Die Beziehung von Zürich zur Welt ist nicht der Geist, sondern der Handel. Aber hier war die Luft frei, und das habe ich sehr geschätzt. Hier spürte man nirgends den braunen Dunst der Jahrhunderte, wenn man auch den reichen Hintergrund der Kultur vermißte. Für Basel habe ich heute noch immer ein schmerzliches faible, obwohl ich weiß, daß es nicht mehr ist, wie es war. Ich erinnere mich noch der Tage, wo es einen Bachofen gab und einen Jakob Burckhardt, wo hinter dem Münster noch das alte Kapitelhaus stand und die alte Rheinbrücke zur Hälfte aus Holz war.

Für meine Mutter war es hart, daß ich Basel verließ. Aber ich wußte, daß ich ihr diesen Schmerz nicht ersparen konnte, und sie hat es tapfer getragen. Sie lebte mit meiner Schwester zusammen, die neun Jahre jünger war als ich, eine zarte und kränkliche Natur und in jeder Beziehung verschieden von mir. Sie war für das Leben einer alten Jungfer wie geboren und hat auch nicht geheiratet. Aber sie entwickelte eine bemerkenswerte Persönlichkeit, und ich habe ihre Haltung bewundert. Sie war eine geborene «Lady», und so ist sie auch gestorben. Sie mußte sich einer Operation unterziehen, die als harmlos galt, die sie jedoch nicht überlebte. Es machte mir einen tiefen Eindruck, als sich herausstellte, daß sie vorher alle ihre Angelegenheiten bis auf das letzte Pünktchen geordnet hatte. Im Grunde genommen war sie mir fremd, aber ich hatte großen Respekt vor ihr. Ich war viel emotionaler, sie hingegen war immer gelassen, obwohl in ihrer eigentlichen Natur sehr empfindsam. Ich hätte sie mir in einem Adeligen-Fräulein-Stift denken können, so wie auch die einzige, um etliche Jahre jüngere Schwester meines Großvaters Jung in einem solchen Fräuleinstift gelebt hatte [7].

Mit der Arbeit im Burghölzli begann mein Leben in einer ungeteilten Wirklichkeit, ganz nur Absicht, Bewußtheit, Pflicht und Verantwortung. Es war der Eintritt ins Weltkloster, und die Unterwerfung unter das Gelübde, nur das Wahrscheinliche, das Durchschnittliche, das Banale und das Sinnarme zu glauben, allem Fremden und Bedeutenden abzusagen und alles Ungewöhnliche auf das Gewöhnliche zu reduzieren. Es gab nur Oberflächen, die nichts ver-

[7] Unmittelbar nach dem Tode seiner Schwester schrieb Jung folgende Zeilen: «Bis 1904 lebte meine Schwester Gertrud mit ihrer Mutter in Basel. Dann siedelte sie mit dieser nach Zürich über, wo sie zuerst bis 1909 in Zollikon und von da an, bis zu ihrem Tode, in Küsnacht wohnte. Nach dem im Jahre 1923 erfolgten Tode ihrer Mutter lebte sie allein. Ihr äußeres Leben war still, zurückgezogen und verlief im engen Kreise verwandtschaftlicher und freundschaftlicher Beziehungen. Sie war höflich, freundlich, gütig und versagte der Umwelt neugierige Blicke in ihr Inneres. So starb sie auch, klaglos, ihr eigenes Schicksal nicht erwähnend, in vollkommener Haltung. Sie legte ein Leben ab, das sich innerlich erfüllt hatte, unberührt von Urteil und Mitteilung.»

deckten, nur Anfänge ohne Fortsetzungen, Kontingenzen ohne Zusammenhang, Erkenntnisse, die sich zu immer kleineren Kreisen verengerten, Unzulänglichkeiten, die Probleme zu sein beanspruchten, Horizonte von drangvoller Enge und die unabsehbare Wüste der Routine. Für ein halbes Jahr schloß ich mich in die Klostermauern ein, um mich an das Leben und den Geist einer Irrenanstalt zu gewöhnen und las mich durch die fünfzig Bände der «Allgemeinen Zeitschrift für Psychiatrie» hindurch, seit ihrem Anfang, um die psychiatrische Mentalität kennenzulernen. Ich wollte wissen, wie der menschliche Geist auf den Anblick seiner eigenen Zerstörung reagiert, denn Psychiatrie erschien mir als ein artikulierter Ausdruck jener biologischen Reaktion, die den sogenannten gesunden Geist im Anblick der Geisteskrankheit befällt. Meine Fachkollegen erschienen mir ebenso interessant wie die Kranken. Ich habe deshalb in den folgenden Jahren eine ebenso geheime wie instruktive Statistik über die hereditären Vorbedingungen meiner schweizerischen Kollegen ausgearbeitet, zu meiner persönlichen Erbauung sowohl wie zum Verständnis der psychiatrischen Reaktion.

Ich brauche wohl kaum zu erwähnen, daß meine Konzentration und meine selbstauferlegte Klausur meine Kollegen befremdete. Sie wußten natürlich nicht, wie sehr die Psychiatrie mich befremdete und wie viel mir daran lag, mich mit deren Geist bekannt zu machen. Das therapeutische Interesse lag mir damals fern, aber die pathologischen Varianten der sogenannten Normalität zogen mich mächtig an, da sie mir die ersehnte Möglichkeit zu einer tieferen Erkenntnis der Psyche überhaupt boten.

Unter diesen Voraussetzungen begann meine psychiatrische Laufbahn, mein subjektives Experiment, aus dem mein objektives Leben hervorging.

Ich habe weder die Lust noch die Fähigkeit, mich dermaßen außer mich selbst zu setzen, daß ich mein eigenes Schicksal wirklich objektiv betrachten könnte. Ich würde dem bekannten autobiographischen Fehler verfallen, entweder eine Illusion darüber, wie es hätte sein sollen, zu entwickeln, oder eine Apologie pro vita sua zu verfassen. Schließlich ist man ein Geschehnis, das sich nicht selber beurteilt, sondern vielmehr dem Urteil anderer – for better or worse – anheimfällt.

Carl Gustav Jung und Emma Rauschenbach, 1902

PSYCHIATRISCHE TÄTIGKEIT

Die Jahre am Burghölzli, der Psychiatrischen Universitätsklinik von Zürich, waren meine Lehrjahre. Im Vordergrund meines Interesses und meines Forschens stand die brennende Frage: was geht in den Geisteskranken vor? Das verstand ich damals noch nicht, und unter meinen Kollegen befand sich niemand, der sich um dieses Problem gekümmert hätte. Der Psychiatrie-Unterricht war darauf angelegt, von der kranken Persönlichkeit sozusagen zu abstrahieren und sich mit Diagnosen, mit Symptombeschreibungen und Statistik zu begnügen. Vom sogenannten klinischen Standpunkt aus, der damals vorherrschte, ging es den Ärzten nicht um den Geisteskranken als Menschen, als Individualität, sondern man hatte den Patienten Nr. X mit einer langen Liste von Diagnosen und Symptomen zu behandeln. Man «etikettierte» ihn, stempelte ihn ab mit einer Diagnose, und damit war der Fall zum größten Teil erledigt. Die Psychologie des Geisteskranken spielte überhaupt keine Rolle.

In dieser Situation wurde Freud wesentlich für mich, und zwar vor allem durch seine grundlegenden Untersuchungen über die Psychologie der Hysterie und des Traumes. Seine Auffassungen zeigten mir einen Weg zu weiteren Untersuchungen und zum Verständnis der individuellen Fälle. Freud brachte die psychologische Frage in die Psychiatrie, obwohl er selber kein Psychiater, sondern Neurologe war.

Ich erinnere mich noch gut an einen Fall, der mich damals sehr beeindruckte. Es handelte sich um eine junge Frau, die mit der Etikette «Melancholie» in die Klinik eingeliefert worden war und sich auf meiner Abteilung befand. Man machte die Untersuchungen mit der üblichen Sorgfalt: Anamnese, Tests, körperliche Untersuchungen usw. Diagnose: Schizophrenie, oder, wie man damals sagte, «Dementia praecox». Prognose: schlecht.

Ich wagte zuerst nicht, an der Diagnose zu zweifeln. Damals war ich noch ein junger Mann, ein Anfänger, und hätte es mir nicht zugetraut, eine abweichende Diagnose zu stellen. Und doch erschien mir der Fall merkwürdig. Ich hatte den Eindruck, es handle sich nicht um eine Schizophrenie, sondern um eine gewöhnliche Depression, und nahm mir vor, die Patientin nach meinen eigenen Methoden zu untersuchen. Damals beschäftigte ich mich mit diagnostischen Assoziationsstudien, und so machte ich mit ihr das Assoziationsexperiment. Außerdem besprach ich mit ihr die Träume. Auf diese Weise gelang es mir, ihre Vergangenheit zu erhellen und Wesentliches zu erfahren, was durch die übliche Anamnese nicht aufgeklärt worden war. Ich erhielt die Informationen sozusagen direkt vom Unbewußten, und aus ihnen ergab sich eine dunkle und tragische Geschichte.

Bevor die Frau heiratete, hatte sie einen Mann gekannt, den Sohn eines Großindustriellen, für den sich alle Mädchen der Umgebung interessierten. Da sie sehr hübsch war, glaubte sie, ihm zu gefallen und einige Chancen bei ihm zu haben. Aber anscheinend interessierte er sich nicht für sie, und so heiratete sie einen anderen.

Fünf Jahre später besuchte sie ein alter Freund. Sie tauschten Erinnerungen aus, und bei dieser Gelegenheit sagte der Freund: «Als Sie heirateten, war das für jemanden ein Schock – für Ihren Herrn X» (den Sohn des Großindustriellen). Das war der Moment! In diesem Augenblick begann die Depression, und nach einigen Wochen kam es zur Katastrophe:

Sie badete ihre Kinder, zuerst ihr vierjähriges Mädchen und danach ihren zweijährigen Sohn. Sie lebte in einem Lande, wo die Wasserversorgung hygienisch nicht einwandfrei war; es gab reines Quellwasser zum Trinken und infektiöses Wasser aus dem Fluß zum Baden und Waschen. Als sie nun das kleine Mädchen badete, sah sie, wie es am Schwamm sog, aber sie hinderte es nicht daran. Ihrem kleinen Sohn gab sie sogar ein Glas des ungereinigten Wassers zu trinken. Das tat sie natürlich unbewußt oder nur halb bewußt; denn sie befand sich bereits im Schatten der beginnenden Depression.

Kurz darauf, nach der Inkubationszeit, erkrankte das Mädchen an Typhus und starb. Es war ihr Lieblingskind. Der Knabe war nicht infiziert worden. In jenem Augenblick wurde die Depression akut, und die Frau kam in die Anstalt.

Die Tatsache, daß sie eine Mörderin war, und viele Einzelheiten ihres Geheimnisses hatte ich aus dem Assoziationsexperiment ersehen, und es war mir klar, daß hier der zureichende Grund ihrer Depression lag. Es handelte sich in der Hauptsache um eine psychogene Störung.

Wie stand es mit der Therapie? Bisher hatte sie wegen ihrer Schlaflosigkeit Narkotika erhalten, und da Selbstmordverdacht vorlag, wurde sie überwacht. Aber sonst war nichts unternommen worden. Physisch ging es ihr gut.

Ich sah mich nun vor das Problem gestellt: soll ich offen mit ihr reden oder nicht? Soll ich die große Operation vornehmen? Das bedeutete für mich eine schwere Gewissensfrage, eine Pflichtenkollision sondergleichen. Aber ich mußte den Konflikt allein mit mir ausfechten; denn hätte ich meine Kollegen gefragt, so hätten sie mich wohl gewarnt: «Sagen Sie der Frau um Gotteswillen nicht solche Sachen. Sie werden sie nur noch verrückter machen.» Nach meiner Auffassung konnte aber die Wirkung auch umgekehrt sein. In der Psychologie gibt es ohnehin kaum eine eindeutige Wahrheit. Eine Frage kann so oder anders beantwortet werden, je nachdem, ob man die unbewußten Faktoren mitberücksichtigt oder nicht. Natürlich war mir auch bewußt, was ich für mich riskierte: wenn die Patientin in des Teufels Küche kam, dann auch ich!

Trotzdem beschloß ich, eine Therapie zu wagen, deren Ausgangspunkt sehr unsicher war. Ich sagte ihr alles, was ich durch das Assoziationsexperiment entdeckt hatte. Sie können sich denken, wie schwierig das war. Es ist nichts Geringes, jemandem einen Mord auf den Kopf zuzusagen. Und es war tragisch für die Patientin, es zu hören und anzunehmen. Aber der Effekt war, daß sie vierzehn Tage später entlassen werden konnte und nie wieder in eine Anstalt kam.

Noch andere Gründe hatten mich veranlaßt, vor meinen Kollegen zu schweigen: ich fürchtete, daß sie über den Fall diskutieren und womöglich irgendwelche legalen Fragen aufwerfen würden. Man konnte der Patientin zwar nichts nachweisen, und doch hätte eine solche Diskussion katastrophale Folgen für sie haben können. Es schien mir sinnvoller, daß sie ins Leben zurückkehrte, um im Leben ihre Schuld zu sühnen. Sie war vom Schicksal gestraft genug. Als sie entlassen wurde, ging sie mit einer schweren Last von dannen. Die mußte sie tragen. Ihre Buße hatte schon mit der Depression und der Internierung in der Anstalt begonnen, und der Verlust des Kindes war ihr ein tiefer Schmerz.

In vielen psychiatrischen Fällen hat der Patient eine Geschichte, die nicht erzählt wird, und um die in der Regel niemand weiß. Für mich beginnt die eigentliche Therapie erst nach der Erforschung dieser persönlichen Geschichte. Sie ist das Geheimnis des Patienten, an dem er zerbrochen ist. Zugleich enthält sie den Schlüssel zu seiner Behandlung. Der Arzt muß nur wissen, wie er sie erfährt. Er muß die Fragen stellen, die den ganzen Menschen treffen und nicht nur sein Symptom. Die Exploration des bewußten Materials genügt in den meisten Fällen nicht. Unter Umständen kann das Assoziationsexperiment den Zugang öffnen, auch die Traumdeutung kann es, oder der lange und geduldige menschliche Kontakt mit dem Patienten.

1905 habilitierte ich mich für Psychiatrie, und im gleichen Jahr wurde ich Oberarzt an der Psychiatrischen Klinik der Universität Zürich. Diese Stelle hatte ich vier Jahre lang inne. Dann (1909) mußte ich sie aufgeben, weil die Arbeit mir einfach über den Kopf wuchs. Im Laufe der Jahre war meine Privatpraxis so groß geworden, daß ich mit der Arbeit nicht mehr nachkam. Die Tätigkeit als Privatdozent behielt ich aber bis zum Jahr 1913 bei. Ich las über Psychopathologie und natürlich auch über die Grundlagen der Freudschen Psychoanalyse, sowie über die Psychologie der Primitiven. Das waren die Hauptgegenstände. In den ersten Semestern beschäftigte ich mich in den Vorlesungen vor allem mit Hypnose, sowie mit Janet und Flournoy. Später rückte das Problem der Freudschen Psychoanalyse in den Vordergrund.

Auch in den Kursen über Hypnose erkundigte ich mich nach der persönlichen Geschichte der Patienten, die ich den Studenten vorstellte. Ein Fall ist mir noch in guter Erinnerung:

Einmal erschien eine ältere Frau, etwa achtundfünfzig Jahre alt, anscheinend religiös eingestellt. Sie ging an Krücken, geführt von ihrer Magd. Seit siebzehn Jahren litt sie an einer schmerzhaften Lähmung des linken Beines. Ich setzte sie in einen bequemen Stuhl und fragte sie nach ihrer Geschichte. Sie fing an zu erzählen und zu jammern, und die ganze Geschichte ihrer Krankheit kam heraus, mit allem Drum und Dran. Schließlich unterbrach ich sie und sagte: «Nun ja, jetzt haben wir keine Zeit mehr, so viel zu reden. Jetzt muß ich Sie hypnotisieren.» – Kaum hatte ich das gesagt, schloß sie die Augen und fiel in tiefe Trance – ohne jede Hypnose! Ich wunderte mich, ließ sie aber in Ruhe. Sie redete pausenlos und erzählte die merkwürdigsten Träume, welche eine ziemlich tiefgehende Erfahrung des Unbewußten darstellten. Das verstand ich jedoch erst viel später. Damals nahm ich an, es sei eine Art Delirium. Aber die Situation wurde mir etwas unbehaglich. Es waren zwanzig Studenten da, denen ich eine Hypnose demonstrieren wollte!

Als ich die Patientin nach einer halben Stunde wieder wecken wollte, wachte sie nicht auf. Es wurde mir unheimlich, und der Gedanke befiel mich, ich könnte am Ende an eine latente Psychose gerührt haben. Etwa zehn Minuten vergingen, bis es mir gelang, sie wieder aufzuwecken. Dabei durfte ich mir vor den Studenten nichts von meiner Angst anmerken lassen! Als die Frau zu sich kam, war sie schwindlig und konfus. Ich versuchte sie zu beruhigen: «Ich bin der Arzt, und alles ist in Ordnung.» Worauf sie rief: «Aber ich bin ja geheilt!», die Krücken fortwarf und gehen konnte. Ich bekam einen roten Kopf und sagte zu den Studenten: «Jetzt haben Sie gesehen, was man mit Hypnose erreichen kann.» Ich hatte aber nicht die geringste Ahnung, was vor sich gegangen war.

Das war eine der Erfahrungen, die mich veranlaßten, die Hypnose aufzugeben. Ich verstand nicht, was eigentlich geschehen war, aber die Frau war tatsächlich geheilt und ging beglückt von dannen. Ich bat sie, mir von sich zu berichten, denn ich rechnete mit einem Rückfall spätestens nach vierundzwanzig Stunden. Aber die Schmerzen kehrten nicht zurück, und ich mußte trotz meiner Skepsis die Tatsache ihrer Heilung hinnehmen.

Bei der ersten Vorlesung im Sommersemester des nächsten Jahres erschien sie wieder. Diesmal klagte sie über heftige Rückenschmerzen, die sich erst vor kurzem eingestellt hatten. Ich hielt es nicht für ausgeschlossen, daß sie mit dem Wiederbeginn meiner Vorlesungen zusammenhingen. Vielleicht hatte sie die Ankündigung meiner Vorlesung in der Zeitung gelesen. Ich fragte, wann der Schmerz angefangen und was ihn verursacht habe. Sie konnte sich aber nicht erinnern, daß irgend etwas zu einer bestimmten Zeit vorgefallen sei und wußte einfach keine Erklärung. Schließlich brachte ich aus ihr heraus, daß die Schmerzen tatsächlich an dem Tag und zu der Stunde eingesetzt hatten, als ihr die Ankündigung meiner Vorlesung in der Zeitung zu Gesicht gekommen war. Das bestätigte zwar meine Vermutung, aber ich begriff noch immer nicht, was die mirakulöse Heilung bewirkt haben konnte. Ich hypnotisierte sie wieder, d. h. sie fiel, wie damals, spontan in Trance und war nachher von ihrem Schmerz befreit.

Nach der Vorlesung behielt ich sie zurück, um Einzelheiten aus ihrem Leben zu erfahren. Dabei stellte sich heraus, daß sie einen schwachsinnigen Sohn hatte, der sich in der Klinik auf meiner Abteilung befand. Davon wußte ich nichts, weil sie den Namen ihres zweiten Mannes trug, während der Sohn aus erster Ehe stammte. Er war ihr einziges Kind. Natürlich hatte sie auf einen begabten und erfolgreichen Sohn gehofft und war schwer enttäuscht, als er schon in jungen Jahren psychisch erkrankte. Damals war ich noch ein junger Arzt und repräsentierte all das, was sie sich zum Sohne gewünscht hätte. Daher schlugen sich ihre ehrgeizigen Wünsche, die sie als Heldenmutter hegte, auf mich nieder. Sie adoptierte mich sozusagen als Sohn und verkündete ihre wundersame Heilung urbi et orbi.

Tatsächlich verdankte ich ihr meinen lokalen Ruhm als Zauberer, und da sich die Geschichte bald herumgesprochen hatte, auch meine ersten Privatpatienten. Meine psychotherapeutische Praxis begann damit, daß eine Mutter mich an die Stelle ihres geisteskranken Sohnes gesetzt hatte! Natürlich erklärte ich ihr die Zusammenhänge, und sie nahm alles mit großem Verständnis auf. Später hatte sie nie mehr einen Rückfall.

Das war meine erste wirklich therapeutische Erfahrung, ich könnte sagen: meine erste Analyse. Ich erinnere mich deutlich der Unterhaltung mit der alten Dame. Sie war intelligent und außerordentlich dankbar, daß ich sie ernst genommen und Anteil an ihrem Schicksal und dem ihres Sohnes gezeigt hatte. Das hatte ihr geholfen.

Im Anfang wandte ich auch in meiner Privatpraxis die Hypnose an, aber sehr bald gab ich sie auf, weil man damit im Dunkeln tappt. Man weiß nie, wie lange ein Fortschritt oder eine Genesung anhält, und ich hatte immer Widerstände dagegen, im Ungewissen zu wirken. Ebensowenig liebte ich es, von mir aus zu entscheiden, was der Patient tun sollte. Mir lag viel mehr daran, vom Patienten selber zu erfahren, wohin er sich natürlicherweise entwickeln würde. Dazu brauchte es die sorgfältige Analyse der Träume und anderer Manifestationen des Unbewußten.

In den Jahren 1904/05 richtete ich ein Laboratorium für experimentelle Psychopathologie an der Psychiatrischen Klinik ein. Dort hatte ich eine Anzahl Schüler, mit denen ich psychische Reaktionen (i. e. Assoziationen) untersuchte. Franz Riklin sen. war mein Mitarbeiter. Ludwig Binswanger schrieb damals seine Doktor-Dissertation über das Assoziationsexperiment in Verbindung mit dem psychogalvanischen Effekt, und ich verfaßte meine Arbeit «Zur psychologischen Tatbestandsdiagnostik»[1]. Es waren auch einige Amerikaner da, unter anderem Carl Peterson und Charles Ricksher. Ihre Arbeiten sind in amerikanischen Fachzeitschriften erschienen. Ich verdankte es den Assoziationsstudien, daß ich später, im Jahre 1909, an die Clark-University eingeladen wurde; dort sollte ich über meine Arbeiten referieren. Gleichzeitig und unabhängig von mir wurde Freud eingeladen. Wir erhielten beide den Doctor of Laws honoris causa.

Es waren ebenfalls das Assoziationsexperiment und das psychogalvanische Experiment, durch welche ich in Amerika bekannt wurde; bald kamen zahlreiche Patienten von dort. Ich erinnere mich noch gut an einen der ersten Fälle:

Ein amerikanischer Kollege hatte mir einen Patienten geschickt. Die Diagnose lautete «Alkoholneurasthenie». Die Prognose bezeichnete ihn als «incurable». Dementsprechend hatte mein Kollege in vorsorglicher Weise dem Patienten auch schon den Rat erteilt, eine gewisse neurologische Autorität in Berlin aufzusuchen, in der Voraussicht, daß mein Versuch einer Therapie zu nichts führen würde. Er kam in die Sprechstunde, und nachdem ich mich ein wenig mit ihm unterhalten hatte, sah ich, daß der Mann eine gewöhnliche Neurose hatte, von deren psychischem Ursprung er nichts ahnte. Ich machte mit ihm das Assoziationsexperiment und erkannte bei dieser Gelegenheit, daß er an den Folgen eines formidablen Mutterkomplexes litt. Er stammte aus einer reichen und angesehenen Familie, hatte eine sympathische Frau und sozusagen keine Sorgen – äußerlich. Nur trank er zu viel, und dies war ein verzweifelter Versuch, sich zu narkotisieren, um seine bedrükkende Situation zu vergessen. Natürlich kam er auf diese Weise nicht aus seinen Schwierigkeiten heraus.

Seine Mutter war Eigentümerin eines großen Unternehmens, und der ungewöhnlich begabte Sohn hatte darin eine führende Stellung inne. Eigentlich hätte er schon längst die drückende Unterordnung unter die Mutter aufgeben sollen, aber er konnte sich nicht entschließen, seine glänzende Position zu opfern. So blieb er an die Mutter gekettet, die ihm seine Stellung vermittelt hatte. Immer wenn er mit ihr zusammen war oder sich einer ihrer Einmischungen unterwerfen mußte, fing er an zu trinken, um seine Affekte zu be-

[1] Zentralblatt für Nervenheilkunde und Psychiatrie, Jahrg. XXVIII, 1905. Wird in Neuauflage in den Gesammelten Werken, Band 1, erscheinen.

täuben, resp. sie los zu werden. Im Grunde wollte er aber gar nicht heraus aus dem warmen Nest, sondern ließ sich, gegen seinen eigenen Instinkt, von Wohlstand und Bequemlichkeit verführen.

Nach kurzer Behandlung hörte er auf zu trinken und hielt sich für geheilt. Aber ich sagte ihm: «Ich garantiere nicht, daß Sie nicht wieder in den gleichen Zustand hineingeraten, wenn Sie in Ihre frühere Situation zurückkehren.» Er glaubte mir aber nicht und fuhr guten Mutes heim nach Amerika.

Kaum war er wieder unter dem Einfluß der Mutter, fing das Trinken wieder an. Da wurde ich von ihr, als sie sich in der Schweiz aufhielt, zu einer Konsultation gerufen. Sie war eine gescheite Frau, aber ein Machtteufel ersten Ranges. Ich sah, wogegen der Sohn stehen mußte, und wußte, daß er die Kraft zum Widerstand nicht aufbrachte. Er war auch körperlich eine etwas zarte Erscheinung und seiner Mutter einfach nicht gewachsen. So entschloß ich mich zu einem Gewaltstreich. Hinter seinem Rücken stellte ich der Mutter ein Zeugnis über ihn aus, daß er wegen seines Alkoholismus seine Stellung in ihrem Geschäft unmöglich länger versehen könne. Man solle ihn entlassen. Dieser Rat wurde auch befolgt, und natürlich geriet der Sohn in Wut gegen mich.

Hier hatte ich etwas unternommen, was sich normalerweise mit dem ärztlichen Gewissen nicht leicht vereinen läßt. Aber ich wußte, daß ich um des Patienten willen die Schuld auf mich nehmen mußte.

Und wie hat er sich weiter entwickelt? Er war nun von der Mutter getrennt und konnte seine Persönlichkeit entfalten: Er machte eine glänzende Karriere – trotz oder gerade wegen der Roßkur. Seine Frau war mir dankbar; denn ihr Mann hatte nicht nur den Alkoholismus überwunden, sondern ging nun seinen individuellen Weg mit größtem Erfolg.

Jahrelang hatte ich dem Patienten gegenüber ein schlechtes Gewissen, weil ich das Zeugnis hinter seinem Rücken ausgestellt hatte. Ich wußte aber genau, daß nur ein Gewaltakt ihn losbringen könnte. Und damit war auch die Neurose erledigt.

Ein anderer Fall ist mir ebenfalls unvergeßlich geblieben. Eine Dame kam in meine Sprechstunde. Sie weigerte sich, ihren Namen zu nennen; er täte nichts zur Sache, denn sie wolle mich nur einmal konsultieren. Sie gehörte offenkundig zu den oberen Gesellschaftsschichten. Sie gab an, Ärztin gewesen zu sein. Was sie mir mitzuteilen hatte, war eine Beichte: vor zwanzig Jahren hatte sie aus Eifersucht einen Mord begangen. Sie hatte ihre beste Freundin vergiftet, weil sie deren Mann heiraten wollte. Nach ihrer Ansicht spielte ein Mord für sie keine Rolle, wenn er nicht entdeckt würde. Wenn sie den Mann ihrer Freundin heiraten wolle, so könne sie sie einfach aus dem Wege räumen. Das war ihr Standpunkt. Moralische Bedenken kämen für sie nicht in Betracht.

Und nachher? Sie hat zwar den Mann geheiratet, aber er ist sehr bald, ziemlich jung, gestorben. In den folgenden Jahren ereigneten sich seltsame Dinge: die Tochter aus dieser Ehe strebte, sobald sie erwachsen war, von der Mutter weg. Sie heiratete jung und zog sich immer mehr zurück. Schließlich verschwand sie aus ihrem Gesichtskreis, und die Mutter verlor jeden Kontakt mit ihr.

Die Frau war eine leidenschaftliche Reiterin und besaß mehrere Reitpferde, die ihr Interesse in Anspruch nahmen. Eines Tages entdeckte sie, daß die Pferde anfingen, unter ihr nervös zu werden. Sogar ihr Lieblingspferd scheute und warf sie ab. Schließlich mußte sie das Reiten aufgeben. Sie hielt sich nunmehr an ihre Hunde. Sie besaß einen besonders schönen Wolfshund, an dem sie sehr hing. Der «Zufall» wollte es, daß gerade dieser Hund von einer Lähmung befallen wurde. Da war das Maß voll, und sie fühlte sich «moralisch erledigt». Sie mußte beichten, und zu diesem Zweck kam sie zu mir. Sie war eine Mörderin, aber darüber hinaus hatte sie sich auch selbst gemordet. Denn wer ein solches Verbrechen begeht, zerstört seine Seele. Wer mordet, ist schon selbst gerichtet. Hat jemand ein Verbrechen begangen und wird gefaßt, so erreicht ihn die gerichtliche Strafe. Hat er es im Geheimen getan, ohne moralische Bewußtheit, und bleibt unentdeckt, so kann ihn die Strafe trotzdem erreichen, wie unser Fall zeigt. Es kommt doch an den Tag. Mitunter sieht es so aus, als ob auch die Tiere und Pflanzen es «wüßten».

Die Frau ist durch den Mord sogar den Tieren fremd geworden und in eine unerträgliche Einsamkeit geraten. Um ihre Einsamkeit loszuwerden, hat sie mich zu ihrem Mitwisser gemacht. Sie mußte einen Mitwisser haben, der kein Mörder war. Sie wollte einen Menschen finden, der ihre Beichte voraussetzungslos annehmen konnte; denn damit würde sie gewissermaßen wieder eine Beziehung zur Menschheit gewinnen. Es durfte aber kein professioneller Beichtvater, sondern mußte ein Arzt sein. Bei einem Beichtvater hätte sie vermutet, daß er sie von Amts wegen anhörte; daß er die Tatsachen nicht als solche aufnähme, sondern zum Zwecke der moralischen Beurteilung. Sie hatte erlebt, daß Menschen und Tiere sie verließen, und war von diesem schweigenden Urteil dermaßen betroffen, daß sie keine weitere Verdammung mehr hätte ertragen können.

Ich habe nie erfahren, wer sie war; auch besitze ich keinen Beweis, daß ihre Geschichte der Wahrheit entsprach. Später fragte ich mich manchmal, wie ihr Leben wohl weiter gegangen sei. Denn damals war ihre Geschichte noch nicht zu Ende. Vielleicht kam es schließlich zu einem Suizid. Ich kann mir nicht vorstellen, wie sie in dieser äußersten Einsamkeit hätte weiterleben können.

Klinische Diagnosen sind wichtig, da sie eine gewisse Orientierung geben, aber dem Patienten helfen sie nichts. Der entscheidende Punkt ist die Frage der «Geschichte» des Patienten; denn sie deckt den menschlichen Hintergrund und das menschliche Leiden auf, und nur da kann die Therapie des Arztes einsetzen. Das zeigte mir auch ein anderer Fall sehr deutlich.

Es handelte sich um eine alte Patientin auf der Frauenstation, eine fünfundsiebzigjährige Frau, die seit vierzig Jahren bettlägerig war. Vor fast fünfzig Jahren war sie in die Anstalt gekommen, aber niemand konnte sich mehr an ihre Einlieferung erinnern; alle waren inzwischen gestorben. Nur eine Oberschwester, die seit fünfunddreißig Jahren in der Anstalt arbeitete, wußte noch etwas über ihre Geschichte. Die Alte konnte nicht mehr sprechen und nur flüssige oder halbflüssige Nahrung zu sich nehmen. Sie aß mit den Fingern und schaufelte gewissermaßen die Nahrung in den Mund. Manchmal brauchte sie fast zwei Stunden für eine Tasse Milch. Wenn sie nicht gerade aß, machte sie merkwürdige, rhythmische Bewegungen mit Händen und Armen, deren Natur ich nicht verstand. Ich war tief beeindruckt vom Grade der Zerstörung, die eine Geisteskrankheit anrichten kann, wußte aber keine Erklärung. In den klinischen Vorlesungen wurde sie als katatonische Form der Dementia praecox vorgeführt, aber das sagte mir nichts, denn es enthielt nicht das Geringste über die Bedeutung und Entstehung der merkwürdigen Bewegungen.

Der Eindruck, den dieser Fall auf mich machte, charakterisiert meine Reaktion auf die damalige Psychiatrie. Ich hatte, als ich Assistent wurde, das Gefühl, überhaupt nichts von dem zu verstehen, was Psychiatrie zu sein vorgab. Ich fühlte mich höchst unbehaglich neben meinem Chef und den Kollegen, die so sicher auftraten, während ich ratlos im Dunkeln tappte. Die Hauptaufgabe der Psychiatrie sah ich in der Erkenntnis der Dinge, die sich im Innern des kranken Geistes ereignen, und davon wußte ich noch nichts. Da stak ich nun in einem Beruf, in dem ich mich überhaupt nicht auskannte!

Eines Abends spät ging ich durch die Abteilung, sah die alte Frau mit ihren rätselhaften Bewegungen und fragte mich wieder einmal: Warum muß das sein? Da ging ich zu unserer alten Oberschwester und erkundigte mich, ob die Patientin immer schon so gewesen sei. «Ja», antwortete sie, «aber meine Vorgängerin erzählte mir, sie habe früher Schuhe hergestellt.» Daraufhin konsultierte ich nochmals ihre alte Krankengeschichte, und dort hieß es, daß sie Bewegungen mache wie beim Schustern. Früher hielten die Schuster die Schuhe zwischen den Knien und zogen die Fäden mit ganz ähnlichen Bewegungen durch das Leder. (Bei Dorfschustern kann man das auch heute noch sehen). Als die Patientin bald darauf starb, kam ihr älterer Bruder zum Begräbnis. – «Warum ist Ihre Schwester krank geworden?» fragte ich ihn. Da erzählte er, sie habe einen Schuhmacher geliebt, der sie aber aus irgendeinem Grunde nicht heiraten wollte, und damals sei sie «übergeschnappt». – Die Schuhmacherbewegungen zeigten ihre Identität mit dem Geliebten, die bis zum Tode dauerte.

Damals erhielt ich eine erste Ahnung von den psychischen Ursprüngen der sogenannten «Dementia praecox». Von nun an widmete ich alle Aufmerksamkeit den Sinnzusammenhängen in der Psychose.

Ich erinnere mich gut der Patientin, an deren Geschichte mir die psychologischen Hintergründe der Psychose und vor allem der «unsinnigen Wahnideen» klar wurden. Ich verstand in diesem Falle zum erstenmal die bis dahin als sinnlos erklärte Sprache der Schizophrenen. Es war Babette S., deren Geschichte ich publiziert habe [2]. 1908 hielt ich im Rathaus von Zürich einen Vortrag über sie.

Die Patientin stammte aus der Zürcher Altstadt, aus den engen und schmutzigen Gassen, wo sie in ärmlichen Verhältnissen zur Welt gekommen und aufgewachsen war. Die Schwester war eine Prostituierte, der Vater Trinker. Sie erkrankte mit neununddreißig

[2] «Über die Psychologie der Dementia praecox», Halle 1907, und «Der Inhalt der Psychose», Wien 1908.

Jahren an der paranoiden Form der Dementia praecox mit charakteristischem Größenwahn. Als ich sie kennenlernte, befand sie sich schon zwanzig Jahre in der Anstalt. Viele Hunderte von Medizinstudenten erhielten bei ihr einen Eindruck von dem unheimlichen Prozeß der psychischen Zersetzung. Sie war eines der klassischen Demonstrationsobjekte der Klinik. Babette war vollkommen verrückt und sagte Dinge, die man überhaupt nicht verstehen konnte. In mühseliger Arbeit unternahm ich den Versuch, die Inhalte ihrer abstrusen Aussprüche zu verstehen. Z. B. sagte sie: «Ich bin die Loreley» und zwar darum, weil der Arzt, wenn er sich zu erklären versuchte, immer sagte: «Ich weiß nicht, was soll es bedeuten.» Oder sie brachte Klagen hervor wie: «Ich bin die Sokrates-Vertretung», was – wie ich herausfand – bedeuten sollte: «Ich bin ebenso ungerecht angeschuldigt wie Sokrates.» Skurrile Aussprüche wie: «Ich bin das Doppelpolytechnikum unersetzlich», «Ich bin Zwetschgenkuchen auf Maisgriesboden», «Ich bin Germania und Helvetia aus ausschließlich süßer Butter», «Neapel und ich müssen die Welt mit Nudeln versorgen», bedeuteten Wertsteigerungen, d. h. Kompensationen eines Minderwertigkeitsgefühls.

Die Beschäftigung mit Babette und anderen, ähnlichen Fällen überzeugte mich, daß vieles, was wir bis dahin bei den Geisteskranken als sinnlos angesehen hatten, gar nicht so «verrückt» war, wie es schien. Ich erfuhr mehr als einmal, daß bei solchen Patienten im Hintergrund eine «Person» verborgen ist, die als normal bezeichnet werden muß und die gewissermaßen zusieht. Gelegentlich kann sie auch – meist via Stimmen oder Träume – ganz vernünftige Bemerkungen und Einwände machen, und es kann sogar vorkommen, daß sie z. B. bei physischer Erkrankung wieder in den Vordergrund rückt und den Patienten fast normal erscheinen läßt.

Ich hatte einmal eine alte Schizophrene zu behandeln, an der mir die hintergründige «normale» Person sehr deutlich wurde. Es war ein Fall, der nicht zu heilen, sondern nur zu betreuen war. Wie jeder Arzt hatte auch ich Patienten, die man ohne Hoffnung auf Heilung in den Tod begleiten muß. Die Frau hörte Stimmen, die über den ganzen Körper verteilt waren, und eine Stimme in der Mitte des Thorax war «Gottes Stimme». – «Auf sie müssen wir uns verlassen», sagte ich ihr – und staunte über meinen eigenen Mut. In der Regel machte diese Stimme sehr vernünftige Bemerkungen, und mit ihrer Hilfe kam ich mit der Patientin gut aus. Einmal sagte die Stimme: «Er soll dich abhören über die Bibel!» Sie brachte eine alte zerlesene Bibel mit, und ich mußte ihr jedesmal ein Kapitel angeben, das sie zu lesen hatte. Das nächste Mal mußte ich sie darüber abhören. Das tat ich etwa sieben Jahre lang, alle vierzehn Tage einmal. Ich kam mir in dieser Rolle allerdings zunächst etwas sonderbar vor, aber nach einiger Zeit wurde mir klar, was die Übung bedeutete: auf diese Weise wurde die Aufmerksamkeit der Patientin wachgehalten, so daß sie nicht tiefer in den zersetzenden Traum des Unbewußten fiel. Das Resultat war, daß sich nach etwa sechs Jahren die früher überall verbreiteten Stimmen ausschließlich und genau auf die linke Körperhälfte zurückgezogen hatten, während die rechte völlig befreit war. Die Intensität des Phänomens auf der linken Seite war nicht etwa verdoppelt, sondern gleich stark wie früher. Man könnte sagen, daß die Patientin wenigstens «halbseitig geheilt» war. Das war ein unerwarteter Erfolg, denn ich hatte mir nicht vorgestellt, daß unsere Bibellektüre therapeutisch wirken könnte.

Durch die Beschäftigung mit den Patienten war mir klar geworden, daß Verfolgungsideen und Halluzinationen einen Sinnkern enthalten. Eine Persönlichkeit steht dahinter, eine Lebensgeschichte, ein Hoffen und ein Wünschen. Es liegt nur an uns, wenn wir den Sinn nicht verstehen. Es wurde mir zum ersten Mal deutlich, daß in der Psychose eine allgemeine Persönlichkeitspsychologie verborgen liegt, daß sich auch hier die alten Menschheitskonflikte wiederfinden. Auch in Patienten, die stumpf und apathisch oder verblödet wirken, geht mehr und Sinnvolleres vor, als es den Anschein hat. Im Grunde genommen entdecken wir im Geisteskranken nichts Neues und Unbekanntes, sondern wir begegnen dem Untergrund unseres eigenen Wesens. Diese Einsicht war für mich damals ein mächtiges Gefühlserlebnis.

Es ist mir immer erstaunlich, wie lange es gebraucht hat, bis die Psychiatrie sich endlich den Inhalten der Psychose zuwandte. Man fragte sich nie, was die Phantasien der Patienten bedeuteten und warum der eine Patient eine ganz andere Phantasie hatte als der andere, warum z. B. der eine glaubte, von Jesuiten verfolgt zu sein, ein anderer, daß die Juden ihn vergiften wollten, oder ein dritter, die Polizei sei hinter ihm her. Man nahm die Inhalte der Phantasien nicht ernst, sondern sprach z. B. ganz allgemein von «Verfolgungsideen». Merkwürdig erscheint es mir auch, daß meine damaligen Untersuchungen heute fast vergessen sind. Ich habe schon zu

Anfang des Jahrhunderts Schizophrenien psychotherapeutisch behandelt. Diese Methode hat man nicht erst heute entdeckt. Aber es brauchte noch sehr viel Zeit, bis man anfing, die Psychologie in die Psychotherapie aufzunehmen.

Als ich noch in der Klinik war, mußte ich meine schizophrenen Patienten sehr diskret behandeln. Ich mußte sehr vorsichtig sein, wollte ich den Vorwurf der Phantasterei vermeiden. Schizophrenie, oder, wie es damals hieß, «Dementia praecox», galt als unheilbar. Wenn sich eine Schizophrenie mit Erfolg behandeln ließ, sagte man einfach, es sei eben keine gewesen.

Als Freud mich 1909 in Zürich besuchte, demonstrierte ich ihm den Fall der Babette. Nachher sagte er zu mir: «Wissen Sie, Jung, was Sie bei dieser Patientin herausgefunden haben, ist ja sicher interessant. Aber wie haben Sie es bloß aushalten können, mit diesem phänomenal häßlichen Frauenzimmer Stunden und Tage zu verbringen?» – Ich muß ihn etwas entgeistert angeschaut haben, denn dieser Gedanke war mir überhaupt nie gekommen. Mir war sie in einem gewissen Sinne ein freundliches altes Ding, weil sie so schöne Wahnideen hatte und so interessante Sachen sagte. Und schließlich trat auch bei ihr aus einer Wolke von groteskem Unsinn die menschliche Gestalt hervor. Therapeutisch ist bei Babette nichts geschehen, dazu war sie schon zu lange krank. Aber ich habe andere Fälle gesehen, bei welchen diese Art des sorgfältigen Eingehens eine nachhaltige therapeutische Wirkung hatte.

Von außen gesehen, erscheint bei den Geisteskranken nur die tragische Zerstörung, selten aber das Leben jener Seite der Seele, die uns abgewandt ist. Häufig trügt der äußere Anschein, wie ich zu meinem Erstaunen in dem Fall einer jungen katatonen Patientin erfuhr. Sie war achtzehnjährig und stammte aus einer gebildeten Familie. Mit fünfzehn Jahren wurde sie von ihrem Bruder verführt und von Schulkameraden mißbraucht. Vom sechzehnten Jahre an vereinsamte sie. Sie verbarg sich vor den Menschen und hatte schließlich nur noch eine Gefühlsbeziehung zu einem bösen Hofhund, der anderen Leuten gehörte, und den sie umzustimmen versuchte. Sie wurde immer merkwürdiger, und mit siebzehn Jahren kam sie ins Irrenhaus, wo sie anderthalb Jahre zubrachte. Sie hörte Stimmen, verweigerte die Nahrung und war völlig mutazistisch (d. h. sprach nicht mehr). Als ich sie zum ersten Mal sah, befand sie sich in einem typisch katatonen Zustand.

Im Laufe vieler Wochen gelang es mir, sie allmählich zum Sprechen zu bringen. Nach Überwindung heftiger Widerstände erzählte sie mir, daß sie auf dem Mond gelebt hätte. Dieser sei bewohnt, aber zuerst hätte sie nur Männer gesehen. Die hätten sie sofort mit sich genommen und in eine «untermondliche» Behausung gebracht, wo sich ihre Kinder und Frauen aufhielten. Auf den hohen Mondbergen hauste nämlich ein Vampyr, der Weiber und Kinder raubte und tötete, so daß das Mondvolk von Vernichtung bedroht war. Das war der Grund für die «untermondliche» Existenz der weiblichen Bevölkerungshälfte.

Meine Patientin beschloß nun, etwas für das Mondvolk zu tun und nahm sich vor, den Vampyr zu vernichten. Nach langen Vorbereitungen erwartete sie den Vampyr auf der Plattform eines Turmes, der zu diesem Zwecke gebaut worden war. Nach einer Reihe von Nächten sah sie ihn endlich von fern wie einen großen schwarzen Vogel heranschweben. Sie nahm ihr langes Opfermesser, verbarg es in ihrem Gewand und erwartete seine Ankunft. Plötzlich stand er vor ihr. Er hatte mehrere Flügelpaare. Sein Gesicht und seine ganze Gestalt waren von ihnen bedeckt, so daß sie nichts sehen konnte als seine Federn. Sie war verwundert, und Neugier packte sie zu erfahren, wie er aussähe. Sie näherte sich ihm, die Hand am Messer. Da öffneten sich plötzlich die Flügel, und ein überirdisch schöner Mann stand vor ihr. Mit eisernem Griff schloß er sie in seine Flügelarme, so daß sie sich des Messers nicht mehr bedienen konnte. Überdies war sie so gebannt von dem Blick des Vampyrs, daß sie gar nicht mehr imstande gewesen wäre, zuzustoßen. Er hob sie vom Boden auf und flog mit ihr davon.

Nach dieser Revelation konnte sie wieder ungehemmt sprechen, und nun kamen auch ihre Widerstände heraus: ich hätte ihr den Rückweg zum Mond versperrt, sie könne jetzt nicht mehr von der Erde weg. Diese Welt sei nicht schön, aber der Mond sei schön, und dort sei das Leben sinnreich. Etwas später hatte sie einen Rückfall in ihre Katatonie. Eine Zeitlang war sie tobsüchtig.

Als sie nach zwei Monaten entlassen wurde, konnte man wieder mit ihr reden, und allmählich sah sie ein, daß das Leben auf der Erde unvermeidlich war. Verzweifelt sträubte sie sich aber gegen diese Unvermeidlichkeit und ihre Konsequenzen und mußte nochmals in der Anstalt versorgt werden. Einmal besuchte ich sie in ihrer Zelle und sagte zu ihr: «Das nützt Ihnen alles nichts, auf den Mond können Sie nicht zurück!» Das nahm sie schweigend und völlig teilnahmslos auf. Diesmal wurde sie schon nach kürzerer Zeit entlassen und fügte sich resigniert in ihr Schicksal.

Sie nahm eine Stelle als Pflegerin in einem Sanatorium an. Dort war ein Assistenzarzt, der sich ihr etwas unvorsichtig anzunähern versuchte, was sie mit einem Revolverschuß quittierte. Glücklicherweise bewirkte er nur eine leichte Verletzung. Sie hatte sich also einen Revolver verschafft! Schon früher hatte sie einen geladenen Revolver bei sich getragen. In der letzten Stunde, zum Schluß der Behandlung, hatte sie ihn mir mitgebracht. Auf meine erstaunte Frage antwortete sie: «Damit hätte ich Sie niedergeschossen, wenn Sie versagt hätten!»

Als sich die Aufregung wegen des Schusses gelegt hatte, kehrte sie wieder in ihre Heimat zurück. Sie heiratete, hatte mehrere Kinder und überstand zwei Weltkriege im Osten, ohne je wieder einen Rückfall zu erleiden.

Was läßt sich zur Deutung ihrer Phantasien sagen? Durch den Inzest, den sie als junges Mädchen erlitten hatte, fühlte sie sich in den Augen der Welt erniedrigt, im Reiche der Phantasie aber erhöht: sie wurde sozusagen in ein mythisches Reich versetzt; denn der Inzest ist traditionsgemäß eine Prärogative des Königs und der Götter. Dadurch trat aber eine völlige Entfremdung von der Welt ein, der Zustand der Psychose. Sie wurde sozusagen extramundan und verlor den Kontakt mit den Menschen. Sie geriet in kosmische Entfernung, in den Himmelsraum, wo sie dem geflügelten Dämon begegnete. Seine Gestalt übertrug sie in der Behandlung, der Regel entsprechend, auf mich. Damit war ich automatisch mit dem Tod bedroht, wie jeder, der sie zum normalen menschlichen Dasein hätte überreden können. Sie hatte durch ihre Erzählung den Dämon gewissermaßen an mich verraten und sich dadurch an einen irdischen Menschen gebunden. Daher konnte sie ins Leben zurückkehren und sogar heiraten.

Ich selber habe seither das Leiden der Geisteskranken mit anderen Augen angesehen, denn ich wußte nun auch um die bedeutenden Ereignisse ihres inneren Erlebens.

Ich werde oft nach meiner psychotherapeutischen oder analytischen Methode gefragt. Darauf kann ich keine eindeutige Antwort geben. Die Therapie ist bei jedem Fall verschieden. Wenn ein Arzt mir sagt, daß er strikte die eine oder andere «Methode befolge», so bezweifle ich den therapeutischen Effekt. Man spricht in der

C. G. Jung. Aufnahme aus dem Jahre 1904

Literatur so viel vom Widerstand des Patienten, daß es beinahe aussieht, als wolle man ihm etwas aufnötigen, während das Heilende doch aus ihm natürlich wachsen sollte. – Die Psychotherapie und die Analysen sind so verschieden wie die menschlichen Individuen. Ich behandle jeden Patienten so individuell wie möglich, denn die Lösung des Problems ist stets eine individuelle. Allgemeingültige Regeln lassen sich nur cum grano salis aufstellen. Eine psychologische Wahrheit ist nur dann gültig, wenn man sie auch umkehren kann. Eine Lösung, die für mich nicht in Frage käme, kann für jemand anderen gerade die richtige sein.

Natürlich muß ein Arzt die sogenannten «Methoden» kennen. Aber er muß sich davor hüten, sich auf einen bestimmten routinemäßigen Weg festzulegen. Theoretische Voraussetzungen sind nur mit Vorsicht anzuwenden. Heute sind sie vielleicht gültig, morgen können es andere sein. In meinen Analysen spielen sie keine Rolle. Sehr mit Absicht bin ich nicht systematisch. Für mich gibt es dem Individuum gegenüber nur das individuelle Verstehen. Für jeden Patienten braucht man eine andere Sprache. So kann man mich in einer Analyse auch adlerianisch reden hören oder in einer anderen freudianisch.

Der entscheidende Punkt ist, daß ich als Mensch einem anderen Menschen gegenüberstehe. Die Analyse ist ein Dialog, zu dem zwei Partner gehören. Analytiker und Patient sitzen einander gegenüber – Aug in Auge. Der Arzt hat etwas zu sagen, aber der Patient auch.

Da es in der Psychotherapie nicht darum geht, eine «Methode anzuwenden», genügt das psychiatrische Studium allein nicht. Ich selber hatte noch lange zu arbeiten, bis ich das Rüstzeug für die Psychotherapie besaß. Schon 1909 sah ich ein, daß ich latente Psychosen nicht behandeln kann, wenn ich deren Symbolik nicht verstehe. Damals fing ich an, Mythologie zu studieren.

Bei gebildeten und intelligenten Patienten braucht der Psychiater mehr als ein bloßes Fachwissen. Er muß, frei von allen theoretischen Voraussetzungen, verstehen, was den Patienten in Wirklichkeit bewegt, sonst erregt er überflüssige Widerstände. Es handelt sich ja nicht darum, daß eine Theorie bestätigt wird, sondern daß der Patient sich selber individuell begreift. Dies ist allerdings nicht möglich, ohne Vergleich mit kollektiven Anschauungen, über die der Arzt unterrichtet sein sollte. Hiefür genügt eine bloße medizinische Ausbildung nicht, denn der Horizont der menschlichen

Seele umfaßt unendlich viel mehr als den Gesichtskreis des ärztlichen Konsultationszimmers.

Die Seele ist bedeutend komplizierter und unzugänglicher als der Körper. Sie ist sozusagen die eine Hälfte der Welt, die es nämlich nur insofern gibt, als man sich ihrer bewußt wird. Darum ist die Seele nicht nur ein persönliches, sondern ein Weltproblem, und der Psychiater hat es mit einer ganzen Welt zu tun.

Heute kann man es sehen wie nie zuvor: die Gefahr, die uns allen droht, kommt nicht von der Natur, sondern vom Menschen, von der Seele des Einzelnen und der Vielen. Die psychische Alteration des Menschen ist die Gefahr! Alles hängt davon ab, ob unsere Psyche richtig funktioniert oder nicht. Wenn heutzutage gewisse Leute den Kopf verlieren, dann explodiert eine Wasserstoffbombe!

Der Psychotherapeut muß aber nicht nur den Patienten verstehen; ebenso wichtig ist es, daß er sich selbst versteht. Darum ist die conditio sine qua non der Ausbildung die eigene Analyse, die sogenannte Lehranalyse. Die Therapie des Patienten beginnt sozusagen beim Arzt; nur wenn er es versteht, mit sich und seinen eigenen Problemen umzugehen, kann er das auch dem Patienten beibringen. Aber nur dann. In der Lehranalyse muß der Arzt lernen, seine Seele zu erkennen und ernst zu nehmen. Wenn er das nicht kann, lernt es der Patient auch nicht. Damit verliert er aber ein Stück seiner Seele, so wie auch der Arzt das Stück seiner Seele, das er nicht kennen lernte, verloren hat. Es genügt daher nicht, daß der Arzt sich in der Lehranalyse ein Begriffs-System aneignet. Als Analysand muß er realisieren, daß die Analyse ihn selber angeht, daß sie ein Stück wirkliches Leben ist und keine Methode, die man auswendig (in wörtlichem Sinne!) lernen kann. Der Arzt oder Therapeut, der das in seiner Lehranalyse nicht begreift, wird später teuer dafür bezahlen müssen.

Es gibt zwar auch die sogenannte «kleine Psychotherapie», aber in der eigentlichen Analyse ist der ganze Mensch in die Schranken gerufen, Patient und Arzt. Es gibt viele Fälle, die man nicht heilen kann, ohne sich selber dranzugeben. Wenn es an die bedeutenden Dinge geht, ist es entscheidend, ob der Arzt sich selbst als einen Teil des Dramas begreift, oder ob er sich in seine Autorität hüllt. In den großen Krisen des Lebens, in den supremen Augenblicken, wo es sich um Sein oder Nicht-Sein handelt, da helfen die kleinen suggestiven Kunststücke nicht, da ist der Arzt mit seinem ganzen Sein herausgefordert.

Der Therapeut muß sich jederzeit Rechenschaft darüber ablegen, wie er selber auf die Konfrontation mit dem Patienten reagiert. Man reagiert ja nicht nur mit dem Bewußtsein, sondern man muß sich immer auch fragen: wie erlebt mein Unbewußtes die Situation? Man muß also seine Träume zu verstehen suchen, auf das Genaueste aufpassen und sich selber ebenso beobachten wie den Patienten, sonst kann unter Umständen die ganze Behandlung schief gehen. Ich will Ihnen ein Beispiel dafür erzählen.

Ich hatte einmal eine Patientin, eine sehr intelligente Frau, die mir aber aus verschiedenen Gründen etwas zweifelhaft erschien. Zuerst ging die Analyse gut, aber nach einer Weile schien es mir, als ob ich in der Traumdeutung nicht mehr das Richtige träfe, und ich glaubte auch eine Verflachung des Gespräches zu bemerken. So beschloß ich, mit meiner Patientin darüber zu reden, denn ihr war es natürlich auch nicht entgangen, daß etwas nicht richtig funktionierte. In der Nacht vor ihrem nächsten Besuch hatte ich folgenden Traum:

Ich wanderte auf einer Landstraße durch ein Tal im Abendsonnenschein. Rechts war ein steiler Hügel. Oben stand ein Schloß, und auf dem höchsten Turm saß eine Frau auf einer Art Balustrade. Um sie richtig sehen zu können, mußte ich den Kopf weit zurückbeugen. Ich erwachte mit einem Krampfgefühl im Nacken. Noch im Traume hatte ich erkannt, daß die Frau meine Patientin war.

Die Deutung war mir sogleich klar: wenn ich im Traum auf diese Weise zu meiner Patientin hinaufschauen mußte, hatte ich in Wirklichkeit wahrscheinlich auf sie herabgeschaut. Träume sind ja Kompensationen der bewußten Einstellung. Ich teilte ihr den Traum und meine Deutung mit. Das bewirkte eine sofortige Veränderung der Situation, und die Behandlung kam wieder in Fluß.

Als Arzt muß ich mich immer fragen, was mir der Patient für eine Botschaft bringt. Was bedeutet er für mich? Wenn er nichts für mich bedeutet, habe ich keinen Angriffspunkt. Nur wo der Arzt selber getroffen ist, wirkt er. «Nur der Verwundete heilt.» Wo aber der Arzt einen Persona-Panzer hat, wirkt er nicht. Ich nehme meine Patienten ernst. Vielleicht bin ich genauso vor ein Problem gestellt wie sie. Oft passiert es ja, daß der Patient gerade das richtige Pflaster für die schwache Stelle des Arztes ist. Daraus können schwierige Situationen entstehen, auch für den Arzt, oder gerade für ihn.

Jeder Therapeut sollte eine Kontrolle haben durch eine Drittperson, damit er noch einen anderen Gesichtspunkt erhält. Selbst der Papst hat einen Beichtvater. Ich rate den Analytikern immer: «Habt einen ‚Beichtvater' oder eine ‚Beichtmutter'!» Die Frauen sind dafür nämlich sehr begabt. Sie haben oft eine ausgezeichnete Intuition und eine treffende Kritik und können den Männern, und unter Umständen auch deren Anima-Intrigen, wohl in die Karten sehen. Sie sehen Seiten, die der Mann nicht sieht. Darum war noch keine Frau davon überzeugt, daß ihr Mann der Übermensch sei!

Wenn jemand eine Neurose hat, ist es verständlich, daß er eine Analyse durchmacht; wenn er aber «normal» ist, besteht kein Zwang dazu. Aber ich kann Ihnen versichern, mit der sogenannten Normalität habe ich erstaunliche Erfahrungen gemacht: Einmal bin ich nämlich einem ganz «normalen» Schüler begegnet. Er war Arzt und kam zu mir mit den besten Empfehlungen eines alten Kollegen. Er war sein Assistent gewesen und hatte seine Praxis übernommen. Er hatte normalen Erfolg, eine normale Praxis, eine normale Frau, normale Kinder, wohnte in einem normalen kleinen Haus in einer normalen kleinen Stadt, er hatte ein normales Einkommen und wahrscheinlich auch eine normale Ernährung! Er wollte Analytiker werden. Ich sagte ihm: «Wissen Sie, was das heißt? Das heißt: Sie müssen zuerst sich selber kennenlernen. Das Instrument sind Sie selber. Wenn Sie nicht richtig sind, wie kann dann der Patient richtig werden? Wenn Sie nicht überzeugt sind, wie können Sie ihn überzeugen? Sie selber müssen der wirkliche Stoff sein. Aber wenn Sie es nicht sind, dann helfe Ihnen Gott! Dann werden Sie die Patienten in die Irre führen. Sie müssen also erst einmal die Analyse selber auf sich nehmen.» – Der Mann war einverstanden, sagte mir aber gleich: «Ich habe Ihnen nichts Problematisches zu erzählen!» Das hätte mich warnen sollen. Ich sagte: «Nun gut, dann können wir Ihre Träume betrachten.» Er sagte: «Ich habe keine Träume.» Ich: «Sie werden bald welche haben.» Ein anderer hätte wahrscheinlich schon in der nächsten Nacht geträumt. Er konnte sich aber an keinen Traum erinnern. Das ging so etwa vierzehn Tage lang, und es wurde mir etwas unheimlich.

Endlich kam ein eindrucksvoller Traum. Er träumte, daß er in der Eisenbahn fuhr. Der Zug hatte in einer bestimmten Stadt zwei Stunden Aufenthalt. Da der Träumer diese Stadt nicht kannte und sie gern kennenlernen wollte, machte er sich auf den Weg ins Stadtzentrum. Dort fand er ein mittelalterliches Haus, wahrscheinlich das Rathaus, und ging hinein. Er wanderte durch lange Korridore und kam in schöne Räume, an deren Wänden alte Bilder und schöne Gobelins hingen. Kostbare alte Gegenstände standen herum. Plötzlich sah er, daß es dunkler geworden und die Sonne untergegangen war. Er dachte: Ich muß ja zurück zum Bahnhof! – In diesem Augenblick entdeckte er, daß er sich verlaufen hatte und nicht mehr wußte, wo der Ausgang war. Er erschrak und realisierte gleichzeitig, daß er in diesem Haus keinem Menschen begegnet war. Es wurde ihm unheimlich, und er beschleunigte seine Schritte, in der Hoffnung, irgend jemandem zu begegnen. Aber er begegnete niemandem. Dann kam er zu einer großen Tür und dachte erleichtert: Da ist der Ausgang! – Er öffnete die Tür und entdeckte, daß er in einen riesigen Raum geraten war. Er war so dunkel, daß der Träumer nicht einmal die gegenüberliegende Wand deutlich erkennen konnte. Er erschrak zutiefst und rannte durch den leeren weiten Raum, denn er hoffte, die Ausgangstür an der anderen Seite der Halle zu finden. Da sah er – genau in der Mitte des Raumes – etwas Weißes am Boden, und als er näher kam, entdeckte er, daß es ein idiotisches Kind von etwa zwei Jahren war. Das saß auf einem Nachttopf und hatte sich mit Faeces angeschmiert. In diesem Augenblick erwachte er mit einem Schrei und in Panik.

Nun wußte ich genug: das war eine latente Psychose! Ich kann Ihnen sagen, ich schwitzte, als ich versuchte, ihn aus dem Traum herauszuführen. Ich mußte den Traum so harmlos wie möglich darstellen. Auf Details ging ich überhaupt nicht ein.

Was der Traum erzählt, ist ungefähr folgendes: die Reise, mit der er beginnt, ist die Reise nach Zürich. Dort bleibt er aber nur kurze Zeit. Das Kind im Zentrum ist eine Gestalt seiner selbst als ein zweijähriges Kind. Für kleine Kinder sind solch schlechte Manieren zwar etwas ungewöhnlich, aber immerhin möglich. Faeces ziehen ihr Interesse an, denn sie sind farbig und riechen! Wenn ein Kind in der Stadt aufwächst, womöglich noch in einer strengen Familie, kann so etwas leicht einmal vorkommen.

Aber jener Arzt, der Träumer, war kein Kind, er war ein Erwachsener. Und darum ist das Traumbild im Zentrum ein nefastes Symbol. Als er mir den Traum erzählte, wurde mir klar, daß seine Normalität eine Kompensation war. Ich hatte ihn im letzten Moment erwischt, denn um ein Haar wäre die latente Psychose ausgebrochen und manifest geworden. Das mußte verhindert werden. Es ist mir schließlich mit Hilfe eines seiner Träume gelungen, ein plausibles Ende für die Lehranalyse zu finden. Für dieses Ende waren wir beide einander sehr dankbar. Ich hatte ihn von meiner Diagnose nichts wissen lassen, aber er hatte wohl bemerkt, daß eine fatale Panik im Anzug war, als ein Traum ihm mitteilte, daß ein gefährlicher Geisteskranker ihn verfolge. Gleich darauf kehrte der Träumer in seine Heimat zurück. Das Unbewußte hat er nie mehr angerührt. Seine Tendenz zur Normalität entsprach einer Persönlichkeit, die durch die Konfrontation mit dem Unbewußten nicht entwickelt, sondern nur gesprengt worden wäre. Diese latenten Psychosen sind die «bêtes noires» des Psychotherapeuten, da sie oft sehr schwer zu erkennen sind. In diesen Fällen ist es besonders wichtig, die Träume zu verstehen.

Damit kommen wir auf die Frage der Laienanalyse. Ich setzte mich dafür ein, daß auch Nichtmediziner Psychotherapie studieren und sie ausüben, aber bei den latenten Psychosen können sie leicht daneben greifen. Deshalb befürworte ich, daß Laien als Analytiker arbeiten, aber unter Kontrolle eines Facharztes. Sobald sie im geringsten unsicher werden, sollten sie ihn zu Rate ziehen. Schon für Ärzte ist es oft schwer, eine latente Schizophrenie zu erkennen und zu behandeln, umsomehr für Laien. Aber ich habe immer wieder die Erfahrung gemacht: die Laien, die sich jahrelang mit Psychotherapie befaßt haben und die selber in Analyse waren, wissen etwas und können auch etwas. Dazu kommt, daß es gar nicht genug Ärzte gibt, die Psychotherapie anwenden. Dieser Beruf bedarf einer sehr langen und gründlichen Ausbildung und einer allgemeinen Bildung, die nur die wenigsten haben.

Die Beziehung zwischen Arzt und Patient kann, besonders wenn eine Übertragung des Patienten oder eine mehr oder weniger unbewußte Identifikation von Arzt und Patient hineinspielt, gelegentlich zu Erscheinungen parapsychologischer Natur führen. Dies habe ich öfters erlebt. Besonders eindrücklich ist mir der Fall eines Patienten, den ich aus einer psychogenen Depression herausgeholt hatte. Darauf kehrte er nach Hause zurück und heiratete, aber die Frau gefiel mir nicht. Als ich sie zum ersten Mal sah, hatte ich ein unheimliches Gefühl. Ich merkte, daß ich ihr, wegen meines Einflusses auf ihren Mann, der mir dankbar war, ein Dorn im Auge war. Es kommt häufig vor, daß Frauen, die den Mann nicht wirklich lieben, eifersüchtig sind und seine Freundschaften zerstören. Sie wollen, daß er ihnen ganz gehört, weil nämlich sie selber ihm nicht gehören. Der Kern jeder Eifersucht ist ein Mangel an Liebe.

Die Einstellung der Frau bedeutete für den Patienten eine ungewohnte Belastung, welcher er nicht gewachsen war. Ein Jahr nach der Hochzeit geriet er unter diesem Druck wieder in eine Depression. Ich hatte mit ihm abgemacht – in Voraussicht dieser Möglichkeit – daß er sich sofort melde, wenn er ein Absinken seiner Stimmung bemerke. Das hat er aber unterlassen, nicht ohne das Zutun seiner Frau, welche seine Verstimmung bagatellisierte. Er ließ nichts von sich hören.

Zu jener Zeit mußte ich einen Vortrag in B. halten. Etwa um Mitternacht kam ich ins Hotel – ich hatte nach dem Vortrag noch mit ein paar Freunden zusammengesessen – und ging sogleich zu Bett. Ich lag aber noch lange wach. Etwa gegen zwei Uhr – ich muß gerade eingeschlafen sein – erwachte ich mit Schrecken und war überzeugt, daß jemand in mein Zimmer gekommen sei; es war mir auch, als ob die Türe hastig geöffnet worden wäre. Ich machte sofort Licht, aber da war nichts. Ich dachte, jemand hätte sich in der Tür geirrt und schaute in den Korridor, doch da war Totenstille. «Merkwürdig», dachte ich, «es ist doch jemand ins Zimmer gekommen!» Dann versuchte ich mich zurückzuerinnern, und es fiel mir ein, daß ich an einem dumpfen Schmerz erwacht war, wie wenn etwas an meine Stirn geprallt und dann an der hinteren Schädelwand angestoßen wäre. – Am anderen Tag erhielt ich ein Telegramm, daß jener Patient Suizid begangen hätte. Er hatte sich erschossen. Später erfuhr ich, daß die Kugel an der hinteren Schädelwand steckengeblieben war.

Bei diesem Erlebnis handelte es sich um ein echtes synchronistisches Phänomen, wie es nicht selten im Zusammenhang mit einer archetypischen Situation – hier dem Tod – beobachtet wird. Durch die Relativierung von Zeit und Raum im Unbewußten ist es möglich, daß ich etwas wahrgenommen hatte, was sich in Wirklichkeit ganz woanders abspielte. Das kollektive Unbewußte ist allen gemeinsam, es ist das Fundament dessen, was das Altertum als «Sympathie aller Dinge» bezeichnet hat. In diesem Fall hat mein Unbewußtes um den Zustand meines Patienten gewußt. Ich hatte mich schon den ganzen Abend merkwürdig unruhig und nervös gefühlt, sehr im Gegensatz zu meiner gewohnten Stimmung.

Ich versuche nie, einen Patienten zu etwas zu bekehren, und übe keinen Zwang aus. Es liegt mir alles daran, daß der Patient zu seiner eigenen Auffassung kommt. Ein Heide wird bei mir ein Heide und ein Christ ein Christ, ein Jude ein Jude, wenn es seinem Schicksal entspricht.

Ich erinnere mich gut an den Fall einer Jüdin, die ihren Glauben verloren hatte. Es begann mit einem Traum von mir, in welchem ein junges, mir unbekanntes Mädchen als Patientin zu mir kam. Sie trug mir ihren Fall vor, und während sie erzählte, dachte ich: Ich verstehe sie ja gar nicht. Ich verstehe nicht, um was es geht! Aber plötzlich fiel mir ein, daß sie einen ungewöhnlichen Vaterkomplex habe. – Das war der Traum.

Am nächsten Tag stand in meiner Agenda: Konsultation, vier Uhr. Ein junges Mädchen erschien. Eine Jüdin, Tochter eines reichen Bankiers, hübsch, elegant und sehr intelligent. Sie hatte bereits eine Analyse durchgemacht, aber der Arzt bekam eine Übertragung auf sie und flehte sie schließlich an, nicht mehr zu ihm zu kommen, sonst zerstöre sie seine Ehe.

Das Mädchen litt seit Jahren an einer schweren Angstneurose, die sich nach diesen Erfahrungen natürlich noch verschlimmerte. Ich begann mit der Anamnese, konnte aber nichts Besonderes entdecken. Sie war eine angepaßte westliche Jüdin, aufgeklärt bis in die Knochen. Zuerst konnte ich ihren Fall nicht verstehen. Plötzlich fiel mir mein Traum ein, und ich dachte: Herrgott, das ist ja diese kleine Person! Da ich aber keine Spur von einem Vaterkomplex bei ihr feststellen konnte, fragte ich sie, wie ich das in solchen Fällen zu tun pflege, nach dem Großvater. Da sah ich, wie sie einen kurzen Augenblick lang die Augen schloß und wußte sofort: hier liegt es! Ich bat sie also, mir von diesem Großvater zu erzählen und erfuhr, er sei ein Rabbi gewesen und hätte einer jüdischen Sekte angehört. Ich fragte: «Meinen Sie die Chassidim?» – Sie bejahte. – Ich fragte weiter: «Wenn er ein Rabbi war, war er vielleicht sogar ein Zaddik?» – Sie: «Ja, man sagt, er sei eine Art Heiliger gewesen und habe auch das zweite Gesicht besessen. Aber das ist alles Blödsinn! So etwas gibt es ja gar nicht!»

Damit hatte ich die Anamnese abgeschlossen und verstand die Geschichte ihrer Neurose, die ich ihr erklärte: «Jetzt werde ich Ihnen etwas sagen, was Sie vielleicht nicht akzeptieren können: Ihr Großvater war ein Zaddik. Ihr Vater ist dem jüdischen Glauben abtrünnig geworden. Er hat das Geheimnis verraten und hat Gott vergessen. Und Sie haben Ihre Neurose, weil Sie an der Furcht Gottes leiden!» – Das schlug in sie ein wie ein Blitz!

In der folgenden Nacht hatte ich wieder einen Traum: Es fand ein Empfang in meinem Hause statt, und siehe da, diese kleine Person war auch da. Sie kam auf mich zu und fragte mich: «Haben Sie nicht einen Regenschirm? Es regnet so stark.» Ich fand auch wirklich einen Schirm, fummelte daran herum, um ihn zu öffnen, und wollte ihn ihr geben. Aber was geschah stattdessen? Ich überreichte ihn ihr auf den Knien, wie einer Gottheit!

Diesen Traum erzählte ich ihr, und in acht Tagen war die Neurose verschwunden[3]. Der Traum hatte mir gezeigt, daß sie nicht nur eine oberflächliche Person war, sondern daß dahinter eine Heilige stand. Aber sie hatte keine mythologischen Vorstellungen, und darum fand das Wesentliche in ihr keinen Ausdruck. Alle ihre Intentionen gingen auf Flirt, Kleider und Sexualität, weil sie gar nichts anderes wußte. Sie kannte nur den Intellekt und lebte ein sinnloses Leben. In Wirklichkeit war sie ein Kind Gottes, das Seinen geheimen Willen hätte erfüllen sollen. Ich mußte mythologische und religiöse Vorstellungen in ihr wachrufen, denn sie gehörte zu den Menschen, von denen geistige Betätigung gefordert ist. Dadurch erhielt ihr Leben Sinn, und von Neurose keine Spur mehr!

Bei diesem Falle wandte ich keine «Methode» an, sondern ich hatte die Präsenz des Numen gesehen. Das erklärte ich der Patientin, und das hat die Heilung bewirkt. Hier gab es keine Methode, hier galt die Furcht Gottes.

Ich habe oft gesehen, daß Menschen neurotisch werden, wenn sie sich mit ungenügenden oder falschen Antworten auf die Fragen des Lebens begnügen. Sie suchen Stellung, Ehe, Reputation und äußeren Erfolg und Geld und bleiben unglücklich und neurotisch, auch wenn sie erlangt haben, was sie suchten. Solche Menschen stecken meist in einer zu großen geistigen Enge. Ihr Leben hat keinen genügenden Inhalt, keinen Sinn. Wenn sie sich zu einer umfassenderen Persönlichkeit entwickeln können, hört meist auch die Neurose auf. Darum war für mich von Anfang an der Entwicklungsgedanke von höchster Bedeutung.

[3] Der Fall unterscheidet sich von den meisten anderen Fällen dieser Art durch die Kürze der Behandlungsdauer. A. J.

Der Großteil meiner Patienten bestand nicht aus gläubigen Menschen, sondern aus solchen, die ihren Glauben verloren hatten. Zu mir kamen die «verlorenen Schafe». Der gläubige Mensch hat auch heute Gelegenheit, in der Kirche die Symbole zu leben. Man denke an das Erlebnis der Messe, der Taufe, an die Imitatio Christi und vieles andere. Aber ein solches Leben und Erleben des Symbols setzt die lebendige Anteilnahme des Gläubigen voraus, und die fehlt dem heutigen Menschen sehr oft. Beim neurotischen Menschen fehlt sie meistens. In solchen Fällen sind wir darauf angewiesen zu beobachten, ob nicht das Unbewußte spontan Symbole heraufbringt, welche das Fehlende ersetzen. Dann bleibt aber immer noch die Frage offen, ob ein Mensch, der entsprechende Träume oder Visionen hat, imstande sei, ihren Sinn zu verstehen und die Konsequenzen auf sich zu nehmen.

Ich habe einen solchen Fall in «Über die Archetypen des kollektiven Unbewußten»[4] beschrieben. Ein Theologe hatte einen Traum, der sich öfters wiederholte. Er träumt, er stehe an einem Abhang, von wo aus er eine schöne Aussicht auf ein tiefes Tal mit dichten Wäldern hat. Er weiß, daß ihn bisher immer etwas davon abgehalten hatte, dorthin zu gehen. Dieses Mal aber will er seinen Plan durchführen. Wie er sich dem See nähert, wird es unheimlich, und plötzlich huscht ein leiser Windstoß über die Fläche des Wassers, das sich dunkel kräuselt. Er erwacht mit einem Angstschrei.

Der Traum erscheint zunächst unverständlich; aber als Theologe hätte sich der Träumer eigentlich an den «Teich» erinnern sollen, dessen Wasser von einem plötzlichen Wind bewegt wurde, und in den man die Kranken tauchte – den Teich Bethesda. Ein Engel kommt hernieder und berührt das Wasser, welches dadurch Heilkraft erlangt. Der leise Wind ist das Pneuma, das weht, wo es will. Und das macht dem Träumer Höllenangst. Es wird eine unsichtbare Präsenz angedeutet, ein Numen, das aus sich lebt, und vor welchem den Menschen ein Schauer überfällt. Den Einfall vom Teich Bethesda gab der Träumer sich nur unwillig zu. Er wollte ihn nicht haben, denn dergleichen Dinge kommen nur in der Bibel und allenfalls noch am Sonntagvormittag in der Predigt vor. Mit Psychologie haben sie gar nichts zu tun. Vom Hl. Geist vollends spricht man nur bei feierlichen Gelegenheiten, aber er ist beileibe kein Phänomen der Erfahrung.

[4] In «Von den Wurzeln des Bewußtseins», 1954.

Ich weiß, daß der Träumer den Schrecken hätte überwinden und sozusagen hinter seine Panik gelangen sollen. Aber ich insistiere nie, wenn jemand nicht gewillt ist, den eigenen Weg zu gehen und die Verantwortung mit zu übernehmen. Ich bin nicht bereit zu der billigen Annahme, daß es sich um «nichts als» gewöhnliche Widerstände handle. Widerstände – namentlich wenn sie hartnäckig sind – verdienen Beachtung, weil sie oft soviel wie Warnungen bedeuten, die nicht übersehen sein wollen. Das Heilende kann ein Gift sein, das nicht jedermann erträgt, oder eine Operation, die tödlich wirkt, wenn sie kontraindiziert ist.

Wenn es um das innere Erleben geht, um das Allerpersönlichste, dann wird es den meisten Menschen unheimlich, und viele laufen davon. So auch dieser Theologe. Ich bin mir natürlich bewußt, daß die Theologen in einer schwierigeren Lage sind als andere. Einerseits sind sie dem Religiösen näher, andererseits aber auch enger gebunden durch die Kirche und das Dogma. Das Risiko des innern Erlebens, das geistige Abenteuer, ist den meisten Menschen fremd. Die Möglichkeit, daß es psychische Wirklichkeit sein könnte, ist Anathema. Es muß «übernatürlich» oder wenigstens «historisch» begründet sein, aber psychisch? Angesichts dieser Frage bricht oft plötzlich eine ebenso ungeahnte wie profunde Verachtung der Seele durch.

In der heutigen Psychotherapie wird oft gefordert, daß der Arzt oder Psychotherapeut mit dem Patienten und dessen Affekten sozusagen «mitzugehen» habe. Ich halte das nicht immer für das Richtige. Manchmal bedarf es auch des aktiven Eingriffes von seiten des Arztes.

Einmal kam eine Dame aus dem Hochadel zu mir, die ihre Angestellten – inclusive ihre Ärzte – zu ohrfeigen pflegte. Sie litt an einer Zwangsneurose und war zur Behandlung in einer Klinik gewesen. Natürlich hatte sie dem Chefarzt bald die obligate Ohrfeige verabreicht. In ihren Augen war er ja auch nur ein besserer valet de chambre. Sie zahlte ja! Er schickte sie dann zu einem anderen Arzt, und dort passierte wieder das gleiche. Da die Dame nicht eigentlich verrückt, wohl aber mit Handschuhen zu behandeln war, geriet er in einige Verlegenheit und schickte sie zu mir.

Sie war eine sehr stattliche Persönlichkeit, sechs Fuß hoch – die konnte hauen, sage ich Ihnen! Sie erschien also, und wir haben uns sehr gut unterhalten. Dann kam der Augenblick, wo ich ihr etwas Unangenehmes sagen mußte. Wütend sprang sie auf und drohte, mich zu schlagen. Ich war auch aufgesprungen und sagte zu ihr: «Gut, Sie sind die Dame, Sie hauen zuerst – Ladies first! Aber dann haue ich!» – und meinte es auch. Sie fiel in ihren Stuhl zurück und sank direkt zusammen. «Das hat mir noch niemand gesagt», klagte sie. Aber von diesem Augenblick an wurde die Therapie erfolgreich.

Was diese Patientin brauchte, war die männliche Reaktion. In diesem Falle wäre es ganz falsch gewesen, «mitzugehen». Das hätte ihr gar nichts genützt. Sie hatte eine Zwangsneurose, weil sie sich moralisch nicht selber beschränken konnte. Solche Leute werden von der Natur beschränkt – eben durch die Zwangssymptome.

Ich habe vor Jahren einmal eine Statistik angefertigt über die Resultate meiner Behandlungen. Genau weiß ich die Zahlen nicht mehr, aber vorsichtig gesagt waren ein Drittel wirklich geheilt, ein Drittel weitgehend gebessert und ein Drittel nicht wesentlich beeinflußt. Aber gerade die nicht gebesserten Fälle sind schwer zu beurteilen, weil manches erst nach Jahren realisiert und verstanden wird und auch dann erst wirken kann. Wie oft ist es mir passiert, daß ehemalige Patienten mir schrieben: «Ich habe erst zehn Jahre, nachdem ich bei Ihnen gewesen bin, realisiert, was eigentlich gewesen ist.»

Ich habe wenige Fälle gehabt, die mir davongelaufen sind, ganz selten mußte ich einen Patienten fortschicken. Aber auch darunter gab es einige, die mir später positive Berichte schickten. Darum ist die Beurteilung des Erfolges einer Behandlung oft schwierig.

Im Leben eines Arztes ist es eine Selbstverständlichkeit, daß ihm in seiner praktischen Tätigkeit Menschen begegnen, die auch für ihn selber von Bedeutung sind. Er begegnet Persönlichkeiten, welche zu ihrem Glück oder Unglück nie das Interesse der Öffentlichkeit erregt und trotzdem oder gerade deshalb ein ungewöhnliches Ausmaß besitzen, oder Entwicklungen und Katastrophen durchlaufen haben, die ihresgleichen suchen. Manchmal sind es außergewöhnliche Begabungen, für die ein anderer in unerschöpflichem Enthusiasmus sein ganzes Leben opfern könnte, die aber in eine so seltsam ungünstige psychische Disposition eingepflanzt sind, daß man nicht weiß, ob man es mit einem Genie oder einer fragmentarischen Entwicklung zu tun hat. Nicht selten auch blühen unter unwahrscheinlichen Umständen Reichtümer der Seele, welchen im sozialen Flachland zu begegnen man nie vermutet hätte. Der für die psychotherapeutische Wirkung notwendige Rapport erlaubt es dem Arzt nicht, sich den großen Eindrücken von den Höhen und Tiefen des leidenden Menschen zu entziehen. Der Rapport besteht ja in beständiger Vergleichung und Angleichung, in der dialektischen Auseinandersetzung der einander gegenübergesetzten psychischen Tatsächlichkeiten. Wirken diese Eindrücke aus irgendwelchem Grunde beim einen oder anderen nicht, so bleibt auch der psychotherapeutische Prozeß wirkungslos, und es kommt zu keiner Wandlung. Wird nicht der eine dem anderen zum Problem, so wird auch keine Antwort gefunden.

Unter den sogenannten neurotischen Patienten unserer Tage gibt es nicht wenige, die in früheren Zeiten nicht neurotisch, d. h. entzweit mit sich selber, geworden wären. Hätten sie in einer Zeit und in einem Milieu gelebt, wo der Mensch noch durch den Mythus mit der Ahnenwelt und dadurch mit der erlebten und nicht bloß von außen gesehenen Natur verbunden war, so wäre ihnen das Uneinswerden mit sich selber erspart geblieben. Es handelt sich um Menschen, die den Verlust des Mythus nicht ertragen und weder den Weg zu einer nur äußeren Welt, d. h. zum Weltbild der Naturwissenschaft, finden, noch sich am intellektuellen Phantasiespiel mit Wörtern, das mit Weisheit nicht das Geringste zu tun hat, sättigen können.

Diese Opfer der seelischen Spaltung unserer Zeit sind bloße «Fakultativneurotiker», von denen das anscheinend Krankhafte in dem Moment abfällt, wo die Lücke, die zwischen dem Ich und dem Unbewußten klafft, geschlossen wird. Wer diese Spaltung selber zutiefst erfahren hat, ist auch am ehesten in der Lage, sich ein besseres Verständnis der unbewußten seelischen Vorgänge zu erwerben und jene typische, dem Psychologen drohende Gefahr der Inflation zu vermeiden. Wer die numinose Wirkung der Archetypen nicht aus eigener Erfahrung kennt, der wird kaum dieser negativen Wirkung entgehen, wenn er in praxi mit ihr konfrontiert ist. Er wird überschätzen oder unterschätzen, da er nur einen intellektuellen Begriff, nicht aber ein empirisches Maß besitzt. Hier beginnen – nicht nur für den Arzt – die bedenklichen Abwege, deren erster der intellektuelle Bemächtigungsversuch ist. Er dient dem heimlichen Zwecke, sich selber der archetypischen Wirkung und damit der wirklichen Erfahrung zu entziehen zugunsten einer anscheinend gesicherten künstlichen, aber bloß zweidimensionalen Begriffswelt, welche mit sogenannten klaren Begriffen die Wirklichkeit des Lebens zudecken möchte. Die Verschiebung ins Begriffliche nimmt der Erfahrung die Substanz und verleiht sie dem bloßen Namen, der nunmehr an die Stelle der Wirklichkeit gesetzt wird. Einem Begriff ist niemand verpflichtet, und das ist eben die gesuchte Annehmlichkeit, die Schutz vor der Erfahrung verspricht. Der Geist aber lebt nicht in Begriffen, sondern in Taten und Tatsachen. Mit bloßen Wörtern lockt man keinen Hund vom Ofen, trotzdem wiederholt man diese Prozedur ins Endlose.

Zu den schwierigsten und undankbarsten Patienten gehören daher, nach meiner Erfahrung, neben den habituellen Lügnern die sogenannten Intellektuellen; denn bei ihnen weiß die eine Hand nie, was die andere tut. Sie kultivieren eine Psychologie à compartiments. Mit einem durch kein Gefühl kontrollierten Intellekt läßt sich alles erledigen – und dennoch hat man eine Neurose.

Aus der Begegnung mit meinen Analysanden und der Auseinandersetzung mit dem seelischen Phänomen, das sie und meine Patienten mir in einer unerschöpflichen Abfolge von Bildern darstellten, habe ich unendlich viel gelernt, nicht etwa bloß Wissenschaft, sondern vor allem Einsicht ins eigene Wesen – und nicht zum wenigsten aus Irrtümern und Niederlagen. Ich hatte hauptsächlich weibliche Analysanden, die öfters außerordentlich gewissenhaft, verständnisvoll und intelligent auf die Arbeit eingingen. Sie haben wesentlich dazu beigetragen, daß ich in der Therapie neue Wege gehen konnte.

Einige Analysanden sind zu meinen Schülern im eigentlichen Sinn geworden, die meine Gedanken in die Welt getragen haben. Unter ihnen habe ich Menschen gefunden, deren Freundschaft sich durch die Jahrzehnte bewährt hat.

Meine Patienten und Analysanden haben mir die Wirklichkeit des menschlichen Lebens so nahe gebracht, daß ich nicht umhin konnte, Wesentliches darüber in Erfahrung zu bringen. Das Zusammentreffen mit Menschen der verschiedensten Art und von verschiedenstem psychologischem Niveau war für mich von unvergleichlich höherer Bedeutung als ein abgerissenes Gespräch mit einer Zelebrität. Die schönsten und folgenreichsten Gespräche meines Lebens sind anonym.

SIGMUND FREUD[1]

Das Abenteuer meiner geistigen Entwicklung hatte damit begonnen, daß ich Psychiater wurde. In ahnungsloser Weise fing ich an, geisteskranke Patienten klinisch, von außen her, zu beobachten. Dabei stieß ich auf psychische Vorgänge auffallender Natur, die ich registrierte und klassifizierte, ohne das geringste Verständnis für ihre Inhalte, die als «pathologisch» genügend bewertet erschienen. Im Laufe der Zeit konzentrierte sich mein Interesse immer mehr auf solche Kranke, an denen ich etwas Verstehbares erlebte, d. h. auf paranoide Fälle, manisch-depressives Irresein und psychogene Störungen. Von Anfang meiner psychiatrischen Laufbahn an gewährten mir die Breuer-Freudschen Studien neben den Arbeiten Pierre Janets reiche Anregung. Vor allem waren mir die Freudschen Ansätze zu einer Methode der Traumanalyse und Trauminterpretation hilfreich für das Verständnis schizophrener Ausdrucksformen. Bereits 1900 hatte ich Freuds «Traumdeutung» gelesen[2]. Ich hatte das Buch wieder weggelegt, weil ich es noch nicht begriff. Mit fünfundzwanzig Jahren fehlten mir die Erfahrungen, um die Theorien Freuds nachzuprüfen. Das kam erst später. 1903 nahm ich die «Traumdeutung» noch einmal vor und entdeckte den Zusammenhang mit meinen eigenen Ideen. Was mich an dieser Schrift vor allem interessierte, war die Anwendung des aus der Neurosenpsychologie stammenden Begriffes «Verdrängungsmechanismus» auf das Gebiet des Traumes. Dies war mir wichtig, weil mir Verdrängungen bei meinen Wortassoziationsexperimenten häufig entge-

[1] Das Kapitel kann nur als Ergänzung der zahlreichen Schriften C. G. Jungs über Sigmund Freud und sein Werk aufgefaßt werden. (Vergl. u. a. «Der Gegensatz Freud und Jung», 1929, in «Seelenprobleme der Gegenwart», 5. Aufl. 1950, «Sigmund Freud als kulturhistorische Erscheinung», 1932 usw.)

[2] In seinem Nachruf auf Freud (Basler Nachrichten, 1. Oktober 1939) bezeichnete Jung dieses Werk als «epochemachend» und «wohl den kühnsten Versuch, der je gemacht wurde, auf dem scheinbar festen Boden der Empirie die Rätsel der unbewußten Psyche zu meistern ... Für uns damals junge Psychiater war es eine Quelle der Erleuchtung, während es für unsere älteren Kollegen ein Gegenstand des Spottes war.»

gengetreten waren: auf gewisse Reizworte wußten die Patienten entweder keine assoziative Antwort, oder sie gaben sie mit erheblich verlängerter Reaktionszeit. Wie sich nachträglich herausstellte, trat eine solche Störung jedesmal dann auf, wenn das Reizwort einen seelischen Schmerz oder Konflikt berührt hatte. Das war aber den Patienten meist unbewußt, und auf meine Fragen nach der Ursache der Störung antworteten sie oft auf eine merkwürdig gekünstelte Art und Weise. Die Lektüre von Freuds «Traumdeutung» zeigte mir, daß hier der Verdrängungsmechanismus am Werke war, und daß die von mir beobachteten Tatsachen mit seiner Theorie übereinstimmten. Ich konnte seine Ausführungen nur bestätigen.

Anders stand es in bezug auf den Inhalt der Verdrängung. Darin konnte ich Freud nicht recht geben. Er sah als Ursache der Verdrängung das sexuelle Trauma an, und das genügte mir nicht. Aus meiner Praxis kannte ich zahlreiche Fälle von Neurosen, bei denen die Sexualität nur eine untergeordnete Rolle spielte und andere Faktoren im Vordergrund standen, z. B. das Problem der sozialen Anpassung, der Unterdrückung durch tragische Lebensumstände, der Prestige-Ansprüche usw. Später habe ich Freud solche Fälle vorgelegt; aber andere Faktoren als Sexualität ließ er als Ursache nicht gelten. Das war für mich sehr unbefriedigend.

Am Anfang ist es mir nicht leicht gefallen, Freud den richtigen Platz in meinem Leben zu geben, oder mich richtig zu ihm einzustellen. Als ich mit seinem Werk bekannt wurde, lag eine akademische Laufbahn vor mir, und ich stand vor dem Abschluß einer Arbeit, die mich an der Universität vorwärts bringen sollte. Freud war aber in der akademischen Welt jener Zeit ausgesprochen persona non grata, und die Beziehung zu ihm war daher jedem wissenschaftlichen Ruf abträglich. Die «wichtigen Leute» erwähnten ihn höchstens verstohlen, und bei den Kongressen wurde er nur in den Couloirs diskutiert, niemals im Plenum. So war es mir keineswegs angenehm, daß ich die Übereinstimmung meiner Assoziationsversuche mit Freuds Theorien feststellen mußte.

Einmal war ich in meinem Laboratorium mit diesen Fragen beschäftigt, als mir der Teufel einflüsterte, ich sei berechtigt, die Ergebnisse meiner Experimente und meine Schlußfolgerungen zu publizieren, ohne Freud zu erwähnen. Ich hatte ja meine Versuche ausgearbeitet, lange ehe ich etwas von ihm verstand. Aber da hörte ich die Stimme meiner zweiten Persönlichkeit: «Wenn du derglei-

Aufnahme aus dem Jahre 1930

chen tust, als ob du Freud nicht kenntest, so ist das ein Betrug. Man kann sein Leben nicht auf eine Lüge stellen.» – Damit war der Fall erledigt. Von da an nahm ich offen für Freud Partei und kämpfte für ihn.

Die ersten Lanzen brach ich für ihn, als auf einem Kongreß in München über Zwangsneurosen referiert, sein Name aber geflissentlich verschwiegen wurde. 1906 schrieb ich im Anschluß daran einen Aufsatz für die «Münchner Medizinische Wochenschrift» über die Freudsche Neurosenlehre, die so Wesentliches zum Verständnis der Zwangsneurosen beigetragen hatte [3]. Auf diesen Artikel hin schrieben mir zwei deutsche Professoren Warnungsbriefe: wenn ich auf der Seite Freuds bliebe und fortführe, ihn zu verteidigen, sei meine akademische Zukunft gefährdet. Ich antwortete: «Wenn das, was Freud sagt, die Wahrheit ist, dann bin ich dabei. Ich pfeife auf eine Karriere, wenn sie voraussetzt, daß man die Forschung beschneidet und die Wahrheit verschweigt.» Und ich fuhr fort, für Freud und seine Gedanken einzutreten. Nur vermochte ich auf Grund eigener Erfahrungen immer noch nicht zuzugeben, daß alle Neurosen durch sexuelle Verdrängung oder sexuelle Traumata verursacht seien. Für gewisse Fälle traf das zu, für andere aber nicht. Immerhin hatte Freud einen neuen Forschungsweg aufgetan, und die damalige Empörung gegen ihn schien mir absurd. [4]

Ich hatte nicht viel Verständnis für die in «Die Psychologie der Dementia praecox» ausgedrückten Ideen gefunden, und meine Kollegen lachten mich aus. Aber durch diese Arbeit kam ich zu Freud. Er lud mich zu sich ein, und im Februar 1907 fand unsere erste Begegnung in Wien statt. Wir trafen uns um ein Uhr mittags, und dreizehn Stunden lang sprachen wir sozusagen pausenlos. Freud war der erste wirklich bedeutende Mann, dem ich begegnete. Kein anderer Mensch in meiner damaligen Erfahrung konnte sich mit ihm messen. In seiner Einstellung gab es nichts Triviales.

[3] «Die Hysterielehre Freuds, eine Erwiderung auf die Aschaffenburgsche Kritik», Ges. Werke, Band IV.

[4] Nachdem Jung (1906) seine Arbeit über die «Diagnostischen Assoziationsstudien» Freud zugesandt hatte, setzte die Korrespondenz zwischen den beiden Forschern ein. Der Briefwechsel wurde bis zum Jahre 1913 weitergeführt. 1907 hatte Jung auch seine Schrift «Die Psychologie der Dementia praecox» an Freud gesandt. A. J.

Ich fand ihn außerordentlich intelligent, scharfsinnig und in jeder Beziehung bemerkenswert. Und doch blieben meine ersten Eindrücke von ihm unklar, zum Teil auch unverstanden.

Was er mir über seine Sexualtheorie sagte, machte mir Eindruck. Trotzdem konnten seine Worte meine Bedenken und Zweifel nicht beheben. Ich brachte sie mehr als einmal vor, aber jedesmal hielt er mir meinen Mangel an Erfahrung entgegen. Freud hatte recht: damals besaß ich noch nicht genügend Erfahrung, um meine Einwände zu begründen. Ich sah, daß seine Sexualtheorie ungeheuer bedeutsam für ihn war, im persönlichen wie im philosophischen Sinne. Das beeindruckte mich, aber ich konnte mir nicht darüber klar werden, inwieweit diese positive Bewertung mit subjektiven Voraussetzungen bei ihm zusammenhing und inwieweit mit beweiskräftigen Erfahrungen.

Vor allem schien mir Freuds Einstellung zum Geist in hohem Maße fragwürdig. Wo immer bei einem Menschen oder in einem Kunstwerk der Ausdruck einer Geistigkeit zutage trat, verdächtigte er sie und ließ «verdrängte Sexualität» durchblicken. Was sich nicht unmittelbar als Sexualität deuten ließ, bezeichnete er als «Psychosexualität». Ich wandte ein, daß seine Hypothese, logisch zu Ende gedacht, zu einem vernichtenden Urteil über die Kultur führe. Kultur erschiene als bloße Farce, als morbides Ergebnis verdrängter Sexualität. «Ja», bestätigte er, «so ist es. Das ist ein Schicksalsfluch, gegen den wir machtlos sind.» Ich war keineswegs bereit, ihm recht zu geben oder es dabei bewenden zu lassen. Doch fühlte ich mich einer Diskussion noch nicht gewachsen.

Noch etwas anderes wurde mir bei der ersten Begegnung bedeutsam. Es betrifft Dinge, die ich jedoch erst nach dem Ende unserer Freundschaft ganz durchdenken und verstehen konnte. Es war unverkennbar, daß die Sexualtheorie Freud in ungewöhnlichem Maße am Herzen lag. Wenn er davon sprach, wurde sein Ton dringlich, fast ängstlich, und von seiner kritischen und skeptischen Art war nichts mehr zu bemerken. Ein seltsam bewegter Ausdruck, dessen Ursache ich mir nicht erklären konnte, belebte dabei sein Gesicht. Das machte mir einen starken Eindruck: die Sexualität bedeutete ihm ein Numinosum. Mein Eindruck wurde bestätigt durch ein Gespräch, das etwa drei Jahre später (1910) wiederum in Wien stattfand.

Ich erinnere mich noch lebhaft, wie Freud zu mir sagte: «Mein lieber Jung, versprechen Sie mir, nie die Sexualtheorie aufzugeben.

Das ist das Allerwesentlichste. Sehen Sie, wir müssen daraus ein Dogma machen, ein unerschütterliches Bollwerk.» Das sagte er zu mir voll Leidenschaft und in einem Ton, als sagte ein Vater: «Und versprich mir eines, mein lieber Sohn: geh jeden Sonntag in die Kirche!» Etwas erstaunt fragte ich ihn: «Ein Bollwerk – wogegen?» Worauf er antwortete: «Gegen die schwarze Schlammflut –» hier zögerte er einen Moment, um beizufügen: «des Okkultismus.» Zunächst war es das «Bollwerk» und das «Dogma», was mich erschreckte; denn ein Dogma, d. h. ein indiskutables Bekenntnis, stellt man ja nur dort auf, wo man Zweifel ein für alle Mal unterdrücken will. Das hat aber mit wissenschaftlichem Urteil nichts mehr zu tun, sondern nur noch mit persönlichem Machttrieb.

Es war ein Stoß, der ins Lebensmark unserer Freundschaft traf. Ich wußte, daß ich mich damit nie würde abfinden können. Was Freud unter «Okkultismus» zu verstehen schien, war so ziemlich alles, was Philosophie und Religion, einschließlich der in jenen Tagen aufgekommenen Parapsychologie über die Seele auszusagen wußten. Für mich war die Sexualtheorie genau so «okkult», d. h. unbewiesene, bloß mögliche Hypothese, wie viele andere spekulative Auffassungen. Eine wissenschaftliche Wahrheit war für mich eine für den Augenblick befriedigende Hypothese, aber kein Glaubensartikel für alle Zeiten.

Ohne dies damals richtig zu verstehen, hatte ich einen Einbruch unbewußter religiöser Faktoren bei Freud beobachtet. Offenbar wollte er mich zu einer gemeinsamen Verteidigung gegen bedrohliche unbewußte Inhalte anwerben.

Der Eindruck dieses Gesprächs trug zu meiner Konfusion bei; denn ich hatte bis dahin der Sexualität nicht die Bedeutung einer schwankenden Angelegenheit beigemessen, der man die Treue wahren muß, weil sie in Verlust geraten könnte. Für Freud bedeutete die Sexualität anscheinend mehr als anderen Leuten. Sie war ihm eine «res religiose observanda». Unter dem Eindruck solcher Fragen und Gedanken benimmt man sich in der Regel scheu und zurückhaltend. So fand das Gespräch nach einigen stammelnden Versuchen meinerseits bald ein Ende.

Ich war tief beeindruckt, verlegen und verwirrt. Ich hatte das Gefühl, einen Blick in ein neues, unbekanntes Land erhascht zu haben, woraus mir Schwärme von neuen Gedanken zuflogen. Eines war mir klar: Freud, der stets mit Nachdruck auf seine Irreligiosität hinwies, hatte sich ein Dogma zurechtgelegt, oder vielmehr, anstelle eines ihm verloren gegangenen, eifersüchtigen Gottes hatte sich ein anderes zwingendes Bild, nämlich das der Sexualität, unterschoben; ein Bild, das nicht weniger drängend, anspruchsvoll, gebieterisch, bedrohlich und moralisch ambivalent war. Wie dem psychisch Stärkeren und darum zu Fürchtenden die Attribute «göttlich» oder «dämonisch» zukommen, so hatte die «sexuelle Libido» bei ihm die Rolle eines deus absconditus, eines verborgenen Gottes, angenommen. Der Vorteil dieser Wandlung bestand für Freud anscheinend darin, daß das neue numinose Prinzip ihm als wissenschaftlich einwandfrei erschien und befreit von aller religiösen Belastung. Im Grunde genommen blieb aber die Numinosität als psychologische Eigenschaft der rational inkommensurablen Gegensätze – Jahwe und Sexualität – dieselbe. Bloß die Benennung hatte sich geändert und damit allerdings auch der Gesichtspunkt: nicht oben war das Verlorene zu suchen, sondern unten. Aber was macht es schließlich dem Stärkeren aus, ob man es so oder anders bezeichnet? Wenn es keine Psychologie gäbe, sondern nur konkrete Gegenstände, so hätte man tatsächlich den einen zerstört und den anderen an seine Stelle gesetzt. In Wirklichkeit, d. h. im Bereich der psychologischen Erfahrung, ist aber von der Dringlichkeit, Ängstlichkeit, Zwangshaftigkeit usw., überhaupt nichts verschwunden. Nach wie vor bleibt die Frage, wie man der Angst, dem bösen Gewissen, der Schuld, dem Zwange, der Unbewußtheit und der Triebhaftigkeit beikommt oder entrinnt. Geht es von der hellen, idealistischen Seite nicht, dann vielleicht von der dunkeln, biologischen.

Wie momentan aufzuckende Flammen fuhren mir diese Gedanken durch den Kopf. Viel später, als ich über Freuds Charakter nachdachte, wurden sie mir wichtig und enthüllten ihre Bedeutung. Es war vor allem ein Charakterzug, der mich beschäftigte: Freuds Bitterkeit. Schon bei unserer ersten Begegnung war sie mir aufgefallen. Lange blieb sie mir unverständlich, bis ich sie im Zusammenhang mit seiner Einstellung zur Sexualität sehen konnte. Für Freud bedeutete zwar die Sexualität ein Numinosum, aber in seiner Terminologie und Theorie kommt sie ausschließlich als biologische Funktion zum Ausdruck. Nur die Bewegtheit, mit der er über sie sprach, ließ darauf schließen, daß noch Tieferes in ihm anklang. Letzten Endes wollte er lehren – so wenigstens schien es mir – daß, von innen her betrachtet, Sexualität auch Geistigkeit umfasse, oder Sinn enthalte. Seine konkretistische Terminologie war aber zu eng, um diesem Gedanken Ausdruck zu geben. So hatte ich von ihm den Eindruck, daß er im Grunde genommen gegen sein eigenes Ziel und gegen sich selbst arbeitete; und es gibt keine schlimmere Bitterkeit als die eines Menschen, der sein eigener ärgster Feind ist. Nach seinem eigenen Ausspruch fühlte er sich von einer «schwarzen Schlammflut» bedroht, er, der vor allen die schwarze Tiefe auszuschöpfen versucht hatte.

Freud hat sich nie gefragt, warum er ständig über den Sexus reden mußte, warum ihn dieser Gedanke so ergriffen hat. Es wurde ihm nie bewußt, daß sich in der «Monotonie der Deutung» eine Flucht vor sich selber ausdrückte, oder vor jener anderen, vielleicht als «mystisch» zu bezeichnenden Seite in ihm. Ohne Anerkennung dieser Seite konnte er jedoch nie in Einklang mit sich selber kommen. Er war blind gegenüber der Paradoxie und Doppeldeutigkeit der Inhalte des Unbewußten und wußte nicht, daß alles, was aus dem Unbewußten auftaucht, ein Oben und ein Unten, ein Innen und ein Außen hat. Wenn man über das Außen redet – und das tat Freud – so berücksichtigt man nur die eine Hälfte, und folgerichtig entsteht aus dem Unbewußten eine Gegenwirkung.

Gegen diese Einseitigkeit Freuds war nichts zu machen. Vielleicht hätte ihm eine eigene innere Erfahrung die Augen öffnen können; doch womöglich hätte sein Intellekt auch sie auf «bloße Sexualität» oder «Psychosexualität» reduziert. Er blieb dem einen Aspekt verfallen, und eben darum sehe ich in ihm eine tragische Gestalt; denn er war ein großer Mann und, was noch mehr ist, ein Ergriffener.

Nach jenem zweiten Gespräch in Wien verstand ich auch die Machthypothese Alfred Adlers, der ich bis dahin nicht genügend Aufmerksamkeit geschenkt hatte: Adler hatte, wie viele Söhne, vom «Vater» nicht das gelernt, was dieser *sagte*, sondern was er *tat*. Sodann fiel mir das Problem von Liebe – oder Eros – und Macht wie ein Zentnerstein aufs Gemüt. Freud hatte, wie er mir selber sagte, Nietzsche nie gelesen. Jetzt sah ich seine Psychologie als einen Schachzug der Geistesgeschichte, der Nietzsches Vergötterung des Machtprinzips kompensierte. Das Problem lautete offenbar nicht «Freud versus Adler», sondern «Freud versus Nietzsche». Es schien mir viel mehr zu bedeuten als einen Hausstreit in der Psychopathologie. Der Gedanke dämmerte mir, daß Eros und Machttrieb wie entzweite Brüder und Söhne *eines* Vaters seien, einer motivierenden seelischen Kraft, die sich – wie die positive und negative elektrische Ladung – in gegensätzlicher Form in der Erfahrung manifestiert: die eine als ein patiens, der Eros, und die andere als ein agens, der Machttrieb – und vice versa. Der Eros nimmt den Machttrieb ebenso sehr in Anspruch wie dieser den ersteren. Wo ist der eine Trieb ohne den anderen? Der Mensch unterliegt einerseits dem Triebe, andererseits versucht er, ihn zu bewältigen. Freud zeigt, wie das Objekt dem Trieb erliegt, und Adler, wie er diesen benutzt, um das Objekt zu vergewaltigen. Der seinem Schicksal ausgelieferte und erlegene Nietzsche mußte sich einen «Übermenschen» erschaffen. Freud, so schloß ich, muß so tief unter dem Eindruck der Macht des Eros stehen, daß er ihn wie ein religiöses Numen sogar zum Dogma – aere perennius – erheben will. Es ist kein Geheimnis, daß «Zarathustra» der Verkünder eines Evangeliums ist, und Freud konkurriert sogar mit der Kirche in seiner Absicht, Lehrsätze zu kanonisieren. Er hat dies allerdings nicht allzu laut getan, dafür aber mich der Absicht verdächtigt, als Prophet gelten zu wollen. Er erhebt den tragischen Anspruch und verwischt ihn zugleich. So verfährt man meistens mit Numinositäten, und das ist richtig, denn sie sind in der einen Hinsicht wahr, in der anderen unwahr. Das numinose Erlebnis erhöht und erniedrigt zugleich. Wenn Freud die psychologische Wahrheit, daß die Sexualität numinos ist – sie ist ein Gott und ein Teufel – etwas mehr berücksichtigt hätte, so wäre er nicht in der Enge eines biologischen Begriffes stecken geblieben. Und Nietzsche wäre vielleicht nicht mit seinem Überschwang über den Rand der Welt hinausgefallen, wenn er sich mehr an die Grundlagen der menschlichen Existenz gehalten hätte.

Wo immer die Seele durch ein numinoses Erlebnis in heftige Schwingung versetzt wird, besteht die Gefahr, daß der Faden, an dem man aufgehängt ist, zerrissen wird. Dadurch fällt der eine Mensch in ein absolutes «Ja» und der andere in ein ebenso absolutes «Nein». «Nirdvandva» (frei von den Zweien) sagt der Osten. Das habe ich mir gemerkt. Das geistige Pendel schwingt zwischen Sinn und Unsinn und nicht zwischen richtig und unrichtig. Die Gefahr des Numinosen besteht darin, daß es zu Extremen verleitet, und daß dann eine bescheidene Wahrheit für *die* Wahrheit und ein kleiner Irrtum für eine fatale Verirrung gehalten wird. Tout passe – was gestern Wahrheit war, ist heute eine Täuschung, und was vorgestern als Fehlschluß galt, kann morgen eine Offenbarung sein – vollends in psychologischen Dingen, von denen wir ja in Wirklichkeit noch sehr wenig wissen. Wir haben es uns längst nicht immer klar gemacht, was es heißt, daß überhaupt nichts existiert, wenn nicht ein kleines – oh so vergängliches – Bewußtsein etwas davon gemerkt hat!

Das Gespräch mit Freud hatte mir gezeigt, daß er befürchtete, das numinose Licht seiner Sexualerkenntnis könnte durch eine «schwarze Schlammflut» ausgelöscht werden. Dadurch entstand eine mythologische Situation: *der Kampf zwischen Licht und Dunkel.* Das erklärt die Numinosität dieser Angelegenheit und die sofortige Zuhilfenahme eines religiösen Abwehrmittels, des Dogmas. In meinem nächsten Buch, das sich mit der Psychologie des Heldenkampfes beschäftigte[5], griff ich den mythologischen Hintergrund von Freuds seltsamer Reaktion auf.

Die sexuelle Interpretation einerseits und die Machtabsichten des «Dogmas» andererseits führten mich im Laufe der Jahre zum typologischen Problem, sowie zur Polarität und Energetik der Seele. Darauf folgte die über einige Jahrzehnte sich erstreckende Untersuchung der «schwarzen Schlammflut des Okkultismus»; ich versuchte, die bewußten und unbewußten historischen Voraussetzungen unserer gegenwärtigen Psychologie zu verstehen.

Es interessierte mich, Freuds Ansichten über Praekognition und über Parapsychologie im allgemeinen zu hören. Als ich ihn im Jahre 1909 in Wien besuchte, fragte ich ihn, wie er darüber dächte. Aus seinem materialistischen Vorurteil heraus lehnte er diesen ganzen Fragenkomplex als Unsinn ab und berief sich dabei auf einen dermaßen oberflächlichen Positivismus, daß ich Mühe hatte, ihm nicht allzu scharf zu entgegnen. Es vergingen noch einige Jahre, bis Freud die Ernsthaftigkeit der Parapsychologie und die Tatsächlichkeit «okkulter» Phänomene anerkannte.

Während Freud seine Argumente vorbrachte, hatte ich eine merkwürdige Empfindung. Es schien mir, als ob mein Zwerchfell aus Eisen bestünde und glühend würde – ein glühendes Zwerchfellgewölbe. Und in diesem Augenblick ertönte ein solcher Krach im Bücherschrank, der unmittelbar neben uns stand, daß wir beide furchtbar erschraken. Wir dachten, der Schrank fiele über uns zu-

[5] «Wandlungen und Symbole der Libido», 1912. Neuauflage: «Symbole der Wandlung», 1952.

sammen. Genauso hatte es getönt. Ich sagte zu Freud: «Das ist jetzt ein sogenanntes katalytisches Exteriorisationsphänomen.»

«Ach», sagte er, «das ist ja ein leibhaftiger Unsinn!»

«Aber nein», erwiderte ich, «Sie irren, Herr Professor. Und zum Beweis, daß ich recht habe, sage ich nun voraus, daß es gleich nochmals so einen Krach geben wird!» – Und tatsächlich: kaum hatte ich die Worte ausgesprochen, begann der gleiche Krach im Schrank!

Ich weiß heute noch nicht, woher ich diese Sicherheit nahm. Aber ich wußte mit Bestimmtheit, daß das Krachen sich wiederholen würde. Freud hat mich nur entsetzt angeschaut. Ich weiß nicht, was er dachte, oder was er schaute! Auf jeden Fall hat dieses Erlebnis sein Mißtrauen gegen mich geweckt, und ich hatte das Gefühl, ihm etwas angetan zu haben. Ich sprach nie mehr mit ihm darüber [6].

Das Jahr 1909 wurde zu einem entscheidenden Jahr für unsere Beziehung. Ich war eingeladen, an der Clark University (Worcester, Mass.) Vorträge über das Assoziationsexperiment zu halten. Unabhängig von mir hatte auch Freud eine Einladung erhalten, und wir beschlossen, zusammen zu reisen [7]. Wir trafen uns in Bremen, Ferenczi begleitete uns. In Bremen ereignete sich der viel diskutierte Zwischenfall, nämlich Freuds Ohnmacht. Sie wurde – indirekt – durch mein Interesse an den «Moorleichen» provoziert. Ich wußte, daß in gewissen Gegenden Norddeutschlands sogenannte Moorleichen gefunden werden. Das sind z. T. aus der Praehistorie stammende Leichen von Menschen, die in den Sümpfen ertrunken oder dort begraben worden waren. Das Moorwasser enthält Humussäuren, welche die Knochen zerstören und zugleich die Haut gerben, so daß diese, wie auch die Haare, vollkommen erhalten bleiben. Es vollzieht sich also ein natürlicher Mumifizierungsprozeß, bei dem aber die Leichen durch das Gewicht des Moores vollständig platt gedrückt werden. Man findet sie gelegentlich beim Torfstechen in Holstein, Dänemark und Schweden.

Diese Moorleichen, über die ich gelesen hatte, fielen mir ein, als wir in Bremen waren, aber ich war etwas «durcheinander» und hatte sie mit den Mumien in den Bremer Bleikellern verwechselt!

[6] Vergl. Appendix pag. 370 ff.

[7] Vergl. Appendix pag. 363 ff.

Mein Interesse ging Freud auf die Nerven. «Was haben Sie denn mit diesen Leichen?» fragte er mich mehrere Male. Er ärgerte sich in auffallender Weise und erlitt während eines Gespräches darüber bei Tisch eine Ohnmacht. Nachher sagte er mir, daß er überzeugt sei, dieses Geschwätz von Leichen bedeute, daß ich ihm den Tod wünsche. Von dieser Ansicht war ich mehr als überrascht. Ich war erschrocken und zwar über die Intensität seiner Phantasien, die ihm offenbar eine Ohnmacht verursachen konnten.

In einem ähnlichen Zusammenhang erlitt Freud noch einmal eine Ohnmacht in meiner Anwesenheit. Es war während des Psychoanalytischen Kongresses in München 1912. Irgend jemand hatte das Gespräch auf Amenophis IV. gebracht. Es wurde hervorgehoben, daß er, infolge seiner negativen Einstellung zum Vater, dessen Cartouchen auf den Stelen zerstört habe, und daß hinter seiner großen Schöpfung einer monotheistischen Religion sein Vaterkomplex stünde. Das irritierte mich, und ich versuchte auseinanderzusetzen, daß Amenophis ein schöpferischer und tief religiöser Mensch gewesen sei, dessen Taten nicht aus persönlichen Widerständen gegen den Vater erklärt werden könnten. Er habe im Gegenteil das Andenken seines Vaters in Ehren gehalten, und sein Zerstörungseifer richtete sich nur gegen den Namen des Gottes Amon, den er überall tilgen ließ und darum wohl auch in den Cartouchen seines Vaters Amon-hotep. Überdies hätten auch andere Pharaonen die Namen ihrer wirklichen oder göttlichen Vorfahren auf Denkmälern und Statuen durch ihren eigenen ersetzt, wozu sie sich als Inkarnationen des gleichen Gottes berechtigt fühlten. Aber sie hätten weder einen neuen Stil noch eine neue Religion inauguriert.

In diesem Augenblick ist Freud ohnmächtig vom Stuhl gesunken. Alle standen hilflos um ihn herum. Da nahm ich ihn auf die Arme, trug ihn ins nächste Zimmer und legte ihn auf ein Sopha. Schon während ich ihn trug, kam er halb zu sich, und den Blick, den er mir zuwarf, werde ich nie vergessen. Aus seiner Hilflosigkeit heraus hat er mich so angeschaut, wie wenn ich sein Vater wäre. Was immer sonst noch zu dieser Ohnmacht beigetragen haben mag – die Atmosphäre war sehr gespannt – beiden Fällen ist die Phantasie vom Vatermord gemeinsam.

Freud hatte früher wiederholt Anspielungen mir gegenüber gemacht, daß er mich als seinen Nachfolger betrachte. Diese Andeutungen waren mir peinlich, denn ich wußte, daß ich nie imstande sein würde, seine Ansichten sozusagen korrekt, d. h. in seinem

Sinne, zu vertreten. Es war mir aber auch noch nicht gelungen, meine Einwände so herauszuarbeiten, daß er sie hätte würdigen können, und ich hatte zu großen Respekt vor ihm, als daß ich ihn zu einer endgültigen Auseinandersetzung hätte auffordern mögen. Der Gedanke, daß ich sozusagen über meinen Kopf hinweg mit einer Parteiführung belastet werden sollte, war mir aus vielerlei Gründen unangenehm. Etwas Derartiges lag mir nicht. Ich konnte meine geistige Unabhängigkeit nicht opfern, und dieser Zuwachs an Prestige war mir zuwider, weil er für mich nichts bedeutete als eine Ablenkung von meinen wirklichen Zielen. Es ging mir um die Erforschung der Wahrheit und nicht um persönliche Prestigefragen.

Unsere Reise nach den USA, die wir 1909 von Bremen aus antraten, dauerte sieben Wochen. Wir waren täglich zusammen und analysierten unsere Träume. Ich hatte damals einige wichtige Träume, mit denen Freud aber nichts anfangen konnte. Daraus machte ich ihm keinen Vorwurf, denn es kann dem besten Analytiker geschehen, daß er das Rätsel eines Traumes nicht zu lösen vermag. Das war ein menschliches Versagen und hätte mich nie veranlaßt, unsere Traumanalysen abzubrechen. Im Gegenteil, es lag mir sehr viel daran, und unsere Beziehung war mir überaus wertvoll. Ich empfand Freud als die ältere, reifere und erfahrenere Persönlichkeit und mich wie einen Sohn. Doch damals geschah etwas, das der Beziehung einen schweren Stoß versetzte.

Freud hatte einen Traum, über dessen Problem zu berichten ich nicht befugt bin. Ich deutete ihn, so gut ich konnte, fügte aber hinzu, daß sich sehr viel mehr sagen ließe, wenn er mir noch einige Details aus seinem Privatleben mitteilen wollte. Auf diese Worte hin sah mich Freud merkwürdig an – sein Blick war voll Mißtrauen – und sagte: «Ich kann doch meine Autorität nicht riskieren!» In diesem Augenblick hatte er sie verloren. Dieser Satz hat sich mir ins Gedächtnis gegraben. In ihm lag für mich das Ende unserer Beziehung bereits beschlossen. Freud stellte persönliche Autorität über Wahrheit.

Freud konnte, wie ich schon sagte, meine damaligen Träume nur unvollständig oder gar nicht deuten. Es handelte sich um Träume kollektiven Inhalts mit einer Fülle von symbolischem Material. Besonders einer war mir wichtig, denn er brachte mich zum ersten Mal auf den Begriff des «kollektiven Unbewußten» und bildete darum eine Art Vorspiel zu meinem Buch «Wandlungen und Symbole der Libido».

Dies war der Traum: Ich war in einem mir unbekannten Hause, das zwei Stockwerke hatte. Es war «mein Haus». Ich befand mich im oberen Stock. Dort war eine Art Wohnzimmer, in welchem schöne alte Möbel im Rokokostil standen. An den Wänden hingen kostbare alte Bilder. Ich wunderte mich, daß dies mein Haus sein sollte und dachte: nicht übel! Aber da fiel mir ein, daß ich noch gar nicht wisse, wie es im unteren Stock aussähe. Ich ging die Treppe hinunter und gelangte in das Erdgeschoß. Dort war alles viel älter, und ich sah, daß dieser Teil des Hauses etwa aus dem 15. oder aus dem 16. Jahrhundert stammte. Die Einrichtung war mittelalterlich, und die Fußböden bestanden aus rotem Backstein. Alles war etwas dunkel. Ich ging von einem Raum in den anderen und dachte: Jetzt muß ich das Haus doch ganz explorieren! Ich kam an eine schwere Tür, die ich öffnete. Dahinter entdeckte ich eine steinerne Treppe, die in den Keller führte. Ich stieg hinunter und befand mich in einem schön gewölbten, sehr altertümlichen Raum. Ich untersuchte die Wände und entdeckte, daß sich zwischen den gewöhnlichen Mauersteinen Lagen von Backsteinen befanden; der Mörtel enthielt Backsteinsplitter. Daran erkannte ich, daß die Mauern aus römischer Zeit stammten. Mein Interesse war nun aufs höchste gestiegen. Ich untersuchte auch den Fußboden, der aus Steinplatten bestand. In einer von ihnen entdeckte ich einen Ring. Als ich daran zog, hob sich die Steinplatte, und wiederum fand sich dort eine Treppe. Es waren schmale Steinstufen, die in die Tiefe führten. Ich stieg hinunter und kam in eine niedrige Felshöhle. Dicker Staub lag am Boden, und darin lagen Knochen und zerbrochene Gefäße wie Überreste einer primitiven Kultur. Ich entdeckte zwei offenbar sehr alte und halb zerfallene Menschenschädel. – Dann erwachte ich.

Was Freud an diesem Traum vor allem interessierte, waren die beiden Schädel. Er kam immer wieder auf sie zu sprechen und legte mir nahe, in ihrem Zusammenhang einen *Wunsch* herauszufinden. Was ich denn über die Schädel dächte? Und von wem sie stammten? Ich wußte natürlich genau, worauf er hinauswollte: daß hier geheime Todeswünsche verborgen seien. – Ja, was will er denn eigentlich? dachte ich bei mir. Wem soll ich denn den Tod wünschen? – Ich empfand heftige Widerstände gegen eine solche Interpretation und hatte auch Vermutungen, was der Traum wirklich bedeuten könnte. Aber ich traute damals meinem Urteil noch nicht und wollte seine Meinung hören. Ich wollte von ihm lernen. So folgte ich seiner Intention und sagte: «Meine Frau und meine Schwägerin» – denn ich mußte doch jemanden nennen, dem den Tod zu wünschen sich lohnte!

Ich war damals noch jung verheiratet und wußte genau, daß nichts in mir war, das auf solche Wünsche hinwies. Doch hätte ich Freud meine eigenen Einfälle zu einer Deutung des Traumes nicht vorlegen können, ohne auf Unverständnis und heftigen Widerstand zu stoßen. Dem fühlte ich mich nicht gewachsen, und ich fürchtete auch, seine Freundschaft zu verlieren, wenn ich auf meinem Standpunkt beharrt hätte. Andererseits wollte ich wissen, was sich aus meiner Antwort ergeben und wie er reagieren würde, wenn ich ihn im Sinne seiner Doktrin hinters Licht führte. So erzählte ich ihm eine Lüge.

Ich war mir durchaus bewußt, daß mein Verhalten moralisch nicht einwandfrei war. Aber es wäre mir unmöglich gewesen, ihm einen Einblick in meine Gedankenwelt zu gewähren. Die Kluft zwischen ihr und der seinen war zu groß. In der Tat war Freud durch meine Antwort wie befreit. Ich erkannte daran, daß er solchen Träumen hilflos gegenüberstand und bei seiner Doktrin Zuflucht nahm. Mir aber lag daran, den wirklichen Sinn des Traumes herauszufinden.

Es war mir deutlich, daß das Haus eine Art Bild der Psyche darstellte, d. h. meiner damaligen Bewußtseinslage mit bis dahin unbewußten Ergänzungen. Das Bewußtsein war durch den Wohnraum charakterisiert. Er hatte eine bewohnte Atmosphäre, trotz des altertümlichen Stils.

Im Erdgeschoß begann bereits das Unbewußte. Je tiefer ich kam, desto fremder und dunkler wurde es. In der Höhle entdeckte ich Überreste einer primitiven Kultur, d. h. die Welt des primitiven Menschen in mir, welche vom Bewußtsein kaum mehr erreicht oder erhellt werden kann. Die primitive Seele des Menschen grenzt an das Leben der Tierseele, wie auch die Höhlen der Urzeit meist von Tieren bewohnt wurden, bevor die Menschen sie für sich in Anspruch nahmen.

Es wurde mir damals in besonderem Maße bewußt, wie stark ich den Unterschied zwischen Freuds geistiger Einstellung und der meinigen empfand. Ich war in der intensiv historischen Atmosphäre von Basel Ende des vorigen Jahrhunderts aufgewachsen und hatte dank der Lektüre der alten Philosophen eine gewisse Kenntnis der Psychologiegeschichte erworben. Wenn ich über Träume und Inhalte des Unbewußten nachdachte, geschah es nie ohne historischen Vergleich; in meiner Studienzeit hatte ich mich dazu jeweils des alten Krugschen Lexikons der Philosophie bedient. Ich kannte vor allem die Autoren des 18., sowie diejenigen des angehenden 19. Jahrhunderts. Diese Welt bildete die Atmosphäre meines Wohnzimmers im ersten Stock. Demgegenüber hatte ich bei Freud den Eindruck, als ob seine «Geistesgeschichte» bei Büchner, Moleschott, Dubois-Reymond und Darwin begänne.

Zu meiner geschilderten Bewußtseinslage fügte der Traum nunmehr weitere Bewußtseinsschichten hinzu: das längst nicht mehr bewohnte Erdgeschoß im mittelalterlichen Stil, dann den römischen Keller und schließlich die praehistorische Höhle. Sie stellen verflossene Zeiten und überlebte Bewußtseinsstufen dar.

Viele Fragen hatten mich an den Vortagen des Traumes brennend beschäftigt: Auf welchen Prämissen beruht die Freudsche Psychologie? Zu welcher Kategorie des menschlichen Denkens gehört sie? In welchem Verhältnis steht ihr fast ausschließlicher Personalismus zu den allgemeinen historischen Voraussetzungen? Mein Traum gab die Antwort. Er ging offenbar zurück bis in die Grundlagen der Kulturgeschichte, einer Geschichte aufeinander folgender Bewußtseinslagen. Er stellte etwas wie ein Strukturdiagramm der menschlichen Seele dar, eine Voraussetzung durchaus *unpersönlicher* Natur. Diese Idee schlug ein, «it clicked», wie der Engländer sagt; und der Traum wurde mir zu einem Leitbild, das sich in der Folgezeit in einem mir unbekannten Maße bestätigte. Er gab mir die erste Ahnung eines kollektiven a priori der persönlichen Psyche, das ich zunächst als Spuren früherer Funktionsweisen auffaßte. Erst später, bei vermehrter Erfahrung und zuverlässigerem Wissen erkannte ich die Funktionsweisen als Instinktformen, als Archetypen.

Ich habe Freud nie recht geben können, daß der Traum eine «Fassade» sei, hinter der sich sein Sinn verstecke; ein Sinn, der schon gewußt ist, aber sozusagen boshafterweise dem Bewußtsein vorenthalten werde. Für mich sind Träume Natur, der keine Täuschungsabsicht innewohnt, sondern die etwas aussagt, so gut sie eben kann – wie eine Pflanze, die wächst, oder ein Tier, das seine Nahrung sucht, so gut sie es eben können. So wollen auch die Augen nicht täuschen, aber vielleicht täuschen wir uns, weil die

Augen kurzsichtig sind. Oder wir hören falsch, weil die Ohren etwas taub sind, aber die Ohren wollen uns nicht täuschen. Lange bevor ich Freud kennen lernte, hatte ich das Unbewußte, sowie auch die Träume, dessen unmittelbaren Ausdruck, als einen Naturvorgang angesehen, dem keine Willkürlichkeit zukommt, und vor allem keine taschenspielerische Absicht. Ich kannte keine Gründe für die Annahme, daß die Listen des Bewußtseins sich auch auf die Naturvorgänge des Unbewußten erstreckten. Im Gegenteil belehrte mich die tägliche Erfahrung, welch hartnäckigen Widerstand das Unbewußte den Tendenzen des Bewußtseins entgegensetzt.

Der Traum vom Haus hatte eine eigenartige Wirkung auf mich: er rief meine alten archäologischen Interessen wach. Nach Zürich zurückgekehrt, nahm ich mir ein Buch über babylonische Ausgrabungen vor und las verschiedene Werke über Mythen. Dabei fiel mir die «Symbolik und Mythologie der alten Völker» von Friedrich Creuzer [8] in die Hände, und das zündete! Ich las wie besessen und arbeitete mich mit brennendem Interesse durch einen Berg von mythologischem und schließlich auch gnostischem Material hindurch und endete in einer totalen Verwirrung. Ich befand mich in einem ähnlichen Zustand der Ratlosigkeit wie seinerzeit in der Klinik, als ich den Sinn psychotischer Geisteszustände zu verstehen suchte. Ich kam mir vor wie in einem imaginären Irrenhaus und begann, all die Kentauren, Nymphen, Götter und Göttinnen in Creuzers Buch zu «behandeln» und zu analysieren, als wären sie meine Patienten. Bei dieser Beschäftigung konnte ich nicht umhin, die nahe Beziehung der antiken Mythologie zur Psychologie der Primitiven zu entdecken, was mich zu einem intensiven Studium letzterer veranlaßte. Freuds gleichzeitige Interessen in dieser Hinsicht verursachten mir einiges Unbehagen, insofern ich darin ein Vorherrschen seiner Theorie gegenüber den Tatsachen zu erkennen glaubte.

Mitten in diesem Studium stieß ich auf das Phantasiematerial einer mir unbekannten jungen Amerikanerin, Miss Miller. Das Material war von meinem verehrten väterlichen Freunde Théodore Flournoy in den «Archives de Psychologie» (Genf) publiziert worden [9]. Ich war sofort vom mythologischen Charakter der Phantasien

[8] Leipzig und Darmstadt, 1810—1823.

[9] Über Th. Flournoy vergl. Appendix pag. 378 f.

beeindruckt. Sie wirkten wie ein Katalysator auf die in mir aufgestauten, noch ungeordneten Gedanken. Allmählich formte sich aus ihnen und aus der von mir erworbenen Kenntnis der Mythen das Buch über die «Wandlungen und Symbole der Libido». Während ich daran arbeitete, hatte ich bedeutsame Träume, welche schon auf den Bruch mit Freud hinwiesen. Einer der eindrucksvollsten spielte in einer bergigen Gegend in der Nähe der schweizerisch-österreichischen Grenze. Es war gegen Abend, und ich sah einen ältlichen Mann in der Uniform eines k. k. Zollbeamten. Etwas gebückt ging er an mir vorbei, ohne mich zu beachten. Sein Gesichtsausdruck war griesgrämig, etwas melancholisch und verärgert. Es waren noch andere Menschen da, und jemand belehrte mich, der Alte sei gar nicht wirklich, sondern der Geist eines vor Jahren verstorbenen Zollbeamten. «Das ist einer von denen, die nicht sterben konnten», hieß es.

Dies ist der erste Teil des Traumes.

Als ich daran ging, ihn zu analysieren, fiel mir zum Zoll gleich die «Zensur» ein; zur Grenze einerseits diejenige zwischen Bewußtsein und Unbewußtem, andererseits die zwischen Freuds Ansichten und den meinen. Die Untersuchung – hochnotpeinlich – an der Grenze schien mir auf die Analyse anzuspielen. An der Grenze werden die Koffer geöffnet und auf Konterbande geprüft. Dabei werden unbewußte Voraussetzungen entdeckt. Der alte Zollbeamte hatte offenbar in seiner Tätigkeit so wenig Erfreuliches und Befriedigendes erlebt, daß seine Weltanschauung ein saures Gesicht dazu machte. Ich konnte die Analogie mit Freud nicht abweisen.

Freud hatte zwar damals (1911) für mich die Autorität in einem gewissen Sinne verloren. Aber er bedeutete mir nach wie vor eine überlegene Persönlichkeit, auf die ich den Vater projizierte, und diese Projektion war zur Zeit des Traumes noch längst nicht aufgehoben. Wo eine solche Projektion vorliegt, ist man nicht objektiv, sondern hat ein gespaltenes Urteil. Einesteils ist man abhängig, und andernteils hat man Widerstände. Zur Zeit, als der Traum stattfand, schätzte ich Freud noch hoch, auf der anderen Seite aber war ich kritisch. Diese geteilte Einstellung ist ein Anzeichen dafür, daß ich in dieser Situation noch unbewußt war und sie nicht reflektiert hatte. Das ist charakteristisch für alle Projektionen. Der Traum legte mir nahe, hierüber Klarheit zu gewinnen.

Unter dem Eindruck von Freuds Persönlichkeit hatte ich, soweit wie möglich, auf mein eigenes Urteil verzichtet und meine Kritik zurückgedrängt. Das war die Voraussetzung, unter der ich mitarbeiten konnte. Ich sagte mir: «Freud ist viel gescheiter und erfahrener als du. Jetzt hörst du einfach auf das, was er sagt, und lernst von ihm.» Und dann träumte ich zu meinem Erstaunen von ihm als griesgrämigem Beamten der österreichischen k. k. Monarchie, als verstorbenem und noch «umgehendem» Zollinspektor. Sollte das der von Freud angedeutete Todeswunsch sein? Ich konnte niemanden in mir nachweisen, der einen derartigen Wunsch normalerweise hätte hegen können, denn ich wollte, sozusagen à tout prix, kollaborieren und in ungescheut egoistischer Weise am Reichtum seiner Erfahrung teilnehmen, und an unserer Freundschaft lag mir viel. So hatte ich keinerlei Anlaß, ihn tot zu wünschen. Wohl aber konnte der Traum eine Korrektur sein, eine Kompensation meiner bewußten Schätzung und Bewunderung, die – mir unwillkommenerweise – offenbar zu weit ging. Der Traum empfahl eine etwas kritischere Einstellung. Ich war sehr bestürzt darüber, obwohl der Schlußsatz des Traumes mir eine Andeutung der Unsterblichkeit zu enthalten schien.

Der Traum war mit der Episode vom Zollbeamten noch nicht zu Ende, sondern nach einem Hiatus folgte ein zweiter, bemerkenswerter Teil. Ich befand mich in einer italienischen Stadt, und es war um die Mittagsstunde, zwischen zwölf und ein Uhr. Eine heiße Sonne brannte auf die Gassen. Die Stadt war auf Hügel gebaut und erinnerte mich an eine bestimmte Stelle in Basel, den Kohlenberg. Die Gäßchen, die von dort ins Birsigtal, das sich durch die Stadt zieht, hinunterführen, sind zum Teil Treppengäßchen. Eine solche Treppe ging hinunter zum Barfüßerplatz. Es war Basel, und doch war es eine italienische Stadt, etwa wie Bergamo. Es war Sommer, die strahlende Sonne stand im Zenit, und alles war erfüllt von intensivem Licht. Viele Menschen kamen mir entgegen, und ich wußte, daß jetzt die Läden geschlossen wurden und die Leute zum Mittagessen heimstrebten. Mitten in diesem Menschenstrom ging ein Ritter in voller Rüstung. Er stieg die Treppe hinauf, mir entgegen. Er trug einen Topfhelm mit Augenschlitzen und einen Kettenpanzer. Darüber ein weißes Obergewand, auf dem vorne und auf dem Rücken ein großes rotes Kreuz eingewoben war.

Sie können sich denken, was für einen Eindruck es auf mich machte, als plötzlich in einer modernen Stadt, mittags um die Stoßzeit des Verkehrs, ein Kreuzfahrer auf mich zukam! Vor allem fiel mir auf, daß keiner von den vielen Menschen, die unterwegs waren, ihn wahrzunehmen schien. Niemand kehrte sich nach ihm um oder schaute nach ihm; es kam mir vor, wie wenn er für die anderen vollkommen unsichtbar wäre. Ich fragte mich, was die Erscheinung zu bedeuten habe, und da war es, wie wenn mir jemand antwortete – aber es war niemand da, der es sagte – «Ja, das ist eine regelmäßige Erscheinung. Immer zwischen zwölf und ein Uhr geht der Ritter hier vorbei, und dies seit sehr langer Zeit (ich hatte den Eindruck, seit Jahrhunderten), und jedermann weiß darum.»

Der Traum hat mich tief beeindruckt, aber damals verstand ich ihn keineswegs. Ich war bedrückt und bestürzt und wußte mir keinen Rat.

Der Ritter und der Zollbeamte waren einander entgegengesetzte Figuren. Der Zollbeamte war schattenhaft, wie jemand, der «noch nicht sterben konnte» – eine abklingende Erscheinung. Der Ritter hingegen war lebensvoll und völlig wirklich. Der zweite Teil des Traumes war in hohem Maße numinos, die Szene an der Grenze nüchtern und an sich nicht eindrucksvoll, erst die Überlegungen darüber hatten mich betroffen.

Über die rätselhafte Figur des Ritters habe ich mir in der Folgezeit viele Gedanken gemacht, ohne jedoch die Bedeutung voll erfassen zu können. Erst viel später, nachdem ich lange Zeit über den Traum meditiert hatte, konnte ich seinen Sinn einigermaßen verstehen. Schon im Traum wußte ich, daß der Ritter ins 12. Jahrhundert gehört. Das ist die Zeit, wo die Alchemie anfing und die Quest nach dem Hl. Gral. Die Gralsgeschichten spielten für mich von Jugend an eine große Rolle. Als ich fünfzehn Jahre alt war, hatte ich sie zum ersten Mal gelesen, und das war ein unverlierbares Erlebnis, ein Eindruck, der mich nie mehr losgelassen hat. Ich ahnte, daß dort noch ein Geheimnis verborgen lag. So schien es mir ganz natürlich, daß der Traum die Welt der Gralsritter und ihrer Quest wieder heraufbeschwor, denn das war im innersten Sinne meine Welt, die mit derjenigen von Freud kaum etwas zu tun hatte. Alles in mir suchte ein noch Unbekanntes, das der Banalität des Lebens einen Sinn verleihen könnte.

Ich fühlte eine tiefe Enttäuschung in mir, daß man mit aller Anstrengung des forschenden Verstandes anscheinend nichts anderes in den Tiefen der Seele entdecken konnte als das nur allzubekannte «Allzumenschliche». Ich bin auf dem Lande unter Bauern aufgewachsen, und was ich nicht im Stalle lernen konnte, das erfuhr ich durch den Rabelaisischen Witz und die ungenierte Phantasie der Folklore unserer Bauern. Inzest und Perversitäten waren für mich keine bemerkenswerten Neuigkeiten und keiner besonderen Erklärung wert. Sie gehörten mit der Kriminalität zu jenem schwarzen Niederschlag, der mir den Geschmack am Leben verdarb, indem er mir die Häßlichkeit und Sinnlosigkeit der menschlichen Existenz nur zu deutlich vor Augen führte. Es war mir eine Selbstverständlichkeit, daß der Kohl auf dem Mist gedeiht. Ich mußte mir gestehen, daß ich darin keine hilfreiche Einsicht entdecken konnte. Das sind halt alles Stadtleute, die von der Natur und dem Menschenstall nichts wissen, dachte ich, dieser Widerwärtigkeiten längst überdrüssig.

Natürlich sind Menschen, die von der Natur nichts wissen, neurotisch, denn sie sind an die Wirklichkeiten nicht angepaßt. Sie sind noch zu naiv, wie Kinder, und müssen sozusagen aufgeklärt werden darüber, daß sie Menschen sind wie alle anderen. Damit sind Neurotiker allerdings noch nicht geheilt, und gesund können sie nur werden, wenn sie aus dem Alltagsschlamm wieder herauskommen. Aber sie bleiben nur allzugern im vorher Verdrängten stecken, und wie sollten sie auch daraus herauskommen, wenn sie die Analyse nicht eines Anderen und Besseren bewußt macht? Wenn selbst die Theorie sie darin verhaftet und ihnen nur den rationalen oder «vernünftigen» Entschluß, die Kindereien endlich aufzugeben, als Lösungsmöglichkeit offen läßt? Das ist ja eben das, was sie offenbar nicht können, und wie sollten sie es können, wenn sie nicht etwas entdecken, auf dem sie stehen können? Man kann keine Lebensform aufgeben, ohne eine andere dafür einzutauschen. Eine total vernünftige Lebensführung ist erfahrungsgemäß in der Regel unmöglich, besonders noch, wenn man sozusagen von Hause aus so unvernünftig ist wie ein Neurotiker.

Es wurde mir jetzt klar, warum mir Freuds persönliche Psychologie von brennendem Interesse war. Ich mußte unter allen Umständen wissen, wie es um seine «vernünftige Lösung» stand. Das war für mich eine Lebensfrage, für deren Beantwortung ich vieles zu opfern bereit war. Jetzt stand es mir klar vor den Augen. Er hatte selber eine Neurose und zwar eine wohl diagnostizierbare mit sehr peinlichen Symptomen, wie ich auf unserer Amerikareise entdeckte. Er hatte mich damals belehrt, daß alle Welt etwas neurotisch sei und man deshalb Toleranz üben müsse. Ich war aber keineswegs gesonnen, mich damit zu begnügen, sondern wollte vielmehr wissen, wie man eine Neurose vermeiden konnte. Ich hatte gesehen, daß weder Freud noch seine Schüler verstehen konnten, was es für Theorie und Praxis der Psychoanalyse bedeutet, wenn nicht einmal der Meister mit der eigenen Neurose fertig wird. Als er dann die Absicht kundgab, Theorie und Methode zu identifizieren und zu dogmatisieren, konnte ich nicht mehr mit ihm zusammenarbeiten, und es blieb mir nichts mehr übrig, als mich zurückzuziehen.

Als ich bei meiner Arbeit an «Wandlungen und Symbole der Libido» gegen den Schluß an das Kapitel über das «Opfer» kam, wußte ich zum voraus, daß es mich die Freundschaft mit Freud kosten würde. Es sollten darin meine eigene Auffassung des Inzestes, die entscheidende Wandlung des Libidobegriffes und noch andere Gedanken, in denen ich mich von Freud unterschied, zur Sprache kommen. Für mich bedeutet der Inzest nur in den allerseltensten Fällen eine persönliche Komplikation. Meist stellt er einen hochreligiösen Inhalt dar, weshalb er auch in fast allen Kosmogonien und zahlreichen Mythen eine entscheidende Rolle spielt. Aber Freud hielt an der wortwörtlichen Auffassung fest und konnte die geistige Bedeutung des Inzestes als eines Symbols nicht fassen. Ich wußte, daß er dies alles niemals würde annehmen können.

Ich sprach mit meiner Frau und teilte ihr meine Befürchtungen mit. Sie suchte mich zu beruhigen, denn sie war der Ansicht, daß Freud meine Auffassungen großzügig würde gelten lassen, auch wenn er sie für sich nicht akzeptieren könnte. Ich selber war davon überzeugt, daß er dazu nicht imstande wäre. Zwei Monate lang konnte ich keine Feder anrühren und war von dem Konflikt gequält: Soll ich verschweigen, was ich denke, oder soll ich die Freundschaft riskieren? Schließlich entschloß ich mich zu schreiben, und es hat mich Freuds Freundschaft gekostet.

Nach dem Bruch mit Freud fielen alle meine Freunde und Bekannten von mir ab. Mein Buch wurde als Schund erklärt. Ich galt als Mystiker, und damit war die Sache erledigt. Riklin und Maeder waren die beiden Einzigen, die bei mir blieben. Doch ich hatte meine Einsamkeit vorausgesehen und mir keine Illusionen über die Reaktionen meiner sogenannten Freunde gemacht. Das war ein Punkt, den ich mir gründlich überlegt hatte. Ich wußte, daß es ums Ganze ging, und daß ich für meine Überzeugung einstehen mußte. Ich sah, daß das Kapitel «Das Opfer» mein Opfer bedeutete. Mit dieser Einsicht konnte ich wieder schreiben, obwohl ich voraussah, daß niemand meine Auffassung begreifen würde.

Rückschauend kann ich sagen, daß ich der Einzige bin, der die zwei Probleme, die Freud am meisten interessiert haben, sinngemäß weitergeführt hat: das der «archaischen Reste» und das der Sexualität. Es ist ein weitverbreiteter Irrtum zu meinen, ich sähe den Wert der Sexualität nicht. Im Gegenteil, sie spielt in meiner Psychologie eine große Rolle, nämlich als wesentlicher – wenn auch nicht einziger – Ausdruck der psychischen Ganzheit. Es war aber mein Hauptanliegen, über ihre persönliche Bedeutung und die einer biologischen Funktion hinaus ihre geistige Seite und ihren numinosen Sinn zu erforschen und zu erklären; also das auszudrücken, wovon Freud fasziniert war, was er aber nicht fassen konnte. Die Schriften «Die Psychologie der Übertragung» und «Mysterium Coniunctionis» enthalten meine Gedanken über dieses Thema. Als Ausdruck eines chthonischen Geistes ist die Sexualität von größter Bedeutung. Denn jener Geist ist das «andere Gesicht Gottes», die dunkle Seite des Gottesbildes. Die Fragen des chthonischen Geistes beschäftigten mich, seit ich mit der Gedankenwelt der Alchemie in Berührung gekommen war. Im Grunde genommen wurden sie in jenem frühen Gespräch mit Freud geweckt, als ich seine Ergriffenheit durch die Sexualität fühlte, ohne sie mir jedoch erklären zu können.

Freuds größte Leistung bestand wohl darin, daß er seine neurotischen Patienten ernst nahm und auf ihre eigentümliche und individuelle Psychologie einging. Er hatte den Mut, die Kasuistik sprechen zu lassen und auf diese Weise in die individuelle Psychologie des Kranken einzudringen. Er sah sozusagen mit den Augen des Patienten und gelangte auf diese Weise zu einem tieferen Verständnis der Krankheit, als es bis dahin möglich gewesen war. Hier besaß er Unvoreingenommenheit und Mut. Dies führte ihn dazu, eine Menge von Vorurteilen zu überwinden. Wie ein alttestamentlicher Prophet hat er es unternommen, falsche Götter zu stürzen, den Vorhang wegzuziehen von einem Haufen von Unehrlichkeit und Heucheleien und mitleidlos die Fäulnis der zeitgenössischen Seele dem Tageslicht preiszugeben. Er hat es nicht gescheut, die Unpopularität eines solchen Unterfangens einzustecken. Der Antrieb, den er damit unserer Kultur gegeben hat, bestand in seiner Entdeckung eines Zugangs zum Unbewußten. Mit der Anerkennung des Traumes als wichtigster Informationsquelle über die Vorgänge im Unbewußten hat er einen Wert der Vergangenheit und Vergessenheit entrissen, welcher unrettbar verloren schien. Er hat empirisch das Vorhandensein einer unbewußten Psyche bewiesen, die zuvor nur als ein philosophisches Postulat existiert hatte, nämlich in der Philosophie von Carl Gustav Carus und Eduard von Hartmann.

Man kann wohl sagen, daß das heutige Kulturbewußtsein, insofern es sich philosophisch reflektiert, die Idee des Unbewußten und deren Konsequenzen noch nicht aufgenommen hat, obwohl es seit mehr als einem halben Jahrhundert damit konfrontiert ist. Die allgemeine und grundlegende Einsicht, daß unsere psychische Existenz zwei Pole hat, bleibt noch immer eine Aufgabe der Zukunft.

DIE AUSEINANDERSETZUNG MIT DEM UNBEWUSSTEN

Nach der Trennung von Freud hatte für mich eine Zeit innerer Unsicherheit, ja Desorientiertheit begonnen. Ich fühlte mich völlig suspendiert, denn ich hatte meinen eigenen Stand noch nicht gefunden. Vor allem lag es mir damals daran, eine neue Einstellung zu meinen Patienten zu gewinnen. So beschloß ich, zunächst einmal voraussetzungslos abzuwarten, was sie von sich aus erzählen würden. Ich stellte also darauf ab, was der Zufall brachte. Bald zeigte es sich, daß sie spontan ihre Träume und Phantasien berichteten, und ich stellte lediglich ein paar Fragen: «Was fällt Ihnen dazu ein?» Oder: «Wie verstehen Sie das?» «Woher kommt das?» Aus den Antworten und Assoziationen ergaben sich die Deutungen wie von selber. Theoretische Gesichtspunkte ließ ich beiseite und war den Patienten nur behilflich, die Bilder aus sich heraus zu verstehen.

Schon nach kurzer Zeit erkannte ich, daß es richtig war, die Träume tel quel als Grundlage der Deutung zu nehmen, denn so sind sie gemeint. Sie sind die Tatsache, von der wir auszugehen haben. Natürlich ergab sich durch meine «Methode» eine fast unübersehbare Vielfalt von Aspekten. Mehr und mehr stellte sich das Bedürfnis nach einem Kriterium ein, fast möchte ich sagen: das Bedürfnis nach einer ersten und anfänglichen Orientierung.

Damals erlebte ich einen Augenblick ungewöhnlicher Klarheit, in der ich meinen bisherigen Weg überschaute. Ich dachte: Jetzt besitzest du einen Schlüssel zur Mythologie und hast die Möglichkeit, alle Tore zur unbewußten menschlichen Psyche zu öffnen. Aber da flüsterte es in mir: «Warum alle Tore öffnen?» Und schon tauchte die Frage auf, was ich denn eigentlich zuwege gebracht hätte. Ich hatte die Mythen vergangener Völker erklärt, ich hatte ein Buch über den Helden geschrieben, über den Mythus, in dem der Mensch seit jeher lebte. «Aber in welchem Mythus lebt der Mensch heute?» – «Im christlichen Mythus, könnte man sagen.» – «Lebst *du* in ihm?» fragte es in mir. «Wenn ich ehrlich sein soll, nein! Es ist nicht der Mythus, in dem ich lebe.» – «Dann haben wir keinen Mythus mehr?» – «Nein, offenbar haben wir keinen Mythus mehr.» – «Aber was ist denn dein Mythus? Der Mythus, in dem du lebst?» – Da wurde es unangenehm, und ich hörte auf zu denken. Ich war an eine Grenze gekommen.

1912, um die Weihnachtszeit, hatte ich einen Traum. Ich befand mich auf einer prächtigen italienischen Loggia mit Säulen, Marmorboden und einer Marmorbalustrade. Dort saß ich auf einem goldenen Renaissancestuhl, vor mir ein Tisch von erlesener Schönheit. Er war aus grünem Stein, wie aus Smaragd. Ich saß und schaute ins Weite, denn die Loggia befand sich hoch oben am Turm eines Schlosses. Meine Kinder befanden sich ebenfalls am Tisch.

Mit einem Mal senkte sich ein weißer Vogel herab, eine kleine Möve oder eine Taube. Anmutig ließ sie sich auf dem Tisch nieder, und ich machte den Kindern ein Zeichen, sich ruhig zu verhalten, damit sie den schönen weißen Vogel nicht verscheuchten. Alsbald verwandelte sich die Taube in ein kleines, etwa achtjähriges Mädchen mit goldblondem Haar. Es lief mit den Kindern davon, und sie spielten zusammen in den herrlichen Säulengängen des Schlosses.

Ich blieb in Gedanken versunken und dachte über das nach, was ich soeben erlebt hatte. Da kam das kleine Mädchen zurück und legte mir zärtlich den Arm um den Hals. Dann war es plötzlich verschwunden, die Taube war wieder da und sprach langsam mit menschlicher Stimme: «Nur in den ersten Stunden der Nacht kann ich mich in einen Menschen verwandeln, während der Tauber mit den zwölf Toten beschäftigt ist.» Damit entflog sie in die blaue Luft, und ich erwachte.

Das einzige, was ich über den Traum zu sagen wußte, war, daß er eine ungewöhnliche Belebung des Unbewußten anzeigte. Aber ich kannte keine Technik, um den inneren Vorgängen auf den Grund zu kommen. Was kann eine männliche Taube mit zwölf Toten zu schaffen haben? Zum Smaragdtisch fiel mir die Geschichte der «tabula smaragdina» aus der alchemistischen Legende des Hermes Trismegistos ein. Er soll eine Tafel hinterlassen haben, auf der die Essenz der alchemistischen Weisheit in griechischer Sprache eingraviert war. Ich dachte auch an die zwölf Apostel, die zwölf Monate des Jahres, die Tierkreiszeichen. Aber ich fand keine Lösung des Rätsels. Schließlich mußte ich es aufgeben. Es blieb mir nichts anderes übrig, als zu warten, weiter zu leben und auf meine Phantasien zu achten.

Damals wiederholte sich eine erschreckende Phantasie: Es war etwas Totes da, das noch lebte. Z. B. wurden Leichen in Verbrennungsöfen getan, und dann zeigte es sich, daß noch Leben in ihnen war. Diese Phantasien gipfelten und lösten sich zugleich in einem Traum:

Ich war in einer Gegend, die mich an die Alyscamps bei Arles erinnerte. Dort befindet sich eine Allee von Sarkophagen, die bis auf die Merowingerzeit zurückgehen. Im Traum kam ich von der Stadt her und sah vor mir eine ähnliche Allee mit einer langen Reihe von Gräbern. Es waren Postamente mit Steinplatten, auf denen die Toten aufgebahrt waren. Dort lagen sie in ihren altertümlichen Kleidern und mit gefalteten Händen wie in alten Grabkapellen die Ritter in ihren Rüstungen, nur mit dem Unterschied, daß die Toten in meinem Traum nicht in Stein gehauen, sondern auf eine merkwürdige Weise mumifiziert waren. Vor dem ersten Grab blieb ich stehen und betrachtete den Toten. Es war ein Mann aus den dreißiger Jahren des 19. Jahrhunderts. Interessiert schaute ich mir seine Kleider an. Plötzlich bewegte er sich und wurde lebendig. Er nahm die Hände auseinander, und ich wußte, daß das nur geschah, weil ich ihn anschaute. Mit einem unangenehmen Gefühl ging ich weiter und kam zu einem anderen Toten, der in das 18. Jahrhundert gehörte. Da geschah das gleiche: als ich ihn anschaute, wurde er lebendig und bewegte die Hände. So ging ich die ganze Reihe entlang, bis ich sozusagen in das 12. Jahrhundert kam, zu einem Kreuzfahrer im Kettenpanzer, der ebenfalls mit gefalteten Händen dalag. Seine Gestalt schien wie aus Holz geschnitzt. Lange schaute ich ihn an, überzeugt, daß er wirklich tot sei. Aber plötzlich sah ich, daß sich ein Finger der linken Hand leise zu regen begann.

Der Traum beschäftigte mich lange Zeit. Natürlich hatte ich ursprünglich Freuds Ansicht geteilt, daß sich im Unbewußten Relikte alter Erfahrungen befänden. Träume wie dieser und das wirkliche Erleben des Unbewußten führten mich zu der Einsicht, daß diese Relikte jedoch keine abgelebten Formen sind, sondern zur lebendigen Psyche gehören. Meine späteren Forschungen bestätigten diese Annahme, und im Laufe der Jahre entwickelte sich daraus die Archetypenlehre.

Die Träume beeindruckten mich, konnten mir aber über das Gefühl der Desorientiertheit nicht hinweghelfen. Im Gegenteil, ich lebte wie unter einem inneren Druck. Zeitweise war er so stark, daß ich annahm, es müsse eine psychische Störung bei mir vorliegen. Zweimal ging ich darum mein ganzes Leben mit allen Einzelheiten durch, insbesondere die Kindheitserinnerungen; denn ich dachte, es läge vielleicht etwas in meiner Vergangenheit, das als Ursache der Störung in Betracht kommen könnte. Aber die Rückschau war ergebnislos, und ich mußte mir meine Unwissenheit eingestehen. Da sagte ich mir: «Ich weiß so gar nichts, daß ich jetzt einfach das tue, was mir einfällt.» Damit überließ ich mich bewußt den Impulsen des Unbewußten.

Als erstes tauchte eine Erinnerung aus der Kindheit auf, vielleicht aus dem zehnten oder elften Jahr. Damals hatte ich leidenschaftlich mit Bausteinen gespielt. Ich erinnerte mich deutlich, wie ich Häuschen und Schlösser gebaut und Tore mit Bögen über Flaschen gewölbt hatte. Etwas später verwendete ich natürliche Steine und Lehm als Mörtel. Diese Bauten hatten mich während langer Zeit fasziniert. Zu meinem Erstaunen tauchte diese Erinnerung auf, begleitet von einer gewissen Emotion.

«Aha», sagte ich mir, «hier ist Leben! Der kleine Junge ist noch da und besitzt ein schöpferisches Leben, das mir fehlt. Aber wie kann ich dazu gelangen?» Es schien mir unmöglich, die Distanz zwischen der Gegenwart, dem erwachsenen Mann, und meinem elften Jahr zu überbrücken. Wollte ich aber den Kontakt mit jener Zeit wieder herstellen, so blieb mir nichts anderes übrig, als wieder dorthin zurückzukehren und das Kind mit seinen kindlichen Spielen auf gut Glück wieder aufzunehmen.

Dieser Augenblick war ein Wendepunkt in meinem Schicksal, denn nach unendlichem Widerstreben ergab ich mich schließlich darein zu spielen. Es ging nicht ohne äußerste Resignation und nicht ohne das schmerzhafte Erlebnis der Demütigung, nichts anderes wirklich tun zu können als zu spielen.

So machte ich mich daran, passende Steine zu sammeln, teils am Ufer des Sees, teils im Wasser, und dann begann ich zu bauen: Häuschen, ein Schloß – ein ganzes Dorf. Es fehlte noch die Kirche, und so machte ich einen quadratischen Bau mit einer sechseckigen Trommel darauf und einer quadratischen Kuppel. Zu einer Kirche gehört auch ein Altar. Aber ich scheute mich, ihn zu bauen.

Mit der Frage beschäftigt, wie ich diese Aufgabe lösen könnte, ging ich eines Tages wie gewöhnlich am See entlang und sammelte Steine im Uferkies. Plötzlich erblickte ich einen roten Stein: eine vierseitige Pyramide, etwa 4 cm hoch. Es war ein Steinsplitter, der vom Rollen im Wasser und in den Wellen in diese Form geschliffen worden war – ein reines Zufallsprodukt. Ich wußte: das ist der Altar! So setzte ich ihn in die Mitte unter die Kuppel, und während ich das tat, fiel mir der unterirdische Phallus aus meinem Kindertraum ein. Dieser Zusammenhang erweckte in mir ein Gefühl der Befriedigung.

Jeden Tag baute ich nach dem Mittagessen, wenn das Wetter es erlaubte. Kaum war ich mit dem Essen fertig, spielte ich, bis die Patienten kamen; und am Abend, wenn die Arbeit früh genug beendet war, ging ich wieder ans Bauen. Dabei klärten sich meine Gedanken, und ich konnte die Phantasien fassen, die ich ahnungsweise in mir fühlte.

Natürlich machte ich mir Gedanken über den Sinn meines Spielens und fragte mich: «Was tust du eigentlich? Du baust eine kleine Siedlung auf und vollführst das wie einen Ritus!» Ich wußte keine Antwort, aber ich besaß die innere Gewißheit, daß ich auf dem Weg zu meinem Mythus war. Das Bauen war nämlich nur ein Anfang. Er löste einen Strom von Phantasien aus, die ich später sorgfältig aufgeschrieben habe.

Dieser Typus des Geschehens hat sich bei mir fortgesetzt. Wann immer ich in meinem späteren Leben stecken blieb, malte ich ein Bild, oder bearbeitete ich Steine, und immer war das ein rite d'entrée für nachfolgende Gedanken und Arbeiten. Alles, was ich dieses Jahr [1] geschrieben habe, also «Gegenwart und Zukunft», «Ein moderner Mythus», «Über das Gewissen», ist herausgewachsen aus der Steinarbeit, die ich nach dem Tod meiner Frau [2] machte. Die Vollendung meiner Frau, das Ende, und was mir dabei klar wurde, hatten mich ungeheuer aus mir selbst herausgerissen. Da brauchte es sehr viel, um mich wieder zu stabilisieren, und die Berührung mit dem Stein hat mir geholfen.

Gegen Herbst 1913 schien sich der Druck, den ich bisher in mir gefühlt hatte, nach außen zu verlegen, so als läge etwas in der Luft; tatsächlich erschien sie mir dunkler als zuvor. Es war, als ginge es nicht mehr um eine psychische Situation, sondern um konkrete Wirklichkeit. Dieser Eindruck verstärkte sich mehr und mehr.

[1] 1957.
[2] 27. November 1955.

Im Oktober, als ich mich allein auf einer Reise befand, wurde ich plötzlich von einem Gesicht befallen: Ich sah eine ungeheure Flut, die alle nördlichen und tiefgelegenen Länder zwischen der Nordsee und den Alpen bedeckte. Die Flut reichte von England bis nach Rußland und von den Küsten der Nordsee bis fast zu den Alpen. Als sie die Schweiz erreichte, sah ich, daß die Berge höher und höher wuchsen, wie um unser Land zu schützen. Eine schreckliche Katastrophe spielte sich ab. Ich sah die gewaltigen gelben Wogen, die schwimmenden Trümmer der Kulturwerke und den Tod von ungezählten Tausenden. Dann verwandelte sich das Meer in Blut. Dieses Gesicht währte etwa eine Stunde, es verwirrte mich und machte mir übel. Ich schämte mich meiner Schwäche.

Es vergingen zwei Wochen, dann kehrte das Gesicht unter denselben Umständen wieder, nur die Verwandlung in Blut war noch schrecklicher. Eine innere Stimme sprach: «Sieh es an, es ist ganz wirklich, und es wird so sein; daran ist nicht zu zweifeln.»

Im Winter darauf fragte mich jemand, was ich über die nächste Zukunft des Weltgeschehens dächte. Ich sagte, ich dächte nichts, aber ich sähe Ströme von Blut. Das Gesicht ließ mich nicht los.

Ich fragte mich, ob die Visionen auf eine Revolution hinwiesen, konnte mir das aber nicht recht vorstellen. So zog ich den Schluß, daß sie mit mir selber zu tun hätten und nahm an, ich sei von einer Psychose bedroht. Der Gedanke an Krieg kam mir nicht.

Bald darauf, es war im Frühling und Frühsommer 1914, wiederholte sich dreimal ein Traum, daß mitten im Sommer eine arktische Kälte hereinbräche und das Land zu Eis erstarre. So sah ich z. B. die gesamte lothringische Gegend und ihre Kanäle gefroren. Alles Land war menschenleer, und alle Seen und Flüsse waren zu Eis erstarrt. Alles lebendig Grüne war erstarrt. Dieses Traumbild kam im April und Mai und das letzte Mal im Juni 1914.

Im dritten Traum war wieder eine ungeheure Kälte aus dem Weltraum hereingebrochen. Er hatte jedoch ein unvermutetes Ende: da stand ein blättertragender, aber früchteloser Baum (mein Lebensbaum, dachte ich), dessen Blätter sich durch die Einwirkung des Frostes zu süßen Weinbeeren voll heilenden Saftes verwandelt hatten. Ich pflückte die Trauben und schenkte sie einer großen harrenden Menge.

Ende Juli 1914 war ich von der British Medical Association nach Aberdeen eingeladen worden, wo ich an einem Kongreß einen

Vortrag halten sollte über «Die Bedeutung des Unbewußten in der Psychopathologie [3]». Ich war darauf gefaßt, daß etwas geschehen würde; denn solche Visionen und Träume sind Schicksal. In meinem damaligen Zustand und bei meinen Befürchtungen schien es mir sogar wie Schicksal, daß ich gerade damals über die Bedeutung des Unbewußten sprechen mußte.

Am 1. August brach der Weltkrieg aus. Jetzt stand meine Aufgabe fest: ich mußte zu verstehen suchen, was geschah, und inwiefern mein eigenes Erleben mit dem der Kollektivität zusammenhing. Darum hatte ich mich zuerst einmal auf mich selber zu besinnen. Den Anfang dazu bildete die Aufzeichnung der Phantasien, welche mir während des Bauspielens gekommen waren. Diese Arbeit trat nun in den Vordergrund.

Es war ein unaufhörlicher Strom von Phantasien, der dadurch ausgelöst wurde, und ich tat mein Möglichstes, um die Orientierung nicht zu verlieren und einen Weg zu finden. Ich stand hilflos in einer fremdartigen Welt, und alles erschien mir schwierig und unverständlich. Ich lebte ständig in einer intensiven Spannung, und es kam mir oft vor, als ob riesige Blöcke auf mich herunterstürzten. Ein Donnerwetter löste das andere ab. Daß ich es aushielt, war eine Frage der brutalen Kraft. Andere sind daran zerbrochen. Nietzsche und auch Hölderlin und viele andere. Aber es war eine dämonische Kraft in mir, und von Anfang an stand es für mich fest, daß ich den Sinn dessen finden mußte, was ich in den Phantasien erlebte. Das Gefühl, einem höheren Willen zu gehorchen, wenn ich dem Ansturm des Unbewußten standhielte, war unabweislich und blieb richtunggebend in der Bewältigung der Aufgabe [4].

Ich war oft so aufgewühlt, daß ich die Emotionen durch Yogaübungen ausschalten mußte. Da es aber mein Ziel war, zu erfahren, was in mir vorging, machte ich sie nur solange, bis ich mir Ruhe geschaffen hatte und die Arbeit mit dem Unbewußten wieder aufnehmen konnte. Sobald ich das Gefühl hatte, wieder ich selber zu sein, gab ich die Kontrolle auf und ließ den Bildern und inneren Stimmen erneut das Wort. Der Inder hingegen macht Yogaübun-

[3] Der Vortrag erschien englisch unter dem Titel «On the Importance of the Unconscious in Psychopathology» in dem «British Medical Journal», London II, 1914.

[4] Als Jung von diesen Erinnerungen sprach, klang noch immer die Erregung nach. «Froh dem Tode entronnen zu sein» (Odyssee) schlug er als Motto zu dem Kapitel vor. A. J.

gen zu dem Zweck, die Vielfalt der psychischen Inhalte und Bilder vollständig zu eliminieren.

In dem Maße, wie es mir gelang, die Emotionen in Bilder zu übersetzen, d. h. diejenigen Bilder zu finden, die sich in ihnen verbargen, trat innere Beruhigung ein. Wenn ich es bei der Emotion belassen hätte, wäre ich womöglich von den Inhalten des Unbewußten zerrissen worden. Vielleicht hätte ich sie abspalten können, wäre dann aber unweigerlich in eine Neurose geraten, und schließlich hätten mich die Inhalte doch zerstört. Mein Experiment verschaffte mir die Erkenntnis, wie hilfreich es vom therapeutischen Gesichtspunkt aus ist, die hinter den Emotionen liegenden Bilder bewußt zu machen.

Ich schrieb die Phantasien auf, so gut ich konnte und gab mir Mühe, auch den psychischen Voraussetzungen, unter denen sie aufgetaucht waren, Ausdruck zu verleihen. Doch konnte ich das nur in sehr unbeholfener Sprache tun. Zuerst formulierte ich die Phantasien, wie ich sie wahrgenommen hatte, meist in einer «gehobenen Sprache», denn sie entspricht dem Stil der Archetypen. Die Archetypen reden pathetisch und sogar schwülstig. Der Stil ihrer Sprache ist mir peinlich und geht gegen mein Gefühl, wie wenn jemand mit Nägeln an einer Gipswand oder mit dem Messer auf dem Teller kratzt. Aber ich wußte ja nicht, um was es ging. So hatte ich keine Wahl. Es blieb mir nichts übrig, als alles in dem vom Unbewußten selbst gewählten Stil aufzuschreiben. Manchmal war es, wie wenn ich es mit den Ohren hörte. Manchmal fühlte ich es mit dem Munde, wie wenn meine Zunge Worte formulierte; und dann kam es vor, daß ich mich selbst Worte flüstern hörte. Unter der Schwelle des Bewußtseins war alles lebendig.

Von Anfang an hatte ich die Konfrontation mit dem Unbewußten als wissenschaftliches Experiment aufgefaßt, das ich mit mir selber anstellte und an dessen Ausgang ich vital interessiert war. Heute könnte ich allerdings auch sagen: es war ein Experiment, das mit mir angestellt wurde. Eine der größten Schwierigkeiten lag für mich darin, mit meinen negativen Gefühlen fertig zu werden. Ich überließ mich freiwillig den Emotionen, die ich doch nicht billigen konnte. Ich schrieb die Phantasien auf, welche mir oft wie Unsinn vorkamen und gegen die ich Widerstände empfand. Denn so lange man ihren Sinn nicht versteht, sind sie ein höllisches Gemisch von Erhabenem und Lächerlichem. Es hat mich viel gekostet durchzuhalten, aber ich wurde vom Schicksal dazu herausgefordert. Nur mit höchster Anstrengung konnte ich mich schließlich aus dem Labyrinth befreien.

Um die Phantasien, die mich unterirdisch bewegten, zu fassen, mußte ich mich sozusagen in sie hinunterfallen lassen. Dagegen empfand ich nicht nur Widerstände, sondern ich fühlte auch ausgesprochene Angst. Ich fürchtete, meine Selbstkontrolle zu verlieren und eine Beute des Unbewußten zu werden, und was das heißt, war mir als Psychiater nur allzuklar. Ich mußte jedoch wagen, mich dieser Bilder zu bemächtigen. Wenn ich es nicht täte, riskierte ich, daß sie sich meiner bemächtigten. Ein wichtiges Motiv bei diesen Erwägungen bildete der Umstand, daß ich von meinen Patienten nichts erwarten konnte, was ich selber nicht zu tun wagte. Die Ausrede, daß neben dem Patienten ein Helfer stünde, wollte nicht verfangen. Ich wußte, daß der sogenannte Helfer, d. h. ich, die Materie noch nicht aus eigener Anschauung kannte, sondern daß ich höchstens einige theoretische Vorurteile von zweifelhaftem Wert darüber besaß. Der Gedanke, daß ich die abenteuerliche Unternehmung, in die ich mich verstrickte, schließlich nicht nur für mich persönlich, sondern auch für meine Patienten wagte, hat mir in mehreren kritischen Phasen mächtig geholfen.

Es war in der Adventszeit des Jahres 1913, als ich mich zum entscheidenden Schritt entschloß (12. Dez.). Ich saß an meinem Schreibtisch und überdachte noch einmal meine Befürchtungen, dann ließ ich mich fallen. Da war es mir, als ob der Boden im wörtlichen Sinne unter mir nachgäbe, und als ob ich in eine dunkle Tiefe sauste. Ich konnte mich eines Gefühls von Panik nicht erwehren. Aber plötzlich und nicht allzutief kam ich in einer weichen, stickigen Masse auf die Füße zu stehen – zu meiner großen Erleichterung. Jedoch befand ich mich in einer fast völligen Finsternis. Nach einiger Zeit gewöhnten sich meine Augen an die Dunkelheit, die nun einer tiefen Dämmerung glich. Vor mir lag der Eingang zu einer dunkeln Höhle, und dort stand ein Zwerg. Er erschien mir wie aus Leder, so als ob er mumifiziert wäre. Ich drängte mich an ihm vorbei durch den engen Eingang und watete durch knietiefes, eiskaltes Wasser zum anderen Ende der Höhle. Dort befand sich auf einem Felsband ein roter, leuchtender Kristall. Ich faßte den Stein, hob ihn auf und entdeckte, daß darunter ein Hohlraum war. Zunächst konnte ich nichts erkennen, aber schließlich erblickte ich strömendes Wasser in der Tiefe. Eine

Leiche schwamm vorbei, ein Jüngling mit blondem Haar, am Kopf verwundet. Ihm folgte ein riesiger schwarzer Skarabäus, und dann erschien, aus der Wassertiefe auftauchend, eine rote, neugeborene Sonne. Geblendet vom Licht, wollte ich den Stein wieder auf die Öffnung legen, da drängte sich jedoch eine Flüssigkeit durch die Öffnung. Es war Blut! Ein dicker Strahl sprang auf und ich empfand Übelkeit. Der Blutstrom währte, wie mir schien, unerträglich lange. Endlich versiegte er, und damit war die Vision zu Ende.

Ich war von den Bildern aufs Tiefste bestürzt. Natürlich sah ich, daß die pièce de résistance ein Helden- und Sonnenmythus war, ein Drama von Tod und Wiedererneuerung. Die Wiedergeburt war verdeutlicht durch den ägyptischen Skarabäus. Am Ende hätte der neue Tag folgen sollen. Stattdessen kam der unerträgliche Blutstrom, ein durchaus abnormes Phänomen, wie mir schien. Da fiel mir aber meine Blutvision vom Herbst desselben Jahres ein, und ich gab jeden weiteren Versuch zu verstehen auf.

Sechs Tage später (18. Dezember 1913) hatte ich folgenden Traum:

Ich fand mich mit einem unbekannten braunhäutigen Jüngling, einem Wilden, in einem einsamen, felsigen Gebirge. Es war vor Tagesanbruch, der östliche Himmel war schon hell, und die Sterne waren am Erlöschen. Da tönte über die Berge das Horn Siegfrieds, und ich wußte, daß wir ihn umbringen müßten. Wir waren mit Gewehren bewaffnet und lauerten ihm an einem schmalen Felspfad auf.

Plötzlich erschien Siegfried hoch oben auf dem Grat des Berges im ersten Strahl der aufgehenden Sonne. Auf einem Wagen aus Totengebein fuhr er in rasendem Tempo den felsigen Abhang hinunter. Als er um eine Ecke bog, schossen wir auf ihn, und er stürzte, zu Tode getroffen.

Voll Ekel und Reue, etwas so Großes und Schönes zerstört zu haben, wandte ich mich zur Flucht, getrieben von Angst, man könnte den Mord entdecken. Da begann ein gewaltiger Regen niederzurauschen, und ich wußte, daß er alle Spuren der Tat verwischen würde. Der Gefahr, entdeckt zu werden, war ich entronnen, das Leben konnte weiter gehen, aber es blieb ein unerträgliches Schuldgefühl.

Als ich aus dem Traum erwachte, dachte ich über ihn nach, aber es war mir unmöglich, ihn zu verstehen. So versuchte ich wieder einzuschlafen, aber eine Stimme sagte: «Du mußt den Traum verstehen, und zwar sofort!» Das innere Drängen steigerte sich bis zu dem furchtbaren Augenblick, als die Stimme sagte: «Wenn du den Traum nicht verstehst, mußt du dich erschießen!» In meinem Nachttisch lag ein geladener Revolver, und es wurde mir angst. Da begann ich noch einmal nachzudenken, und plötzlich ging mir der Sinn des Traumes auf: «Das ist ja das Problem, das in der Welt gespielt wird!» Siegfried stellt das dar, was die Deutschen verwirklichen wollten, nämlich den eigenen Willen heldenhaft durchzusetzen. «Wo ein Wille, da ist ein Weg!» Dasselbe wollte auch ich. Aber das war nun nicht mehr möglich. Der Traum zeigte, daß die Einstellung, welche durch Siegfried, den Helden, verkörpert war, nicht mehr zu mir paßte. Darum mußte er umgebracht werden.

Nach der Tat empfand ich ein überwältigendes Mitgefühl, so als sei ich selber erschossen worden. Darin drückte sich meine geheime Identität mit dem Helden aus, sowie das Leiden, das der Mensch erlebt, wenn er gezwungen wird, sein Ideal und seine bewußte Einstellung zu opfern. Doch dieser Identität mit dem Heldenideal mußte ein Ende gesetzt werden; denn es gibt Höheres, dem man sich unterwerfen muß, als der Ich-Wille.

Diese Gedanken genügten fürs erste, und ich schlief wieder ein.

Der braunhäutige Wilde, der mich begleitet und die eigentliche Initiative zur Tat ergriffen hatte, ist eine Verkörperung des primitiven Schattens. Der Regen zeigt an, daß die Spannung zwischen Bewußtsein und Unbewußtem sich löste.

Obwohl es mir damals noch nicht möglich war, den Sinn des Traums über die wenigen Andeutungen hinaus zu verstehen, wurden neue Kräfte frei, die mir halfen, das Experiment mit dem Unbewußten zu Ende zu führen.

Um die Phantasien zu fassen, stellte ich mir oft einen Abstieg vor. Einmal bedurfte es sogar mehrerer Versuche, um in die Tiefe zu gelangen. Das erste Mal erreichte ich sozusagen eine Tiefe von dreihundert Metern, das nächste Mal war es schon eine kosmische Tiefe. Es war wie eine Fahrt zum Mond, oder wie ein Abstieg ins Leere. Zuerst kam das Bild eines Kraters, und ich hatte das Gefühl, ich sei im Totenland. Am Fuß einer hohen Felswand erblickte ich zwei Gestalten, einen alten Mann mit weißem Bart und ein schönes junges Mädchen. Ich nahm meinen Mut zusammen und trat ihnen wie wirklichen Menschen gegenüber. Aufmerksam hörte ich auf

Bollingen, 1958

das, was sie mir sagten. Der Alte erklärte, er sei Elias, und das versetzte mir einen Schock. Das Mädchen brachte mich fast noch mehr aus der Fassung, denn sie nannte sich Salome! Sie war blind. Was für ein seltsames Paar: Salome und Elias! Doch Elias versicherte, er und Salome gehörten von Ewigkeit her zusammen, und das verwirrte mich vollends. Mit ihnen lebte eine schwarze Schlange, die offensichtlich Zuneigung für mich an den Tag legte. Ich hielt mich an Elias, weil er der vernünftigste von den dreien zu sein und über einen guten Verstand zu verfügen schien. Salome gegenüber war ich mißtrauisch. Elias und ich führten ein längeres Gespräch, dessen Sinn ich aber nicht erfassen konnte.

Natürlich versuchte ich mir das Auftreten der biblischen Gestalten in meiner Phantasie dadurch plausibel zu machen, daß mein Vater Pfarrer gewesen war. Aber damit war noch nichts erklärt. Denn was bedeutet der Alte? Was bedeutet Salome? Warum sind sie zusammen? Erst Jahre später, als ich viel mehr wußte, erschien mir die Verbindung des alten Mannes mit dem jungen Mädchen durchaus natürlich.

In solchen Traumwanderungen begegnet man nämlich häufig einem alten Mann, der von einem jungen Mädchen begleitet ist, und in vielen mythischen Erzählungen finden sich Beispiele für dieses Paar. So ist nach gnostischer Überlieferung Simon Magus mit einem jungen Mädchen herumgezogen, das er in einem Bordell aufgelesen haben soll. Sie hieß Helena und galt als Reinkarnation der trojanischen Helena. Klingsor und Kundry, Laotse und die Tänzerin gehören ebenfalls hierher.

In meiner Phantasie befand sich, wie schon erwähnt, neben Elias und Salome noch eine dritte Figur, die große schwarze Schlange. In den Mythen ist die Schlange häufig Gegenspielerin des Helden. Es gibt zahlreiche Berichte über ihre Verwandtschaft. So heißt es z. B., der Held habe Schlangenaugen; oder er würde nach seinem Tode in eine Schlange verwandelt, und er wurde als solche verehrt; oder die Schlange sei seine Mutter usw. In meiner Phantasie kündet also die Anwesenheit der Schlange einen Heldenmythus an.

Salome ist eine Animafigur. Sie ist blind, weil sie den Sinn der Dinge nicht sieht. Elias ist die Figur des alten weisen Propheten und stellt das erkennende Element dar, Salome das erotische. Man könnte sagen, die beiden Gestalten seien Verkörperungen von Logos und Eros. Aber eine solche Definition wäre bereits zu intellektuell. Es ist sinnvoller, die Gestalten zunächst einmal als das zu belassen, was sie mir damals erschienen, nämlich als Verdeutlichungen unbewußter Hintergrundsvorgänge.

Bald nach dieser Phantasie tauchte eine andere Gestalt aus dem Unbewußten auf. Sie hatte sich aus der Figur des Elias entwickelt. Ich nannte sie Philemon. Philemon war ein Heide und brachte eine ägyptisch-hellenistische Stimmung mit einer gnostischen Färbung herauf. Seine Gestalt erschien mir zuerst in einem Traum:

Es war blauer Himmel, aber er schien wie das Meer. Er war bedeckt – nicht von Wolken, sondern von braunen Erdschollen. Es sah aus, als ob die Schollen auseinanderbrächen und das blaue Wasser des Meeres dazwischen sichtbar würde. Das Wasser war aber der blaue Himmel. Plötzlich schwebte von rechts her ein geflügeltes Wesen herbei. Es war ein alter Mann mit Stierhörnern. Er trug einen Bund mit vier Schlüsseln und hielt den einen so, wie wenn er im Begriff stünde, ein Schloß aufzuschließen. Er war geflügelt, und seine Flügel waren wie diejenigen des Eisvogels mit ihren charakteristischen Farben.

Da ich das Traumbild nicht verstand, malte ich es, um es mir besser zu veranschaulichen. In den Tagen, als ich damit beschäftigt war, fand ich am Seeufer meines Gartens einen toten Eisvogel! Ich war wie vom Donner gerührt! Nur ganz selten sieht man Eisvögel in der Umgebung von Zürich. Darum war ich von diesem anscheinend zufälligen Zusammentreffen so betroffen. Die Leiche war noch frisch, höchstens zwei bis drei Tage alt, und wies keine äußeren Verletzungen auf.

Philemon und andere Phantasiegestalten brachten mir die entscheidende Erkenntnis, daß es Dinge in der Seele gibt, die nicht ich mache, sondern die sich selber machen und ihr eigenes Leben haben. Philemon stellte eine Kraft dar, die ich nicht war. Ich führte Phantasiegespräche mit ihm, und er sprach Dinge aus, die ich nicht bewußt gedacht hatte. Ich nahm genau wahr, daß er es war, der redete und nicht ich. Er erklärte mir, daß ich mit den Gedanken so umginge, als hätte ich sie selbst erzeugt, während sie nach seiner Ansicht eigenes Leben besäßen wie Tiere im Walde, oder Menschen in einem Zimmer, oder wie Vögel in der Luft: «Wenn du Menschen in einem Zimmer siehst, würdest du auch nicht sagen, du hättest sie gemacht, oder du seist für sie verantwortlich», belehrte er mich. So brachte er mir allmählich die psychische Objektivität, die «Wirklichkeit der Seele» bei.

Durch die Gespräche mit Philemon verdeutlichte sich mir die Unterschiedenheit zwischen mir und meinem gedanklichen Objekt. Auch er war mir sozusagen objektiv gegenübergetreten, und ich verstand, daß etwas in mir ist, was Dinge aussprechen kann, die ich nicht weiß und nicht meine, Dinge, die vielleicht sogar gegen mich gerichtet sind.

Psychologisch stellte Philemon eine überlegene Einsicht dar. Er war für mich eine geheimnisvolle Figur. Zu Zeiten kam er mir fast wie physisch real vor. Ich ging mit ihm im Garten auf und ab, und er war mir das, was die Inder als Guru bezeichnen.

Jedesmal, wenn sich eine neue Personifikation abzeichnete, empfand ich es beinahe als eine persönliche Niederlage. Es hieß: «Auch das hast du solange nicht gewußt!» und Angst beschlich mich, daß die Reihe solcher Gestalten vielleicht endlos sein und ich mich in Abgründe bodenloser Unwissenheit verlieren könnte. Mein Ich fühlte sich entwertet, obwohl reichliche äußere Erfolge mich eines «Besseren» hätten belehren können. Ich hätte mir damals in meinen «Finsternissen» (Horridas nostrae mentis purga tenebras, sagt die Aurora Consurgens[5]) nichts Besseres gewünscht als einen wirklichen, konkreten Guru, einen überlegen Wissenden und Könnenden, der mir die unwillkürlichen Schöpfungen meiner Phantasie entwirrt hätte. Diese Aufgabe übernahm Philemon, den ich in dieser Hinsicht nolens volens als Psychagogen anerkennen mußte. Er hat mir in der Tat erleuchtende Gedanken vermittelt.

Mehr als fünfzehn Jahre später besuchte mich ein älterer und hochgebildeter Inder, ein Freund Gandhis, und wir unterhielten uns über indische Erziehung, speziell über die Beziehung von Guru und Chelah. Ich fragte ihn zögernd, ob er mir vielleicht Auskunft geben könnte über Natur und Charakter seines eigenen Guru, worauf er in einem matter-of-fact-Ton antwortete: «Oh ja, es war Chankaracharya.»

«Sie meinen doch nicht den Kommentator der Veden?», bemerkte ich. «Der ist doch vor vielen Jahrhunderten gestorben.»

«Ja, den meine ich», sagte er zu meinem größten Erstaunen.

«Sie meinen also einen Geist?» fragte ich.

«Natürlich war es ein Geist», bestätigte er.

In diesem Augenblick fiel mir Philemon ein.

[5] Eine alchemistische, dem Thomas von Aquin zugeschriebene Schrift. Übers.: Reinige die schrecklichen Finsternisse unseres Geistes.

«Es gibt auch geistige Gurus», fügte er bei. «Die meisten haben lebende Menschen als Gurus. Es gibt aber immer wieder solche, welche einen Geist zum Lehrer haben.»

Diese Nachricht war mir ebenso tröstlich wie erleuchtend. Ich war also keineswegs aus der Menschenwelt herausgefallen, sondern hatte nur das erfahren, was Menschen, die ähnlicher Bemühung obliegen, begegnen kann.

Später wurde Philemon relativiert durch das Heraufkommen einer anderen Gestalt, die ich als Ka bezeichnete. Im alten Ägypten galt der «Ka des Königs» als dessen irdische Form, als Gestaltseele. In meiner Phantasie kam die Ka-Seele von unten aus der Erde wie aus einem tiefen Schacht. Ich malte sie in ihrer erdhaften Gestalt, als eine Herme, deren Sockel aus Stein und deren Oberteil aus Bronze besteht. Ganz oben im Bild erscheint ein Flügel des Eisvogels, und zwischen ihm und dem Kopf des Ka schwebt ein runder, leuchtender Sternnebel. Der Ausdruck des Ka hat etwas Dämonisches, man könnte auch sagen: Mephistophelisches. In der einen Hand hält er ein Gebilde, ähnlich einer farbigen Pagode oder einem Reliquienschrein und in der anderen einen Stylus, mit dem er daran arbeitet. Er sagt von sich: «Ich bin der, der die Götter in Gold und Edelsteinen begräbt.»

Philemon hat einen lahmen Fuß, ist aber ein geflügelter Geist, während Ka eine Art Erd- oder Metalldämon darstellt. Philemon ist der geistige Aspekt, «der Sinn», Ka dagegen ein Naturgeist wie das Anthroparion der griechischen Alchemie, die mir damals allerdings noch nicht bekannt war[6]. Ka ist derjenige, der alles wirklich macht, der aber den Eisvogelgeist, den Sinn, verschleiert oder ihn durch Schönheit, den «ewigen Abglanz», ersetzt.

Mit der Zeit konnte ich beide Gestalten integrieren. Das Studium der Alchemie half mir dabei.

Während ich an den Phantasien schrieb, fragte ich mich einmal: «Was tue ich eigentlich? Bestimmt hat es mit Wissenschaft nichts zu tun. Also was ist es dann?» Da sagte eine Stimme in mir: «Es ist Kunst.» Ich war höchst erstaunt, denn es wäre mir nicht in den Sinn gekommen, daß meine Phantasien etwas mit Kunst zu tun

[6] Anthroparion ist ein «Menschlein», eine Art Homunculus. In die Gruppe der Anthroparien gehören die Erzmännchen, die Daktylen der Antike, der Homunculus der Alchemisten. Auch der alchemistische Mercurius war, als Geist des Quecksilbers, ein Anthroparion. A. J.

haben könnten, sagte mir aber: «Vielleicht hat mein Unbewußtes eine Persönlichkeit geformt, die nicht Ich bin, und die mit ihrer eigenen Ansicht zu Worte kommen möchte.» Ich wußte, daß die Stimme von einer Frau stammte und erkannte sie als die Stimme einer Patientin, einer begabten Psychopathin, die eine starke Übertragung auf mich hatte. Sie war zu einer lebendigen Gestalt in meinem Innern geworden.

Natürlich war das, was ich tat, nicht Wissenschaft. Was anderes konnte es also sein als Kunst? Es schien auf der ganzen Welt nur diese zwei Möglichkeiten zu geben! Das ist die typisch weibliche Art zu argumentieren.

Mit Nachdruck und voller Widerstände erklärte ich der Stimme, daß meine Phantasien mit Kunst nichts zu tun hätten. Da schwieg sie, und ich fuhr fort zu schreiben. Dann kam eine nächste Attacke – die gleiche Behauptung: «Das ist Kunst.» Wiederum protestierte ich: «Nein, das ist es nicht. Im Gegenteil, es ist Natur.» Ich machte mich auf neuen Widerspruch und Streit gefaßt; als aber nichts erfolgte, überlegte ich, daß die «Frau in mir» kein Sprachzentrum besäße, und schlug ihr vor, sich meiner Sprache zu bedienen. Sie nahm den Vorschlag an und erklärte sogleich ihren Standpunkt in einer langen Rede.

Es interessierte mich außerordentlich, daß eine Frau aus meinem Innern sich in meine Gedanken einmischte. Wahrscheinlich, so dachte ich, handelt es sich um die «Seele» im primitiven Sinn, und ich fragte mich, warum die Seele als «anima» bezeichnet worden sei. Warum stellte man sie sich als weiblich vor? Später sah ich, daß es sich bei der weiblichen Figur in mir um eine typische oder archetypische Gestalt im Unbewußten des Mannes handelt, und ich bezeichnete sie als «Anima». Die entsprechende Figur im Unbewußten der Frau nannte ich «Animus».

Zuerst war es der negative Aspekt der Anima, der mich beeindruckte. Ich empfand Scheu vor ihr wie vor einer unsichtbaren Präsenz. Dann versuchte ich, mich anders auf sie zu beziehen und betrachtete die Aufzeichnungen meiner Phantasien als an sie gerichtete Briefe. Ich schrieb sozusagen an einen Teil meiner selbst, der einen anderen Standpunkt vertrat als mein Bewußtsein – und erhielt überraschende und ungewöhnliche Antworten. Ich kam mir vor wie ein Patient in Analyse bei einem weiblichen Geist! Jeden Abend machte ich mich an meine Aufzeichnungen; denn ich dachte: Wenn ich der Anima nicht schreibe, kann sie meine Phantasien nicht fassen. – Es gab aber noch einen anderen Grund für meine Gewissenhaftigkeit: das Geschriebene konnte die Anima nicht verdrehen, sie konnte keine Intrigen daraus spinnen. In dieser Beziehung macht es einen gewaltigen Unterschied, ob man lediglich im Sinn hat, etwas zu erzählen, oder ob man es wirklich niederschreibt. In meinen «Briefen» versuchte ich, so ehrlich wie möglich zu sein, der alten griechischen Weisung folgend: «Gib weg von dir, was du besitzest, und du wirst empfangen.»

Nur allmählich lernte ich, zwischen meinen Gedanken und den Inhalten der Stimme zu unterscheiden. Wenn sie mir z. B. Banalitäten unterschieben wollte, sagte ich: «Das ist richtig, so habe ich früher einmal gedacht und gefühlt. Aber ich bin nicht verpflichtet, mich bis an mein Lebensende dabei behaften zu lassen. Wozu diese Demütigung?»

Worauf es vor allem ankommt, ist die Unterscheidung zwischen dem Bewußtsein und den Inhalten des Unbewußten. Diese muß man sozusagen isolieren, und das geschieht am leichtesten, indem man sie personifiziert und dann vom Bewußtsein her einen Kontakt mit ihnen herstellt. Nur so kann man ihnen die Macht entziehen, die sie sonst auf das Bewußtsein ausüben. Da die Inhalte des Unbewußten einen gewissen Grad von Autonomie besitzen, bietet diese Technik keine besonderen Schwierigkeiten. Etwas ganz anderes ist es, sich überhaupt mit der Tatsache der Autonomie unbewußter Inhalte zu befreunden. Und doch liegt gerade hierin die Möglichkeit, mit dem Unbewußten umzugehen.

In Wirklichkeit übte die Patientin, deren Stimme in mir sprach, einen verhängnisvollen Einfluß auf Männer aus. Es war ihr gelungen, einem Kollegen von mir einzureden, er sei ein mißverstandener Künstler. Er hat's geglaubt und ist daran zerbrochen. Die Ursache für sein Versagen? Er lebte nicht aus seiner eigenen Anerkennung, sondern von der Anerkennung der anderen. Das ist gefährlich. Es hat ihn unsicher und den Insinuationen der Anima zugänglich gemacht; denn was sie sagt, ist oft von einer verführerischen Kraft und einer abgründigen Schlauheit.

Wären mir die Phantasien des Unbewußten als Kunst erschienen, so hätte ich sie mit meinem inneren Auge betrachten oder wie einen Film abrollen sehen können. Es hätte ihnen nicht mehr Überzeugungskraft innegewohnt als irgendeiner Sinneswahrnehmung, und eine ethische Verpflichtung ihnen gegenüber wäre mir nicht erwachsen. Die Anima hätte auch mir einreden können, ich sei ein mißverstandener Künstler, und mein soi-disant Künstlertum verleihe mir das Recht, die Realität zu vernachlässigen. Wäre ich aber ihrer Stimme gefolgt, so hätte sie mir höchst wahrscheinlich eines Tages gesagt: «Bildest du dir etwa ein, der Unsinn, den du betreibst, sei Kunst? Davon ist keine Rede.» Die Zweideutigkeit der Anima, Sprachrohr des Unbewußten, kann einen Mann in Grund und Boden vernichten. Ausschlaggebend ist letzten Endes immer das Bewußtsein, das die Manifestationen des Unbewußten versteht und ihnen gegenüber Stellung nimmt.

Aber die Anima hat auch einen positiven Aspekt. Sie ist es, welche die Bilder des Unbewußten dem Bewußtsein vermittelt, und darauf kam es mir hauptsächlich an. Während Jahrzehnten habe ich mich immer an die Anima gewandt, wenn ich fühlte, daß meine Affektivität gestört und ich in Unruhe versetzt war. Dann war etwas im Unbewußten konstelliert. In solchen Augenblicken fragte ich die Anima: «Was hast du jetzt wieder? Was siehst du? Ich möchte das wissen!» – Nach einigen Widerständen produzierte sie regelmäßig das Bild, das sie schaute. Sobald das Bild da war, verschwand die Unruhe oder die Bedrückung. Die gesamte Energie meiner Emotionen verwandelte sich in Interesse und Neugier für seinen Inhalt. Dann sprach ich mit der Anima über die Bilder; denn ich mußte sie so gut wie möglich verstehen, ebenso wie einen Traum.

Heute brauche ich die Gespräche mit der Anima nicht mehr, denn ich habe keine solchen Emotionen mehr. Aber wenn ich sie hätte, würde ich in gleicher Weise vorgehen. Heute sind mir die Ideen unmittelbar bewußt, weil ich gelernt habe, die Inhalte des Unbewußten anzunehmen und zu verstehen. Ich weiß, wie ich mich den inneren Bildern gegenüber verhalten muß. Ich kann den Sinn der Bilder direkt aus meinen Träumen ablesen und brauche darum keine Vermittlerin mehr.

Die Phantasien, die mir damals kamen, schrieb ich zuerst ins «Schwarze Buch», später übertrug ich sie in das «Rote Buch», das ich auch mit Bildern ausschmückte[7]. Es enthält die meisten meiner Mandalazeichnungen. Ich habe den untauglichen Versuch einer ästhetischen Elaboration meiner Phantasien im «Roten Buch» unter-

[7] Das «Schwarze Buch» umfaßt sechs in schwarzes Leder gebundene kleinere Bände; das «Rote Buch», ein in rotes Leder gebundener Folioband, enthält die gleichen Phantasien in ausgearbeiteter Form und Sprache und in kalligraphischer gotischer Schrift, nach Art mittelalterlicher Handschriften. A. J.

nommen, doch ist er nie beendet worden [8]. Es wurde mir bewußt, daß ich noch nicht die richtige Sprache sprach, daß ich sie noch übersetzen mußte. So habe ich das Ästhetisieren beizeiten aufgegeben und mich ernsthaft um das Verstehen bemüht. Ich sah, daß soviel Phantasie festen Bodens bedurfte, und daß ich zuerst ganz in die menschliche Wirklichkeit zurückkommen mußte. Diese Wirklichkeit war für mich das wissenschaftliche Verständnis. Aus den Einsichten, die mir das Unbewußte vermittelt hatte, mußte ich konkrete Schlüsse ziehen – und das ist der Inhalt meiner Lebensarbeit geworden.

Die ästhetisierende Elaboration im «Roten Buch» war notwendig, so sehr ich mich auch über sie geärgert habe; denn erst mit ihr kam die Einsicht in die ethische Verpflichtung den Bildern gegenüber. Sie hat meine Lebensführung entscheidend beeinflußt. Es wurde mir klar, daß keine noch so vollkommene Sprache das Leben ersetzt. Wenn sie das Leben zu ersetzen versucht, wird nicht nur sie, sondern auch das Leben verdorben. Um die Befreiung von der Tyrannei unbewußter Voraussetzungen zu erringen, braucht es beides: die Einlösung der intellektuellen sowohl wie der ethischen Verpflichtung.

Es ist natürlich eine Ironie, daß ich als Psychiater bei meinem Experiment sozusagen auf Schritt und Tritt demjenigen psychischen Material begegnet bin, das die Bausteine einer Psychose liefert, und das man darum auch im Irrenhaus findet. Es ist jene Welt unbewußter Bilder, die den Geisteskranken in fatale Verwirrung setzt, aber zugleich auch eine Matrix der mythenbildenden Phantasie, die unserem rationalen Zeitalter entschwunden ist. Die mythische Phantasie ist zwar überall vorhanden, aber sie ist ebensosehr verpönt wie gefürchtet, und es erscheint sogar als riskiertes Experiment oder als zweifelhaftes Abenteuer, sich dem unsicheren Pfad, der in die Tiefen des Unbewußten führt, anzuvertrauen. Er gilt als ein Pfad des Irrtums, der Zweideutigkeit und des Mißverständnisses. Ich denke an Goethes Wort: «Vermesse dich, die Pforten aufzureißen, an denen jeder gern vorüberschleicht ...» Faust II ist jedoch mehr als ein literarischer Versuch. Er ist ein Glied in der Aurea Catena [9],

[8] Vergl. Appendix pag. 387 f.

[9] «Aurea Catena» (Goldene Kette) ist eine Anspielung auf eine alchemistische Schrift «Aurea Catena Homeri» (1723). Es ist damit eine Kette weiser Männer gemeint, die, beginnend mit Hermes Trismegistos, Erde und Himmel verbinden. A. J.

welche, von den Anfängen der philosophischen Alchemie und des Gnostizismus bis zu Nietzsches Zarathustra – meist unpopulär, zweideutig und gefährlich – eine Entdeckungsreise zum andern Pol der Welt darstellt.

Natürlich brauchte ich gerade in der Zeit, als ich an den Phantasien arbeitete, einen Halt in «dieser Welt», und ich kann sagen, das war mir die Familie und die Berufsarbeit. Es war mir vital notwendig, auch ein selbstverständliches rationales Leben zu führen, als Gegengewicht zu der fremden Innenwelt. Die Familie und der Beruf blieben für mich die Basis, zu der ich immer zurückkehren konnte, und die mir bewies, daß ich ein wirklich vorhandener gewöhnlicher Mensch war. Die Inhalte des Unbewußten konnten mich bisweilen außer Rand und Band bringen. Aber die Familie und das Wissen: ich habe ein Ärztediplom, ich muß meinen Patienten helfen, ich habe eine Frau und fünf Kinder, und ich wohne an der Seestraße 228 in Küsnacht – das waren Tatsächlichkeiten, die mich anforderten. Sie bewiesen mir Tag für Tag, daß ich wirklich existierte und nicht nur ein vom Geistwind umgetriebenes Blatt war wie ein Nietzsche. Nietzsche hatte den Boden unter den Füßen verloren, weil er nichts anderes besaß als die innere Welt seiner Gedanken – die überdies ihn mehr besaß als er sie. Er war entwurzelt und schwebte über der Erde, und deshalb verfiel er der Übertreibung und der Unwirklichkeit. Diese Unrealität war für mich der Inbegriff des Grauens, denn ich meinte ja *diese* Welt und *dieses* Leben. Auch wenn ich noch so sehr versunken und umgetrieben war, wußte ich doch immer, daß alles, was ich erlebte, dieses mein wirkliches Leben meinte, dessen Umfang und Sinn ich zu erfüllen trachtete. Meine Devise war: Hic Rhodus, hic salta!

So waren meine Familie und mein Beruf immer eine beglückende Realität und eine Garantie, daß ich normal und wirklich existierte.

Ganz allmählich zeichnete sich in mir eine Wandlung ab. Im Jahre 1916 spürte ich einen Drang zur Gestaltung: Ich wurde sozusagen von innen her gezwungen, das zu formulieren und auszusprechen, was gewissermaßen von Philemon hätte gesagt werden können. So kamen die «Septem Sermones ad Mortuos» mit ihrer eigentümlichen Sprache zustande [10].

[10] Sieben Reden an die Toten. Vergl. Appendix pag. 388 ff.

Es begann damit, daß eine Unruhe in mir war, aber ich wußte nicht, was sie bedeutete, oder was «man» von mir wollte. Es war eine seltsam geladene Atmosphäre um mich herum, und ich hatte das Gefühl, als sei die Luft erfüllt von gespenstischen Entitäten. Dann fing es an, im Hause zu spuken: meine älteste Tochter sah in der Nacht eine weiße Gestalt durchs Zimmer gehen. Die andere Tochter erzählte – unabhängig von der ersten – es sei ihr zweimal in der Nacht die Decke weggerissen worden, und mein neunjähriger Sohn hatte einen Angsttraum. Am Morgen verlangte er von der Mutter Farbstifte, und er, der sonst nie ein Bild gemacht hatte, zeichnete den Traum. Er nannte es «Das Bild vom Fischer». Durch die Mitte des Bildes läuft ein Fluß, ein Fischer mit einer Angelrute steht am Ufer. Er hat einen Fisch gefangen. Auf dem Kopf des Fischers befindet sich ein Kamin, aus dem Feuer schlägt und Rauch aufsteigt. Von der anderen Seite des Ufers kommt der Teufel durch die Luft geflogen. Er flucht, daß ihm die Fische gestohlen würden. Aber über dem Fischer schwebt ein Engel, der sagt: «Du darfst ihm nichts tun: er fängt nur die bösen Fische!» Dieses Bild hatte mein Sohn an einem Samstagmorgen gezeichnet.

Am Sonntag gegen fünf Uhr nachmittags läutete es an der Haustür Sturm. Es war ein heller Sommertag, und die zwei Mädchen waren in der Küche, von der man den offenen Platz vor der Haustür übersehen kann. Ich befand mich in der Nähe der Glocke, hörte sie und sah, wie der Klöppel sich bewegte. Alle liefen sofort an die Tür, um nachzuschauen, wer da sei, aber es war niemand da! Wir haben uns nur so angeschaut! Die Luft war dick, sage ich Ihnen! Da wußte ich: Jetzt muß etwas geschehen. Das ganze Haus war angefüllt wie von einer Volksmenge, dicht voll von Geistern. Sie standen bis unter die Tür, und man hatte das Gefühl, kaum atmen zu können. Natürlich brannte in mir die Frage: «Um Gottes willen, was ist denn das?» Da riefen sie laut im Chor: «Wir kommen zurück von Jerusalem, wo wir nicht fanden, was wir suchten.» Diese Worte entsprechen den ersten Zeilen der «Septem Sermones ad Mortuos».

Dann fing es an, aus mir herauszufließen, und in drei Abenden war die Sache geschrieben. Kaum hatte ich die Feder angesetzt, fiel die ganze Geisterschar zusammen. Der Spuk war beendet. Das Zimmer wurde ruhig und die Atmosphäre rein. Bis zum nächsten Abend hatte sich wieder etwas angesammelt, und dann ging es von neuem so. Das war 1916.

Dieses Erlebnis muß man nehmen, wie es ist oder zu sein scheint. Wahrscheinlich hing es mit dem Zustand der Emotion zusammen, in dem ich mich damals befand, und in dem sich parapsychologische Phänomene einstellen können. Es war eine unbewußte Konstellation, und die eigentümliche Atmosphäre einer solchen Konstellation war mir als Numen eines Archetypus wohlbekannt. «Es eignet sich, es zeigt sich an!» Der Intellekt möchte sich natürlich eine naturwissenschaftliche Erkenntnis darüber anmaßen oder noch lieber das ganze Erlebnis als Regelwidrigkeit totschlagen. Was für eine Trostlosigkeit wäre eine Welt ohne Regelwidrigkeiten!

Kurz vor diesem Erlebnis hatte ich eine Phantasie aufgeschrieben, daß die Seele mir entflogen sei. Das war mir ein bedeutsames Ereignis. Die Seele, die Anima, schafft die Beziehung zum Unbewußten. In gewissem Sinne ist es auch eine Beziehung zur Kollektivität der Toten; denn das Unbewußte entspricht dem mythischen Totenland, dem Lande der Ahnen. Wenn also in einer Phantasie die Seele verschwindet, so heißt das, sie habe sich ins Unbewußte oder ins «Totenland» zurückgezogen. Das entspricht dem sogenannten Seelenverlust, einem Phänomen, das man bei den Primitiven relativ häufig antrifft. Im «Totenland» bewirkt die Seele eine geheime Belebung und gibt den anzestralen Spuren, den kollektiven Inhalten des Unbewußten, Gestalt. Wie ein Medium gibt sie den «Toten» die Möglichkeit, sich zu manifestieren. Darum erschienen sehr bald nach dem Verschwinden der Seele die «Toten» bei mir, und es entstanden die «Septem Sermones ad Mortuos».

Damals und von da an sind mir die Toten immer deutlicher geworden als Stimmen des Unbeantworteten, des Nicht-Gelösten und Nicht-Erlösten; denn da die Fragen und Anforderungen, die ich schicksalsmäßig zu beantworten hatte, nicht von außen an mich kamen, kamen sie eben aus der inneren Welt. So bildeten die Gespräche mit den Toten, die «Septem Sermones», eine Art Vorspiel zu dem, was ich der Welt über das Unbewußte mitzuteilen hatte: eine Art von Ordnungsschema und Deutung der allgemeinen Inhalte des Unbewußten.

Wenn ich heute zurückschaue und den Sinn dessen bedenke, was mir in der Zeit meiner Arbeit an den Phantasien widerfuhr, kommt es mir vor, als sei eine Botschaft mit Übermacht an mich gekommen. Es lagen Dinge in den Bildern, die nicht nur mich angingen, sondern auch viele andere. Damit hat es angefangen, daß ich nicht mehr nur mir selber gehören durfte. Von da an gehörte mein Leben der Allgemeinheit. Die Erkenntnisse, um die es mir ging oder die ich suchte, waren in der Wissenschaft jener Tage noch nicht anzutreffen. Ich mußte selber die Urerfahrung machen und mußte überdies versuchen, das Erfahrene auf den Boden der Wirklichkeit zu stellen; sonst wäre es im Zustand einer nicht lebensfähigen subjektiven Voraussetzung geblieben. Damals stellte ich mich in den Dienst der Seele. Ich habe sie geliebt und habe sie gehaßt, aber sie war mein größter Reichtum. Daß ich mich ihr verschrieb, war die einzige Möglichkeit, meine Existenz als eine relative Ganzheit zu leben und auszuhalten.

Heute kann ich sagen: ich habe mich nie von meinen anfänglichen Erlebnissen entfernt. Alle meine Arbeiten, alles, was ich geistig geschaffen habe, kommt aus den Initialimaginationen und -träumen. 1912 fing es an, das sind jetzt fast fünfzig Jahre her. Alles, was ich in meinem späteren Leben getan habe, ist in ihnen bereits enthalten, wenn auch erst in Form von Emotionen oder Bildern.

Meine Wissenschaft war das Mittel und die einzige Möglichkeit, mich aus jenem Chaos herauszuwinden. Sonst hätte mir das Material angehaftet wie Kletten oder Sumpfpflanzen. Ich verwandte große Sorgfalt darauf, jedes einzelne Bild, jeden Inhalt zu verstehen, ihn – soweit dies möglich ist – rational einzuordnen und vor allem im Leben zu realisieren. Das ist es, was man meistens versäumt. Man läßt die Bilder aufsteigen und wundert sich vielleicht über sie, aber dabei läßt man es bewenden. Man gibt sich nicht die Mühe, sie zu verstehen, geschweige denn die ethischen Konsequenzen zu ziehen. Damit beschwört man die negativen Wirkungen des Unbewußten herauf.

Auch wer die Bilder einigermaßen versteht, jedoch glaubt, es sei mit dem Wissen getan, erliegt einem gefährlichen Irrtum. Denn wer seine Erkenntnis nicht als ethische Verpflichtung anschaut, verfällt dem Machtprinzip. Es können daraus destruktive Wirkungen entstehen, die nicht nur andere zerstören, sondern auch den Wissenden selber. Mit den Bildern des Unbewußten ist dem Menschen eine schwere Verantwortung auferlegt. Das Nicht-Verstehen sowie der Mangel an ethischer Verpflichtung berauben die Existenz ihrer Ganzheit und verleihen manchem individuellen Leben den peinlichen Charakter der Fragmenthaftigkeit.

In die Zeit der Beschäftigung mit den Bildern des Unbewußten fiel mein Entschluß, mich von der Zürcher Universität zurückzuziehen, an der ich acht Jahre lang als Privatdozent tätig gewesen war (seit 1905). Das Erlebnis und die Erfahrung des Unbewußten hatten mich intellektuell aufs äußerste gehemmt. Nach der Beendigung des Buches über die «Wandlungen und Symbole der Libido» (1911) [11] war es mir drei Jahre lang unmöglich, auch nur ein wissenschaftliches Buch zu lesen. So entstand das Gefühl, ich könne in der Welt des Intellektes nicht mehr mitmachen. Ich hätte auch über das, was mich wirklich beschäftigte, nicht reden können. Das aus dem Unbewußten zutage geförderte Material hatte mich sozusagen sprachlos gelassen. Ich konnte es damals weder verstehen noch irgendwie gestalten. An der Universität hatte ich aber eine exponierte Stellung, und ich fühlte, daß ich zuerst eine neue und ganz andere Orientierung finden müßte, und daß es unfair wäre, in einer aus lauter Zweifeln bestehenden Geistesverfassung junge Studenten zu lehren [12].

Damit sah ich mich vor die Alternative gestellt: entweder setze ich meine akademische Laufbahn, die mir damals offenstand, fort, oder ich folge meiner inneren Persönlichkeit, der «höheren Vernunft» und führe diese merkwürdige Aufgabe, das Experiment meiner Auseinandersetzung mit dem Unbewußten, weiter.

So gab ich bewußt meine akademische Karriere auf, denn bevor ich mit meinem Experiment nicht zu einem Ende gekommen war, konnte ich nicht vor die Öffentlichkeit treten [13]. Ich spürte, es war etwas Großes, das mir widerfuhr, und ich baute auf das, was mir sub specie aeternitatis als wichtiger erschien. Ich wußte, es würde

[11] Revidierte Neuauflage 1952: «Symbole der Wandlung.»

[12] Während dieser Zwischenzeit schrieb Jung nur wenig: einige englische Aufsätze und die Schrift «Das Unbewußte im normalen und kranken Seelenleben» (nach Umarbeitung unter dem Titel «Über die Psychologie des Unbewußten» erschienen, 7. Auflage, 1960). Die Periode endete mit der Publikation des Buches «Psychologische Typen», 1921. A. J.

[13] Erst im Jahre 1933 nahm Jung seine akademische Lehrtätigkeit wieder auf, und zwar an der Eidgenössischen Technischen Hochschule in Zürich. 1935 wurde er zum Titularprofessor ernannt. 1942 gab er dieses Amt aus Gesundheitsrücksichten auf, folgte aber 1944 der Berufung an die Universität Basel als Ordentlicher Professor im Rahmen eines für ihn gegründeten Ordinariates für Medizinische Psychologie. Nach der ersten Vorlesung mußte er jedoch wegen schwerer Erkrankung auch hier auf seine Lehrtätigkeit verzichten und ein Jahr später demissionieren. A. J.

mein Leben ausfüllen, und ich war um dieses Zieles willen zu jedem Wagnis bereit.

Was bedeutete es schon, ob ich Professor gewesen bin oder nicht? Es ärgerte mich natürlich, ich hatte sogar eine Wut auf das Schicksal, und es tat mir in vieler Hinsicht leid, daß ich mich nicht auf das Allgemeinverständliche einschränken konnte. Aber Emotionen dieser Art sind vorübergehend. Im Grunde wollen sie nichts heißen. Das andere hingegen ist wichtig, und wenn man sich auf das konzentriert, was die innere Persönlichkeit will und sagt, dann ist der Schmerz vorbei. Das habe ich immer wieder erlebt, nicht nur, als ich auf die akademische Laufbahn verzichtete. Die ersten Erfahrungen dieser Art machte ich schon als Kind. In meiner Jugend war ich jähzornig; aber immer, wenn die Emotion auf den Höhepunkt gelangt war, kippte sie um, und dann kam die Weltraumstille. Da war ich entfernt von allem, und was mich eben noch erregt hatte, schien einer fernen Vergangenheit anzugehören.

Die Konsequenz meines Entschlusses und meiner Beschäftigung mit Dingen, die weder ich noch andere verstehen konnten, war eine große Einsamkeit. Das wurde mir sehr bald klar. Ich trug Gedanken mit mir herum, über die ich zu niemandem sprechen konnte; sie wären nur mißverstanden worden. In schärfster Weise erlebte ich den Gegensatz zwischen der äußeren und der inneren Welt. Das Zusammenspiel beider Welten, um das ich heute weiß, konnte ich damals noch nicht erfassen. Ich sah nur einen unversöhnlichen Gegensatz zwischen Innen und Außen.

Es war mir aber von Anfang an klar, daß ich den Anschluß an die äußere Welt und die Menschen nur finden würde, wenn ich mich aufs Intensivste bemühte zu zeigen, daß die Inhalte der psychischen Erfahrung «wirklich» sind, und zwar nicht nur als meine persönlichen Erlebnisse, sondern als kollektive Erfahrungen, die sich auch bei anderen Menschen wiederholen können. Das habe ich später in meiner wissenschaftlichen Arbeit nachzuweisen versucht. Zunächst aber tat ich alles, um den mir Nahestehenden eine neue manière de voir beizubringen. Ich wußte, daß ich zu absoluter Einsamkeit verdammt wäre, wenn mir das nicht gelänge.

Erst gegen Ende des Ersten Weltkrieges kam ich allmählich aus der Dunkelheit heraus. Zwei Dinge waren es, die dazu beitrugen, die Luft zu klären: Ich brach die Beziehung zu der Dame ab, die mir suggerieren wollte, meine Phantasien hätten künstlerischen

Wert. Vor allem aber fing ich an, meine Mandalazeichnungen zu verstehen. Das war 1918/19. Das erste Mandala hatte ich 1916 gemalt, nachdem die «Septem Sermones ad Mortuos» geschrieben waren. Natürlich hatte ich es nicht verstanden.

1918/19 war ich in Château d'Oex Commandant de la Région Anglaise des Internés de Guerre. Dort skizzierte ich jeden Morgen in ein Carnet eine kleine Kreiszeichnung, ein Mandala, welches meiner jeweiligen inneren Situation zu entsprechen schien. Anhand der Bilder konnte ich die psychischen Wandlungen von Tag zu Tag beobachten. Einmal erhielt ich z. B. einen Brief jener ästhetischen Dame, in welchem sie wieder einmal hartnäckig die Ansicht vertrat, daß die dem Unbewußten entstammenden Phantasien künstlerischen Wert besäßen und darum Kunst bedeuteten. Der Brief ging mir auf die Nerven. Er war keineswegs dumm und darum insinuierend. Der moderne Künstler ist ja bestrebt, Kunst aus dem Unbewußten zu gestalten. Der aus den Zeilen des Briefes sprechende Utilitarismus und die Wichtigtuerei berührten einen Zweifel in mir, nämlich die Unsicherheit, ob die hervorgebrachten Phantasien wirklich spontan und natürlich und nicht am Ende meine eigene arbiträre Leistung seien. Ich war keineswegs frei von dem allgemeinen Vorurteil und der Hybris des Bewußtseins, daß jeder einigermaßen ansehnliche Einfall das eigene Verdienst sei, wogegen minderwertige Reaktionen nur zufällig entstünden, oder sogar aus fremden Quellen herrührten. Aus dieser Irritation und Uneinigkeit mit mir selber ging anderntags ein verändertes Mandala hervor: ein Teil der Rundung war herausgebrochen, und die Symmetrie war gestört.

Nur allmählich kam ich darauf, was das Mandala eigentlich ist: «Gestaltung – Umgestaltung, des ewigen Sinnes ewige Unterhaltung». Und das ist das Selbst, die Ganzheit der Persönlichkeit, die, wenn alles gut steht, harmonisch ist, die aber keine Selbsttäuschungen erträgt.

Meine Mandalabilder waren Kryptogramme über den Zustand meines Selbst, die mir täglich zugestellt wurden. Ich sah, wie das Selbst, d. h. meine Ganzheit, am Werke war. Das konnte ich allerdings zuerst nur andeutungsweise verstehen; jedoch schienen mir die Zeichnungen schon damals hochbedeutsam, und ich hütete sie wie kostbare Perlen. Ich hatte das deutliche Gefühl von etwas Zentralem, und mit der Zeit gewann ich eine lebendige Vorstellung des Selbst. Es kam mir vor wie die Monade, die ich bin und die meine

Welt ist. Das Mandala stellt diese Monade dar und entspricht der mikrokosmischen Natur der Seele.

Ich weiß nicht mehr, wieviele Mandalas ich damals gezeichnet habe. Es waren sehr viele. Während ich daran arbeitete, tauchte immer wieder die Frage auf: «Wohin führt der Prozeß, in dem ich stehe? Wo liegt sein Ziel?» Ich wußte aus eigener Erfahrung, daß ich von mir aus kein Ziel hätte wählen können, das mir vertrauenswürdig erschienen wäre. Ich hatte erlebt, daß ich die Idee der Überordnung des Ich vollkommen aufgeben mußte. Daran war ich ja gescheitert: ich wollte die wissenschaftliche Durcharbeitung der Mythen fortsetzen, so wie ich sie in «Wandlungen und Symbole der Libido» begonnen hatte. Das war mein Ziel. Aber keine Rede davon! Ich wurde gezwungen, den Prozeß des Unbewußten selber durchzumachen. Ich mußte mich zuerst von diesem Strom mitreißen lassen, ohne zu wissen, wohin er mich führen würde. Erst als ich die Mandalas zu malen anfing, sah ich, daß alles, alle Wege, die ich ging, und alle Schritte, die ich tat, wieder zu einem Punkte zurückführten, nämlich zur Mitte. Es wurde mir immer deutlicher: das Mandala ist das Zentrum. Es ist der Ausdruck für alle Wege. Es ist der Weg zur Mitte, zur Individuation.

Während der Jahre zwischen 1918 bis ungefähr 1920 wurde mir klar, daß das Ziel der psychischen Entwicklung das Selbst ist. Es gibt keine lineare Entwicklung, es gibt nur eine Circumambulation des Selbst. Eine einsinnige Entwicklung gibt es höchstens am Anfang; später ist alles Hinweis auf die Mitte. Diese Erkenntnis gab mir Festigkeit, und allmählich stellte sich die innere Ruhe wieder ein. Ich wußte, daß ich mit dem Mandala als Ausdruck für das Selbst das für mich Letzte erreicht hatte. Vielleicht weiß ein anderer mehr, aber nicht ich.

Eine Bestätigung der Gedanken über das Zentrum und das Selbst erhielt ich Jahre später (1927) durch einen Traum. Seine Essenz habe ich in einem Mandala dargestellt, das ich als «Fenster in die Ewigkeit» bezeichnete. Das Bild ist in «Das Geheimnis der Goldenen Blüte» abgebildet [14]. Ein Jahr später malte ich ein zweites Bild, ebenfalls ein Mandala, welches im Zentrum ein goldenes Schloß darstellt [15]. Als es fertig war, fragte ich mich: «Warum ist das so

[14] Abb. 3. Vergl. auch «Gestaltungen des Unbewußten», 1950. Abb. 6.

[15] «Das Geheimnis der Goldenen Blüte», 1948, Abb. 10. «Gestaltungen des Unbewußten», 1950, Abb. 36.

154

The bhagavadgita says: whenever there is a decline of the law and an increase of iniquity, then I put forth myself. For the rescue of the pious and for the destruction of the evil-doers, for the establishment of the law I am born in every age.

ΠΡΟΦΗΤΩΝ ΠΑΤΗΡ ΠΟΛΥΦΙΛΟΣ ΦΙΛΗΜΩΝ

Ich gehe meine straße weiter. ein feingeschliffen/in zehn feuern gehärteter stahl/im gewande geborgen/ist mein begleiter. ein panzerhemd liegt mir um die brust/heimlich unter dem mantel getragen. über nacht gewann ich die schlangen lieb. ich habe ihr rätsel erraten. ich setze mich zu ihnen auf die heißen steine am wege. ich weiß sie listig und grausam zu fangen/jene kalten teufel/die den ahnungslosen in die ferse stechen. ich bin ihr freund geworden und blase ihnen eine mildtönende flöte. meine höhle aber schmücke ich mit ihren schillernden häuten. wie ich so meines weges dahinschritt/da kam ich zu einem rötlichen felsen/darauf lag eine große buntschillernde schlange. da ich nun beim großen ΦΙΛΗΜΩΝ die magie gelernt hatte/so holte ich meine flöte hervor und blies ihr ein süßes zauberlied vor/das sie glauben machte/sie sei meine seele. als sie genügend bezaubert war/

Seite aus dem «Roten Buch»: Philemon

chinesisch?» – Ich war beeindruckt von der Form und Farbenwahl, die mir chinesisch erschienen, obwohl äußerlich nichts Chinesisches an dem Mandala war. Aber das Bild wirkte so auf mich. Es war ein seltsames Zusammentreffen, daß ich kurz darauf einen Brief von Richard Wilhelm erhielt. Er schickte mir das Manuskript eines chinesischen taoistisch-alchemistischen Traktates mit dem Titel «Das Geheimnis der Goldenen Blüte» und bat mich, ihn zu kommentieren. Ich habe das Manuskript sofort verschlungen; denn der Text brachte mir eine ungeahnte Bestätigung meiner Gedanken über das Mandala und die Umkreisung der Mitte. Das war das erste Ereignis, das meine Einsamkeit durchbrach. Dort fühlte ich Verwandtes, und dort konnte ich anknüpfen [16].

Zur Erinnerung an dieses Zusammentreffen, an die Synchronizität, schrieb ich damals unter das Mandala: «1928, als ich das Bild malte, welches das goldne wohlbewehrte Schloß zeigt, sandte mir Richard Wilhelm in Frankfurt den chinesischen, tausend Jahre alten Text vom gelben Schloß, dem Keim des unsterblichen Körpers.»

Ein Mandala stellte auch der Traum aus dem Jahr 1927 dar, auf den ich bereits hingewiesen habe:

Ich fand mich in einer Stadt, schmutzig, rußig. Es regnete und es war finster, es war Winter und Nacht. Das war Liverpool. Mit einer Anzahl, sagen wir einem halben Dutzend Schweizern ging ich durch die dunkeln Straßen. Ich hatte das Gefühl, wir kämen vom Meere her, vom Hafen, und die eigentliche Stadt stünde oben, auf den Cliffs. Dort hinauf gingen wir. Es erinnerte mich an Basel: der Markt liegt unten, und dann geht's durch das Totengäßchen hinauf zu einem oberen Plateau, zum Petersplatz und der großen Peterskirche. Als wir auf das Plateau kamen, fanden wir einen weiten, von Straßenlaternen schwach erleuchteten Platz, in den viele Straßen einmündeten. Die Stadtquartiere waren radiär um den Platz angeordnet. In der Mitte befand sich ein runder Teich und darin eine kleine zentrale Insel. Während alles von Regen, Nebel, Rauch und spärlich erhellter Nacht bedeckt war, erstrahlte die kleine Insel im Sonnenlicht. Dort wuchs ein einzelner Baum, eine Magnolie, übergossen von rötlichen Blüten. Es war, als ob der Baum im Sonnenlicht stünde und zugleich selbst Licht wäre.

[16] Über Richard Wilhelm vergl. Appendix pag. 379 ff.

Meine Gefährten kommentierten das abscheuliche Wetter und sahen offenbar den Baum nicht. Sie sprachen von einem andern Schweizer, der in Liverpool wohne, und wunderten sich, daß er sich gerade hier angesiedelt habe. Ich war von der Schönheit des blühenden Baumes und der sonnenbestrahlten Insel hingerissen und dachte: Ich weiß schon warum, und erwachte.

Zu einer Einzelheit des Traumes muß ich nachträglich noch eine Bemerkung beifügen: die einzelnen Quartiere der Stadt waren ihrerseits wieder radiär um einen Mittelpunkt angeordnet. Dieser bildete einen kleinen, offenen Platz, von einer größeren Laterne erhellt, und stellte dergestalt eine kleinere Nachbildung der Insel dar. Ich wußte, daß der «andere Schweizer» in der Nähe eines solchen sekundären Zentrums wohnte.

Dieser Traum stellte meine damalige Situation dar. Ich sehe jetzt noch die grau-gelben Regenmäntel, von der Feuchtigkeit des Regens glänzend. Alles war höchst unerfreulich, schwarz und undurchsichtig – so wie ich mich damals fühlte. Aber ich hatte das Gesicht der überirdischen Schönheit, und darum konnte ich überhaupt leben. Liverpool ist der «pool of life». «Liver», Leber, ist nach alter Auffassung der Sitz des Lebens.

Das Erlebnis des Traumes verband sich mir mit dem Gefühl des Endgültigen. Ich sah, daß hier das Ziel ausgedrückt war. Die Mitte ist das Ziel, und über sie kommt man nicht hinweg. Durch den Traum verstand ich, daß das Selbst ein Prinzip und ein Archetypus der Orientierung und des Sinns ist. Darin liegt seine heilbringende Funktion. Aus dieser Erkenntnis ergab sich mir eine erste Ahnung meines Mythus.

Nach dem Traum gab ich es auf, Mandalas zu zeichnen oder zu malen. Er drückte den Gipfel der Bewußtseinsentwicklung aus. Er befriedigte mich restlos, denn er gab ein vollständiges Bild meiner Situation. Ich hatte zwar gewußt, daß ich mit etwas Bedeutendem beschäftigt war, aber mir fehlte noch das Verständnis, und es war niemand in meiner Umgebung, der es verstanden hätte. Die Verdeutlichung durch den Traum gab mir die Möglichkeit, das, was mich erfüllte, objektiv zu betrachten.

Ohne eine solche Vision hätte ich vielleicht meine Orientierung verloren und meine Unternehmung aufgeben müssen. Aber hier war der Sinn ausgedrückt. Als ich mich von Freud getrennt hatte, wußte ich, daß ich in das Nicht-Gewußte, Unbekannte hinausfiel. Ich wußte ja nichts Eigentliches über Freud hinaus; aber ich hatte den Schritt ins Dunkle gewagt. Wenn dann ein solcher Traum kommt, empfindet man ihn als einen actus gratiae.

Es hat mich sozusagen fünfundvierzig Jahre gekostet, um die Dinge, die ich damals erlebte und niederschrieb, in dem Gefäß meines wissenschaftlichen Werkes einzufangen. Als junger Mann war mein Ziel, etwas in meiner Wissenschaft zu leisten. Aber dann stieß ich auf diesen Lavastrom, und die Leidenschaft, die in seinem Feuer lag, hat mein Leben umgeformt und angeordnet. Das war der Urstoff, der's erzwungen hat, und mein Werk ist ein mehr oder weniger gelungenes Bemühen, diese heiße Materie in die Weltanschauung meiner Zeit einzubauen. Die ersten Imaginationen und Träume waren wie feurig-flüssiger Basalt, aus ihnen kristallisierte sich der Stein, den ich bearbeiten konnte.

Die Jahre, in denen ich den inneren Bildern nachging, waren die wichtigste Zeit meines Lebens, in der sich alles Wesentliche entschied. Damals begann es, und die späteren Einzelheiten sind nur Ergänzungen und Verdeutlichungen. Meine gesamte spätere Tätigkeit bestand darin, das auszuarbeiten, was in jenen Jahren aus dem Unbewußten aufgebrochen war und mich zunächst überflutete. Es war der Urstoff für ein Lebenswerk.

ZUR ENTSTEHUNG DES WERKES

Mit dem Beginn der zweiten Lebenshälfte hatte die Auseinandersetzung mit dem Unbewußten eingesetzt. Meine Arbeit daran zog sich lange Zeit hin, und erst nach etwa zwanzig Jahren war ich soweit, daß ich die Inhalte meiner Imaginationen einigermaßen verstehen konnte.

Zuerst mußte ich mir den Nachweis der historischen Präfiguration der inneren Erfahrungen erbringen, d. h. ich mußte die Frage beantworten: «Wo finden sich meine Voraussetzungen in der Geschichte?» Wenn mir ein solcher Nachweis nicht gelungen wäre, hätte ich meine Gedanken nie zu bestätigen vermocht. Hier wurde mir die Begegnung mit der Alchemie zum entscheidenden Erlebnis, denn erst durch sie ergaben sich die historischen Grundlagen, die ich bis dahin vermißt hatte.

Die analytische Psychologie gehört grundsätzlich zur Naturwissenschaft, unterliegt aber der persönlichen Voraussetzung des Beobachters viel mehr als irgend eine andere Wissenschaft. Daher ist sie in hohem Maße auf historisch-dokumentarische Vergleiche angewiesen, um wenigstens die gröbsten Fehler in der Beurteilung auszuschalten.

Etwa von 1918 bis 1926 hatte ich mich ernsthaft mit den Gnostikern beschäftigt, denn auch sie waren der Urwelt des Unbewußten begegnet. Sie hatten sich mit seinen Inhalten und Bildern befaßt, die offenkundig mit der Triebwelt kontaminiert waren. Auf welche Weise sie die Bilder verstanden, ist jedoch bei der Spärlichkeit der Nachrichten, die wir zudem meistens ihren Gegnern, den Kirchenvätern, verdanken, nur schwer zu sagen. Keinesfalls aber ist es wahrscheinlich, daß sie eine psychologische Auffassung hatten. Für meine Fragestellungen waren die Gnostiker zeitlich zu weit entfernt, als daß ich an sie hätte anknüpfen können. Die Tradition zwischen Gnosis und Gegenwart schien mir abgerissen, und lange Zeit war es mir nicht möglich, die Brücke vom Gnostizismus – oder Neuplatonismus – zur Gegenwart zu finden. Erst als ich anfing, die Alchemie zu verstehen, erkannte ich, daß sich durch sie die historische Verbindung zum Gnostizismus ergibt, daß durch die

Alchemie die Kontinuität von der Vergangenheit zur Gegenwart hergestellt ist. Als eine Naturphilosophie des Mittelalters schlug sie eine Brücke sowohl in die Vergangenheit, nämlich zum Gnostizismus, als auch in die Zukunft, zur modernen Psychologie des Unbewußten.

Die Psychologie des Unbewußten war von Freud mit den klassischen gnostischen Motiven der Sexualität einerseits und der bösen Vaterautorität andererseits eingeführt worden. Das Motiv des gnostischen Jahwe und Schöpfergottes erschien aufs neue in Freuds Mythus vom Urvater und dem von diesem Vater abstammenden düsteren Über-Ich. In Freuds Mythus offenbarte er sich als ein Dämon, der eine Welt von Enttäuschungen, Illusionen und Leid hervorgebracht hat. Aber die Entwicklung zum Materialismus, die schon in der Beschäftigung der Alchemie mit dem Geheimnis des Stoffes vorgezeichnet war, hatte dazu geführt, Freud den Ausblick auf einen weiteren wesentlichen Aspekt des Gnostizismus zu verwehren, nämlich auf das Urbild des Geistes als eines anderen, höheren Gottes. Laut gnostischer Tradition war es dieser höhere Gott, der den Kratēr (Mischgefäß), das Gefäß geistiger Wandlung, den Menschen zuhilfe gesandt hatte [1]. Der Krater ist ein weibliches Prinzip, das in der patriarchalischen Welt Freuds keinen Platz gefunden hat. Mit diesem Präjudiz steht Freud allerdings nicht allein. In der katholischen Geisteswelt hat nach jahrhundertelangem Zögern erst kürzlich die Gottesmutter und Braut Christi Aufnahme im göttlichen Thalamus und damit wenigstens eine approximative Anerkennung erfahren [2]. In der protestantischen und jüdischen Welt herrscht nach wie vor der Vater. Im Gegensatz dazu hat in der hermetischen Philosophie der Alchemie das weibliche Prinzip eine hervorragende und dem männlichen ebenbürtige Rolle gespielt. Eines der wichtigsten weiblichen Symbole in der Alchemie

[1] Der Kratēr bedeutete in den Schriften des Poimandres, der einer heidnisch-gnostischen Sekte angehörte, ein Gefäß, das mit Geist gefüllt, vom Schöpfergott zur Erde gesandt wurde, damit diejenigen, die nach höherer Bewußtheit strebten, sich darin taufen lassen konnten. Er war eine Art Uterus der geistigen Erneuerung und Wiedergeburt. A. J.

[2] Hier spielte Jung auf die päpstliche Bulle von Pius XII. an, welche das Dogma der Assumptio Mariae verkündete (1950). Es heißt darin, daß Maria als die Braut mit dem Sohn und als Sophia mit der Gottheit im himmlischen Brautgemach (thalamus) vereinigt worden sei. Dadurch wurde das Prinzip des Weiblichen in nächste Nähe der männlichen Trinität gerückt. «Antwort auf Hiob», 3. Auflage, 1961, pag. 110 ff. A. J.

war das Gefäß, in dem die Wandlung der Substanzen sich vollziehen sollte. Im Zentrum meiner psychologischen Entdeckungen steht wiederum ein Prozeß innerer Wandlung: die Individuation.

Bevor ich die Alchemie entdeckte, hatten sich wiederholt Träume eingestellt, bei welchen es sich immer um das gleiche Motiv handelte: neben meinem Haus stand noch ein anderes, d. h. ein anderer Flügel oder ein Anbau, der mir fremd war. Jedesmal wunderte ich mich im Traume, daß ich das Haus nicht kannte, obwohl es doch anscheinend immer schon dagewesen war. Schließlich kam ein Traum, in welchem ich in den anderen Flügel gelangte. Ich entdeckte dort eine wunderbare Bibliothek, die zum großen Teil aus dem 16. und aus dem 17. Jahrhundert stammte. Große dicke Folianten, in Schweinsleder gebunden, standen an den Wänden. Unter ihnen gab es etliche, die mit Kupferstichen von seltsamer Natur verziert waren und Abbildungen wunderlicher Symbole enthielten, wie ich sie noch nie gesehen hatte. Ich wußte damals nicht, worauf sie sich bezogen, und erkannte erst sehr viel später, daß es alchemistische Symbole waren. Im Traume erlebte ich nur eine unbeschreibliche Faszination, die von ihnen und der ganzen Bibliothek ausging. Es war eine mittelalterliche Sammlung von Incunabeln und Drucken des 16. Jahrhunderts.

Der mir unbekannte Flügel ist ein Teil meiner Persönlichkeit, ein Aspekt meiner selbst; er stellt etwas dar, das zu mir gehört, mir aber damals noch nicht bewußt war. Er und besonders die Bibliothek bezogen sich auf die Alchemie, die ich ebenfalls noch nicht kannte, deren Studium mir aber bevorstand. Etwa fünfzehn Jahre später hatte ich eine einigermaßen ähnliche Bibliothek in Wirklichkeit gesammelt.

Der entscheidende Traum, der meine Begegnung mit der Alchemie vorausnahm, kam etwa 1926:

Ich bin in Süd-Tirol. Es ist Krieg. Ich befinde mich an der italienischen Front und fahre aus der Frontzone zurück mit einem kleinen Mann, einem Bauern, auf seinem Pferdewagen. Ringsum schlagen Granaten ein, und ich weiß, daß wir so rasch wie möglich weiter müssen, denn es ist sehr gefährlich [3].

[3] Die Granaten, die vom Himmel fallen, sind als Geschosse zu verstehen, die von der «andern Seite» kommen, vom Feinde her. Es sind also Wirkungen, die vom Unbewußten, von der Seite des Schattens ausgehen. Das Traumgeschehen deutet darauf hin, daß der Krieg, der sich einige Jahre

Wir müssen über eine Brücke hinweg durch einen Tunnel, dessen Gewölbe zum Teil durch Geschosse zerstört ist. Am Ende des Tunnels angelangt, erblicken wir vor uns eine sonnige Landschaft, und ich erkenne die Gegend von Verona. Unter mir liegt die Stadt, alles strahlt in vollem Sonnenschein. Ich bin erleichtert, und wir fahren hinaus in die grüne, blühende lombardische Ebene. Der Weg führt durch die schöne Frühlingslandschaft, und wir sehen die Reisfelder, die Olivenbäume und die Reben. Da erblicke ich quer zur Straße ein großes Gebäude, einen Herrensitz von weiten Ausmaßen, etwa wie das Schloß eines oberitalienischen Fürsten. Es ist ein charakteristisches Herrenhaus mit vielen Dependancen und Seitengebäuden. Ähnlich wie im Louvre führt die Straße am Schloß vorbei durch einen großen Hof. Der kleine Kutscher und ich fahren durch ein Tor hinein und können von hier aus durch ein entferntes zweites Tor wieder hinaus in die besonnte Landschaft blicken. Ich schaue mich um: rechts ist die Front des Herrenhauses, links sind die Domestikenhäuser und die Ställe, die Scheunen und andere Nebengebäude, die sich weit hinstrecken.

Wie wir mitten im Hof angelangt sind, gerade vor dem Haupteingang, geschieht etwas Unerwartetes: Mit einem dumpfen Krach gehen beide Tore zu. Der Bauer springt vom Bock seines Wagens und ruft: «Jetzt sind wir im 17. Jahrhundert gefangen!» – Resigniert denke ich: Ja, das ist so! – Aber was ist da zu machen? Jetzt sind wir auf Jahre hinaus gefangen! – Aber dann kommt mir der tröstliche Gedanke: Einmal, nach Jahren, werde ich wieder herauskommen.

Nach diesem Traum wälzte ich dicke Bände über Welt-, Religions- und Philosophiegeschichte, ohne irgend etwas zu finden, was ihn mir hätte erklären können. Erst sehr viel später verstand ich, daß der Traum sich auf die Alchemie bezog. Ihr Höhepunkt fällt in das 17. Jahrhundert. Merkwürdigerweise hatte ich ganz vergessen, was Herbert Silberer über Alchemie geschrieben hatte[4]. Zur Zeit, als sein Buch erschien, kam mir die Alchemie als etwas Abseitiges und Skurriles vor, so sehr ich auch Silberers anagogischen, d. h. konstruktiven Gesichtspunkt zu schätzen wußte. Ich stand damals in Korrespondenz mit ihm und habe ihm meine Zustim-

zuvor außen abgespielt hatte, noch nicht zu Ende ist, sondern innen, in der Psyche, weitergeht. Anscheinend liegt hier die Lösung der Probleme, welche außen nicht gefunden werden konnte. A. J.

[4] «Probleme der Mystik und ihrer Symbolik», 1914.

mung ausgedrückt. Wie sein tragisches Ende zeigt, war jedoch seine *Ansicht* von keiner *Einsicht* gefolgt[5]. Silberer hatte hauptsächlich spätes Material benutzt, mit dem ich nicht viel anfangen konnte. Die späten alchemistischen Texte sind phantastisch und barock; nur wenn man die Deutung weiß, erkennt man, daß auch in ihnen viel Wertvolles steckt.

Erst durch den Text der «Goldenen Blüte», der zur Chinesischen Alchemie gehört, und den ich 1928 von Richard Wilhelm erhalten hatte, ist mir das Wesen der Alchemie näher gekommen. Damals entstand in mir der Wunsch, die Alchemisten kennen zu lernen. Ich beauftragte einen Münchner Buchhändler, mich darauf aufmerksam zu machen, falls alchemistische Bücher in seine Hände gelangen sollten. Bald darauf erhielt ich als erstes die «Artis Auriferae Volumina Duo» (1593), eine umfangreiche Sammlung lateinischer Traktate, unter denen sich eine Reihe von «Klassikern» befinden.

Dieses Buch blieb aber erst einmal beinahe zwei Jahre liegen. Gelegentlich schaute ich die Bilder an, und jedesmal dachte ich bei mir: Herrgott, was für ein Unsinn! Man kann das ja gar nicht verstehen. – Aber es ließ mich nicht los, und ich nahm mir vor, das Werk gründlich zu studieren. Im nächsten Winter fing ich damit an, und bald fand ich die Lektüre faszinierend und aufregend. Der Text erschien mir zwar immer wieder als ein eklatanter Unsinn, doch stieß ich häufig auf Stellen, die mir bedeutsam vorkamen, und gelegentlich fand ich sogar ein paar Sätze, die ich zu verstehen glaubte. Schließlich erkannte ich, daß es sich um Symbole handelte, die mir alte Bekannte waren. Das ist ja phantastisch, dachte ich, das *muß* ich verstehen lernen. – Ich war nun ganz davon gefesselt und vertiefte mich in die Bände, sooft es mir die Zeit erlaubte. Eines Nachts, als ich wieder die Texte studierte, fiel mir plötzlich der Traum ein, in welchem es hieß, daß ich «im 17. Jahrhundert gefangen war». Endlich verstand ich seinen Sinn und wußte: «Ja, das ist es! Jetzt bin ich verdammt, die ganze Alchemie von Anfang an zu studieren!»

Ich brauchte noch lange, um den Faden im Labyrinth der alchemistischen Gedankengänge zu finden, denn keine Ariadne hatte ihn mir in die Hand gedrückt. Im «Rosarium» bemerkte ich, daß gewisse seltsame Ausdrücke und Wendungen sich häufig wieder-

[5] Silberer starb durch Suizid.

holten [6]. Also z. B. «solve et coagula», «unum vas», «lapis», «prima materia», «Mercurius» usw. Ich sah, daß diese Ausdrücke immer wieder in einem bestimmten Sinn gebraucht wurden, den ich jedoch nicht mit Sicherheit erfassen konnte. So beschloß ich, mir ein Stichwörter-Lexikon mit cross-references anzulegen. Im Laufe der Zeit habe ich viele Tausende von Stichwörtern gesammelt, und es entstanden Bände nur mit Exzerpten. Ich befolgte eine rein philologische Methode, wie wenn es darum gegangen wäre, eine unbekannte Sprache zu erschließen. Auf diese Weise ergab sich mir allmählich der Sinn der alchemistischen Ausdrucksweise. Es war eine Arbeit, die mich für mehr als ein Jahrzehnt in Atem hielt.

Sehr bald hatte ich gesehen, daß die Analytische Psychologie mit der Alchemie merkwürdig übereinstimmt. Die Erfahrungen der Alchemisten waren meine Erfahrungen, und ihre Welt war in gewissem Sinn meine Welt. Das war für mich natürlich eine ideale Entdeckung, denn damit hatte ich das historische Gegenstück zu meiner Psychologie des Unbewußten gefunden. Sie erhielt nun einen geschichtlichen Boden. Die Möglichkeit des Vergleichs mit der Alchemie, sowie die geistige Kontinuität bis zurück zum Gnostizismus gaben ihr die Substanz. Durch die Beschäftigung mit den alten Texten fand alles seinen Ort: die Bilderwelt der Imaginationen, das Erfahrungsmaterial, das ich in meiner Praxis gesammelt, und die Schlüsse, die ich daraus gezogen hatte. Jetzt begann ich zu erkennen, was die Inhalte in historischer Sicht bedeuteten. Mein Verständnis für ihren typischen Charakter, das sich schon durch meine Mythenforschungen angebahnt hatte, vertiefte sich. Die Urbilder und das Wesen des Archetypus rückten ins Zentrum meiner Forschungen, und ich erkannte, daß es ohne Geschichte keine Psychologie und erst recht keine Psychologie des Unbewußten gibt. Wohl kann sich eine Bewußtseinspsychologie mit der Kenntnis des persönlichen Lebens begnügen, aber schon die Erklärung einer Neurose bedarf einer Anamnese, die tiefer reicht als das Wissen des Bewußtseins; und wenn es in der Behandlung zu ungewöhnlichen Entscheidungen kommt, so melden sich Träume, deren Deutung mehr erfordert als persönliche Reminiszenzen.

In meiner Beschäftigung mit der Alchemie sehe ich meine innere Beziehung zu Goethe. Goethes Geheimnis war, daß er von dem

[6] «Rosarium Philosophorum». Anonyme Schrift, 1550. Enthalten in «Artis Auriferae». Vol. II, 1593.

Prozeß der archetypischen Wandlung, der durch die Jahrhunderte geht, ergriffen war. Er hat seinen «Faust» als ein opus magnum oder divinum verstanden. Darum sagte er richtig, daß «Faust» sein «Hauptgeschäft» war, und darum war sein Leben von diesem Drama eingerahmt. Man merkt in eindrucksvoller Weise, daß es eine lebendige Substanz war, die in ihm lebte und wirkte, ein überpersönlicher Prozeß, der große Traum des mundus archetypus.

Ich selber bin vom gleichen Traum ergriffen und habe ein Hauptwerk, das in meinem elften Jahre angefangen hat. Mein Leben ist durchwirkt und zusammengefaßt durch ein Werk und ein Ziel, nämlich: in das Geheimnis der Persönlichkeit einzudringen. Alles ist aus diesem zentralen Punkt zu erklären, und alle Werke beziehen sich auf dieses Thema.

Mit dem Assoziationsexperiment (1903) begann meine eigentliche wissenschaftliche Arbeit. Ich betrachte sie als meine erste Arbeit im Sinn einer naturwissenschaftlichen Unternehmung. Damals fing ich an, eigene Gedanken auszudrücken. Auf die «Diagnostischen Assoziationsstudien» folgten die beiden psychiatrischen Schriften «Über die Psychologie der Dementia praecox» und «Der Inhalt der Psychose». 1912 erschien mein Buch «Wandlungen und Symbole der Libido», durch welches die Freundschaft mit Freud zum Ende gekommen war. Damals nahm mein selbständiger Weg – nolens volens – seinen Anfang.

Er begann damit, daß ich mich mit den Bildern meines eigenen Unbewußten beschäftigte. Diese Zeit dauerte von 1913 bis 1917, dann flaute der Strom der Phantasien ab. Erst als es ruhiger geworden und ich nicht mehr im Zauberberg gefangen war, konnte ich mich objektiv dazu einstellen und anfangen, darüber nachzudenken. Die erste Frage, die ich mir damals stellte, war: «Was tut man mit dem Unbewußten?» Als Antwort entstanden «Die Beziehungen zwischen dem Ich und dem Unbewußten». In Paris hielt ich über dieses Thema einen Vortrag (1916) [7], der erst später (1928) in erweiterter Form als Buch auf deutsch erschienen ist. Ich beschrieb darin einige typische Inhalte des Unbewußten und wies nach, daß es durchaus nicht gleichgültig ist, wie das Bewußtsein sich zu ihnen einstellt.

[7] Als Aufsatz zuerst erschienen in «Archives de Psychologie de la Suisse Romande», Genf, 1916.

Gleichzeitig beschäftigte ich mich mit den Vorarbeiten zum Typenbuch [8]. Eine wichtige Rolle spielte bei seiner Entstehung die Frage: Wie unterscheide ich mich von Freud und wie von Adler? Welches sind die Unterschiede unserer Auffassungen? Als ich darüber nachdachte, stieß ich auf das Typenproblem; denn es ist der Typus, der von vornherein das Urteil des Menschen bestimmt und beschränkt. Das Typenbuch behandelt vor allem die Auseinandersetzung des Individuums mit der Welt, seinen Bezug zu Menschen und Dingen. Es legt die verschiedenen Aspekte des Bewußtseins, die Möglichkeiten seiner Einstellung zur Welt dar und ist somit eine Darstellung der Psychologie des Bewußtseins, unter einem sozusagen klinischen Gesichtswinkel betrachtet. Ich habe viel Literatur hineinverarbeitet, wobei das Werk von Spitteler, insbesondere «Prometheus und Epimetheus», dann aber auch Schiller, Nietzsche und die antike und mittelalterliche Geistesgeschichte eine Rolle spielten. Als ich es wagte, Spitteler ein Exemplar meines Buches zu senden, hat er mir nicht geantwortet, aber kurz darauf einen Vortrag gehalten, in dem er versicherte, seine Werke «bedeuteten» nichts; er hätte z. B. anstelle des «Olympischen Frühlings» ebensogut singen können «der Mai ist gekommen»!

Das Typenbuch brachte die Erkenntnis, daß jedes Urteil eines Menschen durch seinen Typus beschränkt und jede Betrachtungsweise eine relative ist. Damit erhob sich die Frage nach der Einheit, die diese Vielheit kompensiert. Sie führte mich unmittelbar zum chinesischen Begriff des Tao. Von dem Zusammenspiel meiner inneren Entwicklung mit der Übersendung eines taoistischen Textes durch Richard Wilhelm habe ich bereits erzählt. 1929 entstand das mit ihm gemeinsam herausgegebene Buch «Das Geheimnis der Goldenen Blüte». Damals erreichte ich in meinem Nachdenken und meinen Forschungen den zentralen Punkt meiner Psychologie, nämlich die Idee des Selbst. Erst danach fand ich meinen Weg zurück in die Welt. Ich begann Vorträge zu halten und machte verschiedene kleinere Reisen. Zahlreiche Einzelaufsätze und Vorträge bildeten gewissermaßen das Gegengewicht zu der jahrelangen inneren Präokkupation; sie enthielten Antworten auf Fragen, die mir von meinen Lesern und meinen Patienten gestellt worden waren [9].

[8] «Psychologische Typen», 1921. Gesammelte Werke, Band VI, 1960.

[9] Die Aufsätze sind enthalten in «Seelenprobleme der Gegenwart», 1931, und «Wirklichkeit der Seele», 1934.

Ein Thema, das mir schon seit meinem Buch über «Wandlungen und Symbole der Libido» am Herzen lag, war die Theorie der Libido. Ich faßte die Libido als ein psychisches Analogon der physikalischen Energie auf, also als einen annähernd quantitativen Begriff und lehnte darum jede qualitative Wesensbestimmung der Libido ab. Es lag mir daran, von dem bis dahin bestehenden Konkretismus der Libidolehre loszukommen, also nicht mehr von Hunger-, Aggressions- oder Sexualtrieben usw. zu sprechen, sondern alle diese Erscheinungen als verschiedenartige Äußerungen der psychischen Energie zusammenzusehen.

Auch in der Physik spricht man von Energie und ihren Erscheinungsweisen als Elektrizität, Licht, Wärme usw. Genauso ist es in der Psychologie. Es handelt sich auch hier in erster Linie um Energie (d. h. um Intensitätswerte, um ein mehr oder weniger), und die Erscheinungsform kann sehr verschiedenartig sein. Durch die energetische Auffassung der Libido entsteht eine gewisse Einheitlichkeit der Anschauungen, während die oft kontroversen Fragen nach der Natur der Libido – ob sie Sexualität, Macht, Hunger, oder etwas anderes sei – in den Hintergrund treten. Es lag mir daran, eine Einheitlichkeit, wie sie in den Naturwissenschaften als eine allgemeine Energetik besteht, auch für die Psychologie herzustellen. Dies war das Ziel, das ich in dem Buch «Über die Energetik der Seele» (1928) verfolgte[10]. Ich betrachte z. B. die menschlichen Triebe als Manifestationsformen energetischer Vorgänge und damit als Kräfte analog der Wärme, dem Licht usw. Wie es dem heutigen Physiker nicht einfallen würde, alle Kräfte z. B. lediglich aus der Wärme abzuleiten, so wenig ist es in der Psychologie zulässig, alle Triebe dem Begriff der Macht oder demjenigen der Sexualität unterzuordnen. Dies war Freuds anfänglicher Irrtum; später hat er ihn korrigiert durch die Annahme der «Ichtriebe», um noch später dem Über-Ich sozusagen die Suprematie zu verleihen.

In «Die Beziehungen zwischen dem Ich und dem Unbewußten» hatte ich nur festgestellt, daß und wie ich mich auf das Unbewußte beziehe, aber über das Unbewußte selber noch nichts gesagt. Die Beschäftigung mit meinen Phantasien vermittelte mir eine Ahnung, daß es sich wandelt oder Wandlung bewirkt. Erst als ich die Alchemie kennen lernte, wurde es mir klar, daß das Unbewußte ein

[10] In «Über psychische Energetik und das Wesen der Träume», 2. Aufl. 1948.

Prozeß ist, und daß die Beziehung des Ich zu den Inhalten des Unbewußten eine eigentliche Wandlung oder Entwicklung der Psyche auslöst. Im individuellen Fall ist der Prozeß an den Träumen und Phantasien abzulesen. In der Welt des Kollektiven hat er seinen Niederschlag vor allem in den verschiedenen Religionssystemen und in der Wandlung ihrer Symbole gefunden. Durch das Studium der individuellen und der kollektiven Wandlungsvorgänge und durch das Verständnis der alchemistischen Symbolik, kam ich zum zentralen Begriff meiner Psychologie, dem *Individuationsprozeß*.

Es ist ein wesentlicher Punkt meiner Arbeiten, daß sie schon früh Weltanschauungsfragen berühren und die Konfrontation der Psychologie mit der religiösen Frage behandeln. Doch erst in «Psychologie und Religion» (1940), und anschließend in den «Paracelsica» (1942), habe ich mich ausführlich darüber geäußert. Namentlich der zweite Aufsatz «Paracelsus als geistige Erscheinung» ist in dieser Hinsicht bedeutsam. Die Schriften des Paracelsus enthalten eine Fülle origineller Gedanken, in denen die Fragestellung der Alchemie deutlich zum Ausdruck kommt, allerdings in einer späten und barocken Form. Die Beschäftigung mit Paracelsus war es, die mich schließlich veranlaßt hat, das Wesen der Alchemie darzustellen, und zwar in ihrem Verhältnis zur Religion und zur Psychologie, oder man könnte auch sagen: die Alchemie in ihrem Aspekt als religiöse Philosophie. Das tat ich in «Psychologie und Alchemie» (1944). Damit war ich endlich auf dem Boden angelangt, der meinen eigenen Erfahrungen der Jahre 1913 bis 1917 zugrundelag; denn der Prozeß, durch den ich damals gegangen war, entsprach dem alchemistischen Wandlungsprozeß, von dem in «Psychologie und Alchemie» die Rede ist.

Natürlich stellt sich mir immer wieder die Frage nach der Beziehung der Symbolik des Unbewußten zur christlichen Religion und auch zu anderen Religionen. Ich lasse der Christlichen Botschaft nicht nur eine Tür offen, sondern sie gehört ins Zentrum des westlichen Menschen. Allerdings bedarf sie einer neuen Sicht, um den säkularen Wandlungen des Zeitgeistes zu entsprechen; sonst steht sie neben der Zeit und die Ganzheit des Menschen neben ihr. Dies habe ich mich bemüht, in meinen Schriften darzulegen. Ich gab eine psychologische Deutung des Trinitätsdogmas [11]

[11] In: «Symbolik des Geistes», 1948.

sowie des Messetextes, den ich überdies mit dem Text des Zosimos von Panopolis, eines Alchemisten und Gnostikers des dritten Jahrhunderts, verglich[12]. Mein Versuch einer Konfrontation der Analytischen Psychologie mit den christlichen Anschauungen führte mich schließlich zur Frage nach Christus als einer psychologischen Gestalt. Schon in «Psychologie und Alchemie» (1944) hatte ich in der alchemistischen Zentralvorstellung des Lapis, des Steines, eine Parallelfigur zu Christus nachweisen können.

Im Jahre 1939 hielt ich ein Seminar über die «Exercitia Spiritualia» des Ignatius von Loyola. Gleichzeitig war ich mit den Studien zu «Psychologie und Alchemie» beschäftigt. Eines Nachts erwachte ich und sah in helles Licht getaucht den Crucifixus am Fußende des Bettes. Er erschien nicht ganz in Lebensgröße, war aber sehr deutlich, und ich sah, daß sein Leib aus grünlichem Golde bestand. Es war ein herrlicher Anblick, doch ich erschrak über das Geschaute. Visionen als solche sind mir sonst nichts Ungewöhnliches, denn ich sehe öfters plastische hypnagogische Bilder.

Damals hatte ich viel über die «Anima Christi», eine Meditation aus den «Exercitia», nachgedacht. Die Vision schien mir nahezulegen, daß ich bei meinem Nachdenken etwas übersehen hatte, und das war die Analogie Christi zum «aurum non vulgi» (dem nicht gewöhnlichen Golde) und der «viriditas» (der Grüne) der Alchemisten. Als ich verstand, daß das Bild auf diese zentralen alchemistischen Symbole hinwies, daß es sich also eigentlich um eine alchemistische Christus-Vision handelte, war ich getröstet.

Das grüne Gold ist die lebendige Qualität, die die Alchemisten nicht nur im Menschen sahen, sondern auch in der anorganischen Natur. Es ist Ausdruck für einen Lebensgeist, die «anima mundi», oder den «filius macrocosmi», den in der ganzen Welt lebendigen Anthropos. Bis in die anorganische Materie ist dieser Geist ausgegossen, er liegt auch im Metall und im Stein. So war meine Vision eine Vereinigung des Bildes Christi mit seiner Analogie, die in der Materie liegt, nämlich dem filius macrocosmi. Wäre mir das grüne Gold nicht aufgefallen, so wäre ich versucht gewesen anzunehmen, daß an meiner «christlichen» Auffassung etwas Wesentliches fehle, mit anderen Worten, daß mein traditionelles Bild irgendwie ungenügend sei und ich deshalb noch ein Stück christlicher

[12] In: «Von den Wurzeln des Bewußtseins», 1954.

Entwicklung nachzuholen hätte. Die Hervorhebung des Metalls aber zeigte mir die unverhohlene alchemistische Auffassung Christi als einer Vereinigung geistig-lebendiger und physisch-toter Materie an.

In «Aion» (1951) griff ich das Problem des Christus wieder auf. Hier ging es mir aber nicht um die Frage der geistesgeschichtlichen Parallelen, sondern um eine Konfrontation seiner Gestalt mit der Psychologie. Auch betrachtete ich Christus nicht als eine von allen Äußerlichkeiten befreite Gestalt, sondern ich wollte die sich durch die Jahrhunderte hinziehende Entwicklung des durch ihn dargestellten religiösen Inhalts aufzeigen. Es war mir auch wichtig, wie Christus astrologisch vorausgesagt werden konnte, und wie er aus dem Geiste seiner Zeit und im Verlauf der zweitausend Jahre christlicher Zeitrechnung verstanden wurde. Das war es, was ich darstellen wollte, zusammen mit all den merkwürdigen Randglossen, welche sich im Laufe der Zeiten um ihn angesammelt hatten.

Während der Arbeit ergab sich auch die Frage nach der historischen Gestalt, nach dem Menschen Jesus. Sie ist darum bedeutungsvoll, weil die kollektive Mentalität seiner Zeit – man könnte sagen: der Archetypus, der damals konstelliert war, nämlich das Urbild des Anthropos – sich auf ihn, einen fast unbekannten jüdischen Propheten, niedergeschlagen hat. Die antike Anthropos-Idee, deren Wurzeln in der jüdischen Tradition einerseits und im ägyptischen Horus-Mythus andererseits liegen, hatte die Menschen zu Beginn der christlichen Aera ergriffen; denn sie entsprach dem Zeitgeist. Es ging um den «Menschensohn», den Sohn Gottes, der dem «divus Augustus», dem Herrscher dieser Welt, gegenüberstand. Dieser Gedanke machte das ursprünglich jüdische Problem des Messias zur Angelegenheit der Welt.

Es wäre aber ein schweres Mißverständnis, wollte man es als bloßen «Zufall» ansehen, daß Jesus, der Zimmermannssohn, das Evangelium verkündet hat und zum salvator mundi, zum Erlöser der Welt, geworden ist. Er muß eine Persönlichkeit von begnadetem Ausmaß gewesen sein, daß er imstande war, die allgemeine, wenn auch unbewußte Erwartung seiner Zeit so vollkommen auszudrücken und darzustellen. Niemand anderer hätte der Träger einer solchen Botschaft sein können als eben dieser Mensch Jesus.

Die alles erdrückende Macht Roms, verkörpert im göttlichen Caesar, hatte damals eine Welt geschaffen, in der nicht nur unzählige Einzelne, sondern ganze Völker ihrer selbständigen Lebensform und ihrer geistigen Unabhängigkeit beraubt worden waren. Dem heutigen Individuum und den Kulturgemeinschaften steht eine ähnliche Drohung gegenüber, nämlich die Gefahr der Vermassung. Darum wird bereits vielerorts die Möglichkeit und die Hoffnung auf ein Wiedererscheinen Christi diskutiert, und es ist sogar ein visionäres Gerücht entstanden, welches eine Erlösungserwartung ausdrückt. Allerdings tritt sie heute in einer Form auf, die sich mit nichts in der Vergangenheit vergleichen läßt, sondern ein charakteristisches Kind des «Technischen Zeitalters» ist. Es ist die weltweite Verbreitung des UFO-Phänomens [13].

Da es mein Ziel war, in vollem Umfang zu zeigen, inwiefern meine Psychologie eine Entsprechung der Alchemie ist – oder umgekehrt – ging es mir darum, neben den religiösen Fragen auch die speziellen Probleme der Psychotherapie im alchemistischen Werk aufzusuchen. Die zentrale Frage, das Hauptproblem der ärztlichen Psychotherapie, ist die Übertragung. Darin stimmten Freud und ich vollkommen überein. Auch hier konnte ich eine Entsprechung innerhalb der Alchemie nachweisen, nämlich in der Vorstellung der coniunctio (Vereinigung), deren hohe Bedeutung bereits Silberer aufgefallen war. Die Entsprechung hatte sich schon aus meinem Buch «Psychologie und Alchemie» ergeben. Meine Untersuchungen führten zwei Jahre später zu der Schrift «Die Psychologie der Übertragung» (1946) und schließlich zu meinem Werk «Mysterium Coniunctionis» (1955/56).

Wie fast alle Probleme, die mich menschlich oder wissenschaftlich beschäftigten, von Träumen begleitet oder vorweggenommen wurden, so auch dasjenige der Übertragung. In einem dieser Träume wurde es, zusammen mit dem Christusproblem, durch ein merkwürdiges und unerwartetes Bild angedeutet.

Ich träumte wiederum, mein Haus habe einen großen angebauten Flügel, in welchem ich noch nie gewesen war. Ich nahm mir vor, ihn anzusehen und schließlich ging ich hinein. Ich gelangte an eine große Flügeltüre. Als ich sie öffnete, befand ich mich in einem Raum, wo ein Laboratorium eingerichtet war. Vor dem Fenster stand ein Tisch, bedeckt mit vielen Gläsern und allen Para-

[13] Vergl. «Ein moderner Mythus. Von Dingen, die am Himmel gesehen werden», 1958.

Bollingen, 1958

phernalien eines zoologischen Laboratoriums. Das war der Arbeitsplatz meines Vaters. Er war aber nicht da. An den Wänden standen auf Schäften hunderte von Gläsern mit allen erdenklichen Sorten von Fischen. Ich war erstaunt: «Jetzt beschäftigt sich mein Vater mit Ichthyologie!»

Als ich da stand und mich umschaute, bemerkte ich einen Vorhang, der sich von Zeit zu Zeit aufbauschte, wie wenn ein starker Wind wehte. Plötzlich kam Hans, ein junger Mann vom Lande, und ich bat ihn, er möge nachsehen, ob im Raum hinter dem Vorhang ein Fenster offen stünde. Er ging hinüber, und als er nach einiger Zeit zurückkam, sah ich, daß er tief erschüttert war. Ein Ausdruck des Schreckens lag in seinen Zügen. Er sagte nur: «Ja, da ist etwas, da spukt es!»

Dann ging ich selbst hinüber und fand eine Tür, die in den Raum meiner Mutter führte. Kein Mensch war dort. Die Atmosphäre war unheimlich. In dem sehr großen Zimmer waren an der Decke zwei Reihen von je fünf Kästen, etwa zwei Fuß über dem Boden aufgehängt. Sie sahen aus wie kleine Gartenhäuschen von etwa zweimal zwei Metern Bodenfläche, und in jedem standen zwei Betten. Ich wußte, daß an diesem Ort meine Mutter, die in Wirklichkeit schon längst gestorben war, besucht wurde, und daß sie hier Schlafgelegenheiten für Geister aufgeschlagen hatte. Es waren Geister, die paarweise kamen, sozusagen Geisterehepaare, die die Nacht oder auch den Tag dort zubrachten [14].

Gegenüber dem Raum meiner Mutter befand sich eine Tür. Ich öffnete sie und kam in eine riesige Halle; sie erinnerte an die Halle eines großen Hotels mit Fauteuils, Tischchen, Säulen und aller dazugehörenden Pracht. Eine laute Blechmusik spielte. Ich hatte sie schon die ganze Zeit im Hintergrund gehört, ohne jedoch zu wissen, woher sie kam. Niemand befand sich in der Halle, nur die «brassband» schmetterte ihre Weisen, Tänze und Märsche.

[14] Dazu fielen mir die «Geisterfallen» ein, die ich in Kenya beobachtet hatte. Das sind kleine Häuschen, in denen die Leute kleine Betten aufstellen und auch etwas Proviant, «posho», dazulegen. Häufig liegt im Bett sogar das aus Lehm oder Ton hergestellte simulacrum eines Kranken, der geheilt werden soll. Ein oft kunstvoll mit kleinen Steinen gepflasterter Weg führt vom Fußpfad zu diesen Häuschen, damit die Geister dort einkehren und nicht im Kral, wo der Kranke liegt, den sie zu sich holen wollen. In der «Geisterfalle» verbringen die Geister dann die Nacht, um vor Tagesanbruch wieder in den Bambuswald, ihren eigentlichen Aufenthaltsort, zurückzukehren. C. G. J.

Die Blechmusik in der Hotelhalle deutet auf ostentative Fröhlichkeit und Weltlichkeit. Kein Mensch würde hinter dieser lauten Fassade die andere Welt geahnt haben, die sich auch noch im Haus befand. Das Traumbild der Halle ist sozusagen eine Karikatur meiner bonhomie oder weltlichen Jovialität. Das ist aber nur die Außenseite; dahinter liegt etwas ganz anderes, das sich jedenfalls bei Blechmusik nicht erörtern läßt: das Fischlaboratorium und die hängenden Geisterhäuschen. Beides waren eindrucksvolle Orte, in denen geheimnisvolle Stille herrschte. Ich hatte das Gefühl: hier lebte die Nacht, während die Halle die Tagwelt und ihre oberflächliche Weltlichkeit darstellte.

Die wichtigsten Bilder des Traumes waren der «Geisterempfangsraum» und das Fischlaboratorium. Ersterer drückt auf eine etwas skurrile Weise das Problem der coniunctio, oder der Übertragung aus; und das Laboratorium weist auf meine Beschäftigung mit Christus hin, der ja selber der Fisch (ichthys) ist. Beides waren Inhalte, die mich mehr als ein Jahrzehnt lang in Atem hielten.

Es ist merkwürdig, daß die Beschäftigung mit dem Fisch im Traum meinem Vater attribuiert ist. Er ist sozusagen ein Betreuer christlicher Seelen, denn diese sind nach alter Anschauung Fische, die im Netze Petri gefangen werden. Ebenso merkwürdig ist die Tatsache, daß meine Mutter als Hüterin abgeschiedener Seelen erscheint. So sind im Traum meine beiden Eltern belastet mit dem Problem der cura animarum, die doch eigentlich meine Aufgabe ist. Etwas war unvollendet geblieben und darum noch bei den Eltern, also noch latent im Unbewußten und damit der Zukunft vorbehalten. Noch hatte ich mich nämlich mit dem Hauptanliegen der «philosophischen» Alchemie, der coniunctio, nicht auseinandergesetzt und damit jene Frage nicht beantwortet, welche die Seele des christlichen Menschen an mich stellte, und noch war die große Arbeit an der Gralssage, die sich meine Frau zu ihrer Lebensaufgabe gemacht hatte, nicht vollendet [15]. Ich erinnere mich, wie oft mir die «Queste du St. Graal» und der Fischerkönig in den Sinn kamen, als ich am Ichthyssymbol in «Aion» arbeitete. Wenn mich die Rücksicht auf die Arbeit meiner Frau nicht gehindert hätte, so

[15] Nach dem Tode meiner Frau, 1955, hat Dr. Marie-Louise von Franz die Arbeit am Gral aufgenommen und 1958 zu einem guten Ende geführt. Vergl. E. Jung und M.-L. v. Franz «Die Graalslegende in psychologischer Sicht». Studien aus dem C. G. Jung-Institut, Band XII, Zürich 1960.

hätte ich die Gralssage unbedingt in meine Untersuchung der Alchemie einbeziehen müssen.

Meine Erinnerung an meinen Vater ist die an einen Leidenden, der an einer Amfortaswunde litt, ein «Fischerkönig», dessen Wunde nicht heilen wollte – das christliche Leiden, für welches die Alchemisten die Panacee (Heilmittel) suchten. Ich als ein «thumber» Parzival war Zeuge dieser Krankheit während der Jahre meiner Jugend, und wie jenem hatte mir die Sprache versagt. Ich ahnte bloß.

Mein Vater hat sich in Wirklichkeit nie mit der theriomorphen Christussymbolik beschäftigt, dafür aber das von Christus vorgezeigte und verheißene Leiden wortwörtlich bis zum Tode durchgelebt, ohne sich der Konsequenz der imitatio Christi klar bewußt zu werden. Er betrachtete sein Leiden als seine private Angelegenheit, über die man sich beim Arzte Rat holt, nicht aber als das Leiden des christlichen Menschen überhaupt. Das Wort Galat. II, 20, «Ich lebe, aber nicht mehr ich, sondern Christus lebt in mir», ist ihm in seiner Bedeutungsschwere nicht deutlich geworden, denn in religiöser Hinsicht perhorreszierte er alles Denken. Er wollte sich mit dem Glauben begnügen, doch dieser brach ihm die Treue. Damit wird öfters das sacrificium intellectus belohnt. «Nicht alle fassen dieses Wort, sondern nur die, denen es gegeben ist ... es gibt Verschnittene, die sich selbst verschnitten haben um des Reiches der Himmel willen. Wer es fassen kann, fasse es!» (Math. XIX, 11 ff.) Ein blindes Annehmen führt nie zur Lösung, sondern bestenfalls zum Stillstand, und geht zu Lasten der folgenden Generation.

Der Besitz an theriomorphen Attributen weist darauf hin, daß die Götter nicht nur in übermenschliche Regionen reichen, sondern auch in die untermenschlichen Bezirke des Lebens. Die Tiere stellen gewissermaßen ihren Schatten dar, welchen die Natur dem lichten Bilde beigesellt. Die «pisciculi Christianorum» zeigen, daß die, welche Christo nachfolgen, selber Fische sind. Es sind Seelen unbewußter Natur, die der cura animarum bedürfen. Das Fischlaboratorium ist also ein Synonym für die kirchliche Seelsorge. Wie der Verwundende sich selber verwundet, so heilt der Heilende sich selber. Bezeichnenderweise wird im Traum die entscheidende Tätigkeit von Toten an Toten ausgeführt, nämlich im Jenseits des Bewußtseins, also im Unbewußten.

Ein wesentlicher Aspekt meiner Aufgabe war mir in der Tat damals noch keineswegs bewußt geworden, und ich wäre darum auch nicht fähig gewesen, den Traum befriedigend zu deuten. Ich konnte seinen Sinn nur erahnen und hatte noch die größten inneren Widerstände zu überwinden, bis ich «Antwort auf Hiob» niederschreiben konnte.

Die innere Wurzel zu dieser Schrift lag bereits in «Aion». Dort hatte ich mich mit der Psychologie des Christentums auseinandergesetzt, und Hiob ist gewissermaßen eine Präfiguration Christi. Beide sind verbunden durch die Idee des Leidens. Christus ist der leidende Gottesknecht, und das war auch Hiob. Bei Christus ist es die Sünde der Welt, welche das Leiden verursacht, und das Leiden des christlichen Menschen ist dessen allgemeine Antwort. Das führt unweigerlich zu der Frage: Wer ist an dieser Sünde schuld? Letzten Endes ist es Gott, der die Welt und ihre Sünde geschaffen hat und der in Christus das menschliche Schicksal selber erleiden muß.

In «Aion» finden sich Hinweise auf das schwierige Thema der hellen und dunkeln Seite des Gottesbildes. Ich habe den «Zorn Gottes» angeführt, das Gebot, Gott zu fürchten, das «Führe uns nicht in Versuchung». Das ambivalente Gottesbild spielt im biblischen Hiobbuch eine entscheidende Rolle. Hiob erwartet, daß Gott ihm gewissermaßen beistehe gegen Gott, wodurch dessen tragische Gegensätzlichkeit zum Ausdruck kommt. Diese wird zum Hauptthema in «Antwort auf Hiob».

Die äußere Wurzel zu dieser Schrift lag in meiner Umwelt. Viele Fragen aus dem Publikum und von Patienten hatten mich genötigt, mich deutlicher über die religiösen Probleme des modernen Menschen zu äußern. Ich hatte jahrelang gezögert, weil ich mir wohl bewußt war, was für einen Sturm ich entfesseln würde. Aber schließlich konnte ich nicht umhin, mich von der Dringlichkeit und Schwierigkeit des Problems ergreifen zu lassen, und sah mich gezwungen, eine Antwort zu geben. Ich tat es in der Form, in der es mir zugestoßen war, nämlich in der eines Erlebnisses, dessen Emotionen ich nicht unterdrückte. Diese Form hatte ich in einer bestimmten Absicht gewählt. Es lag mir daran, den Eindruck zu verhindern, daß ich eine «ewige Wahrheit» verkünden wollte. Meine Schrift sollte nur die Stimme und Frage eines Einzelnen sein, welche auf die Nachdenklichkeit des Publikums hofft oder sie erwartet. Es ist mir nie in den Sinn gekommen, daß jemand meinen könnte, ich wollte eine metaphysische Wahrheit verkünden. Aber das werfen mir die Theologen vor, weil das theologische Denken gewohnt ist, sich mit ewigen Wahrheiten zu befassen. Wenn der Physiker sagt, das Atom sei von der und der Beschaffenheit, und ein Modell davon entwirft, beabsichtigt er auch nicht, damit eine ewige Wahrheit auszudrücken. Aber die Theologen kennen das naturwissenschaftliche und insbesondere das psychologische Denken nicht. Das Material der analytischen Psychologie, ihre wesentlichen Tatsachen, sind menschliche Aussagen und zwar solche, die öfters und an verschiedenen Orten und zu verschiedenen Zeiten übereinstimmend vorkommen.

Auch das Problem des Hiob hatte sich mit allen seinen Konsequenzen in einem Traum angekündigt. Es war ein Traum, in dem ich meinem längst verstorbenen Vater einen Besuch machte. Er wohnte auf dem Lande, unbekannt wo. Ich sah ein Haus im Stil des 18. Jahrhunderts. Es schien sehr geräumig, mit einigen größeren Nebengebäuden. Ursprünglich war es ein Gasthof in einem Badeort gewesen; ich erfuhr auch, daß im Laufe der Zeit viele große Persönlichkeiten, berühmte Leute und Fürstlichkeiten, dort abgestiegen waren. Weiter hieß es, einige seien gestorben, und in der Krypta, die auch zum Haus gehörte, stünden ihre Sarkophage. Über sie walte mein Vater als Kustos.

Mein Vater war aber, wie ich bald entdeckte, nicht nur Kustos, sondern, ganz im Gegensatz zu seinen Lebzeiten, ein großer Privatgelehrter. Ich traf ihn in seinem Studierzimmer, und merkwürdigerweise waren Dr. Y. – etwa in meinem Alter – und sein Sohn, beide Psychiater, auch da. Ich weiß nicht, hatte ich eine Frage gestellt, oder wollte mein Vater von sich aus etwas erklären, jedenfalls holte er eine große Bibel von einem Schaft herunter, einen dicken Folianten, ähnlich der Merianschen Bibel, die sich in meiner Bibliothek befindet. Die Bibel, die mein Vater hielt, war in glänzende Fischhaut eingebunden. Er schlug das Alte Testament auf – ich vermutete, es war in den Büchern Mosis – und fing an, eine gewisse Stelle zu interpretieren. Er tat das so rasch und so gelehrt, daß ich nicht imstande war zu folgen. Ich merkte nur, daß, was er sagte, eine Unmenge von Kenntnissen jeglicher Art verriet, deren Bedeutung ich zwar einigermaßen ahnte, aber weder ermessen noch erfassen konnte. Ich sah, daß Dr. Y. überhaupt nichts verstand und sein Sohn zu lachen anfing. Sie dachten, mein Vater befände sich in einer Art senilem Erregungszustand und ergehe sich in einem sinnlosen Redefluß. Es war mir aber ganz klar, daß es sich nicht um eine krankhafte Erregung handelte und erst recht nicht um Unsinniges, sondern um ein dermaßen intelligentes und gelehrtes Argument, daß unsere Dummheit einfach nicht folgen konnte. Es ging um etwas sehr Wichtiges, das ihn faszinierte. Darum sprach er mit solcher Intensität, überflutet von tiefsinnigen Gedanken. Ich ärgerte mich und dachte, es sei doch schade, daß er vor uns drei Dummköpfen reden müsse.

Die beiden Psychiater vertreten einen beschränkten medizinischen Standpunkt, der mir als Arzt natürlich auch anhaftet. Sie stellen meinen Schatten sozusagen in erster und zweiter Auflage, als Vater und Sohn, dar.

Dann änderte sich die Szene: mein Vater und ich waren vor dem Hause, und gegenüber befand sich eine Art Scheune, wo offenbar Holzvorräte aufgestapelt waren. Dort hörte man lautes Poltern, wie wenn große Holzstücke herunter- oder herumgeworfen würden. Ich hatte den Eindruck, als ob mindestens zwei Arbeiter am Werke seien, aber mein Vater bedeutete mir, daß es dort spuke. Es waren also eine Art Poltergeister, die den Lärm vollführten.

Dann gingen wir ins Haus hinein, und ich sah, daß es sehr dicke Mauern hatte. Wir stiegen eine schmale Treppe hinauf in den ersten Stock. Dort bot sich uns ein seltsamer Anblick: eine Halle, die das genaue Abbild des Diwân-i-kaas (Ratshalle) des Sultan Akbar in Fatehpur-Sikri darstellte. Es war ein hoher runder Raum mit einer Galerie der Wand entlang, von welcher vier Brücken zu dem wie ein Becken gestalteten Zentrum führten. Das Becken ruhte auf einer riesigen Säule und bildete den Rundsitz des Sultans. Von dort sprach er zu seinen Räten und Philosophen, die auf der Galerie den Wänden entlang saßen. Das Ganze war ein riesiges Mandala. Es entsprach genau dem Diwân-i-kaas, den ich in Indien gesehen hatte.

Im Traum sah ich plötzlich, daß vom Zentrum aus eine steile Treppe hoch an die Wand hinaufführte – das entsprach nicht mehr der Wirklichkeit. Oben war eine kleine Türe, und mein Vater sagte: «Nun werde ich dich in die höchste Gegenwart führen!» Es war mir, als ob er sagte: «highest presence». Dann kniete er nieder und berührte mit der Stirn den Boden, und ich machte es ihm nach und kniete ebenfalls nieder in großer Bewegung. Aus irgendeinem Grunde konnte ich die Stirn nicht ganz auf den Boden bringen. Es blieb vielleicht ein Millimeter zwischen Stirn und Boden. Aber ich hatte die Geste mitgemacht, und plötzlich wußte ich, vielleicht durch meinen Vater, daß hinter der Tür, oben in einem einsamen Gemach, Urias wohnte, der Feldherr König Davids. Dieser hatte

Urias um seines Weibes Bathseba willen schändlich verraten; er hatte seinen Kriegern befohlen, ihn im Angesicht des Feindes im Stich zu lassen.

Zu diesem Traum muß ich ein paar erläuternde Bemerkungen machen. Die Anfangsszene schildert, wie die mir unbewußte Aufgabe, die ich sozusagen meinem Vater, d. h. dem entsprechenden Unbewußten, überlassen hatte, sich auswirkt. Er ist offenbar mit der Bibel (Genesis?) beschäftigt und bestrebt, uns seine Einsicht zu vermitteln. Die Fischhaut stempelt die Bibel zu einem unbewußten Inhalt, denn Fische sind stumm und unbewußt. Es gelingt meinem Vater nicht, sich verständlich zu machen, das Publikum ist teils unfähig, teils böswillig dumm.

Nach diesem Mißerfolg gehen wir über die Straße auf die «andere Seite», wo anscheinend Poltergeister am Werke sind. Poltergeistphänomene ereignen sich meist in der Umgebung von Jugendlichen vor der Pubertät; das heißt, ich bin noch unreif und zu unbewußt. Das indische Ambiente illustriert die «andere Seite». Als ich in Indien war, hatte mich die Mandalastruktur des Diwân-i-kaas als Darstellung eines auf ein Zentrum bezogenen Inhaltes stark beeindruckt. Das Zentrum ist der Sitz Akbars des Großen, der über einen Subkontinent herrscht, des «Herrn dieser Welt», wie etwa David. Aber höher noch als dieser steht sein schuldloses Opfer, sein treuer Feldherr Urias, den er dem Feinde preisgab. Urias ist eine Praefiguration Christi, des Gottmenschen, der von Gott verlassen wird. David hatte darüber hinaus noch das Weib des Urias «zu sich genommen». Ich verstand erst später, was diese Anspielung auf Urias bedeutete: nicht nur sah ich mich gezwungen, über das ambivalente Gottesbild des Alten Testamentes und dessen Konsequenzen öffentlich und sehr zu meinem Nachteil zu reden, sondern es wurde mir auch meine Frau durch den Tod entrissen.

Dies waren die Dinge, die im Unbewußten verborgen auf mich warteten. Diesem Schicksal mußte ich mich beugen und hätte eigentlich mit meiner Stirn den Boden berühren müssen, damit meine Unterwerfung vollständig sei. Etwas aber hat mich wenigstens um einen Millimeter daran verhindert. Etwas in mir sagte: «Ja schon, aber nicht ganz.» Etwas in mir trotzt und will kein stummer Fisch sein; und wenn dem im freien Menschen nicht so wäre, so wäre einige Jahrhunderte vor Christi Geburt kein Hiob verfaßt worden. Der Mensch behält sich einen Nachsatz vor, sogar gegenüber dem göttlichen Ratschluß. Wo wäre denn sonst seine

Freiheit? Und wo ihr Sinn, wenn sie nicht imstande wäre, ihren Bedroher zu bedrohen?

Höher als Akbar wohnt Urias. Er ist sogar, wie der Traum sagt, «highest presence», ein Ausdruck, den man eigentlich nur von Gott braucht, abgesehen von Byzantinismen. Ich kann nicht umhin, hier an Buddha und sein Verhältnis zu den Göttern zu denken. Zweifellos ist für den gläubigen Asiaten der Tathagata das schlechthin Höchste. Man hat daher den Hînayâna-Buddhismus des Atheismus verdächtigt – sehr zu Unrecht. Vermöge der Macht der Götter ist der Mensch befähigt, eine Einsicht über seinen Schöpfer zu erlangen. Er besitzt sogar die Möglichkeit, die Schöpfung in ihrem wesentlichen Aspekt zu vernichten, nämlich im Weltbewußtsein des Menschen. Heute kann der Mensch jedes höhere Leben der Erde durch Radioaktivität auslöschen. Der Gedanke einer Weltvernichtung liegt als Ansatz schon bei Buddha vor: durch die Erleuchtung kann die Nidâna-Kette – die Kausalzusammenhänge, die unweigerlich zu Alter, Krankheit und Tod führen – abbrechen, so daß die Illusion des Seins zum Ende kommt. Schopenhauers Verneinung des Willens weist prophetisch auf ein Problem der Zukunft hin, welches uns schon bedenklich nahe gerückt ist. Der Traum enthüllt einen Gedanken und eine Ahnung, die schon längst in der Menschheit vorhanden sind, die Idee vom Geschöpf, das den Schöpfer um ein Weniges, aber Entscheidendes überragt.

Nach dieser Abschweifung in die Welt der Träume kehre ich wieder zu meinen Büchern zurück: in «Aion» war noch ein anderer Problemkreis angeschnitten worden, der gesonderte Behandlung erforderte. Ich hatte versucht, die Gleichzeitigkeit zwischen dem Erscheinen Christi und dem Beginn eines neuen Aeon, des Weltenmonats der Fische, herauszustellen. Diese Gleichzeitigkeit zwischen dem Leben Christi und dem objektiven astronomischen Ereignis, nämlich dem Eintritt des Frühlingspunktes in das Zeichen der Fische, muß als eine Synchronizität bezeichnet werden. Christus ist daher der «Fisch» und tritt auf als Herr des neuen Aeon (wie Hammurabi als der Herr des Weltenmonats Widder). Aus diesen Fakten ergab sich mir das Problem der Synchronizität, das ich in der Schrift «Synchronizität als ein Prinzip akausaler Zusammenhänge» dargestellt habe [17].

[17] In: Jung-Pauli, «Naturerklärung und Psyche», Zürich 1952.

Das in «Aion» behandelte Christus-Problem führte mich schließlich zu der Frage, wie sich die Erscheinung des Anthropos, des großen Menschen – psychologisch: des «Selbst» – in der Erfahrung des Einzelnen ausdrückt. Die Antwort habe ich in «Von den Wurzeln des Bewußtseins» (1954) zu geben versucht. Hier handelt es sich um das Zusammenspiel von Unbewußtem und Bewußtsein, um die Entwicklung des Bewußtseins aus dem Unbewußten und um das Hineinwirken der größeren Persönlichkeit, des «inneren Menschen», in das Leben eines jeden.

Den Abschluß der Gegenüberstellung von Alchemie und meiner Psychologie des Unbewußten bildet «Mysterium Coniunctionis». In diesem Buch nahm ich noch einmal das Problem der Übertragung auf, vor allem aber folgte ich meiner ursprünglichen Absicht, den gesamten Umfang der Alchemie als eine Art Psychologie der Alchemie, oder als eine alchemistische Fundierung der Tiefenpsychologie darzustellen. Erst mit «Mysterium Coniunctionis» war meine Psychologie endgültig in die Wirklichkeit gestellt und als Ganzes historisch untermauert. Damit war meine Aufgabe erledigt, mein Werk getan, und nun kann es stehen. In dem Augenblick, wo ich den Boden erreichte, stieß ich gleichzeitig an die äußerste Grenze des mir wissenschaftlich Erfaßbaren, an das Transzendente, das Wesen des Archetypus an sich, worüber sich keine wissenschaftlichen Aussagen mehr machen lassen.

Der Überblick, den ich hier über mein Werk gegeben habe, ist natürlich nur summarisch. Eigentlich müßte ich viel mehr sagen oder viel weniger. Das Kapitel ist improvisiert und aus dem Augenblick geboren, wie alles, was ich Ihnen erzähle.

Meine Werke können als Stationen meines Lebens angesehen werden, sie sind Ausdruck meiner inneren Entwicklung, denn die Beschäftigung mit den Inhalten des Unbewußten formt den Menschen und bewirkt seine Wandlung. Mein Leben ist mein Tun, meine geistige Arbeit. Das eine ist vom anderen nicht zu trennen.

Alle meine Schriften sind sozusagen Aufträge von innen her; sie entstanden unter einem schicksalshaften Zwang. Was ich schrieb, hat mich von innen überfallen. Den Geist, der mich bewegte, ließ ich zu Worte kommen. Ich habe nie mit einer starken Resonanz auf meine Schriften gerechnet. Sie stellen eine Kompensation zu meiner kontemporären Welt dar, und ich mußte das sagen, was niemand hören will. Deshalb bin ich mir, besonders am Anfang, oft so verloren vorgekommen. Ich wußte, daß die Menschen ablehnend reagieren würden, weil es schwierig ist, die Kompensation zur bewußten Welt zu akzeptieren. Heute kann ich sagen: es ist sogar wunderbar, wieviel Erfolg ich hatte, mehr als ich je erwarten konnte. Die Hauptsache war mir aber immer, daß das, was ich sagen mußte, gesagt worden ist. Ich habe das Gefühl, das mir Mögliche getan zu haben. Selbstverständlich könnte es mehr und besser sein, aber nicht auf Grund meiner Fähigkeiten.

DER TURM

Durch die wissenschaftliche Arbeit stellte ich meine Phantasien und die Inhalte des Unbewußten allmählich auf den Boden. Wort und Papier waren mir jedoch nicht real genug; es gehörte noch etwas anderes dazu. Ich mußte meine innersten Gedanken und mein eigenes Wissen gewissermaßen in Stein zur Darstellung bringen, oder ein Bekenntnis in Stein ablegen. Das war der Anfang des Turmes, den ich mir in Bollingen baute. Es mag dies als eine absurde Idee erscheinen, aber ich habe es getan, und es bedeutete für mich nicht nur eine ungemeine Befriedigung, sondern auch eine Sinnerfüllung[1].

Von Anfang an stand es für mich fest, daß ich am Wasser bauen würde. Der eigenartige Charme des Ufers am oberen Zürichsee hatte mich schon seit jeher fasziniert, und so kaufte ich 1922 das Land in Bollingen. Es liegt in der Landschaft des Hl. Meinrad und ist Gotteshausland, das früher zum Kloster St. Gallen gehörte.

Zuerst plante ich kein richtiges Haus, sondern nur einen einstöckigen Bau, mit dem Herd in der Mitte und den Schlaflagern an den Wänden, eine Art primitiver Wohnstätte. Dabei schwebte mir eine afrikanische Hütte vor, wo das Feuer, umhegt von ein paar Steinen, in der Mitte brennt, und die ganze Existenz der Familie sich um dieses Zentrum abspielt. Im Grunde genommen verwirklichen die primitiven Hütten eine Idee der Ganzheit – man könnte sagen, einer Familienganzheit, an der auch noch allerhand Kleinvieh teilhat. Etwas Ähnliches wollte ich bauen: eine Wohnstätte, welche den Urgefühlen des Menschen entspricht. Sie sollte das Gefühl des Geborgenseins vermitteln – nicht nur im physischen, sondern auch im psychischen Sinne. Aber schon während der ersten Bauarbeiten änderte ich den Plan; er erschien mir zu

[1] Der Turm in Bollingen war für Jung nicht nur ein Ferienhaus; im Alter verbrachte er dort etwa die Hälfte des Jahres, arbeitend und ausruhend. «Ohne meine Erde hätte mein Werk nicht entstehen können.» Bis in sein hohes Alter fand Jung Entspannung bei Holzhacken, Spaten, Pflanzen und Ernten. In früheren Jahren war er leidenschaftlicher Segler und jedem Wassersport zugetan. A. J.

primitiv. Es wurde mir klar, daß ich ein veritables, zweistöckiges Haus bauen müsse, und nicht nur eine Hütte, die am Boden kauert. So entstand 1923 das erste runde Haus. Als es fertig war, sah ich, daß es ein richtiger Wohnturm geworden war.

Das Gefühl der Ruhe und Erneuerung, das sich mir mit dem Turm verband, war von Anfang an sehr stark. Er bedeutete für mich so etwas wie eine mütterliche Stätte. Allmählich erhielt ich jedoch den Eindruck, daß er noch nicht alles ausdrückte, was zu sagen war, daß noch etwas fehlte. So kam nach vier Jahren, 1927, der Mittelbau mit einem turmartigen Annex hinzu.

Nach einer gewissen Zeit hatte ich erneut das Gefühl der Unvollständigkeit. Auch in dieser Form schien mir der Bau noch zu primitiv. So wurde 1931 – es waren wieder vier Jahre vergangen – der turmartige Appendix zu einem richtigen Turm ausgebaut. In diesem zweiten Turm bestimmte ich einen Raum ausschließlich für mich. Dabei schwebten mir die indischen Häuser vor, in welchen sich meist ein Raum befindet – und sei es nur die durch einen Vorhang abgetrennte Ecke eines Zimmers – wohin sich die Menschen zurückziehen können. Dort meditieren sie, vielleicht für eine halbe oder eine Viertelstunde, oder machen Yogaübungen.

In dem abgeschlossenen Raum bin ich für mich. Den Schlüssel habe ich immer bei mir; niemand darf dort hinein, es sei denn mit meiner Erlaubnis. Im Laufe der Jahre habe ich die Wände ausgemalt und dabei all die Dinge ausgedrückt, die mich aus der Zeit in die Abgeschiedenheit, aus der Gegenwart in die Zeitlosigkeit versetzten. Es ist ein Winkel des Nachdenkens und der Imaginationen – oft sehr unangenehmer Imaginationen und schwierigsten Denkens, eine Stätte geistiger Konzentration.

1935 erwachte in mir der Wunsch nach einem Stück umhegter Erde. Ich brauchte einen größeren Raum, der dem Himmel und der Natur offensteht. Aus diesem Grunde fügte ich – es war wiederum ein Zeitraum von vier Jahren vergangen – einen Hof und eine Loggia am See hinzu. Sie formen den vierten Teil des Ganzen, abgetrennt von dem dreiheitlichen Hauptkomplex. Damit war eine Vierheit entstanden, vier verschiedene Gebäudeteile, und zwar im Laufe von zwölf Jahren.

Nach dem Tod meiner Frau, 1955, fühlte ich die innere Verpflichtung, zu dem zu werden, der ich selber bin. In der Sprache des Hauses von Bollingen: ich entdeckte plötzlich, daß der mittlere Gebäudeteil, der bisher so niedrig und verkrochen zwischen den beiden Türmen lag, sozusagen mich selber oder mein Ich darstellte. Damals erhöhte ich ihn durch ein oberes Stockwerk. Vorher wäre ich dazu nicht imstande gewesen; ich hätte es lediglich als eine vermessene Selbstbetonung angesehen. In Wahrheit drückt es aber die im Alter erlangte Überlegenheit des Ego, oder des Bewußtseins, aus. Damit war, ein Jahr nach dem Tod meiner Frau, das Ganze vollendet. Der Bau des ersten Turmes hatte 1923, zwei Monate nach dem Tod meiner Mutter begonnen. Diese Daten sind sinnvoll, weil der Turm, wie wir sehen werden, mit den Toten verbunden ist.

Von Anfang an wurde der Turm für mich zu einem Ort der Reifung – ein Mutterschoß, oder eine mütterliche Gestalt, in der ich wieder sein konnte, wie ich bin, war und sein werde. Der Turm gab mir das Gefühl, wie wenn ich in Stein wiedergeboren wäre. Er erschien mir als Verwirklichung des vorher Geahnten und als eine Darstellung der Individuation. Ein Erinnerungszeichen aere perennius. Das hat in wohltuender Weise auf mich gewirkt, wie ein Jasagen zu meinem Sosein. Ich baute das Haus in einzelnen Abschnitten und folgte immer nur den jeweiligen konkreten Bedürfnissen. Die inneren Zusammenhänge habe ich mir nie überlegt. Man könnte sagen, daß ich den Turm in einer Art Traum gebaut habe. Erst später sah ich, was entstanden war, und daß sich eine sinnvolle Gestalt ergeben hatte: ein Symbol der psychischen Ganzheit. Es hatte sich entwickelt, wie wenn ein alter Same aufgegangen wäre.

In Bollingen bin ich in meinem eigentlichsten Wesen, in dem, was mir entspricht. Hier bin ich sozusagen der «uralte Sohn der Mutter». So heißt es sehr weise in der Alchemie, denn der «alte Mann», der «Uralte», den ich schon als Kind erfahren hatte, ist die Persönlichkeit Nr. 2, die schon immer gelebt hat und leben wird. Sie steht außerhalb der Zeit und ist Sohn des mütterlichen Unbewußten. In meinen Phantasien nahm der «Uralte» die Gestalt des Philemon an, und in Bollingen ist er lebendig.

Zuzeiten bin ich wie ausgebreitet in die Landschaft und in die Dinge und lebe selber in jedem Baum, im Plätschern der Wellen, in den Wolken, den Tieren, die kommen und gehen, und in den Dingen. Es gibt nichts im Turm, das nicht im Laufe der Jahrzehnte geworden und gewachsen ist und mit dem ich nicht verbunden bin. Alles hat seine und meine Geschichte, und hier ist Raum für das raumlose Reich des Hintergrunds.

Ich habe auf Elektrizität verzichtet und heize selber Herd und

Ofen. Abends zünde ich die alten Lampen an. Es gibt auch kein fließendes Wasser, ich muß das Wasser selber pumpen. Ich hacke das Holz und koche das Essen. Diese einfachen Dinge machen den Menschen einfach; und wie schwer ist es, einfach zu sein!

In Bollingen umgibt mich Stille, und man lebt «in modest harmony with nature [2]». Gedanken tauchen auf, die in die Jahrhunderte zurückreichen und dementsprechend ferne Zukunft antizipieren. Hier mindert sich die Qual des Schaffens; das Schöpferische und das Spielerische sind nahe beisammen.

Im Jahre 1950 habe ich dem, was der Turm mir bedeutet, eine Art Denkmal aus Stein gesetzt. Es ist eine merkwürdige Geschichte, wie der Stein zu mir gekommen ist:

Als ich die Abgrenzungsmauer des sogenannten Gartens baute, brauchte ich Steine und bestellte sie im Steinbruch in der Nähe von Bollingen. In meiner Gegenwart hatte der Maurer alle Maße dem Besitzer des Steinbruchs diktiert, und dieser trug sie in sein Büchlein ein. Als dann die Steine mit dem Schiff kamen und ausgeladen wurden, stellte sich heraus, daß der soit-disant Eckstein ganz falsche Maße hatte: anstatt eines dreikantigen Steines hatte man einen Kubus gebracht. Es war ein vollkommener Würfel, von viel größeren Dimensionen als er bestellt worden war, mit einer Kante von etwa 50 Centimetern. Der Maurer war wütend und sagte den Schiffsleuten, sie könnten ihn sofort wieder mitnehmen.

Als ich aber den Stein erblickte, sagte ich: «Nein, das ist mein Stein – den muß ich haben!» Ich hatte nämlich gleich gesehen, daß er mir eben gerade paßte und daß ich etwas mit ihm tun wollte. Nur wußte ich noch nicht was.

Das erste, was mir einfiel, war ein lateinischer Vers des Alchemisten Arnaldus de Villanova (gest. 1313) und er war auch das erste, was ich in den Stein meißelte. Übersetzt lautet er:

«Hier steht der Stein, der unansehnliche.
Zwar ist er punkto Preis billig –
Er wird von den Dummen verachtet,
Umso mehr aber von den Wissenden geliebt.»

Dieser Spruch bezieht sich auf den alchemistischen Stein, den lapis, der von den Unwissenden verachtet und verworfen wurde.

[2] Titel eines alten Chinesischen Holzschnittes, auf dem sich ein kleiner alter Mann in einer heroischen Landschaft befindet. A. J.

Bald ergab sich etwas anderes. Auf der Vorderfläche sah ich in der natürlichen Struktur der Steinfläche einen kleinen Kreis, wie eine Art Auge, das mich anschaute. Auch das meißelte ich in den Stein, und ins Zentrum setzte ich ein kleines Männchen. Es ist das Püppchen, das der pupilla im Auge entspricht, eine Art Kabir, oder der Telesphoros des Aeskulap. Er ist in einen Kapuzenmantel gehüllt und trägt eine Laterne, wie er auf manchen antiken Darstellungen zu sehen ist. Zugleich ist er ein Wegeweiser! Ihm widmete ich ein paar Worte, die mir während der Arbeit eingefallen waren. Die Inschrift ist griechisch, die Übersetzung lautet:

«Die Zeit ist ein Kind – spielend wie ein Kind – ein Brettspiel spielend – das Königreich des Kindes. Dies ist Telesphoros, der durch die dunkeln Regionen dieses Kosmos wandert und wie ein Stern aus der Tiefe aufleuchtet. Er weist den Weg zu den Toren der Sonne und zum Land der Träume [3].»

Diese Worte kamen mir – eines nach dem anderen – während ich am Stein arbeitete.

Auf der dritten, dem See zugewandten Fläche ließ ich den Stein sozusagen selber in einer lateinischen Inschrift sprechen. Alle Sätze sind Zitate aus der Alchemie. Dies ist die Übersetzung:

«Ich bin eine Waise, allein; dennoch werde ich überall gefunden. – Ich bin Einer, aber mir selber entgegengesetzt. Ich bin Jüngling und Greis zugleich. Ich habe weder Vater noch Mutter gekannt, weil man mich wie einen Fisch aus der Tiefe herausnehmen muß. Oder weil ich wie ein weißer Stein vom Himmel falle. In Wäldern und Bergen streife ich umher, aber ich bin verborgen im innersten Menschen. Sterblich bin ich für jedermann, dennoch werde ich nicht berührt vom Wechsel der Zeiten.»

Zum Schluß setzte ich unter den Spruch des Arnaldus de Villanova auf lateinisch die Worte: «In Erinnerung an seinen 75. Geburtstag hat C. G. Jung ihn aus Dankbarkeit gemacht und gesetzt im Jahre 1950.»

Als der Stein fertig war, sah ich ihn immer wieder an, wunderte mich darüber und fragte mich, was es heiße, daß man so etwas überhaupt macht.

[3] Der erste Satz ist ein Fragment des Heraklit (H. Diels «Die Fragmente der Vorsokratiker», 1903, Fragment 52), der zweite Satz spielt auf die Mithrasliturgie an (A. Dieterich «Eine Mithrasliturgie», Leipzig und Berlin 1923, pag. 9), der letzte Satz auf Homer (Odyssee, Gesang 24, Vers 12). Für die anderen Inschriften vergl. Glossar «Alchemie». A. J.

Der Stein befindet sich außerhalb des Turms und ist wie eine Erklärung für ihn. Er ist eine Manifestation seines Bewohners, die für die Menschen jedoch unverständlich bleibt. Wissen Sie, was ich auf die Rückseite des Steines meißeln wollte? «Le cri de Merlin!» Denn was der Stein ausdrückt, erinnert mich an die Manifestation Merlins aus dem Walde, nachdem er schon aus der Welt verschwunden war. Die Menschen hören noch sein Rufen, so lautet die Sage, aber sie können es nicht verstehen oder deuten.

Merlin stellt den Versuch des mittelalterlichen Unbewußten dar, eine Parallelfigur zu Parzival zu gestalten. Parzival ist der christliche Held, und Merlin, als Sohn des Teufels und einer reinen Jungfrau, ist sein dunkler Bruder. In der Zeit des 12. Jahrhunderts, als die Sage entstand, gab es noch keine Voraussetzungen, um das, was er darstellte, zu verstehen. Darum endet er im Exil und darum «le cri de Merlin», der noch nach seinem Tod aus dem Wald ertönt. Dieses Rufen, das niemand verstehen konnte, zeigt, daß er in unerlöster Gestalt weiter lebte. Im Grunde genommen ist seine Geschichte auch heute noch nicht fertig, und er geht noch immer um. Man könnte sagen, daß das Geheimnis des Merlin von der Alchemie, vor allem in der Gestalt des Mercurius, weitergeführt worden ist. Dann ist er von meiner Psychologie des Unbewußten aufgegriffen worden und – bleibt noch heute unverstanden! Weil den meisten Menschen das Leben mit dem Unbewußten schlechthin unverständlich ist. Es ist eine meiner eindrücklichsten Erfahrungen, wie fremd es den Menschen ist.

Einmal war ich in Bollingen, als der erste Turm gerade fertig gebaut war. Es war im Winter 1923/24. Soviel ich mich erinnern kann, lag kein Schnee; es muß wohl schon im Vorfrühling gewesen sein. Ich war allein, vielleicht eine Woche lang, vielleicht etwas länger. Es herrschte eine unbeschreibliche Stille. Noch nie hatte ich sie so intensiv erlebt.

Eines Abends, ich kann mich noch genau erinnern, saß ich am Kaminfeuer und hatte einen großen Kessel aufgesetzt, um mir heißes Wasser zu machen zum Abwaschen. Dann begann das Wasser zu sieden, und der Kessel fing an zu singen. Es klang wie viele Stimmen oder wie Streichinstrumente, und es tönte wie ein vielstimmiges Orchester. Wie ganz polyphone Musik, die ich ja nicht leiden kann, die mir nun aber doch eigentümlich interessant erschien. Es war nämlich so, als ob sich ein Orchester innerhalb des

Bollingen, der Stein

Turmes befände und ein anderes draußen. Bald herrschte das eine, bald das andere vor, als gäben sie sich gegenseitig Antwort.

Ich saß und lauschte fasziniert. Weit über eine Stunde hörte ich dem Konzert zu, dieser zauberhaften Naturmelodie. Es war eine leise Musik mit allen Disharmonien der Natur. Und das war richtig, denn die Natur ist nicht nur harmonisch, sondern auch furchtbar gegensätzlich und chaotisch. So war auch die Musik: ein Strömen von Klängen, wie die Natur des Wassers und des Windes – so wundersam, daß man es überaupt nicht beschreiben kann.

Im Vorfrühling 1924 war ich wiederum in Bollingen. Ich war allein und hatte mir den Ofen angeheizt. Es war ein ähnlich stiller Abend. Nachts erwachte ich an leisen Schritten, die den Turm umkreisten. Es ertönte auch eine ferne Musik, die näher und näher kam, und dann hörte ich Stimmen – Lachen und Reden. Ich dachte: Wer geht denn da herum? Was ist denn das? Es gibt ja nur den kleinen Fußpfad längs des Sees, und der wird kaum je begangen! Während dieser Überlegungen war ich hell wach geworden und ging ans Fenster. Ich öffnete die Läden und – alles war still. Es waren keine Menschen zu sehen, und nichts war zu hören – kein Wind – nichts – gar nichts.

Das ist doch merkwürdig, dachte ich. Ich war überzeugt, das Getrappel, das Lachen und Sprechen seien wirklich gewesen! Aber anscheinend hatte ich nur geträumt. Ich ging wieder zu Bett und dachte darüber nach, wie man sich doch täuschen könne, und woher es käme, daß ich einen derartigen Traum hatte. Über diesen Gedanken schlief ich wieder ein, und – sofort begann derselbe Traum: wieder hörte ich Schritte, Sprechen, Lachen, Musik. Dabei hatte ich die visuelle Vorstellung von mehreren hundert dunkel gekleideten Gestalten, vielleicht Bauernburschen in ihren Sonntagsgewändern, die von den Bergen hergekommen waren und von beiden Seiten den Turm umströmten, mit viel Getrappel, Lachen, Singen und Akkordeon-Spiel. Ärgerlich dachte ich: Das ist zum Teufelholen! Ich meinte, es sei ein Traum gewesen, und jetzt ist es doch Wirklichkeit! Mit dieser Emotion erwachte ich. Wieder sprang ich auf, machte Fenster und Läden auf, aber alles war gleich wie zuvor, eine totenstille Mondnacht. Da dachte ich: Das ist ja einfach Spuk!

Natürlich fragte ich mich, was es heiße, daß ein Traum dermaßen auf seiner Wirklichkeit und dem Wachsein insistierte. Das kommt sonst nur bei Spuk vor. Wachsein heißt Wirklichkeit wahrnehmen. Der Traum stellt also eine der Wirklichkeit aequivalente Situation dar, in der er eine Art von Erwachtsein schafft. Diese Art Traum verrät, im Gegensatz zu den gewöhnlichen Träumen, die Tendenz des Unbewußten, dem Träumer einen ausgesprochenen Wirklichkeitseindruck zu vermitteln, der durch die Wiederholung noch unterstrichen wird. Als Quellen solcher Wirklichkeiten kennen wir einerseits Körperempfindungen, andererseits aber archetypische Gestalten.

In jener Nacht war alles so vollkommen real, oder schien wenigstens so, daß ich mich zwischen den zwei Realitäten kaum zurechtfand. Ich konnte mir keinen Vers darauf machen. Was bedeuten diese musizierenden Bauernburschen, die in langem Zug vorbeizogen? Es schien mir, als seien sie aus Neugier gekommen, um den Turm anzuschauen.

Nie mehr habe ich später etwas Derartiges erlebt oder geträumt. Aber jenes Erlebnis hat mich sprachlos gelassen, und ich konnte mich nicht erinnern, je etwas Ähnliches gehört zu haben. Einen Sinn erkannte ich erst viel später, als ich mit der Luzerner Chronik des Rennward Cysat aus dem 17. Jahrhundert bekannt wurde. Darin findet sich folgende Geschichte: Auf einer Alp am Pilatus, der besonders verschrien ist für Spuk – dort soll ja Wotan heute noch sein Wesen treiben! – wurde Cysat bei einer Pilatusbesteigung nachts gestört durch einen Zug von Leuten, die mit Musik und Singen an beiden Seiten der Hütte vorbeiströmten – genauso, wie ich es im Turm erlebt hatte.

Am nächsten Tag fragte er den Senn, bei dem er übernachtet hatte, was das zu bedeuten hätte. Dieser wußte ohne weiteres Bescheid: das müßten die «sälig Lüt» gewesen sein, nämlich das Wotansheer der abgeschiedenen Seelen. Die pflegten in dieser Weise «umzugehen» und sich bemerkbar zu machen.

Als Erklärung meines Erlebnisses kann man sagen, es sei eine Einsamkeitserscheinung gewesen, bei der die äußere Leere und Stille durch das Bild einer Menge von Leuten kompensiert worden sei. Das würde den Halluzinationen der Einsiedler entsprechen, die ebenfalls Kompensationen darstellen. Aber weiß man denn, auf was für Realitäten solche Geschichten zurückgehen? Man könnte sich auch denken, ich sei durch die Einsamkeit so sensibilisiert worden, daß ich den Zug der «sälig Lüt» wahrgenommen habe, der da vorbeizog.

Die Erklärung des Erlebnisses als eine psychische Kompensation hat mich nie ganz befriedigt, und zu sagen, es sei eine Halluzination, genügte mir nicht. Ich fühlte mich verpflichtet, den Realitätscharakter ebenfalls zu berücksichtigen. Besonders, da ein Parallelbericht aus dem 17. Jahrhundert vorliegt.

Am ehesten könnte es sich um ein synchronistisches Phänomen handeln. Diese Phänomene zeigen ja, daß Vorkommnisse, von denen wir zu wissen meinen, weil wir sie mit einem inneren Sinn wahrnehmen oder sie ahnen, sehr oft auch eine Entsprechung in der äußeren Realität haben. Nun gibt es tatsächlich eine konkrete Entsprechung zu meinem Erlebnis, denn im Mittelalter haben solche Züge von jungen Männern stattgefunden. Es sind die Reisläuferzüge, die – meist im Frühling – aus der Innerschweiz nach Locarno zogen, sich dort in der «Casa di Ferro» in Minusio versammelten und dann weiter nach Mailand marschierten. In Italien wurden sie Soldaten und kämpften in fremdem Sold. Es könnte also das Bild einer dieser Züge gewesen sein, die im Frühling regelmäßig stattfanden und mit Singen und Fröhlichkeit von der Heimat Abschied nahmen.

Meine Phantasie hat sich noch lange mit diesem sonderbaren Traumerlebnis beschäftigt.

Als wir 1923 anfingen, hier zu bauen, besuchte uns meine älteste Tochter und rief: «Was, du baust hier? Hier sind ja Leichen!» Ich dachte natürlich: Unsinn! Keine Rede davon! – Als wir aber vier Jahre später wiederum bauten, fanden wir tatsächlich ein Skelett. Es lag in 2,20 m Tiefe. Auf dem rechten Ellbogen lag eine alte Flintenkugel. Man sah an der Lage der Knochen, daß die Leiche in wahrscheinlich stark verwestem Zustand in die Grube geworfen worden war. Sie gehörte zu den vielen Dutzenden französischer Soldaten, welche 1799 in der Linth ertranken und dann an den Ufern des Obersees angeschwemmt wurden. Dies geschah, nachdem die Österreicher die Brücke von Grynau, welche von den Franzosen gestürmt wurde, in die Luft gesprengt hatten. Eine Photographie des offenen Grabes mit dem Skelett und dem Datum des Tages, an dem die Leiche gefunden wurde – es war der 22. August 1927 – befindet sich im Turm.

Ich veranstaltete damals auf meinem Grundstück ein regelrechtes Begräbnis für den Soldaten und schoß dreimal über das Grab. Dann setzte ich ihm einen Grabstein mit einer Inschrift. Meine Tochter hatte die Anwesenheit der Leiche gespürt. Ihr Ahnungsvermögen ist ein Erbstück von meiner Großmutter mütterlicherseits her [4].

Im Winter 1955/56 meißelte ich die Reihe meiner väterlichen Ahnen auf drei Steintafeln und brachte sie in der Loggia an. Die Decke bemalte ich mit Motiven aus meinem und meiner Frau Wappen, sowie aus denjenigen meiner Schwiegersöhne.

Die Familie Jung hatte ursprünglich einen Phönix als Wappentier, was offenbar mit «jung», «Jugend», «Verjüngung» zusammenhängt. Mein Großvater hat die Elemente des Wappens, wahrscheinlich aus Widerstand gegen seinen Vater, geändert. Er war ein begeisterter Freimaurer und Großmeister der Schweizerischen Loge. Diesem Umstande wohl ist die besondere Art seiner Wappenkorrektur zu verdanken. Ich erwähne diesen an sich unwesentlichen Punkt, weil er in den historischen Zusammenhang meines Denkens und Lebens gehört.

Mein Wappen enthält, entsprechend der großväterlichen Korrektur, nicht mehr den ursprünglichen Phönix, sondern oben rechts ein blaues Kreuz und unten links eine blaue Traube in goldenem Feld, dazwischen in blauem Balken einen goldenen Stern. Diese aufdringliche Symbolik ist freimaurerisch, beziehungsweise rosenkreuzerisch. Wie Kreuz und Rose die rosenkreuzerische Gegensatzproblematik («per crucem ad rosam») darstellen, nämlich das Christliche und das Dionysische, so auch Kreuz und Traube, als Symbole des himmlischen und chthonischen Geistes. Das vereinigende Symbol ist durch den goldenen Stern dargestellt, das Aurum Philosophorum [5].

Die Rosenkreuzer gingen aus der hermetischen, beziehungsweise alchemistischen Philosophie hervor. Einer ihrer Gründer war Michael Majer (1568–1622), ein bekannter Alchemist und jüngerer Zeitgenosse des unbekannten, aber bedeutenderen Gerardus Dorneus (Ende des 16. Jahrhunderts), dessen Traktate den ersten Band des «Theatrum Chemicum» von 1602 füllen. Frankfurt, wo diese beiden lebten, scheint damals ein Zentrum alchemistischer Philosophie gewesen zu sein. Auf alle Fälle war Michael Majer als comes palatinus (Pfalzgraf) und als Hofarzt Rudolph II. eine lokal bekannte und geachtete Persönlichkeit. Im benachbarten Mainz

[4] Vergl. Appendix pag. 406.

[5] Das Gold der Philosophen, d. h. der Alchemisten. A. J.

lebte damals Dr. med. et jur. Carl Jung (gest. 1654), von dem sonst nichts bekannt ist, da bei meinem zu Anfang des 18. Jahrhunderts geborenen Ururgroßvater, Sigismund Jung, einem civis Moguntinus (Bürger von Mainz), der Stammbaum abreißt. Der Grund hiefür liegt darin, daß die städtischen Archive von Mainz bei einer Belagerung im spanischen Erbfolgekrieg den Flammen zum Opfer gefallen sind. Es ist mehr als bloß wahrscheinlich, daß der offenbar gelehrte Dr. Carl Jung mit den Schriften der beiden Alchemisten bekannt war, denn die damalige Pharmakologie stand noch sehr unter paracelsischem Einfluß. Dorneus war ein ausgesprochener Paracelsist und hat sogar zu dem paracelsischen Traktat «De Vita Longa» einen umfangreichen Kommentar verfaßt. Er hat sich auch am meisten von allen Alchemisten mit dem Individuationsprozeß auseinandergesetzt. In Ansehung der Tatsache, daß ein großer Teil meiner Lebensarbeit der Erforschung der Gegensatzproblematik und insbesondere ihrer alchemistischen Symbolik gewidmet war, sind diese antizipierenden Ereignisse nicht ohne Reiz, weshalb ich sie auch meinen Lesern nicht vorenthalten wollte.

Als ich an den Ahnentafeln arbeitete, ist mir die merkwürdige Schicksalsverbundenheit deutlich geworden, die mich mit den Vorfahren verknüpft. Ich habe sehr stark das Gefühl, daß ich unter dem Einfluß von Dingen oder Fragen stehe, die von meinen Eltern und Großeltern und den weiteren Ahnen unvollendet und unbeantwortet gelassen wurden. Es hat oft den Anschein, als läge ein unpersönliches Karma in einer Familie, welches von den Eltern auf die Kinder übergeht. So schien es mir immer, als ob auch ich Fragen zu beantworten hätte, die bei meinen Ahnen schon schicksalsmäßig aufgeworfen, aber noch nicht beantwortet worden sind, oder als ob ich Dinge vollenden oder auch nur fortsetzen müsse, welche die Vorzeit unerledigt gelassen hat. Es ist dabei schwer auszumachen, ob diese Fragen mehr persönlicher oder mehr allgemeiner (kollektiver) Natur sind. Mir scheint das letztere der Fall zu sein. Ein kollektives Problem erscheint – solange es nicht als solches erkannt ist – stets als ein persönliches und erweckt dann gegebenenfalls die Illusion, es sei im Gebiet der persönlichen Psyche etwas nicht in Ordnung. Tatsächlich ist der persönliche Bereich gestört, aber nicht notwendigerweise primär, sondern vielmehr sekundär, infolge einer unzuträglichen Veränderung der sozialen Atmosphäre. Die Störungsursache ist daher in einem solchen Fall nicht im persönlichen Umkreis, sondern vielmehr in der kollektiven Situation zu suchen. Diesem Umstand hat die bisherige Psychotherapie viel zu wenig Rechnung getragen.

Wie jedermann, der einige Introspektion besitzt, es tun würde, nahm ich es zunächst als selbstverständlich an, daß der Zwiespalt meiner Persönlichkeit meine persönlichste Angelegenheit und Verantwortung sei. Faust hatte zwar das erlösende Wort «Zwei Seelen wohnen, ach, in meiner Brust» zu mir gesprochen, aber die Ursache der Zwiespältigkeit nicht erhellt. Faustens Einsicht schien gerade auf mich zu passen. Ich konnte ja damals, als ich mit «Faust» bekannt wurde, nicht ahnen, wie sehr Goethes seltsamer Heldenmythus kollektiv war und deutsches Schicksal prophetisch vorausnahm. Deshalb fühlte ich mich persönlich betroffen, und wenn Faust infolge seiner Hybris und Inflation den Mord an Philemon und Baucis veranlaßte, fühlte ich mich schuldig, etwa wie wenn ich in der Vergangenheit am Mord der beiden Alten teilgehabt hätte. Diese sonderbare Idee erschreckte mich, und ich sah es als meine Verantwortung an, diese Schuld zu sühnen, oder ihre Wiederholung zu verhindern.

Meine falsche Schlußfolgerung wurde noch unterstützt durch eine Neuigkeit, die ich in jenen Jugendjahren von dritter Seite erfuhr. Ich vernahm nämlich, daß von meinem Großvater Jung allgemein die Legende ging, er sei ein natürlicher Sohn Goethes. Diese ärgerliche Geschichte schlug bei mir insofern ein, als sie meine merkwürdigen Reaktionen auf «Faust» zugleich bekräftigte und zu erklären schien. Ich glaubte zwar nicht an Reinkarnation, wohl aber war mir jener Begriff, den der Inder Karma nennt, instinktiv vertraut. Da ich damals keine Ahnung von der Existenz des Unbewußten hatte, war mir ein psychologisches Verständnis meiner Reaktionen unmöglich. Ich wußte auch gar nichts davon – so wenig man es auch heute allgemein weiß – daß die Zukunft sich im Unbewußten auf lange Sicht vorbereitet und darum von Hellsichtigen auch schon lange vorher erraten werden kann. So rief z. B. Jakob Burckhardt beim Eintreffen der Nachricht von der Kaiserkrönung in Versailles aus: «Das ist der Untergang Deutschlands.» Schon pochten die Archetypen Wagners an die Tore, und mit ihnen kam das dionysische Erlebnis Nietzsches, das man besser dem Rauschgott Wotan zuschreibt. Die Hybris der Wilhelminischen Aera befremdete Europa und bereitete die Katastrophe von 1914 vor.

Von diesem Zeitgeist wurde ich in jungen Jahren (etwa 1893)

unbewußt gefangen und hatte keine Mittel, mich ihm zu entziehen. «Faust» hat in mir eine Saite zum Erklingen gebracht und mich in einer Art und Weise getroffen, die ich nicht anders als persönlich verstehen konnte. Es war vor allem das Problem der Gegensätze von Gut und Böse, von Geist und Stoff, von Hell und Dunkel, das mich aufs tiefste berührte. Faust, der inepte, ahnungslose Philosoph, stößt mit seiner dunkeln Seite, mit seinem unheimlichen Schatten, Mephistopheles, zusammen. Trotz seiner verneinenden Natur stellt Mephistopheles gegenüber dem vertrockneten Gelehrten, der hart am Selbstmord vorbeigeht, den eigentlichen Lebensgeist dar. Meine inneren Gegensätze erschienen hier dramatisiert. Goethe hatte gewissermaßen eine Grundzeichnung und ein Schema meiner eigenen Konflikte und Lösungen gegeben. Die Zweiteilung Faust–Mephisto zog sich mir in einem einzigen Menschen zusammen, und der war ich. Mit anderen Worten, ich war betroffen und fühlte mich erkannt, und da es mein Schicksal war, so betrafen auch alle Peripetien des Dramas mich selber; ich mußte mit Leidenschaft hier bestätigen und dort bekämpfen. Keine Lösung konnte mir gleichgültig sein. Später knüpfte ich in meinem Werk bewußt an das an, was Faust übergangen hatte: die Respektierung der ewigen Menschenrechte, die Anerkennung des Alten und die Kontinuität der Kultur und der Geistesgeschichte [6].

Sowohl unsere Seele wie der Körper bestehen aus Einzelheiten, die alle schon in der Ahnenreihe vorhanden gewesen sind. Das «Neue» in der individuellen Seele ist eine endlos variierte Rekombination uralter Bestandteile, Körper wie Seele haben daher einen eminent historischen Charakter und finden im Neuen, eben erst Entstandenen keine richtige Unterkunft, d. h. die anzestralen Züge sind darin nur zum Teil zu Hause. Wir sind mit Mittelalter und Antike und Primitivität noch längst nicht so fertig geworden, wie es unsere Psyche erfordert. Wir sind statt dessen in einen Katarakt des Fortschritts hineingestürzt, der mit umso wilderer Gewalt vorwärts in die Zukunft drängt, je mehr er uns von unseren Wurzeln abreißt. Ist aber das Alte einmal durchbrochen, dann ist es meist

[6] Jungs Einstellung spricht aus der Inschrift, die er ursprünglich über das Eingangstor zu seinem Haus in Bollingen geschrieben hatte: «Philemonis Sacrum — Fausti Poenitentia» (Der Schrein des Philemon — Faustens Sühne). Als die Stelle vermauert wurde, setzte er die Worte über den Eingang des zweiten Turmes. A. J.

auch vernichtet, und es gibt überhaupt kein Halten mehr. Es ist eben gerade der Verlust dieses Zusammenhangs, die Wurzellosigkeit, die ein derartiges «Unbehagen in der Kultur» und eine solche Hast erzeugen, daß man mehr in der Zukunft und ihren chimärischen Versprechen eines goldenen Zeitalters lebt, anstatt in der Gegenwart, bei welcher unser ganzer entwicklungsgeschichtlicher Hintergrund überhaupt noch nicht einmal angelangt ist. Man stürzt sich hemmungslos ins Neue, getrieben von einem zunehmenden Gefühl des Ungenügens, der Unzufriedenheit und Rastlosigkeit. Man lebt nicht mehr aus Besitz, sondern aus Versprechen, nicht mehr im Lichte des gegenwärtigen Tages, sondern im Dunkel der Zukunft, wo man den richtigen Sonnenaufgang erwartet. Man will es nicht wahrhaben, daß alles Bessere durch ein Schlechteres erkauft wird. Die Hoffnung auf größere Freiheit wird durch vermehrte Staatssklaverei zunichte gemacht, nicht zu sprechen von den fürchterlichen Gefahren, denen uns die glänzendsten Entdeckungen der Wissenschaft aussetzen. Je weniger wir verstehen, wonach unsere Väter und Vorväter gesucht haben, desto weniger verstehen wir uns selbst, und helfen mit allen Kräften, die Instinkt- und Wurzellosigkeit des Einzelmenschen zu vermehren, so daß er als Massenpartikel nur noch dem «Geist der Schwere» folgt.

Verbesserungen nach vorne, d. h. durch neue Methoden oder «gadgets» sind zwar unmittelbar überzeugend, aber auf die Dauer zweifelhaft und auf alle Fälle teuer bezahlt. Keinesfalls erhöhen sie das Behagen, die Zufriedenheit oder das Glück im großen und ganzen. Sie sind meist hinfällige Versüßungen des Daseins, wie z. B. zeitverkürzende Maßnahmen, die unangenehmerweise bloß das Tempo beschleunigen und uns somit weniger Zeit lassen als je zuvor. Omnis festinatio ex parte diaboli est – alle Eile ist des Teufels – pflegten die alten Meister zu sagen.

Verbesserungen nach rückwärts indessen sind in der Regel weniger kostspielig und dazu dauerhaft, denn sie kehren zu den einfacheren und bewährten Wegen der Vergangenheit zurück und machen den sparsamsten Gebrauch von Zeitungen, Radio, T.V. und allen quasi zeitsparenden Neuerungen.

Ich spreche in diesem Buche viel über meine subjektive Anschauung, die jedoch keine Erklügelung der Vernunft darstellt. Vielmehr ist sie eine Schau, die sich ergibt, wenn man absichtlich mit halbgeschlossenen Augen und etwas tauben Ohren Gestalt und

Bollingen, der Wohnturm 1923

Bollingen, der Wohnturm erweitert durch Mittelbau mit turmartigem Annex 1927

Bollingen, die Türme mit Hof und Loggia 1935

Bollingen, «der Turm», endgültige Gestalt 1955

Stimme des Seins zu sehen und zu hören unternimmt. Sehen und hören wir zu deutlich, dann sind wir auf Stunde und Minute des Heute eingeschränkt und spüren nichts davon, wie und ob unsere anzestralen Seelen das Heute vernehmen und verstehen, oder mit anderen Worten, wie das Unbewußte reagiert. So bleiben wir im Dunkel darüber, ob die Ahnenwelt mit urtümlichem Behagen an unserem Leben teilnimmt, oder umgekehrt, ob sie sich mit Abscheu davon abwendet. Unsere innere Ruhe und Zufriedenheit hängt in hohem Maße davon ab, ob die historische Familie, welche durch das Individuum personifiziert wird, mit den ephemeren Bedingungen unseres Heute übereinstimmt oder nicht.

In meinem Turm in Bollingen lebt man wie in vielen Jahrhunderten. Er wird mich überleben und weist durch Lage und Stil auf längst Vergangenes. Nur sehr wenig erinnert an das Heute.

Wenn ein Mann des 16. Jahrhunderts das Haus bezöge, so wären ihm nur Petroleumlampe und Zündhölzchen neu; mit allem anderen fände er sich ohne weiteres zurecht. Nichts stört die Toten, kein elektrisches Licht und kein Telephon. Meine Ahnenseelen sind aber auch unterhalten durch die geistige Atmosphäre des Hauses, denn ich gebe ihnen Antwort auf Fragen, die ihr Leben einstmals hinterlassen hat, recht und schlecht, wie es mir gelingen will. Ich habe sie sogar in Bildform an die Wände gezeichnet. Es ist, wie wenn eine stille größere Familie, die sich über Jahrhunderte erstreckt, das Haus bevölkerte. Ich lebe dort in der «zweiten Person» und sehe das Leben im Großen, das wird und vergeht.

Nordafrika

Zu Beginn des Jahres 1920 teilte mir ein Freund mit, er habe eine Geschäftsreise nach Tunis zu machen, ob ich ihn begleiten wolle? Ich sagte sofort zu. Im März reisten wir zunächst nach Algier. Der Küste folgend gelangten wir nach Tunis und von da nach Sousse, wo ich meinen Freund seinen Geschäften überließ [1].

Ich war nun endlich dort, wohin ich mich oft gesehnt hatte, nämlich in einem nicht-europäischen Land, wo keine europäische Sprache gesprochen wurde und keine christlichen Voraussetzungen herrschten, wo eine andere Rasse lebte und eine andere historische Tradition und Weltanschauung das Gesicht der Menge prägte. Ich hatte mir oft gewünscht, den Europäer einmal von außen zu sehen, gespiegelt in einem in jeder Hinsicht fremden Milieu. Zwar beklagte ich aufs tiefste meine Unkenntnis der arabischen Sprache, aber umso aufmerksamer beobachtete ich die Leute und ihr Benehmen. Oft saß ich stundenlang in einem arabischen Caféhaus und lauschte den Unterhaltungen, von denen ich kein Wort verstand. Dabei studierte ich die Mimik und insbesondere die Affektäußerung der Leute aufmerksam, bemerkte die subtile Veränderung ihrer Gesten, wenn sie mit einem Europäer sprachen, und lernte dadurch einigermaßen mit anderen Augen sehen und den «weißen Mann» außerhalb seines eigenen Milieus beobachten.

Was der Europäer als orientalische Gelassenheit und Apathie empfindet, erschien mir als Maske, dahinter witterte ich eine Rastlosigkeit, ja Erregung, die ich mir nicht recht erklären konnte. Seltsamerweise hatte ich mit meinem Betreten maurischen Bodens eine mir unverständliche Präokkupation: das Land schien mir sonderbar zu riechen. Es war Blutgeruch, wie wenn der Boden mit Blut getränkt wäre. Das einzige, was mir dazu einfiel, war, daß dieser Erdstrich schon mit drei Zivilisationen fertig geworden ist, der

[1] Vergl. Appendix pag. 373 ff.

punischen, der römischen und der christlichen. Was das technische Zeitalter mit dem Islam tun wird, bleibt abzuwarten.

Als ich Sousse verließ, fuhr ich nach Süden, nach Sfax und von da in die Sahara nach Tozeur, der Oasenstadt. Die Stadt liegt etwas erhöht auf dem Rande eines Plateaus, an dessen Fuß die lauen, leicht salzhaltigen Quellen in reichem Fluß zu Tage treten und in tausend kleinen Kanälen die Oase bewässern. Hochragende Dattelpalmen bildeten ein grünes, schattiges Dach, unter welchem Pfirsiche, Aprikosen- und Feigenbäume gediehen und darunter das unwahrscheinlich grüne Alfalfagras. Einige wie Juwelen schimmernde Eisvögel durchflitzten die Grüne. In dieser relativen Kühle grünen Schattens wandelten in Weiß gehüllte Gestalten, darunter auffallend viele zärtliche Paare, eng umschlungen in offenkundiger homosexueller Freundschaft. Ich fühlte mich plötzlich in die griechische Antike zurückversetzt, wo diese Neigung den Zement der Männergesellschaft und der in ihr wurzelnden Polis bildete. Es war mir klar, daß hier Männer zu Männern und Frauen zu Frauen sprachen. Ich begegnete nur wenigen nonnenhaft tiefverschleierten weiblichen Gestalten. Einige sah ich ohne Schleier. Es waren, wie mein Dragoman erklärte, Prostituierte. In den Hauptstraßen bestimmten Männer und Kinder das Bild.

Mein Dragoman bestätigte mir die durchgehende Häufigkeit und Selbstverständlichkeit der Homosexualität und unterbreitete mir sofort entsprechende Vorschläge. Der Gute konnte nicht ahnen, welche Gedanken mich wie ein Blitzlicht getroffen und meinen Standort erhellt hatten. Ich fühlte mich um viele Jahrhunderte zurückversetzt in eine unendlich naivere Welt von Adoleszenten, die eben anfingen, sich mit Hilfe eines spärlichen Koranwissens dem Zustand der anfänglichen und seit Urzeiten bestehenden Dämmerung zu entziehen und der Existenz ihrer selbst in Abwehr der von Norden drohenden Auflösung bewußt zu werden.

Während ich noch unter dem überwältigenden Eindruck unendlich langer Dauer und statischen Seins stand, entsann ich mich plötzlich meiner Taschenuhr und wurde an die beschleunigte Zeit des Europäers erinnert. Das war wohl die beunruhigende dunkle Wolke, die über den Köpfen dieser Ahnungslosen drohte. Sie kamen mir plötzlich vor wie Jagdtiere, die den Jäger nicht sehen, ihn aber mit unbestimmter Beklemmung wittern, den Zeitgott nämlich, der unerbittlich ihre noch an Ewigkeit erinnernde Dauer in Tage, Stunden, Minuten und Sekunden zerstückeln und zerkleinern wird.

Von Tozeur begab ich mich in die Oase von Nefta. Ich ritt mit meinem Dragoman am frühen Morgen kurz nach Sonnenaufgang weg. Unsere Reittiere waren große, schnelltrottende Maultiere, mit denen man rasch vorankam. Als wir uns der Oase näherten, kam uns ein einzelner, ganz in Weiß gehüllter Reiter entgegen, der in stolzer Haltung, ohne zu grüßen, auf einem schwarzen Maultier mit schönem, silberbeschlagenem Lederzeug an uns vorbeiritt. Es war eine eindrucksvolle, elegante Gestalt. Sicherlich besaß er noch keine Taschen-, geschweige denn eine Armbanduhr, denn er war offenkundig und ohne es zu wissen der, der schon immer gewesen war. Noch fehlte ihm jenes leicht Närrische, das dem Europäer anhaftet. Der Europäer ist zwar überzeugt, nicht mehr das zu sein, was er vor Alters gewesen ist, weiß aber noch nicht, zu was er inzwischen geworden ist. Die Uhr sagt es ihm, daß sich seit dem sogenannten Mittelalter bei ihm die Zeit und ihr Synonym, der Fortschritt, eingeschlichen und ihm Unwiederbringliches weggenommen haben. Mit erleichtertem Gepäck setzt er seine Wanderung nach nebelhaften Zielen mit progressiver Beschleunigung fort. Den Verlust an Gewicht und das entsprechende «sentiment d'incomplétitude» kompensiert er durch die Illusion seiner Erfolge, wie Eisenbahnen, Motorschiffe, Flugzeuge und Raketen, die mittels ihrer Schnelligkeit immer mehr von seiner Dauer wegnehmen und ihn zunehmend in eine andere Wirklichkeit von Geschwindigkeiten und explosionsartigen Beschleunigungen versetzen.

Je weiter wir in die Sahara vordrangen, desto mehr verlangsamte sich meine Zeit und drohte sogar rückläufig zu werden. Die sich steigernde flimmernde Hitze trug kräftig zu meinem Traumzustand bei, und als wir die ersten Palmen und Häuser der Oase erreichten, da war alles so, wie es schon immer gewesen war.

Am anderen Morgen in der Frühe erwachte ich in meiner Herberge an vielfältigem, mir ungewohntem Geräusch vor dem Hause. Dort befand sich ein großer offener Platz, der abends zuvor leer gewesen, jetzt aber von Menschen, Kamelen, Maultieren und Eseln angefüllt war. Die Kamele stöhnten und bekundeten in mannigfachen Tonvarianten ihr chronisches Mißvergnügen, und die Esel wetteiferten in mißtönendem Geschrei. Die Leute liefen in offensichtlicher Erregung schreiend und gestikulierend herum. Sie sahen wild und wenig vertrauenerweckend aus. Mein Dragoman erklärte mir, daß heute ein großes Fest gefeiert werde. Es seien in der Nacht einige Wüstenstämme hereingekommen, um für den Marabout zwei Tage Feldarbeit zu leisten. Der Marabout war gleichbedeutend mit der Armengutsverwaltung und besaß viele Felder in der Oase. Die Leute würden ein neues Feld und die dazugehörigen Bewässerungskanäle anlegen.

Am fernen Ende des Platzes erhob sich plötzlich eine Staubwolke, eine grüne Fahne entfaltete sich, und es wurde getrommelt. An der Spitze eines langen Zuges von Hunderten wilder Männer, die Bastkörbe und kurze breitschauflige Hacken trugen, erschien ein weißbärtiger würdevoller Alter, von unnachahmlicher und selbstverständlicher Würde, wie wenn er schon immer hundert Jahre alt gewesen wäre. Es war der Marabout auf einem weißen Maultier, umtanzt von Männern mit Handtrommeln. Überall herrschte Erregung, wildes, rauhes Geschrei, Staub und Hitze. In fanatischer, aufgeregter Intention wälzte sich der Zug vorüber, in die Oase hinaus, wie wenn es in die Schlacht ginge. Ich folgte diesem Tumult in gemessener Entfernung, von meinem Dragoman keineswegs zu größerer Annäherung ermutigt, bis wir an die Stelle gelangten, wo «gearbeitet» wurde. Hier herrschte wenn möglich eine noch größere Aufregung. Trommeln und wildes Geschrei ertönte von allen Seiten; die Arbeitsstätte glich einem aufgestörten Ameisenhaufen; alles geschah in größter Eile. Mit schweren Sandlasten in ihren Körben tanzten viele im Rhythmus der Trommeln, andere hieben in wütender Eile auf den Boden ein, zogen Gräben und schütteten Dämme auf. In diesem lärmenden Chaos ritt der Marabout auf seinem weißen Maultier herum, mit der würdevollen, milden und müden Geste des hohen Alters, offenbar Anweisungen erteilend. Wo immer er hinkam, steigerte sich Eile, Geschrei und Rhythmus, jenen Hintergrund bildend, vor dem sich die Gestalt des Heiligen aufs Wirkungsvollste abhob. Gegen Abend war die Menge sichtlich erschöpft und gedämpft, und die Männer fielen neben ihren Kamelen bald in tiefen Schlaf. In der Nacht, nach dem üblichen großen Hundekonzert, herrschte lautlose Stille, bis bei den ersten Strahlen der aufgehenden Sonne die mich aufs tiefste berührende Invokation des Muezzin zum Morgengebet rief.

Das war für mich eine Lektion: Diese Leute leben aus ihren Affekten, d. h. sie werden von ihnen gelebt. Ihr Bewußtsein vermittelt einerseits die Orientierung im Raum und die von außen stammenden Eindrücke, andererseits ist es bewegt von inneren Antrieben und Affekten; aber es reflektiert nicht, und dem Ich fehlt jede Selbständigkeit.. Sehr viel anders verhält es sich beim Europäer auch nicht, aber ein wenig komplizierter sind wir doch. Jedenfalls verfügen wir über ein gewisses Maß an Willen und überlegter Absicht. Eher gebricht es uns an Intensität des Lebens.

Ich wünschte mir nicht zu tauschen, aber ich war psychisch infiziert, was sich äußerlich durch eine infektiöse Enteritis manifestierte, die ich nach einigen Tagen in landesüblicher Weise mit Reiswasser und Calomel kurierte.

Übervoll von Eindrücken und Gedanken reiste ich damals nach Tunis zurück, und in der Nacht vor unserer Einschiffung nach Marseille hatte ich einen Traum, der nach meinem Gefühl einen Schlußstrich unter die Rechnung zog. Es gehörte sich so; denn ich hatte mich daran gewöhnt, immer zugleich auf zwei Ebenen zu leben, einer bewußten, die verstehen wollte und nicht konnte, und einer unbewußten, die es ausdrücken wollte und es nicht besser sagen konnte als in Form eines Traumes.

Ich träumte, ich sei in einer arabischen Stadt, und wie in den meisten arabischen Städten befand sich auch hier eine Zitadelle, die Kasba. Die Stadt lag in einer weiten Ebene, und eine Mauer zog sich um sie herum. Ihr Grundriß war viereckig, und es gab vier Tore.

Die Kasba im Inneren der Stadt war – was in jenen Gegenden jedoch nicht der Fall ist – umgeben von einem breiten Wassergraben. Ich stand vor einer Holzbrücke, die übers Wasser zu einem der hufeisenförmigen dunkeln Tore führte. Es stand offen. Begierig, die Zitadelle auch von innen zu sehen, beschritt ich die Brücke. Als ich mich etwa in der Mitte befand, kam mir aus dem Tor ein schöner dunkler Araber von eleganter, fast königlicher Gestalt entgegen, ein Jüngling in weißem Burnus. Ich wußte, daß er der dort residierende Fürst war. Wie er mir gegenüber stand, griff er mich an und wollte mich zu Boden schlagen. Wir kämpften und rangen miteinander. Im Kampf prallten wir gegen das Geländer; es gab nach und wir fielen beide in den Graben, wo er versuchte, meinen Kopf unters Wasser zu drücken, um mich zu ertränken. Nein, dachte ich, das geht zu weit – und drückte nun meinerseits seinen Kopf unters Wasser. Ich tat das, obwohl ich eine große Bewunderung für ihn empfand, aber ich wollte mich nicht umbringen lassen. Ich wollte ihn nicht töten, sondern bloß bewußtlos und kampfunfähig machen.

Dann wechselte die Szene des Traumes, und er befand sich mit mir in einem großen achteckigen und gewölbten Raum in der Mitte der Zitadelle. Der Raum war ganz weiß, sehr einfach und sehr eindrucksvoll. Den Wänden aus hellem Marmor entlang standen niedere Sofas, und vor mir am Boden lag ein geöffnetes Buch mit schwarzen Lettern, die außerordentlich schön auf milchweißes Pergament geschrieben waren. Es war keine arabische Schrift, sondern sah eher aus wie uigurische, west-turkestanische Schrift, die mir aus den manichäischen Turfanfragmenten bekannt war. Ich kannte zwar den Inhalt nicht, hatte aber dennoch das Gefühl, es sei «*mein* Buch», das ich geschrieben hatte. Der junge Fürst, mit dem ich eben noch gerungen hatte, saß rechts von mir auf dem Boden. Ich erklärte ihm, er müsse nun, da ich ihn überwunden hätte, das Buch lesen. Aber dagegen sträubte er sich. Ich legte meinen Arm um seine Schulter und zwang ihn sozusagen mit väterlicher Güte und Geduld, das Buch zu lesen. Ich wußte, daß das unbedingt sein mußte, und schließlich gab er nach.

Der Traum hinterließ mir einen tiefen Eindruck. Der arabische Jüngling ist ein Duplikat des stolzen Arabers, der grußlos an uns vorüber geritten war. Er ist als Bewohner der Kasba eine Figur des Selbst, oder besser, ein Bote oder Abgesandter des Selbst. Die Kasba nämlich, aus der er kommt, ist ein vollkommenes Mandala: die Zitadelle, umgeben von der quadratischen Mauer mit den vier Toren. In seiner Absicht, mich umzubringen, klingt das Motiv vom Kampfe Jakobs mit dem Engel an; er ist – um in der Sprache der Bibel zu reden – wie der Engel des Herrn, ein Gottesbote, der den Menschen töten will, weil er ihn nicht kennt.

Eigentlich sollte der Engel in mir Wohnung haben. Er kennt jedoch nur die «englische» Wahrheit und versteht nichts vom Menschen. Darum tritt er zuerst als mein Feind auf, ich behaupte mich aber ihm gegenüber. Im zweiten Teil des Traumes bin ich der Herr der Zitadelle; er sitzt zu meinen Füßen und muß meine Gedanken und damit den Menschen kennenlernen.

Meine Begegnung mit der arabischen Kultur hatte mich offenbar überwältigend getroffen. Das emotionale, lebensnähere Wesen dieser aus Affekten lebenden, nicht reflektierenden Menschen hat einen starken, suggestiven Effekt auf jene historischen Schichten in uns, die wir eben überwunden haben, oder wenigstens überwunden zu haben glauben. Es ist wie das Kindheitsparadies, dem man sich entronnen wähnt, das uns aber bei der leisesten Provokation wiederum Niederlagen beibringt. Ja, unsere Fortschrittsgläubigkeit steht in Gefahr, sich umso kindischeren Zukunftsträumen hinzugeben, je stärker unser Bewußtsein von der Vergangenheit wegdrängt.

Die Kindheit hat es aber andererseits an sich, daß sie vermöge ihrer Naivität und Unbewußtheit ein vollständigeres Bild des Selbst, des ganzen Menschen in seiner unverfälschten Individualität, entwirft. Infolgedessen erweckt der Anblick des Kindes und des Primitiven im erwachsenen Kulturmenschen Sehnsüchte, die unerfüllten Wünschen und Bedürfnissen entstammen. Diese entsprechen Persönlichkeitsteilen, die zugunsten der Angepaßtheit, der Persona, aus dem Gesamtbild des Menschen wegretouchiert worden waren.

Wenn ich nach Afrika reise, um einen psychischen Ort außerhalb des Europäers zu finden, so will ich unbewußterweise jenen Persönlichkeitsteil in mir auffinden, welcher unter dem Einfluß und dem Druck des Europäerseins unsichtbar geworden ist. Dieser Teil steht in unbewußter Opposition zu mir, weil ich ihn nicht gelten lasse. Er will, seiner Natur entsprechend, mich unbewußt machen (mich unters Wasser drücken), um mich zu töten; ich aber möchte ihn durch Erkenntnis bewußter machen, wodurch man einen gemeinsamen Modus vivendi finden könnte. Seine beinahe schwarze Hautfarbe charakterisiert ihn als «Schatten», aber nicht als persönlichen, sondern vielmehr als ethnischen, der nichts mit meiner bewußten Person, sondern mehr mit dem Ganzen meiner Persönlichkeit, d. h. mit meinem Selbst, zu tun hat. Als Herr der Kasba ist er sozusagen eine Art Schatten des Selbst. Dem großenteils rational bestimmten Europäer ist viel Menschliches fremd, und er tut sich darauf etwas zugute, ohne zu merken, daß dies auf Kosten seiner Lebensintensität geht und daß der primitive Persönlichkeitsteil infolgedessen zu einer partiellen Untergrundexistenz verurteilt ist.

Aus dem Traum geht deutlich hervor, in welchem Sinn meine Begegnung mit Nordafrika auf mich gewirkt hat: Ich wurde zunächst von einer Überwältigung meines europäischen Bewußtseins durch einen unerwartet heftigen Angriff seitens der unbewußten Psyche bedroht. Im Bewußtsein war ich einer solchen Situation ganz und gar nicht gewahr; im Gegenteil, ich konnte mich eines Gefühls der Superiorität nicht erwehren, weil ich auf Schritt und Tritt an mein Europäertum erinnert wurde. Das war nicht zu umgehen und betonte eine gewisse Distanz und Fremdheit diesen andersartigen Menschen gegenüber. Aber darauf war ich nicht gefaßt, daß es unbewußte Kräfte in mir gab, welche sich mit solcher Intensität der Sache der anderen annahmen, daß sich daraus ein heftiger Konflikt ergab. Der Traum drückte ihn im Bild einer mörderischen Situation aus.

Die wirkliche Natur dieser Störung erkannte ich erst einige Jahre später, als ich im tropischen Afrika weilte: es war die erste Andeutung des «going black under the skin», einer weithin unterschätzten geistigen Gefahr, die dem entwurzelten Europäer in Afrika droht. «Doch wo Gefahr ist, wächst das Rettende auch», dieses Hölderlinsche Wort fiel mir in solcher Situation des öfteren ein. Das «Rettende» liegt darin, daß man sich die unbewußte Einwirkung bewußt machen kann mit Hilfe warnender Träume. Sie zeigen, daß etwas in uns nicht etwa nur passiv der unbewußten Einwirkung unterliegt, sondern sich sogar mit Begierde darauf stürzt, sich mit dem Schatten zu identifizieren. Wie etwa eine Kindheitserinnerung sich plötzlich mit derart lebhaftem Affekt des Bewußtseins bemächtigen kann, daß man sich wieder ganz in die ursprüngliche Situation zurückversetzt fühlt, so weckt diese anscheinend ganz andere und fremde arabische Umwelt eine Urerinnerung an eine nur zu bekannte Vorzeit, die wir anscheinend gänzlich vergessen haben. Es ist die Erinnerung an eine noch vorhandene Lebensmöglichkeit, die aber von der Zivilisation überwachsen wurde. Würden wir sie naiv wiedererleben, so wäre dies ein Rückfall in die Barbarei. Man zieht deshalb vor, sie zu vergessen. Tritt sie uns aber in Form eines Konfliktes wieder entgegen, so sollte man sie im Bewußtsein behalten und beide Möglichkeiten – die gelebte und die vergessene – miteinander konfrontieren; denn ohne zureichende Gründe hätte sich das scheinbar Verlorene nicht wieder zum Worte gemeldet. In der lebendigen psychischen Struktur geschieht nichts auf bloß mechanische Weise, sondern in der Ökonomie des Ganzen, bezogen aufs Ganze: es ist zweckhaft und hat Sinn. Weil aber das Bewußtsein nie einen Überblick über das Ganze hat, so kann es in der Regel diesen Sinn nicht verstehen. Man muß sich darum vorerst mit der Konstatierung der Tatsache begnügen und es der Zukunft und weiteren Nachforschungen überlassen, eine Antwort auf die Frage zu finden, was dieser Zusammenstoß mit dem «Schatten des Selbst» zu bedeuten hat. Auf alle Fälle hatte ich damals keine Ahnung von der Natur dieser archetypischen Erfahrung und noch viel weniger von den geschichtlichen Parallelen. Ohne daß mir die letzte Bedeutung des Traumes damals klar wurde, blieb er mir unvergeßlich im Gedächtnis haften und hinterließ den lebhaftesten Wunsch, bei nächster Gelegenheit wieder nach Afrika zu fahren. Dieser Wunsch ging mir erst fünf Jahre später in Erfüllung.

Die Pueblo-Indianer

Wir bedürfen immer eines außerhalb der Sache liegenden Standpunktes, um den Hebel der Kritik wirksam anzusetzen. Dies gilt ganz besonders für psychologische Dinge, in denen wir naturgemäß viel mehr subjektiv befangen sind als in irgendeiner anderen Wissenschaft. Wie können wir uns z. B. nationaler Eigentümlichkeiten bewußt werden, wenn wir nie Gelegenheit hatten, unsere Nation einmal von außen anzusehen? Von außen ansehen, heißt vom Standpunkt einer anderen Nation aus sehen. Dazu muß man sich eine genügende Kenntnis der fremden Kollektivseele erwerben, und in diesem Assimilationsprozeß stößt man dann auf alle jene Unverträglichkeiten, welche das nationale Vorurteil und die nationale Eigenart ausmachen. Alles, was mich am Anderen irritiert, kann mir so zur Erkenntnis meiner selbst werden. England verstehe ich erst, wenn ich sehe, wo ich als Schweizer nicht hineinpasse. Europa, unser größtes Problem, verstehe ich erst, wenn ich sehe, wo ich als Europäer nicht in die Welt hineinpasse. Ich habe meiner Bekanntschaft mit vielen Amerikanern und meinen Reisen nach und in Amerika unendlich viel an Einsicht in und an Kritik über das europäische Wesen zu verdanken, und es schien mir, als ob es nichts Nützlicheres für den Europäer gäbe, als sich Europa einmal vom Dach eines Wolkenkratzers aus anzusehen. Zum ersten Mal hatte ich das europäische Schauspiel von der Sahara aus betrachtet, umgeben von einer Zivilisation, die sich zu der unsrigen etwa so verhält wie das römische Altertum zur Neuzeit. Da wurde es mir bewußt, wie sehr ich auch in Amerika noch im Kulturbewußtsein des weißen Mannes be- und gefangen war. Damals reifte in mir der Wunsch, die historischen Vergleiche noch weiter zu führen dadurch, daß ich auf ein noch tieferes Kulturniveau hinunterstieg.

Meine nächste Reise führte mich in Gesellschaft einiger amerikanischer Freunde zu den Indianern Neu-Mexikos, und zwar zu den städtebauenden Pueblos. «Städte» ist allerdings zu viel gesagt. Es sind ja in Wirklichkeit nur Dörfer, aber ihre gedrängten und übereinander gebauten Häuser suggerieren das Wort «Stadt», ebenso ihre Sprache und ihre ganze Manier. Dort hatte ich zum ersten Mal das Glück, zu einem Nichteuropäer, d. h. zu einem nichtweissen Menschen zu sprechen. Es war ein Häuptling der Taos pueblos, ein intelligenter Mann zwischen vierzig und fünfzig Jahren. Er hieß Ochwiä Biano (Gebirgs-See). Ich konnte zu ihm sprechen, wie ich noch selten zu einem Europäer gesprochen hatte. Gewiß, er war befangen in seiner Welt, ebenso befangen wie ein Europäer in der seinigen, aber in was für einer Welt! Spricht man zu einem Europäer, so gerät man überall auf den Sand des Längstbekannten und doch nie Verstandenen, dort aber schwimmt das Schiff auf fremden, tiefen Meeren. Dabei weiß man nicht, was entzückender ist, der Anblick neuer Gestade oder die Entdeckung neuer Zugänge zum Uraltbekannten und Fastvergessenen.

«Sieh», sagte Ochwiä Biano, «wie grausam die Weißen aussehen. Ihre Lippen sind dünn, ihre Nasen spitz, ihre Gesichter sind von Falten gefurcht und verzerrt, ihre Augen haben einen starren Blick, sie suchen immer etwas. Was suchen sie? Die Weißen wollen immer etwas, sie sind immer unruhig und rastlos. Wir wissen nicht, was sie wollen. Wir verstehen sie nicht. Wir glauben, daß sie verrückt sind.»

Ich fragte ihn, warum er denn meine, die Weißen seien alle verrückt.

Er entgegnete: «Sie sagen, daß sie mit dem Kopf denken.»

«Aber natürlich. Wo denkst du denn?» fragte ich erstaunt.

«Wir denken hier», sagte er und deutete auf sein Herz. Ich versank in langes Nachsinnen. Zum ersten Mal in meinem Leben, so schien es mir, hatte mir jemand ein Bild des wirklichen weißen Menschen gezeichnet. Es war mir, als hätte ich bis jetzt nur sentimentalisch-beschönigende farbige Drucke gesehen. Dieser Indianer hatte unseren verwundbaren Fleck getroffen und etwas berührt, wofür wir blind sind. Ich fühlte, wie etwas Unbekanntes und doch innigst Vertrautes in mir aufstieg wie ein formloser Nebel. Und aus diesem Nebel löste sich nun Bild um Bild, zuerst römische Legionen, wie sie in die Städte Galliens einbrachen, Julius Caesars scharf geschnittene Züge, Scipio Africanus, Pompejus. Ich sah den römischen Adler an der Nordsee und am Gestade des Weißen Nils. Dann sah ich Augustinus, wie er das christliche Credo den Briten auf römischen Lanzenspitzen überreicht, und Karls des Großen rühmlichst bekannte Heidenbekehrungen; dann die plündernden und mordenden Scharen der Kreuzfahrerheere, und mit einem heimlichen Stich wurde mir die Hohlheit der traditionellen Kreuzzugsromantik klar. Sodann kamen Columbus, Cortez und die anderen Conquistadores, die mit Feuer, Schwert, Tortur und Christentum selbst diese entlegenen, friedlich in der Sonne, ihrem Vater, träumenden Pueblos erschreckten. Ich sah auch die Entvölkerung der Südseeinseln mittels scharlachinfizierter Kleider, Feuerwasser und Syphilis.

Damit hatte ich genug. Was wir als Kolonisation, Heidenmission, Ausbreitung der Zivilisation usw. bezeichnen, hat noch ein anderes Gesicht, ein Raubvogelgesicht, das mit grausamer Konzentration nach ferner Beute späht, ein Gesicht, das eines Geschlechtes von See- und Landräubern würdig ist. Alle die Adler und sonstigen Raubtiere, die unsere Wappenschilder zieren, schienen mir passende psychologische Exponenten unserer wahren Natur zu sein.

Noch etwas anderes, das mir Ochwiä Biano sagte, haftete. Was er sagte, scheint mir dermaßen mit der eigentümlichen Atmosphäre zusammenzuhängen, daß mein Bericht unvollständig wäre, wenn ich nichts davon erwähnte. Unsere Unterredung fand statt auf dem Dach des fünften Stockwerks des Hauptgebäudes. Von dort sah man Gestalten auf den anderen Dächern stehen, in ihre Wolldecken gehüllt, versunken in den Anblick der wandernden Sonne, die sich täglich in einen reinen Himmel erhob. Um uns herum gruppierten sich die niedrigeren, aus luftgetrockneten Ziegeln (Adobé) gebauten viereckigen Häuser mit den charakteristischen Leitern, die von der Erde aufs Dach oder von Dach zu Dach zu höheren Stockwerken führten. (In den früheren unruhigen Zeiten pflegte der Eingang im Dach zu sein). Vor uns dehnte sich die wellige Hochebene von Taos (ca. 2300 m über Meer) bis an den Horizont, wo sich einige konische Gipfel (alte Vulkane) bis zu 4000 m erhoben. Hinter uns strömte ein klarer Fluß an den Häusern vorbei, und auf dem anderen Ufer stand ein zweites Pueblo mit seinen rötlichen Adobéhäusern, die gegen das Zentrum der Ansiedlung aufeinandergebaut waren, in seltsamer Weise die Perspektive einer amerikanischen Großstadt mit ihren Wolkenkratzern im Zentrum antizipierend. Vielleicht eine halbe Stunde flußaufwärts erhob sich ein gewaltiger isolierter Berg, *der* Berg, der keinen Namen hat. Es geht die Sage, daß an Tagen, wo der Berg in Wolken gehüllt ist, die Männer bergwärts verschwinden zur Ausübung mysteriöser Riten.

Der Pueblo-Indianer ist ungemein verschlossen, und in Sachen seiner Religion wird er überhaupt unzugänglich. Aus seiner Religionsübung macht er absichtlich ein Geheimnis. Es wird so streng gewahrt, daß ich den Weg der direkten Befragung als hoffnungslos aufgab. Noch nie zuvor hatte ich eine solche Atmosphäre von Geheimnis empfunden, denn die Religionen der heutigen Kulturvölker sind allen zugänglich; ihre Sakramente haben längst aufgehört, Mysterien zu sein. Hier aber war die Luft erfüllt von einem Geheimnis, das allen bewußt, dem Weißen aber unzugänglich war. Diese seltsame Situation gab mir eine Ahnung von Eleusis, dessen Geheimnis einer Nation bekannt war und doch niemals verraten wurde. Ich verstand, was ein Pausanias oder Herodot fühlte, wenn er schrieb: «. . . den Namen jenes Gottes zu nennen, ist mir nicht erlaubt.» Ich empfand es jedoch nicht als Geheimnistuerei, sondern fühlte ein vitales Geheimnis, dessen Verrat Gefahr für den Einzelnen sowohl wie für die Kollektivität bedeutet. Die Bewahrung des Geheimnisses gibt dem Pueblo Stolz und Widerstandskraft gegenüber dem übermächtigen Weißen. Sie gibt ihm Zusammenhalt und Einigkeit, und man fühlt es als Gewißheit, daß die Pueblos als individuelle Kollektivität solange bestehen werden, als ihre Mysterien nicht abgesetzt oder entweiht werden.

Es war mir erstaunlich zu sehen, wie der Ausdruck des Indianers sich ändert, wenn er von seinen religiösen Vorstellungen spricht. Im gewöhnlichen Leben zeigt er beträchtliche Selbstbeherrschung und Würde bis zu fast apathischem Gleichmut. Wenn er dagegen von Dingen redet, die zu seinen Mysterien gehören, so erfaßt ihn eine überraschende Emotion, die er nicht verbergen kann, eine Tatsache, die meiner Neugier sehr zustatten kam. Wie ich schon sagte, mußte ich die direkte Befragung als aussichtslos aufgeben. Wenn ich aber etwas Wesentliches wissen wollte, so machte ich tastende Bemerkungen und beobachtete das Gesicht meines Gegenübers auf die mir so wohlbekannten Affektbewegungen hin. Wenn ich das Wesentliche getroffen hatte, so schwieg er zwar oder gab eine ausweichende Antwort, aber mit allen Anzeichen eines tiefen Affektes, oft stiegen ihm Tränen in die Augen. Seine Auffassungen sind ihm keine Theorien (die schon ganz merkwürdig beschaffen sein müßten, sollten sie einem Tränen entlocken), sondern Tatsachen von ebenso großer und ergreifender Bedeutung wie die ihnen entsprechenden äußeren Wirklichkeiten.

Als ich mit Ochwiä Biano auf dem Dach saß, und die Sonne

mit blendendem Licht höher und höher stieg, sagte er, auf die Sonne deutend: «Ist nicht der, der dort geht, unser Vater? Wie kann man anderes sagen? Wie kann ein anderer Gott sein? Nichts kann ohne die Sonne sein.» Seine Erregung, die bereits merklich war, steigerte sich noch, er rang nach Worten und rief endlich aus: «Was will ein Mann allein in den Bergen? Er kann ja nicht einmal sein Feuer bauen ohne ihn.»

Ich fragte ihn, ob er nicht dächte, die Sonne sei eine feurige Kugel, von einem unsichtbaren Gott geformt. Meine Frage erregte nicht einmal Erstaunen, geschweige denn Unwillen. Es reagierte offensichtlich überhaupt nichts in ihm, auch fand er meine Frage nicht einmal dumm. Sie ließ ihn gänzlich kalt. Ich hatte das Gefühl, an eine unübersteigbare Wand gekommen zu sein. Die einzige Antwort, die ich erhielt, war: «Die Sonne ist Gott. Jeder kann es sehen.»

Obschon sich niemand dem gewaltigen Eindruck der Sonne entziehen kann, war es mir doch eine neue und mich tief berührende Erfahrung, diese gereiften, würdigen Männer von einer Emotion ergriffen zu sehen, die sie nicht verbergen konnten, wenn sie von der Sonne sprachen.

Ein anderes Mal stand ich am Fluß und schaute zum Berg hinauf, der sich noch fast 2000 Meter über die Hochebene erhebt. Ich dachte gerade, dies sei das Dach des amerikanischen Kontinentes, und die Leute wohnten hier im Angesicht der Sonne wie die Männer, die in Decken gehüllt auf den höchsten Dächern des Pueblo stehen, stumm und in sich versunken, im Angesicht der Sonne. Da sprach plötzlich eine tiefe, von heimlicher Emotion vibrierende Stimme von hinten in mein linkes Ohr: «Denkst du nicht, daß alles Leben vom Berge kommt?» Ein älterer Indianer war auf unhörbaren Mokassins herangekommen und stellte mir diese – ich weiß nicht, wie weit reichende – Frage. Ein Blick auf den Fluß, der vom Berge herunterströmt, zeigte mir das äußere Bild, von dem diese Anschauung gezeugt war. Offenbar kam hier alles Leben vom Berge, denn wo Wasser ist, da ist Leben. Nichts war offenkundiger. Ich fühlte in seiner Frage eine mit dem Wort «Berg» anschwellende Emotion und dachte an das Gerücht über heimliche, auf dem Berge zelebrierte Riten. Ich antwortete ihm: «Jedermann kann sehen, daß du die Wahrheit sprichst.»

Leider wurde die Unterhaltung bald unterbrochen, und so gelang es mir nicht, eine tiefere Einsicht in den Symbolismus des Wassers und des Berges zu gewinnen.

Ich bemerkte, daß die Pueblo-Indianer, so ungern sie von etwas sprachen, das ihre Religion betraf, mit großer Bereitwilligkeit und Intensität von ihrem Verhältnis zu den Amerikanern redeten. «Warum», sagte Mountain Lake, «lassen uns die Amerikaner nicht in Ruhe? Warum wollen sie unsere Tänze verbieten? Warum wollen sie unseren jungen Leuten nicht erlauben, die Schule zu verlassen, wenn wir sie in die Kiwa (Kultstätte) nehmen und in der Religion unterrichten wollen? Wir tun doch nichts gegen die Amerikaner!» Nach längerem Stillschweigen fuhr er fort: «Die Amerikaner wollen unsere Religion verbieten. Warum können sie uns nicht in Ruhe lassen? Was wir tun, tun wir doch nicht nur für uns, sondern auch für die Amerikaner. Ja, wir tun es für die ganze Welt. Es kommt ja allen zugute.»

Ich merkte an seiner Erregung, daß er offenbar auf etwas sehr Wichtiges in seiner Religion anspielte. Ich fragte ihn deshalb: «Meint ihr, daß das, was ihr in eurer Religion tut, der ganzen Welt zugute komme?» Er antwortete mit großer Lebhaftigkeit: «Natürlich, wenn wir das nicht täten, was müßte dann aus der Welt werden?» Und mit einer andeutungsvollen Geste zeigte der Sprecher auf die Sonne.

Ich fühlte, daß wir hier auf ein sehr heikles Gebiet kamen, das an die Mysterien des Stammes grenzte. «Wir sind doch ein Volk», sagte er, «das auf dem Dach der Welt wohnt, wir sind die Söhne des Vaters Sonne, und mit unserer Religion helfen wir unserem Vater täglich, über den Himmel zu gehen. Wir tun dies nicht nur für uns, sondern für die ganze Welt. Wenn wir unsere Religion nicht mehr ausüben können, dann wird bis in zehn Jahren die Sonne nicht mehr aufgehen. Dann wird es für immer Nacht werden.»

Da wurde mir deutlich, worauf die «Würde», die gelassene Selbstverständlichkeit des einzelnen Mannes, beruhte: Er ist der Sonnensohn, sein Leben ist kosmologisch sinnvoll, hilft er doch dem Vater und Erhalter allen Lebens in seinem täglichen Auf- und Abstieg. Vergleichen wir damit unsere Selbstbegründung, unseren Lebenssinn, den unsere Vernunft formuliert, so können wir nicht anders, als von seiner Armseligkeit beeindruckt sein. Aus lauter Neid schon müssen wir die indianische Naivität belächeln und uns in unserer Klugheit erhaben vorkommen, um nicht zu entdecken, wie verarmt und heruntergekommen wir sind. Das Wissen bereichert uns nicht, sondern entfernt uns mehr und mehr von der mythischen Welt, in der wir einst heimatberechtigt waren.

Sehen wir einen Augenblick ab von allem europäischen Rationalismus und versetzen wir uns in die klare Höhenluft jener einsamen Hochebene, die auf der einen Seite in die weiten kontinentalen Prärien und auf der anderen Seite zum Stillen Ozean abfällt, begeben wir uns gleichzeitig unserer Weltbewußtheit und tauschen wir dafür einen unermeßlich scheinenden Horizont mit einer jenseits liegenden Weltunbewußtheit ein, so fangen wir an, den Gesichtspunkt des Pueblo-Indianers zu verstehen. «Alles Leben kommt vom Berge» ist unmittelbar überzeugend für ihn. Ebenso tief ist es ihm bewußt, daß er auf dem Dach einer unermeßlichen Welt wohnt, zunächst dem Gotte. Er vor allen hat das Ohr der Gottheit, und seine kultische Handlung wird am ehesten die ferne Sonne erreichen. Die Heiligkeit der Berge, die Offenbarung Jahwes auf dem Sinai, die Inspiration, die Nietzsche im Engadin empfing, liegen auf der gleichen Linie. Die uns absurd erscheinende Idee, daß ein kultisches Handeln die Sonne magisch «bewirken» könne, ist bei näherem Zusehen zwar nicht weniger irrational, aber uns doch bedeutend vertrauter, als man zunächst vermuten könnte. Unsere christliche Religion, wie übrigens jede andere, ist durchtränkt von dem Gedanken, daß man durch besondere Handlungen oder eine besondere Art des Handelns den Gott beeinflussen könne, z. B. durch Riten oder durch Gebet oder durch eine Gott wohlgefällige Moral.

Der Einwirkung des Gottes auf den Menschen steht die kultische Handlung des Menschen als eine Antwort und Rückwirkung gegenüber, und vielleicht nicht nur als das, sondern auch als aktive «Bewirkung», als magischer Zwang. Daß sich aber der Mensch imstande fühlt, auf die übermächtige Einwirkung des Gottes vollgültig zu antworten und eine selbst dem Gotte wesentliche Rückleistung zu geben, ist ein stolzes Gefühl, welches das menschliche Individuum zur Würde eines metaphysischen Faktors erhebt. «Gott und wir» – auch wenn es nur ein unbewußtes sous-entendu ist – dieses äquivalente Verhältnis liegt wohl jener beneidenswerten Gelassenheit zugrunde. Ein solcher Mensch ist im vollsten Sinne des Wortes an seinem Platze.

Kenya und Uganda

Tout est bien sortant des
mains de l'Auteur des choses.
Rousseau

Als ich die Wembley Exhibition (1925) in London besuchte, regte mich die ausgezeichnete Schau der unter englischer Herrschaft stehenden Völkerschaften mächtig an, und ich beschloß, in naher Zukunft eine Reise ins tropische Afrika zu unternehmen. Schon lange hatte mich der Wunsch beschäftigt, längere Zeit in einem Land und unter Menschen zu verbringen, die möglichst wenig mit Europa zu tun hatten.

Im Herbst 1925 begab ich mich mit zwei Freunden, einem Engländer und einem Amerikaner, nach Mombasa. Wir reisten auf einem Woerman-Dampfer, zusammen mit vielen jungen Engländern, die Stellungen in verschiedenen afrikanischen Kolonien angenommen hatten. Man merkte es der Atmosphäre an, daß die Passagiere keine Vergnügungsreisenden waren, sondern einem Schicksal entgegengingen. Wohl herrschte oft laute Fröhlichkeit, aber ein ernster Unterton war unverkennbar. In der Tat vernahm ich noch vor meiner Rückreise vom Schicksal mehrerer meiner Mitreisenden. Einige waren schon im Laufe der nächsten zwei Monate vom Tod ereilt worden. Sie starben an Malaria tropica, Amöbendysenterie und Pneumonie. Unter den Toten befand sich auch der junge Mann, der mir am Tisch stets gegenüber gesessen hatte. Ein anderer war Dr. Akley, der sich um die Erhaltung der Gorillas verdient gemacht hatte, und mit dem ich kurz vor meiner afrikanischen Reise in New York zusammengetroffen war. Gleichzeitig mit mir war er, aber vom Westen her, zu einer Expedition ins Gorillagebiet aufgebrochen und starb dort, als ich noch am Mt. Elgon weilte. Ich hörte von seinem Tode erst nach meiner Rückkehr.

Mombasa ist in meiner Erinnerung eine feucht-heiße, in einem Wald von Palmen und Mangobäumen versteckte europäische, sowie eine indische und eine Negersiedlung, ungemein malerisch an einem natürlichen Hafen gelegen und überragt von einem alten portugiesischen Fort. Wir blieben dort zwei Tage und fuhren dann gegen Abend mit einer Schmalspurbahn ins Innere, nach Nairobi und zugleich in die tropische Nacht hinein.

Im Küstenstreifen kamen wir an zahlreichen Negerdörfern vorbei, wo die Leute um kleine Feuer saßen und sich unterhielten. Bald begann die Bahn zu steigen. Die Siedlungen hörten auf, und es herrschte pechschwarze Nacht. Es wurde allmählich kühler, und ich fiel in Schlaf. Als der erste Sonnenstrahl den Beginn des Tages verkündete, wachte ich auf. Gerade wand sich der Zug, in eine rote Staubwolke gehüllt, um einen steilen Abhang aus roten Felsen – da stand auf einer Felszacke über uns regungslos eine braunschwarze, schlanke Gestalt auf einen langen Speer gestützt und schaute auf den Zug herunter. Neben ihm ragte ein riesiger Kandelaberkaktus.

Ich war von diesem Anblick wie verzaubert. Es war ein fremdartiges, nie geschautes Bild und doch zugleich ein intensivstes «sentiment du déjà vu», ein Gefühl, wie wenn ich diesen Augenblick schon einmal erlebt und schon immer jene Welt, die nur durch Zeitferne von mir getrennt war, gekannt hätte. Es war mir, als kehrte ich eben in das Land meiner Jugend zurück und als kennte ich jenen dunkeln Mann, der seit fünftausend Jahren auf mich wartete.

Der Gefühlston dieses wunderlichen Erlebnisses begleitete mich auf der ganzen Reise durch das wilde Afrika. Ich kann mich nur einer einzigen anderen Erfahrung des Unbekannten erinnern, und das war, als ich zum ersten Mal zusammen mit meinem früheren Chef, Prof. Eugen Bleuler, eine parapsychologische Erscheinung beobachtet hatte. Zuvor hatte ich mir vorgestellt, daß ich vor Erstaunen vergehen müßte, wenn ich etwas derart Unmögliches sähe. Als es aber geschah, war ich überhaupt nicht erstaunt, sondern fand das Phänomen ganz in Ordnung, wie wenn es selbstverständlich und mir schon längst bekannt gewesen wäre.

Ich ahnte nicht, welche Saite der Anblick des einsamen dunkeln Jägers in mir zum Erklingen brachte. Ich wußte nur, daß seine Welt die meine war seit ungezählten Jahrtausenden.

Etwas traumbefangen kam ich um die Mittagszeit in dem 1800 m hoch gelegenen Nairobi an, in einer unbeschreiblich blendenden Lichtfülle, die mich an den Sonnenglanz des Engadins erinnerte, wenn man aus den Winternebeln des Tieflandes heraufkommt. Zu meiner Verwunderung trugen die zahlreichen, am Bahnhof versammelten Boys die altmodischen, grauen und weißen wollenen Skimützen, die man im Engadin zu sehen oder selber zu tragen gewohnt war. Sie wurden hoch geschätzt, weil man den aufgestülpten Rand wie ein Visier herunterlassen konnte, in den Alpen ein guter Schutz gegen den eisigen Wind, hier aber gegen die strahlende Hitze.

Von Nairobi aus besuchten wir mit einem kleinen Fordwagen die Athi Plains, ein großes Wildreservat. Auf einem niedrigen Hügel in dieser weiten Savanne erwartete uns eine Aussicht sondergleichen. Bis an den fernsten Horizont sahen wir riesige Tierherden: Gazellen, Antilopen, Gnus, Zebras, Warzenschweine usw. Langsam strömend, grasend, die Köpfe nickend bewegten sich die Herden – kaum daß man den melancholischen Laut eines Raubvogels vernahm. Es war die Stille des ewigen Anfangs, die Welt, wie sie immer schon gewesen, im Zustand des Nicht-Seins; denn bis vor kurzem war niemand vorhanden, der wußte, daß es «diese Welt» war. Ich entfernte mich von meinen Begleitern, bis ich sie nicht mehr sah und das Gefühl hatte, allein zu sein. Da war ich nun der erste Mensch, der erkannte, daß dies die Welt war und sie durch sein Wissen in diesem Augenblick erst wirklich erschaffen hatte.

Hier wurde mir die kosmische Bedeutung des Bewußtseins überwältigend klar. «Quod natura relinquit imperfectum, ars perficit» (was die Natur unvollständig läßt, vervollständigt die Kunst), heißt es in der Alchemie. Der Mensch, ich, gab der Welt in unsichtbarem Schöpferakt erst die Vollendung, das objektive Sein. Man hat diesen Akt dem Schöpfer allein zugeschrieben und nicht bedacht, daß wir damit Leben und Sein als eine auskalkulierte Maschine ansehen, die sinnlos, mitsamt der menschlichen Psyche, nach vorbekannten und -bestimmten Regeln weiterläuft. In einer solchen trostlosen Uhrwerkphantasie gibt es kein Drama von Mensch, Welt und Gott; keinen «neuen Tag», der zu «neuen Ufern» führt, sondern nur die Öde errechneter Abläufe. Mein alter Pueblo-Freund kam mir in den Sinn: er glaubte, daß die raison d'être seiner Pueblos die Aufgabe sei, ihrem Vater, der Sonne, täglich über den Himmel zu helfen. Ich hatte sie um dieser Sinnerfülltheit willen beneidet und mich ohne Hoffnung nach unserem eigenen Mythus umgeschaut. Jetzt wußte ich ihn und dazu noch mehr: der Mensch ist unerläßlich zur Vollendung der Schöpfung, ja er ist der zweite Weltschöpfer selber, welcher der Welt erst das objektive Sein gibt, ohne das sie ungehört, ungesehen, lautlos fressend, gebärend, sterbend, köpfenickend durch Hunderte von Jahrmillionen in der tiefsten Nacht des Nicht-Seins zu einem unbestimmten Ende hin ablaufen würde. Menschliches Bewußtsein erst hat objektives Sein und den Sinn geschaffen, und dadurch hat der Mensch seine im großen Seinsprozeß unerläßliche Stellung gefunden.

Mit der damals im Bau befindlichen Ugandabahn begaben wir uns zu ihrer vorläufigen Endstation Sigistifour (sixty-four). Unsere Boys luden das umfangreiche Expeditionsgepäck aus. Ich setzte mich auf eine chopbox (Lebensmittelkiste, je eine Kopflast) und zündete mir eine Pfeife an, meditierend über die Tatsache, daß wir uns hier sozusagen am Rande der oikumene (gr. der bewohnten Erde) befanden, von wo sich Pisten und Pfade endlos über den Kontinent erstreckten. Nach einer Weile gesellte sich ein älterer Engländer, offenbar ein Squatter, zu mir, setzte sich und zog ebenfalls eine Pfeife hervor. Er erkundigte sich, wohin wir gingen. Als ich ihm unsere Ziele skizziert hatte, fragte er: «Is this the first time you are in Africa? I am here since forty years.»

«Ja», antwortete ich, «wenigstens in diesem Teil von Afrika.»

«Then may I give you a piece of advice? You know, Mister, this here country is not Man's, it is God's country. So, if anything should happen, just sit down and don't worry.» Worauf er sich grußlos erhob und in der Schar der herbeigeströmten Neger verschwand.

Seine Worte schienen mir irgendwie bedeutend, und ich versuchte mir zu vergegenwärtigen, was für einem psychologischen Zustand sie entsprachen. Offenbar waren sie eine Quintessenz seiner Erfahrung; hier ist nicht der Mensch, sondern Gott obenauf, also nicht Wille und Absicht, sondern unerforschliche Anordnung.

Ich war mit meiner Betrachtung noch nicht fertig, als das Signal zum Aufbruch unserer zwei Autos kam. Man kletterte auf das Gepäck, acht Mann stark, und hielt sich dort fest, so gut es ging. Die nachfolgende mehrstündige Durchschüttelung gewährte den Gedanken keinen Raum. Bis zur nächsten Ortschaft Kakamega, dem Sitz eines D.C. (District Commissioner), einer kleinen Garnison von African Rifles, eines Spitals und einer – sage und schreibe – kleinen Irrenanstalt, war es viel weiter als angenommen. Der Abend nahte, und plötzlich war die Nacht da. Gleichzeitig zog ein tropisches Gewitter herauf mit beinahe unaufhörlichem Blitzen, Donnern und einem Wolkenbruch, der uns im Augenblick von Kopf zu Fuß durchnäßte und einen Wildbach zu einem gefährlichen Hindernis machte.

Erst eine halbe Stunde nach Mitternacht, bei aufklärendem Himmel, gelangten wir in erschöpftem Zustand nach Kakamega, wo uns der D.C. hilfreich mit Whisky in seinem drawing-room empfing. Dort brannte im Kamin ein lustiges – oh so willkommenes – Feuer. In der Mitte des eleganten Raumes stand ein großer Tisch mit englischen Journalen bedeckt. Man hätte sich ebensogut auf einem Landgut in Sussex befinden können. Ich wußte in meiner Müdigkeit nicht mehr, ob ich aus der Wirklichkeit in einen Traum oder aus einem Traum in die Wirklichkeit versetzt worden war. Dann mußten wir noch unsere Zelte aufschlagen – zum ersten Mal. Glücklicherweise fehlte nichts.

Am anderen Morgen erwachte ich mit einer fieberhaften Laryngitis und mußte einen Tag das Bett hüten. Diesem Umstand verdanke ich meine denkwürdige Bekanntschaft mit dem sogenannten *brainfever bird*, welcher sich dadurch hervortut, daß er eine korrekte Tonleiter singt, dabei aber den letzten Ton ausläßt und wieder von vorne anfängt. Als Begleitmusik zu Fieber kann man sich kaum etwas Aufreizenderes denken.

Ein anderer gefiederter Bewohner der Bananenpflanzungen produziert zwei der süßesten und melodiösesten Flageolettöne, die man sich vorstellen kann, und endet mit einem dritten, scheußlichen Mißton. «Quod natura relinquit imperfectum . . .» Einzig der Ton des Glockenvogels zeichnet sich durch ungeminderte Schönheit aus. Wenn er sang, war es, wie wenn eine Glocke den Horizont umwanderte.

Am nächsten Tag hatten wir mit Unterstützung des D.C. unsere Trägerkolonne beisammen, ergänzt durch eine militärische Eskorte von drei Askaris. Und nun begann der Treck zum Mt. Elgon, dessen 4400m hohe Kraterwand wir bald am Horizont erblickten. Die Piste führte durch relativ trockene Savanne, die mit Schirmakazien bestanden war. Die ganze Gegend war dicht bedeckt mit kleinen, runden, zwei bis drei Meter hohen Tumuli, nämlich alten Termitenkolonien.

Für die Reisenden gab es entlang der Piste Rasthäuser, grasgedeckte, runde Adobehütten, die offen waren und nichts enthielten. Nachts stellte man zum Schutz gegen Eindringlinge eine brennende Laterne in den Eingang. Eine solche besaß unser Koch nicht; er hatte dafür aber ein eigenes Miniaturhüttchen, womit er sehr zufrieden war. Aber beinahe wäre es ihm zum Verhängnis geworden. Er hatte nämlich tags zuvor ein Schaf, das wir für fünf Ugandaschillinge erworben hatten, vor seiner Hütte geschlachtet und für unser Diner vorzügliche *mutton-chops* hergerichtet. Als wir nach dem Essen noch rauchend ums Feuer herumsaßen, hörten wir aus der Ferne, dann näher kommend, seltsame Töne. Es klang bald wie das Brummen von Bären, bald wie das Bellen und Gejaule von Hunden, bald waren es schrille Töne, wie Geschrei und hysterisches Gelächter – mein erster Eindruck war: ein komischer Akt bei Barnum and Bailey. Bald aber wurde die Szene bedrohlicher: wir waren auf allen Seiten von einem großen Pack hungriger Hyänen umgeben, die offenbar das Schafblut gerochen hatten. Sie vollführten ein Höllenkonzert, und man sah im Schein des Feuers ihre Lichter im hohen Elephantengras funkeln.

Trotz unserer überlegenen Kenntnis von der Natur der Hyänen, die den Menschen angeblich nicht angreifen, waren wir unserer Sache nicht allzu sicher, namentlich als plötzlich hinter dem Rasthaus ein entsetzliches Menschengeschrei ertönte. So griffen wir nach unserer Artillerie (ein 9-mm-Mannlicher-Gewehr und eine Schrotflinte) und feuerten einige Schüsse in Richtung der funkelnden Lichter, als unser Koch in höchster Panik in unsere Mitte stürzte und meldete, daß eine «fizi» (Hyäne) in seine Hütte gekommen sei und ihn beinahe getötet hätte. Das ganze Lager war in Aufruhr. Das erschreckte die Hyänengesellschaft offenbar dermaßen, daß sie unter lärmendem Protest das Lokal verließ. Der Rest der Nacht verlief, nach anfänglich lang anhaltendem Gelächter in den Mannschaftsquartieren, störungslos und ruhig. Anderntags kam in der Frühe der lokale Häuptling mit dem Geschenk von zwei Hühnern und einem Korb voll Eiern und flehte uns an, noch einen Tag zu bleiben, um die Hyänen zu schießen. Sie hätten nämlich tags zuvor einen schlafenden älteren Mann aus seiner Hütte gezerrt und aufgefressen – de Africa nihil certum!

Mit Tagesanbruch setzten wiederum Salven von Gelächter im Quartier der Boys ein. Der Grund hierfür war, daß sie ein Schauspiel aufführten, welches die Ereignisse der Nacht wiederholte. Einer stellte den schlafenden Koch dar und einer der Soldaten die anschleichende Hyäne, die sich dem Schlafenden mörderisch näherte. Dieses Drama wurde zum Entzücken des Publikums, ich weiß nicht wie oft, wiederholt.

Von diesem Moment an trug der Koch den Übernamen «fizi». Wir drei Weißen hatten bereits unsere «trademarks». Mein Freund, der Engländer, galt als «Rothals» bzw. als der «mit dem roten Nacken», da alle Engländer der Sage nach rote Nacken hätten. Der Amerikaner, der sich in der Tat im Besitze einer eleganten Garderobe befand, hieß «bwana maredadi» (der schmucke Gentleman). Weil ich damals schon (ich war fünfzig Jahre alt) graue Haare hatte, war ich der «mzee» (der alte Mann) und hundert Jahre alt. Hohes Alter war dort selten. Ich habe nur sehr wenige Weißhaarige gesehen. Mzee ist auch ein Ehrentitel, der mir als Leiter der «Bugishu Psychological Expedition» zukam, eine Bezeichnung, die uns als ein «lucus a non lucendo» vom Foreign Office in London aufgenötigt worden war. Wir haben zwar die Bugishus besucht, aber die längste Zeit bei den Elgonyis verbracht.

Meine Neger erwiesen sich überhaupt als treffliche Charakterkenner. Einer ihrer intuitiven Erkenntniswege bestand darin, daß sie in unübertrefflicher Weise die Ausdrucksart, Geste und Gangart ihrer Objekte nachzuahmen verstanden und auf diese Weise ihnen unter die Haut schlüpften. Ich fand ihre Kenntnis der emotionalen Natur anderer überraschend. Ich scheute mich nicht vor langen Unterhaltungen, die sie ausgesprochen liebten. Auf diese Weise habe ich viel gelernt.

Daß wir halboffiziell reisten, erwies sich als vorteilhaft, da wir auf diese Weise leichter Träger anwerben konnten und auch eine militärische Eskorte erhielten. Das war nicht überflüssig, da wir im Sinne hatten, in Gebiete zu reisen, die noch nicht unter Kontrolle der Weißen standen. So begleiteten ein Corporal und zwei Soldaten unsere Safari am Mt. Elgon.

Ich erhielt einen Brief vom Gouverneur von Uganda, in welchem er bat, uns eine Engländerin anvertrauen zu dürfen, welche durch den Sudan nach Ägypten zurückreiste. Man wußte, daß wir den gleichen Reiseplan hatten, und da die Dame bereits in Nairobi mit uns bekannt geworden war, lag kein Grund vor, die Bitte abzuschlagen. Überdies fühlten wir uns dem Gouverneur für seine mannigfache Hilfe sehr verpflichtet.

Ich erwähne diese Episode, um zu zeigen, auf welch subtilen Wegen ein Archetypus unser Tun beeinflußt. Wir waren drei Männer, und das war reiner Zufall. Ich hatte noch einen dritten Freund gebeten mitzukommen. Aber widrige Umstände hatten seine Zusage verunmöglicht. Dies genügte, um das Unbewußte oder das Schicksal zu konstellieren. Es tauchte auf als Archetypus der Triade, welche nach dem Vierten ruft, wie es sich in der Geschichte dieses Archetypus immer wieder gezeigt hat.

Da ich geneigt bin, das Zufällige, das an mich kommt, zu akzeptieren, hieß ich die Dame in unserer Dreimännergruppe willkommen. Da sie sportlich und tapfer war, erwies sie sich als nützliche Kompensation unserer einseitigen Männlichkeit. Als mein jüngerer Freund später an einem gefährlichen Anfall tropischer Malaria erkrankte, waren wir dankbar für ihre Erfahrungen, die sie als Krankenschwester im ersten Weltkrieg erworben hatte.

Nach unserem Hyänenabenteuer zogen wir ungeachtet der Bitten des Häuptlings weiter. Das Terrain war leicht ansteigend. Die Anzeichen tertiärer Lavaströme mehrten sich. Wir kamen durch herrliche Urwaldstreifen mit riesigen Nandi-Flame-Bäumen, die von flammendroten Blüten übersät waren. Riesige Käfer und noch größere farbenreiche Schmetterlinge belebten Waldränder und Lichtungen. Äste wurden von neugierigen Affen geschüttelt. Bald befanden wir uns «miles from anywhere» im Busch. Es war eine paradiesische Welt. Die Gegend bestand vor allem aus flacher Savanne mit durchwegs hochrotem Boden. Wir marschierten meist auf den Eingeborenenpfaden, die sich in auffallend engen Windungen, d. h. mit kurzem Kurvenradius von drei bis sechs Metern durch den Busch schlängelten.

Unser Weg führte uns in die Nandiregion und durch den Nandiforest, einen beträchtlichen Urwaldkomplex. Ohne Zwischenfälle erreichten wir ein Rasthaus am Fuß des Mt. Elgon, der schon seit Tagen über uns emporwuchs. Hier begann der Aufstieg auf einem schmalen Pfad. Wir wurden vom lokalen Häuptling, dem Sohn eines Medizinmannes, des «laibon», begrüßt. Er ritt ein Pony, das einzige Pferd, das wir bisher angetroffen hatten. Von ihm vernahm ich, daß sein Stamm zu den Masai gehörte, jedoch von diesen abgetrennt ein Sonderdasein an den Abhängen des Mt. Elgon führte.

Nach einigen Stunden Aufstieg erreichten wir eine schöne weite Lichtung, durchflossen von einem klaren, kühlen Bächlein mit einem etwa 3 m hohen Wasserfall, dessen Becken wir zu unserem Badeplatz erkoren. Unser Lagerplatz lag in einiger Entfernung auf einem sanften, trockenen Abhang, beschattet von Schirmakazien. In der Nähe befand sich ein Negerkral. Er bestand aus ein paar Hütten und einer Boma, einem von einer Hecke aus Wait-a-bit-thorn umzäunten Platz. Mit dem Häuptling konnte ich mich auf Suaheli verständigen.

Er bestimmte unsere Wasserträgerinnen: eine Frau mit zwei halb erwachsenen Töchtern, nackt bis auf einen Kaurigürtel [2]. Sie waren schokoladebraun und auffallend hübsch, von schlanker Gestalt und elegant lässigen Bewegungen. Es war mein allmorgendliches Vergnügen, den leisen Kling-Klang ihrer eisernen Fußringe vom Bach herauf zu hören und sie bald darauf, wiegenden Ganges, die Wasseramphoren auf dem Kopf balancierend, aus dem hohen gelben Elefantengras auftauchen zu sehen. Sie waren geschmückt mit Fußringen und aus Messing verfertigten Arm- und Halsbändern, mit Ohrgehängen aus Kupfer oder in Form kleiner Holzspulen, die Unterlippe durchbohrt von einem Bein- oder Eisennagel. Sie hatten sehr gute Manieren und grüßten uns jeweils mit scheuem charmantem Lächeln.

Ich habe, der allgemeinen Erwartung entsprechend, nie mit eingeborenen Frauen gesprochen, mit einer Ausnahme, die ich noch erwähnen werde. Männer sprechen, wie auch bei uns im Süden, mit Männern, Frauen mit Frauen. Anderes bedeutet love-making. Mit letzterem aber riskiert der Weiße nicht nur seine Autorität, sondern läuft auch ernstlich Gefahr des «going-black», wovon ich mehrere sehr instruktive Fälle beobachtet habe. Mehrfach hörte ich von den Negern das Urteil über einen gewissen Weißen: «Er ist ein schlechter Mann.» Als ich fragte warum, lautete die Antwort: «Er schläft mit unseren Weibern.»

Bei meinen Elgonyis beschäftigte sich der Mann mit dem Großvieh und der Jagd, die Frau war sozusagen identisch mit der «shamba» (Pflanzung, Bananen, süße Kartoffeln, Negerhirse und Mais). Sie hatte Kinder, Ziegen und Hühner, die alle in derselben runden Hütte wohnten. Das ist ihre Würde und Selbstverständlichkeit: sie ist ein intensiver Geschäftspartner. Der Begriff «gleiches Recht für die Frau» ist das Kind eines Zeitalters, in dem eine solche Partnerschaft ihren Sinn verloren hat. Die primitive Gesellschaft jedoch ist reguliert durch unbewußten Egoismus und Altruismus, beide kommen ausgiebig auf ihre Rechnung. Diese unbewußte Ordnung zerfällt sofort, wenn eine Störung eintritt, die nur durch einen Bewußtseinsakt kompensiert werden könnte und sollte.

Mit Vergnügen erinnere ich mich eines wichtigen Informators

[2] Kauri (oder kowri) sind kleine Muscheln, die auch als Geld verwendet werden.

über die Familie bei den Elgonyi: Es war ein auffallend schöner Jüngling mit Namen Gibrôat, ein Häuptlingssohn von liebenswürdigen, eleganten Manieren, dessen Vertrauen ich offensichtlich gewonnen hatte. Er nahm zwar gerne meine Zigaretten an, war aber nicht darauf erpicht, Geschenke zu erhalten wie die anderen. Er erzählte mir viel Interessantes und stattete mir von Zeit zu Zeit einen «gentleman-Besuch» ab. Ich fühlte, daß er irgend etwas im Sinne hatte, irgendeinen Wunsch hegte. Erst nach längerer Bekanntschaft kam er mit dem völlig unerwarteten Anliegen heraus, er wolle mich mit seiner Familie bekannt machen. Ich wußte aber, daß er selber noch unverheiratet und seine Eltern tot waren. Es handelte sich um eine ältere Schwester. Sie war verheiratet als zweite Frau und hatte vier Kinder. Er wünschte sich sehr, daß ich ihr einen Besuch machte, so daß sie Gelegenheit hätte, mich kennenzulernen. Sie stand für ihn offenbar an Mutterstelle, und ich sagte zu, weil ich auf diese sozusagen gesellschaftliche Weise in das Familienleben Einblick zu gewinnen hoffte.

«Madame était chez elle», sie trat aus der Hütte, als wir ankamen, und begrüßte mich auf die natürlichste Weise der Welt. Sie war eine hübsche Frau von mittlerem Alter, d. h. etwa dreißig Jahre alt; außer dem obligaten Kaurigürtel trug sie Arm- und Fußringe, in den übermäßig ausgedehnten Ohrläppchen einigen Kupferschmuck und über der Brust ein kleines Wildfell. Ihre vier kleinen «mtotos» hatte sie in die Hütte gesperrt, von wo sie durch die Türspalten äugten und aufgeregt kicherten. Auf meine Bitte ließ sie sie heraus. Es brauchte eine ganze Weile, bis sie sich herausgetrauten. Die junge Frau hatte die ausgezeichneten Manieren des Bruders, der aus Freude über den gelungenen Coup übers ganze Gesicht strahlte.

Man setzte sich nicht nieder, da es nichts gab, auf das man sich hätte setzen können außer der staubigen Erde, die mit Hühnermist und Ziegenpillen bedeckt war. Die Unterhaltung bewegte sich im konventionellen Rahmen eines halbfamiliären drawing-room-Gesprächs, das sich um Familie, Kinder, Haus und Garten drehte. Ihre ältere Nebenfrau, deren Grundstück an das ihrige grenzte, hatte sechs Kinder. Die Boma der «Schwester» befand sich in etwa 80 m Entfernung. Ungefähr in der Mitte zwischen den beiden Frauenhütten, aber im Dreieck dazu, stand die Hütte des Mannes und dahinter in etwa 50 m Entfernung eine kleine Hütte, die der schon erwachsene Sohn der ersten Frau bewohnte. Jede der beiden

Frauen besaß ihre «shamba», d. h. eine Pflanzung mit Bananen, süßen Kartoffeln, großstämmiger Hirse und Mais, auf die meine Gastgeberin sichtlich stolz war.

Ich hatte das Gefühl, daß die Sicherheit und das Selbstbewußtsein ihres Benehmens in hohem Maße auf einer Identität mit ihrer offensichtlichen Ganzheit beruhte, die aus Kindern, Haus, Kleinvieh, «shamba» und – last but not least – ihrer nicht unattraktiven Körperlichkeit bestand. Vom Mann war nur andeutungsweise die Rede. Er schien bald da, bald nicht da zu sein. Momentan weilte er an einem unbekannten Ort. Meine Gastgeberin war offenkundig und problemlos das Vorhandene, ein wahrhaftes «pied-à-terre» des Mannes. Die Frage schien nicht zu sein, ob *er* da sei oder nicht, sondern vielmehr, ob *sie* in ihrer Ganzheit vorhanden und «erdmagnetisches» Zentrum ihres mit seinen Herden schweifenden Gatten sei. Was im Innern dieser «einfachen» Seelen vorgeht, ist unbewußt, daher nicht gewußt und nur aus europäischem Vergleichsmaterial von «fortgeschrittener» Differenzierung zu erschließen.

Ich fragte mich, ob die Vermännlichung der weißen Frau nicht mit dem Verlust ihrer natürlichen Ganzheit (shamba, Kinder, Kleinvieh, eigenes Haus und Herdfeuer) zusammenhänge, nämlich als eine Kompensation für ihre Verarmung, und ob die Verweiblichung des weißen Mannes nicht eine weitere Folgeerscheinung darstelle. Die rationalsten Staaten verwischen den Unterschied der Geschlechter am allermeisten. Die Rolle, welche die Homosexualität in der modernen Gesellschaft spielt, ist enorm. Sie ist teils Folge des Mutterkomplexes, teils natürliches Zweckphänomen (Verhinderung der Fortpflanzung!).

Meinen Reisegefährten und mir war das Glück beschieden, die afrikanische Urwelt mit ihrer unerhörten Schönheit und ihrem ebenso tiefen Leiden noch vor Torschluß zu erleben. Unser Lagerleben war eine der schönsten Zeiten meines Lebens – procul negotiis et integer vitae scelerisque purus (fern von den Geschäften und unverdorben vom Leben und frei von Schuld) genoß ich den «Gottesfrieden» eines noch urweltlichen Landes. Nie hatte ich das je so gesehen: «Der Mensch und die anderen Tiere» (Herodot). Tausende von Meilen zwischen mir und Europa, der Mutter aller Teufel, die mich hier nicht erreichen konnten – kein Telegramm, kein Telephonanruf, kein Brief, kein Besuch! Das war ein wesentlicher Bestandteil der «Bugishu Psychological Expedition». Meine befreiten seelischen Kräfte strömten beseligt zurück in vorweltliche Weiten.

Es war uns ein leichtes, jeden Morgen ein Palaver mit den Neugierigen, die tagelang unser Lager umhockten und mit nie erlahmendem Interesse allen unseren Bewegungen folgten, zu veranstalten. Mein Headman Ibrahim hatte mich in die Etikette des Palavers eingeweiht: Alle Männer (die Frauen besuchten uns nie) mußten auf dem Boden sitzen. Ibrahim hatte mir einen kleinen vierfüßigen Häuptlingsstuhl aus Mahagoni verschafft, auf dem ich sitzen mußte. Dann begann ich die Ansprache und erklärte das «shauri», nämlich die Traktanden des Palavers. Die meisten Teilnehmer sprachen ein leidliches Pidgin-Suaheli, das hinreichte, um mich zu verstehen, wenn ich mit reichlicher Benützung eines kleinen Lexikons mein Anliegen in Form gebracht hatte. Das Büchlein war ein Gegenstand nimmermüder Bewunderung. Meine spärlichen Ausdrucksmittel zwangen mich zu der nötigen Einfachheit. Oft glich die Unterhaltung einem amüsanten Rätselraten, weshalb sich die Palaver größter Beliebtheit erfreuten. Sie dauerten aber selten länger als etwa eine Stunde, weil die Leute sichtlich müde wurden und mit bewegter Gebärde klagten: «Ach, wir sind so müde.»

Ich interessierte mich natürlich für die Träume der Neger, konnte aber zunächst keinen zu hören bekommen. Ich setzte kleine Belohnungen aus, z. B. Zigaretten, Zündhölzer, Sicherheitsnadeln, auf welche die Leute sehr erpicht waren. Nichts half. Die Scheu, Träume zu erzählen, konnte ich nie restlos aufklären. Ich vermute, der Grund war Furcht und Mißtrauen: Bekanntlich haben die Neger Angst vor dem Photographiertwerden; sie fürchten, daß man ihnen damit die Seele raube, und vielleicht fürchten sie ebenso, daß man ihnen durch die Kenntnis ihrer Träume Schaden zufügen könne. Das galt übrigens nicht für unsere Boys, die aus Küstensomalis und Suahelis bestanden. Sie hatten ein arabisches Traumbuch, das sie besonders während des Reisemarsches täglich konsultierten. Waren sie im Zweifel über eine Deutung, so wurde sogar mein Rat eingeholt, da sie mich wegen meiner Kenntnis des Korans als «Mann des Buches» bezeichneten und für einen verkappten Mohammedaner hielten.

Einmal hatten wir ein Palaver mit dem Laibon, dem alten Häuptling Doktor. Er erschien in einem prächtigen Mantel, der aus blauen Affenfellen bestand und ein wertvolles Prunkstück darstellte. Als ich ihn über seine Träume befragte, erklärte er mir mit Tränen in den Augen: «Früher haben die Laibons Träume gehabt und haben gewußt, ob es Krieg gibt oder Krankheiten, ob der Regen kommt und wohin man die Herden treiben soll.» So habe auch sein Großvater noch geträumt. Aber seit die Weißen in Afrika seien, habe niemand mehr Träume. Man brauche auch keine Träume mehr, denn jetzt wüßten es die Engländer!

Seine Antwort zeigte, daß der Medizinmann seine raison d'être verloren hatte. Man brauchte die göttliche Stimme, die den Stamm berät, nicht mehr, denn «die Engländer wissen es besser». Früher verhandelte der Medizinmann mit den Göttern oder der Schicksalsmacht und beriet sein Volk. Er übte einen großen Einfluß aus, so wie im alten Griechenland das Wort der Pythia höchste Autorität besaß. Nun war die Autorität des Medizinmannes abgelöst durch die des District Commissioner. Der ganze Wert des Lebens liegt jetzt in der diesseitigen Welt, und es schien mir nur eine Frage der Zeit und der Vitalität der schwarzen Rasse, wann den Negern die Bedeutung der physischen Macht bewußt würde.

Unser Laibon war keine irgendwie imposante Persönlichkeit, sondern ein etwas weinerlicher alter Herr. Trotzdem oder gerade deshalb stellte er den sich unterirdisch ausbreitenden Zerfall einer überholten und nie mehr zurückkommenden Welt anschaulich und eindrucksvoll dar.

In zahlreichen Fällen brachte ich das Gespräch auf die Numina, insbesondere auf Riten und Zeremonien. Ich hatte in dieser Hinsicht nur eine einzige Beobachtung in einem kleinen Dorf gemacht. Dort befand sich mitten auf der lebhaften Dorfstraße vor einer leeren Hütte eine sorgfältig gewischte Stelle von mehreren Metern Durchmesser. In der Mitte lagen ein Kaurigürtel, Arm- und Fußspangen, Ohrgehänge und die Scherben von allerlei Töpfen, sowie ein Grabstock. Das Einzige, was wir darüber zu erfahren vermochten, war die Tatsache, daß in dieser Hütte eine Frau gestorben war. Über ein Leichenbegängnis verlautete nichts.

Im Palaver versicherten mir die Leute mit Emphase, daß ihre westlichen Nachbarn «schlechte» Leute seien. Wenn dort einer sterbe, dann werde das nächste Dorf benachrichtigt und am Abend werde die Leiche bis in die Mitte zwischen die beiden Dörfer gebracht. Von der anderen Seite würden Geschenke verschiedener Art an dieselbe Stelle gebracht, und am Morgen sei keine Leiche mehr da. Es wurde deutlich insinuiert, daß der Tote vom anderen

Dorf aufgefressen werde. Bei den Elgonyi geschähe aber solches nie. Wohl würden die Leichen in den Busch gelegt, wo die Hyänen im Lauf der Nacht das Begräbnis erledigten. In der Tat fanden wir nie Spuren einer Totenbestattung.

Bei dieser Gelegenheit erfuhr ich aber, daß wenn ein Mann stirbt, seine Leiche in die Mitte der Hütte auf den Boden gelegt werde. Der Laibon umwandle sie und spritze aus einer Schale Milch auf den Boden, indem er dazu murmle: «ayîk adhîsta, adhîsta ayîk!»

Die Bedeutung dieser Worte war mir bereits bekannt aus einem denkwürdigen Palaver, das unterdessen stattgefunden hatte. Am Schluß jenes Palavers rief ein Alter plötzlich: «Am Morgen, wenn die Sonne kommt, gehen wir aus den Hütten, spucken in die Hände und halten sie der Sonne hin.» Ich ließ mir die Zeremonie vormachen und genau beschreiben. Sie spuckten oder bliesen heftig in die vor den Mund gehaltenen Hände und kehrten sie dann um, die Handflächen gegen die Sonne. Ich fragte, was das bedeute, warum sie es täten, warum sie in die Hände bliesen oder spuckten. Vergebens – «das hat man immer gemacht», sagten sie. Es war unmöglich, irgendeine Erklärung zu bekommen, und es wurde mir klar, daß sie tatsächlich nur wissen, *daß* sie es tun, nicht aber, *was* sie tun. Sie sehen keinen Sinn in dieser Handlung. Aber auch wir vollziehen Zeremonien – zünden den Weihnachtsbaum an, verstecken Ostereier usw. – ohne uns jedoch darüber klar zu sein, was wir tun.

Der alte Mann sagte, daß dies die wahre Religion aller Völker sei – alle Kevirondos, alle Buyanda, alle Stämme, soweit man vom Berge sehen könne und noch unendlich viel weiter, alle verehrten «adhîsta», das ist die Sonne im Moment des Aufgangs. Nur dann ist sie «mungu», Gott. Die erste feine Goldsichel des neuen Mondes im Purpur des Westhimmels ist auch Gott. Aber nur dann, sonst nicht.

Offenbar handelt es sich bei der Elgonyizeremonie um eine Darbringung an die Sonne, die im Augenblick ihres Aufgangs göttlich ist. Wenn es Speichel ist, so ist es die Substanz, die nach primitiver Auffassung das persönliche Mana, die Heil-, Zauber- und Lebenskraft enthält. Ist es der Atem, so ist er roho, arabisch ruch, hebräisch ruach, griechisch pneuma, Wind und Geist. Die Handlung sagt also: «Ich biete Gott meine lebendige Seele an.» Es ist ein wortloses, gehandeltes Gebet, das ebensogut lauten könnte: «Herr, in Deine Hände befehle ich meinen Geist.»

Neben «adhîsta» verehren die Elgonyi – so vernahmen wir weiter – «ayîk», der in der Erde wohnt und ein «sheitan» (Teufel) ist. Er ist der Schöpfer der Angst, ein kalter Wind, der dem nächtlichen Wanderer einen Schlag versetzt. Der alte Mann pfiff eine Art Loki-Motiv, um zu veranschaulichen, wie ayîk durch das hohe und geheimnisvolle Buschgras streicht.

Im allgemeinen bekannten sich die Leute zu der Überzeugung, daß der Schöpfer alles gut und schön gemacht habe. Er ist jenseits von Gut und Böse. Er ist m'zuri, d. h. schön, und alles, was er gemacht hat, ist m'zuri.

Als ich fragte: «Aber die bösen Tiere, die euch das Vieh töten?» sagten sie: «Der Löwe ist gut und schön.» Und: «Eure scheußlichen Krankheiten?» Sie sagten: «Du liegst in der Sonne, und es ist schön.» Ich war von diesem Optimismus beeindruckt. Aber abends um sechs Uhr hörte diese Philosophie plötzlich auf, wie ich bald entdeckte. Von Sonnenuntergang an herrscht eine andere Welt, die dunkle Welt, die Welt des ayîk: das ist das Böse, Gefährliche, Angstverursachende. Die optimistische Philosophie hört auf, und es beginnt die Philosophie der Gespensterfurcht und der magischen Bräuche, die gegen das Übel schützen sollen. Mit dem Sonnenaufgang kehrt dann, ohne inneren Widerspruch, der Optimismus wieder.

Es war mir ein ans Tiefste rührendes Erlebnis, an den Quellen des Nils die Kunde von der ägyptischen Urvorstellung der beiden Akoluthen des Osiris, Horus und Seth, zu vernehmen, ein afrikanisches Urerlebnis, das gleichsam mit den heiligen Wassern des Nils bis zu den Küsten des Mittelmeeres hinuntergeflossen war. Adhîsta, die aufsteigende Sonne, das Licht, wie Horus; ayîk, das Dunkle, der Angstmacher.

Bei dem einfachen Totenritual vereinigen die Worte des Laibon und seine Milchspende die Gegensätze, indem er gleichzeitig beiden opfert. Beide sind von gleicher Macht und Bedeutung, denn die Zeit ihrer Herrschaft, der Tag sowohl wie die Nacht, dauern sichtbar je zwölf Stunden. Das Bedeutungsvolle jedoch ist der Moment, wo aus dem Dunkel mit äquatorialer Plötzlichkeit der erste Lichtstrahl wie ein Geschoß hervorbricht, und wo Nacht in lebensvolles Licht übergeht.

Der Sonnenaufgang in diesen Breiten war ein Ereignis, das mich jeden Tag aufs neue überwältigte. Es war weniger das an sich großartige Heraufschießen der ersten Strahlen, als das, was nachher geschah. Unmittelbar nach Sonnenaufgang pflegte ich mich auf meinen Feldstuhl unter eine Schirmakazie zu setzen. Vor mir in der Tiefe des kleinen Tals lag ein dunkler, fast schwarzgrüner Urwaldstreifen, darüber ragte der jenseitige Plateaurand. Zunächst herrschten scharfe Kontraste zwischen Hell und Dunkel; dann trat alles plastisch in das Licht, das mit einer geradezu kompakten Helligkeit das Tal ausfüllte. Der Horizont darüber strahlte weiß. Allmählich drang das steigende Licht sozusagen in die Körper ein, die wie von innen sich erhellten und schließlich durchsichtig wie farbige Gläser glänzten. Alles wurde zu flimmerndem Kristall. Der Ruf des Glockenvogels umläutete den Horizont. In diesen Augenblicken befand ich mich wie in einem Tempel. Es war die allerheiligste Stunde des Tages. Ich betrachtete diese Herrlichkeit mit nimmersattem Entzücken oder besser, in zeitloser Verzückung.

In der Nähe meines Platzes befand sich ein hoher Felsen, von großen Affen (baboons, Pavianen) bewohnt. Jeden Morgen saßen sie ruhig, fast bewegungslos auf dem Grat an der Sonnenseite des Felsens, während sie sonst tagsüber den Wald mit Geschnatter und Gekreisch durchlärmten. Wie ich, schienen sie den Sonnenaufgang zu verehren. Sie erinnerten mich an die großen Paviane vom Tempel in Abu Simbel in Ägypten, welche die Adorationsgeste machen. Sie erzählen immer dieselbe Geschichte: Seit jeher haben wir den großen Gott verehrt, der die Welt erlöst, indem er als strahlendes Himmelslicht aus dem großen Dunkel taucht.

Damals verstand ich, daß in der Seele von Uranfang her eine Sehnsucht nach Licht wohnt und ein unabdingbarer Drang, aus ihrer uranfänglichen Dunkelheit herauszukommen. Wenn die große Nacht kommt, erhält alles den Unterton einer tiefen Melancholie und eines unaussprechlichen Heimwehs nach Licht. Das ist es, was als Ausdruck in den Augen der Primitiven liegt, und was man auch in den Augen des Tieres sehen kann. Im Tierauge liegt eine Trauer, und man weiß nicht, ist es die Seele des Tieres oder ist es ein schmerzlicher Sinn, den jenes uranfängliche Sein darstellt? Das ist die Stimmung von Afrika, die Erfahrung seiner Einsamkeiten. Es ist die uranfängliche Dunkelheit, ein mütterliches Geheimnis. Daher ist das überwältigende Erlebnis der Neger die Sonnengeburt am Morgen. Der Augenblick, in dem es Licht wird, das ist Gott. Der Augenblick bringt die Erlösung. Es ist ein Urerlebnis des Momentes, und es ist bereits verloren und vergessen, wenn man meint, die Sonne sei Gott. «Wir sind froh, daß die Nacht, in der die Geister umgehen, jetzt zu Ende ist!» bedeutet schon eine Rationalisierung. In Wirklichkeit lastet eine ganz andere Dunkelheit über dem Lande als die natürliche Nacht: Es ist die psychische Urnacht, die ungezählten Millionen von Jahren, in denen es schon immer so war, wie es heute ist. Die Sehnsucht nach Licht ist die Sehnsucht nach Bewußtsein.

Als sich unser glückseliger Aufenthalt am Elgon seinem Ende näherte, brachen wir mit Trauer unsere Zelte ab und versprachen uns ein Wiederkommen. Ich hätte mir damals nicht vorstellen können, daß ich nie wieder diese ungeahnte Herrlichkeit erleben sollte. Seither wurden bei Kakamegas Goldfelder entdeckt, über mein fernes Land fegte die Mau-Mau-Bewegung, und bei uns unterbrach ein jähes Erwachen den Kulturtraum.

Wir treckten dem Südabhang des Mt. Elgon entlang. Allmählich änderte sich der Charakter der Landschaft. Höhere Berge, mit dichtem Urwald bedeckt, näherten sich der Ebene. Die Farbe der Einwohner wurde schwärzer, der Körper verlor die Eleganz der Masai und wurde plumper und massiger. Wir kamen in das Gebiet der Bugishu und verweilten einige Zeit in dem hochgelegenen Rasthaus von Bunambale. Eine herrliche Aussicht bot sich uns von dort auf das weite Niltal. Dann treckten wir weiter nach Mbala, von wo wir mit zwei Fordtrucks schließlich Jinja am Victoriasee erreichten. Wir luden unser Gepäck auf die Schmalspurbahn, die alle vierzehn Tage einmal einen Zug an den Chiogasee führte. Ein Heckraddampfer, der mit Holz seinen Kessel heizte, nahm uns auf und brachte uns nach einigen Zwischenfällen bis Masindiport. Dort luden wir auf eine Lorry um und gelangten nach Masinditown, das auf dem Plateau liegt, welches den Chiogasee von Albert Nyanza trennt.

In einem Dorf auf dem Weg vom Albertsee nach Rejâf im Sudan hatten wir ein unvergeßliches Erlebnis: der lokale Häuptling, ein hochgewachsener, noch junger Mann, erschien mit seiner Begleitung. Es waren die schwärzesten Neger, die ich je gesehen hatte. Die Gesellschaft sah nicht sehr vertrauenerweckend aus. Der Mamur[3] von Mimule hatte uns drei Askaris zur Bedeckung mitgegeben, aber ich sah bald, daß sie, wie auch unsere Boys, sich keineswegs wohl fühlten. Sie hatten für ihre Flinten nur je drei Patronen.

[3] El Mamur wörtlich: beauftragter Präfekt, Statthalter.

Ihre Gegenwart war daher eine bloß symbolische Geste seitens des Governments.

Als mir der Häuptling vorschlug, abends ein N'goma (Tanz) zu veranstalten, begrüßte ich diese Idee. Ich hoffte auf diese Weise, auf der besseren Seite dieser Gesellschaft zu bleiben. Als die Nacht gekommen war und wir uns alle nach Schlaf sehnten, hörten wir Trommeln und Hornstöße, und bald erschienen an die sechzig Mann, kriegerisch ausgerüstet mit blitzenden Lanzen, Keulen und Schwertern, in einiger Distanz gefolgt von den Frauen, Kindern und selbst Säuglingen, die von den Müttern auf dem Rücken getragen wurden. Es war offenbar ein ganz großer gesellschaftlicher Anlaß. Trotz der Hitze von noch immer 34° wurde ein großes Feuer entfacht, um welches Frauen und Kinder einen Kreis bildeten. Um sie herum stellten sich die Männer in einem äußeren Ring auf, wie ich dies einmal bei einer sich bedroht wähnenden Elefantenherde beobachtet hatte. Ich wußte nicht, ob ich mich bei diesem Massenaufmarsch erfreut oder besorgt fühlen sollte. Ich sah mich nach unseren Boys und dem Militär um – sie waren spurlos aus dem Camp verschwunden! Als captatio benevolentiae verteilte ich Zigaretten, Zündhölzer und Sicherheitsnadeln. Der Männerchor begann zu singen, nicht unharmonische, kräftige und kriegerische Melodien, und damit begannen sich auch die Beine in Bewegung zu setzen. Die Frauen und Kinder trippelten um das Feuer herum, die Männer tanzten mit geschwungenen Waffen gegen das Feuer und zogen sich wieder zurück, um dann aufs neue mit wildem Gesang, Trommeln und Hornstößen vorzurücken. Es war eine wilde und begeisternde Szene, übergossen von Feuerschein und zauberhaftem Mondlicht. Mein Freund und ich sprangen auf und mischten uns unter die Tanzenden. Als einzige Waffe, die ich besaß, schwang ich meine Rhinozerospeitsche und tanzte mit. Ich sah an den strahlenden Gesichtern, daß unsere Teilnahme positiv aufgenommen wurde. Ihr Eifer verdoppelte sich, und die ganze Gesellschaft stampfte, sang, schrie und schwitzte in Strömen. Allmählich beschleunigte sich der Rhythmus des Tanzes und der Trommeln.

Bei diesen Tänzen und dieser Musik geraten die Neger leicht in eine Art Besessenheitszustand. So war es auch hier: als es gegen elf Uhr ging, fing es an zu überborden, und die Sache sah mit einem Mal sehr merkwürdig aus. Die Tanzenden bildeten nur noch eine wilde Horde, und mir wurde bang, wie das noch enden sollte. Ich bedeutete dem Häuptling, jetzt sei Schluß, und er solle mit seiner

Gesellschaft schlafen gehen. Er aber wollte «noch einen und noch einen und noch einen».

Ich erinnerte mich, daß einer meiner Landsleute, nämlich einer der beiden Vettern Sarasin, auf ihrer Forschungsreise in Celebes bei einem solchen N'goma von einem Speere, der sich befreit hatte, getroffen worden war. So rief ich, ungeachtet der Bitten des Häuptlings, die Leute zusammen, verteilte Zigaretten und machte dann die Geste des Schlafens. Darauf schwang ich, bedrohlich, jedoch lachend, meine Rhinozerospeitsche und fluchte sie aus Mangel eines Besseren mit lauter Stimme auf Schweizerdeutsch an, jetzt sei es genug, sie sollten heim ins Bett und schlafen. Die Leute merkten natürlich, daß ich den Zorn nur spielte, aber gerade das war anscheinend das Richtige. Allgemeines Gelächter erhob sich; mit hohen Bocksprüngen stoben sie auseinander und verschwanden nach verschiedenen Richtungen in die Nacht. Noch lange hörten wir ihr Gejohle und Trommeln aus der Ferne. Endlich trat Stille ein, und wir fielen in den Schlaf der Erschöpften.

In Rejâf, am Nil, kam unser Treck zu Ende. Wir verstauten uns dort in einem Heckraddampfer, der wegen niederen Wasserstandes Rejâf nur gerade noch anlaufen konnte. Nachgerade fühlte ich mich belastet von der Fülle des Erlebten. Tausend Gedanken umschwirrten mich, und es wurde mir peinlich klar, daß meine Fähigkeit, neue Eindrücke aufzunehmen und das uferlose Meer meiner Gedanken zu umfassen, sich rasch dem Ende näherte. Das zwang mich dazu, alle meine Beobachtungen und Erlebnisse noch einmal Revue passieren zu lassen, um ihre inneren Zusammenhänge festzuhalten. Alles Bemerkenswerte hatte ich aufgeschrieben.

Meine Träume hatten während der ganzen Reise hartnäckig an ihrer Taktik festgehalten, Afrika zu negieren, indem sie sich ausschließlich mit heimatlichen Szenen illustrierten und damit den Eindruck erweckten, daß sie die Afrikareise nicht eigentlich als etwas Wirkliches, sondern vielmehr als eine symptomatische bzw. symbolische Handlung betrachteten, wenn es gestattet ist, die unbewußten Vorgänge so weit zu personifizieren. Diese Annahme wurde mir allerdings nahegelegt durch die anscheinend absichtsvolle Beiseiteschiebung auch der eindrucksvollsten äußeren Begebnisse. Nur ein einziges Mal während der ganzen Reise hatte ich von einem Neger geträumt. Sein Gesicht kam mir merkwürdig bekannt vor, aber ich mußte lange nachdenken, bis ich herausfinden konnte, wo ich ihm schon einmal begegnet war. Schließlich fiel es mir ein: es war mein Coiffeur von Chattanooga in Tennessee! Ein amerikanischer Neger! Im Traum hielt er eine riesige glühende Brennschere gegen meinen Kopf und wollte meine Haare «kinky» machen, das heißt, er wollte mir Negerhaare andrehen. Ich fühlte schon die schmerzhafte Hitze und erwachte mit einem Angstgefühl.

Ich nahm den Traum als eine Warnung des Unbewußten; denn er besagte, daß das Primitive eine Gefahr für mich war. Damals war ich offenbar dem «going-black» am nächsten. Ich hatte einen Anfall von «sandfly fever», der wohl meine psychische Widerstandskraft herabgesetzt hatte. Um einen mir bedrohlichen Neger darzustellen, war eine zwölf Jahre alte Erinnerung an meinen schwarzen Coiffeur in Amerika mobilisiert worden, um ja nicht an die Gegenwart zu erinnern.

Das eigentümliche Verhalten der Träume entspricht übrigens der Erfahrung, die man bereits im Ersten Weltkrieg gemacht hatte: Die Soldaten im Felde träumten viel weniger vom Krieg als von zu Hause. Unter den Militärpsychiatern galt es als Grundsatz, einen Mann aus der Front herauszuziehen, wenn er zu viel von Kriegsszenen träumte, denn dann hatte er gegen die Eindrücke von außen keine psychische Abwehr mehr.

Parallel zu den Ereignissen des anspruchsvollen afrikanischen Milieus wurde in meinen Träumen eine innere Linie mit Erfolg festgehalten und durchgesetzt. Sie handelte von meinen persönlichsten Problemen. Ich konnte aus dieser Tatsache keinen anderen Schluß ziehen, als daß meine europäische Persönlichkeit unter allen Umständen integral erhalten werden sollte.

Aus meinem Erstaunen schöpfte ich den Verdacht, daß ich mit meinem Afrikaabenteuer den heimlichen Zweck verbunden hatte, von Europa und seiner Problematik loszukommen, selbst auf die Gefahr hin, dort zu bleiben wie so viele andere vor mir und gleichzeitig mit mir. Die Reise erschien mir weniger eine Erforschung primitiver Psychologie zu sein, «Bugishu Psychological Expedition» (B.P.E., schwarze Lettern auf chopboxes!), als vielmehr die etwas peinliche Frage zum Gegenstand zu haben: was geschieht mit dem Psychologen Jung «in the wilds of Africa»? Eine Frage, der ich anhaltend auszuweichen suchte, trotz meines intellektuellen Vorhabens, die Reaktion des Europäers auf Urweltsbedingungen zu untersuchen. Dies war aber, wie ich zu meinem Erstaunen herausfand, nicht so sehr eine objektive, wissenschaftliche als vielmehr eine intensiv persönliche Frage, deren Beantwortung sich an allen möglichen schmerzhaften Stellen der eigenen Psychologie abwickelte. Ich mußte mir also gestehen, daß es weit weniger die Wembley Exhibition gewesen war, die den Entschluß zur Reise in mir gezeitigt hatte, als vielmehr der Umstand, daß mir in Europa die Luft zu dick geworden war.

Unter solchen Gedanken glitt ich auf den ruhigen Gewässern des Nils nach Norden – Europa, der Zukunft entgegen. Die Reise endete in Khartum. Dort begann Ägypten. Damit erfüllte sich mein Wunsch und Plan, mich dieser Kultursphäre nicht von Westen, von Europa und Griechenland her, zu nähern, sondern aus dem Süden, von der Seite der Nilquellen. Mehr als der komplexe asiatische interessierte mich der hamitische Beitrag zur ägyptischen Kultur. Ich hatte gehofft, dem geographischen Lauf des Nils und damit dem Zeitstrom folgend, etwas darüber in Erfahrung zu bringen. Meine größte Erleuchtung in dieser Hinsicht bildete das Horuserlebnis der Elgonyi, das in der Verehrungsgeste der Paviane von Abu Simbel, dem südlichen Tor Ägyptens, so eindrücklich in Erinnerung gerufen wird.

Der Mythus von Horus ist die Geschichte des neu erstandenen göttlichen Lichtes. Er wurde erzählt, nachdem sich aus dem Urdunkel der prähistorischen Zeiten zum ersten Mal Erlösung durch Kultur, d. h. durch Bewußtsein offenbart hatte. So wurde die Reise aus dem Inneren Afrikas nach Ägypten für mich wie zu einem Drama der Lichtgeburt, welches mit mir, mit meiner Psychologie, aufs innigste verbunden war. Das war mir erleuchtend, doch fühlte ich mich außerstande, es in Worte zu fassen. Ich wußte zum voraus nicht, was Afrika mir bringen würde, aber hier lag die befriedigende Antwort und Erfahrung. Sie war mir mehr wert als irgendeine ethnologische Ausbeute, als Waffen, Schmuck und Töpfe oder Jagdtrophäen. Ich wollte wissen, wie Afrika auf mich wirkte, und das habe ich erfahren.

Indien

Die Reise nach Indien (1938) entsprang nicht meiner eigenen Absicht, sondern ich verdankte sie einer Einladung der Britisch-Indischen Regierung, an den Feierlichkeiten teilzunehmen, die anläßlich des 25jährigen Jubiläums der Universität Calcutta stattfanden [4].

Ich hatte damals bereits viel über indische Philosophie und Religionsgeschichte gelesen und war vom Wert östlicher Weisheit zutiefst überzeugt. Aber ich mußte sozusagen als ein Selbstversorger reisen und blieb in mir selber wie ein Homunculus in der Retorte. Indien hat mich wie ein Traum berührt, denn ich war und blieb auf der Suche nach mir selber, nach der mir eigenen Wahrheit. So bildete die Reise ein Intermezzo in meiner damaligen intensiven Beschäftigung mit der alchemistischen Philosophie. Diese ließ mich nicht los, sondern veranlaßte mich, den ersten Band des «Theatrum Chemicum» von 1602, der die wichtigsten Schriften des Gerardus Dorneus enthält, mitzunehmen. Im Laufe der Reise habe ich das Buch von Anfang bis zu Ende durchstudiert. Ureuropäisches Gedankengut war auf diese Weise in konstante Berührung gebracht mit den Eindrücken eines fremden Kulturgeistes. Beide waren in ungebrochener Linie aus den seelischen Urerfahrungen des Unbewußten hervorgegangen und hatten daher gleiche oder ähnliche, oder wenigstens vergleichbare Einsichten erschaffen.

In Indien stand ich zum ersten Mal unter dem unmittelbaren Eindruck einer fremden, hochdifferenzierten Kultur. Auf meiner afrikanischen Reise waren ganz andere Eindrücke maßgebend gewesen als die Kultur; und in Nordafrika hatte ich nie Gelegenheit gehabt, mit einem Menschen zu reden, der imstande gewesen wäre, seine Kultur in Worte zu fassen. Aber nun hatte ich Gelegenheit, mit Vertretern indischen Geistes zu sprechen und diesen mit dem europäischen Geist zu vergleichen. Das war mir von größter Bedeutung. Ich habe mich mit S. Subramanya Iyer, dem Guru des Maharadscha von Mysore, dessen Gast ich einige Zeit war, eingehend unterhalten; ebenso mit vielen anderen, deren Namen mir leider entfallen sind. Hingegen habe ich die Begegnung mit allen sogenannten «Heiligen» vermieden. Ich habe sie umgangen, weil ich mit meiner eigenen Wahrheit vorlieb nehmen mußte und nichts anderes annehmen durfte als das, was ich selber erreichen konnte. Es wäre mir wie Diebstahl vorgekommen, wenn ich von den Heiligen hätte lernen und ihre Wahrheit für mich akzeptieren wollen.

[4] In zwei Aufsätzen «The Dreamlike World of India» und «What India can teach us» berichtete Jung über die Eindrücke seiner Reise. Sie erschienen unmittelbar nach seiner Rückkehr in der Zeitschrift «ASIA» (New York, Januar und Februar 1939). A. J.

Ihre Weisheit gehört ihnen, und mir gehört nur das, was aus mir selber hervorgeht. In Europa vollends kann ich keine Anleihen beim Osten machen, sondern muß aus mir selber leben – aus dem, was mein Inneres sagt, oder was die Natur mir bringt.

Ich unterschätze durchaus nicht die bedeutende Gestalt des indischen Heiligen, maße mir aber keineswegs das Vermögen an, ihn als isoliertes Phänomen richtig einzuschätzen. Ich weiß z. B. nicht, ob die Weisheit, die er ausspricht, eine eigene Offenbarung, oder ein Sprichwort ist, das seit tausend Jahren auf den Landstraßen zirkuliert. Ich erinnere mich an eine typische Begebenheit in Ceylon. Zwei Bauern fuhren mit den Rädern ihrer Karren in einer engen Straße ineinander. Statt des zu erwartenden Streites murmelte jeder mit zurückhaltender Höflichkeit Worte, die wie «adûkan anâtman» lauteten und bedeuteten: «Vorübergehende Störung, keine (individuelle) Seele.» War das einmalig? War es typisch indisch?

Was mich in Indien hauptsächlich beschäftigte, war die Frage nach der psychologischen Natur des Bösen. Es war mir sehr eindrücklich, wie dieses Problem vom indischen Geistesleben integriert wird, und ich gewann eine mir neue Auffassung darüber. Auch in der Unterhaltung mit gebildeten Chinesen hat es mich immer wieder beeindruckt, daß es überhaupt möglich ist, das sogenannte «Böse» zu integrieren, ohne dabei «das Gesicht zu verlieren». Das ist bei uns im Westen nicht der Fall. Für den östlichen Menschen scheint das moralische Problem nicht an erster Stelle zu stehen wie bei uns. Das Gute und das Böse sind für ihn sinngemäß in der Natur enthalten und im Grunde genommen nur graduelle Unterschiede einer und derselben Sache.

Es machte mir tiefen Eindruck, als ich sah, daß die indische Geistigkeit ebensoviel vom Bösen hat wie vom Guten. Der christliche Mensch strebt nach dem Guten und verfällt dem Bösen; der Inder hingegen fühlt sich außerhalb von Gut und Böse oder sucht diesen Zustand durch Meditation oder Yoga zu erreichen. Hier erhebt sich jedoch mein Einwand: bei einer solchen Einstellung haben weder das Gute noch das Böse eigentlich Kontur, und dies bewirkt einen gewissen Stillstand. Man glaubt nicht recht ans Böse, man glaubt nicht recht ans Gute. Am ehesten bedeuten sie das, was *mein* Gutes oder *mein* Böses ist, was mir als gut oder als böse erscheint. Man könnte paradoxerweise sagen, die indische Geistigkeit entbehre ebenso sehr des Bösen wie des Guten, oder aber sie sei dermaßen von den Gegensätzen belastet, daß sie des Nirdvandva, der Befreiung von den Gegensätzen und den zehntausend Dingen, bedürfe.

Das Ziel des Inders ist nicht moralische Vollkommenheit, sondern der Status des Nirdvandva. Er will sich von der Natur befreien und dementsprechend auch in der Meditation in den Zustand der Bildlosigkeit und Leere gelangen. Ich dagegen möchte in der lebendigen Anschauung der Natur und der psychischen Bilder verharren. Ich möchte weder von den Menschen befreit sein, noch von mir, noch von der Natur; denn das alles sind für mich unbeschreibliche Wunder. Die Natur, die Seele und das Leben erscheinen mir wie die entfaltete Gottheit, und was könnte ich mir mehr wünschen? Der höchste Sinn des Seins kann für mich nur darin bestehen, daß es *ist* und nicht darin, daß es nicht oder nicht mehr ist.

Es gibt für mich keine Befreiung à tout prix. Ich kann von nichts befreit werden, das ich nicht besitze, begangen oder erlebt habe. Wirkliche Befreiung ist nur möglich, wenn ich das getan habe, was ich tun konnte, wenn ich mich völlig hingegeben und völlig Anteil genommen habe. Entziehe ich mich der Anteilnahme, so amputiere ich gewissermaßen den entsprechenden Seelenteil. Es kann natürlich der Fall eintreten, daß mir die Anteilnahme zu schwer fällt, und es gibt gute Gründe dafür, daß ich mich nicht völlig hingeben kann. Aber dann bin ich zum Bekenntnis des «non possumus» gezwungen und zu der Einsicht, daß ich vielleicht etwas Wesentliches unterlassen und eine Aufgabe nicht vollbracht habe. Ein solch eindrückliches Wissen um meine Untauglichkeit ersetzt den Mangel an positiver Tat.

Ein Mensch, der nicht durch die Hölle seiner Leidenschaften gegangen ist, hat sie auch nie überwunden. Sie sind dann im Haus nebendran, und ohne daß er es sich versieht, kann eine Flamme herausschlagen und auf sein eigenes Haus übergreifen. Insofern man zuviel aufgibt, zurückläßt und quasi vergißt, besteht die Möglichkeit und die Gefahr, daß das Aufgegebene oder Zurückgelassene mit doppelter Gewalt zurückkommt.

In Konarak (Orissa) traf ich mit einem Pandit zusammen, welcher mich bei meinem Besuch des Tempels und des großen Tempelwagens liebenswürdig begleitete und belehrte. Die Pagode ist von der Basis bis zur Spitze mit exquisit obszönen Skulpturen bedeckt. Wir unterhielten uns lange über diese bemerkenswerte Tatsache, die er mir als Mittel zur Vergeistigung erklärte. Ich wandte

Küsnacht, 1960

ein – auf eine Gruppe junger Bauern weisend, die mit offenen Mäulern die Herrlichkeiten eben bewunderten – daß diese jungen Leute wohl kaum im Begriffe der Vergeistigung stünden, sondern sich eher ihren Kopf mit sexuellen Phantasien füllten, worauf er entgegnete: «Aber das ist es ja gerade. Wie können sie sich je vergeistigen, wenn sie nicht zuvor ihr Karma erfüllen? Die zugegeben obszönen Bilder sind ja dazu da, die Leute an ihr Dharma (Gesetz) zu erinnern, sonst könnten diese Unbewußten es vergessen!»

Ich fand es höchst merkwürdig, daß er glaubte, junge Männer könnten ihre Sexualität vergessen, wie Tiere außerhalb der Brunstzeit. Mein Weiser aber hielt unentwegt daran fest, daß sie unbewußt wie Tiere seien und tatsächlich eindringlicher Ermahnung bedürften. Zu diesem Zwecke würden sie vor dem Betreten des Tempels durch dessen Außendekoration auf ihr Dharma aufmerksam gemacht, ohne dessen Bewußtmachung und Erfüllung sie keiner Vergeistigung teilhaft würden.

Als wir durch das Tor des Tempels schritten, wies mein Begleiter auf die beiden «Versucherinnen» hin, die Skulpturen von zwei Tänzerinnen, die mit verführerisch geschwungenen Hüften den Eintretenden anlächelten. «Sehen Sie diese beiden Tänzerinnen», sagte er. «Sie bedeuten dasselbe. Natürlich gilt dies nicht für Leute wie Sie und ich, denn wir haben eine Bewußtheit erreicht, die darüber steht. Aber für diese Bauernjungen ist es eine unerläßliche Belehrung und Ermahnung.»

Als wir den Tempel verließen und einer Lingamallee entlang spazierten, sagte er plötzlich: «Sehen Sie diese Steine? Wissen Sie, was sie bedeuten? Ich will Ihnen ein großes Geheimnis verraten!» Ich war erstaunt, denn ich dachte, daß die phallische Natur dieser Monumente jedem Kind bekannt sei. Er aber flüsterte mir mit größtem Ernst ins Ohr: «These stones are man's private parts.» Ich hatte erwartet, er würde mir sagen, daß sie den großen Gott Shiva bedeuteten. Ich sah ihn entgeistert an, er aber nickte gewichtig, wie wenn er sagen wollte: «Ja, so ist es. Das hättest du in deiner europäischen Ignoranz wohl nicht gedacht!»

Als ich Zimmer diese Geschichte erzählte, rief er entzückt aus: «Endlich höre ich einmal etwas Wirkliches von Indien [5]!»

Unvergeßlich sind für mich die Stupas von Sanchi. Sie ergriffen

[5] Über Heinrich Zimmer vergl. Appendix pag. 385 f.

mich mit unerwarteter Gewalt und versetzten mich in eine Emotion, die dann bei mir einzutreten pflegt, wenn ich einer Sache oder Person oder eines Gedankens ansichtig werde, deren Bedeutung mir noch unbewußt ist. Die Stupas liegen auf einem Felshügel, zu dessen Anhöhe ein angenehmer Weg über große Steinplatten in grüner Wiese führt. Es sind Grabmäler, bzw. Reliquienbehälter von halbkugeliger Form, eigentlich zwei übereinandergestülpte Reisschalen (konkav auf konkav), entsprechend der Vorschrift des Buddha im Mahā-Parinibbāna-Sûtra. Sie sind von den Engländern in pietätvoller Weise wieder hergestellt worden. Das größte dieser Gebäude ist von einer Mauer mit vier kunstvollen Toren umgeben. Wenn man eintritt, führt der Weg nach links zu einer Circumambulation im Sinne des Uhrzeigers. An den vier Kardinalpunkten stehen Statuen des Buddha. Hat man die eine Circumambulation vollendet, so betritt man einen zweiten höher liegenden Rundweg, der im selben Sinne verläuft. Der weite Blick über die Ebene, die Stupas selber, die Tempelruinen und die einsame Stille des heiligen Ortes bilden ein unbeschreibliches Ganzes, das mich ergriff und festhielt. Nie zuvor war ich von einem Ort dermaßen verzaubert worden. Ich trennte mich von meinen Gefährten und versank in die überwältigende Stimmung.

Da hörte ich aus der Ferne näher kommend rhythmische Gongtöne. Es war eine Gruppe japanischer Pilger, die, einer hinter dem andern marschierend, einen kleinen Gong schlugen. Sie skandierten damit das uralte Gebet: Om mani padme hum – wobei der Gongschlag auf das «hum» fiel. Sie verneigten sich tief vor den Stupas und traten dann durch das Tor ein. Dort verneigten sie sich wieder vor der Buddhastatue und intonierten einen choralartigen Gesang. Dann vollzogen sie die doppelte Circumambulation, wobei sie vor jeder Buddhastatue einen Hymnus sangen. Indem meine Augen sie beobachteten, gingen Geist und Gemüt mit ihnen, und etwas in mir bedankte sich schweigend bei ihnen dafür, daß sie meiner Unartikuliertheit in so trefflicher Weise zu Hilfe gekommen waren.

Meine Ergriffenheit zeigte mir, daß der Hügel von Sanchi etwas Zentrales für mich darstellte. Es war der Buddhismus, der mir dort in einer neuen Wirklichkeit erschien. Ich verstand das Leben Buddhas als die Wirklichkeit des Selbst, die ein persönliches Leben durchdrungen und für sich in Anspruch genommen hat. Für Buddha steht das Selbst über allen Göttern und stellt die Essenz der menschlichen Existenz und der Welt überhaupt dar. Als ein unus mundus umfaßt es sowohl den Aspekt des Seins an sich, wie auch den seines Erkanntseins, ohne den eine Welt nicht ist. Buddha hat die kosmogonische Würde des menschlichen Bewußtseins wohl gesehen und verstanden; darum sah er deutlich, daß, wenn es einem gelänge, das Licht des Bewußtseins auszulöschen, die Welt ins Nichts versänke. Schopenhauers unsterbliches Verdienst war es, dies noch oder wieder erkannt zu haben.

Auch Christus ist – wie Buddha – eine Verkörperung des Selbst, aber in einem ganz anderen Sinne. Beide sind Weltüberwinder: Buddha ist es aus sozusagen vernünftiger Einsicht, Christus wird es als schicksalsmäßiges Opfer. Im Christentum wird es mehr erlitten, im Buddhismus mehr gesehen und getan. Beides ist richtig, aber im indischen Sinne ist Buddha der vollständigere Mensch. Er ist eine historische Persönlichkeit und darum für den Menschen leichter verständlich. Christus ist historischer Mensch *und* Gott, und darum viel schwerer erfaßbar. Im Grunde genommen war er auch sich selber nicht erfaßbar; er wußte nur, daß er sich opfern müsse, wie es ihm von innen her auferlegt wurde. Sein Opfer ist ihm zugestoßen als ein Schicksal. Buddha handelte aus Einsicht. Er hat sein Leben gelebt und ist als alter Mann gestorben. Christus ist wahrscheinlich nur sehr kurz als das, was er ist, tätig gewesen [6].

Später ist im Buddhismus dasselbe eingetreten wie im Christentum: Buddha wurde sozusagen zur Imago der Selbstwerdung, die nachgeahmt wird, während er selber verkündet hatte, daß durch die Überwindung der Nidâna-Kette jeder einzelne Mensch zum Erleuchteten, zum Buddha, werden könne. Ähnlich verhält es sich im Christentum: Christus ist das Vorbild, das in jedem christlichen Menschen als dessen ganzheitliche Persönlichkeit lebt. Die historische Entwicklung führte aber zur «imitatio Christi», bei welcher der Einzelne nicht seinen eigenen schicksalsmäßigen Weg zur

[6] In späteren Gesprächen verglich Jung Buddha und Christus in ihrer Einstellung dem Leiden gegenüber. Christus erkennt im Leiden einen positiven Wert, und als Leidender ist er menschlicher und wirklicher als Buddha. Buddha versagte sich das Leiden, damit aber auch die Freude. Er war von Gefühlen und Emotionen abgeschnitten und darum nicht wirklich menschlich. In den Evangelien ist Christus so geschildert, daß er nicht anders denn als Gottmensch verstanden werden kann, obwohl er eigentlich nie aufgehört hat, Mensch zu sein, während sich Buddha schon zu Lebzeiten über das Menschsein erhoben hat. A. J.

Ganzheit geht, sondern den Weg nachzuahmen sucht, den Christus gegangen ist. Ebenso führte sie im Osten zu einer gläubigen imitatio des Buddha. Er wurde zum nachgeahmten Vorbild, und damit war schon die Schwächung seiner Idee gegeben, wie in der imitatio Christi der verhängnisvolle Stillstand in der Entwicklung der christlichen Idee vorausgenommen ist. Wie Buddha vermöge seiner Einsicht selbst den Brahmagöttern überlegen ist, so ruft Christus den Juden zu: «Ihr seid Götter» (Johannes 10, 34) und ward aus Unvermögen der Menschen nicht vernommen. Dafür nähert sich der sogenannte «christliche» Westen mit Riesenschritten der Möglichkeit, eine Welt zu zerstören, anstatt eine neue zu schaffen [7].

Indien ehrte mich mit drei Doktordiplomen – Allahabad, Benares und Calcutta. Das erste repräsentiert den Islam, das zweite den Hinduismus und das dritte die Britisch-Indische Medizin und Naturwissenschaft. Das war etwas zu viel, und ich bedurfte einer Retraite. Ein zehntägiger Spitalaufenthalt verschaffte sie mir, als ich in Calcutta von einer Dysenterie erwischt wurde. So entstand für mich im unerschöpflichen Meer der Eindrücke eine rettende Insel, und ich fand den Boden wieder, d. h. einen Standort, von dem aus ich die zehntausend Dinge und ihren verwirrenden Strudel, die Höhen und Tiefen, die Herrlichkeit Indiens und seine unaussprechliche Not, seine Schönheit und seine Dunkelheit betrachten konnte.

Als ich wieder leidlich hergestellt ins Hotel zurückkehrte, hatte ich einen Traum, der so charakteristisch war, daß ich ihn erzählen möchte:

Ich befand mich mit einer Anzahl meiner Zürcher Freunde und Bekannten auf einer unbekannten Insel, die vermutlich in der Nähe der südenglischen Küste lag. Sie war klein und fast unbewohnt. Die Insel war schmal und erstreckte sich in nordsüdlicher Richtung etwa 30 km lang. Im südlichen Teil lag an der felsigen Küste ein mittelalterliches Schloß, in dessen Hof wir standen, als eine Gruppe von Touristen. Vor uns erhob sich ein imposanter Bergfried, durch dessen Tor eine breite steinerne Treppe sichtbar war. Wie man eben noch sehen konnte, mündete sie oben in eine Pfeilerhalle, die

[7] Über das Problem der «imitatio» vergl. C. G. Jungs «Einleitung in die religionspsychologische Problematik der Alchemie» in: «Psychologie und Alchemie», 1952 (II. Auflage).

von Kerzenschimmer schwach erleuchtet war. Es hieß, dies sei die Gralsburg, und heute abend werde hier «der Gral gefeiert». Diese Information schien geheimer Natur zu sein, denn ein unter uns befindlicher deutscher Professor, der auffallend dem alten Mommsen glich, wußte nichts davon. Ich unterhielt mich mit ihm aufs lebhafteste und war von seiner Gelehrsamkeit und sprühenden Intelligenz beeindruckt. Nur eines störte mich: er sprach anhaltend von einer toten Vergangenheit und dozierte sehr gelehrt über das Verhältnis der britischen zu den französischen Quellen der Gralsgeschichte. Anscheinend war er sich weder des Sinnes der Legende bewußt, noch bekannt mit ihrer lebendigen Gegenwart, während ich von beiden aufs stärkste beeindruckt war. Auch schien er die unmittelbare wirkliche Umgebung nicht wahrzunehmen, denn er benahm sich so, als ob er in einem Hörsaal vor seinen Studenten spräche. Vergebens versuchte ich ihn auf die Eigenartigkeit der Situation aufmerksam zu machen. Er sah die Treppe nicht und nicht den festlichen Schimmer der Halle.

Ich blickte etwas hilflos um mich und entdeckte, daß ich an der Mauer eines hohen Burggebäudes stand, dessen unterer Teil wie mit einem Spalier bedeckt war. Es bestand aber nicht wie üblich aus Holz, sondern aus schwarzem Eisen, das kunstvoll wie ein Weinstock geformt war, mit Blättern, Ranken und Trauben. Auf den horizontalen Ästen standen im Abstand von je zwei Metern kleine, ebenfalls eiserne Häuschen, wie Nistkästen. Plötzlich sah ich eine Bewegung im Laub; zuerst schien sie von einer Maus herzurühren, dann aber sah ich deutlich ein kleines eisernes Kapuzenmännchen, einen Cucullatus, der von einem Häuschen in ein anderes huschte. «Nun», rief ich erstaunt dem Professor zu, «da sehen Sie ja . . .»

In diesem Augenblick trat ein Hiatus ein, und der Traum änderte sich. Wir waren – die gleiche Gesellschaft wie vorher, aber ohne den Professor – außerhalb der Burg in einer baumlosen felsigen Landschaft. Ich wußte, daß etwas geschehen mußte, denn der Gral war noch nicht in der Burg, und er sollte noch am gleichen Abend gefeiert werden. Es hieß, er sei im nördlichen Teil der Insel in einem kleinen unbewohnten Haus versteckt, dem einzigen, das sich dort befände. Ich wußte, daß es unsere Aufgabe war, den Gral von dort zu holen. Wir waren etwa unserer sechs, die sich aufmachten und nach Norden wanderten.

Nach mehrstündigem angestrengtem Marsch langten wir an der schmalsten Stelle der Insel an, und ich entdeckte, daß sie von einem

Meeresarm in zwei Hälften geteilt war. An der engsten Stelle betrug die Breite des Wassers etwa hundert Meter. Die Sonne war untergegangen, und die Nacht brach an. Müde lagerten wir uns am Boden. Die Gegend war menschenleer und öde. Kein Baum, kein Strauch, nur Gras und Felsen. Weit und breit keine Brücke und kein Schiff. Es war sehr kalt, und meine Gefährten schliefen einer nach dem anderen ein. Ich überlegte, was zu tun sei und kam zu dem Schluß, daß ich allein über den Kanal schwimmen und den Gral holen müsse. Schon zog ich meine Kleider aus, als ich erwachte.

Als ich mich notdürftig aus der überwältigenden Mannigfaltigkeit der indischen Eindrücke herausgearbeitet hatte, tauchte dieser ureuropäische Traum auf. Schon etwa zehn Jahre zuvor hatte ich feststellen können, daß vielerorts in England der Traum vom Gral noch nicht ausgeträumt ist, trotz aller um seine Legenden und Dichtungen angehäuften Gelehrsamkeit. Diese Tatsache hatte mich umsomehr beeindruckt, als mir die Übereinstimmung des poetischen Mythus mit den Aussagen der Alchemie über das «Unum Vas», die «Una Medicina», den «Unus Lapis», deutlich geworden war. Mythen, die der Tag vergaß, wurden weiter erzählt von der Nacht, und mächtige Figuren, die das Bewußtsein banalisiert und auf lächerliche Kleinigkeiten reduziert hat, werden vom Dichter wieder erweckt und vorausschauend belebt; darum können sie auch «in veränderter Gestalt» von einem Nachdenklichen wieder erkannt werden. Die großen Vergangenen sind nicht gestorben, wie wir wähnen, sondern haben bloß den Namen gewechselt. «Klein an Gestalt, doch groß an Gewalt» bezieht der verhüllte Kabir ein neues Haus.

Der Traum wischte mit starker Hand alle noch so intensiven indischen Tageseindrücke weg und versetzte mich in das allzulange vernachlässigte Anliegen des Abendlandes, das sich einstmals in der Quest des Hl. Gral, wie auch in der Suche nach dem «Stein der Philosophen» ausgedrückt hatte. Ich wurde aus der Welt Indiens herausgenommen und daran erinnert, daß Indien nicht meine Aufgabe war, sondern nur ein Stück des Weges – wenn auch ein bedeutendes – der mich meinem Ziel annähern sollte. Es war, als ob der Traum mich fragte: «Was tust du in Indien? Suche lieber für deinesgleichen das heilende Gefäß, den salvator mundi, dessen ihr dringend bedürft. Ihr seid ja im Begriff, alles zu ruinieren, was Jahrhunderte aufgebaut haben.»

Ceylon, dessen Eindrücke ich als letzte meiner Reise mitnahm, ist nicht mehr Indien, es ist bereits Südsee und hat etwas vom Paradies an sich, in dem man nicht zu lange verweilen kann. Colombo, einen internationalen geschäftigen Hafen, wo abends zwischen fünf und sechs Uhr Wassermassen aus heiterem Himmel stürzen, ließen wir bald hinter uns, um das Hügelland des Innern zu gewinnen. Dort liegt Kandy, die alte Königsstadt, gehüllt in einen feinen Nebel, der mit warmkühler Feuchtigkeit eine grüne Üppigkeit des Pflanzenwuchses unterhält. Der Dalada-Maligawa-Tempel, der die Reliquie des heiligen Zahnes (von Buddha) enthält, ist zwar klein, aber von besonderem Charme. Ich verbrachte längere Zeit in der Bibliothek im Gespräch mit den Mönchen und sah mir die auf silberne Folien geritzten Texte des Kanons an.

Dort erlebte ich eine unvergeßliche Abendzeremonie. Junge Burschen und Mädchen schütteten ganze Berge von entstielten Jasminblüten vor den Altären aus und sangen dabei leise ein Gebet, ein Mantra, vor sich hin. Ich dachte, sie beteten zu Buddha, aber der Mönch, der mich führte, erklärte mir: «Nein, Buddha ist nicht mehr; er ist im Nirvana, zu ihm kann man nicht beten. Sie singen: Vorübergehend wie die Schönheit dieser Blumen ist das Leben. Möge mein Gott mit mir das Verdienst dieser Darbringung teilen [8]». Daß junge Menschen so singen, ist echt indisch.

Die Zeremonie wurde eingeleitet durch ein einstündiges Trommelkonzert im Mandapam oder dem, was in indischen Tempeln als Wartehalle bezeichnet wird. Von den fünf Trommlern stellte sich je einer in einer Ecke des quadratischen Saales auf, der fünfte – ein schöner junger Mann – stellte sich in die Mitte. Er war der Solist und ein wahrer Künstler seines Faches. Mit nacktem, dunkelbraun glänzendem Oberkörper, roter Leibbinde, weißer Shoka (langer, bis auf die Füße reichender Rock) und weißem Turban, die Arme mit funkelnden Spangen bedeckt, trat er mit seiner Doppeltrommel vor den goldenen Buddha, um «den Klang zu opfern». Dort trommelte er allein eine wundersame Melodie von vollendeter Kunst, in schönster Bewegung des Körpers und der Hände. Ich sah ihn von hinten, er stand vor dem mit kleinen Öllämpchen umrahmten Eingang zum Mandapam. Die Trommel spricht in Ursprache zum Bauch oder plexus solaris; dieser «bittet» nicht, sondern erzeugt das «verdienstvolle» Mantra oder die meditative «Äußerung».

[8] Für Gott wurde hier das Sanskritwort «deva» = Schutzengel gebraucht.

Es ist also keine Verehrung eines nichtseienden Buddha, sondern einer der vielen Selbsterlösungsakte des erwachten Menschen.

Gegen Frühlingsanfang trat ich meine Heimreise an, dermaßen überwältigt von Eindrücken, daß ich in Bombay nicht mehr an Land ging, sondern mich in meine lateinischen alchemistischen Texte vergrub. Indien ist aber nicht etwa spurlos an mir vorübergegangen – im Gegenteil, es hat Spuren in mir hinterlassen, die von einer Unendlichkeit her in eine andere Unendlichkeit wandern.

Ravenna und Rom

Schon als ich das erste Mal in Ravenna war (1913), hatte mir das Grabmal der Galla Placidia einen tiefen Eindruck gemacht; es erschien mir bedeutsam und faszinierte mich in ungewöhnlichem Maße. Bei meinem zweiten Besuch, etwa zwanzig Jahre später, erging es mir genau gleich. Wieder geriet ich im Grabmal in eine eigentümlich ergriffene Stimmung. Ich war mit einer Bekannten dort, und wir gingen anschließend in das Baptisterium der Orthodoxen.

Was mir hier zuallererst auffiel, war ein sanftes blaues Licht, das den Raum erfüllte, ohne daß ich mich jedoch darüber wunderte. Ich legte mir keine Rechenschaft darüber ab, von wo es ausging, und so kam mir das Wunderbare der mangelnden Lichtquelle gar nicht in den Sinn. Zu meinem Erstaunen sah ich dort, wo sich nach meiner Erinnerung Fenster befunden hatten, vier große Mosaikfresken von unerhörter Schönheit, die ich, wie mir schien, vergessen hatte. Ich ärgerte mich, daß ich mich auf mein Gedächtnis so ganz und gar nicht verlassen konnte. Das Bild auf der Südseite stellte die Jordantaufe dar; ein zweites im Norden den Durchgang der Kinder Israel durch das Rote Meer, das dritte im Osten verblaßte bald in der Erinnerung. Vielleicht zeigte es die Abwaschung des Aussatzes von Naeman im Jordan. In der alten Merianschen Bibel in meiner Bibliothek befindet sich eine ganz ähnliche Abbildung dieses Wunders. Am eindrücklichsten war das vierte Mosaik im Westen des Baptisteriums, das wir als letztes betrachteten. Es stellte dar, wie Christus dem untergehenden Petrus die Hand reicht. Vor diesem Mosaik hielten wir uns mindestens zwanzig Minuten auf und diskutierten über den ursprünglichen Taufritus, besonders über die merkwürdige Auffassung der Taufe als einer Initiation, die mit wirklicher Todesgefahr verbunden war. Derartige Initiationen waren oft mit Lebensgefahr verbunden, wodurch der archetypische Gedanke des Todes und der Wiedergeburt ausgedrückt wurde. So war auch die Taufe ursprünglich eine richtige «Eintauchung», welche die Gefahr des Ertrinkens wenigstens andeutete.

Von dem Mosaik des untersinkenden Petrus bewahrte ich die deutlichste Erinnerung und sehe noch heute jedes Detail vor mir: Die Bläue des Meeres, die einzelnen Steine des Mosaiks, die Spruchbänder, die aus dem Munde Christi und Petri gingen, und die ich zu entziffern suchte. Nachdem wir das Baptisterium verlassen hatten, ging ich sogleich zu Alinari, um mir Photographien der Mosaiken zu kaufen, konnte aber keine finden. Da die Zeit drängte – es war nur ein kurzer Besuch – verschob ich den Einkauf auf später; ich hatte im Sinn, die Bilder von Zürich aus zu bestellen.

Als ich wieder zuhause war, bat ich einen Bekannten, der bald darauf ebenfalls nach Ravenna reiste, mir die Bilder zu beschaffen. Natürlich konnte er sie nicht auftreiben, denn er stellte fest, daß die von mir geschilderten Mosaiken überhaupt nicht vorhanden waren!

Inzwischen hatte ich bereits in einem Seminar über die ursprüngliche Auffassung der Taufe als Initiation gesprochen und bei dieser Gelegenheit auch die Mosaiken erwähnt, die ich im Baptisterium der Orthodoxen gesehen hatte [9]. Die Erinnerung an die Darstellungen ist mir noch heute deutlich. Meine Begleiterin konnte noch lange Zeit nicht glauben, daß das, was sie «mit eigenen Augen gesehen», nicht vorhanden war.

Es ist bekanntlich sehr schwierig festzustellen, ob und inwiefern zwei Personen gleichzeitig dasselbe sehen. In diesem Falle jedoch konnte ich mich hinlänglich versichern, daß wir beide in den Hauptzügen wenigstens dasselbe gesehen hatten.

Das Erlebnis in Ravenna ist etwas vom Merkwürdigsten, was mir je widerfahren ist. Erklären kann man es kaum. Ein gewisses Licht fällt vielleicht von einem Ereignis aus der Geschichte der Kaiserin Galla Placidia (gest. 450) darauf. Bei einer stürmischen Überfahrt von Byzanz nach Ravenna mitten im Winter tat sie das Gelübde,

[9] Tantra-Yoga-Seminar 1932.

eine Kirche zu bauen und die Gefahren des Meeres darstellen zu lassen, falls sie gerettet würde. Sie erfüllte das Gelöbnis durch den Bau der Basilica San Giovanni in Ravenna, die sie mit Mosaiken ausschmücken ließ. Im frühen Mittelalter wurde San Giovanni mitsamt den Mosaiken durch Brand zerstört, aber in der Ambrosiana in Mailand findet sich noch die Skizze zu einer Darstellung Galla Placidias in einem Boot.

Von der Gestalt der Galla Placidia war ich unmittelbar betroffen, und die Frage, was für diese hochgebildete Frau von differenziertester Kultur das Leben an der Seite eines Barbarenfürsten bedeutet haben mußte, beschäftigte mich. Ihr Grabmal erschien mir wie der letzte Rest, durch den ich sie noch persönlich erreichen konnte. Ihr Schicksal und ihre Art berührten mich zutiefst, und in ihrer intensiven Wesensart fand meine Anima einen passenden historischen Ausdruck. Mit dieser Projektion war jenes zeitlose Element des Unbewußten und jene Atmosphäre erreicht, wo das Wunder der Vision stattfinden konnte. Sie unterschied sich im Augenblick nicht im geringsten von der Wirklichkeit [10].

Die Anima des Mannes trägt einen eminent historischen Charakter. Als Personifikation des Unbewußten ist sie getränkt mit Geschichte und Vorgeschichte. Sie enthält die Inhalte der Vergangenheit und ersetzt das im Manne, was er von seiner Vorgeschichte wissen sollte. Alles schon gewesene Leben, das noch in ihm lebendig ist, ist die Anima. Im Verhältnis zu ihr bin ich mir immer vorgekommen wie ein Barbar, der eigentlich keine Geschichte hat – wie ein eben aus Nichts Gewordener, ohne Vorher, ohne Nachher.

Bei der Auseinandersetzung mit der Anima bin ich tatsächlich den Gefahren begegnet, die ich in den Mosaiken dargestellt sah. Beinahe wäre ich ertrunken. Es ist mir gegangen wie Petrus, der um Hilfe geschrien hat und von Jesus gerettet wurde. Es hätte mir gehen können wie dem Heer des Pharao. Wie Petrus und wie Naeman bin ich heil davongekommen, und die Integration der unbewußten Inhalte hat Wesentliches zur Vervollständigung meiner Persönlichkeit beigetragen.

Was einem geschieht, wenn man vordem unbewußte Inhalte dem

[10] Jung erklärte die Vision nicht als ein synchronistisches Phänomen, sondern als eine momentane Neuschöpfung des Unbewußten, im Zusammenhang mit dem archetypischen Gedanken der Initiation. Die unmittelbare Ursache für die Konkretisierung lag in der Animabeziehung zu Galla Placidia und der dadurch hervorgerufenen Emotion. A. J.

Bewußtsein integriert, kann mit Worten wohl kaum beschrieben werden. Man kann es nur erfahren. Es ist eine indiskutable subjektive Angelegenheit: ich komme mir in einer gewissen Art und Weise vor, und das ist für mich eine Tatsache, welche zu bezweifeln weder möglich noch sinnreich ist – – ebenso komme ich anderen in bestimmter Art und Weise vor, und das ist ebenfalls eine Tatsache, die nicht zu bezweifeln ist. Es gibt unseres Wissens keine Instanz, welche die wahrscheinlichen Unstimmigkeiten der Eindrücke und Meinungen zu bereinigen vermöchte. Ob und was für eine Veränderung durch die Integrierung stattgefunden hat, ist und bleibt subjektive Überzeugung. Obschon sie kein wissenschaftlich zu qualifizierendes Faktum darstellt und damit ohne Verlust aus einem «offiziellen Weltbild» herausfallen könnte, bleibt sie doch eine praktisch ungemein wichtige und folgenreiche Tatsache, die auf alle Fälle von realistischen Psychotherapeuten nicht und vom therapeutisch interessierten Psychologen kaum übersehen werden darf.

Die Erfahrung im Baptisterium von Ravenna hat mir einen tiefen Eindruck hinterlassen. Seitdem weiß ich, daß ein Innen aussehen kann wie ein Außen und ebenso ein Außen wie ein Innen. Die wirklichen Wände des Baptisteriums, welche meine physischen Augen sehen mußten, waren überdeckt und verwandelt durch eine Vision, die ebenso real war wie das unveränderte Taufbecken. Was war in jenem Augenblick real?

Mein Fall ist keineswegs der einzige in seiner Art, aber wenn solches einem selber zustößt, so kann man nicht umhin, es ernster zu nehmen, als wenn man davon hört oder irgendwo darüber liest. Im allgemeinen hat man bei solchen Erzählungen allerhand Erklärungen rasch zur Hand. Ich bin jedenfalls zum Schluß gekommen, daß wir in bezug auf das Unbewußte noch vieler Erfahrungen bedürfen, bevor wir uns auf Theorien festlegen.

Ich bin in meinem Leben viel gereist und wäre gern nach Rom gegangen, aber ich fühlte mich dem Eindruck dieser Stadt nicht gewachsen. Schon Pompeji war übergenug, die Eindrücke überschritten beinahe meine Aufnahmefähigkeit. Ich konnte Pompeji erst besuchen, als ich durch meine Studien von 1910 bis 1912 einigen Einblick in die Psychologie der Antike erlangt hatte. 1917 fuhr ich von Genua zu Schiff nach Neapel. Ich stand an der Reling, als wir auf der Breite von Rom der Küste entlang fuhren. Dort hinten lag Rom! Dort lag der noch rauchende und glühende Brandherd alter Kulturen, eingeschlossen in den Wurzelgeflechten des christlichen und abendländischen Mittelalters. Dort war noch lebende Antike in ihrer ganzen Herrlichkeit und Ruchlosigkeit.

Ich wundere mich immer über Menschen, die nach Rom reisen wie z. B. nach Paris oder nach London. Gewiß kann man das eine wie das andere ästhetisch genießen, aber wenn man von dem Geist, der hier gewaltet hat, auf Schritt und Tritt im Innersten betroffen ist, wenn ein Mauerrest hier und eine Säule dort mich mit einem soeben wiedererkannten Gesicht anblicken, dann ist das eine andere Sache. Schon in Pompeji wurden unabsehbare Dinge bewußt und Fragen gestellt, denen mein Können nicht gewachsen war.

Als ich 1949, bereits in meinem hohen Alter, das Versäumte nachholen wollte, erlitt ich eine Ohnmacht beim Einkauf der Fahrkarten. Danach wurde der Plan einer Romfahrt ein für allemal ad acta gelegt.

VISIONEN

Zu Beginn des Jahres 1944 brach ich mir den Fuß, und es folgte ein Herzinfarkt. Im Zustand von Bewußtlosigkeit erlebte ich Delirien und Visionen, die angefangen haben müssen, als ich in unmittelbarer Todesgefahr schwebte und man mir Sauerstoff und Kampfer gab. Die Bilder waren so gewaltig, daß ich selber schloß, ich sei dem Tode nahe. Meine Pflegerin sagte mir später: «Sie waren wie von einem hellen Schein umgeben!» Das sei eine Erscheinung, die sie bei Sterbenden manchmal beobachtet habe. Ich war an der äußersten Grenze und weiß nicht, befand ich mich in einem Traum oder in Ekstase. Jedenfalls begannen sich höchst eindrucksvolle Dinge für mich abzuspielen.

Es schien mir, als befände ich mich hoch oben im Weltraum. Weit unter mir sah ich die Erdkugel in herrlich blaues Licht getaucht. Ich sah das tiefblaue Meer und die Kontinente. Tief unter meinen Füßen lag Ceylon, und vor mir lag der Subkontinent von Indien. Mein Blickfeld umfaßte nicht die ganze Erde, aber ihre Kugelgestalt war deutlich erkennbar, und ihre Konturen schimmerten silbern durch das wunderbare blaue Licht. An manchen Stellen schien die Erdkugel farbig oder dunkelgrün gefleckt wie oxydiertes Silber. «Links» lag in der Ferne eine weite Ausdehnung – die rotgelbe Wüste Arabiens. Es war, wie wenn dort das Silber der Erde eine rotgelbe Tönung angenommen hätte. Dann kam das Rote Meer, und ganz weit hinten, gleichsam «links oben», konnte ich gerade noch einen Zipfel des Mittelmeers erblicken. Mein Blick war vor allem dorthin gerichtet. Alles andere erschien nur undeutlich. Zwar sah ich auch die Schneeberge des Himalaya, aber dort war es dunstig oder wolkig. Nach «rechts» blickte ich nicht. Ich wußte, daß ich im Begriff war, von der Erde wegzugehen.

Später habe ich mich erkundigt, wie hoch im Raume man sich befinden müsse, um einen Blick von solcher Weite zu haben. Es sind etwa 1500 km! Der Anblick der Erde aus dieser Höhe war das Herrlichste und Zauberhafteste, was ich je erlebt hatte.

Nach einer Weile des Schauens wandte ich mich um. Ich hatte sozusagen mit dem Rücken zum Indischen Ozean gestanden, mit dem Gesicht nach Norden. Dann schien es mir, als machte ich eine Wendung nach Süden. Etwas Neues trat in mein Gesichtsfeld. In geringer Entfernung erblickte ich im Raume einen gewaltigen dunkeln Steinklotz, wie ein Meteorit – etwa in der Größe meines Hauses, vielleicht noch größer. Im Weltall schwebte der Stein, und ich selber schwebte im Weltall.

Ähnliche Steine habe ich an der Küste des Bengalischen Meerbusens gesehen. Es sind Blöcke aus schwarz-braunem Granit, in welche bisweilen Tempel gehauen wurden. Solch ein riesiger dunkler Block war auch mein Stein. Ein Eingang führte in eine kleine Vorhalle. Rechts saß auf einer Steinbank ein schwarzer Inder im Lotussitz. Er trug ein weißes Gewand und befand sich in vollkommen entspannter Ruhestellung. So erwartete er mich – schweigend. Zwei Stufen führten zu dieser Vorhalle, an deren linker Innenseite sich das Tor in den Tempel befand. Unzählige, in kleinen Nischen angebrachte Vertiefungen, gefüllt mit Kokosöl und brennenden Dochten, umgaben die Tür mit einem Kranz heller Flämmchen. Das hatte ich auch in Wirklichkeit einmal gesehen. Als ich in Kandy auf Ceylon den Tempel des Heiligen Zahnes besuchte, umrahmten mehrere Reihen brennender Öllampen solcher Art das Tor.

Als ich mich den Stufen zum Eingang in den Felsen näherte, geschah mir etwas Seltsames: ich hatte das Gefühl, als ob alles Bisherige von mir abgestreift würde. Alles, was ich meinte, was ich wünschte oder dachte, die ganze Phantasmagorie irdischen Daseins fiel von mir ab, oder wurde mir geraubt – ein äußerst schmerzlicher Prozeß. Aber etwas blieb; denn es war, als ob ich alles, was ich je gelebt oder getan hätte, alles, was um mich geschehen war, nun bei mir hätte. Ich könnte auch sagen: es war bei mir, und das war Ich. Ich bestand sozusagen daraus. Ich bestand aus meiner Geschichte und hatte durchaus das Gefühl, das sei nun Ich. «Ich bin dieses Bündel von Vollbrachtem und Gewesenem.» – Dieses Erlebnis brachte mir das Gefühl äußerster Armut, aber zugleich großer Befriedigung. Es gab nichts mehr, das ich verlangte oder wünschte; sondern ich bestand sozusagen objektiv: ich war das, was ich gelebt hatte. Zuerst herrschte zwar das Gefühl der Vernichtung, des Beraubtseins oder Geplündertseins vor, aber plötzlich wurde auch das hinfällig. Alles schien vergangen, es blieb ein fait accompli, ohne irgendwelche Rückbeziehung auf das Frühere. Es gab kein Bedauern mehr, daß etwas weggefallen oder fortgenommen war. Im Gegenteil: ich hatte alles, was ich war, und ich hatte nur das.

Noch etwas anderes beschäftigte mich: ich hatte, während ich mich dem Tempel näherte, die Gewißheit, daß ich in einen erhellten Raum kommen und alle diejenigen Menschen antreffen würde, zu denen ich in Wirklichkeit gehöre. Dort würde ich – auch das war Gewißheit – endlich verstehen, in was für einen geschichtlichen Zusammenhang ich oder mein Leben gehörten. Ich würde wissen, was vor mir war, warum ich geworden bin, und wohin mein Leben weiterfließen würde. Mein gelebtes Leben war mir oft wie eine Geschichte vorgekommen, die keinen Anfang und kein Ende hat. Ich hatte das Gefühl, eine geschichtliche Perikope zu sein, ein Ausschnitt, zu dem der vorausgehende und nachfolgende Text fehlten. Wie mit der Schere schien mein Leben aus einer langen Kette herausgeschnitten, und viele Fragen waren unbeantwortet geblieben. Warum ist es so verlaufen? Warum habe ich diese Voraussetzungen mitgebracht? Was habe ich damit gemacht? Was wird daraus erfolgen? Auf all das würde ich – dessen war ich sicher – eine Antwort erhalten, sobald ich in den Steintempel eingetreten war. Dort würde ich erkennen, warum alles so und nicht anders gewesen war. Ich würde dort zu den Menschen kommen, welche die Antwort auf meine Frage nach dem Vorher und Nachher wissen.

Während ich noch über diese Dinge nachdachte, geschah etwas, das meine Aufmerksamkeit in Anspruch nahm: Von unten, von Europa her, stieg ein Bild herauf. Es war mein Arzt, oder besser sein Bild, umrahmt von einer goldenen Kette oder von einem goldenen Lorbeerkranz. Ich wußte sofort: Ach, das ist ja mein Arzt, der mich behandelt hat. Aber jetzt kommt er in seiner Urgestalt, ein Basileus von Kos [1]. Im Leben war er ein Avatar dieses Basileus, die zeitliche Verkörperung der Urgestalt, die von jeher gewesen ist. Nun kommt er in seiner Urgestalt.

Vermutlich war auch ich in meiner Urgestalt. Das hatte ich zwar nicht wahrgenommen, ich stelle mir nur vor, daß es so gewesen sei. Nachdem er wie ein Bild aus der Tiefe zu mir herangeschwebt war und vor mir stand, fand eine stumme Gedankenübermittlung zwischen uns statt. Mein Arzt war nämlich von der Erde delegiert, um mir eine Botschaft zu bringen: es würde dagegen protestiert, daß ich im Begriff sei wegzugehen. Ich dürfe die Erde nicht ver-

[1] Basileus = König. Kos war im Altertum durch den Asklepios-Tempel berühmt und war Geburtsort des Arztes Hippokrates (5. Jahrhundert v. Chr.).

lassen und müsse zurückkehren. Im Augenblick, als ich das vernommen hatte, hörte die Vision auf.

Ich war zutiefst enttäuscht; denn jetzt schien alles umsonst. Der schmerzliche Prozeß der «Entblätterung» war vergebens gewesen, und ich durfte nicht in den Tempel, nicht zu den Menschen, die zu mir gehörten.

In Wirklichkeit ging es noch gute drei Wochen, bis ich mich entschließen konnte, wieder zu leben. Ich konnte nicht essen, weil ich einen dégout vor allen Speisen hatte. Die Aussicht auf Stadt und Berge von meinem Krankenbett aus erschien mir wie ein gemalter Vorhang mit schwarzen Löchern, oder wie ein zerlöchertes Zeitungsblatt mit Photographien, die mir nichts sagten. Enttäuscht dachte ich: «Jetzt muß ich mich wieder in das ‚Kistchen-System' hineinbegeben!» Es schien mir nämlich, als ob hinter dem Horizont des Kosmos eine dreidimensionale Welt künstlich aufgebaut worden sei, in der jeder Mensch für sich allein in einem Kistchen säße. Und nun würde ich mir wieder einbilden müssen, das sei etwas wert! Das Leben und die ganze Welt kamen mir wie ein Gefängnis vor, und ich ärgerte mich maßlos darüber, daß ich das wieder in Ordnung finden würde. Da war man froh gewesen, daß endlich alles von einem abgefallen war, und nun war es wieder so, wie wenn ich – so wie alle anderen Menschen – an Fäden aufgehängt wäre in einem Kistchen drin. Als ich im Raume stand, war ich schwerelos, und nichts hatte mich gezogen. Und das sollte nun wieder vorbei sein!

Ich fühlte Widerstände gegen meinen Arzt, weil er mich wieder in das Leben zurückgebracht hatte. Andererseits war ich besorgt um ihn: «Er ist ja bedroht, um Gottes Willen! Er ist mir ja in seiner Urgestalt erschienen! Und wenn einer diese Gestalt erreicht hat, ist es soweit, daß er sterben muß. Dann gehört er schon in die Gesellschaft ‚seiner Menschen'!» – Plötzlich kam mir der erschrekkende Gedanke, er müsse sterben – an meiner Stelle! Ich gab mir die größte Mühe, mit ihm darüber zu reden, aber er verstand mich nicht. Da wurde ich böse auf ihn. «Warum tut er immer so, wie wenn er nicht wüßte, daß er ein Basileus von Kos ist? Und daß er schon seine Urgestalt angenommen hat? Er will mich glauben machen, er wisse es nicht!» Das ärgerte mich. Meine Frau machte mir Vorwürfe, daß ich ihm gegenüber unfreundlich sei. Sie hatte recht; aber ich nahm es ihm sehr übel, daß er nicht über all das sprechen

Eingangstüre des Hauses in Küsnacht. Die Inschrift «Gerufen und nicht gerufen wird Gott da sein» ist ein delphischer Orakelspruch, der den Lakedämoniern gegeben wurde, als sie gegen die Athener Krieg führen wollten.

wollte, was ich in meiner Vision mit ihm erlebt hatte. «Herrgott nochmal, er muß doch aufpassen, er kann doch nicht so unvorsichtig sein! Ich möchte mit ihm darüber reden, daß er etwas tut für sich!» Ich hatte die feste Überzeugung, er sei bedroht, weil er mir in seiner Urgestalt begegnet war.

In der Tat war ich sein letzter Patient. Am 4. April 1944 – ich weiß das Datum noch genau – durfte ich zum ersten Mal auf dem Bettrand sitzen, und an diesem gleichen Tage legte er sich ins Bett und ist nicht mehr aufgestanden. Ich vernahm, daß er gelegentlich Fieberanfälle hatte. Bald darauf ist er an Septicaemie gestorben. Er war ein guter Arzt und hatte etwas Geniales. Sonst wäre er mir auch nicht als Fürst von Kos erschienen.

In jenen Wochen lebte ich in einem seltsamen Rhythmus. Am Tage war ich meist deprimiert. Ich fühlte mich elend und schwach und wagte mich kaum zu rühren. Voll Betrübnis dachte ich: Jetzt muß ich wieder in diese graue Welt hinein. – Gegen Abend schlief ich ein, und mein Schlaf dauerte bis etwa gegen Mitternacht. Dann kam ich zu mir und war vielleicht eine Stunde lang wach, aber in einem ganz veränderten Zustand. Ich befand mich wie in einer Ekstase oder in einem Zustand größter Seligkeit. Ich fühlte mich, als ob ich im Raum schwebte, als ob ich im Schoß des Weltalls geborgen wäre – in einer ungeheuren Leere, aber erfüllt von höchstmöglichem Glücksgefühl. – Das ist die ewige Seligkeit, das kann man gar nicht beschreiben, es ist viel zu wunderbar! dachte ich.

Auch die Umgebung schien verzaubert. Zu jener Nachtstunde wärmte mir die Pflegerin das Essen; denn nur dann konnte ich etwas zu mir nehmen und aß mit Appetit. Eine Zeitlang schien es mir, als sei sie eine alte Jüdin, viel älter, als sie in Wirklichkeit war, und als bereite sie mir rituelle, koschere Speisen. Wenn ich zu ihr hinblickte, war es, als habe sie einen blauen Halo um den Kopf. Ich selber befand mich – so schien es mir – im Pardes rimmonim, dem Granatapfelgarten, und es fand die Hochzeit des Tifereth mit der Malchuth statt [2]. Oder ich war wie der Rabbi Simon ben Jochai, dessen jenseitige Hochzeit gefeiert wurde. Es war die

[2] «Pardes rimmonim» ist der Titel eines kabbalistischen Traktates des Mose Cordovero aus dem 16. Jahrhundert. Malchuth und Tifereth sind nach kabbalistischer Auffassung zwei der zehn Sphären göttlicher Manifestationen, in denen Gott aus seiner Verborgenheit hervortritt. Sie stellen ein weibliches und ein männliches Prinzip innerhalb der Gottheit dar. A. J.

mystische Hochzeit, wie sie in den Vorstellungen der kabbalistischen Tradition erscheint. Ich kann Ihnen nicht sagen, wie wunderbar das war. Ich konnte nur immerfort denken: «Das ist jetzt der Granatapfelgarten! Das ist jetzt die Hochzeit der Malchuth mit Tifereth!» Ich weiß nicht genau, was für eine Rolle ich darin spielte. Im Grunde genommen war ich es selber: ich war die Hochzeit. Und meine Seligkeit war die einer seligen Hochzeit.

Allmählich klang das Erlebnis des Granatapfelgartens ab und wandelte sich. Es folgte die «Hochzeit des Lammes» im festlich geschmückten Jerusalem. Ich bin nicht imstande zu beschreiben, wie es im einzelnen war. Es waren unbeschreibbare Seligkeitszustände. Engel waren dabei und Licht. Ich selber war die «Hochzeit des Lammes».

Auch das verschwand, und es kam eine neue Vorstellung, die letzte Vision. Ich ging ein weites Tal hinauf bis ans Ende, an den Rand eines sanften Höhenzuges. Den Abschluß des Tales bildete ein antikes Amphitheater. Wunderschön lag es in der grünen Landschaft. Und dort, in dem Theater, fand der Hierosgamos statt. Tänzer und Tänzerinnen traten auf; und auf einem blumengeschmückten Lager vollzogen Allvater Zeus und Hera den Hierosgamos, wie es in der Ilias beschrieben ist.

All diese Erlebnisse waren herrlich, und ich war Nacht für Nacht in lauterste Seligkeit getaucht, «umschwebt von Bildern aller Kreatur». Allmählich vermengten sich die Motive und wurden blasser. Meist dauerten die Visionen etwa eine Stunde; dann schlief ich wieder ein, und schon gegen Morgen fühlte ich: jetzt kommt der graue Morgen wieder! Jetzt kommt die graue Welt mit ihrem Zellensystem! Was für ein Blödsinn, was für ein schrecklicher Unsinn! Denn die inneren Zustände waren so phantastisch, daß im Vergleich zu ihnen diese Welt geradezu lächerlich erschien. In dem Maße, wie ich mich dem Leben wieder annäherte, knapp drei Wochen nach der ersten Vision, hörten die visionären Zustände auf.

Von der Schönheit und der Intensität des Gefühls während der Visionen kann man sich keine Vorstellung machen. Sie waren das Ungeheuerste, was ich je erlebt habe. Und dann dieser Kontrast, der Tag! Da war ich gequält und mit den Nerven vollständig herunter. Alles irritierte mich. Alles war zu materiell, zu grob und zu schwerfällig, räumlich und geistig beschränkt, zu unerkennbarem Zwecke künstlich eingeengt, und besaß doch etwas wie eine hypnotische Kraft, an sich glauben zu machen, wie wenn es die Wirklichkeit selber wäre, während man doch ihre Nichtigkeit deutlich erkannt hatte. Im Grunde genommen bin ich seither, trotz revalorisierten Weltglaubens, nie mehr ganz vom Eindruck losgekommen, daß das «Leben» ein Existenzausschnitt sei, welcher sich in einem hiefür bereitgestellten dreidimensionalen Weltsystem abspielt.

An etwas erinnere ich mich noch genau. Am Anfang, zur Zeit der Vision vom Granatapfelgarten, bat ich die Schwester, sie möge entschuldigen, wenn sie beschädigt werden sollte; es sei eine große Heiligkeit im Raum. Das sei gefährlich und könne ihr schädlich sein. Sie verstand mich natürlich nicht. Für mich war die Praesenz des Heiligen eine zauberhafte Atmosphäre, aber ich fürchtete, daß sie für andere unerträglich sei. Darum entschuldigte ich mich, ich könne ja nichts dafür. Damals verstand ich, warum man vom raumerfüllenden «Geruch» des Heiligen Geistes spricht. Das war's. Es war ein Pneuma im Raum von unaussprechlicher Heiligkeit, deren Verdeutlichung das Mysterium Coniunctionis war.

Ich hätte nie gedacht, daß man so etwas erleben könnte, daß eine immerwährende Seligkeit überhaupt möglich sei. Die Visionen und Erlebnisse waren vollkommen real; nichts war anempfunden, sondern alles war von letzter Objektivität.

Man scheut sich vor dem Ausdruck «ewig», aber ich kann das Erleben nur als Seligkeit eines nicht-zeitlichen Zustandes umschreiben, in welchem Gegenwart, Vergangenheit und Zukunft eines sind. Alles, was in der Zeit geschieht, war dort in eine objektive Ganzheit zusammengefaßt. Nichts war mehr in der Zeit auseinandergelegt oder konnte nach zeitlichen Begriffen gemessen werden. Das Erleben könnte am ehesten als ein Zustand umschrieben werden – als ein Gefühlszustand, den man jedoch nicht imaginieren kann. Wie kann ich mir vorstellen, daß ich gleichzeitig wie vorgestern, heute und übermorgen bin? Dann hätte etwas noch nicht begonnen, etwas anderes wäre klarste Gegenwart, und wieder etwas wäre schon beendet – und doch wäre alles Eines. Das einzige, was das Gefühl erfassen könnte, wäre eine Summe, eine schillernde Ganzheit, in der die Erwartung für das Beginnende ebenso enthalten ist wie Überraschung über das eben Geschehende und Befriedigung oder Enttäuschung über das Resultat des Vergangenen. Ein unbeschreibliches Ganzes, in das man mit verwoben ist; und doch nimmt man es mit völliger Objektivität wahr.

Das Erlebnis dieser Objektivität hatte ich später noch einmal. Es war nach dem Tode meiner Frau. Da sah ich sie in einem Traum, der wie eine Vision war. Sie stand in einiger Entfernung und sah mich voll an. Sie befand sich in der Blüte ihrer Jahre, war etwa dreißig Jahre alt und trug das Kleid, welches ihr vor vielen Jahren meine Cousine, das Medium, angefertigt hatte. Es war vielleicht das schönste Kleid, das sie jemals getragen hatte. Der Ausdruck ihres Gesichtes war nicht freudig und nicht traurig, sondern objektiv wissend und erkennend, ohne die geringste Gefühlsreaktion, wie jenseits des Nebels der Affekte. Ich wußte, es war nicht sie, sondern ein von ihr für mich gestelltes oder veranlaßtes Bild. Es enthielt den Beginn unserer Beziehung, das Geschehen während der dreiundfünfzig Jahre unserer Ehe und auch das Ende ihres Lebens. Angesichts einer solchen Ganzheit bleibt man sprachlos, denn man kann sie kaum fassen.

Die Objektivität, die ich in diesem Traum und in den Visionen erlebte, gehört zur vollendeten Individuation. Sie bedeutet eine Loslösung von Wertungen und von dem, was wir als gefühlsmäßige Verbundenheit bezeichnen. An der gefühlsmäßigen Verbundenheit liegt den Menschen im allgemeinen sehr viel. Aber sie enthält immer noch Projektionen, und diese gilt es zurückzunehmen, um zu sich selbst und zur Objektivität zu gelangen. Gefühlsbeziehungen sind Beziehungen des Begehrens, belastet mit Zwang und Unfreiheit; man erwartet etwas vom anderen, wodurch dieser und man selber unfrei werden. Die objektive Erkenntnis steht hinter der gefühlsmäßigen Bezogenheit; sie scheint das zentrale Geheimnis zu sein. Erst durch sie ist wirkliche Coniunctio möglich.

Nach der Krankheit begann eine fruchtbare Zeit der Arbeit für mich. Viele meiner Hauptwerke sind erst danach entstanden. Die Erkenntnis, oder die Anschauung vom Ende aller Dinge, gaben mir den Mut zu neuen Formulierungen. Ich versuchte nicht mehr, meine eigene Meinung durchzusetzen, sondern vertraute mich dem Strom der Gedanken an. So kam ein Problem nach dem anderen an mich heran und reifte zur Gestaltung.

Es war aber noch ein anderes, das sich mir aus der Krankheit ergab. Ich könnte es formulieren als ein Ja-sagen zum Sein – ein unbedingtes «Ja» zu dem, was ist, ohne subjektive Einwände. Die Bedingungen des Daseins annehmen, so wie ich sie sehe – so wie ich sie verstehe. Und mein eigenes Wesen akzeptieren, so wie ich eben bin. Zu Beginn der Krankheit hatte ich das Gefühl, einen

Irrtum in meiner Einstellung begangen zu haben und darum für den Unfall gewissermaßen selber verantwortlich zu sein. Aber wenn man den Individuationsweg geht, wenn man das Leben lebt, muß man auch den Irrtum in Kauf nehmen, sonst wäre das Leben nicht vollständig. Es gibt keine Garantie – in keinem Augenblick – daß wir nicht in einen Irrtum geraten oder in eine tödliche Gefahr. Man meint vielleicht, es gäbe einen sicheren Weg. Aber das wäre der Weg der Toten. Dann geschieht nichts mehr oder auf keinen Fall das Richtige. Wer den sicheren Weg geht, ist so gut wie tot.

Erst nach der Krankheit verstand ich, wie wichtig das Ja-sagen zum eigenen Schicksal ist. Denn auf diese Weise ist ein Ich da, das auch dann nicht versagt, wenn Unbegreifliches geschieht. Ein Ich, das aushält, das die Wahrheit erträgt, und das der Welt und dem Schicksal gewachsen ist. Dann hat man mit einer Niederlage auch einen Sieg erlebt. Es wird nichts gestört – weder außen noch innen; denn die eigene Kontinuität hat dem Strom des Lebens und der Zeit standgehalten. Aber das kann nur geschehen, wenn man sich nicht vorwitzig in die Absichten des Schicksals einmischt.

Ich habe auch eingesehen, daß man das in einem selbst sich ereignende Denken als etwas tatsächlich Vorhandenes annehmen muß, jenseits aller Bewertung. Die Kategorien von wahr und falsch sind zwar stets vorhanden, stehen aber als unverbindlich daneben; denn das Vorhandensein der Gedanken ist wichtiger als ihre subjektive Beurteilung. Als vorhandene Gedanken sind aber auch Urteile nicht zu unterdrücken, da sie mit zur Erscheinung der Ganzheit gehören.

ÜBER DAS LEBEN NACH DEM TODE

Was ich Ihnen über das Jenseits und über ein Leben nach dem Tode erzähle, sind alles Erinnerungen. Es sind Bilder und Gedanken, in denen ich gelebt habe, und die mich umgetrieben haben. In gewisser Hinsicht gehören sie auch zum Fundament meiner Werke; denn diese sind im Grunde genommen nichts anderes als immer erneute Versuche, eine Antwort auf die Frage nach dem Zusammenspiel von «Diesseits» und «Jenseits» zu geben. Ich habe aber nie expressis verbis über ein Leben nach dem Tode geschrieben; denn dann hätte ich meine Gedanken belegen müssen, und das kann man nicht. Nun, jetzt spreche ich sie eben aus.

Ich kann aber auch jetzt nicht mehr tun als Geschichten darüber erzählen – «mythologein». Vielleicht braucht es die Nähe des Todes, um die Freiheit zu erlangen, die dazu nötig ist. Weder wünsche ich, noch wünsche ich nicht, daß wir ein Leben nach dem Tode hätten, und ich möchte auch dergleichen Gedanken nicht kultivieren; aber ich muß, um die Wirklichkeit zu Worte kommen zu lassen, feststellen, daß ohne meinen Wunsch und ohne mein Zutun Gedanken solcher Art in mir kreisen. Ich weiß nichts darüber, ob sie wahr oder falsch sind, aber ich weiß, daß sie vorhanden sind und daß sie geäußert werden können, falls ich sie nicht aus irgendwelchem Vorurteil unterdrücke. Voreingenommenheit behindert und beschädigt aber die volle Erscheinung des psychischen Lebens, das ich viel zu wenig erkenne, um es durch ein Besserwissen korrigieren zu können. Neuerdings hat die kritische Vernunft neben vielen anderen mythischen Vorstellungen auch die Idee des postmortalen Lebens anscheinend zum Verschwinden gebracht. Dies war nur darum möglich, weil die Menschen heutzutage meist ausschließlich mit ihrem Bewußtsein identifiziert sind und sich einbilden, nur das zu sein, was sie selber von sich wissen. Jedermann, der auch nur eine Ahnung von Psychologie hat, kann sich leicht Rechenschaft darüber geben, wie beschränkt dieses Wissen ist. Rationalismus und Doktrinarismus sind unsere Zeitkrankheit; sie geben vor, alles zu wissen. Man wird aber noch vieles entdecken, was wir heute von unserem beschränkten Standpunkt aus als unmöglich bezeichnen. Unsere Begriffe von Raum und Zeit haben eine nur annähernde Geltung und lassen daher ein weites Feld relativer und absoluter Abweichungen offen. Aus Rücksicht auf solche Möglichkeiten leihe ich den wunderlichen Mythen der Seele ein aufmerksames Ohr und beobachte das Geschehen, das mir widerfährt, gleichgültig, ob es meinen theoretischen Voraussetzungen paßt oder nicht.

Leider kommt die mythische Seite des Menschen heutzutage meist zu kurz. Er kann nicht mehr fabulieren. Damit entgeht ihm viel; denn es ist wichtig und heilsam, auch von den unfaßlichen Dingen zu reden. Das ist wie eine gute Gespenstergeschichte, bei der man am Kaminfeuer sitzt und eine Pfeife raucht.

Was die Mythen oder Geschichten von einem Leben nach dem Tode «in Wirklichkeit» bedeuten, oder was für eine Realität hinter ihnen steht, wissen wir allerdings nicht. Wir können nicht ausmachen, ob sie über ihren Wert als anthropomorphe Projektionen hinaus noch irgendeine Gültigkeit besitzen. Wir müssen uns vielmehr darüber klar sein, daß es keine Möglichkeit gibt, Sicherheit über Dinge zu gewinnen, welche unseren Verstand übersteigen.

Eine andere Welt mit ganz anderen Umständen können wir uns gar nicht vorstellen, sintemalen wir in einer bestimmten Welt leben, durch welche unser Geist und unsere psychischen Voraussetzungen mitgeformt und mitgegeben sind. Wir sind durch unsere angeborene Struktur streng begrenzt und darum mit unserem Sein und Denken an diese unsere Welt gebunden. Der mythische Mensch verlangt zwar ein «Darüber-Hinausgehen», aber der wissenschaftlich verantwortliche Mensch kann es nicht zulassen. Für den Verstand ist das «mythologein» eine sterile Spekulation, für das Gemüt aber bedeutet es eine heilende Lebenstätigkeit; sie verleiht dem Dasein einen Glanz, welchen man nicht missen möchte. Es liegt auch kein zureichender Grund vor, warum man ihn missen sollte.

Die Parapsychologie erblickt einen wissenschaftlich gültigen Beweis für das Weiterleben nach dem Tode darin, daß ein Verstorbener sich manifestiert – sei es als Spuk, sei es durch ein Medium – und Dinge mitteilt, die ausschließlich ihm bekannt gewesen sind. Auch wenn es solche wohl beglaubigten Fälle gibt, bleiben die Fragen offen, ob der Spuk oder die Stimme mit dem Toten identisch oder eine psychische Projektion ist, und ob die Aussage wirklich von dem Verstorbenen herrührt oder vielleicht dem im Unbewußten vorhandenen Wissen entstammt [1].

Trotz aller vernünftigen Überlegungen, die gegen eine Sicherheit in diesen Dingen sprechen, darf man eines nicht vergessen: es bedeutet für die meisten Menschen sehr viel anzunehmen, daß ihr Leben eine unbestimmte Kontinuität über die jetzige Existenz hinaus habe. Dann leben sie vernünftiger, es geht ihnen besser, und sie sind ruhiger. Man hat Jahrhunderte, man hat eine unausdenkbare Zeit zu verschwenden! Warum dann diese sinnlose Hetzerei?

Natürlich gilt das nicht für jedermann. Es gibt Menschen, die kein Bedürfnis nach Unsterblichkeit empfinden, und für die es gräßlich ist zu denken, sie müßten zehntausend Jahre auf einer Wolke sitzen und Harfe spielen! Auch gibt es nicht wenige, denen das Leben so übel mitgespielt hat, oder die solchen Ekel vor der eigenen Existenz empfinden, daß ihnen ein absolutes Ende köstlicher erscheint als eine Fortdauer. Aber in der Mehrzahl der Fälle ist die Frage nach der Immortalität so dringend, so unmittelbar und auch so unausrottbar, daß man den Versuch wagen muß, sich irgendeine Auffassung darüber zu bilden. Aber wie könnte das möglich sein?

Meine Hypothese ist, daß wir dazu imstande sind mit Hilfe von Andeutungen, die uns das Unbewußte schickt, z. B. in Träumen. Meist sträuben wir uns, die Hinweise des Unbewußten ernst zu nehmen, weil wir von der Unbeantwortbarkeit der Frage überzeugt sind. Dieser verständlichen Skepsis halte ich folgende Überlegungen entgegen: Wenn wir etwas nicht wissen können, müssen wir es als ein intellektuelles Problem aufgeben. Ich weiß nicht, aus welchem Grund das Weltall entstanden ist, und werde es nie wissen. So muß ich diese Frage als wissenschaftliches oder intellektuelles Problem fallen lassen. Aber wenn sich mir darüber eine Idee darbietet – z. B. aus Träumen oder mythischen Überlieferungen – so will ich sie mir anmerken. Ich muß sogar wagen, mir daraus eine Auffassung zu bilden, auch wenn sie auf immer eine Hypothese bleibt, und ich weiß, daß sie nicht bewiesen werden kann.

[1] Über das «absolute Wissen» im Unbewußten vergl. C. G. Jung «Synchronizität als ein Prinzip akausaler Zusammenhänge», in Jung-Pauli «Naturerklärung und Psyche», 1952.

Der Mensch muß sich darüber ausweisen können, daß er sein möglichstes getan hat, sich eine Auffassung über das Leben nach dem Tode zu bilden, oder sich ein Bild zu machen – und sei es mit dem Eingeständnis seiner Ohnmacht. Wer das nicht tut, hat etwas verloren. Denn was als Fragendes an ihn herantritt, ist uraltes Erbgut der Menschheit, ein Archetypus, reich an geheimem Leben, das sich dem unsrigen hinzufügen möchte, um es ganz zu machen. Die Vernunft steckt uns viel zu enge Grenzen und fordert uns auf, nur das Bekannte – und auch dies mit Einschränkungen – in bekanntem Rahmen zu leben, so als ob man die wirkliche Ausdehnung des Lebens kennte! Tatsächlich leben wir Tag für Tag weit über die Grenzen unseres Bewußtseins hinaus; ohne unser Wissen lebt das Unbewußte mit. Je mehr die kritische Vernunft vorwaltet, desto ärmer wird das Leben; aber je mehr Unbewußtes, je mehr Mythus wir bewußt zu machen vermögen, desto mehr Leben integrieren wir. Die überschätzte Vernunft hat das mit dem absoluten Staat gemein: unter ihrer Herrschaft verelendet der Einzelne.

Das Unbewußte gibt uns eine Chance, indem es uns etwas mitteilt oder bildhafte Andeutungen macht. Es ist imstande, uns gelegentlich Dinge mitzuteilen, die wir aller Logik nach nicht wissen können. Denken Sie an synchronistische Phänomene, an Wahrträume und Vorahnungen!

Einmal fuhr ich von Bollingen nach Hause. Es war in der Zeit des Zweiten Weltkrieges. Ich hatte ein Buch bei mir, aber ich konnte nicht lesen, denn im Augenblick, als sich der Zug in Bewegung setzte, hatte mich das Bild eines Ertrinkenden überfallen. Es war die Erinnerung an einen Unglücksfall im Militärdienst. Während der ganzen Fahrt kam ich nicht davon los. Das war mir unheimlich, und ich dachte: Was ist denn geschehen? Ist etwa ein Unglück passiert?

In Erlenbach stieg ich aus und ging heim, immer noch mit dieser Erinnerung und meinen Sorgen beschäftigt. Im Garten standen die Kinder meiner zweiten Tochter herum. Sie wohnte mit ihrer Familie bei uns, nachdem sie wegen des Krieges aus Paris in die Schweiz zurückgekehrt war. Alle schauten etwas dumm drein, und als ich fragte: «Was ist denn los?» erzählten sie's: Adrian, damals der Kleinste, sei im Bootshaus ins Wasser gefallen. Es ist dort schon recht tief, und da er noch nicht schwimmen konnte, wäre er beinahe ertrunken. Der ältere Bruder habe ihm dann herausgeholfen. Dies spielte sich genau zu der Zeit ab, als ich im Zug von den Erinnerungen überfallen worden war. Das Unbewußte hatte mir also einen Wink gegeben. Warum kann es mir nicht auch über anderes Auskunft erteilen?

Etwas Ähnliches erlebte ich vor einem Todesfall in der Familie meiner Frau. Damals träumte ich, daß das Bett meiner Frau eine tiefe Grube mit gemauerten Wänden sei. Es war ein Grab und mutete irgendwie antik an. Da hörte ich einen tiefen Seufzer, wie wenn jemand den Geist aufgibt. Eine Gestalt, die meiner Frau glich, richtete sich in der Grube auf und schwebte empor. Sie trug ein weißes Gewand, auf welchem merkwürdige schwarze Zeichen eingewoben waren. – Ich erwachte, weckte meine Frau und kontrollierte die Zeit. Es war drei Uhr morgens. Der Traum war so merkwürdig, daß ich sofort dachte, er könnte einen Todesfall anzeigen. Um sieben Uhr kam die Nachricht, daß eine Cousine meiner Frau um drei Uhr gestorben sei!

Oft handelt es sich nur um ein Vorauswissen, nicht aber um ein Vorauserkennen. So hatte ich einmal einen Traum, in welchem ich mich auf einer garden party befand. Ich erblickte meine Schwester, was mich sehr wunderte, denn sie war schon einige Jahre zuvor gestorben. Auch ein verstorbener Freund von mir war anwesend. Die übrigen waren noch lebende Bekannte. Meine Schwester befand sich in Gesellschaft einer mir wohlbekannten Dame, und schon im Traum schloß ich daraus, daß diese anscheinend vom Tode berührt war. – Sie ist vorgemerkt, dachte ich. Im Traum wußte ich, wer sie war, und daß sie in Basel wohnte. Kaum war ich erwacht, konnte ich mich jedoch beim besten Willen nicht mehr erinnern, wer sie war, obwohl mir der ganze Traum noch lebhaft vor Augen stand. Ich stellte mir sämtliche Basler Bekannten vor und paßte auf, ob nicht bei der Vorstellung der Gedächtnisbilder etwas in mir anklingen würde. Nichts!

Einige Wochen später erhielt ich die Nachricht vom tödlichen Unfall einer befreundeten Dame. Da wußte ich sofort: sie war es, die ich im Traum gesehen, aber nicht erinnert hatte. Ich besaß ein mit vielen Einzelheiten ausgestattetes Erinnerungsbild von ihr, war sie doch während längerer Zeit, bis zum Jahr vor ihrem Tode, meine Patientin gewesen. Bei meinem Versuch, sie mir ins Gedächtnis zurückzurufen, war aber in der langen Reihe meiner Basler Bekannten ausgerechnet ihr Bild nicht aufgetreten, obwohl es sich aller Wahrscheinlichkeit nach schon unter den ersten hätte befinden müssen.

Wenn man solche Erfahrungen macht, bekommt man eine gewisse Hochachtung vor den Möglichkeiten und Fähigkeiten des Unbewußten. Man muß nur kritisch bleiben und wissen, daß solche «Mitteilungen» immer auch eine subjektive Bedeutung haben können. Sie können mit der Realität übereinstimmen oder auch nicht. Ich habe aber die Erfahrung gemacht, daß mir die Auffassungen, die ich auf Grund solcher Andeutungen des Unbewußten gewinnen konnte, Lichter aufgesteckt und Ausblicke auf Ahnungsreiches eröffnet haben. Natürlich werde ich kein Buch der Offenbarungen darüber schreiben, sondern ich werde anerkennen, daß ich einen «Mythus» habe, der mich interessiert und mich zu Fragestellungen veranlaßt. Mythen sind früheste Formen der Wissenschaft. Wenn ich über die Dinge nach dem Tode rede, so spreche ich aus einer inneren Bewegtheit und kann nicht weiter gehen, als Träume und Mythen darüber erzählen.

Natürlich kann man von vornherein einwenden, Mythen und Träume über eine Kontinuität des Lebendigen nach dem Tode seien lediglich kompensierende Phantasien, die in unserer Natur liegen – alles Leben will Ewigkeit. Dagegen habe ich kein anderes Argument als eben den Mythus.

Darüber hinaus gibt es aber auch Hinweise, daß mindestens ein Teil der Psyche den Gesetzen von Raum und Zeit nicht unterworfen ist. Den wissenschaftlichen Beweis dafür erbrachten die bekannten Rhineschen Versuche [2]. Neben zahllosen Fällen von spontanem Vorauswissen, unräumlichen Wahrnehmungen und dergleichen, wofür ich Ihnen Beispiele aus meinem Leben erzählt habe, beweisen sie, daß die Psyche zeitweilig jenseits des raumzeitlichen Kausalgesetzes funktioniert. Daraus ergibt sich, daß unsere Vorstellungen von Raum und Zeit und damit auch der Kausalität unvollständig sind. Ein vollständiges Weltbild müßte sozusagen noch um eine andere Dimension erweitert werden; erst dann könnte die Gesamtheit der Phänomene einheitlich erklärt werden. Deshalb bestehen die Rationalisten auch heute noch darauf, es gäbe keine parapsychologischen Erfahrungen; denn damit steht und fällt ihre Weltanschauung. Wenn solche Phänomene überhaupt vorkommen, ist das rationalistische Weltbild ungültig, weil unvollständig. Dann wird die Möglichkeit einer hinter den Erscheinungen liegenden

[2] J. B. Rhine, Duke University in Durham, USA, hat mit seinen Kartenexperimenten die Fähigkeit des Menschen nachgewiesen, außersinnliche Wahrnehmungen zu machen. A. J.

anderswertigen Wirklichkeit zum unabweisbaren Problem, und wir müssen die Tatsache ins Auge fassen, daß unsere Welt mit Zeit, Raum und Kausalität sich auf eine dahinter oder darunter liegende andere Ordnung der Dinge bezieht, in welcher weder «Hier und Dort», noch «Früher und Später» wesentlich sind. Ich sehe keine Möglichkeit zu bestreiten, daß wenigstens ein Teil unserer psychischen Existenz durch eine Relativität von Raum und Zeit charakterisiert ist. Mit zunehmender Bewußtseinsferne scheint sie sich bis zu einer absoluten Raum- und Zeitlosigkeit zu steigern.

Es waren nicht nur eigene Träume, sondern gelegentlich auch diejenigen von anderen, die meine Auffassungen über ein postmortales Leben formten, revidierten oder bestätigten. Von besonderer Bedeutung war der Traum, den eine knapp sechzigjährige Schülerin von mir etwa zwei Monate vor ihrem Tode träumte: Sie kam ins Jenseits. Dort war eine Schulklasse, in welcher auf der vordersten Bank ihre verstorbenen Freundinnen saßen. Es herrschte allgemeine Erwartung. Sie blickte sich um nach einem Lehrer oder Vortragenden, konnte aber niemanden finden. Man bedeutete ihr, daß sie selbst die Vortragende sei, denn alle Verstorbenen hätten gleich nach ihrem Tode einen Bericht über die Gesamterfahrung ihres Lebens abzugeben. Die Toten interessierten sich in hohem Maße für die von den Verstorbenen mitgebrachten Lebenserfahrungen, so als ob Taten und Entwicklungen im irdischen Leben die entscheidenden Ereignisse seien.

Auf alle Fälle schildert der Traum eine sehr ungewöhnliche Zuhörerschaft, die ihresgleichen auf der Erde wohl kaum finden dürfte: man interessiert sich brennend für das psychologische Endresultat eines menschlichen Lebens, das in keinerlei Weise bemerkenswert ist, so wenig wie der Schluß, der daraus gezogen werden könnte – nach unserem Dafürhalten. Wenn sich das «Publikum» aber in einer relativen Nicht-Zeit befindet, wo «Ablauf», «Ereignis», «Entwicklung» fragliche Begriffe geworden sind, so könnte es sich eben gerade für das, was ihm in seinem Zustand fehlt, am meisten interessieren.

Zur Zeit dieses Traumes hatte die Verstorbene Angst vor dem Tode und wollte diese Möglichkeit ihrem Bewußtsein tunlichst fernhalten. Es ist aber ein sehr wichtiges «Interesse» des alternden Menschen, sich gerade mit dieser Möglichkeit bekannt zu machen. Ein sozusagen unabweisbar Fragendes tritt an ihn heran, und er sollte darauf antworten. Zu diesem Zweck sollte er einen Mythus vom Tode haben, denn die «Vernunft» zeigt ihm nichts als die dunkle Grube, in die er fährt. Der Mythus aber könnte ihm andere Bilder vor Augen führen, hilfreiche und bereichernde Bilder des Lebens im Totenland. Glaubt er an diese oder gibt er ihnen auch nur einigen Kredit, so hat er damit ebenso sehr recht und unrecht wie einer, der nicht an sie glaubt. Während aber der Leugnende dem Nichts entgegengeht, folgt der dem Archetypus Verpflichtete den Spuren des Lebens bis zum Tode. Beide sind zwar im Ungewissen, der eine aber gegen seinen Instinkt, der andere mit ihm, was einen beträchtlichen Unterschied und Vorteil zugunsten des letzteren bedeutet.

Auch die Gestalten des Unbewußten sind «uninformiert» und bedürfen des Menschen, oder des Kontaktes mit dem Bewußtsein, um «Wissen» zu erlangen. Als ich mit dem Unbewußten zu arbeiten begann, spielten die Phantasiefiguren der Salome und des Elias eine große Rolle. Dann rückten sie in den Hintergrund, traten aber nach circa zwei Jahren erneut auf. Zu meinem größten Erstaunen waren sie vollkommen unverändert; sie sprachen und handelten so, wie wenn sich in der Zwischenzeit überhaupt nichts ereignet hätte. Und doch hatten sich in meinem Leben die unerhörtesten Dinge abgespielt. Ich mußte sozusagen wieder von vorne anfangen und ihnen alles auseinandersetzen und erzählen. Das hat mich damals sehr erstaunt. Erst später verstand ich, was geschehen war: die beiden waren in der Zwischenzeit ins Unbewußte und in sich selber – man könnte ebensogut sagen: in die Zeitlosigkeit – versunken. Sie blieben ohne Kontakt mit dem Ich und dessen sich wandelnden Umständen und waren darum «unwissend» über das, was in der Welt des Bewußtseins geschehen war.

Schon früh hatte ich die Erfahrung gemacht, daß ich die Gestalten des Unbewußten, oder von ihnen oft ununterscheidbar, die «Geister der Abgeschiedenen» zu belehren hätte. Das erste Mal erlebte ich das auf einer Velotour durch Ober-Italien, die ich 1911 mit einem Freund unternommen hatte. Auf dem Heimweg kamen wir von Pavia nach Arona, am unteren Teil des Lago Maggiore und übernachteten dort. Wir hatten im Sinn, dem See entlang und dann weiter durch den Tessin bis Faido zu fahren. Dort wollten wir den Zug nach Zürich nehmen. Aber in Arona hatte ich einen Traum, der unsere Pläne über den Haufen warf.

Im Traum befand ich mich in einer Versammlung erlauchter Geister aus früheren Jahrhunderten und hatte ein ähnliches Gefühl wie später gegenüber den «erlauchten Ahnen», die sich im schwarzen Stein meiner Vision von 1944 befanden. Die Unterhaltung wurde auf Lateinisch geführt. Ein Herr mit einer Allongeperücke sprach mich an und stellte mir eine schwierige Frage, an deren Inhalt ich mich beim Erwachen nicht mehr erinnern konnte. Ich verstand ihn, beherrschte die Sprache aber nicht genügend, um ihm lateinisch zu antworten. Das beschämte mich aufs tiefste, so daß die Emotion mich weckte.

Schon im Augenblick des Erwachens fiel mir meine damalige Arbeit «Wandlungen und Symbole der Libido» ein, und ich hatte derartige Minderwertigkeitsgefühle ob der nicht beantworteten Frage, daß ich sofort den Zug nach Hause nahm, um mich an die Arbeit zu begeben. Es wäre mir unmöglich gewesen, die Velotour fortzusetzen und noch drei Tage dafür zu opfern. Ich mußte arbeiten, um die Antwort zu finden.

Erst viel später verstand ich den Traum und meine Reaktion: der Herr in der Allongeperücke war eine Art «Ahnen- oder Totengeist», der seine Fragen an mich gerichtet hatte, und ich wußte keine Antwort! Es war damals noch zu früh, ich war noch nicht so weit; aber ich hatte eine dunkle Ahnung, daß ich durch die Arbeit an meinem Buch die mir gestellte Frage beantwortete. Sie wurde gewissermaßen von meinen geistigen Vorfahren an mich gestellt in der Hoffnung und Erwartung, daß sie dann hören würden, was sie zu ihrer Zeit nicht in Erfahrung bringen konnten; es mußte in den nachfolgenden Jahrhunderten erst erschaffen werden. Wären Frage und Antwort in der Ewigkeit, schon von jeher, vorhanden gewesen, so hätte es meiner Anstrengung keineswegs bedurft, und sie hätten in irgendeinem anderen Jahrhundert entdeckt werden können. Es scheint zwar ein unbegrenztes Wissen in der Natur vorhanden zu sein, das aber nur unter passenden Zeitumständen vom Bewußtsein erfaßt werden kann. Es geschieht vermutlich wie in der Seele des Einzelnen: er trägt vielleicht viele Jahre lang eine Ahnung von etwas in sich herum, wird aber dessen erst in einem gewissen späteren Moment wirklich gewahr.

Als ich später die «Septem Sermones ad Mortuos» schrieb, waren es wiederum die Toten, welche die entscheidenden Fragen an mich richteten. Sie kamen – so hieß es – zurück von Jerusalem, weil sie dort nicht fanden, was sie suchten. Das erstaunte mich damals sehr; denn nach hergebrachter Meinung sind es die Toten, welche das große Wissen haben. Man ist der Ansicht, sie wüßten viel mehr als wir, weil ja die christliche Lehre annimmt, daß wir «drüben» «von Angesicht zu Angesicht schauen» würden. Scheinbar «wissen» die Seelen der Verstorbenen aber nur das, was sie im Augenblick ihres Todes wußten und nichts darüber hinaus. Daher ihr Bemühen, ins Leben einzudringen, um teilzunehmen am Wissen der Menschen. Oft habe ich das Gefühl, als stünden sie direkt hinter uns und warteten darauf, zu vernehmen, welche Antwort wir ihnen und welche wir dem Schicksal geben. Es scheint mir, als ob ihnen alles darauf ankäme, von den Lebenden, d. h. von denen, die sie überleben und in einer sich weiter verändernden Welt existieren, Antworten auf ihre Fragen zu erhalten. Die Toten fragen, wie wenn das Allwissen oder Allgewußtsein nicht ihnen zur Verfügung stünde, sondern nur in die körperverhaftete Seele des Lebenden einfließen könnte. Der Geist des Lebenden scheint daher wenigstens in einem Punkte gegenüber dem der Toten im Vorteil zu sein, nämlich in der Fähigkeit, klare und entscheidende Erkenntnisse zu erlangen. Die dreidimensionale Welt in Zeit und Raum erscheint mir wie ein Koordinatensystem: es wird in Ordinate und Abszisse auseinandergelegt, was «dort», in der Raum-Zeitlosigkeit, vielleicht als ein Urbild mit vielen Aspekten, vielleicht als eine diffuse «Erkenntniswolke» um einen Archetypus herum, erscheinen mag. Es bedarf aber eines Koordinatensystems, um Unterscheidung von distinkten Inhalten zu ermöglichen. Eine derartige Operation erscheint uns undenkbar im Zustand eines diffusen Allwissens oder eines subjektlosen Bewußtseins ohne zeiträumliche Bestimmung. Erkenntnis setzt, wie Zeugung, einen Gegensatz voraus, ein Hier und Dort, ein Oben und Unten, ein Vorher und Nachher.

Wenn es ein bewußtes Dasein nach dem Tode geben sollte, so ginge es, wie mir scheint, in der Richtung weiter wie das Bewußtsein der Menschheit, das jeweils eine obere, aber verschiebbare Grenze hat. Es gibt viele Menschen, die im Augenblick ihres Todes nicht nur hinter ihren eigenen Möglichkeiten zurückgeblieben sind, sondern vor allem auch weit hinter dem, was schon zu ihren Lebzeiten von anderen Menschen bewußt gemacht worden war. Daher ihr Anspruch, im Tode den Anteil an Bewußtheit zu erlangen, den sie im Leben nicht erworben haben.

Zu dieser Ansicht bin ich durch die Beobachtung von Träumen über Verstorbene gekommen. So träumte ich einmal, daß ich einen Freund besuchte, der etwa vierzehn Tage zuvor gestorben war. In seinem Leben hatte er nie etwas anderes gekannt als eine konventionelle Weltanschauung, und in dieser reflexionslosen Haltung war er stecken geblieben. Seine Wohnung befand sich auf einem Hügel, ähnlich dem Tüllinger Hügel bei Basel. Dort stand ein altes Schloß, dessen Ringmauer einen Platz mit einer kleinen Kirche und einigen kleineren Gebäuden umgab. Er erinnerte mich an den Platz beim Schloß Rapperswil. Es war Herbst. Die Blätter der alten Bäume waren schon golden gefärbt, und milder Sonnenschein verklärte das Bild. Dort saß mein Freund an einem Tisch mit seiner Tochter, die in Zürich Psychologie studiert hatte. Ich wußte, daß sie ihm die nötigen Aufklärungen über Psychologie gab. Er war so fasziniert von dem, was sie zu ihm sagte, daß er mich nur mit einer flüchtigen Handbewegung begrüßte, so als wollte er mir zu verstehen geben: «Störe mich nicht!» Der Gruß war gleichzeitig ein Abwinken.

Der Traum sagte mir, daß er jetzt auf eine mir natürlich unwißbare Art und Weise die Wirklichkeit seines psychischen Daseins realisieren müsse, wozu er in seinem Leben niemals imstande gewesen war. Zum Traumbild fielen mir später die Worte ein: «Heilige Anachoreten gebirgauf verteilt . . .» Die Anachoreten in der Schlußszene des zweiten Teils von Faust sind als Darstellung von verschiedenen Entwicklungsstufen gedacht, die sich ergänzen und gegenseitig erhöhen.

Eine andere Erfahrung über die Entwicklung der Seele nach dem Tode machte ich, als ich – etwa ein Jahr nach dem Tode meiner Frau – eines Nachts plötzlich erwachte und wußte, daß ich bei ihr in Südfrankreich, in der Provence, gewesen war und einen ganzen Tag mit ihr verbracht hatte. Sie machte dort Studien über den Gral. Das erschien mir bedeutsam; denn sie war gestorben, bevor sie die Arbeit über dieses Thema beendet hatte.

Die Erklärung auf der Subjektstufe – daß meine Anima mit der ihr auferlegten Arbeit noch nicht fertig sei – sagt mir nichts; denn ich weiß, daß ich damit noch nicht fertig bin. Aber der Gedanke, daß meine Frau nach dem Tode noch an ihrer geistigen Weiterentwicklung arbeitet – was immer man sich darunter vorstellen mag – schien mir sinnvoll, und darum hatte der Traum etwas Beruhigendes für mich.

Bollingen, 1958

Vorstellungen dieser Art sind natürlich inkorrekt und geben ein ungenügendes Bild, wie ein in die Fläche projizierter Körper oder wie, umgekehrt, die Konstruktion eines vierdimensionalen Gebildes aus einem Körper. Sie bedienen sich der Bestimmungen einer dreidimensionalen Welt, um sich zu veranschaulichen. Wie die Mathematik es sich nicht verdrießen läßt, einen Ausdruck für Verhältnisse zu schaffen, die alle Empirie übersteigen, so gehört es auch zum Wesen einer disziplinierten Phantasie, Bilder des Unanschaulichen nach logischen Prinzipien und auf Grund empirischer Daten, z. B. der Traumaussagen, zu entwerfen. Die dabei verwendete Methode ist die der «notwendigen Aussage», wie ich sie genannt habe. Sie stellt das Prinzip der Amplifikation in der Traumdeutung dar, kann aber am leichtesten durch die Aussagen der einfachen ganzen Zahlen demonstriert werden.

Die Eins ist als erstes Zählwort eine Einheit. Sie ist aber auch «die Einheit», das Eine, das All-Eine, Einzige und Zweitlose – kein Zählwort, sondern eine philosophische Idee, oder ein Archetypus und Gottesattribut, die Monas. Es ist schon richtig, daß der menschliche Verstand diese Aussagen macht, aber er ist bestimmt und gebunden durch die Vorstellung der Eins und ihrer Implikationen. Es sind, mit anderen Worten, keine willkürlichen Aussagen, sondern sie sind durch das Wesen der Eins determiniert und darum notwendig. Die gleiche logische Operation ließe sich theoretisch an allen folgenden individuellen Zahlenvorstellungen vollziehen, kommt aber praktisch bald zum Ende wegen der rasch ansteigenden Anzahl von Komplikationen, die unübersehbar wird.

Jede weitere Einheit bringt neue Eigenschaften und Modifikationen. So z. B. ist es eine Eigenschaft der Zahl Vier, daß Gleichungen vierten Grades noch aufgelöst werden können, diejenigen fünften Grades jedoch nicht. Eine «notwendige Aussage» der Zahl Vier ist also, daß sie Höhepunkt und zugleich Ende eines vorhergehenden Anstiegs ist. Da mit jeder weiteren Einheit eine oder mehrere neue Eigenschaften mathematischer Natur auftreten, komplizieren sich die Aussagen derart, daß sie nicht mehr formuliert werden können.

Die unendliche Zahlenreihe entspricht der unendlichen Zahl individueller Geschöpfe. Sie besteht ebenfalls aus Individuen, und schon die Eigenschaften ihrer zehn Anfangsglieder stellen – wenn überhaupt etwas – eine abstrakte Kosmogonie aus der Monas dar. Die Eigenschaften der Zahlen sind aber auch zugleich Eigenschaften der Materie, weshalb gewisse Gleichungen das Verhalten des Stoffes vorauszunehmen imstande sind.

Ich möchte deshalb auch anderen als den mathematischen (von Natur her vorhandenen) Aussagen unseres Verstandes die Möglichkeit zubilligen, über sich selbst hinaus auf Realitäten unanschaulicher Art hinzuweisen. Ich denke bei solchen Aussagen z. B. an Phantasiebildungen, die sich des consensus omnium erfreuen oder die durch große Häufigkeit ihres Auftretens ausgezeichnet sind, und an die archetypischen Motive. Es gibt mathematische Gleichungen, von denen man nicht weiß, welchen physischen Wirklichkeiten sie entsprechen; ebenso gibt es mythische Wirklichkeiten, und wir wissen zunächst nicht, auf welche psychischen Wirklichkeiten sie sich beziehen. Man hatte zum Beispiel Gleichungen aufgestellt, die die Turbulenz erhitzter Gase ordnen, längst bevor diese genau untersucht worden waren; seit noch viel längerer Zeit gibt es Mythologeme, die den Ablauf gewisser unterschwelliger Vorgänge ausdrücken, aber erst heute können wir sie als solche erkennen.

Der Grad von Bewußtheit, der irgendwo schon erreicht ist, bildet, wie mir scheinen will, die obere Grenze dessen, was auch die Toten an Erkenntnis erreichen können. Darum ist wohl das irdische Leben von so großer Bedeutung und das, was ein Mensch beim Sterben «hinüberbringt», so wichtig. Nur hier, im irdischen Leben, wo die Gegensätze zusammenstoßen, kann das allgemeine Bewußtsein erhöht werden. Das scheint die metaphysische Aufgabe des Menschen zu sein, die er aber ohne «mythologein» nur teilweise erfüllen kann. Der Mythus ist die unvermeidliche und unerläßliche Zwischenstufe zwischen dem Unbewußten und der bewußten Erkenntnis. Es steht fest, daß das Unbewußte mehr weiß als das Bewußtsein, aber es ist ein Wissen besonderer Art, ein Wissen in der Ewigkeit, meist ohne Beziehung auf das Hier und Jetzt, ohne Rücksicht auf unsere Verstandessprache. Nur wenn wir seiner Aussage Gelegenheit geben, sich zu amplifizieren, wie oben am Beispiel der Zahlen gezeigt, gerät sie in die Reichweite unseres Verständnisses, und ein neuer Aspekt wird uns wahrnehmbar. Dieser Vorgang wiederholt sich bei jeder gelungenen Traumanalyse in überzeugender Weise. Darum ist es so wichtig, keine vorgefaßten doktrinären Meinungen über Traumaussagen zu haben. Sobald eine gewisse «Monotonie der Deutung» auffällt, weiß man, daß die Interpretation doktrinär und daher unfruchtbar geworden ist.

Wenn es auch nicht möglich ist, einen gültigen Beweis für ein Weiterleben der Seele nach dem Tode zu erbringen, so gibt es doch Erlebnisse, die einem zu denken geben. Ich fasse sie als Hinweise auf, ohne mir die Kühnheit herauszunehmen, ihnen die Bedeutung von Erkenntnissen zuzuerteilen.

Einmal lag ich nachts wach und dachte an den plötzlichen Tod eines Freundes, der am Tage zuvor begraben worden war. Sein Tod beschäftigte mich sehr. Mit einem Mal hatte ich das Gefühl, er sei im Zimmer. Es war mir, als stünde er zu Füßen meines Bettes und verlangte, daß ich mit ihm gehe. Ich hatte nicht das Gefühl einer Erscheinung, sondern es war ein visuelles inneres Bild von ihm, das ich mir als eine Phantasie erklärte. Ehrlicherweise mußte ich mich aber fragen: Habe ich einen Beweis dafür, daß es eine Phantasie ist? Wenn es nun keine Phantasie wäre, wenn also mein Freund wirklich da wäre, und ich würde ihn für eine Phantasie halten, wäre das nicht eine Unverschämtheit? – Ich hatte aber ebensowenig einen Beweis dafür, daß er als Erscheinung, d. h. «wirklich» vor mir stand. Da sagte ich mir: Beweis hin oder her! Anstatt ihn als Phantasie zu erklären, könnte ich ihn mit dem gleichen Recht als Erscheinung akzeptieren und ihm wenigstens versuchsweise Wirklichkeit zubilligen. – In dem Augenblick, als ich das dachte, ging er zur Tür und winkte mir, ihm zu folgen. Ich sollte sozusagen mitspielen. Das war nun allerdings nicht vorgesehen! Ich mußte mir daher mein Argument nochmals wiederholen. Erst dann folgte ich ihm in meiner Phantasie.

Er führte mich aus dem Haus, in den Garten, auf die Straße und schließlich in sein Haus. (In Wirklichkeit lag es einige hundert Meter von dem meinigen entfernt). Ich ging hinein, und er geleitete mich in sein Arbeitszimmer. Er stieg auf einen Schemel und zeigte auf das zweite von fünf rot eingebundenen Büchern, die auf dem zweitobersten Schaft standen. Dann hörte die Vision auf. Ich kannte seine Bibliothek nicht und wußte nicht, was für Bücher er besaß. Überdies hätte ich die Titel der Bände, auf die er hingewiesen hatte, von unten nicht erkennen können, da sie auf dem zweitobersten Schaft standen.

Das Erlebnis schien mir so merkwürdig, daß ich am anderen Morgen zu der Witwe meines Freundes ging und sie fragte, ob ich in der Bibliothek des Verstorbenen etwas nachschauen dürfe. Tatsächlich stand unter dem in der Phantasie gesehenen Regal ein Schemel, und ich sah schon von weitem die fünf rot eingebundenen Bände. Ich stieg auf den Schemel, um die Titel lesen zu können. Es waren Übersetzungen von Emile Zolas Romanen; der Titel des zweiten Bandes lautete: «Das Vermächtnis der Toten.» Der Inhalt schien mir uninteressant, aber der Titel war im Zusammenhang mit dem Erlebnis höchst belangreich.

Ein anderes Erlebnis, das mir zu denken gab, hatte ich vor dem Tode meiner Mutter. Als sie starb, befand ich mich im Tessin. Ich war erschüttert über die Nachricht, denn ihr Tod war unerwartet plötzlich gekommen. In der Nacht vor ihrem Tode hatte ich einen erschreckenden Traum: Ich befand mich in einem dichten, finsteren Wald; phantastische, riesige Felsblöcke lagen zwischen gewaltigen, urwaldartigen Bäumen. Es war eine heroische, urweltliche Landschaft. Mit einem Male hörte ich ein gellendes Pfeifen, das durch das Universum zu hallen schien. Die Knie wurden mir weich vor Schrecken. Da krachte es im Gebüsch, und ein riesiger Wolfshund mit einem furchtbaren Rachen brach heraus. Vor seinem Anblick gerann mir das Blut in den Adern. Er schoß an mir vorbei, und ich wußte: jetzt hat der Wilde Jäger ihm befohlen, einen Menschen zu apportieren. Mit Todesschrecken erwachte ich, und am folgenden Morgen erhielt ich die Nachricht vom Tode meiner Mutter.

Selten hat mich ein Traum dermaßen erschüttert, denn bei oberflächlicher Betrachtung schien er zu sagen, daß der Teufel meine Mutter geholt habe. In Wahrheit aber war es der Wilde Jäger, der «Grünhütl», der in jener Nacht – in den Föhntagen des Januar – mit seinen Wölfen jagte. Es war Wotan, der Gott der alemannischen Vorväter, welcher meine Mutter zu ihren Ahnen «versammelte», nämlich negativ zum wilden Heer, positiv aber zu den «sälig Lüt». Erst durch die christlichen Missionare wurde Wotan zum Teufel. An sich ist er ein bedeutender Gott – ein Mercurius oder Hermes, wie die Römer richtig erkannten; ein Naturgeist, der im Merlin der Gralssage wieder erstand und als «Spiritus Mercurialis» zum gesuchten Arcanum der Alchemisten wurde. So sagt der Traum, daß die Seele meiner Mutter in jenen größeren Zusammenhang des Selbst aufgenommen wurde, jenseits des christlich-moralischen Ausschnittes, nämlich in die den Gegensatzkonflikt umfassende Ganzheit von Natur und Geist.

Ich fuhr sofort nach Hause, und als ich nachts im Zuge saß, hatte ich das Gefühl großer Traurigkeit, aber in meinem innersten

Herzen konnte ich nicht traurig sein und zwar aus einem seltsamen Grunde: während der ganzen Fahrt hörte ich unausgesetzt Tanzmusik, Lachen und freudigen Lärm, so als ob eine Hochzeit gefeiert würde. Dieses Erlebnis stand in krassem Gegensatz zu dem furchtbaren Eindruck des Traumes. Hier war heitere Tanzmusik, fröhliches Lachen, und es war mir unmöglich, mich ganz der Trauer hinzugeben. Immer wieder wollte sie mich überwältigen, aber im nächsten Augenblick war ich wieder inmitten der fröhlichen Melodien. Es war ein Gefühl von Wärme und Freude einerseits und von Schrecken und Trauer andererseits, ein unaufhörlicher Wechsel von Gefühlskontrasten.

Der Gegensatz läßt sich dadurch erklären, daß der Tod einmal vom Gesichtspunkt des Ich und das andere Mal von dem der Seele aus dargestellt wird. Im ersteren Fall erscheint er als Katastrophe, und es sieht so aus, wie wenn böse und mitleidlose Mächte einen Menschen erschlagen hätten.

Der Tod ist ja auch eine furchtbare Brutalität – darüber darf man sich nicht täuschen – nicht nur als physisches Geschehen, sondern viel mehr noch als psychisches: ein Mensch wird weggerissen, und was bleibt, ist eisige Totenstille. Keine Hoffnung besteht mehr auf irgendeinen Zusammenhang, denn alle Brücken sind abgebrochen. Menschen, denen man ein langes Leben gewünscht hätte, werden mitten aus dem Leben dahingerafft, und Nichtsnutze erreichen ein hohes Alter. Das ist eine grausame Realität, die man sich nicht verhehlen sollte. Die Brutalität und Willkürlichkeit des Todes können die Menschen so verbittern, daß sie daraus schließen, es gäbe keinen barmherzigen Gott, keine Gerechtigkeit und keine Güte.

Unter einem anderen Gesichtspunkt aber erscheint der Tod als ein freudiges Geschehen. Sub specie aeternitatis ist er eine Hochzeit, ein Mysterium Coniunctionis. Die Seele erreicht sozusagen die ihr fehlende Hälfte, sie erlangt Ganzheit. Auf griechischen Sarkophagen wurde das freudige Element durch Tänzerinnen dargestellt, auf etruskischen Gräbern durch Gastmähler. Als der fromme Kabbalist Rabbi Simon ben Jochai starb, sagten seine Freunde, er feiere Hochzeit. Noch heute ist es in manchen Gegenden Sitte, zu Allerseelen auf den Gräbern ein «Picnic» zu veranstalten. All das drückt die Empfindung aus, der Tod sei eigentlich ein Freudenfest.

Bereits ein paar Monate vor dem Tode meiner Mutter, im September 1922, hatte ich einen Traum, der auf ihn hinwies. Er handelte von meinem Vater und beeindruckte mich sehr. Seit seinem

Tode, also seit 1896, hatte ich nie mehr von ihm geträumt. Nun erschien er wieder in einem Traum, wie wenn er von einer weiten Reise zurückgekehrt wäre. Er sah verjüngt aus und nicht väterlich autoritär. Ich ging mit ihm in meine Bibliothek und freute mich riesig, zu erfahren, wie es ihm ergangen sei. Ganz besonders freute ich mich darauf, ihm meine Frau und meine Kinder vorzustellen, ihm mein Haus zu zeigen und zu erzählen, was ich inzwischen alles getan hätte und geworden sei. Ich wollte ihm auch von dem Typenbuch berichten, das jüngst herausgekommen war. Aber ich sah sogleich, daß alles das nicht möglich war, denn mein Vater schien präokkupiert. Anscheinend wollte er etwas von mir. Das fühlte ich deutlich und stellte mich darum selber zurück. Da sagte er mir, er möchte mich, da ich ja Psychologe sei, gern konsultieren und zwar über Ehepsychologie. Ich machte mich bereit, ihm einen längeren Exkurs über die Komplikationen der Ehe zu geben, und daran bin ich erwacht. Ich konnte den Traum nicht recht verstehen, denn es kam mir nicht in den Sinn, daß er sich auf den Tod meiner Mutter beziehen könnte. Das wurde mir erst klar, als sie im Januar 1923 plötzlich starb.

Die Ehe meiner Eltern war kein glückhaftes Einvernehmen, sondern eine durch viele Schwierigkeiten belastete Geduldsprobe. Beide machten die für viele Ehepaare typischen Fehler. Aus meinem Traum hätte ich den Tod meiner Mutter voraussehen können: nach sechsundzwanzigjähriger Abwesenheit erkundigte sich mein Vater im Traum beim Psychologen nach den neuesten Einsichten und Erkenntnissen, Ehekomplikationen betreffend, da für ihn die Zeit gekommen war, das Problem wieder aufzunehmen. Er hatte in seinem zeitlosen Zustand offenbar keine besseren Einsichten erworben und mußte sich deshalb an den Lebenden wenden, der unter veränderten Zeitumständen einige neue Gesichtspunkte hatte gewinnen können.

So spricht der Traum. Unzweifelhaft hätte ich durch Einsicht in seinen subjektiven Sinn noch viel gewinnen können – aber warum träumte ich ihn gerade vor dem Tode meiner Mutter, von welchem ich keine Voraussicht hatte? Er ist deutlich auf meinen Vater ausgerichtet, mit dem mich eine mit den Jahren sich vertiefende Sympathie verband.

Da das Unbewußte infolge seiner Zeit-Raum-Relativität bessere Informationsquellen hat als das Bewußtsein, welches nur über die Sinneswahrnehmungen verfügt, sind wir in bezug auf unseren

Mythus vom Leben nach dem Tode auf die spärlichen Andeutungen des Traumes und ähnlicher Spontanmanifestationen des Unbewußten angewiesen. Man kann diesen Hinweisen, wie schon gesagt, natürlich nicht den Wert von Erkenntnissen oder gar Beweisen beimessen. Sie können aber als passende Unterlagen zu mythischen Amplifikationen dienen; sie schaffen dem forschenden Verstand jenen Umkreis an Möglichkeiten, die zu seiner Lebendigkeit unerläßlich sind. Fehlt die Zwischenwelt der mythischen Phantasie, so ist der Geist von Erstarrung im Doktrinarismus bedroht. Umgekehrt bedeutet aber die Berücksichtigung der mythischen Ansätze auch eine Gefahr für schwache und suggestible Geister, Ahnungen für Erkenntnisse zu halten und Phantasmata zu hypostasieren.

Einen weitverbreiteten Jenseitsmythus formen die Ideen und Vorstellungen über die Reinkarnation.

In einem Lande, dessen geistige Kultur sehr differenziert und viel älter ist als die unsrige, nämlich in Indien, gilt der Gedanke der Reinkarnation als ebenso selbstverständlich wie bei uns derjenige, daß Gott die Welt erschaffen habe, oder daß es einen spiritus rector gebe. Die gebildeten Inder wissen, daß wir nicht so denken wie sie, aber das kümmert sie nicht. Der geistigen Eigentümlichkeit östlichen Wesens entsprechend wird die Folge von Geburt und Tod als ein endloses Geschehen, als ein ewiges Rad, gedacht, das ohne Ziel weiterrollt. Man lebt und erkennt und stirbt und fängt wieder von vorne an. Nur bei Buddha tritt die Idee eines Zieles hervor, nämlich die Überwindung des irdischen Seins.

Das mythische Bedürfnis des westlichen Menschen verlangt ein evolutionäres Weltbild mit *Anfang* und *Ziel*. Es verwirft ein solches mit Anfang und bloßem *Ende* ebenso wie die Anschauung eines statischen, in sich geschlossenen ewigen Kreislaufs. Der östliche Mensch dagegen scheint letztere Idee tolerieren zu können. Es gibt offenbar keinen allgemeinen Consensus in bezug auf das Wesen der Welt, ebensowenig wie die Astronomen in dieser Frage bis jetzt sich einigen konnten. Dem westlichen Menschen ist die Sinnlosigkeit einer bloß statischen Welt unerträglich, er muß ihren Sinn voraussetzen. Der östliche Mensch braucht diese Voraussetzung nicht, sondern er verkörpert sie. Während jener den Sinn der Welt vollenden will, strebt dieser nach der Erfüllung des Sinns im Menschen und streift die Welt und das Dasein von sich ab (Buddha).

Ich würde beiden recht geben. Der westliche Mensch scheint eben vorherrschend extravertiert, der östliche vorherrschend introvertiert zu sein. Ersterer projiziert den Sinn und vermutet ihn in den Objekten; letzterer fühlt ihn in sich. Der Sinn aber ist außen wie innen.

Nicht zu trennen von der Idee der Wiedergeburt ist diejenige des Karma. Die entscheidende Frage ist, ob das Karma eines Menschen persönlich sei oder nicht. Stellt die Schicksalsbestimmung, mit der ein Mensch sein Leben antritt, das Resultat von Handlungen und Leistungen vergangener Leben dar, so besteht eine persönliche Kontinuität. Im anderen Fall wird ein Karma von einer Geburt gewissermaßen erfaßt, so daß es sich wieder verkörpert, ohne daß eine persönliche Kontinuität bestünde.

Zweimal wurde Buddha von seinen Schülern gefragt, ob das Karma des Menschen persönlich oder unpersönlich sei. Beide Male hat er die Frage abgebogen und ist nicht darauf eingegangen; sie trage nicht dazu bei, sich von der Illusion des Seins zu befreien. Buddha hielt es für nützlicher, daß seine Schüler über die Nidâna-Kette meditierten, nämlich über Geburt, Leben, Alter und Tod, über Ursache und Wirkung der leidensvollen Ereignisse.

Ich weiß keine Antwort auf die Frage, ob das Karma, welches ich lebe, das Resultat meiner vergangenen Leben, oder ob es nicht vielmehr die Errungenschaft meiner Ahnen sei, deren Erbe in mir zusammenkommt. Bin ich eine Kombination von Ahnenleben und verkörpere deren Leben wieder? Habe ich als bestimmte Persönlichkeit früher schon einmal gelebt und bin in jenem Leben soweit gekommen, daß ich nun eine Lösung versuchen kann? Ich weiß es nicht. Buddha hat es offen gelassen, und ich möchte annehmen, er habe es nicht mit Sicherheit gewußt.

Ich könnte mir gut vorstellen, daß ich in früheren Jahrhunderten gelebt habe und dort an Fragen gestoßen bin, die ich noch nicht beantworten konnte; daß ich wiedergeboren werden mußte, weil ich die mir gestellte Aufgabe nicht erfüllt hatte. Wenn ich sterbe, werden – so stelle ich es mir vor – meine Taten nachfolgen. Ich werde das mitbringen, was ich getan habe. Mittlerweile aber handelt es sich darum, daß ich im Ende meines Lebens nicht mit leeren Händen dastehe. Dies scheint auch Buddha gedacht zu haben, als er seine Jünger von unnützen Spekulationen abzuhalten versuchte.

Es ist der Sinn meiner Existenz, daß das Leben eine Frage an mich hat. Oder umgekehrt: ich selber bin eine Frage, die an die

Welt gerichtet ist, und ich muß meine Antwort beibringen, sonst bin ich bloß auf die Antwort der Welt angewiesen. Das ist die überpersönliche Lebensaufgabe, die ich nur mit Mühe realisiere. Vielleicht stellt sie etwas dar, was meine Ahnen schon beschäftigt hat, was sie jedoch nicht beantworten konnten. Bin ich vielleicht darum beeindruckt von der Tatsache, daß der Schluß von Faust keine Lösung enthält? Oder von dem Problem, an dem Nietzsche gescheitert ist: dem dionysischen Erlebnis, das dem christlichen Menschen entgangen zu sein scheint? Oder ist es der unruhvolle Wotan-Hermes meiner alemannischen und fränkischen Ahnen, der mir herausfordernde Fragen stellt? Oder hat Richard Wilhelms scherzhafte Vermutung recht, daß ich in meinem Vorleben ein rebellischer Chinese gewesen sei, der strafweise seine östliche Seele in Europa entdecken muß?

Was ich als Resultat meiner Ahnenleben oder als in persönlichen Vorleben erworbenes Karma empfinde, könnte vielleicht ebensogut ein unpersönlicher Archetypus sein, der heute alle Welt in Atem hält und mich besonders ergriffen hat, wie z. B. die saekulare Entwicklung der göttlichen Trias und ihre Konfrontation mit dem weiblichen Prinzip, oder die noch immer fällige Antwort auf die gnostische Frage nach dem Ursprung des Bösen, mit anderen Worten, die Unvollständigkeit des christlichen Gottesbildes.

Ich denke auch an die Möglichkeit, daß durch eine individuelle Leistung eine Frage in der Welt entsteht, deren Beantwortung gefordert wird. Zum Beispiel könnten meine Fragestellung und meine Antwort unbefriedigend sein. Unter diesen Umständen müßte jemand, der mein Karma hat – also vielleicht ich selber – wiedergeboren werden, um eine vollständigere Antwort zu geben. Darum könnte ich mir vorstellen, daß ich solange nicht wiedergeboren werde, als die Welt keine Antwort nötig hat, und daß ich Anwartschaft hätte auf etliche hundert Jahre der Ruhe, bis man wieder jemanden braucht, der sich für dergleichen Dinge interessiert, und ich daher erneut mit Gewinn an die Aufgabe gehen könnte. Ich habe die Idee, man könnte jetzt einige Ruhe eintreten lassen, bis das bisherige Pensum aufgearbeitet ist.

Die Frage des Karma ist mir dunkel, wie auch das Problem der persönlichen Wiedergeburt oder der Seelenwanderung. «Libera et vacua mente» vernehme ich mit Achtung das indische Bekenntnis zur Wiedergeburt und halte Umschau in meiner Erfahrungswelt, ob sich nicht irgendwo und irgendwie etwas ereignet, das billigerweise in die Richtung der Reinkarnation weisen könnte. Ich sehe natürlich ab von den bei uns relativ zahlreichen Zeugnissen des Glaubens an Reinkarnation. Ein Glaube beweist mir nämlich nur das Phänomen des Glaubens, aber keineswegs den geglaubten Inhalt. Dieser muß sich mir an und für sich empirisch offenbaren, um akzeptiert zu werden. Bis vor wenigen Jahren habe ich trotz hierauf gerichteter Aufmerksamkeit nichts in dieser Hinsicht Überzeugendes zu entdecken vermocht. Vor kurzem aber habe ich bei mir selber eine Reihe von Träumen beobachtet, welche nach allem Dafürhalten den Reinkarnationsvorgang bei einer mir bekannten verstorbenen Persönlichkeit beschreiben. Gewisse Aspekte ließen sich sogar mit einer nicht ganz abzuweisenden Wahrscheinlichkeit bis in die empirische Wirklichkeit verfolgen. Etwas Ähnliches habe ich aber nie wieder beobachtet oder vernommen, so daß ich keine Vergleichsmöglichkeiten habe. Da somit meine Beobachtung subjektiv und einmalig ist, möchte ich nur ihr Vorhandensein mitteilen, nicht aber ihre Inhalte. Ich muß aber gestehen, daß ich nach dieser Erfahrung das Problem der Reinkarnation mit etwas anderen Augen betrachte, ohne allerdings in der Lage zu sein, eine bestimmte Meinung vertreten zu können.

Wenn wir annehmen, daß es «dort» weitergeht, so können wir uns keine andere Existenz denken als eine psychische; denn das Leben der Psyche bedarf keines Raumes und keiner Zeit. Die psychische Existenz, vor allem die inneren Bilder, mit denen wir uns jetzt schon beschäftigen, liefern den Stoff für alle mythischen Spekulationen über eine Existenz im Jenseits, und diese stelle ich mir als ein Fortschreiten in der Bilderwelt vor. So könnte die Psyche jene Existenz sein, in der sich das «Jenseits» oder das «Totenland» befindet. Das Unbewußte und das «Totenland» sind in dieser Hinsicht Synonyma.

Vom psychologischen Gesichtspunkt aus erscheint das «Leben im Jenseits» als eine konsequente Fortsetzung des psychischen Lebens im Alter. Mit zunehmendem Alter nämlich spielen Beschaulichkeit, Reflexion und die inneren Bilder natürlicherweise eine immer größere Rolle. «Deine Alten werden Träume haben [3].» Dies setzt allerdings voraus, daß die Seele der Alten nicht verholzt oder versteinert ist – sero medicina paratur cum mala per longas convaluere

[3] Apostelgesch. II, 17. Joel, III, 1.

moras [4]. Im Alter fängt man an, die Erinnerungen vor seinem inneren Auge abrollen zu lassen und sich in den inneren und äußeren Bildern der Vergangenheit denkend zu erkennen. Das ist wie eine Vorstufe oder eine Vorbereitung zu einer Existenz im Jenseits, so wie nach Auffassung Platos die Philosophie eine Vorbereitung auf den Tod darstellt.

Die inneren Bilder verhindern, daß ich mich in der persönlichen Rückschau verliere. Es gibt viele alte Menschen, die sich in der Erinnerung an äußere Ereignisse verstricken. Sie bleiben darin verhaftet, während die Rückschau, wenn sie reflektiert und in Bilder übersetzt ist, ein «reculer pour mieux sauter» bedeutet. Ich versuche, die Linie zu sehen, die durch mein Leben in die Welt geführt hat und aus der Welt wiederum herausführt.

Im allgemeinen sind die Vorstellungen, welche die Menschen sich über das Jenseits machen, von ihrem Wunschdenken und ihren Vorurteilen mitbestimmt. Meist werden darum mit dem Jenseits nur lichte Vorstellungen verbunden. Aber das leuchtet mir nicht ein. Ich kann mir kaum vorstellen, daß wir nach dem Tode auf einer lieblichen Blumenwiese landen. Wenn im Jenseits alles licht und gut wäre, müßte doch auch eine freundliche Kommunikation zwischen uns und lauter seligen Geistern bestehen, und aus dem Vorgeburtszustand könnten uns schöne und gute Konsequenzen zufließen. Davon ist aber keine Rede. Warum diese unüberwindliche Trennung der Abgeschiedenen von den Menschen? Mindestens die Hälfte der Berichte über Begegnungen mit den Totengeistern handelt von angstvollen Erlebnissen mit dunkeln Geistern, und es ist die Regel, daß das Totenland eisiges Schweigen beobachtet, unbekümmert um den Schmerz der Vereinsamten.

Wenn ich dem folge, was es unwillkürlich in mir denkt, so erscheint mir die Welt in viel zu hohem Maße einheitlich, als daß es ein «Jenseits» geben könnte, in welchem die Gegensatznatur völlig fehlt. Auch dort ist «Natur», die auf ihre Weise Gottes ist. Die Welt, in die wir nach dem Tode kommen, wird großartig sein und furchtbar, so wie die Gottheit und die uns bekannte Natur. Auch daß das Leiden gänzlich aufhörte, kann ich mir nicht vorstellen. Zwar war das, was ich in meinen Visionen 1944 erlebt habe, die Befreiung von der Last des Körpers und das Wahrnehmen des

[4] Die Medizin wird zu spät zubereitet, wenn das Übel durch lange Zeiten stark geworden ist.

Sinnes, tief beglückend. Trotzdem war auch dort Dunkelheit und ein seltsames Aufhören menschlicher Wärme. Denken Sie an den schwarzen Felsen, zu dem ich gelangte! Er war dunkel und aus härtestem Granit. Was hat das zu bedeuten? Wäre keine Unvollkommenheit, kein primordialer Defekt im Schöpfungsgrund vorhanden, warum dann ein Schöpferdrang, eine Sehnsucht nach dem zu Erfüllenden? Warum liegt es den Göttern an Mensch und Schöpfung? An der Fortsetzung der Nidânakette ins Endlose? Wo doch ein Buddha der leidvollen Illusion des Daseins sein «quod non» entgegenhielt und der christliche Mensch auf ein baldiges Weltende hofft?

Ich halte es für wahrscheinlich, daß es auch im Jenseits irgendwelche Beschränkungen gibt, daß die Totenseelen aber nur allmählich herausfinden, wo die Grenzen des befreiten Zustandes liegen. Irgendwo ist «dort» ein weltbedingendes Muß, das dem Jenseitszustand ein Ende bereiten will. Dieses schöpferische Muß wird – so denke ich mir – darüber entscheiden, welche Seelen wieder in die Geburt eintauchen werden. Ich könnte mir vorstellen, daß gewisse Seelen den Zustand der dreidimensionalen Existenz als seliger empfinden als den der «ewigen». Doch hängt das vielleicht davon ab, wieviel sie an Vollständigkeit oder Unvollständigkeit ihrer menschlichen Existenz mit hinübergenommen haben.

Es ist möglich, daß eine Fortsetzung des dreidimensionalen Lebens keinen Sinn mehr hätte, wenn die Seele erst einmal gewisse Stufen der Einsicht erreicht hat; daß sie dann nicht mehr zurückkehren müßte und erhöhte Einsicht den Wunsch nach Wiederverkörperung verhinderte. Dann würde die Seele der dreidimensionalen Welt entschwinden und in einen Zustand gelangen, den die Buddhisten als Nirvana bezeichnen. Wenn aber noch ein Karma übrig bleibt, das erledigt werden muß, so fällt die Seele wieder in die Wünsche zurück und begibt sich erneut in das Leben, vielleicht sogar aus Einsicht, daß noch etwas zu vollenden sei.

In meinem Fall muß es in erster Linie ein leidenschaftlicher Drang zu verstehen gewesen sein, welcher meine Geburt bewirkt hat. Denn er ist das stärkste Element meines Wesens. Dieser unersättliche Trieb nach Verständnis hat sich sozusagen ein Bewußtsein geschaffen, um zu erkennen, was ist und was geschieht, und um darüber hinaus noch aus spärlicher Andeutung des Unerkennbaren mythische Vorstellungen zu entdecken.

Wir sind keineswegs in der Lage, beweisen zu können, daß etwas von uns ewig erhalten bleibt. Wir können höchstens sagen, es bestehe eine gewisse Wahrscheinlichkeit, daß etwas von unserer Psyche über den physischen Tod hinaus weiter existiere. Ob nun das, was weiter existiert, in sich selber bewußt ist, wissen wir ebensowenig. Besteht das Bedürfnis, sich über diese Frage eine Meinung zu bilden, so könnte man vielleicht die Erfahrungen in Betracht ziehen, die mit psychischen Spaltungsphänomenen gemacht wurden. In den meisten Fällen nämlich, wo sich ein abgespaltener Komplex manifestiert, geschieht dies in Form einer Persönlichkeit, so als ob der Komplex ein Bewußtsein seiner selbst hätte. Darum sind z. B. die Stimmen der Geisteskranken personifiziert. Das Phänomen der personifizierten Komplexe habe ich schon in meiner Dissertation behandelt. Man könnte sie, wenn man will, zugunsten einer Kontinuität des Bewußtseins anführen. Für eine solche Annahme sprechen auch die überraschenden Beobachtungen, die bei tiefen Ohnmachten nach akuten Gehirnverletzungen und bei schweren Kollapszuständen gemacht werden. In beiden Fällen können auch bei schwerster Bewußtlosigkeit Wahrnehmungen der Außenwelt sowie intensive Traumerlebnisse stattfinden. Da die Großhirnrinde, der Sitz des Bewußtseins, während der Ohnmacht ausgeschaltet ist, sind solche Erlebnisse heute noch unerklärt. Sie können für eine zumindest subjektive Erhaltung der Bewußtseinsfähigkeit – auch im Zustande anscheinender Bewußtlosigkeit – sprechen [5].

Das Problem der Beziehung zwischen dem «zeitlosen Menschen», dem Selbst, und dem irdischen Menschen in Zeit und Raum, wirft Fragen schwierigster Art auf. Es wurde mir durch zwei Träume beleuchtet.

In einem Traum, den ich im Oktober 1958 hatte, erblickte ich von meinem Hause aus zwei linsenförmige, metallisch glänzende Scheiben, die in einem engen Bogen über das Haus hinweg zum See sausten. Es waren zwei UFOs. Danach kam ein anderer Körper direkt auf mich zugeflogen. Es war eine kreisrunde Linse, wie das Objektiv eines Fernrohres. In einer Entfernung von etwa vier- bis fünfhundert Metern stand es einen Augenblick lang still und flog dann fort. Gleich darauf kam wieder ein Körper durch die Luft geflogen: ein Objektiv mit metallenem Ansatz, der zu einem Kasten

[5] Vergl. dazu «Synchronizität als ein Prinzip akausaler Zusammenhänge» in: Jung-Pauli: Naturerklärung und Psyche. 1952, pag. 92 f.

führte – eine Laterna magica. In etwa sechzig bis siebzig Metern Entfernung stand sie in der Luft still und zielte direkt auf mich. Ich erwachte mit dem Gefühl der Verwunderung. Noch halb im Traum ging es mir durch den Kopf: Wir denken immer, daß die UFOs unsere Projektionen seien. Nun zeigt es sich, daß wir ihre Projektionen sind. Ich werde von der Laterna magica als C. G. Jung projiziert. Aber wer manipuliert den Apparat?

Über das Problem der Beziehung von Selbst und Ich hatte ich schon einmal geträumt. In jenem früheren Traum befand ich mich auf der Wanderschaft. Auf einer kleinen Straße ging ich durch eine hügelige Landschaft, die Sonne schien, und ich hatte einen weiten Ausblick ringsum. Da kam ich an eine kleine Wegkapelle. Die Tür war angelehnt, und ich ging hinein. Zu meinem Erstaunen befand sich auf dem Altar kein Muttergottesbild und auch kein Crucifix, sondern nur ein Arrangement aus herrlichen Blumen. Dann aber sah ich, daß vor dem Altar, auf dem Boden, mir zugewandt, ein Yogin saß – im Lotus-Sitz und in tiefer Versenkung. Als ich ihn näher anschaute, erkannte ich, daß er mein Gesicht hatte. Ich erschrak zutiefst und erwachte an dem Gedanken: Ach so, das ist der, der mich meditiert. Er hat einen Traum, und das bin ich. Ich wußte, daß wenn er erwacht, ich nicht mehr sein werde.

Diesen Traum hatte ich nach meiner Krankheit 1944. Er stellt ein Gleichnis dar: mein Selbst begibt sich in die Versenkung, sozusagen wie ein Yogin, und meditiert meine irdische Gestalt. Man könnte auch sagen: es nimmt menschliche Gestalt an, um in die dreidimensionale Existenz zu kommen, wie wenn sich jemand in einen Taucheranzug kleidet, um ins Meer zu tauchen. Das Selbst begibt sich der jenseitigen Existenz in einer religiösen Einstellung, worauf auch die Kapelle im Traumbild weist. In der irdischen Gestalt kann es die Erfahrungen der dreidimensionalen Welt machen und sich durch größere Bewußtheit um ein weiteres Stück verwirklichen.

Die Gestalt des Yogin würde gewissermaßen meine unbewußte praenatale Ganzheit darstellen und der ferne Osten, wie das in Träumen häufig der Fall ist, einen uns fremden, dem Bewußtsein entgegengesetzten psychischen Zustand. Wie die Laterna magica, «projiziert» auch die Meditation des Yogin meine empirische Wirklichkeit. In der Regel werden wir aber dieses Kausalzusammenhanges in umgekehrter Richtung gewahr: wir entdecken in den Produkten des Unbewußten Mandalasymbole, d. h. Kreis- und Quaternitätsfiguren, welche Ganzheit ausdrücken; und wenn wir Ganzheit ausdrücken, so verwenden wir ebensolche Figuren. Unsere Basis ist das Ichbewußtsein, ein im Ichpunkt zentriertes Lichtfeld, das unsere Welt darstellt. Von hier aus schauen wir eine rätselvolle Dunkelwelt an und wissen nicht, wie weit ihre schattenhaften Spuren von unserem Bewußtsein verursacht werden, oder wie weit sie eigene Realität besitzen. Eine oberflächliche Betrachtung gibt sich mit der Annahme des verursachenden Bewußtseins zufrieden. Genauere Beobachtung aber zeigt, daß in der Regel die Bilder des Unbewußten nicht vom Bewußtsein gemacht werden, sondern ihre eigene Realität und Spontaneität besitzen. Trotzdem betrachten wir sie bloß als eine Art Randphänomene.

Die Tendenz beider Träume geht dahin, das Verhältnis von Ichbewußtsein und Unbewußtem geradezu umzukehren und das Unbewußte als Erzeuger der empirischen Person darzustellen. Die Umkehrung weist daraufhin, daß nach der Ansicht der «anderen Seite» unsere unbewußte Existenz die wirkliche ist und unsere Bewußtseinswelt eine Art Illusion oder eine scheinbare, zu einem bestimmten Zweck hergestellte, Wirklichkeit darstellt, etwa wie ein Traum, der auch solange Wirklichkeit zu sein scheint, als man sich darin befindet. Es ist klar, daß dieser Sachverhalt sehr viel Ähnlichkeit mit der östlichen Weltanschauung hat, insofern diese an Mājā glaubt [6].

Die unbewußte Ganzheit erscheint mir daher als der eigentliche spiritus rector alles biologischen und psychischen Geschehens. Sie strebt nach totaler Verwirklichung, also totaler Bewußtwerdung im Fall des Menschen. Bewußtwerdung ist Kultur im weitesten Sinne und Selbsterkenntnis daher Essenz und Herz dieses Vorgangs. Der Osten mißt dem Selbst unzweifelhaft «göttliche» Bedeutung bei, und nach alter christlicher Anschauung ist Selbsterkenntnis der Weg zur cognitio Dei.

Die entscheidende Frage für den Menschen ist: Bist du auf Unendliches bezogen oder nicht? Das ist das Kriterium seines Lebens.

[6] Die Unsicherheit darüber, wem oder welchem «Ort» Wirklichkeit zugesprochen werden müsse, hatte schon einmal in Jungs Leben eine Rolle gespielt: als er als Kind auf dem Stein saß und mit dem Gedanken spielte, dieser sage oder *sei* «Ich». Vergl. auch den bekannten Schmetterlingstraum des Dschuang-Dsi. A. J.

Nur wenn ich weiß, daß das Grenzenlose das Wesentliche ist, verlege ich mein Interesse nicht auf Futilitäten und auf Dinge, die nicht von entscheidender Bedeutung sind. Wenn ich es nicht weiß, so insistiere ich darauf, um dieser oder jener Eigenschaft willen, die ich als persönlichen Besitz auffasse, etwas in der Welt zu gelten. Also vielleicht wegen «meiner» Begabung oder «meiner» Schönheit. Je mehr der Mensch auf falschem Besitz insistiert und je weniger das Wesentliche für ihn spürbar ist, desto unbefriedigender ist sein Leben. Er fühlt sich beschränkt, weil er beschränkte Absichten hat, und das schafft Neid und Eifersucht. Wenn man versteht und fühlt, daß man schon in diesem Leben an das Grenzenlose angeschlossen ist, ändern sich Wünsche und Einstellung. Letzten Endes gilt man nur wegen des Wesentlichen, und wenn man das nicht hat, ist das Leben vertan. Auch in der Beziehung zum anderen Menschen ist es entscheidend, ob sich das Grenzenlose in ihr ausdrückt oder nicht.

Das Gefühl für das Grenzenlose erreiche ich aber nur, wenn ich auf das Äußerste begrenzt bin. Die größte Begrenzung des Menschen ist das Selbst; es manifestiert sich im Erlebnis «ich bin *nur* das!» Nur das Bewußtsein meiner engsten Begrenzung im Selbst ist angeschlossen an die Unbegrenzheit des Unbewußten. In dieser Bewußtheit erfahre ich mich zugleich als begrenzt und ewig, als das Eine und das Andere. Indem ich mich einzigartig weiß in meiner persönlichen Kombination, d. h. letztlich begrenzt, habe ich die Möglichkeit, auch des Grenzenlosen bewußt zu werden. Aber nur dann.

In einer Epoche, die ausschließlich auf Erweiterung des Lebensraumes sowie Vermehrung des rationalen Wissens à tout prix gerichtet ist, ist es höchste Forderung, sich seiner Einzigartigkeit und Begrenzung bewußt zu sein. Einzigartigkeit und Begrenztheit sind Synonyme. Ohne sie gibt es keine Wahrnehmung des Unbegrenzten – und daher auch keine Bewußtwerdung – sondern bloß eine wahnartige Identität mit demselben, welche sich im Rausch der großen Zahlen und der politischen Machtfülle äußert.

Unsere Zeit hat alle Betonung auf den diesseitigen Menschen verschoben und damit eine Dämonisierung des Menschen und seiner Welt herbeigeführt. Die Erscheinung der Diktatoren und all des Elends, das sie gebracht haben, geht darauf zurück, daß dem Menschen durch die Kurzsichtigkeit der Allzuklugen die Jenseitigkeit geraubt wurde. Wie diese ist auch er der Unbewußtheit zum

Emma Jung-Rauschenbach (1882—1955)
Aufnahme aus dem Jahre 1954

Opfer gefallen. Die Aufgabe des Menschen nämlich wäre ganz im Gegenteil, sich dessen, was vom Unbewußten her andrängt, bewußt zu werden, anstatt darüber unbewußt oder damit identisch zu bleiben. In beiden Fällen würde er seiner Bestimmung, Bewußtsein zu schaffen, untreu. Soweit wir zu erkennen vermögen, ist es der einzige Sinn der menschlichen Existenz, ein Licht anzuzünden in der Finsternis des bloßen Seins. Es ist sogar anzunehmen, daß, wie das Unbewußte auf uns wirkt, so auch die Vermehrung unseres Bewußtseins auf das Unbewußte.

SPÄTE GEDANKEN

Zur biographischen Verdeutlichung meiner selbst sind die Ausführungen dieses Kapitels unerläßlich, obschon sie dem Leser wohl theoretisch erscheinen mögen. Diese «Theorie» ist aber eine meinem Leben zugehörige Existenzform, sie stellt eine Lebensweise dar, die mir so nötig ist wie Essen und Trinken.

I

Das Bemerkenswerte am Christentum ist die Tatsache, daß es in seiner Dogmatik einen Veränderungsprozeß in der Gottheit antizipiert, also eine historische Wandlung auf der «anderen Seite». Dies geschieht in der Form des neuen Mythus von einer Spaltung im Himmel, erstmals angedeutet im Schöpfungsmythus, wo ein schlangenartiger Widersacher des Schöpfers auftritt, der die ersten Menschen zum Ungehorsam verführt, mit dem Versprechen vermehrter Bewußtheit (scientes bonum et malum). Die zweite Andeutung ist der Engelsturz, eine «überstürzte» Invasion der Menschenwelt durch unbewußte Inhalte. Die Engel sind ein sonderbares Genus. Sie sind gerade das, was sie sind und können nichts anderes sein: an sich seelenlose Wesen, die nichts anderes darstellen als die Gedanken und Intuitionen ihres Meisters. Im Falle des Engelsturzes handelt es sich also um ausschließlich «böse» Engel. Sie lösen die bekannte Wirkung der *Inflation* aus, die wir auch heute im Diktatorenwahn beobachten können: die Engel erzeugen mit den Menschen ein *Riesengeschlecht,* das schließlich auch die Menschen aufzufressen sich anschickt, wie im Buch Henoch berichtet wird.

Die dritte und entscheidende Stufe des Mythus aber ist die Selbstverwirklichung Gottes in menschlicher Gestalt, in Erfüllung der alttestamentlichen Idee der *Gottesehe* und ihrer Folge. In der christlichen Urzeit schon hat sich die Inkarnationsidee zu der Anschauung des «Christus in nobis» gesteigert. Damit drang die unbewußte Ganzheit in den psychischen Bereich der inneren Erfahrung ein und verlieh dem Menschen eine Ahnung seiner ganzen Gestalt. Das war nicht nur für diesen, sondern auch für den Schöpfer ein entscheidendes Ereignis: In den Augen der aus der Dunkelheit Erlösten streifte Er Seine dunkeln Eigenschaften ab und wurde zum Summum Bonum. Dieser Mythus blieb für ein Jahrtausend ungebrochen lebendig, bis sich die ersten Zeichen einer weiteren Bewußtseinswandlung im 11. Jahrhundert bemerkbar machten [1].

Von da an mehrten sich die Symptome der Unrast und des Zweifels, bis am Ende des zweiten Jahrtausends das Bild einer Weltkatastrophe sich abzuzeichnen begann, d. h. zunächst einer Bewußtseinsbedrohung. Diese besteht im Phänomen der Riesen, nämlich einer Hybris des Bewußtseins: «Nichts ist größer als der Mensch und seine Taten». Die Jenseitigkeit des christlichen Mythus ging verloren und damit die christliche Anschauung der im Jenseits erfüllten Ganzheit.

Dem Licht folgt der Schatten, die andere Seite des Schöpfers. Diese Entwicklung erreicht ihren Gipfel im 20. Jahrhundert. Jetzt ist die christliche Welt wirklich mit dem Prinzip des Bösen konfrontiert, nämlich mit offener Ungerechtigkeit, Tyrannis, Lüge, Sklaverei und Gewissenszwang. Diese Manifestation des ungeschminkt Bösen hat zwar bei dem Volk der Russen anscheinend permanente Gestalt angenommen, aber den ersten gewaltigen Brandausbruch bei den Deutschen ausgelöst. Damit war unwiderleglich dargetan, bis zu welchem Grade das Christentum des 20. Jahrhunderts ausgehöhlt ist. Demgegenüber läßt sich das Böse nicht mehr durch die Euphemie der privatio boni verharmlosen. Das Böse ist bestimmende Wirklichkeit geworden. Es kann nicht mehr durch Umbenennung aus der Welt geschafft werden. Wir müssen lernen, damit umzugehen, denn *es will mitleben.* Wie das ohne größten Schaden möglich sein sollte, ist vorderhand nicht abzusehen.

Auf alle Fälle bedürfen wir einer Neuorientierung, d. h. einer Metanoia. Wenn man das Böse berührt, so besteht die dringende Gefahr, daß man ihm verfällt. Man darf also überhaupt nicht mehr «verfallen», auch nicht dem Guten. Ein sogenanntes Gutes, dem man verfällt, verliert seinen moralischen Charakter. Nicht daß es an sich schlecht geworden wäre, aber es entwickelt böse Folgen, weil man ihm verfallen ist. Jede Form von Süchtigkeit ist

[1] Dieses Thema hat Jung in «Aion», 1951, behandelt.

von Übel, gleichgültig, ob es sich um Alkohol oder Morphium oder Idealismus handelt. Man darf sich von den Gegensätzen nicht mehr verführen lassen.

Das Kriterium des ethischen Handelns kann nicht mehr darin bestehen, daß das, was man als «gut» erkennt, den Charakter eines kategorischen Imperativs besitzt, und daß das sogenannte Böse unbedingt vermeidbar ist. Durch die Anerkennung der Wirklichkeit des Bösen wird das Gute als die eine Hälfte eines Gegensatzes notwendigerweiser relativiert. Das gleiche gilt für das Böse. Beide zusammen bilden nun ein paradoxes Ganzes. Praktisch heißt das, daß Gut-Böse ihren absoluten Charakter verlieren, und wir gezwungen sind, uns darauf zu besinnen, daß sie *Urteile* darstellen.

Die Unvollkommenheit alles menschlichen Urteilens legt uns jedoch den Zweifel nahe, ob unsere Meinung jeweils das Richtige trifft. Wir können auch einem Fehlurteil unterliegen. Davon wird das ethische Problem nur insofern betroffen, als wir uns in bezug auf die moralische Bewertung unsicher fühlen. Trotzdem müssen wir uns ethisch entscheiden. Die Relativität von «gut» und «böse» oder «schlecht» bedeutet keineswegs, daß diese Kategorien ungültig seien oder nicht existierten. Das moralische Urteil ist immer und überall vorhanden mit seinen charakteristischen psychologischen Folgen. Wie ich schon andernorts betont habe, wird sich wie bisher auch in alle Zukunft hinaus getanes, beabsichtigtes und gedachtes Unrecht an unserer Seele rächen, unbekümmert darum, ob sich die Welt für uns umgedreht hat oder nicht. Es sind nur die Inhalte des Urteils, die zeitlichen und örtlichen Bedingungen unterliegen und sich dementsprechend ändern. Die moralische Bewertung gründet sich immer auf den uns sicher erscheinenden Sittenkodex, der genau zu wissen vorgibt, was gut und was böse sei. Jetzt aber, da wir wissen, wie unsicher die Grundlage ist, wird die ethische Entscheidung zu einer subjektiven schöpferischen Tat, der wir uns nur concedente Deo versichern können, d. h. wir bedürfen eines spontanen und entscheidenden Anstoßes von seiten des Unbewußten. Die Ethik, d. h. die Entscheidung zwischen Gut und Böse, ist davon nicht tangiert, sie ist nur erschwert. Nichts kann uns die Qual der ethischen Entscheidung ersparen. Aber man muß, so hart es auch klingen mag, die Freiheit haben, das bekannte moralisch Gute unter Umständen zu vermeiden und das als Böse Anerkannte zu tun, sollte es die ethische Entscheidung verlangen. Mit anderen Worten: man soll den Gegensätzen nicht verfallen. Gegenüber einer solchen Einseitigkeit haben wir die Vorlage des neti-neti der indischen Philosophie in moralischer Gestalt. Damit wird der Sittenkodex gegebenenfalls unweigerlich aufgehoben und die ethische Entscheidung dem Individuum anheimgestellt. Das ist an sich nichts Neues, sondern hat sich in vorpsychologischer Zeit schon immer als «Pflichtenkollision» ereignet.

Das Individuum ist aber in der Regel dermaßen unbewußt, daß es seine eigenen Entscheidungsmöglichkeiten überhaupt nicht kennt und aus diesem Grunde sich immer wieder ängstlich nach äußeren Regeln und Gesetzen umsieht, an die es sich in seiner Ratlosigkeit halten könnte. Abgesehen von der allgemein menschlichen Unzulänglichkeit, liegt ein gutes Stück Schuld an der Erziehung, die sich ausschließlich nach dem ausrichtet, was man allgemein weiß, nicht aber von dem spricht, was persönliche Erfahrung des Einzelnen ist. So werden Idealismen gelehrt, von denen man meist mit Sicherheit weiß, daß man sie nie wird erfüllen können, und sie werden von Amts wegen von denen gepredigt, die wissen, daß sie selber sie nie erfüllt haben, noch je erfüllen werden. Diese Lage wird unbesehen hingenommen.

Wer also eine Antwort haben will auf das heute gestellte Problem des Bösen, der bedarf in erster Linie einer gründlichen *Selbsterkenntnis,* d. h. einer bestmöglichen Erkenntnis seiner Ganzheit. Er muß ohne Schonung wissen, wieviel des Guten er vermag und welcher Schandtaten er fähig ist, und er muß sich hüten, das eine für wirklich und das andere für Illusion zu halten. Es ist beides wahr als Möglichkeit, und er wird weder dem einen noch dem anderen ganz entgehen, wenn er – wie er es eigentlich von Hause aus müßte – ohne Selbstbelügung oder Selbsttäuschung leben will.

Von einem derartigen Erkenntnisgrad ist man aber im allgemeinen noch beinahe hoffnungslos weit entfernt, obschon die Möglichkeit einer tieferen Selbsterkenntnis bei vielen modernen Menschen durchaus vorhanden wäre. Solche Selbsterkenntnis wäre darum nötig, weil man nur auf Grund derselben jener Grundschicht oder jenem Kern menschlichen Wesens sich nähern kann, wo man auf die Instinkte stößt. Die Instinkte sind a priori vorhandene dynamische Faktoren, von denen die ethischen Entscheidungen unseres Bewußtseins letztlich abhängen. Es ist das Unbewußte und seine Inhalte, über das es kein endgültiges Urteil gibt. Man kann darüber nur Vorurteile haben, denn man vermag sein Wesen nicht erkennend zu umfassen und ihm rationale Grenzen zu setzen. Man erreicht Naturerkenntnis nur durch bewußtseinserweiternde Wissenschaft, und so bedarf vertiefte Selbsterkenntnis auch der Wissenschaft, d. h. der Psychologie. Niemand baut ein Fernrohr oder Mikroskop sozusagen aus dem Handgelenk und aus gutem Willen allein, ohne Kenntnisse der Optik.

Wir bedürfen heute der Psychologie aus vitalen Gründen. Man steht perplex, verdummt und ratlos vor dem Phänomen des Nationalsozialismus und Bolschewismus, weil man nichts vom Menschen weiß, oder doch nur ein halbseitiges und entstelltes Bild von ihm hat. Hätten wir Selbsterkenntnis, so wäre das nicht der Fall. Vor uns steht die furchtbare Frage nach dem Bösen, und man weiß es nicht einmal, geschweige denn eine Antwort. Und wenn man es noch wüßte, so begreift man nicht, «wie das alles so kommen konnte». In genialer Naivität erklärt ein Staatsmann, er habe keine «Imagination im Bösen». Ganz richtig: *man* hat keine Imagination im Bösen, aber *sie hat uns*. Die einen wollen das nicht wissen, und die anderen sind identisch damit. Das ist die heutige psychologische Weltlage: die einen wähnen sich noch christlich und glauben, sie könnten das sogenannte Böse unter die Füße treten; die anderen aber sind ihm verfallen und sehen das Gute nicht mehr. Das Böse ist heute zu einer sichtbaren Großmacht geworden: die eine Hälfte der Menschheit stützt sich auf eine von menschlichen Erklügelungen fabrizierte Doktrin; die andere Hälfte krankt am Mangel eines der Situation gewachsenen Mythus. Was die christlichen Völker betrifft, so ist ihr Christentum eingeschlafen und hat es versäumt, im Laufe der Jahrhunderte seinen Mythus weiter zu bauen. Es hat jenen, die den dunkeln Wachstumsregungen der mythischen Vorstellungen Ausdruck gaben, das Gehör versagt. Ein Gioacchino da Fiore, ein Meister Eckart, ein Jacob Boehme und viele andere sind für die Masse Dunkelmänner geblieben. Ein einziger Lichtblick ist Pius XII. und sein Dogma [2]. Aber man weiß nicht einmal, wovon ich rede, wenn ich solches sage. Man versteht nicht einmal, daß ein Mythus tot ist, wenn er nicht mehr lebt und sich nicht mehr weiter entwickelt. Unser Mythus ist stumm geworden und gibt keine Antwort. Der Fehler liegt nicht etwa an ihm, so wie er in der Hl. Schrift niedergelegt ist, sondern einzig und allein an uns, die ihn nicht weiter entwickelt, sondern sogar alle Versuche in dieser Hinsicht unterdrückt haben. In der ursprünglichen Fassung des Mythus

[2] Vergl. pag. 205 Fußnote 2.

finden sich genügend Ansätze, die Entwicklungsmöglichkeiten in sich tragen. Christus wird z. B. das Wort in den Mund gelegt: «Seid klug wie die Schlangen und sanft wie die Tauben.» Wozu braucht man die Schlangenklugheit? Und wie verhält sie sich zur Taubenunschuld? «So ihr nicht werdet wie die Kinder ...» – Wer denkt daran, wie Kinder in Wirklichkeit sind? Mit welcher Moral begründet der Herr die Usurpation des Esels, dessen er bedarf, um in Jerusalem als Triumphator einzureiten? Und wer ist nachher schlechter Laune wie ein Kind und verflucht den Feigenbaum? Was für eine Moral geht aus dem Gleichnis vom ungerechten Haushalter hervor und was für eine tiefe und für unsere Lage weittragende Erkenntnis aus dem apokryphen Herrenwort: «Mensch, wenn du weißt, was du tust, so bist du selig, weißt du es aber nicht, so bist du verflucht und ein Übertreter des Gesetzes[3]»? Was heißt es schließlich, wenn ein Paulus bekennt: «Das Böse, das ich nicht will, das tue ich»? Die deutlichen Voraussagungen der allgemein als mißlich empfundenen Apokalypse will ich schon gar nicht erwähnen, weil sie keinen Kredit genießen.

Die einst von den Gnostikern aufgeworfene Frage: «Woher kommt das Böse?» hat in der christlichen Welt keine Antwort gefunden, und des Origenes leiser Gedanke von einer möglichen Erlösung des Teufels galt als Ketzerei. Heute aber haben wir Rede zu stehen und Antwort zu geben, und wir stehen da mit leeren Händen, verwundert und ratlos, und können uns nicht einmal klarmachen, daß uns kein Mythus zu Hilfe kommt, dessen wir doch so dringend bedürften. Man hat zwar infolge der politischen Lage sowohl wie der furchtbaren, ja dämonischen Erfolge der Wissenschaft heimliche Schauer und dumpfe Ahnungen, aber man weiß keinen Rat, und nur die wenigsten ziehen den Schluß, daß es diesmal um die längst vergessene *Seele des Menschen* geht.

Die Weiterentwicklung des Mythus sollte wohl dort anknüpfen, wo der Hl. Geist sich an die Apostel austeilte und sie zu Gottessöhnen machte, und nicht nur sie, sondern alle anderen, die durch sie und nach ihnen die filiatio, die Gotteskindschaft, empfingen und damit auch der Gewißheit teilhaftig wurden, daß sie nicht nur autochthone, erdentsprossene animalia waren, sondern als zweimal Geborene in der Gottheit selber wurzelten. Ihr sichtbares, körper-

[3] Codex Bezae ad Lucam 6, 4.

liches Leben war von dieser Erde; ihr unsichtbarer innerer Mensch aber hatte seine Herkunft und seine Zukunft im Urbild der Ganzheit, im ewigen Vater, wie der Mythus der christlichen Heilsgeschichte lautet.

Wie der Schöpfer ganz ist, so soll auch sein Geschöpf, also sein Sohn, ganz sein. Von der Vorstellung der göttlichen Ganzheit läßt sich zwar nichts abstreifen; aber ohne daß Bewußtheit herrschte über das, was geschah, ergab sich eine Spaltung der Ganzheit. Es entstand ein helles und ein dunkles Reich. Dieses Ergebnis war, noch bevor Christus erschien, deutlich vorbereitet, wie man es unter anderem in Hiobs Erlebnis wahrnehmen kann oder in dem unmittelbar vorchristlichen und weitverbreiteten Buch Henoch. Auch im Christentum bestand diese metaphysische Spaltung ebenso deutlich weiter: Satan, der sich im Alten Testament noch in der unmittelbaren Gefolgschaft Jahwes befand, bildete nunmehr den diametralen und ewigen Gegensatz zur Gotteswelt. Er war nicht zu entwurzeln. Es ist deshalb nicht zu verwundern, daß schon am Anfang des 11. Jahrhunderts der Glaube aufkam, daß nicht Gott, sondern der Teufel die Welt geschaffen habe. Dies war der Auftakt zur zweiten Hälfte des christlichen Aeons, nachdem schon der Mythus vom Engelsturz erzählt hatte, daß es die gefallenen Engel gewesen seien, die den Menschen gefährliche Wissenschaft und Künste gelehrt hätten. Was hätten diese alten Erzähler wohl zu dem Anblick von Hiroshima gesagt?

Die geniale Vision Jacob Boehmes hat die Gegensatznatur des Gottesbildes erkannt und damit am Weiterbau des Mythus gearbeitet. Das von Boehme entworfene Mandalasymbol stellt den gespaltenen Gott dar, indem sein innerer Kreis sich in zwei Halbkreise trennt, welche Rücken zu Rücken stehen [4].

Da nach den dogmatischen Voraussetzungen des Christentums Gott in jeder der drei trinitarischen Personen ganz ist, so ist Er auch ganz in jedem Teil des ausgegossenen Hl. Geistes. Auf diese Weise kann jeder Mensch des ganzen Gottes und damit der filiatio, der Gotteskindschaft, teilhaftig werden. Die complexio oppositorum des Gottesbildes tritt damit in den Menschen ein, und zwar nicht als Einheit, sondern als Konflikt, indem sich die dunkle Hälfte des Bildes an der bereits rezipierten Vorstellung stößt, daß Gott «licht» sei. Dieser Vorgang ist es, der sich in unserer Zeit abspielt, ohne von

[4] Abgebildet in «Gestaltungen des Unbewußten», 1950, Tafel 3.

den zuständigen Lehrern der Menschen begriffen zu werden, obwohl es ihre Aufgabe wäre, diese Dinge zu erkennen. Man ist zwar überzeugt davon, daß wir an einer bedeutsamen Wende der Zeiten stehen, meint aber, sie sei durch die Fission und Fusion des Atoms oder die Weltraumrakete herbeigeführt worden. Man übersieht, wie gewöhnlich, das, was gleichzeitig in der menschlichen Seele geschieht.

Insofern das Gottesbild vom psychologischen Standpunkt aus eine Veranschaulichung des Seelengrundes ist und jetzt anfängt, in Form einer tiefen Zerspaltung bewußt zu werden, welche sich bis in die Weltpolitik erstreckt, so macht sich auch schon eine psychische Kompensation bemerkbar. Sie tritt auf in Form von spontan erscheinenden kreisförmigen Einheitsbildern, welche eine Synthese der Gegensätze innerhalb der Psyche darstellen. Dazu gehört auch das weltweite Gerücht von «Unidentified Flying Objects», das frühestens 1945 seinen Anfang nahm. Es gründet sich entweder auf Visionen oder auf gewisse Realitäten. Die UFOs werden als fliegende Maschinen gedeutet, von denen man annimmt, daß sie entweder von anderen Planeten oder gar aus der «vierten Dimension» stammen.

Mehr als vierzig Jahre zuvor (1918) habe ich das Vorhandensein eines anscheinend zentralen Symbols ähnlicher Art bei meinen Untersuchungen des kollektiven Unbewußten entdeckt, nämlich das Mandalasymbol. Um meiner Sache sicher zu sein, habe ich mehr als ein Jahrzehnt lang weitere Beobachtungen gesammelt, bevor ich 1929 die Entdeckung versuchsweise zum ersten Mal publizierte[5]. Das Mandala ist ein archetypisches Bild, dessen Vorhandensein sich durch die Jahrtausende bestätigen läßt. Es bezeichnet die *Ganzheit des Selbst* oder veranschaulicht die Ganzheit des Seelengrundes – mythisch ausgedrückt: die Erscheinung der im Menschen inkarnierten Gottheit. Im Gegensatz zum Boehmeschen Mandala strebt das moderne zur Einheit, d. h. es stellt eine Kompensation der Spaltung dar, bzw. eine antizipierte Überwindung derselben. Da dieser Vorgang im kollektiven Unbewußten stattfindet, so manifestiert er sich überall. Davon gibt auch das UFO-Gerücht Kunde; es ist das Symptom einer allgemein vorhandenen Disposition.

Insofern analytische Behandlung den «Schatten» bewußtmacht,

[5] Jung-Wilhelm, «Das Geheimnis der Goldenen Blüte».

erzeugt sie eine Spaltung und Gegensatzspannung, welche ihrerseits einen Ausgleich in der Einheit suchen. Die Vermittlung geschieht durch Symbole. Die Auseinandersetzung zwischen den Gegensätzen geht an den Rand des Erträglichen, wenn man sie ernst nimmt oder wenn man von ihnen ernst genommen wird. Das «tertium non datur» der Logik bewährt sich: man kann keine Lösung sehen. Wenn alles gut geht, präsentiert sie sich dennoch spontan von Natur aus. Dann – und nur dann – ist sie überzeugend. Sie wird als das empfunden, was man «Gnade» nennt. Indem die Lösung aus der Auseinandersetzung und dem Kampf der Gegensätze hervorgeht, ist sie ein meist unergründliches Gemisch von bewußten und unbewußten Gegebenheiten und darum ein «Symbol» (eine auseinandergebrochene Münze, deren Hälften genau zusammenpassen)[6]. Es stellt das Resultat der Kooperation von Bewußtsein und Unbewußtem dar und erreicht die Analogie des Gottesbildes in der Form des Mandala, welches wohl der einfachste Entwurf einer Ganzheitsvorstellung ist und sich spontan der Imagination anbietet, um die Gegensätze, ihren Kampf und ihre Versöhnung in uns darzustellen. Die Auseinandersetzung, die zunächst rein persönlicher Natur ist, wird bald gefolgt von der Einsicht, daß der subjektive Gegensatz nur ein Einzelfall der Weltgegensätze überhaupt ist. Unsere Psyche ist von der Weltstruktur her angelegt, und was im Großen geschieht, ereignet sich auch im Kleinsten und Subjektivsten der Seele. Darum ist das Gottesbild immer eine Projektion der inneren Erfahrung eines mächtigen Gegenüber. Dieses wird veranschaulicht durch Gegenstände, von denen die innere Erfahrung ihren Ausgang genommen hat, und die von da an numinose Bedeutung bewahren, oder es ist charakterisiert durch seine Numinosität und deren überwältigende Kraft. In diesem Fall befreit sich die Imagination von der bloßen Gegenständlichkeit und versucht das Bild eines Unsichtbaren, hinter der Erscheinung Stehenden, zu entwerfen. Ich denke hier an die einfachste Grundform des Mandala, die Kreisform und die einfachste (gedankliche) Kreisteilung, das Quadrat, bzw. das Kreuz.

Solche Erfahrungen haben einen hilfreichen oder vernichtenden Einfluß auf den Menschen. Er kann sie nicht begreifen, ergreifen,

[6] Eine der Bedeutungen von «symbolon» ist die «tessera hospitalitatis», die zerbrochene Münze, deren Hälften nach antiker Sitte zwei Freunde bei einer Trennung mit sich nahmen.

beherrschen, kann sich nicht von ihnen befreien oder loskommen und empfindet sie daher als relativ übermächtig. In der richtigen Erkenntnis, daß sie nicht seiner bewußten Persönlichkeit entspringen, bezeichnet er sie als Mana, Dämon oder Gott. Die wissenschaftliche Erkenntnis bedient sich des Terminus «das Unbewußte» und gibt damit zu, daß sie darüber nichts weiß, denn sie kann über die Substanz der Psyche darum nichts wissen, weil sie ja nur mittels der Psyche überhaupt erkennen kann. Darum kann man die Gültigkeit der Bezeichnung als Mana, Dämon oder Gott weder bestreiten noch bejahen, wohl aber kann man feststellen, daß das mit der Erfahrung eines Objektiven verbundene Fremdheitsgefühl authentisch ist.

Wir wissen, daß das Unbekannte, Fremde uns geschieht; so wie wir wissen, daß wir einen Traum oder einen Einfall nicht *machen,* sondern daß er irgendwie von sich aus entsteht. Was uns auf diese Weise zustößt, kann man als Wirkung bezeichnen, die von einem Mana, einem Dämon, von Gott oder vom Unbewußten ausgeht. Erstere drei Bezeichnungen haben den großen Vorteil, daß sie die emotionale Qualität des Numinosen umschließen und evozieren, während letztere – das Unbewußte – banal und darum wirklichkeitsnäher ist. Dieser Begriff schließt die Erfahrbarkeit, d. h. die tagtägliche Wirklichkeit, so wie sie uns bekannt und zugänglich ist, ein. Das Unbewußte ist ein zu neutraler und rationaler Begriff, als daß er sich der Imagination praktisch als hilfreich erweisen würde. Er ist eben für wissenschaftliche Verwendung geprägt und ist für leidenschaftslose Betrachtung, die keine metaphysischen Ansprüche erhebt, viel besser geeignet als transzendente Begriffe, welche anfechtbar sind und darum zu einem gewissen Fanatismus verführen.

Ich ziehe daher den Terminus «das Unbewußte» vor, wohl wissend, daß ich ebensogut von «Gott» und «Dämon» reden könnte, wenn ich mich mythisch ausdrücken wollte. Insofern ich mich aber mythisch ausdrücke, geschieht es mit dem Bewußtsein, daß «Mana», «Dämon» und «Gott» Synonyme des Unbewußten sind, indem wir von ersteren genau so viel oder so wenig wissen wie von letzterem. Man *glaubt* nur viel mehr von den ersteren zu wissen, was für gewisse Zwecke allerdings nützlicher und wirksamer ist als ein wissenschaftlicher Begriff.

Der große Vorteil der Begriffe «Dämon» und «Gott» liegt darin, daß sie eine viel bessere Objektivierung des Gegenüber, nämlich die

Personifikation, ermöglichen. Ihre emotionale Qualität verleiht ihnen Leben und Wirkung. Haß und Liebe, Furcht und Verehrung betreten den Schauplatz der Auseinandersetzung und dramatisieren diese in höchstem Maße. Damit wird das bloße «Vorgezeigte» zum «Gehandelten» [7]. Der ganze Mensch wird herausgefordert und tritt mit seiner ganzen Wirklichkeit in den Kampf. Nur auf diese Weise kann er ganz werden und kann «Gott geboren» werden, d. h. in die menschliche Wirklichkeit eintreten und dem Menschen in der Gestalt des «Menschen» sich zugesellen. Durch diesen Akt der Inkarnation wird der Mensch, d. h. sein Ich, innerlich durch «Gott» ersetzt, und Gott wird äußerlich zum Menschen, entsprechend dem Logion: «Wer mich sieht, siehet den Vater.»

Mit dieser Feststellung tritt der Nachteil der mythischen Terminologie zu Tage. Die durchschnittliche Vorstellung des christlichen Menschen von Gott ist die eines allmächtigen, allwissenden und allgütigen Vaters und Schöpfers der Welt. Wenn dieser Gott Mensch werden will, bedarf es allerdings einer unerhörten Kenosis (Entleerung [8]), bei der die Allheit auf infinitesimales Menschenmaß reduziert ist, und auch dann noch sieht man schwer ein, warum der Mensch durch die Inkarnation nicht zersprengt wird. Die dogmatische Spekulation hat daher begreiflicherweise Jesus mit Eigenschaften ausrüsten müssen, die ihn dem gewöhnlichen Menschsein entheben. Ihm fehlt vor allem die macula peccati (der Makel der Erbsünde), und schon darum ist er zumindest ein Gottmensch oder ein Halbgott. Das christliche Gottesbild kann sich im empirischen Menschen nicht ohne Widerspruch inkarnieren, ganz abgesehen davon, daß der äußere Mensch nur wenig geschickt zu sein scheint, einen Gott zu veranschaulichen.

Der Mythus muß endlich mit dem Monotheismus ernst machen und seinen (offiziell verleugneten) Dualismus aufgeben, welcher bis anhin neben dem allmächtigen Guten einen ewigen dunkeln Widersacher bestehen ließ. Er muß die philosophische complexio oppositorum eines Cusanus und die moralische Ambivalenz bei Boehme zu Wort kommen lassen. Nur dann kann dem einen Gott auch die ihm zukommende Ganzheit und die Synthese der Gegensätze gewährt werden. Wer es erfahren hat, daß «von Natur aus»

[7] Vgl. «Das Wandlungssymbol in der Messe» in: «Von den Wurzeln des Bewußtseins» 1954, pag. 284.

[8] Phil. 2, 6.

durch das Symbol Gegensätze sich so einen können, daß sie nicht mehr auseinanderstreben und sich bekämpfen, sondern sich gegenseitig ergänzen und das Leben sinnvoll gestalten, dem wird die Ambivalenz im Bild eines Natur- und Schöpfergottes keine Schwierigkeiten verursachen. Er wird im Gegenteil den Mythus von der notwendigen Menschwerdung Gottes, der essentiellen christlichen Botschaft, als schöpferische Auseinandersetzung des Menschen mit den Gegensätzen und ihre Synthese im Selbst, der Ganzheit seiner Persönlichkeit, verstehen. Die notwendigen inneren Gegensätze im Bilde eines Schöpfergottes können in der Einheit und Ganzheit des Selbst versöhnt werden als coniunctio oppositorum der Alchemisten oder als unio mystica. In der Erfahrung des Selbst wird nicht mehr, wie früher, der Gegensatz «Gott und Mensch» überbrückt, sondern der Gegensatz im Gottesbild. Das ist der Sinn des «Gottesdienstes», d. h. des Dienstes, den der Mensch Gott leisten kann, daß Licht aus der Finsternis entstehe, daß der Schöpfer Seiner Schöpfung und der Mensch seiner selbst bewußt werde.

Das ist das Ziel oder ein Ziel, das den Menschen sinnvoll der Schöpfung einordnet und damit auch dieser Sinn verleiht. Es ist ein erklärender Mythus, der langsam im Lauf der Jahrzehnte in mir gewachsen ist. Es ist ein Ziel, das ich erkennen und würdigen kann, und das mich deshalb befriedigt.

Der Mensch ist vermöge seines reflektierenden Geistes aus der Tierwelt herausgehoben und demonstriert durch seinen Geist, daß die Natur in ihm eine hohe Prämie eben gerade auf die Bewußtseinsentwicklung gesetzt hat. Durch sie bemächtigt er sich der Natur, indem er das Vorhandensein der Welt erkennt und dem Schöpfer gewissermaßen bestätigt. Damit wird die Welt zum Phänomen, denn ohne bewußte Reflexion wäre sie nicht. Wäre der Schöpfer Seiner selbst bewußt, so brauchte Er keine bewußten Geschöpfe; auch ist es nicht wahrscheinlich, daß die höchst indirekten Wege der Schöpfung, die Jahrmillionen auf die Erzeugung ungezählter Arten und Geschöpfe verschwendet, aus zweckgerichteter Absicht hervorgehen. Die Naturgeschichte erzählt uns von einer zufälligen und beiläufigen Wandlung der Arten durch Hunderte von Millionen Jahren und von Fressen und Gefressenwerden. Von letzterem berichtet auch die biologische und politische Menschheitsgeschichte in überreichem Maß. Die Geistesgeschichte aber steht auf einem andern Blatt. Hier schiebt sich das Wunder des reflektierenden Bewußtseins ein, der zweiten Kosmogonie. Die Bedeutung des Bewußtseins ist so groß, daß man nicht umhin kann zu vermuten, es läge in all der ungeheuren, anscheinend sinnlosen biologischen Veranstaltung irgendwo das Element des Sinnes verborgen, welcher endlich den Weg zur Manifestation auf der Stufe der Warmblütigkeit und eines differenzierten Hirns wie zufällig gefunden hat, nicht beabsichtigt und vorgesehen, sondern aus «dunkelm Drange» erahnt, erfühlt, ertastet [9].

Ich bilde mir nicht ein, daß mit meinen Gedanken über Sinn und Mythus des Menschen ein Letztes gesagt sei, aber ich glaube, daß es das ist, was am Ende unseres Aeons der Fische gesagt werden kann und vielleicht gesagt werden muß, angesichts des kommenden Aeons des Aquarius (Wassermann), der eine Menschengestalt ist. Der Wassermann folgt den zwei gegensätzlichen Fischen (einer coniunctio oppositorum) und scheint das Selbst darzustellen. Souverän gießt er seinen Krug aus in den Mund des piscis austrinus [10], der einen Sohn, ein noch Unbewußtes darstellt. Aus diesem geht eine, durch das Symbol des Capricornus (Steinbock) angedeutete, Zukunft nach Ablauf eines weiteren Aeons von etwas mehr als zwei Jahrtausenden hervor. Capricornus oder Aigokeros ist das Monstrum eines Ziegenfisches [11], Berg und Meerestiefe vereinend, ein Gegensatz aus zwei zusammengewachsenen, d. h. ununterscheidbaren tierischen Elementen. Dieses sonderbare Wesen könnte leicht das urtümliche Bild eines Schöpfergottes sein, der dem «Menschen», dem Anthropos, gegenübertritt. Hierüber herrscht Schweigen in mir, sowohl wie in dem mir zur Verfügung stehenden Erfahrungsmaterial, d. h. in den mir bekannten Produkten des Unbewußten anderer Menschen oder historischen Dokumenten. Wenn eine Einsicht sich nicht ereignet, so ist Spekulation sinnlos. Sie hat nur dort Sinn, wo objektive Daten vorliegen, was z. B. für den Aeon des Aquarius der Fall ist.

Wir wissen nicht, wie weit der Prozeß der Bewußtwerdung reichen kann und wohin er den Menschen noch versetzen wird. Er ist ein Novum in der Schöpfungsgeschichte, für welches es keine

[9] Vgl. Appendix pag. 376 ff.

[10] Sternbild des «südlichen Fisches». Sein Mund wird durch den Fomalhaut (arab. = Mund des Fisches) unterhalb des Sternbildes des Wassermannes gebildet.

[11] Das Sternzeichen des Steinbocks hieß ursprünglich «Ziegenfisch». Es ist das Wappentier der Julier, des Geschlechts, dem Julius Caesar angehörte.

Vergleiche gibt. Man kann daher nicht wissen, was für Möglichkeiten ihm innewohnen und ob es möglich ist, der species homo sapiens ein ähnliches Blühen und Vergehen vorauszusagen wie den archaischen Tierarten. Die Biologie kann keine Gegengründe in bezug auf eine solche Möglichkeit namhaft machen.

Dem Bedürfnis der mythischen Aussage ist Genüge getan, wenn wir eine Anschauung haben, welche den Sinn menschlicher Existenz im Weltganzen hinlänglich erklärt, eine Anschauung, welche der seelischen Ganzheit, nämlich der Kooperation von Bewußtsein und Unbewußtem, entspringt. Sinnlosigkeit verhindert die Fülle des Lebens und bedeutet darum Krankheit. Sinn macht vieles, vielleicht alles ertragbar. Keine Wissenschaft wird je den Mythus ersetzen, und aus keiner Wissenschaft läßt sich ein Mythus machen. Denn nicht «Gott» ist ein Mythus, sondern der Mythus ist die Offenbarung eines göttlichen Lebens im Menschen. Nicht wir ersinnen ihn, sondern er spricht zu uns als ein «Wort Gottes». Das «Wort Gottes» kommt zu uns, und wir haben kein Mittel zu unterscheiden, ob und wie es von Gott verschieden sei. Nichts ist an diesem «Wort», das nicht bekannt und menschlich wäre außer dem Umstand, daß es uns spontan entgegentritt und uns nötigt. Es ist unserer Willkür entzogen. Man kann eine «Inspiration» nicht erklären. Wir wissen, daß ein «Einfall» kein Resultat unserer Erklügelung ist, sondern, daß der Gedanke irgendwie «von anderswoher» in uns hineingefallen ist. Und wenn es sich gar um einen präkognitiven Traum handeln sollte, wie vermöchten wir diesen dem eigenen Verstande zuzuschreiben? Man weiß ja in solchen Fällen oft für längere Zeit nicht einmal, daß der Traum ein Voraus- oder Fernwissen darstellt.

Das Wort geschieht uns; wir erleiden es, denn wir sind einer tiefen Unsicherheit ausgeliefert: bei Gott als einer complexio oppositorum sind «alle Dinge möglich» in dieses Wortes vollster Bedeutung, nämlich Wahrheit und Täuschung, Gutes und Böses. Der Mythus ist oder kann zweideutig sein wie das Orakel von Delphi oder ein Traum. Wir können und sollen weder auf den Gebrauch des Verstandes verzichten, noch sollen wir die Hoffnung aufgeben, daß der Instinkt uns zu Hilfe eile, wobei ein Gott uns gegen Gott unterstützt, wie schon Hiob es verstanden hat. Alles nämlich, in dem der «andere Wille» sich ausdrückt, ist vom Menschen geformter Stoff, sein Denken, seine Worte, seine Bilder und alle seine Beschränktheiten. Er bezieht daher auch alles auf sich, wenn er anfängt, ungeschickt psychologisch zu denken, und glaubt, alles gehe aus seiner Absicht und aus «ihm selber» hervor. In kindlicher Naivität setzt er dabei voraus, er kenne alle seine Bereiche und wisse, was «er selber» sei. Er ahnt jedoch nicht, daß es die Schwäche seines Bewußtseins und die dementsprechende Angst vor dem Unbewußten ist, die ihn daran hindern zu unterscheiden, was er absichtlich ersonnen und und was ihm aus anderer Quelle spontan zugeflossen ist. Er hat keine Objektivität sich selber gegenüber und kann sich noch nicht als Phänomen betrachten, das er vorfindet, und mit dem er «for better or worse» identisch ist. Alles ist ihm zunächst zugeschoben, geschieht und stößt ihm zu, und nur mühsam gelingt es ihm schließlich, für sich eine Sphäre relativer Freiheit zu erobern und festzuhalten.

Erst wenn er sich dieser Errungenschaft versichert hat – und erst dann – ist er in der Lage zu erkennen, daß er seinen unwillkürlichen, weil gegebenen, Fundamenten und Anfängen gegenübersteht, welche er nicht aus der Welt schaffen kann. Dabei sind seine Anfänge nicht etwa bloß Vergangenheiten; sie leben vielmehr mit ihm als ständige Grundlage seiner Existenz, und sein Bewußtsein hängt von ihrer Mitarbeit ab, mindestens ebenso sehr wie von der physischen Umwelt.

Diese Tatsachen, die dem Menschen von außen und von innen übermächtig entgegentreten, hat er unter der Anschauung der Gottheit zusammengefaßt und ihre Wirkungen mit Hilfe des Mythus beschrieben und diesen als «Wort Gottes» verstanden, d. h. als Inspiration und Offenbarung des Numens der «anderen Seite».

II

Es gibt kein besseres Mittel, das Individuum vor dem Verfließen mit den anderen zu schützen, als den Besitz eines Geheimnisses, das es hüten will oder hüten muß. Schon die Anfänge der Gesellschaftsbildung lassen das Bedürfnis nach Geheimorganisationen erkennen. Wo kein aus zureichenden Gründen zu hütendes Geheimnis besteht, werden «Geheimnisse» erfunden oder zurechtgedreht, die dann von den privilegierten Eingeweihten «gewußt» und «verstanden» werden. Dies war bei den Rosenkreuzern und vielen anderen der Fall. Unter diesen Pseudogeheimnissen gibt es – ironischerweise – von den Eingeweihten ganz und gar nicht gewußte wirkliche

Geheimnisse, z. B. in jenen Gesellschaften, die ihr «Geheimnis» vorzüglich der alchemistischen Tradition entnommen haben.

Das Bedürfnis nach Geheimtuerei ist auf primitiver Stufe von vitaler Bedeutung, indem das gemeinsame Geheimnis den Zement für das Zusammenhalten hergibt. Das Geheimnis auf der sozialen Stufe bedeutet eine hilfreiche Kompensation für den Mangel an Zusammenhalt der individuellen Persönlichkeit, welche durch beständige Rückfälle in die ursprüngliche, unbewußte Identität mit den anderen immer wieder auseinanderbricht. Die Erreichung des Ziels, nämlich eines seiner Eigenart bewußten Individuums, wird dadurch zu einer langen, fast hoffnungslosen Erziehungsarbeit, weil auch die Gemeinschaft einzelner, durch Initiation bevorzugter Individuen doch nur wieder durch unbewußte Identität bewerkstelligt wird, wenn es sich hier auch um eine sozial differenzierte Identität handelt.

Die Geheimgesellschaft ist eine Zwischenstufe auf dem Weg zur Individuation: man überläßt es noch einer kollektiven Organisation, sich von ihr differenzieren zu lassen; d. h. man hat noch nicht erkannt, daß es eigentlich die Aufgabe des Einzelnen ist, von allen andern unterschieden auf eigenen Füßen zu stehen. Der Erfüllung dieser Aufgabe treten alle kollektiven Identitäten, wie Zugehörigkeit zu Organisationen, Bekenntnis von -ismen und dergleichen, hindernd in den Weg. Es sind Krücken für Lahme, Schilde für Ängstliche, Ruhelager für Faule, Kinderstuben für Unverantwortliche, ebensosehr aber auch Herbergen für Arme und Schwache, schützender Port für Schiffbrüchige, ein Familienschoß für Waisen, ein ersehntes glorreiches Ziel für enttäuschte Irrfahrer und müde Pilger, eine Herde und ein sicheres Gehege für verlaufene Schafe und eine Mutter, die Nahrung und Wachstum bedeutet. Es wäre darum unrichtig, die Zwischenstufe als Hindernis zu betrachten; sie bedeutet im Gegenteil auf längste Zeit hinaus die einzige Existenzmöglichkeit des Individuums, das heutzutage mehr denn je durch Namenlosigkeit bedroht erscheint. Sie ist in unserer Zeit noch so wesentlich, daß sie vielen mit einem gewissen Recht als endgültiges Ziel gilt, während jeder Versuch, dem Menschen die Möglichkeit eines weiteren Schrittes auf dem Weg der Selbständigkeit nahezulegen, als Anmaßung oder Vermessenheit, als Phantasma oder als Unmöglichkeit erscheint.

Es kann aber trotzdem sein, daß jemand aus zureichenden Gründen sich veranlaßt sieht, den Weg ins Weite auf eigenen Füßen zu unternehmen, weil er in allen ihm angebotenen Hüllen, Formen, Gehegen, Lebensweisen, Atmosphären die ihm nötige nicht findet. Er wird allein gehen und seine ihm eigene Gesellschaft darstellen. Er wird seine eigene Vielheit sein, welche aus vielerlei Meinungen und Tendenzen besteht. Diese gehen aber nicht notwendigerweise in derselben Richtung. Er wird im Gegenteil mit sich selber im Zweifel sein und große Schwierigkeiten darin finden, sein eigenes Vielerlei zu gemeinsamer Aktion zusammenzubringen. Auch wenn er äußerlich durch die sozialen Formen der Zwischenstufe geschützt ist, so besitzt er damit noch keinen Schutz gegen das innere Vielerlei, das ihn mit sich selber veruneint und ihn dem Abweg in die Identität mit der äußeren Welt überantwortet.

Wie sich der Eingeweihte mit dem Geheimnis seiner Gesellschaft diesen Abweg in eine undifferenzierte Kollektivität verlegt, so bedarf auch der Einzelne auf seinem einsamen Pfade eines Geheimnisses, das man aus irgendwelchen Gründen nicht preisgeben darf oder kann. Ein derartiges Geheimnis zwingt ihn zur Isolierung in seinem individuellen Vorhaben. Sehr viele Individuen können diese Isolierung nicht ertragen. Sie sind die Neurotiker, welche notgedrungen Versteck mit den anderen sowohl wie mit sich selber spielen, ohne das eine oder andere wirklich ernst nehmen zu können. Sie opfern in der Regel ihr individuelles Ziel ihrem Bedürfnis nach kollektiver Angleichung, wozu sie alle Meinungen, Überzeugungen und Ideale der Umgebung aufmuntern. Gegen letztere gibt es zudem keine vernünftigen Argumente. Allein ein Geheimnis, das man nicht verraten kann, d. h. ein solches, das man fürchtet, oder das man nicht in beschreibende Worte zu fassen vermag (und das darum anscheinend in die Kategorie des «Verrückten» gehört), kann den sonst unvermeidlichen Rückschritt verhindern.

Das Bedürfnis nach einem derartigen Geheimnis ist in vielen Fällen dermaßen groß, daß Gedanken und Handlungen erzeugt werden, die man nicht mehr verantworten kann. Dahinter steht öfters keine Willkür und kein Übermut, sondern eine dem Individuum unerklärliche dira necessitas, die den Menschen mit ruchloser Schicksalshaftigkeit anfällt und ihm vielleicht zum ersten Mal in seinem Leben das Vorhandensein von Stärkerem und Fremdem in seiner eigensten Domäne, wo er Herr zu sein wähnte, ad oculos demonstriert.

Ein anschauliches Beispiel ist die Geschichte von Jakob, der mit dem Engel rang, eine ausgerenkte Hüfte davontrug, aber eben dadurch einen Mord verhinderte. Der damalige Jakob war in der vorteilhaften Lage, daß ihm jedermann seine Geschichte glaubte. Einem heutigen Jakob würde nur ein vielsagendes Lächeln begegnen. Er wird es vorziehen, von solchen Angelegenheiten besser nicht zu sprechen, besonders nicht, wenn er sich private Ansichten über den Boten Jahwes bilden sollte. Damit ist er nolens volens in den Besitz eines nicht zu diskutierenden Geheimnisses gelangt und scheidet aus dem Kreise der Kollektivität aus. Natürlich wird seine «reservatio mentalis» doch an den Tag kommen, wenn es ihm nicht gelingen sollte, zeit seines Lebens zu heucheln. Neurotisch aber wird jeder, der zugleich beides zu tun versucht, der sein individuelles Ziel verfolgen und sich der Kollektivität anpassen möchte. Ein solcher «Jakob» hat sich nicht zugegeben, daß der Engel doch der Stärkere war, denn es verlautete nachher nichts davon, daß der Engel etwa auch gehinkt hätte.

Wer also, veranlaßt durch seinen Daimon, den Schritt über die Grenze der Zwischenstufe hinaus wagt, kommt recht eigentlich in das «Unbetretene, nicht zu Betretende», wo keine sicheren Wege ihn führen und kein Gehäuse ein schützendes Dach über ihn breitet. Es gibt dort auch keine Gesetze, falls er einer Situation begegnen sollte, welche nicht vorgesehen war, z. B. einer Pflichtenkollision, die man nicht übers Knie brechen kann. Gewöhnlich dauert der Ausflug in «No Man's Land» nur so lange, als eine derartige Kollision sich nicht anmeldet, und kommt raschestens zu Ende, wenn sie auch nur von ferne gewittert wird. Wenn dann einer Reißaus nimmt, so kann ich es ihm nicht verdenken. Aber daß er sich aus seiner Schwäche und Feigheit ein Verdienst zurechtlegt, das kann ich nicht billigen. Da ihm meine Verachtung weiter keinen Schaden tut, kann ich sie ruhig aussprechen.

Riskiert aber einer die Lösung einer Pflichtenkollision aus eigenster Verantwortung und vor einem Richter, der Tag und Nacht über ihn verhandelt, so ist er gegebenenfalls in die Situation des «Einzelnen» versetzt. Er besitzt ein Geheimnis, das keine öffentliche Diskussion erträgt, schon darum nicht, weil er sich vor sich selber schonungslos Anklage und zähe Verteidigung verbürgt hat, und kein weltlicher oder geistlicher Richter ihm den Schlaf zurückgeben könnte. Wenn er deren Entscheidungen nicht schon bis zum Überdruß kennte, so würde es auch nie zu einer Pflichtenkollision gekommen sein. Letztere setzt immer ein höheres Verantwortungsbewußtsein voraus. Aber eben gerade diese Tugend ist es, die ihm die

Anerkennung eines Kollektiventscheides verbietet. Darum ist der Gerichtshof der Außenwelt in die Innenwelt versetzt, wo hinter geschlossenen Türen der Entscheid gefällt wird.

Diese Veränderung aber verleiht nun dem Individuum eine vordem unbekannte Bedeutung. Es ist nicht nur sein wohlbekanntes und sozial definiertes Ich, sondern auch die Verhandlung darüber, was es an und für sich wert ist. Nichts steigert mehr die Bewußtwerdung als diese innere Gegensatzkonfrontation. Nicht nur die Anklage legt bisher ungeahnte Tatsachen auf den Tisch, sondern auch die Verteidigung muß sich auf Argumente besinnen, an die niemand vorher gedacht hätte. Nicht nur ist damit einerseits ein beträchtliches Stück der Außenwelt ins Innere gelangt, sondern die Außenwelt ist auch um dieses Stück verarmt oder entlastet worden; andererseits hat aber die Innenwelt an Gewicht ebensoviel zugenommen, als sie zum Rang eines Tribunals der ethischen Entscheidung emporgestiegen ist. Das vordem sozusagen eindeutige Ich verliert die Prärogative des bloßen Anklägers und tauscht dagegen den Nachteil ein, auch Angeklagter zu sein. Das Ich wird ambivalent und zweideutig und gerät sogar zwischen Hammer und Amboß. *Es wird einer ihm übergeordneten Gegensätzlichkeit gewahr.*

Längst nicht alle Pflichtenkollisionen, und vielleicht überhaupt keine, werden wirklich «gelöst», auch wenn über sie bis zum jüngsten Tag argumentiert und diskutiert würde. Eines Tages ist die Entscheidung einfach da, offenbar durch eine Art Kurzschluß. Das praktische Leben kann sich nicht in einem ewigen Widerspruch suspendieren lassen. Die Gegensatzpaare und ihr Widerspruch verschwinden aber nicht, obwohl sie für einen Moment hinter den Impuls zum Handeln zurücktreten. Sie bedrohen beständig die Einheit der Persönlichkeit und verwickeln das Leben auch immer wieder in Widersprüche.

Die Einsicht in diesen Sachverhalt läßt es ratsam erscheinen, zu Hause zu bleiben, d. h. die Kollektivgehege und -gehäuse nie zu verlassen, weil nur diese einen Schutz vor inneren Konflikten versprechen. Wer nicht Vater und Mutter verlassen *muß*, ist bei ihnen sicherlich am besten aufgehoben. Nicht wenige aber finden sich auf den individuellen Weg hinausgestoßen. Sie werden in kürzester Frist das Ja und das Nein der menschlichen Natur kennen lernen.

Wie alle Energie aus dem Gegensatz hervorgeht, so besitzt auch die Seele ihre innere *Polarität* als unabdingbare Voraussetzung ihrer Lebendigkeit, wie schon Heraklit erkannt hat. Theoretisch sowohl wie praktisch ist sie allem Lebendigen inhaerent. Dieser mächtigen Bedingung steht die leicht zerbrechliche Einheit des Ich gegenüber, die nur mit Hilfe unzähliger Schutzmaßnahmen allmählich im Laufe der Jahrtausende zustandegekommen ist. Daß ein Ich überhaupt möglich war, scheint davon herzurühren, daß alle Gegensätze sich auszugleichen streben. Dies geschieht im energetischen Prozeß, der im Zusammenstoß von heiß und kalt, hoch und tief usw. seinen Anfang nimmt. Die dem bewußten seelischen Leben zugrundeliegende Energie ist diesem praeexistent und darum zunächst unbewußt. Nähert sie sich aber der Bewußtwerdung, so erscheint sie zunächst projiziert in Figuren wie Mana, Götter, Dämonen usw., deren Numen die lebensbedingende Kraftquelle zu sein scheint und es praktisch darum auch ist, so lange sie in dieser Form angeschaut wird. In dem Maße aber, als diese Form verblaßt und unwirksam wird, scheint das Ich, d. h. der empirische Mensch, in den Besitz dieser Kraftquelle zu geraten und zwar in vollstem Sinne dieses zweideutigen Satzes: einerseits sucht man sich dieser Energie zu bemächtigen bzw. in deren Besitz zu gelangen oder wähnt sogar, sie zu besitzen; anderseits ist man von ihr besessen.

Diese groteske Situation kann allerdings nur dort eintreten, wo allein die Bewußtseinsinhalte als psychische Existenzform gelten. Wo dies der Fall ist, kann die Inflation durch rückkehrende Projektionen nicht vermieden werden. Wo man aber die Existenz einer unbewußten Psyche zugibt, da können die Projektionsinhalte in angeborene instinktive Formen, die dem Bewußtsein vorausgehen, rezipiert werden. Dadurch wird ihre Objektivität und Autonomie erhalten und die Inflation vermieden. Die Archetypen, die dem Bewußtsein praeexistent sind und es bedingen, erscheinen in der Rolle, die sie in Wirklichkeit spielen, nämlich als apriorische Strukturformen des instinktiven Bewußtseinsfundamentes. Sie stellen keineswegs ein An-Sich der Dinge dar, sondern vielmehr die Formen, in denen sie angeschaut und aufgefaßt werden. Natürlich sind die Archetypen nicht die einzigen Gründe für das Sosein der Anschauungen. Sie begründen nur den kollektiven Anteil einer Auffassung. Als eine Eigenschaft des Instinktes nehmen sie teil an dessen dynamischer Natur und besitzen infolgedessen eine spezifische Energie, welche bestimmte Verhaltensweisen oder Impulse veranlaßt oder auch erzwingt, d. h. sie haben unter Umständen possedierende oder obsedierende Gewalt (Numinosität!). Ihre Auffassung als Daimonia ist daher durch ihre Natur gewährleistet.

Wenn jemand glauben sollte, daß durch dergleichen Formulierungen irgend etwas an der *Natur* der Dinge geändert sei, kann er solches nur tun vermöge seiner Wortgläubigkeit. Die wirklichen Tatsachen verändern sich nicht, wenn man ihnen einen anderen Namen gibt. Nur wir selber sind davon affiziert. Wenn jemand «Gott» als ein «reines Nichts» auffassen sollte, so hat das mit der Tatsache eines übergeordneten Prinzips gar nichts zu tun. Wir sind genau so possediert wie zuvor; wir haben durch die Veränderung des Namens nichts aus der Wirklichkeit entfernt, sondern uns höchstens verkehrt dazu eingestellt, wenn der neue Name eine Ableugnung impliziert; umgekehrt hat eine positive Benennung des Unerkennbaren den Erfolg, uns in eine entsprechende positive Einstellung zu versetzen. Wenn wir daher Gott als Archetypus bezeichnen, so ist über sein eigentliches Wesen nichts ausgesagt. Wir sprechen damit aber die Anerkennung aus, daß «Gott» in unserer dem Bewußtsein praeexistenten Seele vorgemerkt ist und daher keineswegs als Erfindung des Bewußtseins gelten kann. Er wird damit nicht nur nicht entfernt oder aufgehoben, sondern sogar in die Nähe der Erfahrbarkeit gerückt. Letzterer Umstand aber ist insofern nicht unwesentlich, als ein Ding, das keine Erfahrbarkeit besitzt, leicht als nicht existent verdächtigt werden kann. Dieser Verdacht liegt dermaßen nahe, daß sogenannte Gottesgläubige in meinem Versuch, die primitive unbewußte Seele zu rekonstruieren, ohne weiteres Atheismus vermuten oder wenn nicht das, dann Gnostizismus, aber ja keine psychische Wirklichkeit, wie das Unbewußte. Wenn dieses überhaupt etwas ist, so muß es aus entwicklungsgeschichtlichen Vorstufen unserer bewußten Psyche bestehen. Man ist sich ziemlich einig darüber geworden, daß die Annahme, der Mensch sei in seiner ganzen Glorie am sechsten Schöpfungstag ohne Vorstufen geschaffen worden, doch etwas zu einfach und zu archaisch sei, um uns noch zu genügen. In bezug auf die Psyche aber bleiben die archaischen Auffassungen bestehen: sie hat keine archetypischen Voraussetzungen, ist tabula rasa, entsteht neu bei der Geburt und ist nur das, was sie sich selber einbildet zu sein.

Das Bewußtsein ist phylo- und ontogenetisch sekundär. Diese klare Tatsache sollte endlich einmal eingesehen werden. So wie der Körper eine anatomische Vorgeschichte von Millionen von Jahren hat, so auch das psychische System; und wie der moderne Menschenkörper in jedem Teil das Resultat dieser Entwicklung darstellt und überall noch die Vorstufen seiner Gegenwart durchschimmern läßt, so die Psyche. Wie das Bewußtsein entwicklungsgeschichtlich in einem uns als unbewußt geltenden tierähnlichen Zustand begann, so wiederholt jedes Kind diese Differenzierung. Die Psyche des Kindes in ihrem vorbewußten Zustand ist nichts weniger als tabula rasa; sie ist allbereits erkennbar individuell praeformiert und darüber hinaus mit allen spezifisch menschlichen Instinkten ausgerüstet, so auch mit den apriorischen Grundlagen höherer Funktionen.

Auf dieser komplizierten Basis entsteht das Ich und wird von ihr durch das ganze Leben getragen. Wo die Grundlage nicht funktioniert, entsteht Leerlauf und Tod. Ihr Leben und ihre Wirklichkeit sind von vitaler Bedeutung. Ihr gegenüber ist sogar die Außenwelt von sekundärer Bedeutung, denn was soll sie, wenn mir der endogene Antrieb fehlt, mich ihrer zu bemächtigen? Kein bewußter Wille wird je auf die Dauer den Lebenstrieb ersetzen. Dieser Trieb tritt uns von innen her als ein Muß oder Wille oder Befehl entgegen, und wenn wir ihn, wie das sozusagen von jeher geschehen ist, mit dem Namen eines persönlichen Daimonions bezeichnen, so haben wir die psychologische Sachlage wenigstens treffend ausgedrückt. Und wenn wir gar versuchen, den Ort, wo uns das Daimonion anfaßt, durch den Begriff des Archetypus näher zu umschreiben, so haben wir nichts weggeräumt, sondern nur uns selber der Lebensquelle näher gerückt.

Es ist nichts als natürlich, daß mir als *Psychiater* (was «Seelenarzt» bedeutet) eine derartige Auffassung naheliegt, denn es interessiert mich in erster Linie, wie ich meinen Kranken helfen kann, wieder ihre gesunde Basis zu finden. Dazu ist, wie ich erfahren habe, vielerlei Kenntnis nötig! Der Medizin im allgemeinen ist es ja auch nicht anders gegangen. Sie hat ihre Fortschritte nicht dadurch gemacht, daß sie endlich den Trick des Heilens herausgefunden und dadurch ihre Methoden verblüffend vereinfacht hat. Sie ist im Gegenteil in eine unübersehbare Kompliziertheit hineingewachsen, nicht zum mindesten dadurch, daß sie Anleihen auf allen möglichen Gebieten aufgenommen hat. So liegt es auch mir keineswegs daran, anderen Disziplinen etwas beweisen zu wollen, sondern ich versuche bloß, ihre Kenntnisse für mein Gebiet nutzbar zu machen. Natürlich liegt es mir ob, über diese Verwendung und ihre Folgen Bericht zu erstatten. Man macht nämlich Entdeckungen, wenn man Erkenntnisse des einen Gebietes zu praktischer Verwendung in ein anderes überträgt. Was wäre alles verborgen geblieben, wenn man die Röntgenstrahlen in der Medizin nicht verwendet hätte, weil sie eine physikalische Entdeckung waren? Wenn die Strahlentherapie unter Umständen gefährliche Folgen haben kann, so ist das für den Arzt interessant, aber nicht notwendigerweise für den Physiker, der seine Strahlen in ganz anderer Weise und für andere Zwecke verwendet. Er wird auch nicht der Meinung sein, daß der Mediziner ihm etwas am Zeug flicken wolle, wenn ihn dieser auf gewisse schädigende oder hilfreiche Eigenschaften der Durchleuchtung aufmerksam macht.

Wenn ich z. B. historische oder theologische Erkenntnisse im Gebiet der Psychotherapie verwende, so erscheinen sie natürlich in einer anderen Beleuchtung und führen zu anderen Schlüssen, als wenn sie auf ihr Fachgebiet, wo sie anderen Zwecken dienen, beschränkt bleiben.

Die Tatsache also, daß der seelischen Dynamik eine Polarität zugrundeliegt, bringt es mit sich, daß die Gegensatzproblematik im weitesten Sinne in die psychologische Diskussion gezogen wird, mit allen ihren religiösen und philosophischen Aspekten. Letztere verlieren dabei den selbständigen Charakter ihres Fachgebietes und zwar notwendigerweise, weil sie mit einer psychologischen Fragestellung angegangen werden, d. h. sie werden hier nicht mehr unter dem Gesichtswinkel der religiösen oder philosophischen Wahrheit angesehen, sondern vielmehr auf ihre psychologische Begründung und Bedeutung hin untersucht. Ungeachtet ihres Anspruchs auf selbständige Wahrheit besteht nämlich die Tatsache, daß sie empirisch, d. h. naturwissenschaftlich betrachtet, in erster Linie einmal *psychische Phänomene* sind. Diese Tatsache erscheint mir unbestreitbar. Daß sie eine Begründung in und durch sich selber beanspruchen, gehört mit in die psychologische Betrachtungsweise und wird von letzterer nicht etwa als unberechtigt ausgeschlossen, sondern im Gegenteil mit besonderer Aufmerksamkeit berücksichtigt. Die Psychologie kennt Urteile wie «nur religiös» oder «nur philosophisch» nicht, im Gegensatz zu dem Vorwurf von «nur psychisch», den man namentlich von der theologischen Seite her nur allzuhäufig hört.

Alle Aussagen, die überhaupt erdenkbar sind, werden von der Psyche gemacht. Sie erscheint u. a. als ein dynamischer Prozeß, der auf der Grundlage der Gegensätzlichkeit der Psyche und ihrer Inhalte beruht und ein Gefälle zwischen ihren Polen darstellt. Da Erklärungsprinzipien nicht über die Not hinaus vermehrt werden sollen und sich die energetische Betrachtungsweise als allgemeines Erklärungsprinzip der Naturwissenschaften bewährt hat, so haben wir uns auch in der Psychologie auf sie zu beschränken. Es liegen auch keine sicheren Tatsachen vor, die eine andere Auffassung als passender erscheinen ließen, und zudem hat sich die Gegensätzlichkeit oder Polarität der Psyche und ihrer Inhalte als ein wesentliches Ergebnis der psychologischen Empirie erwiesen.

Wenn nun die energetische Auffassung der Psyche zu Recht besteht, sind Aussagen, welche die durch die Polarität gesetzte Grenze zu überschreiten suchen – also z. B. Aussagen über eine metaphysische Wirklichkeit – nur noch als Paradoxa möglich, wenn sie auf irgendwelche Gültigkeit Anspruch erheben sollten.

Die Psyche kann nicht über sich selber hinausspringen, d. h. sie kann keine absoluten Wahrheiten statuieren; denn die ihr eigene Polarität bedingt die Relativität ihrer Aussage. Wo immer die Psyche absolute Wahrheiten proklamiert – also z. B. «das ewige Wesen ist Bewegung» oder «das ewige Wesen ist das Eine» – fällt sie nolens volens in den einen oder anderen der Gegensätze. Es könnte ja ebensogut heißen: «Das ewige Wesen ist Ruhe» oder «das ewige Wesen ist das All». In ihrer Einseitigkeit zersetzt die Psyche sich selber und verliert die Fähigkeit zu erkennen. Sie wird zu einem unreflektierten (weil nicht reflektierbaren) Ablauf psychischer Zustände, von denen jeder sich in sich selber begründet wähnt, weil er einen anderen nicht oder noch nicht sieht.

Damit ist selbstverständlich keine Wertung ausgesprochen, sondern vielmehr die Tatsache formuliert, daß sehr oft und sogar unvermeidlicherweise die Grenze überschritten wird, denn «Alles ist Übergang». Auf die Thesis folgt die Antithesis, und zwischen den beiden entsteht als Lysis ein Drittes, das zuvor nicht wahrnehmbar war. Mit diesem Prozeß hat die Psyche nur wieder einmal mehr ihre Gegensätzlichkeit bekundet und ist nirgends wirklich über sich selber hinausgeraten.

Mit meiner Bemühung, die Begrenztheit der Psyche darzutun, meine ich nun eben gerade nicht, daß es *nur* Psyche gebe. Wir können bloß nicht über die Psyche hinaussehen, wo und insofern es sich um Wahrnehmung und Erkenntnis handelt. Davon, daß es ein nicht psychisches, transzendentes Objekt gibt, ist die Naturwissenschaft stillschweigend überzeugt. Sie weiß aber auch, wie schwierig es ist, die wirkliche Natur des Objektes zu erkennen, namentlich dort, wo das Organ der Wahrnehmungen versagt oder gar fehlt, und wo passende Denkformen nicht vorhanden sind, beziehungsweise erst noch erschaffen werden müssen. In jenen Fällen, wo weder unsere Sinnesorgane noch deren künstliche Hilfsapparate das Vorhandensein eines realen Objektes verbürgen, wachsen die Schwierigkeiten ins Ungeheure, so daß man sich versucht fühlt zu behaupten, es sei überhaupt kein reales Objekt vorhanden. Diesen voreiligen Schluß habe ich nie gezogen, denn ich war nie der Meinung, daß unsere Wahrnehmung alle Seinsformen zu erfassen vermöchte. Ich habe daher sogar das Postulat aufgestellt, daß das Phänomen archetypischer Gestaltungen, also exquisit psychischer Ereignisse, auf dem Vorhandensein einer *psychoiden* Basis, also einer nur bedingt psychischen, beziehungsweise anderen Seinsform beruhe. Aus Ermangelung empirischer Daten habe ich weder Wissen noch Erkenntnis von solchen Seinsformen, die man gemeiniglich als «geistig» bezeichnet. In Ansehung der Wissenschaft ist es irrelevant, was ich darüber *glaube.* Ich muß mich mit meiner Unwissenheit begnügen. Insofern sich aber Archetypen als *wirksam* erweisen, sind sie mir *wirklich,* wenn ich schon nicht weiß, was ihre reale Natur ist. Dies gilt natürlich nicht nur von den Archetypen, sondern von der Natur der Psyche überhaupt. Was sie auch immer von sich selber aussagen mag, nie wird sie sich selber übersteigen. Alles Begreifen und alles Begriffene ist an sich psychisch, und insofern sind wir in einer ausschließlich psychischen Welt hoffnungslos eingeschlossen. Trotzdem haben wir Grund genug, hinter diesem Schleier das uns bewirkende und beeinflussende, aber unbegriffene absolute Objekt als seiend vorauszusetzen, auch in jenen Fällen – insbesondere in dem der psychischen Erscheinungen – wo keine realen Feststellungen gemacht werden können. Aussagen über Möglichkeit und Unmöglichkeit gelten überhaupt nur innerhalb von Fachgebieten, außerhalb derselben sind sie bloße Anmaßungen.

Obwohl es von einem objektiven Standpunkt aus gesehen verboten ist, Aussagen ins Blaue hinaus, d. h. ohne zureichenden Grund, zu machen, so gibt es doch solche, die anscheinend ohne objektive Gründe gemacht werden müssen. In diesem Fall handelt es sich aber um eine psychodynamische Begründung, die man gewöhnlich als subjektiv bezeichnet und als bloß persönlich ansieht. Man begeht damit den Fehler, daß man nicht unterscheidet, ob die Aussage wirklich nur von einem vereinzelten Subjekt ausgeht und von ausschließlich persönlichen Motiven veranlaßt wird, oder ob sie allgemein vorkommt und einem kollektiv vorhandenen dynamischen «pattern» entspringt. In letzterem Fall nämlich ist sie nicht als subjektiv, sondern als psychologisch objektiv aufzufassen, indem eine unbestimmte Anzahl von Individuen sich veranlaßt sehen, aus innerem Antrieb eine identische Aussage zu machen, resp. eine gewisse Anschauung als vital nötig zu empfinden. Da der Archetypus keine bloß inaktive Form, sondern auch mit einer spezifischen Energie ausgerüstet ist, so kann er wohl als causa efficiens derartiger Aussagen betrachtet und als Subjekt derselben verstanden werden. Nicht der persönliche Mensch macht die Aussage, sondern der Archetypus drückt sich in ihr aus. Werden die Aussagen verhindert oder nicht in Betracht gezogen, so treten, wie die ärztliche Erfahrung sowohl wie die gewöhnliche Menschenkenntnis zeigt, psychische Mangelerscheinungen auf. Im individuellen Fall sind es neurotische Symptome, und dort, wo es sich um Menschen handelt, die einer Neurose unfähig sind, entstehen kollektive Wahnbildungen.

Die archetypischen Aussagen beruhen auf instinktiven Voraussetzungen und haben nichts mit der Vernunft zu tun; sie sind weder vernünftig begründet, noch können sie durch vernünftige Argumente beseitigt werden. Sie waren und sind seit jeher Teile des Weltbildes, «représentations collectives», wie sie Lévy-Bruhl richtig bezeichnet hat. Gewiß spielt das Ich und sein Wille eine große Rolle. Was das Ich will, ist aber in hohem Maße und in einer ihm meist unbewußten Weise durchkreuzt von der Autonomie und Numinosität archetypischer Vorgänge. Die praktische Berücksichtigung derselben macht das Wesen der Religion aus, soweit diese einer psychologischen Betrachtungsweise unterworfen werden kann.

III

An dieser Stelle drängt sich mir die Tatsache auf, daß es neben dem Feld der Reflexion ein anderes, mindestens ebensoweit, wenn nicht weiter sich erstreckendes Gebiet gibt, in welchem das verstandesmäßige Begreifen und Darstellen kaum etwas findet, dessen es sich bemächtigen könnte. Es ist das Feld des Eros. Der antike Eros ist sinnvollerweise ein Gott, dessen Göttlichkeit die Grenzen des Menschlichen überschreitet und deshalb weder begriffen noch dargestellt werden kann. Ich könnte mich, wie so viele andere vor mir es versucht haben, an diesen Daimon wagen, dessen Wirksamkeit sich von den endlosen Räumen des Himmels bis in die finsteren Abgründe der Hölle erstreckt, aber es entfällt mir der Mut, jene Sprache zu suchen, welche die unabsehbaren Paradoxien der Liebe adaequat auszudrücken vermöchte. Eros ist ein kosmogonos, ein Schöpfer und Vater-Mutter aller Bewußtheit. Es scheint mir, als ob der Conditionalis des Paulus «und hätte der Liebe nicht» aller Erkenntnis erste und Inbegriff der Gottheit selber wäre. Was immer die gelehrte Interpretation des Satzes «Gott ist die Liebe» sein mag, sein Wortlaut bestätigt die Gottheit als «complexio oppositorum».

Meine ärztliche Erfahrung sowohl wie mein eigenes Leben haben mir unaufhörlich die Frage der Liebe vorgelegt, und ich vermochte es nie, eine gültige Antwort darauf zu geben. Wie Hiob mußte ich «meine Hand auf meinen Mund legen. Einmal habe ich geredet, darnach will ich nicht mehr antworten» (Hiob XXXIX, 34 f.). Es geht hier um Größtes und Kleinstes, Fernstes und Nahestes, Höchstes und Tiefstes, und nie kann das eine ohne das andere gesagt werden. Keine Sprache ist dieser Paradoxie gewachsen. Was immer man sagen kann, kein Wort drückt das Ganze aus. Von Teilaspekten zu sprechen, ist immer zuviel oder zuwenig, wo doch nur das Ganze sinngemäß ist. Die Liebe «trägt alles» und «duldet alles» (I Cor. XIII, 7). Dieser Wortlaut sagt alles. Man könnte ihm nichts beifügen. Wir sind nämlich im tiefsten Verstande die Opfer oder die Mittel und Instrumente der kosmogonen «Liebe». Ich setze dieses Wort in Anführungszeichen, um anzudeuten, daß ich damit nicht bloß ein Begehren, Vorziehen, Begünstigen, Wünschen und ähnliches meine, sondern ein dem Einzelwesen überlegenes Ganzes, Einiges und Ungeteiltes. Der Mensch als Teil begreift das Ganze nicht. Er ist ihm unterlegen. Er mag Ja sagen oder sich empören; immer aber ist er darin befangen und eingeschlossen. Immer hängt er davon ab und ist davon begründet. Die Liebe ist sein Licht und seine Finsternis, deren Ende er nicht absieht. «Die Liebe höret nimmer auf», auch wenn er mit «Engelszungen redete» oder mit wissenschaftlicher Akribie das Leben der Zelle bis zum untersten Grunde verfolgte. Er kann die Liebe mit allen Namen belegen, die ihm zu Gebote stehen, er wird sich nur in endlosen Selbsttäuschungen ergehen. Wenn er ein Gran Weisheit besitzt, so wird er die Waffen strecken und ignotum per ignotius benennen, nämlich mit dem Gottesnamen. Das ist ein Eingeständnis seiner Unterlegenheit, Unvollständigkeit und Abhängigkeit, zugleich aber auch ein Zeugnis für die Freiheit seiner Wahl zwischen Wahrheit und Irrtum.

RÜCKBLICK[1]

Wenn man sagt, ich sei weise oder ein «Wissender», so kann ich das nicht akzeptieren. Es hat einmal Einer einen Hut voll Wasser aus einem Strom geschöpft. Was bedeutet das schon? Ich bin nicht dieser Strom. Ich bin an dem Strom, aber ich mache nichts. Die anderen Menschen sind an demselben Strom, aber meist finden sie, sie selber müßten es machen. Ich mache nichts. Ich denke nie, ich sei es, der dafür sorgen müsse, daß die Kirschen Stiele bekommen. Ich stehe da, bewundernd, was die Natur vermag.

Es gibt eine schöne alte Legende von einem Rabbi, zu dem ein Schüler kam und fragte: «Früher gab es Menschen, die Gott von Angesicht gesehen haben; warum gibt es sie heute nicht mehr?» Da antwortete der Rabbi: «Weil sich heute niemand mehr so tief bükken kann.» Man muß sich schon etwas bücken, um aus dem Strom zu schöpfen.

Der Unterschied zwischen den meisten anderen Menschen und mir liegt darin, daß bei mir die «Zwischenwände» durchsichtig sind. Das ist meine Eigentümlichkeit. Bei anderen sind sie oft so dicht, daß sie nichts dahinter sehen und darum meinen, es sei auch gar nichts da. Ich nehme die Vorgänge des Hintergrundes einigermaßen wahr, und darum habe ich die innere Sicherheit. Wer nichts sieht, hat auch keine Sicherheit und kann keine Schlüsse ziehen, oder traut den eigenen Schlüssen nicht. Ich weiß nicht, was es ausgelöst hat, daß ich den Strom des Lebens wahrnehmen kann. Es war wohl das Unbewußte selber. Vielleicht waren es die frühen Träume. Sie haben mich von Anfang an bestimmt.

Das Wissen um die Vorgänge des Hintergrundes hat meine Beziehung zur Welt schon früh vorgebildet. Im Grunde genommen war sie bereits in meiner Kindheit so, wie sie noch heute ist. Als Kind fühlte ich mich einsam, und ich bin es noch heute, weil ich Dinge weiß und andeuten muß, von denen die anderen anscheinend nichts wissen und meistens auch gar nichts wissen wollen. Einsamkeit entsteht nicht dadurch, daß man keine Menschen um sich hat,

[1] Vergl. Appendix pag. 375 f.

sondern vielmehr dadurch, daß man ihnen die Dinge, die einem wichtig erscheinen, nicht mitteilen kann, oder daß man Gedanken für gültig ansieht, die den anderen als unwahrscheinlich gelten. Die Einsamkeit begann mit dem Erlebnis meiner frühen Träume und erreichte den Höhepunkt in der Zeit, als ich am Unbewußten arbeitete. Wenn ein Mensch mehr weiß als andere, wird er einsam. Einsamkeit steht aber nicht notwendigerweise im Gegensatz zu Gemeinschaft, indem nämlich niemand Gemeinschaft mehr empfindet als der Einsame, und Gemeinschaft blüht nur dort, wo jeder Einzelne sich seiner Eigenart erinnert und sich nicht mit den anderen identifiziert.

Es ist wichtig, daß wir ein Geheimnis haben und die Ahnung von etwas nicht Wißbarem. Es erfüllt das Leben mit etwas Unpersönlichem, einem Numinosum. Wer das nie erfahren hat, hat Wichtiges verpaßt. Der Mensch muß spüren, daß er in einer Welt lebt, die in einer gewissen Hinsicht geheimnisvoll ist, daß in ihr Dinge geschehen und erfahren werden können, die unerklärbar bleiben, und nicht nur solche, die sich innerhalb der Erwartung ereignen. Das Unerwartete und das Unerhörte gehören in diese Welt. Nur dann ist das Leben ganz. Für mich war die Welt von Anfang an unendlich groß und unfaßlich.

Ich hatte alle Mühe, mich neben meinen Gedanken zu behaupten. Es war ein Dämon in mir, und der war in letzter Linie ausschlaggebend. Er überflügelte mich, und wenn ich rücksichtslos war, so darum, weil ich vom Dämon gedrängt wurde. Ich konnte mich nie aufhalten beim einmal Erreichten. Ich mußte weitereilen, um meine Vision einzuholen. Da meine Zeitgenossen begreiflicherweise meine Vision nicht wahrnehmen konnten, so sahen sie nur einen sinnlos Davonlaufenden.

Ich habe viele Leute vor den Kopf gestoßen; denn sobald ich merkte, daß sie mich nicht verstanden, war der Fall für mich erledigt. Ich mußte weiter. Ich hatte – außer bei meinen Patienten – keine Geduld mit den Menschen. Immer mußte ich dem inneren Gesetz folgen, das mir auferlegt war und mir keine Freiheit der Wahl ließ. Allerdings folgte ich ihm nicht immer. Wie kann man ohne Inkonsequenz auskommen?

Für manche Menschen war ich unmittelbar vorhanden, insofern sie in einem Kontakt zur inneren Welt standen; aber dann konnte es sein, daß ich plötzlich nicht mehr vorhanden war, weil nichts mehr da war, was mich an sie band. Ich hatte es mühsam zu lernen, daß die Menschen noch da sind, auch wenn sie mir nichts mehr zu sagen haben. Viele erweckten bei mir das Gefühl lebendiger Menschlichkeit, aber nur wenn sie im Zauberkreis der Psychologie sichtbar wurden; im nächsten Augenblick, wenn der Scheinwerfer seinen Strahl woanders hin richtete, war nichts mehr vorhanden. Für manche Menschen konnte ich mich intensiv interessieren, aber sobald ich sie durchschaut hatte, war der Zauber verschwunden. So habe ich mir viele Feinde gemacht. Aber als schöpferischer Mensch ist man ausgeliefert, nicht frei, sondern gefesselt und getrieben vom Dämon. «Schmählich / entreißt das Herz uns eine Gewalt. / Denn Opfer will der Himmlischen jedes, / wenn aber eines versäumt ward, / nie hat es Gutes gebracht» (Hölderlin).

Die Unfreiheit erweckte in mir eine große Trauer. Oft kam es mir vor, als sei ich auf einem Schlachtfeld. Jetzt bist du gefallen, mein guter Kamerad, aber ich muß weiter! Ich kann nicht, kann ja nicht bleiben! «Denn schmählich entreißt das Herz uns eine Gewalt.» Ich habe dich gern, ja ich liebe dich, aber ich kann nicht bleiben! – Das ist im Augenblick etwas Herzzerreißendes. Ich bin ja selber das Opfer, ich *kann* nicht bleiben. Aber der Dämon bringt es fertig, daß man durchkommt, und die gesegnete Inkonsequenz bringt es mit sich, daß ich in flagrantestem Gegensatz zu meiner «Untreue» in ungeahntem Maße Treue halten kann.

Vielleicht könnte ich sagen: ich brauche Menschen in höherem Maße als andere und zugleich viel weniger. Wo das Daimonion am Werke ist, ist man immer zu nah und zu fern. Nur wo es schweigt, kann man mittleres Maß bewahren.

Der Dämon und das Schöpferische haben sich bei mir unbedingt und rücksichtslos durchgesetzt. Das Gewöhnliche, das ich mir vornahm, zog meist den kürzeren, und auch das nicht immer und überall. Es erscheint mir deshalb, daß ich konservativ bis in die Knochen sei. Ich stopfe mir meine Pfeife aus dem Tabakhafen meines Großvaters und hüte noch seinen mit einem Gemshörnlein gekrönten Alpenstock, den er als einer der ersten Kurgäste von Pontresina zurückgebracht hatte.

Ich bin zufrieden, daß mein Leben so gegangen ist. Es war reich und hat mir viel gebracht. Wie hätte ich so viel erwarten können? Es waren lauter nicht zu erwartende Dinge, die sich ereigneten. Manches hätte vielleicht anders sein können, wenn ich selber anders gewesen wäre. So war es aber, wie es sein mußte; denn es ist geworden dadurch, daß ich so bin, wie ich bin. Vieles ist durch Absicht entstanden, geriet mir aber nicht immer zum Vorteil. Das meiste aber hat sich natürlich und aus Schicksal entwickelt. Ich bereue viele Dummheiten, die aus meinem Eigensinn entstanden sind, aber wenn ich ihn nicht gehabt hätte, wäre ich nicht zu meinem Ziel gekommen. So bin ich enttäuscht und bin nicht enttäuscht. Ich bin enttäuscht über die Menschen und bin enttäuscht über mich selber. Ich habe Wunderbares von Menschen erfahren und habe selber mehr geleistet, als ich von mir erwartete. Ich kann mir kein endgültiges Urteil bilden, weil das Phänomen Leben und das Phänomen Mensch zu groß sind. Je älter ich wurde, desto weniger verstand oder erkannte oder wußte ich mich.

Ich bin über mich erstaunt, enttäuscht, erfreut. Ich bin betrübt, niedergeschlagen, enthusiastisch. Ich bin das alles auch und kann die Summe nicht ziehen. Ich bin außerstande, einen definitiven Wert oder Unwert festzustellen, ich habe kein Urteil über mich und mein Leben. In nichts bin ich ganz sicher. Ich habe keine definitive Überzeugung – eigentlich von nichts. Ich weiß nur, daß ich geboren wurde und existiere, und es ist mir, als ob ich getragen würde. Ich existiere auf der Grundlage von etwas, das ich nicht kenne. Trotz all der Unsicherheit fühle ich eine Solidität des Bestehenden und eine Kontinuität meines Soseins.

Die Welt, in die wir hineingeboren werden, ist roh und grausam und zugleich von göttlicher Schönheit. Es ist Temperamentssache zu glauben, was überwiegt: die Sinnlosigkeit oder der Sinn. Wenn die Sinnlosigkeit absolut überwöge, würde mit höherer Entwicklung die Sinnerfülltheit des Lebens in zunehmendem Maße verschwinden. Aber das ist nicht – oder scheint mir – nicht der Fall. Wahrscheinlich ist, wie bei allen metaphysischen Fragen, beides wahr: das Leben ist Sinn und Unsinn, oder es hat Sinn und Unsinn. Ich habe die ängstliche Hoffnung, der Sinn werde überwiegen und die Schlacht gewinnen.

Wenn Lao Tse sagt: «Alle sind klar, nur ich allein bin trübe», so ist es das, was ich in meinem hohen Alter fühle. Lao Tse ist das Beispiel für einen Mann mit superiorer Einsicht, der Wert und Unwert gesehen und erfahren hat, und der am Ende des Lebens in sein eigenes Sein zurückkehren möchte, in den ewigen unerkennbaren Sinn. Der Archetypus des alten Menschen, der genug gesehen hat, ist ewig wahr. Auf jeder Stufe der Intelligenz erscheint dieser Typus und ist sich selber identisch, ob es ein alter Bauer sei, oder ein großer Philosoph wie Lao Tse. So ist das Alter – also eine

Küsnacht, 1960

Beschränkung. Und doch gibt es so viel, was mich erfüllt: die Pflanzen, die Tiere, die Wolken, Tag und Nacht und das Ewige in den Menschen. Je unsicherer ich über mich selber wurde, desto mehr wuchs ein Gefühl der Verwandtschaft mit allen Dingen. Ja, es kommt mir vor, als ob jene Fremdheit, die mich von der Welt solange getrennt hatte, in meine Innenwelt übergesiedelt wäre und mir eine unerwartete Unbekanntheit mit mir selber offenbart hätte.

Aus den Briefen Jungs an seine Frau aus den USA

6. IX. 09, Montag
bei Prof. Stanley Hall
Clark University, Worcester

... Jetzt sind wir[1] also glücklich in Worcester angelangt! Ich muß Dir die Reise erzählen. Am letzten Samstag war in New York trübes Wetter. Alle drei litten wir an Diarrhöe und mehr oder weniger Magenschmerzen. Ich ging trotz des körperlichen Jammers und trotz Nahrungsabstinenz noch in die paläontologische Sammlung, wo man alle die alten Ungeheuer, die Schöpfungsangstträume des lieben Gottes, sah. Die Sammlung ist für die Phylogenese des tertiären Säugetieres einfach einzigartig. Unmöglich kann ich Dir alles, was ich dort gesehen habe, schildern. Ich traf dann Jones, der eben von Europa ankam. Dann etwa um ½4 Uhr fuhren wir per Elevated von der 42. Straße nach den Piers und bestiegen dort ein seltsames gewaltiges Gebäude von Dampfer, das etwa fünf weiße Decks hatte. Dort nahmen wir Kabinen und fuhren nun vom Westriver um die Spitze von Manhattan mit all den gewaltigen Wolkenkratzern herum, den East River hinauf unter der Brooklyn- und Manhattan-Bridge durch, mitten durch das unendliche Gewühl von Schleppern, Ferrybooten usw. usw. durch den Sound hinter Long Island. Es wurde feucht und kühl, wir hatten Bauchweh und Diarrhöe und litten Hunger und krochen ins Bett. Am Sonntag früh waren wir schon an Land in Fallriver City, wo wir bei Regen den Zug nach Boston nahmen. Wir gingen sofort weiter nach Worcester. Schon unterwegs klärte es auf. Die Landschaft war äußerst lieblich, flach-hügelig, viel Wald, Sumpf, kleine Seen, zahllose gewaltige erratische Blöcke, kleine Dörfchen mit Holzhäusern, rot, grün oder grau gestrichen mit weißgerahmten Fenstern (Holland!), unter großen schönen Bäumen versteckt.

[1] Freud, Ferenczi und Jung.

11½ in Worcester. Wir fanden im Standish Hotel eine sehr nette Unterkunft, auch billig on the American plan, d. h. mit Pension. Abends 6 Uhr nach gehöriger Ruhe Besuch bei Stanley Hall. Er ist ein äußerst feiner, vornehmer alter Herr von bald 70 Jahren, der uns mit größter Gastfreundschaft empfing. Er hat eine dicke, lustige und gutmütige und dazu sehr häßliche Frau, die sich aber auf feines Essen versteht. Sie ernannte Freud und mich zu ihren «boys» und versah uns mit köstlicher Nahrung und edlem Wein, so daß wir sichtlich genasen. Wir schliefen nachts noch im Hotel sehr gut und heute morgen siedelten wir zu Halls über. Das Haus ist furchtbar lustig eingerichtet, alles weit und bequem. Er hat ein herrliches Studio mit vielen tausend Büchern und Zigarren. Als Bedienung figurieren zwei kohlpechrabenschwarze Neger im Smoking, höchst grotesk-feierlich. Überall Teppiche, alle Türen offen, sogar Locus- und Haustüre, überall geht man hinein und hinaus, die Fenster reichen alle auf den Boden herunter; ums Haus englische Rasenfläche, kein Gartenzaun. Die halbe Stadt (ca. 180 000 Einwohner) steht in einem Walde alter Bäume, die alle Straßen beschatten. Alle Häuser sind fast kleiner als das unsrige, lieblich von Blumen und blühenden Sträuchern umgeben, übergrünt von Jungfernreben und Glyzinien, alles gepflegt, reinlich, gebildet und überaus friedlich und gemütlich. Ein ganz anderes Amerika! Es ist das sogenannte New England. Die Stadt wurde schon 1690 gegründet, ist also sehr alt. Viel Wohlstand. Die Universität, reich dotiert, ist klein aber vornehm und von wirklicher, einfacher Eleganz. Heute morgen war Eröffnungssitzung. Prof. X. kam zuerst dran mit langweiligem Zeug. Wir drückten uns bald und machten einen Spaziergang durch die Umgebung der Stadt, die überall von kleinen und kleinsten Seen und kühlen Wäldern umgeben ist, und waren sehr entzückt von dem friedlich schönen Bilde. Es ist eine erquickliche Erholung nach dem Leben in New York ...

Clark University
Worcester, Massachusetts
Mittwoch, 8. IX. 09

... Die Leute sind hier alle von größter Liebenswürdigkeit und angenehmem Kulturzustand. Wir sind bei Hall prächtig verpflegt und erholen uns täglich von den New Yorker Strapazen. Der Bauch ist jetzt beinahe in Ordnung, von Zeit zu Zeit zuckt es noch etwas, aber das Allgemeinbefinden ist jetzt sonst vorzüglich. Freud hat gestern die Vorlesungen begonnen und großen Erfolg geerntet. Wir gewinnen hier an Boden, und unsere Sache wächst langsam, aber sicher. Ich habe heute mit zwei älteren sehr gebildeten Ladies einen Talk über Psychoanalyse gehabt, wobei sich die Damen als sehr unterrichtet und freidenkend erwiesen. Ich war sehr überrascht, da ich mich auf Widerstände gefaßt gemacht hatte. Neulich hatten wir eine große Gardenparty mit fünfzig Leuten, wobei ich mich mit fünf Damen umgab. Ich konnte sogar englische Witze machen, allerdings wie! Morgen kommt meine erste Vorlesung, vor der mir alles Grauen geschwunden ist, denn die Hörerschaft ist harmlos und bloß begierig, Neuigkeiten zu hören, und mit denen kann man ja schließlich aufwarten. Es heißt, daß wir zu Ehrendoktoren der Universität promoviert werden sollen, am nächsten Samstag mit großem Festlärm. Abends wird «formal reception» sein. Der heutige Brief fällt leider notgedrungen kurz aus, da Halls uns heute Gesellschaft zum five o'clock eingeladen haben. Auch ist man vom Boston Evening Transcript interviewt worden. Wir sind hier die Männer vom Tag. Es tut ganz gut, diese Seite einmal etwas ausleben zu können. Ich fühle, daß meine Libido das in großen Zügen genießt...

Clark University
Worcester, Mass.
14. IX. 09

... Gestern Abend war ein furchtbar großer Zauber und Mummenschanz mit allen möglichen roten und schwarzen Roben und viereckigen Goldtroddelhüten. Man hat mich in großer Festversammlung zum Doctor of Laws honoris causa promoviert, ebenso Freud. Ich darf jetzt hinter meinen Namen L.L.D. setzen. Bedeutend, nicht? Heute hat uns Prof. M. per Automobil zum Lunch an einen schönen See geführt. Die Landschaft war äußerst lieblich. Heute Abend ist noch eine «private conference» in Halls Haus über «psychology of sex». Die Zeit ist greulich ausgefüllt. Darin sind die Amerikaner wirklich groß, sie lassen einem kaum Zeit zum Schnaufen. Ich bin nach all den fabelhaften Sachen jetzt doch etwas abgespannt und sehne mich nach der Ruhe in den Bergen. Mir brummt der Kopf. Gestern Abend mußte ich bei der Doktor-promotion eine Rede aus dem Stegreif halten vor etwa dreihundert Personen.

... Ich freue mich furchtbar, wieder aufs Meer zu kommen, wo sich die aufgepeitschte Seele an der unendlichen Ruhe und Weite wieder erholen kann. Man ist hier in einem fast beständigen Wirbelwind. Gott sei Dank habe ich aber meine Genußfähigkeit wieder ganz zurückerhalten, so daß ich mich auf alles freuen kann. Ich nehme jetzt im Sturm alles noch mit, was irgendwie geht, dann setze ich mich satt nieder ...

P.'s Camp
Keene Valley
Adirondacks, N.Y. 16. IX. 09, 8½ a. m.

... Du würdest maßlos erstaunt sein, wenn Du sähest, wo ich jetzt wieder stecke in diesem Lande der wirklich unbegrenzten Möglichkeiten. Ich sitze in einer großen Holzhütte, die aus einem einzigen Raume besteht, vor mir ein gewaltiger, aus Ziegeln roh gemauerter Kamin mit mächtigen Holzklötzen davor, an den Wänden massenhaft Geschirr, Bücher und dergleichen. Um die Hütte läuft eine gedeckte Veranda, und tritt man hinaus, so sieht man zunächst nichts als Bäume, Buchen, Tannen, Föhren, Thujen, alles ein bißchen fremdartig, dazu rauscht sanft der Regen herunter. Zwischen den Bäumen sieht man auf eine gebirgige Landschaft, alles mit Wald bedeckt. Die Hütte steht an einem Abhang, etwas weiter unten stehen etwa zehn kleine Holzhäuschen, da wohnen die Frauen, dort die Männer, da ist die Küche, dort das Speisehaus, dazwischen weiden Kühe und Pferde. Hier wohnen nämlich zwei Familien P. und eine Familie X. samt Bedienung. Geht man am Bache, der vorbeifließt, entlang in die Höhe, so kommt man in den Wald, wo man sehr bald entdeckt, daß es ein nordischer Urwald ist. Den Boden bilden gewaltige glaziale Felstrümmer, mit einem tiefen weichen Moos- und Farnteppich bedeckt, darüber in wilder Unordnung hingestürzt ein Gewirre von Ästen und gewaltigen modrigen Baumstämmen, aus denen sich wieder junge Bäume erheben. Steigt man weiter in die Höhe auf weichem Pfade, der ganz aus moderndem Holz besteht, so kommt man in ein Gebiet dichtesten Unterholzes, das ganz von Brombeeren, Himbeeren und einem sonderbaren Mischling aus beiden durchwebt ist. Tausende von gewaltigen toten

Bäumen ragen nackt aus dem Gebüsch. Tausende sind hingestürzt und haben sich im Sturze zu undurchdringlichem Gewebe verfilzt. Man kriecht über und unter dicken Baumstämmen durch, tritt durch moderndes Holz in tiefe Löcher hinunter, Spuren von Hirschen kreuzen den Weg; Spechte haben kopfgroße Löcher in die Bäume gehämmert. Stellenweise hat ein Wirbelsturm Hunderte von riesigen Bäumen, die ähnlich wie Wellingtonien sind, niedergerissen, so daß ihre Wurzelstöcke weit in die Höhe ragen. Hier hat ein Waldbrand vor einigen Jahren ein meilenweites Gebiet verheert. Endlich gelangt man zu einer über 1000 m hohen Felskuppe und sieht auf eine wilde glaziale Feld- und Seelandschaft hinunter, die ganz von jungfräulichem Urwald seit der Gletscherzeit bedeckt ist. Dieses sonderbare wilde Land ist im nordöstlichen Zipfel der USA, im Staate New York, nahe der kanadischen Grenze. Hier hausen noch Bären, Wölfe, Hirsche, Elke, Stachelschweine. Schlangen hat's auch überall. Schon gestern, als wir ankamen, war eine zwei Fuß lange zum Empfang da. Glücklicherweise gibt es in unserer Gegend keine Klapperschlangen, dagegen finden sich viele einige Stunden weiter am wärmeren Lake George und Champlain. Wir wohnen in einer kleinen Hütte und schlafen in einem Bastard zwischen Hängematte und Feldbett . . .

Ich glaube, wir müssen zusammen einmal hierherkommen, man hat's hier zu gut. Man ist überall, wo Bekannte sind, prächtig versorgt und aufgehoben. Wir sind darin einig, daß wir die schönsten Erinnerungen von dieser Reise bewahren werden. Freud schlägt sich mit philosophischem Lächeln durch diese ganze bunte Welt hindurch. Ich tue mit und genieße sie. Wenn ich alles mitnähme, was ich könnte, so würde ich in zwei Monaten damit noch nicht fertig sein. Es ist gut zu gehen, solange es noch sehr schön ist . . .

Albany, N. Y.
18. IX. 1909

. . . Noch zwei Tage bis zur Abreise! Es geht alles im Wirbel. Gestern noch stand ich auf einem nahezu 1700 Meter hohen kahlen Felsgipfel inmitten ungeheurer Urwälder und schaute weithinaus in die blauen Unendlichkeiten Amerikas und fror bis auf die Knochen in eiskaltem Winde, und heute mitten im Großstadttrubel Albanys, der Hauptstadt des Staates New York! Die hunderttausend Eindrücke, die ich von diesem Wunderlande mitnehme, lassen sich mit der Feder nicht schildern. Alles reicht zu weit und ist zu unabsehbar. Etwas, was mir in den letzten Tagen allmählich aufdämmerte, ist die Erkenntnis, daß hier ein Ideal der Lebensmöglichkeit Wirklichkeit geworden ist. Den Männern geht es hier so gut, wie es die Kultur überhaupt erlaubt, den Frauen schlecht. Wir haben hier Dinge gesehen, die zur größten Bewunderung hinreißen, und Dinge, die zum tiefsten Nachdenken über soziale Entwicklung auffordern. Wir sind, was technische Kultur anbelangt, meilenweit hinter Amerika zurück. Aber all das kostet entsetzlich viel und trägt schon den Keim des Endes in sich. Ich muß Dir viel, sehr viel erzählen. Die Erlebnisse dieser Reise werden mir unvergeßlich sein. Wir sind jetzt amerikamüde. Morgen früh geht's nach New York, und am 21. IX. geht's in die See! . . .

Norddeutscher Lloyd Bremen
Dampfer «Kaiser Wilhelm der Große»
22. September 1909

. . . Gestern schüttelte ich leichten Herzens den Staub Amerikas von meinen Sohlen mit einem Brummschädel, denn Y.'s haben mich mit wunderbarem Champagner bewirtet . . . Mit der Abstinenz bin ich punkto Glauben nun auf einen ganz wackeligen Boden gekommen, so daß ich ehrenhafter Weise aus meinen Vereinen austrete. Ich bekenne mich als aufrichtigen Sünder und kann dann hoffentlich den Anblick eines Glases Wein ohne Emotion ausstehen, nämlich eines nicht getrunkenen. Das ist ja immer so, nur das Verbotene reizt. Ich glaube, ich darf mir nicht zu viel verbieten.

Also gestern Morgen um 10 Uhr fuhren wir los, links die hochragenden weißlichen und rötlichen Himmelstürme von New York City, rechts die qualmenden Kamine, Docks usw. von Hoboken. Der Morgen war nebelig, bald entschwand New York, und nicht lange, so fingen die großen Dünungen des Meeres an. Beim Feuerschiff setzten wir den amerikanischen Lotsen aus und fuhren dann hinaus «in die traurige Wüste des Meeres». Es ist wie immer von kosmischer Großartigkeit und Einfachheit und zwingt zum Schweigen, denn was hat der Mensch hier zu sagen, vollends wenn der Ozean nächtlich allein ist mit dem gestirnten Himmel? Man sieht schweigend, auf alle Eigenmacht verzichtend, hinaus, und viele alte

Worte und Bilder huschen durch den Sinn: Eine leise Stimme spricht etwas von dem Uralten und der Unendlichkeit des «weitaufrauschenden Meeres», von «des Meeres und der Liebe Wellen», von Leukothea, der lieblichen Göttin, die im Schaume der aufspritzenden Wogen erscheinend dem wegemüden Odysseus den heilspendenden feinen Perlschleier zubereitet. Das Meer ist wie Musik, es hat in sich und berührt alle Träume der Seele. Das Schöne und Große des Meeres liegt darin, daß wir hinabgezwungen werden in die fruchtbaren Gründe der eigenen Seele und selbstschöpferisch uns gegenübertreten in der Belebung der «traurigen Wüste des Meeres». Jetzt sind wir noch müde von «dieser letzten Tage Qual» und brüten und stellen in unbewußter Arbeit alles in Ordnung, was Amerika in uns aufgewühlt hat . . .

Norddeutscher Lloyd Bremen
Dampfer «Kaiser Wilhelm der Große»
25. IX. 1909

. . . Gestern erhob sich ein Sturm, der den ganzen Tag bis gegen Mitternacht dauerte. Ich stand fast den ganzen Tag vorne unter der Kommandobrücke auf erhöhtem und geschütztem Punkt und bewunderte das großartige Schauspiel, wie die ungeheuren Wogenberge heranrollten und eine wirbelnde Wolke von Gischt über das Schiff ergossen. Das Schiff fing schauerlich zu rollen an; einige Male schon war ein salziger Schauer über uns heruntergegangen. Es wurde kalt, und wir gingen einen Tee nehmen. Dort floß aber das Gehirn in den Rückenmarkskanal hinunter und suchte unter dem Magen wieder heraufzukommen. Ich zog mich deshalb ins Bett zurück, wo ich mich bald sehr wohl fühlte und dann auch ein angenehmes Nachtessen verzehrte. Von Zeit zu Zeit donnerte draußen eine Woge an das Schiff. Die Gegenstände im Zimmer hatten alle Leben gewonnen: das Kanapeekissen kroch im Halbdunkel auf dem Boden herum, ein liegender Schuh richtete sich auf, blickte erstaunt um sich und begab sich dann leise schlürfend unters Sofa, der stehende Schuh legte sich müde auf die Seite und fuhr dem anderen nach. Nun änderte sich aber das Schauspiel. Wie ich merkte, waren die Schuhe unters Sofa gegangen, um dort meinen Sack und die Handtasche zu holen; nun zog die ganze Gesellschaft hinüber zum großen Koffer unters Bett; ein Ärmel meines Hemdes auf dem

Sofa winkte ihnen sehnsüchtig nach, im Inneren der Kästen und Schubladen rauschte und klapperte es. Plötzlich erkrachte unter meinem Boden ein furchtbares Tosen, Knattern, Prasseln und Klirren. Unten ist nämlich ein Küchenraum. Dort waren mit einem Schlag fünfhundert Teller aus ihrer todähnlichen Befangenheit erwacht und hatten durch einen kühnen Sprung ihrem nichtigen Sklavendasein ein rasches Ende gemacht. Rings in den Kabinen verrieten unaussprechliche Seufzer die Geheimnisse des Menus. Ich schlief herrlich, und heute morgen beginnt der Wind von einer anderen Seite . . .

Aus Briefen von Freud an Jung [2]

16. April 09
Wien, IX, Berggasse 19

Lieber Freund,

. . . Es ist bemerkenswert, daß an demselben Abend, an dem ich Sie förmlich als ältesten Sohn adoptierte, Sie zum Nachfolger und Kronprinzen – in partibus infidelium – salbte, daß gleichzeitig Sie mich der Vaterwürde entkleideten, welche Entkleidung Ihnen ebenso gefallen zu haben scheint wie mir im Gegenteil die Einkleidung Ihrer Person. Nun fürchte ich bei Ihnen wieder in den Vater zurückzufallen, wenn ich von meiner Relation zum Klopfgeisterspuk spreche; ich muß es aber tun, weil es doch anders ist, als Sie sonst glauben könnten. Ich leugne also nicht, daß Ihre Mitteilungen und Ihr Experiment mir starken Eindruck gemacht haben. Ich nahm mir vor, nach Ihrem Weggang zu beobachten, und gebe hier die Resultate. In meinem ersten Zimmer kracht es unausgesetzt, dort wo die zwei schweren ägyptischen Stelen auf den Eichenbrettern des Bücherkastens aufruhen, das ist also durchsichtig. Im zweiten, dort wo wir es hörten, kracht es sehr selten. Anfangs wollte ich es als Beweis gelten lassen, wenn das während Ihrer Anwesenheit so häufige Geräusch sich nach Ihrem Weggang nie mehr hören ließe – aber es hat sich seither wiederholt gezeigt, doch nie im Zusammenhang mit meinen Gedanken und nie, wenn ich mich mit Ihnen oder mit Ihrem speziellen Problem beschäftigte. (Auch

[2] Mit freundlicher Erlaubnis von Ernst Freud, London.

jetzt nicht, füge ich als Herausforderung hinzu). Die Beobachtung wurde aber alsbald durch anderes entwertet. Meine Gläubigkeit oder wenigstens meine gläubige Bereitwilligkeit schwand mit dem Zauber Ihres persönlichen Hierseins dahin; es ist mir wieder aus irgendwelchen inneren Motiven ganz unwahrscheinlich, daß irgend etwas der Art vorkommen sollte; das entgeisterte Mobiliar steht vor mir, wie vor dem Dichter nach dem Scheiden der Götter Griechenlands die entgötterte Natur.

Ich setze also wieder die hörnerne Vater-Brille auf und warne den lieben Sohn, kühlen Kopf zu behalten und lieber etwas nicht verstehen zu wollen als dem Verständnis so große Opfer zu bringen, schüttle auch über die Psychosynthese das weise Haupt und denke: Ja so sind sie, die Jungen, eine rechte Freude macht Ihnen doch nur das, wo sie uns nicht mitzunehmen brauchen, wohin wir mit unserem kurzen Atem und müden Beinen nicht nachkommen können.

Dann werde ich mit dem Rechte meiner Jahre geschwätzig und erzähle von einem anderen Ding zwischen Himmel und Erde, das man nicht verstehen kann. Vor einigen Jahren entdeckte ich bei mir die Überzeugung, daß ich zwischen 61 und 62 sterben würde, was mir damals noch als lange Frist vorkam. (Heute sind es nur noch acht Jahre). Ich ging dann mit meinem Bruder nach Griechenland, und nun war es direkt unheimlich, wie die Zahl 61 oder 60 in Verbindung mit 1 und 2 bei allen Gelegenheiten von Benennung an allen gezählten Gegenständen, insbesondere Transportmitteln, wiederkehrte, was ich gewissenhaft notierte. Gedrückter Stimmung hoffte ich im Hotel zu Athen, als man uns Zimmer im ersten Stock anwies, aufzuatmen; da konnte Nr. 61 nicht in Betracht kommen. Wohl, aber ich bekam wenigstens Nr. 31 (mit fatalistischer Lizenz doch die Hälfte von 61–62), und diese klügere und behendere Zahl erwies sich in der Verfolgung noch ausdauernder als die erste. Von der Rückreise an bis in ganz rezente Zeiten blieb mir die 31, in deren Nähe sich gerne eine 2 befand, treu. Da ich auch Regionen in meinem System habe, in denen ich nur wißbegierig und gar nicht abergläubisch bin, habe ich seither die Analyse dieser Überzeugung versucht, hier ist sie. Sie entstand im Jahre 1899. Damals trafen zwei Ereignisse zusammen. Erstens schrieb ich die Traumdeutung (die ja mit 1900 *vor*datiert ist), zweitens erhielt ich eine neue Telephonnummer, die ich auch heute noch führe: 14362. Ein Gemeinsames zwischen diesen beiden Tatsachen läßt sich leicht herstellen;

im Jahre 1899, als ich die Traumdeutung schrieb, war ich *43* Jahre alt. Was lag also näher, als daß die anderen Ziffern mein Lebensende bedeuten sollten, also 61 oder 62. – Plötzlich kommt Methode in den Wahnwitz. Der Aberglaube, daß ich zwischen 61 und 62 sterben werde, stellt sich als aequivalent der Überzeugung heraus, daß ich mit der Traumdeutung mein Lebenswerk vollendet habe, nichts mehr zu sagen brauche und ruhig sterben kann. Sie werden zugeben, nach dieser Erfahrung klingt es nicht mehr so unsinnig. Übrigens steckt geheimer Einfluß von W. Fließ darin; im Jahre seines Angriffs brach auch der Aberglaube los.

Sie werden die spezifisch jüdische Natur in meiner Mystik wiederum bestätigt finden. Sonst bin ich geneigt, nur zu sagen, daß Abenteuer wie das mit der Zahl 61 durch zwei Momente Aufklärung finden, erstens durch die vom Unbewußten her enorm gesteigerte Aufmerksamkeit, die Helena in jedem Weibe sieht, und zweitens durch das unleugbar vorhandene «Entgegenkommen des Zufalls», das für die Wahnbildung dieselbe Rolle spielt wie das somatische Entgegenkommen beim hysterischen Symptom, das sprachliche beim Wortwitz.

Ich werde also im Stande sein von Ihren Complexspukforschungen wie von einem holden Wahn, den man selbst nicht teilt, mit Interesse weiteres zu vernehmen.

Mit herzlichen Grüßen für Sie, Frau und Kinder

Ihr Freud.

12. Mai 1911
Wien, IX, Berggasse 19

Lieber Freund,

. . . Ich weiß, daß Sie Ihre innersten Neigungen zum Studium des Okkulten treiben und zweifle nicht daran, daß Sie reich beladen heimkehren werden. Dagegen läßt sich ja nichts machen, auch tut jeder Recht, der der Verkettung seiner Impulse folgt. Ihr Ruf von der Demenz wird dem Schimpf «Mystiker» eine ganze Weile Stand halten. Nur bleiben Sie uns nicht dort in den Tropenkolonien, es gilt zu Hause zu regieren . . .

Ich grüße Sie herzlich und hoffe, daß Sie mir auch nach kürzerem Intervall schreiben werden.

Ihr getreuer Freud.

15. 6. 11
Wien, IX, Berggasse 19

Lieber Freund,

... In Sachen des Okkultismus bin ich seit der großen Lektion durch die Erfahrungen Ferenczis [3] demütig geworden. Ich verspreche alles zu glauben, was sich irgendwie vernünftig machen läßt. Gerne geschieht es nicht, das wissen Sie. Aber meine Hybris ist seither gebrochen. Ich möchte Sie gerne in Einklang mit F. wissen, wenn einer von Ihnen daran geht, den gefährlichen Schritt in die Öffentlichkeit zu tun und stelle mir vor, daß dies mit voller Unabhängigkeit während des Arbeitens vereinbart ist ...

Herzliche Grüße für Sie und das schöne Haus von

Ihrem getreuen Freud.

Brief an seine Frau aus Sousse, Tunis

Montag, 15. III. 1920
Grand Hotel, Sousse

Dieses Afrika ist unerhört!

... Ich kann Dir leider nicht zusammenhängend schreiben, da es zu viel ist. Nur Streiflichter. Nach schwerem kaltem Wetter auf See frischer Morgen in Algier. Helle Häuser und Straßen, dunkle, grüne Baumgruppen, hohe Palmwipfel dazwischen. Weiße Burnusse, rote Fez, dazwischen das Gelb des Tirailleur d'Afrique, rote Spahis, dann der botanische Garten, ein tropischer Zauberwald, indische Vision, heilige Açvattabäume mit Riesenluftwurzeln wie Ungeheuer, phantastische Götterwohnungen von riesenhafter Ausdehnung, schwer dunkelgrün belaubt, rauschend im Meerwind. Dann dreißig Stunden Eisenbahnfahrt nach Tunis. Die arabische Stadt ist Antike und maurisches Mittelalter, Granada und die Märchen von Bagdad. Man denkt nicht mehr an sich, sondern ist aufgelöst in dieses nicht zu beurteilende, noch weniger zu beschreibende Vielerlei: in der Mauer eine römische Säule, eine alte Jüdin von unsäglicher Häßlichkeit in weißen Pluderhosen geht vorbei, ein Ausrufer drängt sich mit einer Last Burnusse durch die Menge und schreit in Kehllauten, die aus dem Kanton Zürich stammen könn-

[3] Vergl. E. Jones, Freud, III, New York 1957, p. 387 f.

ten, ein Stück tiefblauen Himmels, eine schneeweiße Moscheekuppel, ein Schuhmacher näht eifrig die Schuhe in einer kleinen gewölbten Nische, auf der Matte vor ihm ein heißer blendender Sonnenfleck, blinde Musikanten mit Trommel und winziger Laute mit drei Saiten, ein Bettler, der nur aus Lumpen besteht, Dampf von Ölkuchen und Fliegenschwärme, oben im glückseligen Äther auf weißem Minarett singt ein Muezzin den Mittagsgesang, unten ein kühler schattiger Säulenhof mit majolikaumrahmter Hufeisenpforte, auf der Mauer liegt eine räudige Katze an der Sonne, ein Kommen und Gehen von roten, weißen, gelben, blauen, braunen Mänteln, weißen Turbanen, roten Fez, Uniformen, Gesichter von weiß und hellgelb bis tiefschwarz, ein Schlürfen von gelben und roten Pantoffeln, ein lautloses Vorbeihuschen von schwarzen nackten Füßen usw. usw.

Am Morgen erhebt sich der große Gott und füllt beide Horizonte mit seiner Freude und Macht, und alles Lebendige gehorcht ihm. Nachts ist der Mond so silbern und so göttlich klar leuchtend, daß niemand an Astarte zweifelt.

Zwischen Algier und Tunis liegen 900 km afrikanische Erde, aufgetürmt zu den edeln und weiten Formen des großen Atlas, weite Täler und Hochflächen strotzen von Wein und Korn, dunkelgrüne Korkeichenwälder. Heute stieg der Horus aus einem fernen, blaßen Gebirge über einer unendlichen grünen und braunen Ebene auf, und aus der Wüste erhob sich ein mächtiger Wind, der aufs dunkelblaue Meer hinausblies. Auf welligen graugrünen Hügeln gelbbraune Reste ganzer römischer Städte, spärlich umweidet von schwarzen Ziegen, in der Nähe ein Beduinenlager mit schwarzen Zelten, Kamelen und Eseln, der Zug überfährt und tötet ein Kamel, das sich nicht entschließen konnte, von den Schienen herunter zu gehen, ein Herbeilaufen, Kreischen und Gestikulieren, weiße Gestalten, immer wieder das Meer bald tiefblau, bald schmerzhaft vor Sonne gleißend. Aus Olivenwäldern und Palmen und Riesenkaktushecken, in flimmernder Sonnenluft schwimmend, taucht eine schneeweiße Stadt auf, mit himmlisch weißen Kuppeln und Türmen, über einen Hügel herrlich hingebreitet, dann Sousse mit weißen Mauern und Türmen, unten der Hafen, über der Hafenmauer das tiefblaue Meer, und am Hafen liegt der Segler mit den zwei lateinischen Segeln, die ich einmal gemalt habe!!!

Man stolpert über römische Reste, mit dem Stock habe ich ein römisches Gefäß aus dem Boden gegraben.

Das ist alles nur elendes Gestammel, ich weiß nicht, was Afrika mir eigentlich sagt, aber es spricht. Denke Dir eine gewaltige Sonne, eine Luft klar wie auf höchsten Bergen, ein Meer blauer als was Du je gesehen, alle Farben von unerhörter Kraft, auf den Märkten kaufst Du noch die Amphoren des Altertums, so etwas – und der Mond!!!...

Aus einem Brief an einen jungen Gelehrten [4] *(1952)*

... Ich definiere mich selbst als Empiriker, denn ich muß doch etwas Anständiges sein. Oft wirft man mir vor, ich sei ein schlechter Philosoph, und ich mag selbstverständlich nicht gerne etwas Minderwertiges sein. Als Empiriker habe ich wenigstens etwas geleistet. Man wird einem guten Schuhmacher, der sich für einen solchen hält, doch nicht auf den Grabstein schreiben, er sei ein schlechter Hutmacher gewesen, weil er einmal einen untauglichen Hut gemacht hat.

Die Sprache, welche ich spreche, muß zweideutig, bzw. doppelsinnig sein, um der psychischen Natur mit ihrem Doppelaspekt gerecht zu werden. Ich strebe bewußt und absichtlich nach dem doppelsinnigen Ausdruck, weil er der Eindeutigkeit überlegen ist und der Natur des Seins entspricht. Ich könnte meiner ganzen Veranlagung nach sehr gut eindeutig sein. Das ist nicht schwer, geht aber auf Kosten der Wahrheit. Ich lasse absichtlich alle Ober- und Untertöne mitklingen, denn sie sind einerseits sowieso vorhanden, andererseits geben sie ein völligeres Bild der Wirklichkeit. Eindeutigkeit hat nur Sinn bei der Tatsachenfeststellung, nicht aber bei der Interpretation, denn «Sinn» ist keine Tautologie, sondern begreift immer mehr in sich als das konkrete Objekt der Aussage.

Ich bin – noch spezieller – nur ein Psychiater, denn meine wesentliche Fragestellung, der mein ganzes Streben gilt, ist die seelische Störung, ihre Phaenomenologie, Aetiologie und Teleologie. Alles andere spielt bei mir eine auxiliäre Rolle. Ich fühle mich weder berufen, eine Religion zu stiften, noch eine solche zu bekennen. Ich betreibe keine Philosophie, sondern denke bloß im Rah-

[4] Nur in der deutschen Ausgabe.

men der mir auferlegten speziellen Aufgabe, ein rechter Seelenarzt zu sein. So habe ich mich vorgefunden, und so funktioniere ich als ein Glied der menschlichen Gesellschaft. Ich leugne keineswegs, daß andere Leute mehr wissen als ich. Ich weiß z. B. nicht, wie Gott, losgelöst von der menschlichen Erfahrung, je erfahren werden könnte. Wenn ich Ihn nicht erfahre, wie kann ich dann sagen, daß Er sei? Meine Erfahrung ist aber sehr eng und klein, und so ist auch das Erfahrene trotz der bedrückenden Ahnung der Unermeßlichkeit klein und menschenähnlich, was man am besten sieht, wenn man es auszudrücken versucht. In der Erfahrung gerät alles in die Doppelsinnigkeit der Psyche. Die größte Erfahrung ist auch die kleinste und engste, und deshalb scheut man sich, allzulaut davon zu reden oder gar darüber zu philosophieren. Dazu ist man denn doch zu klein und zu untauglich, als daß man sich solche Vermessenheit leisten könnte. Deshalb ziehe ich die zweideutige Sprache vor, denn sie wird in gleichem Maße der Subjektivität der archetypischen Vorstellungen wie der Autonomie des Archetypus gerecht. «Gott» z. B. bedeutet einerseits ein nicht auszudrückendes ens potentissimum, andererseits eine höchst untaugliche Andeutung und einen Ausdruck menschlicher Impotenz und Ratlosigkeit, also ein Erlebnis paradoxester Natur. Der Raum der Seele ist unermeßlich groß und erfüllt von lebendiger Wirklichkeit. Am Rande desselben steht das Geheimnis des Stoffes und das des Geistes, bzw. des Sinnes. Für mich ist dies der Rahmen, in welchem ich meine Erfahrung ausdrücken kann . . .

Aus einem Brief an einen Kollegen [5]
(1959)

. . . der Begriff der Ordnung (scil. in der Schöpfung) ist nicht identisch mit dem des «Sinnes». Auch ein organisches Wesen ist trotz seiner in sich selbst sinnvollen Anordnung nicht notwendigerweise sinnvoll im Gesamtzusammenhang . . . Ohne das reflektierende Bewußtsein des Menschen ist die Welt von gigantischer Sinnlosigkeit, denn der Mensch ist nach unserer Erfahrung das einzige Wesen, das «Sinn» überhaupt feststellen kann.

[5] Nur in der deutschen Ausgabe.

Emma Jung-Rauschenbach (1882—1955)
Aufnahme aus dem Jahre 1905

Wir wissen durchaus nicht anzugeben, woraus der aufbauende Faktor der biologischen Entwicklung besteht. Wir wissen aber wohl, daß Warmblütigkeit und Gehirndifferenzierung für die Entstehung des Bewußtseins notwendig waren, und damit auch für das Offenbarwerden eines Sinnes. Durch was für Zufälligkeiten und Risiken der durch Jahrmillionen sich erstreckende Aufbau eines lemurischen Baumbewohners zum Menschen hindurchgedrungen ist, läßt sich nicht erträumen. In diesem Zufallschaos waren wohl synchronistische Phänomene am Werke, welche gegenüber den bekannten Naturgesetzen und mit Hilfe derselben in archetypischen Momenten Synthesen, die uns wunderbar erscheinen, vollziehen konnten. Kausalität und Teleologie versagen hier, denn synchronistische Phänomene verhalten sich wie Zufälle.

Da die naturgesetzliche Wahrscheinlichkeit keinen Anhaltspunkt gibt zur Vermutung, daß aus Zufälligkeit allein höhere Synthesen, wie z. B. die Psyche, entstehen könnten, so brauchen wir die Hypothese eines latenten Sinnes, um nicht nur die synchronistischen Phänomene, sondern auch die höheren Synthesen zu erklären. Sinnhaftigkeit scheint immer zunächst unbewußt zu sein und kann deshalb nur post hoc entdeckt werden; darum besteht auch immer die Gefahr, daß Sinn dort hineingelegt wird, wo nichts dergleichen vorhanden ist. Wir brauchen die synchronistischen Erfahrungen, um die Hypothese eines latenten Sinnes, der vom Bewußtsein unabhängig ist, begründen zu können.

Da eine Schöpfung ohne das reflektierende Bewußtsein des Menschen keinen *erkennbaren* Sinn hat, so wird mit der Hypothese eines *latenten* Sinnes dem Menschen eine kosmogonische Bedeutung zugedacht, eine wahrhafte raison d'être. Wenn dagegen dem Schöpfer der latente Sinn als bewußter Schöpfungsplan zugeschrieben wird, dann entsteht die Frage: warum sollte der Schöpfer dieses ganze Weltphänomen veranstalten, da Er ja bereits darum weiß, worin Er sich spiegeln könnte, und warum sollte Er sich spiegeln, da Er ja bereits Seiner selbst bewußt ist? Wozu sollte Er neben seiner omniscientia ein zweites, minderwertiges Bewußtsein erschaffen? gewissermaßen Milliarden von trüben Spiegelchen, von denen Er ja schon zum voraus weiß, wie das Bild sein wird, das sie wiedergeben können?

Nach all diesen Überlegungen bin ich zum Schluß gekommen, daß die Ebenbildlichkeit nicht nur für den Menschen gilt, sondern auch für den Schöpfer: Er ist dem Menschen ähnlich oder gleich, das heißt Er ist ebenso unbewußt wie er oder noch unbewußter, da Er entsprechend dem Mythus der incarnatio sich sogar veranlaßt fühlt, Mensch zu werden und sich dem Menschen zum Opfer anzubieten ...

Théodore Flournoy[6]

Während der Zeit meiner Beziehung zu Freud hatte ich in Théodore Flournoy einen väterlichen Freund gefunden. Er war schon ein alter Mann, als ich ihn kennenlernte. Leider ist er wenige Jahre später gestorben. Als ich noch Arzt am Burghölzli war, las ich sein Buch «Des Indes à la Planète Mars», das mir großen Eindruck machte. Ich schrieb Flournoy, daß ich es ins Deutsche übersetzen wollte. Erst nach einem halben Jahr erhielt ich die Antwort, in der er sich entschuldigte, daß meine Anfrage so lange liegen geblieben sei. Zu meinem Bedauern hatte er schon einen anderen Übersetzer bestimmt.

Später besuchte ich Flournoy in Genf, und als ich allmählich erkannte, wo Freuds Grenzen lagen, fuhr ich von Zeit zu Zeit zu ihm, um mich mit ihm zu unterhalten. Es war mir wichtig zu hören, was er über Freud dachte, und er sagte sehr kluge Dinge über ihn. Er legte den Finger vor allem auf Freuds Aufklärertum, das vieles an ihm verständlich machte und auch seine Einseitigkeit erklärte.

1912 veranlaßte ich Flournoy, dem Kongreß in München beizuwohnen, an dem es dann zum Bruch zwischen Freud und mir gekommen ist. Seine Anwesenheit bedeutete mir eine Unterstützung.

Ich hatte in jenen Jahren – besonders nach der Trennung von Freud – das Gefühl, ich sei noch viel zu jung, um selbständig zu sein. Ich brauchte noch Anlehnung, und vor allem brauchte ich jemanden, mit dem ich offen reden konnte. Das fand ich bei Flournoy, und darum bildete er für mich bald eine Art Gegengewicht zu Freud. Mit ihm konnte ich auch über alle Probleme reden, welche mich wissenschaftlich beschäftigten, z. B. über den Somnambulismus, über Parapsychologie und Religionspsychologie. Ich hatte damals ja niemanden, der meine Interessen in dieser Hinsicht teilte. Flournoys Auffassungen lagen ganz auf meiner Linie und gaben

[6] Nur in der deutschen Ausgabe.

mir manche Anregungen. Seinen Begriff der «imagination créatrice», der mich besonders interessierte, übernahm ich von ihm.

Ich habe viel von ihm gelernt. Vor allem die Art und Weise, einen Patienten zu betrachten, die liebevolle Vertiefung in dessen Geschichte. Darum griff ich auch einen Fall von ihm auf, nämlich den der Miss Miller. In «Wandlungen und Symbole der Libido» (1912) unterzog ich ihn einer sorgfältigen Analyse.

Schon lange hatte ich mich für die Zusammenhänge der Phantasieprodukte Schizophrener interessiert, und Flournoy half mir, sie noch besser zu verstehen. Er sah die Probleme im Ganzen, und vor allem sah er sie objektiv. Ihm waren die Fakten wichtig, das was vorgeht. Vorsichtig näherte er sich einem Fall an und verlor nie das Ganze aus dem Auge. Mein entscheidender Eindruck von der wissenschaftlichen Einstellung Flournoys war der, daß er einen wirklich objektiven «approach» hatte, und das war mir im Vergleich zu Freud sehr eindrücklich. Freud hatte eine dynamische und penetrierende Art: er erwartete etwas von seinen Fällen. Flournoy wollte nichts. Er sah von ferne und sah klar. Durch den Einfluß von Freud habe ich Wissen erworben, wurde aber nicht geklärt. Flournoy hat mich die Distanz vom Objekt gelehrt und das Bestreben nach Einordnung in einen weiten Horizont in mir unterstützt und wachgehalten. Seine Art war mehr beschreibend, ohne sich auf Vermutungen einzulassen, und trotz eines lebendigen und warmen Interesses für den Patienten hielt er sich immer in betrachtender Entfernung. So behielt er aber das Ganze im Auge.

Flournoy war eine kultivierte und distinguierte Persönlichkeit, sehr fein gebildet, geistig ausgleichend und mit einem differenzierten Gefühl für Proportionen. Das alles war mir sehr wohltuend. Er war Professor der Philosophie und Psychologie. Er war stark vom Jamesschen Pragmatismus beeinflußt, einer Auffassungsweise, die dem deutschen Geist nicht liegt und dementsprechend von diesem nicht die Anerkennung erfuhr, die sie verdient hätte. Der Pragmatismus ist aber gerade für die Psychologie von nicht geringer Bedeutung. Was ich an Flournoy besonders schätzte, war seine philosophische Betrachtungsweise und vor allem seine wohlüberlegte Kritik, die auf umfassender Bildung beruhte.

Richard Wilhelm lernte ich bei einer Tagung der «Schule der Weisheit» in Darmstadt beim Grafen Keyserling kennen. Es war anfangs der zwanziger Jahre. 1923 luden wir ihn nach Zürich ein, und er hielt im Psychologischen Club einen Vortrag über den I Ging [7].

Schon bevor ich ihn kennenlernte, hatte ich mich mit östlicher Philosophie beschäftigt und hatte etwa 1920 angefangen, mit dem I Ging zu experimentieren. Es war während eines Sommers in Bollingen, als ich den Entschluß faßte, dem Rätsel dieses Buches auf den Leib zu rücken. Statt der Stengel der Schafgarbe, welche in der klassischen Methode verwandt werden, schnitt ich mir Schilfstengel. Da saß ich denn oft stundenlang unter dem hundertjährigen Birnbaum auf dem Boden, den I Ging neben mir, und übte die Technik in der Weise, daß ich die sich ergebenden «Orakel» aufeinander bezog wie in einem Frage- und Antwortspiel. Es ergaben sich dabei allerhand nicht zu leugnende Merkwürdigkeiten – sinnvolle Zusammenhänge mit meinen eigenen Gedankengängen, die ich mir nicht erklären konnte.

Der einzige subjektive Eingriff beim Experiment besteht darin, daß der Experimentator das Bündel der 49 Stengel arbiträr, d. h. ohne zu zählen, durch einen einzigen Griff teilt. Er weiß nicht, wieviele Stengel in dem einen und dem anderen Bündel enthalten sind. Von diesem Zahlenverhältnis aber hängt das Resultat ab. Alle übrigen Manipulationen sind mechanisch angeordnet und erlauben keine Willkür. Wenn ein psychischer Kausalnexus überhaupt vorhanden ist, dann kann er nur in der zufälligen Teilung des Bündels liegen (oder im zufälligen Fallen der Münzen).

Während der ganzen Sommerferien beschäftigten mich damals die Fragen: Sind die Antworten des I Ging sinnvoll oder nicht? Sind sie es, wie kommt der Zusammenhang der psychischen und der physischen Ereignisreihe zustande? Ich stieß immer wieder auf erstaunliche Koinzidenzen, die mir den Gedanken eines akausalen Parallelismus (einer Synchronizität, wie ich ihn nachmals nannte) nahe legte. Ich war von diesen Experimenten dermaßen fasziniert, daß ich überhaupt vergaß, Aufzeichnungen zu machen, was ich

[7] Altes Chinesisches Weisheits- und Orakelbuch, dessen Ursprünge in das vierte Jahrtausend v. Chr. zurückreichen.

nachträglich sehr bedauerte. Später nahm ich allerdings das Experiment so oft mit meinen Patienten vor, daß ich mich der relativ bedeutsamen Zahl der offensichtlichen Treffer versichern konnte. Als Beispiel erwähne ich den Fall eines jüngeren Mannes mit einem bemerkenswerten Mutterkomplex. Er beabsichtigte zu heiraten und hatte die Bekanntschaft eines Mädchens gemacht, das ihm passend erschien. Er fühlte sich aber unsicher und fürchtete die Möglichkeit, daß er unter dem Einfluß seines Mutterkomplexes aus Versehen wiederum eine überwältigende Mutter heiraten könnte. Ich machte das Experiment mit ihm. Der Text seines Hexagrammes (des Resultates) lautete: «Das Mädchen ist mächtig. Man soll ein solches Mädchen nicht heiraten.»

Mitte der dreißiger Jahre traf ich mit dem chinesischen Philosophen Hu Shih zusammen. Ich fragte ihn nach dem I Ging und erhielt als Antwort: «Oh, das ist nichts als eine alte Sammlung von Zaubersprüchen ohne Bedeutung!» Er kannte die praktische Methode und ihre Anwendung nicht – angeblich. Nur einmal sei er damit zusammengestoßen. Auf einem Spaziergang hätte ihm ein Freund von seiner unglücklichen Liebesgeschichte gesprochen. Sie gingen dabei eben an einem Taoistischen Tempel vorbei. Zum Spaß hätte er zu seinem Freund gesagt: «Hier kannst du ja das Orakel darüber befragen.» Gesagt, getan. Sie gingen zusammen in den Tempel und erbaten sich vom Priester ein I-Ging-Orakel. Er selber glaube aber diesen Unsinn nicht.

Ich fragte ihn, ob denn das Orakel gar nicht gestimmt hätte? Worauf er, wie widerwillig, antwortete: «Oh doch – natürlich – » Eingedenk der bekannten Geschichte vom «guten Freund», der alles das tut, was man sich selber nicht zuschreiben möchte, fragte ich ihn vorsichtig, ob er denn diese Gelegenheit nicht selber auch benutzt habe. «Ja», erwiderte er, «zum Spaß stellte ich auch eine Frage.»

«Und nahm das Orakel darauf bezug?» fragte ich.

Er zögerte. «Nun ja, wenn man so will.» Es war ihm offenbar unangenehm. Persönliches stört eben gelegentlich die Objektivität.

Wenige Jahre nach meinen ersten Experimenten mit den Schilfstengeln erschien der I Ging mit dem Wilhelmschen Kommentar. Natürlich besorgte ich ihn mir sofort und fand zu meiner Genugtuung, daß er die Sinnzusammenhänge ganz ähnlich sah, wie ich sie mir zurechtgelegt hatte. Aber er kannte die gesamte Literatur und konnte daher die Lücken ausfüllen, die mir geblieben waren. Als er nach Zürich kam, hatte ich Gelegenheit, mich ausführlich mit ihm zu unterhalten, und wir sprachen sehr viel über chinesische Philosophie und Religion. Was er mir aus der Fülle seiner Kenntnisse des chinesischen Geistes mitteilte, hat mir damals einige der schwierigsten Probleme, die mir das europäische Unbewußte stellte, erhellt. Auf der anderen Seite hat ihn das, was ich von den Resultaten meiner Forschungen über das Unbewußte erzählte, in nicht geringes Erstaunen versetzt; denn in ihnen erkannte er wieder, was er bis dahin ausschließlich als Tradition der chinesischen Philosophie angesehen hatte.

Als junger Mann war Wilhelm im Dienst der christlichen Mission nach China gezogen, und dort hatte sich ihm die Welt des geistigen Ostens aufgetan. Wilhelm war eine echt religiöse Persönlichkeit mit weitem und ungetrübtem Blick. Er besaß die Fähigkeit, mit voraussetzungsloser Einstellung der Offenbarung eines fremden Geistes zu lauschen und jenes Wunder der Einfühlung zu vollbringen, das ihn dazu befähigte, die geistigen Schätze Chinas Europa zugänglich zu machen. Er war tief beeindruckt von der chinesischen Kultur, und einmal sagte er mir: «Meine große Befriedigung ist, daß ich nie einen Chinesen getauft habe!» Trotz seiner christlichen Voraussetzung konnte er nicht umhin, die tiefe Folgerichtigkeit und Klarheit des chinesischen Geistes zu erkennen. Er war davon nicht nur aufs tiefste beeinflußt, sondern eigentlich überwältigt und assimiliert. Die christliche Anschauungswelt trat in den Hintergrund, verschwand aber nicht gänzlich, sondern bildete eine reservatio mentalis, einen moralischen Vorbehalt von schicksalsbedingender Bedeutung.

Wilhelm hatte das seltene Glück, in China einen von der Revolution aus dem Innern vertriebenen Weisen der alten Schule kennen zu lernen. Dieser alte Meister, namens Lau Nai Süan, führte ihn in die Kenntnis der chinesischen Yoga-Philosophie und der Psychologie des I Ging ein. Der Zusammenarbeit der beiden Männer verdanken wir die Ausgabe des I Ging mit ihrem hervorragenden Kommentar. Sie führte dieses tiefste Werk des Ostens dem Westen zum ersten Mal lebendig und faßbar vor Augen. Ich halte die Herausgabe dieses Werkes für Wilhelms bedeutendste Tat. Bei aller Klarheit und Verständlichkeit seiner westlichen Geisteshaltung zeigte er in dem I-Ging-Kommentar eine Anpassung an chinesische Psychologie, die ihresgleichen sucht.

Als die letzte Seite der Übersetzung beendet war und die ersten Druckfahnen erschienen, starb der alte Meister Lau Nai Süan. Es war, wie wenn er sein Werk vollendet und die letzte Botschaft des sterbenden alten China dem Europäer übermacht hätte. Wilhelm hat ihm den Wunschtraum vom unvergleichlichen Schüler erfüllt.

Als ich Wilhelm kennenlernte, schien er ein völliger Chinese, in der Mimik sowohl wie in der Schrift und der Sprache. Er hatte den östlichen Standpunkt angenommen, und die alte chinesische Kultur hatte ihn ganz durchdrungen. In Europa angelangt, nahm er am China-Institut in Frankfurt am Main seine Lehrtätigkeit auf; hier wie auch bei seinen Vorträgen vor Laien bedrängten ihn jedoch aufs neue die Bedürfnisse des europäischen Geistes. Mehr und mehr traten die christlichen Aspekte und Formen wieder hervor. Einige Vorträge, die ich später von ihm hörte, unterschieden sich kaum mehr von Predigten.

Wilhelms Rückverwandlung und seine Wiederassimilierung an den Westen erschienen mir etwas unreflektiert und darum gefährlich. Ich fürchtete, daß er dadurch in Konflikt mit sich selber geraten mußte. Da es sich, wie ich zu erkennen glaubte, um eine passive Assimilation, d. h. um eine Beeinflussung durch das Milieu, handelte, bestand das Risiko eines relativ unbewußten Konfliktes, eines Zusammenpralls der westlichen und östlichen Seele. Wenn, wie ich vermutete, die christliche Einstellung ursprünglich dem Einfluß Chinas gewichen war, so konnte jetzt das Umgekehrte stattfinden, die europäische Sphäre konnte gegenüber dem Osten wiederum die Oberhand gewinnen. Wenn dieser Prozeß aber ohne eine tiefgehende bewußte Auseinandersetzung stattfindet, dann droht ein unbewußter Konflikt, der auch den körperlichen Gesundheitszustand in Mitleidenschaft ziehen kann.

Nachdem ich Wilhelms Vorträge gehört hatte, versuchte ich, ihn auf die ihm drohende Gefahr aufmerksam zu machen. Ich sagte ihm wörtlich: «Mein lieber Wilhelm, bitte nehmen Sie es mir nicht übel, aber ich habe das Gefühl, daß der Westen Sie wieder übernimmt, und daß Sie Ihrer Aufgabe, den Osten dem Westen zu übermitteln, untreu werden.»

Er antwortete mir: «Ich glaube, Sie haben recht, es übermannt mich hier etwas. Aber was tun?»

Wenige Jahre später, zur Zeit, als Wilhelm in meinem Hause als Gast weilte, stellte sich ein Rezidiv der ostasiatischen Amoebendysenterie bei ihm ein, welche er etwa zwanzig Jahre früher acquiriert hatte. Die Krankheit verschlimmerte sich in den folgenden Monaten, und ich hörte, daß er sich im Spital befand. Ich fuhr nach Frankfurt, um ihn zu besuchen, und fand einen Schwerkranken. Die Ärzte hatten zwar die Hoffnung nicht aufgegeben, und auch Wilhelm selber sprach von Plänen, die er ausführen wollte, wenn es ihm wieder besser ginge. Ich hoffte mit ihm, hatte aber meine Zweifel. Was er mir damals anvertraute, bestätigte meine Vermutungen. In seinen Träumen befand er sich wieder auf den endlosen Pfaden öder asiatischer Steppen – im verlassenen China – sich zurückfühlend in das Problem, das ihm China gestellt und dessen Beantwortung ihm der Westen verwehrt hatte. Er war sich dieser Frage zwar bewußt, aber hatte keine Lösung zu finden vermocht. Die Krankheit zog sich über Monate hinaus.

Einige Wochen vor seinem Tode, als ich schon für längere Zeit keine Nachrichten mehr von ihm hatte, wurde ich beim Einschlafen von einer Vision geweckt. An meinem Bett stand ein Chinese in einem dunkelblauen Obergewand, die Hände gekreuzt in den Ärmeln. Er verneigte sich tief vor mir, wie wenn er mir eine Botschaft überbringen wollte. Ich wußte, worum es sich handelte. Das Merkwürdige an der Vision war ihre außerordentliche Deutlichkeit. Nicht nur sah ich jedes Fältchen in seinem Gesicht, sondern auch jeden Faden im Gewebe seines Gewandes.

Man könnte das Problem von Wilhelm auch als einen Konflikt zwischen Bewußtsein und Unbewußtem auffassen, welcher sich bei ihm als Konflikt zwischen West und Ost darstellte. Ich glaubte, seine Situation zu verstehen, denn ich hatte ja das gleiche Problem wie er und wußte, was es heißt, in diesem Konflikt zu stehen. Zwar hat sich Wilhelm mir gegenüber auch bei unserer letzten Zusammenkunft nicht deutlich ausgesprochen. Aber ich merkte trotzdem, daß er aufs äußerste interessiert war, wenn ich den psychologischen Gesichtspunkt hereinbrachte. Sein Interesse währte aber nur solange, als es um das Objektive ging, um Meditationen oder um religionspsychologische Fragen. Da war alles in Ordnung. Wenn ich aber versuchte, an die aktuellen Probleme seines inneren Konfliktes zu rühren, spürte ich sofort ein Zögern und ein sich innerlich Verschließen, weil es ihm ans Blut ging; ein Phänomen, das ich bei vielen Männern von Bedeutung beobachtet habe. Es ist ein «Unbetretenes, nicht zu Betretendes», das man nicht forcieren kann und soll, ein Schicksal, das menschlichen Eingriff nicht erträgt.

Heinrich Zimmer[8]

Zu Anfang der dreißiger Jahre lernte ich Heinrich Zimmer kennen. Ich hatte sein faszinierendes Buch «Kunstform und Yoga[9]» gelesen und mir schon lange gewünscht, seine persönliche Bekanntschaft zu machen. Ich fand in ihm einen genialischen Menschen von lebhaftestem Temperament. Er sprach sehr viel und sehr rasch, konnte aber auch aufmerksam und mit Intensität zuhören. Wir verlebten zusammen einige schöne Tage, die von inhaltsreichen und für mich ungemein anregenden Gesprächen erfüllt waren. Wir sprachen hauptsächlich von indischer Mythologie. Bei dieser Gelegenheit erzählte er mir, wie er auf das von Richard Wilhelm und mir gemeinsam herausgegebene Buch «Das Geheimnis der Goldenen Blüte» reagiert hatte. Leider war mir zur Zeit, als ich darüber schrieb, Zimmers «Kunstform und Yoga» noch unbekannt, so daß ich sein Material, das für mich höchst wertvoll war, nicht hatte verwenden können. Ich bedauerte das sehr. Als Zimmer «Das Geheimnis der Goldenen Blüte» in die Hand bekam und darin blätterte, geriet er – so erzählte er mir – in Wut und zwar wegen meines psychologischen Kommentars. Er schmetterte das Buch an die Wand.

Diese charakteristische Reaktion erstaunte mich allerdings nicht, denn sie war mir aus anderen ähnlichen Fällen schon längst bekannt, aber nur indirekt. Zimmer war der erste, der mir davon direkt erzählte. Er hatte, wie so viele andere, auf das Wort «psychologisch» reagiert wie der Stier auf das rote Tuch. Mit solchen Texten, die ein bloß historisches Interesse haben, hat doch die «Seele» nichts zu tun! Das kann nur reine Unwissenschaftlichkeit und Phantasterei sein!

Nach einiger Zeit, als er seine Besinnung und damit sein wissenschaftliches Gewissen wiedergewonnen hatte, verspürte er eine gewisse Neugier, in Erfahrung zu bringen, was die Psychologie in einem solchen Fall denn eigentlich zu sagen habe. Er hob das Buch vom Boden auf und begann darin zu lesen. Als der hervorragende Kenner der indischen Literatur, der er war, konnte er nicht umhin, eine Reihe interessanter Parallelen zu entdecken, wobei ihm sein ausgesprochen künstlerisches Anschauungsvermögen und seine

[8] Nur in der deutschen Ausgabe.

[9] «Kunstform und Yoga im indischen Kultbild», Berlin 1926.

ungewöhnliche Intuition sehr zustatten kamen. Mit einiger Ironie sagte er wörtlich: «Was ich damals erlebte, war die plötzliche Einsicht, daß meine Sanskrit-Texte nicht nur grammatikalische und syntaktische Schwierigkeiten darboten, sondern daneben auch noch einen Sinn hatten.»

Wennschon dieser Ausspruch cum grano salis und als überspitzt zu verstehen ist, rechne ich dieses Geständnis Zimmer hoch an. Es ist von ungewöhnlicher und erfrischender Ehrlichkeit, namentlich wenn man sich an jene dii minorum gentium erinnert, welche mit schlecht verhehltem Ressentiment einem versichern, dies alles auch schon längst gewußt zu haben.

Leider hat Zimmers früher Tod ihm eine Reise nach Indien verunmöglicht. Ich habe mich oft gefragt, wie die unmittelbare Berührung Indiens wohl auf ihn gewirkt haben würde. Ich hätte bei seiner Aufgeschlossenheit und Aufnahmefähigkeit, bei seiner tiefen Kenntnis der indischen Literatur und seiner ungewöhnlichen Intuition Großes von ihm erwartet. Stattdessen haben die Manen ihn zu sich gerufen.

Zimmer war seinem ganzen Wesen nach ein «puer aeternus», der, beflügelt von einer glanzvollen Sprache, alle Knospen der indischen Sagengärten zum Blühen brachte. Er teilte auch dessen Schicksal, denn «früh stirbt, wen die Götter lieben». Wilhelm starb zwar auch früh, ohne daß jedoch der Charakter des «puer aeternus» in dem Maße sichtbar geworden wäre wie bei Zimmer, von dem man das Gefühl hatte, er grüne und blühe in unerschöpflichem Überfluß. Ich vermute aber trotzdem, daß sich etwas Ähnliches bei Wilhelm in der Art und Weise verbarg, wie er China oder – besser – wie China ihn assimilierte. Zimmer sowie Wilhelm besaßen eine geniale Kindlichkeit. Beide schienen in der Realität wie in einer fremden Welt zu wandeln, während ihr Innerstes, unerschlossen und unberührt, der dunkeln Linie des Schicksals folgte.

Nachtrag zum «Roten Buch» [10]

Im Herbst des Jahres 1959 nahm Jung, nach einer Zeit längeren Unwohlseins, das «Rote Buch» wieder hervor, um das letzte, unvollendet gebliebene Bild fertigzustellen. Er konnte oder wollte es jedoch auch jetzt nicht vollenden. Es habe, so sagte er, mit dem Tod zu tun. Stattdessen schrieb er ein neues längeres Phantasiegespräch auf, welches an eines der frühesten Gespräche dieses Buches anknüpft. Die Gesprächspartner waren wiederum Elias, Salome und die Schlange. Auch diesmal schrieb er sorgfältig mit schwarzer Tusche in der abgekürzten gotischen Schrift, welche auf unserem Bild zu sehen ist. Gelegentlich waren die Anfangsbuchstaben mit Malereien verziert.

Als Abschluß folgt ein Nachtrag, den er als einzige Seite dieses Buches in seiner gewöhnlichen Handschrift niederschrieb; sie bricht mitten in einem Satz ab. Dies ist der Wortlaut:

«1959.

Ich habe an diesem Buch 16 Jahre lang gearbeitet. Die Bekanntschaft mit der Alchemie 1930 hat mich davon weggenommen. Der Anfang vom Ende kam 1928, als mir Wilhelm den Text der «Goldenen Blüte», dieses alchemistischen Traktates sandte. Da fand der Inhalt dieses Buches den Weg in die Wirklichkeit. Ich konnte nicht mehr daran arbeiten.

Dem oberflächlichen Betrachter wird es wie eine Verrücktheit vorkommen. Es wäre auch zu einer solchen geworden, wenn ich die überwältigende Kraft der ursprünglichen Erlebnisse nicht hätte auffangen können. Ich wußte immer, daß jene Erlebnisse Kostbares enthielten, und darum wußte ich nichts Besseres als sie in ein ‚kostbares', d. h. teures Buch aufzuschreiben und die beim Wiedererleben auftretenden Bilder zu malen – so gut dies eben ging. Ich weiß, wie erschreckend inadaequat diese Unternehmung war, aber trotz vieler Arbeit und Ablenkung blieb ich ihr getreu, auch wenn ich nie eine andere Möglichkeit . . .»

[10] Nur in der deutschen Ausgabe.

Septem Sermones ad Mortuos[1] *(1916)*

Jung ließ die «Septem Sermones ad Mortuos» (sieben Reden an die Toten) als Broschüre im Privatdruck erscheinen. Er verschenkte sie gelegentlich an Freunde. Im Buchhandel war sie nie erhältlich. Später bezeichnete er die Unternehmung als eine «Jugendsünde» und bereute sie.

Die Sprache entspricht ungefähr derjenigen des «Roten Buches». Gegenüber den endlos langen Gesprächen mit inneren Figuren im «Roten Buch» stellen die «Septem Sermones» ein in sich abgeschlossenes Ganzes dar. Darum wurden sie als Beispiel gewählt. Sie vermitteln einen, wenn auch bruchstückhaften, Eindruck dessen, was Jung in den Jahren 1913 bis 1917 in Atem gehalten, und was er damals gestaltet hatte.

Die Schrift enthält bildhafte Andeutungen oder Vorwegnahmen von Gedanken, die in Jungs wissenschaftlichem Werk später eine Rolle spielten, vor allem die Gegensatznatur des Geistes, des Lebens und der psychologischen Aussage. Das Denken in Paradoxien war es, das Jung bei den Gnostikern angezogen hatte. Deshalb identifizierte er sich hier mit dem Gnostiker Basilides (anfangs des 2. Jahrhunderts n. Chr.) und hielt sich zum Teil auch an dessen Terminologie, z. B. Gott als ABRAXAS. Dies entsprach einer spielerischen und beabsichtigten Mystifizierung.

Jung gab seine Erlaubnis zur Publikation in seinem Erinnerungsbuch nur zögernd und nur «um der Ehrlichkeit willen». Die Auflösung des Anagramms am Schluß des Buches hat er nicht verraten.

[1] Nur in der deutschen Ausgabe.

VII SERMONES AD MORTUOS

Die sieben Belehrungen der Toten. Geschrieben von Basilides in Alexandria, der Stadt, wo der Osten den Westen berührt.

Sermo I

Die toten kamen zurück von Jerusalem, wo sie nicht fanden, was sie suchten. Sie begehrten bei mir einlaß und verlangten bei mir lehre und so lehrte ich sie:

Höret: ich beginne beim nichts. Das Nichts ist dasselbe wie die Fülle. In der unendlichkeit ist voll so gut wie leer. Das Nichts ist leer und voll. Ihr könnt auch ebenso gut etwas anderes vom nichts sagen, z. B. es sei weiß oder schwarz oder es sei nicht, oder es sei. Ein unendliches und ewiges hat keine eigenschaften, weil es alle eigenschaften hat.

Das Nichts oder die Fülle nennen wir das PLEROMA. Dort drin hört denken und sein auf, denn das ewige und unendliche hat keine eigenschaften. In ihm ist keiner, denn er wäre dann vom Pleroma unterschieden und hätte eigenschaften, die ihn als etwas vom Pleroma unterschieden.

Im Pleroma ist nichts und alles: es lohnt sich nicht über das Pleroma nachzudenken, denn das hieße: sich selber auflösen.

Die CREATUR ist nicht im Pleroma, sondern in sich. Das Pleroma ist anfang und ende der Creatur. Es geht durch sie hindurch, wie das sonnenlicht die luft überall durchdringt. Obschon das Pleroma durchaus hindurch geht, so hat die Creatur doch nicht theil daran, so wie ein vollkommen durchsichtiger körper weder hell noch dunkel wird durch das licht, das durch ihn hindurch geht.

Wir sind aber das Pleroma selber, denn wir sind ein theil des ewigen und unendlichen. Wir haben aber nicht theil daran, sondern sind vom Pleroma unendlich weit entfernt, nicht räumlich oder zeitlich, sondern WESENTLICH, indem wir uns im wesen vom Pleroma unterscheiden als Creatur, die in zeit und raum beschränkt ist.

Indem wir aber theile des Pleroma sind, so ist das Pleroma auch in uns. Auch im kleinsten punkt ist das Pleroma unendlich, ewig und ganz, denn klein und groß sind eigenschaften, die in ihm enthalten sind. Es ist das Nichts, das überall ganz ist und unaufhörlich. Daher rede ich von der Creatur als einem theile des Pleroma, nur sinnbildlich, denn das Pleroma ist wirklich nirgends geteilt, denn es ist das Nichts. Wir sind auch das ganze Pleroma, denn sinnbildlich ist das Pleroma der kleinste nur angenommene, nicht seiende punkt in uns und das unendliche weltgewölbe um uns. Warum aber sprechen wir denn überhaupt vom Pleroma, wenn es doch Alles und Nichts ist?

Ich rede davon, um irgendwo zu beginnen, und um euch den wahn zu nehmen, daß irgendwo außen oder innen ein von vornherein festes oder irgendwie bestimmtes sei. Alles sogenannte feste oder bestimmte ist nur verhältnismäßig. Nur das dem wandel unterworfene ist fest und bestimmt.

Das wandelbare aber ist die Creatur, also ist sie das einzig feste und bestimmte, denn sie hat eigenschaften, ja sie ist selber Eigenschaft.

Wir erheben die frage: wie ist die Creatur entstanden? Die Creaturen sind entstanden, nicht aber die Creatur, denn sie ist die eigenschaft des Pleroma selber, so gut wie die nichtschöpfung, der ewige Tod. Creatur ist immer und überall, Tod ist immer und überall. Das Pleroma hat alles, unterschiedenheit und ununterschiedenheit.

Die Unterschiedenheit ist die Creatur. Sie ist unterschieden. Unterschiedenheit ist ihr wesen, darum unterscheidet sie auch. Darum unterscheidet der Mensch, denn sein wesen ist unterschiedenheit. Darum unterscheidet er auch die eigenschaften des Pleroma, die nicht sind. Er unterscheidet sie aus seinem wesen heraus. Darum muß der Mensch von den eigenschaften des Pleroma reden, die nicht sind.

Ihr sagt: Was nützt es, davon zu reden? Du sagtest doch selbst, es lohne sich nicht, über das Pleroma zu denken.

Ich sagte euch das, um euch vom wahne zu befreien, daß man über das Pleroma denken könne. Wenn wir die eigenschaften des Pleroma unterscheiden, so reden wir aus unsrer unterschiedenheit und über unsre unterschiedenheit, und haben nichts gesagt über das Pleroma. Ueber unsere unterschiedenheit aber zu reden ist notwendig, damit wir uns genügend unterscheiden können. Unser wesen ist unterschiedenheit. Wenn wir diesem wesen nicht getreu sind, so unterscheiden wir uns ungenügend. Wir müssen darum unterscheidungen der eigenschaften machen.

Ihr fragt: Was schadet es, sich nicht zu unterscheiden?

Wenn wir nicht unterscheiden, dann geraten wir über unser wesen hinaus, über die Creatur hinaus und fallen in die ununterschiedenheit, die die andere eigenschaft des Pleroma ist. Wir fallen in das Pleroma selber und geben es auf, Creatur zu sein. Wir verfallen der auflösung im Nichts.

Das ist der Tod der Creatur. Also sterben wir in dem maße, als wir nicht unterscheiden. Darum geht das natürliche streben der Creatur auf unterschiedenheit, kampf gegen uranfängliche, gefährliche gleichheit. Dieß nennt man das PRINCIPIUM INDIVIDUATIONIS. Dieses princip ist das wesen der Creatur. Ihr seht daraus, warum die ununterschiedenheit und das nichtunterscheiden eine große gefahr für die Creatur ist.

Darum müssen wir die eigenschaften des Pleroma unterscheiden. Die eigenschaften sind die GEGENSATZPAARE, als

das Wirksame & das Unwirksame,
die Fülle & die Leere,
das Lebendige & das Tote,
das Verschiedene & das Gleiche,
das Helle & das Dunkle,
das Heiße & das Kalte,
Die Kraft & der Stoff,
die Zeit & der Raum,
das Gute & das Böse,
das Schöne & das Häßliche,
das Eine & das Viele. etc.

Die gegensatzpaare sind die eigenschaften des Pleroma, die nicht sind, weil sie sich aufheben.

Da wir das Pleroma selber sind, so haben wir auch alle diese eigenschaften in uns; da der grund unsres wesens unterschiedenheit ist, so haben wir die eigenschaften im namen und zeichen der unterschiedenheit, das bedeutet:

erstens: die eigenschaften sind in uns von einander unterschieden und geschieden, darum heben sie sich nicht auf, sondern sind wirksam. Darum sind wir das opfer der gegensatzpaare. In uns ist das Pleroma zerrissen.

zweitens: Die eigenschaften gehören dem Pleroma, und wir können und sollen sie nur im namen und zeichen der unterschiedenheit besitzen oder leben. Wir sollen uns von den eigenschaften unterscheiden. Im Pleroma heben sie sich auf, in uns nicht. Unterscheidung von ihnen erlöst.

Wenn wir nach dem Guten oder Schönen streben, so vergessen wir unsres wesens, das unterschiedenheit ist und wir verfallen den eigenschaften des Pleroma, als welche die gegensatzpaare sind. Wir bemühen uns, das Gute und Schöne zu erlangen, aber zugleich auch erfassen wir das Böse und Häßliche, denn sie sind im Pleroma eins mit dem Guten und Schönen. Wenn wir aber unserm wesen getreu bleiben, nämlich der unterschiedenheit, dann unterscheiden wir uns vom Guten und Schönen, und darum auch vom Bösen und Häßlichen, und wir fallen nicht ins Pleroma, nämlich in das nichts und in die auflösung.

Ihr werfet ein: Du sagtest, daß das Verschiedene und Gleiche auch eigenschaften des Pleroma seien. Wie ist es, wenn wir nach verschiedenheit streben? Sind wir dann nicht unserm wesen getreu? und müssen wir dann auch der gleichheit verfallen, wenn wir nach verschiedenheit streben?

Ihr sollt nicht vergessen, daß das Pleroma keine eigenschaften hat. Wir erschaffen sie durch das denken. Wenn ihr also nach verschiedenheit oder gleichheit oder sonstigen eigenschaften strebt, so strebt ihr nach gedanken, die euch aus dem Pleroma zufließen, nämlich gedanken über die nichtseienden eigenschaften des Pleroma. Indem ihr nach diesen gedanken rennt, fallet ihr wiederum ins Pleroma und erreicht verschiedenheit und gleichheit zugleich. Nicht euer denken, sondern euer wesen ist unterschiedenheit. Darum sollt ihr nicht nach verschiedenheit, wie ihr sie denkt, streben, sondern NACH EUERM WESEN. Darum giebt es im grunde nur ein streben, nämlich das streben nach dem eigenen wesen. Wenn ihr dieses streben hättet, so brauchtet ihr auch gar nichts über das Pleroma und seine eigenschaften zu wissen und kämet doch zum richtigen ziele kraft eures wesens. Da aber das denken vom wesen entfremdet, so muß ich euch das wissen lehren, womit ihr euer denken im zaume halten könnet.

Sermo II

Die toten standen in der nacht den wänden entlang und riefen:

Von Gott wollen wir wissen. wo ist Gott? ist Gott tot?

Gott ist nicht tot, er ist so lebendig wie je. Gott ist Creatur, denn er ist etwas bestimmtes und darum vom Pleroma unterschieden. Gott ist eigenschaft des Pleroma, und alles, was ich von der Creatur sagte, gilt auch von ihm.

Er unterscheidet sich aber von der Creatur dadurch, daß er viel undeutlicher und unbestimmbarer ist, als die Creatur. Er ist weniger unterschieden als die Creatur, denn der grund seines wesens ist wirksame Fülle, und nur insofern er bestimmt und unterschieden ist, ist er Creatur, und insofern ist er die verdeutlichung der wirksamen Fülle des Pleroma.

Alles, was wir nicht unterscheiden, fällt ins Pleroma und hebt sich mit seinem gegensatz auf. Darum, wenn wir Gott nicht unterscheiden, so ist die wirksame Fülle für uns aufgehoben.

Gott ist auch das Pleroma selber, wie auch jeder kleinste punkt im geschaffenen und im ungeschaffenen das Pleroma selber ist.

Die wirksame Leere ist das wesen des Teufels. Gott und Teufel sind die ersten verdeutlichungen des Nichts, das wir Pleroma nennen. Es ist gleichgültig, ob das Pleroma ist, oder nicht ist, denn es hebt sich in allem selber auf. Nicht so die Creatur. Insofern Gott und Teufel Creaturen sind, heben sie sich nicht auf, sondern bestehen gegen einander als wirksame gegensätze. Wir brauchen keinen beweis für ihr sein, es genügt, daß wir immer wieder von ihnen reden müssen. Auch wenn beide nicht wären, so würde die Creatur aus ihrem wesen der unterschiedenheit heraus, sie immer wieder aus dem Pleroma heraus unterscheiden.

Alles was die unterscheidung aus dem Pleroma herausnimmt, ist Gegensatzpaar, daher zu Gott immer auch der Teufel gehört.

Diese zusammengehörigkeit ist so innig, und wie ihr erfahren habet, auch in euerm Leben so unauflösbar, wie das Pleroma selber. Das kommt davon, daß die beiden ganz nahe am Pleroma stehen, in welchem alle gegensätze aufgehoben und eins sind.

Gott und Teufel sind unterschieden durch voll und leer, zeugung und zerstörung. Das WIRKENDE ist ihnen gemeinsam. Das Wirkende verbindet sie. Darum steht das Wirkende über beiden und ist ein Gott über Gott, denn es vereinigt die Fülle und die Leere in ihrer wirkung.

Dies ist ein Gott, von dem ihr nicht wußtet, denn die Menschen vergaßen ihn. Wir nennen ihn mit seinem namen ABRAXAS. Er ist noch unbestimmter als Gott und Teufel.

Um Gott von ihm zu unterscheiden, nennen wir Gott HELIOS oder Sonne.

Der Abraxas ist wirkung, ihm steht nichts entgegen, als das unwirkliche, daher seine wirkende natur sich frei entfaltet. Das unwirkliche ist nicht, und widersteht nicht. Der Abraxas steht über der Sonne und über dem Teufel. Er ist das unwahrscheinlich wahrscheinliche, das unwirklich wirkende. Hätte das Pleroma ein wesen, so wäre der Abraxas seine verdeutlichung.

Er ist zwar das wirkende selbst, aber keine bestimmte wirkung, sondern wirkung überhaupt.

Er ist unwirklich wirkend, weil er keine bestimmte wirkung hat.

Er ist auch Creatur, da er vom Pleroma unterschieden ist.

Die Sonne hat eine bestimmte wirkung, ebenso der Teufel, daher sie uns viel wirksamer erscheinen als der unbestimmbare Abraxas.

Er ist Kraft, Dauer, Wandel.

Hier erhoben die toten großen tumult, denn sie waren christen.

Sermo III

Die toten kamen heran wie nebel aus sümpfen und riefen: Rede uns weiter über den obersten Gott.

Der Abraxas ist der schwer erkennbare Gott. Seine macht ist die größte, denn der Mensch sieht sie nicht. Von der Sonne sieht er das *summum bonum,* vom Teufel das *infimum malum,* vom Abraxas aber das in allen hinsichten unbestimmte LEBEN, welches die mutter des guten und des übels ist.

Das Leben scheint kleiner und schwächer zu sein als das summum bonum, weshalb es auch schwer ist zu denken, daß der Abraxas an macht sogar die Sonne übertreffe, die doch der strahlende quell aller lebenskraft selber ist.

Der Abraxas ist Sonne und zugleich der ewig saugende schlund des Leeren, des verkleinerers und zerstücklers, des Teufels.

Die macht des Abraxas ist zwiefach. Ihr seht sie aber nicht, denn in euern augen hebt sich das gegeneinandergerichtete dieser macht auf.

Was Gott Sonne spricht, ist leben,

was der Teufel spricht, ist tod.

Der Abraxas aber spricht das verehrungswürdige und verfluchte wort, das leben und tod zugleich ist.

Der Abraxas zeugt wahrheit und lüge, gutes und böses, licht und finsterniß im selben wort, und in derselben tat. Darum ist der Abraxas furchtbar.

Er ist prächtig wie der löwe im augenblick, wo er sein opfer niederschlägt. Er ist schön wie ein frühlingstag.

Ja, er ist der große Pan selber und der kleine. Er ist Priapos.

Er ist das monstrum der unterwelt, ein polyp mit tausend armen, beflügeltes schlangengeringel, raserei.

Er ist der Hermaphrodit des untersten anfanges.

Er ist der Herr der kröten und frösche, die im wasser wohnen und an's land steigen, die am mittag und um mitternacht im chore singen.

Er ist das Volle, das sich mit dem Leeren einigt.

Er ist die heilige begattung,

Er ist die liebe und ihr mord,

Er ist der heilige und sein verräter.

Er ist das hellste licht des tages und die tiefste nacht des wahnsinns

Ihn sehen, heißt blindheit,

Ihn erkennen heißt krankheit,

Ihn anbeten heißt tod,

Ihn fürchten heißt weisheit,

Ihm nicht widerstehen heißt erlösung.

Gott wohnt hinter der sonne, der Teufel wohnt hinter der nacht. Was Gott aus dem licht gebiert, zieht der Teufel in die nacht. Der Abraxas aber ist die welt, ihr werden und vergehen selber. Zu jeder gabe des Gottes Sonne stellt der Teufel seinen fluch.

Alles, was ihr vom Gott Sonne erbittet, zeugt eine tat des Teufels.

Alles, was ihr mit Gott Sonne erschafft, giebt dem Teufel gewalt des wirkens.

Das ist der furchtbare Abraxas.

Er ist die gewaltigste Creatur und in ihm erschrickt die Creatur vor sich selbst.

Er ist der geoffenbarte widerspruch der Creatur gegen das Pleroma und sein nichts.

Er ist das entsetzen des sohnes vor der mutter.

Er ist die liebe der mutter zum sohne.

Er ist das entzücken der erde und die grausamkeit der himmel.

Der Mensch erstarrt vor seinem antlitz.

Vor ihm giebt es nicht frage und nicht antwort.

Er ist das leben der Creatur.

Er ist das wirken der Unterschiedenheit.

Er ist die liebe des menschen.

Er ist die rede des menschen.

Er ist der schein und der schatten des menschen.

Er ist die täuschende wirklichkeit.

Hier heulten und tobten die toten, denn sie waren unvollendete.

Sermo IV

Die toten füllten murrend den raum und sprachen:

Rede zu uns von Göttern und Teufeln, verfluchter.

Gott Sonne ist das höchste gut, der Teufel das gegenteil, also habt ihr zwei götter.

Es giebt aber viele hohe güter und viele schwere übel, und darunter giebt es zwei gottteufel, der eine ist das BRENNENDE und der andere das WACHSENDE.

Das Brennende ist der EROS in gestalt der flamme. Sie leuchtet, indem sie verzehrt.

Das Wachsende ist der BAUM DES LEBENS, er grünt, indem er wachsend lebendigen stoff anhäuft.

Der Eros flammt auf und stirbt dahin, der Lebensbaum aber wächst langsam und stätig durch ungemessene zeiten.

Gutes und übles einigt sich in der flamme.

Gutes und übles einigt sich im wachstum des baumes.

Leben und liebe stehen in ihrer göttlichkeit gegeneinander.

Unermeßlich, wie das heer der sterne ist die zahl der götter und teufel.

Jeder stern ist ein gott und jeder raum, den ein stern füllt, ist ein teufel. Das leervolle des ganzen aber ist das Pleroma.

Die wirkung des ganzen ist der Abraxas, nur unwirkliches steht ihm entgegen.

Vier ist die zahl der hauptgötter, denn vier ist die zahl der ausmessungen der Welt.

Eins ist der anfang, der Gott Sonne.

Zwei ist der Eros, denn er verbindet zwei und breitet sich leuchtend aus.

Drei ist der Baum des lebens, denn er füllt den raum mit körpern.

Vier ist der Teufel, denn er öffnet alles geschlossene; er löst auf alles geformte und körperliche; er ist der zerstörer, in dem alles zu nichts wird.

Wohl mir, daß es mir gegeben ist, die vielheit und verschiedenartigkeit der götter zu erkennen. Wehe euch, daß ihr diese unvereinbare vielheit durch den einen Gott ersetzt. Dadurch schafft ihr die qual des nichtverstehens und die verstümmelung der Creatur, deren wesen und trachten unterschiedenheit ist. Wie seid ihr eurem wesen getreu, wenn ihr das viele zum einen machen wollt? Was ihr an den göttern tut, geschieht auch an euch. Ihr werdet alle gleich gemacht und so ist euer wesen verstümmelt.

Um des Menschen willen herrsche gleichheit, aber nicht um gottes willen, denn der götter sind viele, der menschen aber wenige. Die götter sind mächtig, und ertragen ihre mannigfaltigkeit, denn wie die sterne stehen sie in einsamkeit und ungeheurer entfernung von einander. Die menschen sind schwach und ertragen ihre mannigfaltigkeit nicht, denn sie wohnen nahe beisammen und bedürfen der gemeinschaft, um ihre besonderheit tragen zu können. Um der erlösung willen lehre ich euch das verwerfliche, um dessentwillen ich verworfen ward.

Die vielzahl der götter entspricht der vielzahl der menschen.

Unzählige götter harren der menschwerdung. Unzählige götter sind menschen gewesen. Der Mensch hat am wesen der götter teil, er kommt von den göttern und geht zum Gotte.

So, wie es sich nicht lohnt über das Pleroma nachzudenken, so lohnt es sich nicht, die vielheit der götter zu verehren. Am wenigsten lohnt es sich, den ersten Gott, die wirksame Fülle und das summum bonum, zu verehren. Wir können durch unser gebet nichts dazu tun und nichts davon nehmen, denn die wirksame Leere schluckt alles in sich auf. Die hellen götter bilden die himmelswelt, sie ist vielfach und unendlich sich erweiternd und vergrößernd. Ihr oberster herr ist der Gott Sonne.

Die dunkeln götter bilden die erdenwelt. Sie sind einfach und unendlich sich verkleinernd und vermindernd. Ihr unterster herr ist der Teufel, der mondgeist, der trabant der erde, kleiner und kälter und toter als die erde.

Es ist kein unterschied in der macht der himmlischen und der erdhaften götter. Die himmlischen vergrößern, die erdhaften verkleinern. Unermeßlich ist beiderlei richtung.

Sermo V

Die toten spotteten und riefen: lehre uns, narr, von Kirche und heiliger gemeinschaft.

Die welt der götter verdeutlicht sich in der geistigkeit und in der geschlechtlichkeit. Die himmlischen erscheinen in der geistigkeit, die erdhaften in der geschlechtlichkeit.

Geistigkeit empfängt und erfaßt. Sie ist weiblich und darum nennen wir sie die MATER COELESTIS, die himmlische mutter. Geschlechtlichkeit zeugt und erschafft. Sie ist männlich und darum nennen wir sie PHALLOS, den erdhaften vater. Die geschlechtlichkeit des mannes ist mehr erdhaft, die geschlechtlichkeit des weibes ist mehr geistig. Die geistigkeit des mannes ist mehr himmlisch, sie geht zum größeren.

Die geistigkeit des weibes ist mehr erdhaft, sie geht zum kleineren.

Lügnerisch und teuflisch ist die geistigkeit des mannes, die zum kleineren geht.

Lügnerisch und teuflisch ist die geistigkeit des weibes, die zum größern geht.

Jeder gehe zu seiner Stelle.

Mann und weib werden an einander zum teufel, wenn sie ihre geistigen wege nicht trennen, denn das wesen der Creatur ist unterschiedenheit.

Die geschlechtlichkeit des mannes geht zum erdhaften, die geschlechtlichkeit des weibes geht zum geistigen. Mann und weib werden aneinander zum teufel, wenn sie ihre geschlechtlichkeit nicht trennen.

Der Mann erkenne das kleinere, das weib das größere.

Der Mensch unterscheide sich von der geistigkeit und von der geschlechtlichkeit. Er nenne die geistigkeit Mutter und setze sie zwischen himmel und erde. Er nenne die geschlechtlichkeit Phallos und setze ihn zwischen sich und die Erde, denn die Mutter und der Phallos sind übermenschliche daemonen und verdeutlichungen der götterwelt. Sie sind uns wirksamer als die götter, weil sie unserm wesen nahe verwandt sind. Wenn ihr euch von geschlechtlichkeit und von geistigkeit nicht unterscheidet und sie nicht als wesen über euch und um euch betrachtet, so verfallt ihr ihnen als eigenschaften des Pleroma. Geistigkeit und geschlechtlichkeit sind nicht eure eigenschaften, nicht dinge, die ihr besitzt und umfaßt, sondern sie besitzen und umfassen euch, denn sie sind mächtige daemonen, erscheinungsformen der götter, und darum dinge, die über euch hinaus reichen und an sich bestehen. Es hat einer nicht eine geistigkeit für sich oder eine geschlechtlichkeit für sich, sondern er steht unter dem gesetz der geistigkeit und der geschlechtlichkeit. Darum entgeht keiner diesen daemonen. Ihr sollt sie ansehen als daemonen und als gemeinsame sache und gefahr, als gemeinsame last, die das leben euch aufgebürdet hat. So ist euch auch das leben eine gemeinsame sache und gefahr, ebenso auch die götter und zuvörderst der furchtbare Abraxas.

Der Mensch ist schwach, darum ist gemeinschaft unerläßlich; ist es nicht die gemeinschaft im zeichen der mutter, so ist es sie im zeichen des Phallos. Keine gemeinschaft ist leiden und krankheit. Gemeinschaft in jeglichem ist zerrissenheit und auflösung.

Die Unterschiedenheit führt zum einzelsein. Einzelsein ist gegen gemeinschaft. Aber um der schwäche des menschen willen gegenüber den göttern und daemonen und ihrem unüberwindlichen gesetz ist gemeinschaft nötig. Darum sei so viel gemeinschaft als nötig, nicht um der menschen willen, sondern wegen der götter. Die götter zwingen euch zur gemeinschaft. So viel sie euch zwingen, so viel gemeinschaft tut not, mehr ist von uebel.

In der gemeinschaft ordne sich jeder dem andern unter, damit die gemeinschaft erhalten bleibe, denn ihr bedürft ihrer.

Im einzelsein ordne sich einer dem andern über, damit jeder zu sich selber komme und sklaverei vermeide.

In der gemeinschaft gelte enthaltung,
Im einzelsein gelte Verschwendung.
Die gemeinschaft ist die tiefe,
das einzelsein ist höhe.
Das richtige maaß in gemeinschaft reinigt und erhält.
Das richtige maaß im einzelsein reinigt und fügt hinzu.
Die gemeinschaft giebt uns die wärme,
das einzelsein giebt uns das licht.

Sermo VI

Der daemon der geschlechtlichkeit tritt zu unsrer seele als eine schlange. Sie ist zur hälfte menschenseele und heißt gedankenwunsch.

Der daemon der geistigkeit senkt sich in unsre seele herab als der weiße vogel. Er ist zur hälfte menschenseele und heißt wunschgedanke.

Die Schlange ist eine erdhafte seele, halb daemonisch, ein geist und verwandt den geistern der toten. Wie diese, so schwärmt auch sie herum in den dingen der erde und bewirkt, daß wir sie fürchten, oder daß sie unsere begehrlichkeit reizen. Die schlange ist weiblicher natur und sucht immer die gesellschaft der toten, die an die erde gebannt sind, solche, die den weg nicht hinüberfanden, nämlich ins einzelsein. Die schlange ist eine hure und buhlt mit dem teufel und mit den bösen geistern, ein arger tyrann und quälgeist, immer zu übelster gemeinschaft verführend. Der weiße vogel ist eine halbhimmlische seele des menschen. Sie weilt bei der Mutter und steigt bisweilen herab. Der vogel ist männlich und ist wirkender gedanke. Er ist keusch und einsam, ein bote der Mutter. Er fliegt hoch über die erde. Er gebietet das einzelsein. Er bringt kunde von den fernen, die vorangegangen und vollendet sind. Er trägt unser wort hinauf zur Mutter. Sie tut fürbitte, sie warnt, aber sie hat keine macht gegen die götter. Sie ist ein gefäß der sonne. Die schlange geht hinunter und lähmt mit list den phallischen daemon oder stachelt ihn an. Sie trägt empor die überschlauen gedanken des erdhaften, die durch alle löcher kriechen und mit begehrlichkeit sich überall ansaugen. Die schlange will es zwar nicht, aber sie muß uns nützlich sein. Sie entflieht unserm griffe und zeigt uns so den weg, den wir aus menschenwitz nicht fanden.

Die toten blickten mit verachtung und sprachen: Höre auf von göttern, daemonen und seelen zu reden. Das wußten wir im grunde schon längst.

Sermo VII

Des nachts aber kamen die toten wieder mit kläglicher gebärde und sprachen: Noch eines, wir vergaßen davon zu reden, lehre uns vom Menschen.

Der mensch ist ein thor, durch das ihr aus der außenwelt der götter, daemonen und seelen eintretet in die innenwelt, aus der größeren welt in die kleinere welt. Klein und nichtig ist der mensch, schon habt ihr ihn im rücken, und wiederum seid ihr im unendlichen raume, in der kleineren oder inneren unendlichkeit.

In unermeßlicher entfernung steht ein einziger stern im zenith.

Dies ist der eine Gott dieses einen, dies ist seine welt, sein Pleroma, seine göttlichkeit.

In dieser welt ist der mensch der Abraxas, der seine welt gebiert oder verschlingt.

Dieser stern ist der Gott und das ziel des menschen.

Dies ist sein einer führender Gott,
in ihm geht der mensch zur ruhe,
zu ihm geht die lange reise der seele nach dem tode, in ihm erglänzt als licht alles, was der mensch aus der größeren welt zurückzieht.
Zu diesem einen bete der mensch.
Das gebet mehrt das licht des sternes,
es schlägt eine brücke über den tod,
es bereitet das leben der kleineren welt,
und mindert das hoffnungslose wünschen der größeren welt.
Wenn die größere welt kalt wird, leuchtet der stern.
Nichts ist zwischen dem Menschen und seinem einen Gotte, sofern der Mensch seine augen vom flammenden schauspiel des Abraxas abwenden kann.
Mensch hier, Gott dort.
Schwachheit und nichtigkeit hier, ewige schöpferkraft dort.
Hier ganz dunkelheit und feuchte kühle,
Dort ganz Sonne.

Darauf schwiegen die toten und stiegen empor wie rauch über dem feuer des hirten, der des nachts seiner herde wartete.

ANAGRAMMA: NAHTRIHECCUNDE
GAHINNEVERAHTUNIN
ZEHGESSURKLACH
ZUNNUS.

Einiges über C. G. Jungs Familie[1]
von Aniela Jaffé

Die Familie Jung stammt ursprünglich aus Mainz. Bei der Belagerung durch die Franzosen 1688 wurden, wie Jung im Kapitel «Der Turm» bereits erwähnte, die Archive verbrannt, so daß der Stammbaum nur bis zum Beginn des 18. Jahrhunderts zurückverfolgt werden kann. Jungs Urgroßvater, der Arzt Franz Ignaz Jung (1759–1831) zog von Mainz nach Mannheim. In den Napoleonischen Feldzügen leitete er ein Lazarett. Sein Bruder, der später geadelte Sigismund von Jung (1745–1824) war bayrischer Kanzler. Er war mit der jüngsten Schwester von Schleiermacher verheiratet.

Die bekannteste Persönlichkeit aus Jungs väterlicher Ahnenreihe ist sein in Mannheim geborener Großvater Carl Gustav Jung (1794–1864), den ein seltsames Geschick mit achtundzwanzig Jahren in die Schweiz führte. Über die im Buch zweimal erwähnte Legende, daß sein Großvater ein illegitimer Sohn Goethes gewesen sei, erzählte Jung noch folgendes:

«Die nachmalige Frau meines Urgroßvaters Franz Ignaz Jung, Sophie Ziegler, und deren Schwester standen dem Mannheimer Theater nahe, und zahlreiche Dichter gehörten zu ihrem Freundeskreis. Es wird behauptet, daß Sophie Ziegler einen unehelichen Sohn von Goethe gebar, und daß das Kind mein Großvater Carl Gustav Jung gewesen sei. Das galt sozusagen als ausgemachte Tatsache. In seinen Tagebüchern erwähnt mein Großvater jedoch nichts davon. Er erzählt lediglich, er habe Goethe noch in Weimar gesehen, und nur von hinten! Sophie Jung-Ziegler war später befreundet mit Lotte Kestner, einer Nichte von Goethes Lottchen. Sie kam oft zu Besuch – wie übrigens auch Franz Liszt – um meinen Großvater zu sehen. In späteren Jahren ließ sich Lotte Kestner – wahrscheinlich wegen der freundschaftlichen Beziehungen zum

[1] Neben Jungs mündlichen Erzählungen benutzte ich das sogenannte «Familienbuch», einen in Pergament gebundenen Folioband, der alte Briefe und Dokumente enthält, und von Jung fortlaufend ergänzt wurde, ferner das Tagebuch seines Großvaters Carl Gustav Jung (Herausgegeben von dessen Sohn Ernst Jung, o. J.) und zwei Artikel von M. H. Koelbing «Wie Carl Gustav Jung Basler Professor wurde» (Basler Nachrichten, 26. September 1954) und «C. G. Jungs Basler Vorfahren» (Basler Nachrichten, 24. Juli 1955). Außerdem standen mir die Ergebnisse einer 1928 bis 1929 in Auftrag gegebenen Familienforschung zur Verfügung. (Der Abschnitt über C. G. Jungs Familie befindet sich nur in der deutschen Ausgabe.)

Hause Jung – in Basel nieder. Auch zu ihrem Bruder, dem Legationsrat Kestner, der in Rom lebte, und in dessen Hause Goethes Sohn Karl August noch kurz vor seinem Tode weilte, stand mein Großvater in Beziehung.»

Aus den vorhandenen Quellen, dem Archiv im Goethehaus in Frankfurt a. Main und dem Taufregister des erzbischöflichen Stadtpfarramtes (Jesuitenkirche) in Mannheim, ließ sich nichts nachweisen. Zur fraglichen Zeit war Goethe nicht in Mannheim, und ob Sophie Ziegler ihrerseits sich in Weimar oder in Goethes Nähe aufgehalten hat, ist nicht festzustellen.

Jung sprach nicht ohne ein gewisses Behagen über die sich hartnäckig behauptende Legende; denn sie eröffnete ihm einen hintergründigen Aspekt seiner Faszination durch Goethes «Faust», sie gehörte sozusagen in die Welt von «Nr. 2». Andererseits bezeichnete er das Gerücht als «ärgerlich». Er fand es «von schlechtem Geschmack», und es gäbe «nur allzuviele Narren, die solche Geschichten vom ‚unbekannten Vater' erzählten». Vor allem aber erschien ihm auch die legitime Aszendenz, insbesondere durch den gelehrten Katholiken Dr. med. et jur. Carl Jung (gest. 1654), dem Rektor der Universität Mainz, von dem am Ende des Kapitels «Der Turm» die Rede ist, als sinnvoll.

Carl Gustav Jung studierte in Heidelberg Naturwissenschaften und Medizin und bestand dort 1816 sein Doktorexamen summa cum laude. Zum Gelächter von ganz Heidelberg, so erzählt Jung, habe er sich als Student ein Schweinchen gehalten, das er anstelle eines Hundes in der Stadt spazieren führte. Bereits mit vierundzwanzig Jahren wurde er chirurgischer Assistent des Augenarztes Rust an der Charité in Berlin und zugleich Dozent für Chemie an der dortigen Königlich-Preussischen Kriegsschule. Damals lagen die verschiedenen Disziplinen noch enger beisammen als heute!

Während seiner Berliner Jahre wohnte er (wahrscheinlich seit Ende 1817) im Hause des Buchhändlers und Verlegers Georg Andreas Reimer. Er war dort wie ein Kind im Hause, und Frau Reimer behandelte ihn zeit ihres Lebens als Sohn. Hier traf er einen Kreis bedeutender Menschen, zu denen auch die Brüder Schlegel, Ludwig Tieck und Friedrich Schleiermacher gehörten. Unter Einfluß des letzteren trat er – er war Katholik – zum Protestantismus über.

Die literarischen Kreise Berlins standen dem jungen Arzt von Anfang an offen. Er selber hatte eine gewisse dichterische Bega-

AHNENTAFEL

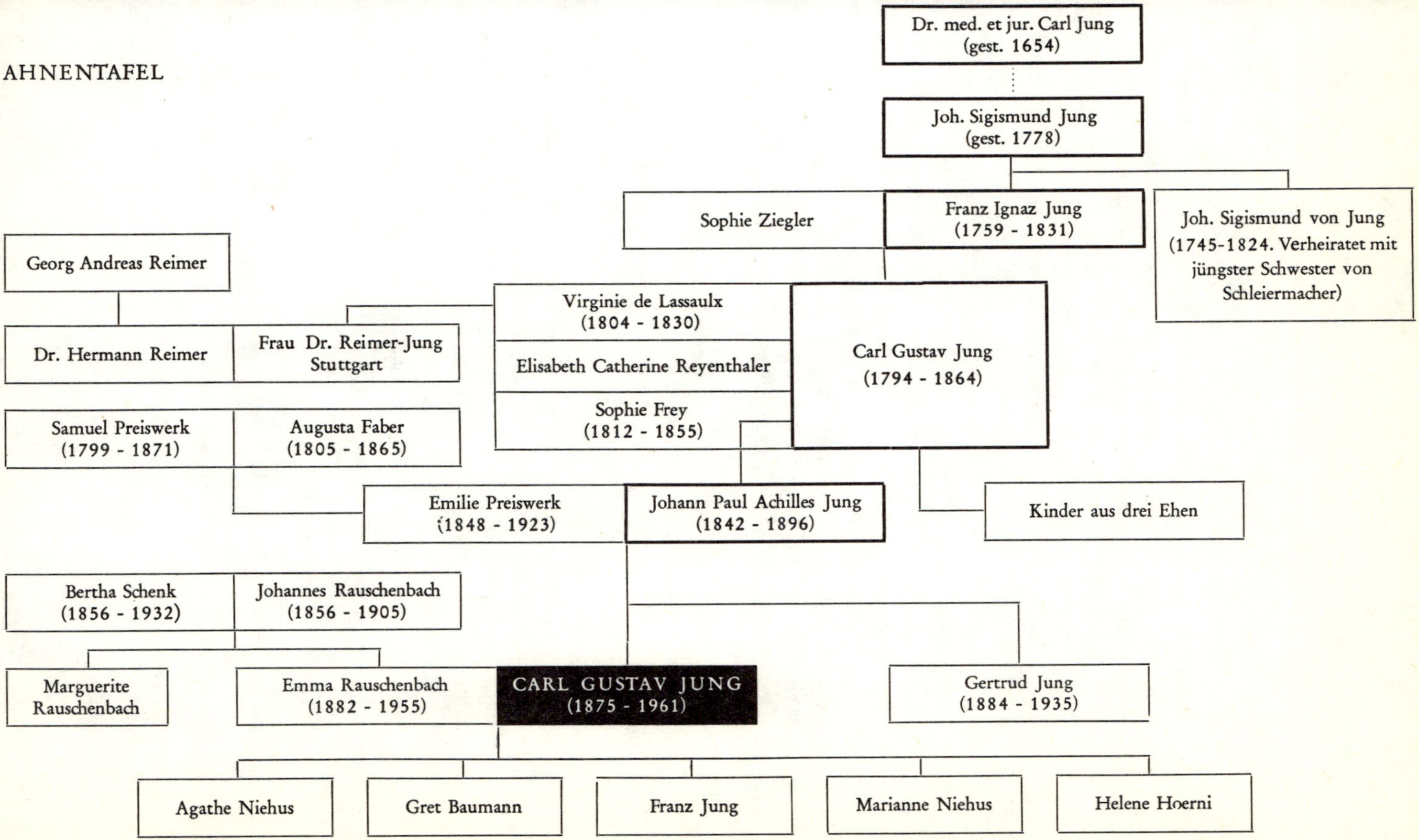

Dr. med. et jur. Carl Jung (gest. 1654)
Joh. Sigismund Jung (gest. 1778)
Sophie Ziegler
Franz Ignaz Jung (1759 - 1831)
Joh. Sigismund von Jung (1745-1824. Verheiratet mit jüngster Schwester von Schleiermacher)
Georg Andreas Reimer
Virginie de Lassaulx (1804 - 1830)
Elisabeth Catherine Reyenthaler
Sophie Frey (1812 - 1855)
Carl Gustav Jung (1794 - 1864)
Dr. Hermann Reimer
Frau Dr. Reimer-Jung Stuttgart
Samuel Preiswerk (1799 - 1871)
Augusta Faber (1805 - 1865)
Emilie Preiswerk (1848 - 1923)
Johann Paul Achilles Jung (1842 - 1896)
Kinder aus drei Ehen
Bertha Schenk (1856 - 1932)
Johannes Rauschenbach (1856 - 1905)
Marguerite Rauschenbach
Emma Rauschenbach (1882 - 1955)
CARL GUSTAV JUNG (1875 - 1961)
Gertrud Jung (1884 - 1935)
Agathe Niehus
Gret Baumann
Franz Jung
Marianne Niehus
Helene Hoerni

bung, und eines seiner Gedichte wurde in das «Teutsche Liederbuch» aufgenommen.

Seine Jugend fiel in eine politisch bewegte Zeit. Als junger Mann machte er bei den Turnern des «Turnvaters» Jahn (1778–1852) mit und nahm auch am großen Wartburgfest teil [2]. Hier taten die Studenten aus ganz Deutschland ihren Wunsch nach einem freien und geeinten Deutschland kund. Als zwei Jahre später der mit Jung befreundete Theologiestudent und Burschenschafter Karl Ludwig Sand (geb. 1795) den wegen seiner reaktionären Gesinnung und als Spion verpönten deutschen Dichter und russischen Staatsrat August Kotzebue (1761–1819) ermordete, wurden alle Burschenschaften und Turnvereine unterdrückt. Zahlreiche freiheitlich gesinnte Akademiker wurden als «Demagogen» verhaftet. Unter ihnen auch Carl Gustav Jung, in dessen Besitz die Polizei ein Geschenk des Mörders fand, nämlich einen Hammer für mineralogische Untersuchungen. (In den Berichten ist bezeichnenderweise immer von einem Beil die Rede!) Er wurde in der Berliner Hausvogtei in Haft gesetzt, nach dreizehn Monaten ohne jedes Gerichtsurteil entlassen und aus Preußen ausgewiesen. Da er als ehemaliger «Demagoge» auch im übrigen Deutschland keine ihm zusagende Arbeitsmöglichkeit fand, ging er 1821 nach Paris, der damals bedeutendsten europäischen Forschungsstätte für Medizin. Dort begegnete er dem großen Naturforscher Alexander von Humboldt (1769–1859), der ihn zunächst an die chirurgische Abteilung des Hôtel Dieu in Paris empfahl. Dort konnte Carl Gustav Jung als Chirurg arbeiten und sich weiterbilden.

Das erste Zusammentreffen mit Humboldt wird in verschiedenen Versionen überliefert. Nach der Tradition der Familie traf Humboldt den jungen Mann hungernd auf einer Bank im Freien und nahm sich seiner an. So hat es mir auch Jung erzählt. In einer von M. H. Koelbing als «Dichtung und Wahrheit» bezeichneten Darstellung des Arztes Hermann Reimer [3] heißt es, sein Schwiegervater Carl

[2] Oktober 1817, revolutionäres akademisches Erinnerungsfest an die Reformation (1517) und die Schlacht von Leipzig (1813), veranstaltet von den Jenenser Burschenschaften.

[3] Hermann Reimer war der Sohn des Buchhändlers und Verlegers in Berlin. Er heiratete die Tochter Carl Gustav Jungs aus dessen erster Ehe mit Virginie de Lassaulx. Jung erwähnt seinen Besuch bei Frau Dr. Reimer in Stuttgart nach seinem Staatsexamen 1900, oben pag. 118. Das folgende Zitat entnehme ich dem bereits erwähnten Aufsatz von Koelbing «Wie Carl Gustav Jung Basler Professor wurde».

Carl Gustav Jung (1794—1864). Großvater väterlicherseits. Nach einem Portrait von Beltz aus dem Jahre 1848. Original in der alten Aula der Universität Basel.

Sophie Jung-Frey (1812—1855), Großmutter väterlicherseits

Samuel Preiswerk (1799—1871), Großvater mütterlicherseits

Augusta Preiswerk-Faber (1805—1865), Großmutter mütterlicherseits

Gustav Jung sei «bei einem von dem großen Chirurgen Dupuytren gegebenen Festessen von einem ihm unbekannten, würdigen Herrn mittleren Alters angesprochen und aufgefordert worden, ihm nach Tisch in seine Wohnung zu folgen, weil er ihm einen Vorschlag zu machen habe. Blindlings folgte Jung dieser Aufforderung und er kam erst wieder zur Besinnung, als sein Gönner in seinem Arbeitszimmer ihm sagte, es handle sich um eine Professur für Anatomie und Chirurgie an der Universität Basel, falls er Lust hätte. Jetzt konnte er nicht mehr an sich halten, sondern raffte sich zu der Frage auf, wem er so viel Güte und dieses Glück zu verdanken habe. Darauf jener: ‚Der Name tut nichts zur Sache, ich heiße Alexander von Humboldt.'» – H. Reimer fügte bei: «Die Kenntnis von Jungs Erlebnissen konnte A. v. H. daher haben, daß er in literarischer Beziehung häufig mit meinem Vater zu tun hatte, aber auch von seinem Bruder Wilhelm, der mißmutig 1819 seinen Ministerposten verließ.»

Wie es auch immer mit der Wahrheit der Anekdoten bestellt sein mag, Tatsache ist, daß Humboldt den jungen Arzt zuerst (1821) an die Berner Akademie empfahl, und als dieser Plan fehlschlug, ein Jahr später an die Universität Basel.

Die Verhältnisse an der Universität Basel lagen aus politischen und verwaltungstechnischen Gründen sehr im argen. Von 1806 bis 1814 hatte keine einzige Doktor-Promotion stattgefunden. Der Anatom und Botaniker Johann Jakob Burckhardt war während mehrerer Jahre der einzige Dozent der Medizinischen Fakultät und hielt sein Kolleg vor einem einzigen Medizinstudenten und einigen Barbiergesellen. 1818 wurden Gesetze zu einer großzügigen Reorganisation der Universität erlassen und die Zahl der Professoren an der Medizinischen Fakultät auf vier festgesetzt. Als sich Jung um den Lehrstuhl für Anatomie, Chirurgie und Geburtshilfe bewarb, wurde er 1822 als Dozent berufen und nach einem Semester zum Ordinarius gewählt. So kam die Familie Jung in die Schweiz.

Jung setzte sich zeit seines Lebens unermüdlich und mit großem Erfolg für den Ausbau der Medizinischen Fakultät und der Medizinischen Anstalten in Basel ein. Als erstes reorganisierte er den Anatomieunterricht. Ausbau und Erweiterung des «Bürgerspitals» (1842) sind zum großen Teil ihm zu verdanken, später gründete er die «Anstalt zur Hoffnung» für schwachsinnige Kinder. Für uns ist seine Forderung nach einer psychiatrischen Anstalt interessant. In einem später anonym gedruckten Vortrag heißt es: «In unserem

Zeitalter, wo die psychische Heilkunde die Aufmerksamkeit der Ärzte so sehr in Anspruch nimmt, daß besondere Zeitschriften ausschließlich mit diesem Zweig der Arzneiwissenschaft sich beschäftigen, würde eine Anstalt, die dem Arzneikunde-Beflissenen Gelegenheit zu solchen Beobachtungen unter Anleitung des Lehrers verschaffte, einer Universität zur vorzüglichen Zierde gereichen. Ich denke mir unter derselben nicht gerade ein Irrenhaus gewöhnlicher Art, in welchem meist nur Unheilbare versorgt werden, sondern eine Anstalt, die Kranke aller Art aufnähme, deren Heilung auch auf psychischem Wege versucht werden muß.»

Jung selber sagte von seinem Großvater:

«Er war eine starke und auffallende Persönlichkeit. Ein großer Organisator, enorm aktiv, brillant, witzig und sprachgewandt. Ich selber bin noch in seinem Kielwasser geschwommen. Ja, ja, der Professor Jung, das war etwas! hieß es in Basel. Seine Kinder waren sehr von ihm beeindruckt. Sie zollten ihm nicht nur Verehrung, sondern hatten auch Angst vor ihm, denn er war ein etwas tyrannischer Vater. Nach dem Mittagessen pflegte er regelmäßig ein Schläfchen von etwa einer Viertelstunde zu machen. Dann mußte seine zahlreiche Familie jeweils mäuschenstill am Tisch sitzen bleiben.»

Carl Gustav Jung war dreimal verheiratet. In Paris heiratete er Virginie de Lassaulx (geb. 1804). Sie starb sehr jung, mit sechsundzwanzig Jahren. Die einzige Tochter aus dieser Ehe heiratete, wie schon erwähnt, den Sohn des Verlegers Georg Andreas Reimer, bei welchem Jung in Berlin gewohnt hatte. In zweiter Ehe heiratete er Elisabeth Catharine Reyenthaler. Jung erzählte darüber:

«Die Reyenthaler hat er aus Rache geheiratet! Sie war Kellnerin in einer Studentenkneipe in Basel. Er hatte nämlich um die Tochter des Bürgermeisters Frey geworben, erhielt aber einen Korb. Hierüber gekränkt und verzweifelt, ging er stracks ins Wirtshaus und heiratete die Kellnerin. Sie starb bald an Tuberkulose und ebenso ihre Kinder.»

Schließlich heiratete er dann doch, in dritter Ehe, Sophie Frey, die Tochter des Bürgermeisters. Das Grab ihrer Eltern befindet sich im Kreuzgang des Basler Münsters. Sophie Jung starb 1855 im Alter von dreiundvierzig Jahren. Zwei ältere Söhne starben bereits in jugendlichem Alter. Der jüngste Sohn, Johann Paul Achilles

Jung (1842–1896), war der Vater von C. G. Jung. Von ihm hat Jung im ersten Kapitel dieses Buches ausführlich geschrieben. Nur die äußeren Daten seien kurz wiederholt: Paul Jung wurde Theologe und war zuerst Pfarrer in Keßwil (Thurgau), wo C. G. Jung 1875 geboren wurde. Danach war er während vier Jahren Pfarrer in Laufen, einer Gemeinde am Rheinfall bei Schaffhausen. 1879 wurde er an die Kirchgemeinde Klein-Hüningen bei Basel gewählt.

Jungs Mutter, Emilie Jung, geb. Preiswerk, stammte aus Basel. Sie war die jüngste Tochter des gelehrten und dichterisch begabten Antistes von Basel, Samuel Preiswerk (1799–1871), und seiner zweiten Gattin Augusta Faber aus Nürtingen in Württemberg (1805–1862). Die Fabers waren französische Protestanten, die nach Aufhebung des Ediktes von Nantes (1685) nach Deutschland gekommen waren. Ursprünglich war Samuel Preiswerk Pfarrer in Muttenz, mußte aber nach der Trennung des Kantons in Basel-Stadt und Basel-Land (1833) in die Stadt Basel ziehen. Da sich hier für ihn keine Pfarrstelle fand, ging er nach Genf und lehrte an der dortigen Theologenschule der Evangelischen Gesellschaft hebräische Sprache und alttestamentliche Theologie. Er verfaßte eine hebräische Grammatik, die mehrere Auflagen erlebte. Einige Jahre später wurde er nach Basel zurückgerufen und kam als Pfarrer an die St. Leonhardsgemeinde. Neben seiner Pfarrtätigkeit habilitierte er sich als Privatdozent für hebräische Sprache und Literatur. Er war eine großzügige Natur und ein toleranter Mensch, was auch daraus hervorgeht, daß er sich in einer von ihm herausgegebenen Monatsschrift «Das Morgenland» für die Wiedererwerbung Palästinas durch die Juden aussprach.

Noch heute werden in Basel Anekdoten über ihn erzählt. «In seinem Studierzimmer hatte der Antistes Samuel Preiswerk einen besonderen Stuhl dem Geist seiner verstorbenen ersten Frau Magdalene, geb. Hopf, reserviert. Jede Woche pflegte Preiswerk, sehr zum Kummer seiner zweiten Frau Augusta, geb. Faber, zu bestimmter Stunde mit dem Geiste Magdalenens vertraute Zwiesprache zu halten [4].»

Jung berichtete von ihm:

«Ich habe meinen Großvater mütterlicherseits nicht mehr persönlich gekannt. Doch nach allem, was ich von ihm hörte, muß sein

[4] Aus: Hans Jenny «Baslerisches — Allzubaslerisches». Basel 1961.

alttestamentarischer Name Samuel gut zu ihm gepaßt haben. Er glaubte noch, daß man im Himmel hebräisch rede, und hat sich darum mit größtem Eifer dem Studium der hebräischen Sprache gewidmet. Er war nicht nur hochgelehrt, sondern hatte einen ausgesprochen poetischen Sinn; doch war er ein etwas eigenartiger Mensch, der sich ständig von Geistern umgeben glaubte. Meine Mutter hat mir oft erzählt, wie sie sich hinter ihn setzen mußte, wenn er seine Predigten schrieb. Er konnte es nicht leiden, daß, während er studierte, Geister hinter seinem Rücken vorbeigingen und störten! Wenn ein Lebender hinter ihm saß, so wurden die Geister verscheucht!»

Über seine Frau, Augusta Preiswerk, Jungs Großmutter mütterlicherseits, existieren viele Geschichten. Mit achtzehn Jahren erkrankte sie schwer bei der Pflege eines scharlachkranken Bruders und war sechsunddreißig Stunden lang scheintot. Der Schreiner hatte schon den Sarg ins Haus gebracht, als ihre Mutter, die an ihren Tod nicht glauben konnte, sie mit einem an den Nacken gehaltenen Bügeleisen ins Leben zurückrief. «Gustele», so wurde sie genannt, hatte das zweite Gesicht, was ihre Familie mit dem Ereignis ihres Scheintodes in Zusammenhang brachte. Sie starb mit siebenundfünfzig Jahren.

C. G. Jungs Frau Emma (1882–1955) stammte aus der Industriellenfamilie Rauschenbach in Schaffhausen. In dem Kapitel über seine Kindheit erzählt Jung, daß sein Vater in der Zeit seiner Laufener Pfarrtätigkeit (1875–1879) mit der Familie Schenk, der auch seine zukünftige Schwiegermutter, die nachmalige Frau Berta Rauschenbach angehörte, befreundet war, und daß diese ihn gelegentlich – er war damals vier Jahre alt – spazieren führte.

Über die erste Begegnung mit seiner Frau Emma erzählte Jung:

«Ich hatte einen Studienfreund, dessen Familie in Schaffhausen wohnte. Als ich ihn einmal von Basel aus besuchen wollte – es war nach dem Tode meines Vaters, 1896 – sagte meine Mutter: ‚Wenn du deinen Freund in Schaffhausen besuchst, geh doch auch zu Frau Rauschenbach, die wir als junges Mädchen gekannt haben.' Das tat ich, und wie ich ins Haus trat, sah ich auf der Treppe ein Mädchen stehen, etwa vierzehn Jahre alt, mit Zöpfen. Da wußte ich: Das ist meine Frau! Ich war tief erschüttert davon; denn ich hatte sie ja nur einen kurzen Augenblick gesehen, aber sofort mit absoluter Sicherheit gewußt, daß sie meine Frau würde. Ich erinnere mich heute noch genau, daß ich es unmittelbar nachher meinem Freunde erzählte. Aber er lachte mich natürlich nur aus. Ich sagte ihm: ‚Lach nur, du wirst es aber noch erleben.' Als ich sechs Jahre später um Emma Rauschenbach warb, erhielt auch ich, wie mein Großvater, zunächst einen Korb. Aber unähnlich meinem Großvater, hatte ich kein vertrautes Wirtshaus, noch eine anziehende Kellnerin, noch war ich Professor ordinarius mit einer klar umrissenen und vielversprechenden Aufgabe vor mir, sondern ich war bloß ein Assistenzarzt mit einer nebelhaften Zukunft. Warum sollten mir Enttäuschungen erspart bleiben in dieser meilleur des mondes possibles? – wie Nr. 2 beifügte. Nach einigen Wochen aber wendete sich das Blatt, und aus dem Nein wurde ein Ja und damit war Nr. 1 bestätigt. Es wurde daraus meinerseits ein Ja zur Welt, und Nr. 2 entschwand für elf Jahre meinen Blicken.

Bis 1902 hatte ich eine Art heimliches Tagebuch geführt, das von nun an für mehr als ein Jahrzehnt uneröffnet in der Schublade lag. Erst 1913, unter dem Drucke der großen Ahnungen, tauchte es wieder in meiner Erinnerung auf.»

Jung heiratete 1903. Er hat eine zahlreiche Nachkommenschaft. Den Ehen seiner fünf Kinder, Frau Agathe Niehus-Jung, Frau Gret Baumann-Jung, Franz Jung-Merker, Frau Marianne Niehus-Jung, Frau Helene Hoerni-Jung entsprangen neunzehn Enkel, und die Zahl der Urenkel ist in ständigem Wachsen begriffen.

Wie ich nachträglich in Erfahrung bringen konnte, gibt es für das von Jung im Kapitel «Der Turm» erwähnte ursprüngliche Wappen, das einen Phönix darstellte, und das sein Großvater C. G. Jung in seine jetzige Form änderte, noch eine andere Version, nämlich einen Schmetterling, der aus einer Puppe kriecht. — Nach einer Familientradition ist der Vorname des «gelehrten Dr. med. et Dr. jur. Jung» in Mainz (gest. 1654) nicht Carl sondern Simon.

GLOSSAR

Alchemie. Die ältere Chemie, in der sich die experimentelle Chemie im heutigen Sinn mit allgemeinen, bildhaft-intuitiven, teils religiösen Spekulationen über die Natur und den Menschen vermischt fand. In das Unbekannte des Stoffes wurden viele Symbole projiziert, die wir als Inhalte des Unbewußten erkennen. Der Alchemist suchte «das Geheimnis Gottes» im unbekannten Stoff und geriet dadurch auf Verfahren und Wege, welche denen der heutigen Psychologie des Unbewußten gleichen. Auch diese sieht sich einem unbekannten objektiven Phänomen — dem Unbewußten — gegenübergestellt.

Die philosophische Alchemie des Mittelalters muß geistesgeschichtlich als eine vom Unbewußten ausgehende, kompensatorische Bewegung zum Christentum verstanden werden; denn der Gegenstand alchemistischer Meditationen und Technik — das Reich der Natur und des Stoffes — hatte im Christentum keinen Ort und keine adaequate Bewertung gefunden, sondern galt als das zu Überwindende. So ist die Alchemie eine Art dunkeln, primitiven Spiegelbildes der christlichen Bilder- und Gedankenwelt, wie Jung in «Psychologie und Religion» anhand der Analogie zwischen der alchemistischen Zentralvorstellung des Steines, des «lapis», und Christus nachweisen konnte. Typisch für die Sprache der Alchemisten ist das symbolische Bild und das Paradox. Beides entspricht der unfaßlichen Natur des Lebens und der unbewußten Psyche. Darum heißt es z. B., der Stein sei kein Stein (d. h. er ist zugleich ein geistig-religiöser Begriff), oder der alchemistische Mercurius, der Geist im Stoff, sei evasiv, flüchtig wie ein Hirsch, denn er ist ungreifbar. «Er hat tausend Namen.» Keiner drückt sein Wesen ganz aus — wie auch keine Definition das Wesen eines psychischen Begriffes eindeutig zu umreißen imstande ist.

Amplifikation. Erweiterung und Vertiefung eines Traumbildes durch gerichtete Assoziationen (s. d.) und mit Parallelen aus der menschlichen Symbol- und Geistesgeschichte (Mythologie, Mystik, Folklore, Religion, Ethnologie, Kunst usw.), wodurch sich sein Sinn der Deutung erschließt.

Anima und Animus. Personifikationen einer weiblichen Natur im Unbewußten des Mannes und einer männlichen Natur im Unbewußten der Frau. Diese psychische Doppelgeschlechtlichkeit entspricht der biologischen Tatsache, daß es die größere Anzahl von männlichen (weiblichen) Genen sind, welche den Ausschlag bei der Bestimmung des männlichen (weiblichen) Geschlechtes geben. Die kleinere Anzahl der gegengeschlechtlichen Genen scheinen einen gegengeschlechtlichen Charakter zu bilden, welcher aber infolge seiner Unterlegenheit gewöhnlich unbewußt bleibt.

C. G. JUNG: «Jeder Mann trägt das Bild der Frau von jeher in sich, nicht das Bild *dieser* bestimmten Frau, sondern *einer* bestimmten Frau. Dieses

Bild ist im Grunde genommen eine unbewußte, von Urzeiten herkommende und dem lebenden System eingegrabene Erbmasse, ein ‚Typus' (‚Archetypus') (s. d.) von allen Erfahrungen der Ahnenreihe am weiblichen Wesen, ein Niederschlag aller Eindrücke vom Weibe, ein vererbtes psychisches Anpassungssystem ... Dasselbe gilt auch von der Frau, auch sie hat ein ihr angeborenes Bild vom Manne. Die Erfahrung lehrt, daß man genauer sagen sollte: ein Bild von *Männern,* während beim Manne es eher ein Bild *der Frau* ist. Da dieses Bild unbewußt ist, so ist es immer unbewußt projiziert in die geliebte Figur und ist einer der wesentlichsten Gründe für leidenschaftliche Anziehung und ihr Gegenteil.» (Seelenprobleme der Gegenwart, 5. Aufl. 1950, pag. 256 f.)

«Die natürliche Funktion des Animus (sowie auch der Anima) liegt darin, eine Verbindung zwischen dem individuellen Bewußtsein und dem kollektiven Unbewußten (s. d.) herzustellen. In entsprechender Weise stellt die Persona (s. d.) eine Sphäre zwischen dem Ichbewußtsein und dem Objekten der äußeren Welt dar. Animus und Anima sollten als eine Brücke oder als Tor zu den Bildern des kollektiven Unbewußten funktionieren, wie die Persona zur Welt eine Art Brücke darstellt.» (Unveröffentlichter Seminarbericht, Vol. 1. 1925. Aus dem Englischen übersetzt.)

Alle archetypischen Manifestationen, also auch Animus und Anima, haben einen negativen und einen positiven, einen primitiven und einen differenzierten Aspekt.

C. G. JUNG: «Der Animus ist in seiner ersten unbewußten Form spontane, unbeabsichtigte Meinungsbildung, die einen beherrschenden Einfluß auf das Gefühlsleben ausübt, die Anima dagegen eine spontane Gefühlsbildung mit nachfolgender Beeinflussung resp. Distorsion des Verstandes. (‚Sie hat ihm den Kopf verdreht.') Der Animus projiziert sich daher mit Vorliebe auf ‚geistige' Autoritäten und sonstige ‚Helden' (inkl. Tenöre, ‚Künstler' und Sportgrößen). Die Anima bemächtigt sich gerne des Unbewußten, Leeren, Frigiden, Hilflosen, Beziehungslosen, Dunkeln und Zweideutigen in der Frau ... Die (im Individuationsprozeß) zum Ichbewußtsein hinzutretende Seele hat also beim Manne das weibliche Vorzeichen, bei der Frau das männliche. Seine Anima sucht zu einigen und zu vereinen, ihr Animus will unterscheiden und erkennen. Dies ist ein strikter Gegensatz ... In der Bewußtseinswirklichkeit bedeutet er eine Konfliktsituation, auch wenn die bewußte Beziehung der beiden Individuen harmonisch ist.» (Die Psychologie der Übertragung, 1946). [Ges. Werke XVI, 1958, pag. 323].

«Die Anima ist der Archetypus des Lebens ... Denn das Leben kommt zum Manne durch die Anima, obwohl er der Ansicht ist, es käme zu ihm durch den Verstand (mind). Er meistert das Leben durch den Verstand, aber das Leben lebt in ihm durch die Anima. Und das Geheimnis der Frau ist, daß das Leben zu ihr durch die geistige Gestalt des Animus kommt, obwohl sie annimmt, es sei Eros, der ihr das Leben bringt. Sie meistert das Leben, sie lebt sozusagen habituell durch den Eros, aber das wirkliche Leben, bei dem sie auch Opfer ist, kommt zur Frau durch den Verstand (mind), der in ihr durch den Animus verkörpert ist.» (Unveröffentlichter Seminarbericht über Nietzsches Zarathustra, 1937. Übersetzt aus dem Englischen.)

Archetypus. C. G. JUNG: «Der Begriff des Archetypus ... wird aus der vielfach wiederholten Beobachtung, daß zum Beispiel die Mythen und Märchen der Weltliteratur bestimmte, immer und überall wieder behandelte *Motive* enthalten, abgeleitet. Diesen selben Motiven begegnen wir in Phantasien, Träumen, Delirien und Wahnideen heutiger Individuen. Diese typischen Bilder und Zusammenhänge werden als archetypische Vorstellungen bezeichnet. Sie haben, je deutlicher sie sind, die Eigenschaft, von besonders lebhaften Gefühlstönen begleitet zu sein ... Sie sind eindrucksvoll, einflußreich und faszinieren. Sie gehen hervor aus dem an sich unanschaulichen Archetypus, einer unbewußten Vorform, die zur vererbten Struktur der Psyche zu gehören scheint und sich infolgedessen überall auch als spontane Erscheinung manifestieren kann.» (Das Gewissen in psychologischer Sicht, in: Das Gewissen, Studien aus dem C. G. Jung-Institut, Zürich, 1958, pag. 199 f.)

«Ich begegne immer wieder dem Mißverständnis, daß die Archetypen inhaltlich bestimmt, d. h. eine Art unbewußter ‚Vorstellungen' seien. Es muß deshalb nochmals hervorgehoben werden, daß die Archetypen nicht inhaltlich, sondern bloß *formal* bestimmt sind, und letzteres nur in sehr bedingter Weise. Inhaltlich bestimmt ist ein Urbild (s. d.) nachweisbar nur, wenn es bewußt und daher mit dem Material bewußter Erfahrung ausgefüllt ist. Seine Form dagegen ist ... etwa dem Achsensystem eines Kristalls zu vergleichen, welches die Kristallbildung in der Mutterlauge gewissermaßen präformiert, ohne selber eine stoffliche Existenz zu besitzen. Letztere erscheint erst in der Art und Weise des Anschießens der Ionen und dann der Moleküle. Der Archetypus ist ein an sich leeres, formales Element, das nichts anderes ist als eine facultas praeformandi, eine a priori gegebene Möglichkeit der Vorstellungsform. Vererbt werden nicht die Vorstellungen, sondern die Formen, welche in dieser Hinsicht genau den ebenfalls formal bestimmten Instinkten entsprechen. Ebensowenig wie das Vorhandensein von Archetypen an sich, kann auch das der Instinkte nachgewiesen werden, solange sich diese nicht in concreto betätigen.» (Von den Wurzeln des Bewußtseins, 1954, pag. 95 f.)

«Es erscheint mir wahrscheinlich, daß das eigentliche Wesen des Archetypus bewußtseinsunfähig, d. h. transzendent ist, weshalb ich es als psychoid (s. d.) bezeichne.» (Von den Wurzeln des Bewußtseins, 1954, pag. 576 f.)

«Man darf sich keinen Augenblick der Illusion hingeben, ein Archetypus könne schließlich erklärt und damit erledigt werden. Auch der beste Erklärungsversuch ist nichts anderes als eine mehr oder weniger geglückte Übersetzung in eine andere Bildsprache.» (Zur Psychologie des Kind-Archetypus, in Jung-Kerényi: Einführung in das Wesen der Mythologie, 1951, pag. 119.)

Assoziation. Verknüpfung von Vorstellungen, Wahrnehmungen usw. nach Ähnlichkeit, Berührung, Gegensatz oder Aufeinanderfolge. *Freie Assoziationen in der Traumbearbeitung von S. Freud:* spontane Assoziationskette des Träumers, die sich nicht auf die Traumsituation zu beziehen braucht. *Gerichtete oder kontrollierte Assoziationen in der Traumbearbeitung von C. G. Jung:* spontane Einfälle, die von der gegebenen Traumsituation ausgehen und sich stets darauf beziehen.

Assoziationsexperiment: Psychologische Testmethode zur Feststellung von Komplexen (s. d.) mit Hilfe der Messung der Reaktionszeiten und der Interpretation von Antworten auf gegebene Reizworte. Zu den Komplexmerkmalen gehören: verlängerte Reaktionszeit oder subjektiv eigenartige Qualität der Antworten, wenn durch die Reizworte Komplexe berührt werden, welche die Versuchsperson verheimlichen will, oder die ihr nicht bewußt sind.

Bewußtsein. C. G. JUNG: «Wenn man darüber nachdenkt, was das Bewußtsein eigentlich sei, so ist man tief beeindruckt von der höchst wunderbaren Tatsache, daß von einer Begebenheit, die im Kosmos stattfindet, zugleich innerlich ein Bild erzeugt wird, daß sie sozusagen innerlich ebenfalls stattfindet, das heißt eben: bewußt wird.» (Basler Seminar, 1934, unveröffentlichter Seminarbericht.)

«Unser Bewußtsein schafft sich ja nicht selber, sondern es quillt auf aus unbekannter Tiefe. Es erwacht allmählich im Kinde, und es erwacht jeden Morgen aus der Tiefe des Schlafes aus einem unbewußten Zustand. Es ist wie ein Kind, das täglich aus dem mütterlichen Urgrunde des Unbewußten geboren wird.» (Symbolik des Geistes, 2. Aufl. 1953, pag. 465). [Ges. Werke XI, 1963, pag. 616].

Extraversion. Typische Einstellung, die sich durch Konzentration des Interesses auf ein äußeres Objekt auszeichnet. Gegensatz: Introversion (s. d.).

Gottesbild. Der Begriff stammt von den Kirchenvätern, nach denen die imago Dei (das Gottesbild) der Seele des Menschen eingeprägt ist. Wenn solch ein Bild spontan in Träumen, Phantasien, Visionen usw. auftaucht, muß es innerhalb der psychologischen Betrachtungsweise als ein Symbol des Selbst (s. d.) verstanden werden.

C. G. JUNG: «Daß die Gottheit auf uns wirkt, können wir nur mittels der Psyche feststellen, wobei wir aber nicht zu unterscheiden vermögen, ob diese Wirkungen von Gott oder vom Unbewußten kommen, d. h. es kann nicht ausgemacht werden, ob die Gottheit und das Unbewußte zwei verschiedene Größen seien. Beide sind Grenzbegriffe für transzendentale Inhalte. Es läßt sich aber empirisch mit hinreichender Wahrscheinlichkeit feststellen, daß im Unbewußten ein Archetypus der Ganzheit vorkommt, welcher sich spontan in Träumen usw. manifestiert, und daß eine vom bewußten Willen unabhängige Tendenz besteht, andere Archetypen auf dieses Zentrum zu beziehen. Es erscheint daher nicht unwahrscheinlich, daß ersterer auch an sich eine gewisse zentrale Position besitzt, welche ihn dem Gottesbild annähert. Die Ähnlichkeit wird noch insbesondere dadurch unterstützt, daß der Archetypus eine Symbolik hervorbringt, welche von jeher schon die Gottheit charakterisierte und versinnbildlichte ... Das Gottesbild koinzidiert, genau gesprochen, nicht mit dem Unbewußten schlechthin, sondern mit einem besonderen Inhalt desselben, nämlich mit dem Archetypus des Selbst. Dieser ist es, von dem wir empirisch das Gottesbild nicht mehr zu trennen vermögen.» (Antwort auf Hiob, 3. Aufl. 1961, pag. 120). [Ges. Werke XI, 1963, pag. 502].

Man kann das Gottesbild «als eine Spiegelung des Selbst erklären, oder umgekehrt, das Selbst als imago Dei in homine.» (Symbolik des Geistes, 2. Aufl. 1953, pag. 431). [Ges. Werke XI, 1963, pag. 207].

Hierosgamos. Heilige oder geistliche Hochzeit. Vereinigung archetypischer Figuren in den Wiedergeburtsmythen, antiken Mysterien, und auch in der Alchemie. Typische Beispiele sind die Darstellung von Christus und der Kirche als Bräutigam und Braut (sponsus et sponsa) und die alchemistische Vereinigung (coniunctio) von Sonne und Mond.

Individuation. C. G. JUNG: «Ich gebrauche den Ausdruck ‚Individuation' im Sinne jenes Prozesses, welcher ein psychologisches ‚Individuum', d. h. eine gesonderte, unteilbare Einheit, ein *Ganzes*, erzeugt.» (Bewußtsein, Unbewußtes und Individuation; Zentralblatt für Psychotherapie, 1939, pag. 257.)

«Individuation bedeutet: zum Einzelwesen werden, und, insofern wir unter Individualität unsere innerste, letzte und unvergleichbare Einzigartigkeit verstehen, *zum eigenen Selbst werden*. Man könnte ‚Individuation' darum auch als ‚Verselbstung' oder als ‚Selbstverwirklichung' übersetzen.» (Die Beziehungen zwischen dem Ich und dem Unbewußten, 3. Aufl. 1938, pag. 91). [Ges. Werke VII, 1964, pag. 191].

«Ich sehe immer wieder, daß der Individuationsprozeß mit der Bewußtwerdung des Ich verwechselt und damit das Ich mit dem Selbst (s. d.) identifiziert wird, woraus natürlich eine heillose Begriffsverwirrung entsteht. Denn damit wird die Individuation zu bloßem Egozentrismus und Autoerotismus. Das Selbst aber begreift unendlich viel mehr in sich als bloß ein Ich ... Es ist ebenso der oder die anderen, wie das Ich. Individuation schließt die Welt nicht aus, sondern ein.» (Von den Wurzeln des Bewußtseins, 1954, pag. 595). [Ges. Werke VIII, 1967, pag. 258].

Inflation. Eine die individuellen Grenzen überschreitende Ausdehnung der Persönlichkeit durch Identifikation mit einem Archetypus (s. d.) oder, in pathologischen Fällen, mit einer historischen oder religiösen Figur. Wirkt in normalen Fällen wie eine Art Aufgeblasenheit und wird durch entsprechende Minderwertigkeitsgefühle kompensiert.

Introversion. Typische Einstellung, die sich durch Konzentration des Interesses auf die innerseelischen Vorgänge auszeichnet. Gegensatz: Extraversion (s. d.).

Mana. Melanesischer Begriff für eine außerordentlich wirkungsvolle Macht, ausgehend von einem Menschen, einem Gegenstand, von Handlungen und Ereignissen, von übernatürlichen Wesen und Geistern. Bedeutet auch Gesundheit, Prestige, Heil- und Zauberkraft. Primitiver Begriff der psychischen Energie.

Mandala (sanskrit). Magischer Kreis. Bei C. G. Jung: Symbol der Mitte, des Ziels und des Selbst (s. d.) als psychischer Ganzheit. Selbstdarstellung eines Zentrierungsvorganges, der Herstellung eines neuen Persönlichkeitszentrums. Symbolisch ausgedrückt durch die Kreisform, durch symmetrische Anordnung der Zahl vier und deren Vielfaches (s. Quaternio). Im Lamaismus und im tantrischen Yoga ist das Mandala Instrument der Kontemplation (Yantra), Sitz und Entstehungsort der Götter. *Gestörtes Mandala*: Jede Form, die von Kreis, Quadrat und gleichschenkligem Kreuz abweicht, oder deren Grundzahl nicht vier oder acht ist.

C. G. JUNG: «Mandala heißt Kreis, speziell magischer Kreis. Die Mandalas sind nicht nur über den ganzen Osten verbreitet, sondern sind bei uns auch aus dem Mittelalter reichlich bezeugt. Christlich speziell sind sie aus dem frühen Mittelalter zu belegen, meist mit Christus in der Mitte mit den vier Evangelisten oder ihren Symbolen in den Kardinalpunkten. Diese Auffassung muß sehr alt sein, indem auch Horus mit seinen vier Söhnen von den Ägyptern so dargestellt wurde.» (Das Geheimnis der Goldenen Blüte, 7. Aufl. 1965, pag. 19).

«Mandalas treten erfahrungsgemäß ... in Situationen auf, die durch Verwirrung und Ratlosigkeit gekennzeichnet sind. Der dadurch konstellierte Archetypus stellt ein Ordnungsschema dar, welches als psychologisches Fadenkreuz, bzw. als viergeteilter Kreis, gewissermaßen über das psychische Chaos gelegt wird, wodurch jeder Inhalt seinen Ort erhält und das ins Unbestimmte auseinanderfließende Ganze durch den hegenden und schützenden Kreis zusammengehalten wird.» (Ein moderner Mythus. Von Dingen, die am Himmel gesehen werden, 1958, pag. 115.)

Neurose. Zustand des Uneinigseins mit sich selbst, verursacht durch den Gegensatz von Triebbedürfnissen und den Anforderungen der Kultur, von infantiler Unwilligkeit und dem Anpassungswillen, von kollektiven und individuellen Pflichten. Die Neurose ist ein Stopzeichen vor einem falschen Weg und ein Mahnruf zum persönlichen Heilungsprozeß.

C. G. JUNG: «Die psychische Störung in einer Neurose, und die Neurose als solche, können als ein *verfehlter Anpassungsakt* aufgefaßt werden. Diese Formulierung (entspricht) Freuds Ansicht, daß eine Neurose in gewissem Sinne den Versuch zu einer Selbst-Heilung darstellt.» (Psychoanalysis and Neurosis. London 1916. Aus dem Englischen übersetzt.)

«Die Neurose ist stets ein Ersatz für legitimes Leiden.» (Psychologie und Religion, 4. Aufl. 1962, pag. 90). [Ges. Werke XI, 1963, pag. 82].

Numinosum. Rudolf Ottos Begriff («Das Heilige») für das Unaussprechliche, das Geheimnisvolle, Erschreckende, «Ganz Andere», die nur dem Göttlichen zukommende unmittelbar erfahrbare Eigenschaft.

Persona. Ursprünglich die Maske, die im antiken Theater vom Schauspieler getragen wurde.

C. G. JUNG: «Die Persona ... ist jenes Anpassungssystem oder jene Manier, in der wir mit der Welt verkehren. So hat fast jeder Beruf die für ihn charakteristische Persona ... Die Gefahr ist nur, daß man mit der Persona identisch wird, wie etwa der Professor mit seinem Lehrbuch oder der Tenor mit seiner Stimme... Man könnte mit einiger Übertreibung sagen: die Persona sei das, was einer eigentlich nicht ist, sondern was er und die andern Leute meinen, daß er sei.» (Gestaltungen des Unbewußten, 1950, pag. 55.)

Psychoid. «Seelenähnlich», «seelenförmig», «quasi-seelisch». Jung charakterisiert damit die unanschauliche Tiefenschicht des kollektiven Unbewußten (s. d.) und dessen Inhalte, die Archetypen (s. d.).

C. G. JUNG: «Das kollektive Unbewußte (s. d.) stellt eine Psyche dar, die im Gegensatz zu dem uns bekannten Psychischen unanschaulich ist, weshalb ich sie als *psychoid* bezeichnet habe.» (Synchronizität als ein Prinzip akausaler Zusammenhänge, in Jung-Pauli: Naturerklärung und Psyche, 1952, pag. 20 f.). [Ges. Werke VIII, 1967, pag. 495].

Quaternität. C. G. JUNG: «Die Quaternität ist ein Archetypus der sozusagen universell vorkommt. Sie ist die logische Voraussetzung für jedes *Ganzheitsurteil.* Wenn man ein solches Urteil fällen will, so muß dieses einen vierfachen Aspekt haben. Wenn man z. B. die Ganzheit des Horizontes bezeichnen will, so nennt man die vier Himmelsrichtungen. Es sind immer vier Elemente, vier primitive Qualitäten, vier Farben, vier Kasten in Indien, vier Wege im Sinne von geistiger Entwicklung im Buddhismus. Darum gibt es auch vier psychologische Aspekte der psychischen Orientierung, über die hinaus nichts Grundsätzliches mehr auszusagen ist. Wir müssen zur Orientierung eine Funktion haben, welche konstatiert, daß etwas ist (Empfindung), eine zweite, die feststellt, was das ist (Denken), eine dritte Funktion, die sagt, ob einem das paßt oder nicht, ob man es annehmen will oder nicht (Fühlen) und eine vierte Funktion, die angibt, woher es kommt und wohin es geht (Intuition). Darüber hinaus läßt sich nichts mehr sagen ... Die ideale Vollständigkeit ist das Runde, der Kreis, (s. Mandala) aber seine natürliche minimale Einteilung ist die Vierheit.» (Symbolik des Geistes, 2. Aufl. 1953, pag. 399). [Ges. Werke XI, 1963, pag. 182].

Eine Quaternität oder ein Quaternio hat oft eine 3 + 1 Struktur, indem eine ihrer Größen eine Ausnahmestellung einnimmt und von abweichender Natur ist. (Z. B. sind drei der Evangelistensymbole Tiere und eines ein Engel). Wenn die vierte Größe zu den drei anderen tritt, entsteht das «Eine», welches die Ganzheit symbolisiert. In der analytischen Psychologie ist es nicht selten die «minderwertige» Funktion (d. h. diejenige Funktion, die dem Menschen nicht zur bewußten Verfügung steht), welche «das Vierte» verkörpert. Ihre Integrierung ins Bewußtsein stellt eine der Hauptaufgaben des Individuationsprozesses (s. d.) dar.

Schatten. Der inferiore Teil der Persönlichkeit. Die Summe aller persönlichen und kollektiven psychischen Dispositionen, die infolge ihrer Unvereinbarkeit mit der bewußt gewählten Lebensform nicht gelebt werden und sich zu einer relativ autonomen Teilpersönlichkeit mit konträren Tendenzen im Unbewußten zusammenschließen. Der Schatten verhält sich zum Bewußtsein kompensatorisch, seine Wirkung kann darum ebensogut negativ wie positiv sein. Als Traumfigur hat der Schatten das gleiche Geschlecht wie der Träumer. Als Teil des persönlichen Unbewußten (s. d.) gehört der Schatten zum Ich; aber als Archetypus (s. d.) des «Widersachers» zum kollektiven Unbewußten (s. d.). Die Bewußtmachung des Schattens ist die Anfangsarbeit der Analyse. Übersehen und Verdrängen des Schattens, sowie Identifizierung des Ich mit ihm kann zu gefährlichen Dissoziationen führen. Da der Schatten der Instinktwelt nahe steht, ist seine dauernde Berücksichtigung unerläßlich.

C. G. JUNG: «Die Figur des Schattens personifiziert alles, was das Subjekt nicht anerkennt und was sich ihm doch immer wieder — direkt oder indirekt — aufdrängt, also z. B. minderwertige Charakterzüge und sonstige unvereinbare Tendenzen.» (Bewußtsein, Unbewußtes und Individuation, Zentralblatt für Psychotherapie, 1939, pag. 265 f.)

«Der Schatten ist ... jene verhüllte, verdrängte, meist minderwertige und schuldhafte Persönlichkeit, welche mit ihren letzten Ausläufern bis ins Reich der tierischen Ahnen hinaufreicht und so den ganzen historischen Aspekt des Unbewußten umfaßt ... Wenn man bis dahin der Meinung war, daß der menschliche Schatten die Quelle alles Übels sei, so kann man nunmehr bei genauerer Untersuchung entdecken, daß der unbewußte Mensch, eben der Schatten, nicht nur aus moralisch verwerflichen Tendenzen besteht, sondern auch eine Reihe guter Qualitäten aufweist, nämlich normale Instinkte, zweckmäßige Reaktionen, wirklichkeitsgetreue Wahrnehmungen, schöpferische Impulse u. a. m.» (Aion, 1951, p. 379 f.)

Seele. C. G. JUNG: «Wenn die Psyche des Menschen *etwas* ist, so ist sie unabsehbar kompliziert und von einer unbeschränkten Mannigfaltigkeit, der mit bloßer Triebpsychologie unmöglich beizukommen ist. Ich kann nur in tiefster Bewunderung und Ehrfurcht anschauend stille stehn vor den Abgründen und Höhen seelischer Natur, deren unräumliche Welt eine unermeßliche Fülle von Bildern birgt, welche Jahrmillionen lebendiger Entwicklung aufgehäuft und organisch verdichtet hat. Mein Bewußtsein ist wie ein Auge, das fernste Räume in sich faßt, das psychische Nicht-Ich aber ist das, was diesen Raum unräumlich erfüllt. Und diese Bilder sind nicht blasse Schatten, sondern mächtig wirkende seelische Bedingungen, die wir nur mißverstehen, aber niemals durch Leugnung ihrer Macht berauben können. Neben diesen Eindruck vermöchte ich nur noch den Anblick des gestirnten nächtlichen Himmels stellen; denn das Aequivalent der Welt innen ist nur die Welt außen, und wie ich diese Welt durch das Medium des Körpers erreiche, so erreiche ich jene Welt durch das Medium der Seele.» (Einführung zu W. Kranefeld «Die Psychoanalyse», Sammlung Göschen, 1930, pag. 15.)

«Es wäre eine Blasphemie zu behaupten, daß Gott sich überall offenbaren könne, nur gerade nicht in der menschlichen Seele. Ja, die Innigkeit der Beziehung zwischen Gott und Seele schließt jede Minderbewertung der Seele von vornherein aus. Es ist vielleicht zu weit gegangen, von einem Verwandtschaftsverhältnis zu sprechen; aber auf alle Fälle muß die Seele eine Beziehungsmöglichkeit, d. h. eine Entsprechung zum Wesen Gottes in sich haben, sonst könnte ein Zusammenhang nie zustande kommen. Diese Entsprechung ist, *psychologisch formuliert, der Archetypus des Gottesbildes* (s. d.).» (Psychologie und Alchemie, 2. Aufl. 1952, pag. 23.)

Selbst. Der zentrale Archetypus (s. d.). Der Archetypus der Ordnung. Die Ganzheit des Menschen. Symbolisch dargestellt durch Kreis, Quadrat, Quaternität (s. d.), Kind, Mandala (s. d.) usw.

C. G. JUNG: «Das Selbst ist eine dem bewußten Ich übergeordnete Größe. Es umfaßt nicht nur die bewußte, sondern auch die unbewußte Psyche und ist daher sozusagen eine Persönlichkeit, die wir *auch* sind ... Es besteht keine Hoffnung, daß wir je auch nur eine annähernde Bewußtheit des Selbst erreichen, denn, soviel wir auch bewußt machen mögen, immer wird noch eine unbestimmte und unbestimmbare Menge von Unbewußtem vorhanden sein, welches mit zur Totalität des Selbst gehört.» (Die Beziehungen zwischen dem Ich und dem Unbewußten, 3. Aufl. 1938, pag. 98 f.). [Ges. Werke VII, 1964, pag. 195].

«Das Selbst ist nicht nur der Mittelpunkt, sondern auch jener Umfang, der Bewußtsein und Unbewußtes einschließt; es ist das Zentrum dieser Totalität, wie das Ich das Bewußtseinszentrum ist.» (Psychologie und Alchemie, 2. Aufl. 1952, pag. 69.)

«Das Selbst ist auch das Ziel des Lebens, denn es ist der völligste Ausdruck der Schicksalskombination, die man Individuum nennt.» (Die Beziehungen zwischen dem Ich und dem Unbewußten, 3. Aufl. 1938, pag. 206). [Ges. Werke VII, 1964, pag. 263].

Synchronizität. Von C. G. JUNG geprägter Begriff, um eine sinnvolle Koinzidenz oder Entsprechung auszudrücken a) eines psychischen und eines physischen Ereignisses, welche kausal nicht miteinander verbunden sind. Solche synchronistischen Phänomene ereignen sich z. B., wenn innere Geschehnisse (Träume, Visionen, Vorahnungen) eine Entsprechung in der äußeren Realität haben: das innere Bild oder die Vorahnung hat sich als «wahr» erwiesen. b) ähnlicher oder gleicher Träume, Gedanken usw., die gleichzeitig an verschiedenen Orten stattfinden. Weder die eine noch die andere Manifestation kann durch Kausalität erklärt werden. Sie scheinen vielmehr mit archetypischen Vorgängen im Unbewußten zusammenzuhängen.

C. G. JUNG: «Meine Beschäftigung mit der Psychologie unbewußter Vorgänge hat mich schon vor vielen Jahren genötigt, mich nach einem andern Erklärungsprinzip (neben der Kausalität) umzusehen, weil das Kausalprinzip mir ungenügend erschien, gewisse merkwürdige Erscheinungen der unbewußten Psychologie zu erklären. Ich fand nämlich zuerst, daß es psychologische Parallelerscheinungen gibt, die sich kausal schlechterdings nicht aufeinander beziehen lassen, sondern in einem anderen Geschehenszusammenhang stehen müssen. Dieser Zusammenhang erschien mir wesentlich in der Tatsache der relativen Gleichzeitigkeit gegeben, daher der Ausdruck ‚synchronistisch'. Es scheint nämlich, als ob die Zeit nichts weniger als ein Abstraktum, sondern vielmehr ein konkretes Kontinuum sei, welches Qualitäten oder Grundbedingungen enthält, die sich in relativer Gleichzeitigkeit an verschiedenen Orten in kausal nicht zu erklärendem Parallelismus manifestieren können, wie z. B. in Fällen von gleichzeitigem Erscheinen von identischen Gedanken, Symbolen oder psychischen Zuständen.» (Zum Gedächtnis Richard Wilhelms, in: Das Geheimnis der Goldenen Blüte, 7. Aufl. 1965, pag. XIV).

«Ich habe den Terminus ‚Synchronizität' gewählt, weil mir die Gleichzeitigkeit zweier sinngemäß, aber akausal verbundener Ereignisse als ein wesentliches Kriterium erschien. Ich gebrauche hier also den allgemeinen Begriff der Synchronizität in dem speziellen Sinne von zeitlicher Koinzidenz zweier oder mehrerer nicht kausal aufeinander bezogener Ereignisse, welche von gleichem oder ähnlichem Sinngehalt sind. Dies im Gegensatz zu Synchronismus, welcher die bloße Gleichzeitigkeit zweier Ereignisse darstellt.» (Synchronizität als ein Prinzip akausaler Zusammenhänge, in Jung-Pauli: Naturerklärung und Psyche, 1952, pag. 26 f.). [Ges. Werke VIII, 1967, pag. 560 f.].

«Synchronizität ist nicht rätselhafter oder geheimnisvoller als die Diskontinuitäten der Physik. Es ist nur die eingefleischte Überzeugung von der Allmacht der Kausalität, welche dem Verständnis Schwierigkeiten bereitet und es als undenkbar erscheinen läßt, daß ursachelose Ereignisse vorkommen oder vorhanden sein könnten ... Sinngemäße Koinzidenzen sind als reine Zufälle denkbar. Je mehr sie sich aber häufen und je größer und genauer die Entsprechung ist, desto mehr sinkt ihre Wahrscheinlichkeit, und desto höher steigt ihre Undenkbarkeit, d. h. sie können nicht mehr als bloße Zufälle gelten, sondern müssen mangels kausaler Erklärbarkeit als Anordnungen aufgefaßt werden ... Ihr ‚Mangel an Erklärbarkeit' besteht nicht etwa nur aus der Tatsache, daß die Ursache unbekannt ist, sondern daraus, daß eine solche mit unseren Verstandesmitteln auch nicht denkbar ist.» (Ebda, pag. 105 f.). [Ges. Werke VIII, 1967, pag. 576 f.].

Traum. C. G. JUNG: «Der Traum ist die kleine verborgene Tür im Innersten und Intimsten der Seele, welche sich in jene kosmische Urnacht öffnet, die Seele war, als es noch längst kein Ichbewußtsein gab, und welche Seele sein wird, weit über das hinaus, was ein Ichbewußtsein je wird erreichen können. Denn alles Ichbewußtsein ist vereinzelt, erkennt Einzelnes, indem es trennt und unterscheidet, und gesehen wird nur, was sich auf dieses Ich beziehen kann. Das Ichbewußtsein besteht aus lauter Einschränkungen, auch wenn es an die fernsten Sternnebel reicht. Alles Bewußtsein trennt; im Traume aber treten wir in den tieferen, allgemeineren, wahreren, ewigeren Menschen ein, der noch im Dämmer der anfänglichen Nacht steht, wo er noch das Ganze, und das Ganze in ihm war, in der unterschiedslosen, aller Ichhaftigkeit baren Natur. Aus dieser allverbindenden Tiefe stammt der Traum, und sei er noch so kindisch, so grotesk, noch so unmoralisch.» (Wirklichkeit der Seele, 3. Aufl. 1947, pag. 49.)

«Träume sind keine beabsichtigten und willkürlichen Erfindungen, sondern natürliche Phänomene, die nichts anderes sind, als was sie eben darstellen. Sie täuschen nicht, sie lügen nicht, sie verdrehen und vertuschen nicht, sondern verkünden naiv das, was sie sind und meinen. Sie sind nur darum ärgerlich und irreführend, weil wir sie nicht verstehen. Sie wenden keine Kunststücke an, um etwas zu verbergen, sondern sagen das, was ihren Inhalt bildet, in ihrer Art so deutlich wie möglich. Wir vermögen auch zu erkennen, warum sie so eigentümlich und schwierig sind: die Erfahrung zeigt nämlich, daß sie stets etwas auszudrücken bemüht sind, was das Ich nicht weiß und nicht versteht.» (Psychologie und Erziehung, 4. Aufl. 1950, pag. 72 f.)

Trauma, psychisches. .Plötzliches, das Lebewesen unmittelbar schädigendes Ereignis, wie Schreck, Angst, Scham, Abscheu usw.

Unbewußte, das. C. G. JUNG: «Theoretisch können dem Bewußtseinsfelde keine Grenzen gesetzt werden, da es sich in unbestimmtem Umfang zu erweitern vermag. Empirisch aber findet es stets seine Grenze am Gebiet des *Unbekannten.* Letzteres besteht aus all dem, das man nicht weiß, was also nicht mit dem Ich als dem Zentrum des Bewußtseinsfeldes in Beziehung steht. Das Unbekannte zerfällt in zwei Gruppen von Objekten, nämlich die sinnlich erfahrbaren, äußeren, und zweitens die unmittelbar erfahrbaren, inneren Tatbestände. Erstere Gruppe stellt das Unbekannte der Umwelt, letztere das der Innenwelt dar. Letzteres Gebiet bezeichnen wir als das Unbewußte.» (Aion, 1951, pag. 15.)

«Alles, was ich weiß, an das ich aber momentan nicht denke; alles, was mir einmal bewußt war, jetzt aber vergessen ist; alles, was von meinen Sinnen wahrgenommen, aber von meinem Bewußtsein nicht beachtet wird; alles, was ich absichts- und aufmerksamkeitslos, d. h. unbewußt fühle, denke, erinnere, will und tue; alles Zukünftige, das sich in mir vorbereitet und später erst zum Bewußtsein kommen wird; all das ist Inhalt des Unbewußten.» (Von den Wurzeln des Bewußtseins, 1954, pag. 536). [Ges. Werke VIII, 1967, pag. 214].

«Zu diesen Inhalten kommen auch alle mehr oder weniger absichtlichen Verdrängungen peinlicher Vorstellungen und Eindrücke. Die Summe all dieser Inhalte bezeichne ich als das *persönliche Unbewußte.* Darüber hinaus aber finden wir im Unbewußten auch die nicht individuell erworbenen, sondern vererbten Eigenschaften, also die Instinkte, als die Antriebe zu Tätigkeiten, die ohne bewußte Motivierung, aus einer Nötigung erfolgen ... (In dieser ‚tieferen' Schicht der Psyche finden wir auch die Archetypen.) Die Instinkte und die Archetypen ... bilden das *kollektive Unbewußte.* Ich nenne dieses Unbewußte kollektiv, weil es im Gegensatz zu dem oben definierten Unbewußten nicht individuelle, d. h. mehr oder weniger einmalige Inhalte hat, sondern allgemein und gleichmäßig verbreitete.» (Über psychische Energetik und das Wesen der Träume, 1948, pag. 268 f.). [Ges. Werke VIII, 1967, pag. 153 f.].

«Die erstere Gruppe betrifft Inhalte, welche integrierende Bestandteile der individuellen Persönlichkeit darstellen und daher ebensogut auch bewußt sein könnten; die letztere bedeutet soviel wie eine allgemein vorhandene, durchgehend sich selbst identische *Bedingung oder Grundlage der Psyche* überhaupt.» (Aion, 1951, pag. 20 f.)

«Die tieferen ‚Schichten' der Psyche verlieren mit zunehmender Tiefe und Dunkelheit die individuelle Einzigartigkeit. Sie werden nach ‚unten', d. h. mit Annäherung der autonomen Funktionssysteme, zunehmend kollektiver, um in der Stofflichkeit des Körpers, nämlich in den chemischen Körpern, universal zu werden und zugleich zu erlöschen. Der Kohlenstoff des Körpers ist überhaupt Kohlenstoff. ‚Zuunterst' ist Psyche überhaupt ‚Welt'.» (Zur Psychologie des Kind-Archetypus, in: Jung-Kerényi: Einführung in das Wesen der Mythologie, 1951, pag. 136.)

Urbild. (Jakob Burckhardt) Ursprünglich von Jung für den Begriff «Archetypus» (s. d.) gebraucht.

EINIGE WERKE ZUR PSYCHOLOGIE C. G. JUNGS

GERHARD ADLER: *Zur analytischen Psychologie.* (Zürich, 1952).

E. A. BENNET: *C. G. Jung.* (London, 1961; deutsche Ausgabe: Zürich, 1962).

CORNELIA BRUNNER: *Die Anima als Schicksalsproblem des Mannes.* (Zürich, 1963).

FRIEDA FORDHAM: *An Introduction to Jung's Psychology.* (London, 1953; deutsche Ausgabe: Zürich, 1959).

ANIELA JAFFÉ: *Der Mythus vom Sinn im Werk von C. G. Jung.* (Zürich, 1967).

JOLANDE JACOBI: *Die Psychologie von C. G. Jung.* Eine Einführung in das Gesamtwerk (Zürich, 1940; fünfte, erweiterte und neubearbeitete Auflage: 1967).

JOLANDE JACOBI: *Der Weg zur Individuation.* (2. Auflage: Olten und Freiburg i. Br., 1971).

JOLANDE JACOBI: *Komplex, Archetypus, Symbol* in der Psychologie C. G. Jungs. (Zürich, 1957).

C. G. JUNG / MARIE-LOUISE VON FRANZ (Hrsg.): *Der Mensch und seine Symbole.* (4. Auflage: Olten und Freiburg i. Br., 1971).

C. G. JUNG: *Mensch und Seele.* Aus dem Gesamtwerk 1905—1961). Ausgewählt und herausgegeben von Jolande Jacobi. (Olten und Freiburg i. Br., 1971).

C. A. MEIER: *Die Empirie des Unbewußten.* (Zürich, 1967).

ERICH NEUMANN: *Ursprungsgeschichte des Bewußtseins.* (Zürich, 1949).

HANS SCHÄR: *Religion und Seele in der Psychologie C. G. Jungs.* (Zürich, 1946).

F. SEIFERT / R. SEIFERT-HELWIG: *Bilder und Urbilder.* (München / Basel, 1965).

TONI WOLFF: *Studien zu C. G. Jungs Psychologie.* (Zürich, 1959).

Die kulturelle Bedeutung der Komplexen Psychologie[1]. Festschrift zum 60. Geburtstag von C. G. Jung. Herausgegeben vom Psychologischen Club, Zürich (Berlin, 1935).

Studien zur analytischen Psychologie C. G. Jungs. Festschrift zum 80. Geburtstag von C. G. Jung. Herausgegeben vom C. G. Jung-Institut, Zürich (Zürich, 1955).

KURT VON SURY: *Wörterbuch der Psychologie und ihrer Grenzgebiete*[2]. (Dritte Auflage: Basel, 1967).

[1] Im Zusammenhang des vorliegenden Buches ist das Kapitel von C. G. Jung's Freund, A. Oeri: «Ein paar Jugenderinnerungen» von besonderem Interesse. A. J.

[2] Mit freundlicher Erlaubnis des Herausgebers und des Verlages benützte ich einige Definitionen des Wörterbuches für den Glossar. A. J.

GESAMMELTE WERKE VON C. G. JUNG

Bei Arbeiten mit mehreren Auflagen geben wir die Jahreszahlen der ersten und der zuletzt erschienenen Auflage der deutschen Einzelausgaben an

1. Band, 1966: PSYCHIATRISCHE STUDIEN

Zur Psychologie und Pathologie sogenannter okkulter Phänomene. 1902
Über hysterisches Verlesen. 1904
Kryptomnesie. 1905
Über manische Verstimmung. 1903
Ein Fall von hysterischem Stupor bei einer Untersuchungsgefangenen. 1902
Über Simulation von Geistesstörung. 1903
Ärztliches Gutachten über einen Fall von Simulation geistiger Störung. 1904
Obergutachten über zwei widersprechende psychiatrische Gutachten. 1906
Zur psychologischen Tatbestandsdiagnostik. 1905

2. Band: EXPERIMENTELLE UNTERSUCHUNGEN

STUDIEN ZUR WORTASSOZIATION

Experimentelle Untersuchungen über die Assoziationen Gesunder (Jung und Riklin). 1904/1906
Experimentelle Beobachtungen über das Erinnerungsvermögen. 1905
Die psychologische Diagnose des Tatbestandes. 1906/1941
Analyse der Assoziationen eines Epileptikers. 1905/1906
Die Assoziationsmethode. 1910
Die familiäre Konstellation. 1910
Über das Verhalten der Reaktionszeit beim Assoziationsexperiment. 1905/1906
Über die Reproduktionsstörungen beim Assoziationsexperiment. 1907/1909
Die psychopathologische Bedeutung des Assoziationsexperimentes. 1906
Psychoanalyse und Assoziationsexperiment. 1905/1906
Assoziation, Traum und hysterisches Symptom. 1906/1909

PSYCHOPHYSISCHE UNTERSUCHUNGEN

Über die psychophysischen Begleiterscheinungen im Assoziationsexperiment. 1907
Psychophysische Untersuchungen mit dem Galvanometer und Pneumographen bei Normalen und Geisteskranken (Jung und Peterson). 1907
Weitere Untersuchungen über das galvanische Phänomen und die Respiration bei Normalen und Geisteskranken (Jung und Ricksher). 1907

3. Band, 1968: PSYCHOGENESE DER GEISTESKRANKHEITEN

Über die Psychologie der Dementia praecox: Ein Versuch. 1907
Der Inhalt der Psychose. (Nachtrag: Über das psychologische Verständnis pathologischer Vorgänge.) 1908/1914
Kritik über E. Bleuler «Zur Theorie des schizophrenen Negativismus». 1911
Über die Bedeutung des Unbewußten in der Psychopathologie. 1914
Über das Problem der Psychogenese bei Geisteskrankheiten. 1919
Geisteskrankheit und Seele. («Heilbare Geisteskranke?») 1928
Über die Psychogenese der Schizophrenie. 1939
Neuere Betrachtungen zur Schizophrenie. 1956/1959
Die Schizophrenie. 1958

4. Band, 1969: FREUD UND DIE PSYCHOANALYSE

Die Hysterielehre Freuds: Eine Erwiderung auf die Aschaffenburgsche Kritik. 1906
Die Freudsche Hysterietheorie. 1908
Die Traumanalyse. 1909
Ein Beitrag zur Psychologie des Gerüchtes. 1910/1911
Ein Beitrag zur Kenntnis des Zahlentraumes. 1910/1911
Morton Prince «The Mechanism and Interpretation of Dreams»: Eine kritische Besprechung. 1911
Zur Kritik über Psychoanalyse. 1910
Zur Psychoanalyse. 1912
Versuch einer Darstellung der psychoanalytischen Theorie. 1913/1955
Allgemeine Aspekte der Psychoanalyse. 1913
Über Psychoanalyse. 1916
Psychotherapeutische Zeitfragen (Briefwechsel Jung/Loÿ). 1914
Vorreden zu «Collected Papers on Analytical Psychology». 1916/1917/1920
Die Bedeutung des Vaters für das Schicksal des Einzelnen. 1909/1962
Einführung zu W. M. Kranefeldt «Die Psychoanalyse». 1930
Der Gegensatz Freud—Jung. 1929/1969

5. Band: SYMBOLE DER WANDLUNG* 1952

Erster Teil:

Einleitung
Über die zwei Arten des Denkens

* Eine Neubearbeitung von «Wandlungen und Symbole der Libido». 1912

Vorgeschichte
Der Schöpferhymnus
Das Lied von der Motte

Zweiter Teil:

Einleitung
Über den Begriff der Libido
Die Wandlung der Libido
Die Entstehung des Heros
Symbole der Mutter und der Wiedergeburt
Der Kampf um die Befreiung von der Mutter
Das Opfer
Schlußwort
Anhang: Die Millerschen Phantasien

6. Band, 1960/1967: PSYCHOLOGISCHE TYPEN 1921/1950

Einleitung
Das Typenproblem in der antiken und mittelalterlichen Geistesgeschichte
Über Schillers Ideen zum Typenproblem
Das Apollinische und das Dionysische
Das Typenproblem in der Menschenkenntnis
Das Typenproblem in der Dichtkunst
Das Typenproblem in der Psychopathologie
Das Problem der typischen Einstellungen in der Ästhetik
Das Typenproblem in der modernen Philosophie
Das Typenproblem in der Biographik
Allgemeine Beschreibung der Typen
Definitionen
Schlußwort
Anhang:
Vier Arbeiten über Psychologische Typologie. 1913, 1925, 1928 und 1936

7. Band, 1964:
ZWEI SCHRIFTEN ÜBER ANALYTISCHE PSYCHOLOGIE

Über die Psychologie des Unbewußten. 1943/1966
Die Beziehungen zwischen dem Ich und dem Unbewußten. 1928/1966
Anhang:
Neue Bahnen der Psychologie. 1912
Die Struktur des Unbewußten. 1916

8. Band, 1967: DIE DYNAMIK DES UNBEWUSSTEN

Über die Energetik der Seele. 1928/1971
Die transzendente Funktion. 1916/1958
Allgemeines zur Komplextheorie. 1934/1971
Die Bedeutung von Konstitution und Vererbung für die Psychologie. 1929
Psychologische Determinanten des menschlichen Verhaltens. 1936/1942
Instinkt und Unbewußtes. 1928/1971
Die Struktur der Seele. 1928/1969
Theoretische Überlegungen zum Wesen des Psychischen. 1947/1954
Allgemeine Gesichtspunkte zur Psychologie des Traumes. 1928/1971
Vom Wesen der Träume. 1945/1971
Die psychologischen Grundlagen des Geisterglaubens. 1928/1971
Geist und Leben. 1926/1969
Das Grundproblem der gegenwärtigen Psychologie. 1931/1969
Analytische Psychologie und Weltanschauung. 1931/1969
Wirklichkeit und Überwirklichkeit. 1933
Die Lebenswende. 1931/1969
Seele und Tod. 1934/1969
Synchronizität als ein Prinzip akausaler Zusammenhänge. 1952
Über Synchronizität. 1952

9. Band, erster Halbband:
DIE ARCHETYPEN UND DAS KOLLEKTIVE UNBEWUSSTE

Über die Archetypen des kollektiven Unbewußten. 1935/1954
Über den Begriff des kollektiven Unbewußten. 1936
Über den Archetypus mit besonderer Berücksichtigung des Animabegriffes. 1936/1954
Die psychologischen Aspekte des Mutter-Archetypus. 1939/1954
Über Wiedergeburt. 1940/1950
Zur Psychologie des Kind-Archetypus. 1940/1951
Zum psychologischen Aspekt der Kore-Figur. 1941/1951
Zur Phänomenologie des Geistes im Märchen. 1946/1948
Zur Psychologie der Schelmenfigur. 1954
Bewußtsein, Unbewußtes und Individuation. 1939
Zur Empirie des Individuationsprozesses. 1934/1950
Über Mandalasymbolik. 1938/1950
Mandalas. 1955

9. Band, zweiter Halbband: AION. 1951

UNTERSUCHUNGEN ZUR SYMBOLGESCHICHTE

Das Ich
Der Schatten

Die Syzygie: Anima und Animus
Das Selbst
Christus, ein Symbol des Selbst
Das Zeichen der Fische
Die Prophezeiung des Nostradamus
Über die geschichtliche Bedeutung des Fisches
Die Ambivalenz des Fischsymbols
Der Fisch in der Alchemie
Die alchemistische Deutung des Fisches
Allgemeines zur Psychologie der christlich-alchemistischen Symbolik
Gnostische Symbole des Selbst
Die Struktur und Dynamik des Selbst
Schlußwort

10. Band: ZIVILISATION IM ÜBERGANG

Über das Unbewußte. 1918
Seele und Erde. 1931/1969
Der archaische Mensch. 1931/1969
Das Seelenproblem des modernen Menschen. 1928/1969
Über das Liebesproblem des Studenten. 1928
Die Frau in Europa. 1927/1965
Die Bedeutung der Psychologie für die Gegenwart. 1933/1969
Zur gegenwärtigen Lage der Psychotherapie. 1934
Vorwort zu «Aufsätze zur Zeitgeschichte». 1946
Wotan. 1936/1946
Nach der Katastrophe. 1945/1946
Das Schattenproblem. 1946/1947
Nachwort zu «Aufsätze zur Zeitgeschichte». 1946
Gegenwart und Zukunft. 1957/1964
Ein moderner Mythus. Von Dingen, die am Himmel gesehen werden. 1958/1964
Das Gewissen. 1958
Gut und Böse in der Analytischen Psychologie. 1959
Vorrede zu Toni Wolff «Studien zu C. G. Jungs Psychologie». 1959
Die Bedeutung der schweizerischen Linie im Spektrum Europas. 1928
Der Aufgang einer neuen Welt. Eine Besprechung von H. Keyserling «Amerika. Der Aufgang einer neuen Welt». 1930
Besprechung von H. Keyserling «La Révolution mondiale et la responsabilité de l'esprit». 1934
Komplikationen der amerikanischen Psychologie. 1930
Die träumende Welt Indiens. 1939
Was Indien uns lehren kann. 1939
Anhang: Neun kurze Beiträge. 1933—1938

11. Band, 1963:
ZUR PSYCHOLOGIE WESTLICHER UND ÖSTLICHER RELIGION

WESTLICHE RELIGION

Psychologie und Religion. 1940/1962
Versuch einer psychologischen Deutung des Trinitätsdogmas. 1942/1948
Das Wandlungssymbol in der Messe. 1942/1954
Vorwort zu V. White «God and the Unconscious». 1952
Vorwort zu Z. Werblowsky «Lucifer and Prometheus». 1952
Bruder Klaus. 1933
Über die Beziehung der Psychotherapie zur Seelsorge. 1932/1948
Psychoanalyse und Seelsorge. 1928
Antwort auf Hiob. 1952/1967

ÖSTLICHE RELIGION

Psychologischer Kommentar zu «Das tibetische Buch der Großen Befreiung». 1955
Psychologischer Kommentar zu «Das tibetanische Totenbuch». 1935/1960
Yoga und der Westen. 1936
Vorwort zu D. T. Suzuki «Die große Befreiung. Einführung in den Zen-Buddhismus». 1939/1958
Zur Psychologie östlicher Meditation. 1943/1948
Über den indischen Heiligen. Einführung zu H. Zimmer «Der Weg zum Selbst». 1944
Vorwort zu «The I Ching». 1950

12. Band: PSYCHOLOGIE UND ALCHEMIE. 1944/1952

Vorwort [undatiert] zur 2. englischen Auflage von 1967
Einleitung in die religionspsychologische Problematik der Alchemie
Traumsymbole des Individuationsprozesses. 1936
Die Erlösungsvorstellungen in der Alchemie. 1937
Epilog

13. Band: STUDIEN ÜBER ALCHEMISTISCHE VORSTELLUNGEN

Kommentar zu «Das Geheimnis der goldenen Blüte». 1929/1965
Der Geist Mercurius. 1943/1948
Die Visionen des Zosimos. 1938/1954
Paracelsus als geistige Erscheinung. 1942
Der philosophische Baum. 1945/1954

14. Band, 1968: MYSTERIUM CONIUNCTIONIS. 1955/1956

Erster Halbband:
Die Komponenten der Coniunctio
Die Paradoxa
Die Personifikationen der Gegensätze:
Einleitung — Sol — Sulphur — Luna — Sal

Zweiter Halbband:
Rex und Regina
Adam und Eva
Die Konjunktion

15. Band, 1971: ÜBER DAS PHÄNOMEN DES GEISTES IN KUNST UND WISSENSCHAFT

Paracelsus. 1929/1969
Paracelsus als Arzt. 1941/1942
Sigmund Freud als kulturhistorische Erscheinung. 1932/1969
Sigmund Freud. Ein Nachruf. 1939
Zum Gedächtnis Richard Wilhelms. 1930/1965
Über die Beziehungen der Analytischen Psychologie zum dichterischen Kunstwerk. 1922/1969
Psychologie und Dichtung. 1930/1950
«Ulysses». Ein Monolog. 1932/1969
Picasso. 1932/1969

16. Band, 1958: PRAXIS DER PSYCHOTHERAPIE

ALLGEMEINE PROBLEME DER PSYCHOTHERAPIE

Grundsätzliches zur praktischen Psychotherapie. 1935
Was ist Psychotherapie? 1935
Einige Aspekte der modernen Psychotherapie. 1930
Ziele der Psychotherapie. 1929/1969
Die Probleme der modernen Psychotherapie. 1929/1969
Psychotherapie und Weltanschauung. 1943/1946
Medizin und Psychotherapie. 1945
Die Psychotherapie in der Gegenwart. 1945/1946
Grundfragen der Psychotherapie. 1951

SPEZIELLE PROBLEME DER PSYCHOTHERAPIE

Der therapeutische Wert des Abreagierens. 1921
Die praktische Verwendbarkeit der Traumanalyse. 1934/1969
Die Psychologie der Übertragung. 1946

17. Band: ÜBER DIE ENTWICKLUNG DER PERSÖNLICHKEIT

Über Konflikte der kindlichen Seele. 1910/1969
Einführung zu F. G. Wickes «Analyse der Kindesseele». 1931/1969
Über die Entwicklung und Erziehung des Kindes. 1923
Analytische Psychologie und Erziehung. 1926/1969
Der Begabte. 1943/1969
Die Bedeutung des Unbewußten für die individuelle Erziehung. 1928
Vom Werden der Persönlichkeit. 1934/1969
Die Ehe als psychologische Beziehung. 1925/1969

ABSCHLIESSENDE BÄNDE:

VERSCHIEDENE SCHRIFTEN / BIBLIOGRAPHIE UND ALLGEMEINER INDEX

Ausgewählte Briefe und Seminarberichte, Besprechungen, Schriften aus der Zeit der Begegnung mit Freud, Vorworte usw.

Bibliographie der Schriften Jungs
Allgemeiner Index der Gesammelten Werke

STUDIENAUSGABE C. G. JUNG

Über psychische Energetik und das Wesen der Träume
Korrigierter Nachdruck der Paperbackausgabe. 210 Seiten

Die Beziehungen zwischen dem Ich und dem Unbewußten
Unveränderter Nachdruck der Paperbackausgabe. 151 Seiten

Psychologie und Religion
Wesentlich erweiterte Ausgabe gegenüber dem Paperback. 280 Seiten

Der Einzelne in der Gesellschaft
120 Seiten

Psychiatrie und Okkultismus
(Frühe Schriften I) 156 Seiten

Probleme der Psychotherapie
107 Seiten

Über die Psychologie der Dementia Praecox
(Frühe Schriften II) 180 Seiten

Typologie
208 Seiten

Zur Psychoanalyse
(Frühe Schriften III) 121 Seiten

Zur Psychologie der Übertragung
193 Seiten

Zur Psychogenese der Geisteskrankheiten
100 Seiten

Die Studienausgabe ist vorerst auf 20 Bände angelegt

Als Paperbacks — außerhalb der «Studienausgabe» — sind vorläufig ebenfalls noch lieferbar:

Antwort auf Hiob
Ein moderner Mythus
Psychologie und Erziehung
Seelenprobleme der Gegenwart
Über die Grundlagen der analytischen Psychologie
Über die Psychologie des Unbewußten
Wirklichkeit der Seele

Geistererscheinungen und Vorzeichen

Eine psychologische Deutung. Mit einem Vorwort von C. G. Jung
278 Seiten. Leinen

«Die Verfasserin hat sich vor allem darum bemüht, die Phänomene der Geistererscheinungen und Vorzeichen nach ihrem archetypischen Charakter, d. h. nach den urtümlichen Bildern des sogenannten ‚kollektiven Unbewußten', zu untersuchen. Sie veröffentlicht in ihrem Buch interessante Berichte über Träume, die ein künftiges Ereignis anzeigen, dann über Engelerscheinungen, über Tote, die sich meistens nachts in irgendeiner Weise kundtun, über Geister ohne Kopf und Gesicht usw. Den Berichten fügt sie nun eine psychologische Erklärung bei.» Tages-Anzeiger, Zürich.

Der Mythus vom Sinn im Werk von C. G. Jung

189 Seiten. Paperback

«Das Gewicht des Buches ist gegeben durch die zahlreichen Zitate aus Jungs Werken, die durch (teilweise unveröffentlichte) Briefe ergänzt werden. Die Anführungen stammen aus gründlicher Werkkenntnis der Autorin und ihrem engen Kontakt mit dem Meister. Sie werden so geschickt dargeboten und kommentiert, daß auch der noch fernstehende Leser die mitunter schwer zu verstehenden Formulierungen Jungs versteht. Durch das beachtliche Niveau ist Frau Jaffé eine Darstellung gelungen, die das ungemein komplexe Thema erhellt.» Wissenschaftlicher Literaturanzeiger, Freiburg i. Br.

Aus Leben und Werkstatt von C. G. Jung

Parapsychologie — Alchemie — Nationalsozialismus
Erinnerungen aus den letzten Jahren. 156 Seiten. Paperback

«Es war eine durchaus glückliche Idee, im Abstand der Jahre nun einiges aus C. G. Jungs Lebenswerk noch einmal vorzulegen, so Studien über Parapsychologie und Alchemie. Mit besonderem Interesse wird man freilich die durchaus sachliche und bei aller Verehrung unapologetische Darlegung über Jungs Stellung zum Nationalsozialismus zur Kenntnis nehmen. Man wird heute die Dinge leidenschaftsloser analysieren als noch vor einigen Jahren, und das Buch bietet dafür das Material. Im letzten Kapitel gelingt es der Verfasserin, dem Leser den Menschen C. G. Jung nahezubringen, und dieser Abschnitt bildet daher den guten Abschluß dieses Buches.» Israelitisches Wochenblatt für die Schweiz, Zürich.